Manfred Langhans

Der Schurwald

Land und Leute einst und jetzt

Verlag W. Kohlhammer Stuttgart

Umschlagmotiv:

Blick von Hegenlohe westwärts über das
bewaldete Reichenbachtal nach Baltmannsweiler

Prägung auf dem vorderen Einbanddeckel:

Das »Wappen« ist kein amtliches Hoheitszeichen,
nur eine symbolhafte Zusammenfassung des Schurwaldlebens
von der Schafschurzeit über bäuerliche Einhäuser
zum modernen Hochbau, umrahmt von unserem Laub- und Nadelwald

Alle Rechte vorbehalten
© 1972 Verlag W. Kohlhammer GmbH
Stuttgart Berlin Köln Mainz
Verlagsort: Stuttgart
Umschlag und Karten im Text: Anton Zell
Gesamtherstellung: W. Kohlhammer GmbH
Grafischer Großbetrieb Stuttgart
Printed in Germany
ISBN 3-17-001035-2

Vorwort

Die wissenschaftliche Forschung hielt sich bisher in Sachen Schurwald recht zurück; erst in den letzten zwanzig Jahren haben ihn Richard Haidlen und Werner Kienzle »entdeckt«. Dem entspricht ziemlich das bescheidene Interesse der Allgemeinheit. Was erklärt diese Zurückhaltung gegenüber einer Landschaft, die doch sozusagen vor den Toren der Landeshauptstadt beginnt? Da ist einmal die schier völlige Geschichtslosigkeit des Schurwaldes: hier oben hat sich niemals etwas allgemein Wichtiges getan; keine historische Persönlichkeit ist hier geboren worden oder gestorben, Ortsadel selten erkennbar. Die Schurwälder selbst waren nicht die Leute, die den Vorhang um sich herum hätten etwas aufziehen können. Zum anderen sah sich unser Raum, obgleich durchaus eine landschaftliche Einheit, in allen Zeiten bis heute zwischen verschiedene Herren, Ämter und Landkreise aufgeteilt, was gewiß eine umfassende Betrachtung erschwert. Außerdem sind kulturelle Reichtümer hier oben rar, in ihrer Art begrenzt. Und keinerlei Bodenschätze vermögen Interessierte anzulocken. So bleibt dem Schurwald nur die vielgestaltige stille Schönheit der Natur. Aber sie ist immer auf kleine Räume beschränkt, erschließt sich vorzugsweise nur beim Wandern, bietet nichts »Heroisches«. Trotzdem, mit seinen unverwechselbaren liebenswerten landschaftlichen Eigenheiten ist er doch unser Schurwald!

Dieses Buch gliedert sich in einen allgemeinen, der Landeskunde gewidmeten Teil und in die Ortskunden, die im Telegrammstil über jede Schurwaldsiedlung unterrichten. Quellenangaben finden sich nur selten; steht doch die Zahl der an einem vollständigen wissenschaftlichen Apparat Interessierten in keinem rechten Verhältnis zu den aus ihm erwachsenden Mehrkosten.

Auch an dieser Stelle sei den vielen Frauen und Männern nochmals herzlich gedankt, die in den verschiedensten Weisen zum Zustandekommen des Ganzen wertvolle Hilfe geleistet haben. Ein einziger Name stehe dabei für alle: Frau Dr. Gertrud Buck-Feucht; sie hat den Abschnitt »Die Pflanzenwelt im Schurwald« freundlichst beigesteuert.

Lichtenwald/Hegenlohe, im August 1972   *Manfred Langhans*

Inhaltsverzeichnis

Teil A

Allgemeines zur Landeskunde vom Schurwald

1. Die natürlichen Grundlagen der Landschaft

a) Grenzen, Untergliederung, Namen

Erstens: Zur Abgrenzung. »Schurwald«, das ist für jeden heimatkundigen Schwaben ein fester Begriff, nämlich der Raum zwischen dem mittleren Remstal im Norden und dem mittleren Fils-Neckar-Tal im Süden, in der Natur als ein langer niedriger Bergrücken mit ziemlich steilen Waldhängen deutlich optisch faßbar. Bei näherer Betrachtung ergeben sich allerdings hinsichtlich seiner richtigen Abgrenzung einige Schwierigkeiten und im Einzelnen kann man gar verschiedener Ansicht sein. Wir schließen uns im wesentlichen der von Werner Kienzle begründeten Grenzziehung an.

Im *Norden* ist die Situation völlig klar: am Fuß der Schurwaldhänge beginnen die Auen des Remstals. Zum Remstal rechnen auch die Seitentäler von Beutelsbach, Strümpfelbach und Stettener Haldenbach. Da aber deren hintere Partien tief in den Schurwaldrücken eindringen, beziehen wir sie gelegentlich als »Schurwald-Vorraum« in den Kreis unserer Betrachtungen ein, ohne deshalb etwa die Schnaiter oder die Strümpfelbacher als Schurwälder ansprechen zu wollen. Als nordwestlicher Eckpfeiler des Schurwaldes hebt sich der Fellbacher Kappelberg scharf vom flachen Schmidener Feld ab.

Was die *Süd*begrenzung des Schurwaldes betrifft, so läßt ein erster Blick auf die physikalische Karte den Talrand des Neckar als Grenze vermuten. In der Tat gewinnt man denselben Eindruck, wenn man auf der rechtsufrigen Straße oder mit der Eisenbahn von Untertürkheim nach Esslingen fährt; steil steigen die Weinberge aus dem Talgrund empor, stellenweise eindrucksvoll sich bis an die Verkehrswege und den alten Flußlauf herandrängend. Betrachtet man jedoch die Landschaft vom linken, südlichen Ufer aus, wird überraschend deutlich, daß der eigentliche Schurwaldrücken erst ein Stück hinter den Weinbergoberkanten emporstrebt, daß sich also zwischen die Weinberge und die oberen Waldhänge ein streifenartiger Vorraum ausbreitet, so besonders die »Esslinger Berge« nördlich und nordöstlich der Esslinger Altstadt oder die breiteren Feldflächen nordwestlich und nordöstlich von Altbach.

Wer sich nun auf die geologische Wanderschaft aus dem Tal zu unseren Höhen hinauf macht, steigt zunächst, der regelmäßigen geologischen Schichtung folgend, über Stubensandstein und Knollenmergel zum Liasboden des Vorraums, um dann weitersteigend abermals über Stubensandstein und Knollenmergel zum Liasboden der Schurwaldhochfläche zu gelangen. Das bedeutet, daß der streifenartige Vorraum abgesunken ist; seine Schichtung ist zwar dieselbe geblieben, aber alles liegt jetzt tiefer. Ein Blick umgekehrt vom Esslinger Jägerhaus südwärts hinab läßt erkennen, daß die Vorraum-Liasflächen etwa auf derselben Höhe liegen wie die südlich über den Neckar sich ausbreitenden Filder-Liasflächen, etwa 120 Meter unter der Höhe des Jägerhauses. Der Schurwaldvorraum bildet offensichtlich mit der Filderebene zusammen eine geologische und landschaftliche Einheit, die »Schurwald-Filder-Bruchzone«, entstanden durch ein gewaltiges tektonisches Einsinken des gesamten Geländes zwischen Schurwald im Norden und Schönbuch im Süden und nur viel später durch die ausräumende Kraft des Flußwassers unterbrochen.

Freilich, so ganz einfach stellt sich der tektonische Abbruch am Schurwaldrand nicht dar. Vielmehr kommt von Cannstatt und vom Unteruhlbacher Mönchsberg her eine ziemlich gradlinig südöstlich nach Kimmichsweiler ziehende Hauptverwerfung, der wohl nördlich darüber in durchschnittlich 500 Meter Entfernung eine zweite Verwerfung etwa parallel läuft. Zwischen Kimmichsweiler und dem Altbacher Katzenlohbach verschrankt sich das zu einem recht verzwickten System von Brüchen; dann geht es zweigleisig südsüdöstlich weiter, um im Plochinger Westraum unter die Talsohle zu tauchen. Zwischen Plochingen-Ost und dem Reichenbacher Siegenberg, hier wieder mehrfach gebrochen, treten die beiden Verwerfungslinien noch einmal im Gelände auf und verlassen schließlich im Reichenbacher Ostraum den Schurwald endgültig.

Was besagt das alles für unser Heimatbuch? Um eine für den Laien auf den ersten Blick in Karte und Gelände faßbare Grenze zwischen diesem Schurwald-Vorraum und dem Schurwald selbst zu erhalten, wählen wir dazu in der Esslinger Gegend die »Römerstraße«, die auf dem Höhenrand (Esslinger Jägerhaus) und unfern der oberen Verwerfungslinie läuft. Dementsprechend versagen wir uns die Betrachtung des südlich darunter liegenden Vorraumstreifens. Erst ab Altbach und filsaufwärts bis zum Nassachtal ziehen wir die Südgrenze des Schurwaldes und unserer Betrachtungen dort, wo die Berghänge auf die Talaue aufsetzen.

Im *Osten* geht der Schurwald ohne unmittelbar ins Auge fallende Grenze in das nur wenig niedrigere Albvorland über. Hier muß man zur verläßlichen Grenzziehung den verschiedenartigen Charakter der Landschaften zu Rate ziehen. Für den Schurwald typisch ist seine starke Zertalung durch viele tief eingeschnittene Seitenbäche und die dadurch herbeigeführte Zerstörung der einstigen geschlossenen Liasdecke auf den Keuperschichten; wie unsere »Geologische Faustskizze« zeigt und in der Natur leicht zu erkennen ist, bildet der Liasboden, weil auf den schmalen Zwischentalrücken liegend, nur noch lange und schmale, wenn auch vielerorts noch zusammenhängende Streifen und Zungen. Hingegen im östlich angrenzenden Albvorland liegt der Liasboden noch in breiten Flächen auf, so auch auf der Wangener und der Wäschenbeurener Liastafel. Wir ziehen demnach die Schurwaldostgrenze vom östlichen Waldrand des Nassacher Köngentobels und des Weiten Waldes nordostwärts zum Herrenbach (Holzhausen und Oberwälden bleiben außerhalb), schließen noch den Ödachwald im Winkel zwischen Herrenbach und Marbach mit ein und folgen dem östlichen Waldrand des Marbachtals, um schließlich vor dessen Talkopf nordwestwärts abbiegend mit der Markungsgrenze zwischen Waldhausen (einschließlich Rattenharz) und Lorch das Remstal zu erreichen.

Der derart eingegrenzte Schurwaldraum, wie ihn auch unsere Kärtchen zeigen, mißt vom Fellbacher Kappelberg bis Rattenharz 30 km (Luftlinie). Seine Breite beträgt im großen Mittelteil durchschnittlich 10 km, während er nach Westen ausgesprochen spitz und im Osten immerhin sich deutlich verschmälernd ausläuft. Die Markungen der Schurwaldgemeinden zuzüglich der Markungen von Ortsteilen, die benachbarte Talgemeinden im Schurwaldraum besitzen, umfassen insgesamt 85,9 qkm. Nun gehören außerdem vor allem die weiten bewaldeten Nordhänge des Schurwaldes sowie ein ansehnlicher Streifen von Waldhängen im Süden unmittelbar zu den Markungen einiger Talgemeinden. Zählt man diese Waldhänge hinzu, ergibt sich eine Schurwald-Gesamtfläche (laut freundlicher Mitteilung des Vermessungsamtes Plochingen) von rund 180 qkm. – Um es schon jetzt kurz zu sagen: insgesamt wohnen (1970) auf dem Schurwald 16 672 Menschen; während der letzten zwanzig Jahre (1950–1970) nahm die Gesamtbewohnerschaft um 76 Prozent zu. Einzelheiten hierzu ergeben sich aus unserer Zahlenaufstellung II.

Zweitens: Die Untergliederung. Seit alters ist es üblich, zwischen dem Vorderen (= westlichen), Mittleren und Hinteren (= östlichen) Schurwald zu unterscheiden. Die Teilungslinie zwischen den beiden ersteren läuft etwa, von Nord nach Süd, in den Tälern von Schweinbach, Kohleichenbach, Schlierbach, Gunzenbach (Oberlauf des Beutelsbach) und Katzenlohbach. Den Mittleren vom Hinteren Schurwald trennen etwa das Schorndorfer Eichenbachtal, die Goldschmiedsklinge mit dem südlich anschließenden unteren Herrenbachtälchen und das Nassachtal. Unsere »Geologische Faustskizze vom Schurwald« zeigt die Teilungslinien.

Uns will allerdings die bisher übliche Bezeichnung »Vorderer« und besonders »Hinterer« Schurwald unpraktisch und irgendwie überholt, irrige Vorstellungen erweckend erscheinen. Wir gebrauchen daher fortan die geographisch eindeutigen und keine falschen Wertungen anregenden Bezeichnungen »Westschurwald« (statt Vorderer) und »Ostschurwald« (statt Hinterer Schurwald), dazu entsprechend »Mittelschurwald«. Demgemäß verteilen sich die Siedlungen folgendermaßen. Zum Westschurwald: Lobenrot, Schanbach, Aichelberg, Krummhardt, Baach und Aichschieß. Zum Mittelschurwald: Manolzweiler, Engelberg, Hohengehren, Baltmannsweiler, Schlichten, Lichtenwald (Thomashardt, Hegenlohe), Büchenbronn, Krapfenreut, Baiereck, Unterhütt, Nassach, Nassachmühle, Diegelsberg. Zum Ostschurwald: Oberberken, Unterberken, Adelberg, Breech, Rattenharz, Börtlingen, Zell.

Drittens: Zu den Namen »Schur« und »Schlicht«. Bei der sprachlichen Ausdeutung des Wortes »Schur« müssen wohl die Möglichkeiten ausscheiden, die außerhalb des schwäbischen Sprachgebrauchs liegen. Immerhin sei, im Blick auf die vordeutschen Wortstämme der benachbarten Neckar und Rems, eine Herleitung des »Schur« aus dem Keltischen nicht völlig ausgeschlossen. Eher könnte man denken an »Schur« = Mühe oder Plage, die etwa die schwere Rodearbeit mit sich brachte, oder an »Schur« = schoren, einzelne Ackerstücke umgraben; dann müßte aber der Name schon aus der Zeit vor 1200 stammen, was ziemlich unwahrscheinlich ist. »Schur« = Wetterscheide? »Schur« = Schor, felsiges Gestein? Am nächsten liegt doch wohl, »Schur« und »scheren« auf die Schur der Schafe zu beziehen. Wann ist der Name »Schurwald« aufgekommen und allgemein üblich geworden? Als Sammelname für den gesamten Bergrücken liest man ihn erstmals

1815 bei Johann Georg Roesch. Dann auch in den Oberamtsbeschreibungen von Esslingen (1845) und Göppingen (1844); letztere zeigt die räumliche Ausweitung des Sammelnamens gerade zu ihrer Zeit deutlich. Offenbar ging dem »Schurwald« die volksmundliche Bezeichnung »auf der Schur« voraus, und zwar als Bezeichnung für Teilgebiete des Bergrückens. So wurde der West-(Vorderer) Schurwald früher oft »Vordere Schur«, später (1693, noch 1793) »Schurer Wald« genannt. Und noch bis in unsere Tage lautet der übereinstimmende Sprachgebrauch der vier Dörfer um das Reichenbachtal: Baltmannsweiler und Hohengehren liegen »auf der Schur«, Hegenlohe und Thomashardt jedoch nicht.

Friedrich Fezer (1964) weist nun überzeugend den Zusammenhang zwischen dieser Teilgebietsbezeichnung und der Schafschur nach. Während im allgemeinen die Schurwalddörfer kein Recht zur Schafhaltung hatten, besaß der große Schafhof Rommelshausen laut Weidlagerbuch um 1715 das Weiderecht auf den Markungen von Schanbach und Lobenrot. Die Schafschur sei nun gerade in die Zeit gefallen, in der die Rommelshäuser Schafe nach Abgrasen der Talwiesen hier oben weideten; so habe sich der zunächst auf die beiden Markungen begrenzte Landschaftsname aus einem gerade hier betätigten Wirtschaftszweig entwickelt und später auf den ganzen benachbarten Schurwaldraum ausgedehnt. Diesen Hinweis Fezers möchten wir zeitlich vertiefen: Die Weiderechte erhellen schon aus einer Vereinbarung der Gemeinden Schanbach und Lobenrot mit dem Schäfer des Rommelshauser Schafhofs von 1562. Mindestens um soviel älter mag also das Auftreten des Namens »Schur« sein. Dem entspricht übrigens auch der Name des um 1605 in diesem Bereich eingerichteten »Schurwaldgerichtes« zu Krummhardt. – Der Ost-(Hinterer)Schurwald hieß einst die »Hintere Schur«, offenbar im Zusammenhang mit den großen Schafherden des Klosters Adelberg. Zu ihr soll gar der Mittelschurwald zeitweise hinzugerechnet worden sein.

Diese Namensverhältnisse werden allerdings durch das Auftreten des offenbar viel älteren Namens »Schlicht« kompliziert. Er begegnet uns erstmals urkundlich 1185 in dem Ortsnamen »Shlitunwilere« = Schlichtenweiler, hier deutlich im Sinne des Mittelschurwaldes. Wenn dann 1288 »der Aertzberch und das holz zur Schlicht« genannt werden, bleibt offen, welche Gegend gemeint ist. Von einem Waldstück »Slihtun silve« bei Baltmannsweiler liest man 1299, wiederum im Mittelschurwald. Ein Ellwanger Lehenbuch um 1373 spricht nun von den beiden Weilern Aichelberg, »sint gelegen uff der Sliht oberhalb Putelsbach« (Beutelsbach), also auf dem Westschurwald. Die »Schlicht«, später »Schlichter Wald« oder »Schlichtenwald«, hießen somit offenbar ursprünglich die Hochflächen von West- und Mittelschurwald zusammen; dem entspricht völlig der Name des um 1560 für die württembergischen Bereiche beider Schurwaldteile eingerichteten »Schlichter Waldgerichtes«. Später verengte sich wohl mindestens der amtliche wirtembergische Sprachgebrauch »Schlichte« oder »Schlichter Wald« auf den Mittelschurwald; so trug das um 1605 auf den Mittelraum beschränkte »Schlichter Waldgericht« zu Hohengehren den alten Namen noch bis 1819 weiter, während, wie gesagt, westlich davon das »Schurwaldgericht« wirkte. Immerhin nennt der Kaufvertrag zwischen den Familien Thumb von Neuburg und vom Holtz über Aichelberg 1653 den Ort »auf der Schlichtin«, eine Übung, die sich bei jeder Neubelehnung durch den ellwangischen Fürstbischof bis 1789 fortsetzt; auch im Schorndorfer Kirchenvisitationsbericht von 1713 und im Aichelberger Lagerbuch von 1719 liegt Aichelberg noch »auf der Schlichten«.

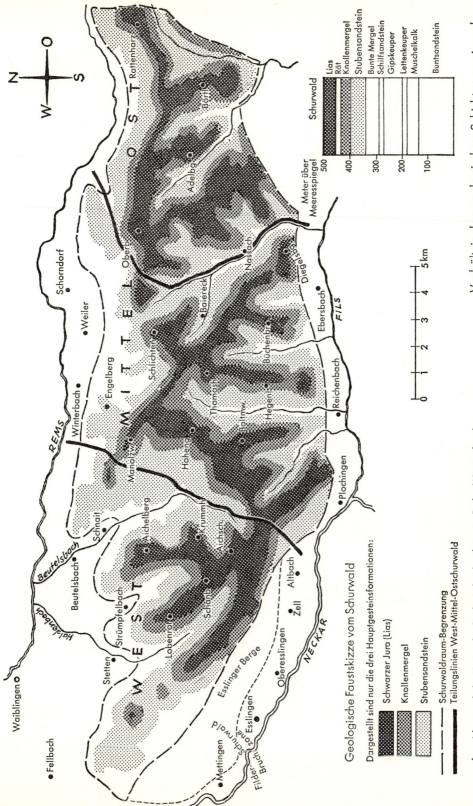

Geologische Faustskizze vom Schurwald

Dargestellt sind nur die drei Hauptgesteinsformationen:

Schwarzer Jura (Lias)

Knollenmergel

Stubensandstein

Schurwaldraum-Begrenzung

Teilungslinien West-Mittel-Ostschurwald

(gezeichnet nach den Karten des Geologischen Landesamtes Baden-Württemberg)

Verhältnis der geologischen Schichten zueinander

Schurwald

Lias
Rät
Knollenmergel
Stubensandstein
Bunte Mergel
Schilfsandstein
Gipskeuper
Lettenkeuper
Muschelkalk
Buntsandstein

Meter über
Meeresspiegel

500
400
300
200
100

Was bedeutet »Slihtun«? Noch im Lehenbuch des wirtembergischen Grafen Eberhard des Greiners (seit 1363) steht mehrfach »uf Slihtun« oder »uf der slihtun«. Das mittelhochdeutsche »Slihtun« heißt soviel wie Ebene, hier die Liashochfläche zwischen den Talzügen des Schurwaldes. Mit »schlichten« = Frieden stiften, wie der Volksmund es will, hat das durchaus nichts zu tun; er denkt dabei an das Schlichter Waldgericht, das jedoch erst 375 Jahre nach der ersten urkundlichen Nennung der »Slihtun« gebildet worden ist.

Was soll man von alldem halten? Vermutlich sprachen die Leute ursprünglich nur von der »Schlicht«. Der dann volksmundlich geformte Ausdruck »Schur« fand zu Anfang des 17. Jahrhunderts Eingang in die Amtssprache und setzte sich schließlich seit Beginn des 19. Jahrhunderts als »Schurwald« für das Ganze amtlich durch.

b) Erdgeschichte und Gesteinsaufbau

Dieser Abschnitt will eine bescheidene Hilfe zum Verständnis unserer Umwelt und »Unterwelt« geben. Dabei ist er den umfangreichen Sachberichten von Alfred Vollrath, Manfred Frank und Siegfried Müller stark verpflichtet. Die nachfolgende Übersichtstafel möchte die erdgeschichtlich-geologischen Zusammenhänge weiter verdeutlichen, desgleichen die »Geologische Faustskizze vom Schurwald«. Wo und wie sich die einzelnen geologischen Gegebenheiten heute auf der Erdfläche dem Betrachter sichtbar darbieten, schildert dann der nächste Abschnitt.

Doch nun zur Sache oder vielmehr zu ihrem Vorspiel. Den einzigen sicheren Hinweis auf das 800 bis 1000 Meter tief unter unseren Füßen ruhende Urgestein erlauben Funde im nahen Scharnhäuser Vulkanschlot, nämlich Granitbrocken aus der Karbonzeit und kristalline Gerölle des Rotliegenden aus der Permzeit. Alles, was später dazu kam und somit darauf liegt, sind von fernher hierher gebrachte Verwitterungsmassen, Sedimentgesteine. Nur mit ihnen können wir uns beschäftigen.

Erstens: Die Trias (200 Millionen Jahre vor heute beginnend und etwa 25 Millionen Jahre während). Zu dieser Zeitspanne zählen, in der Reihenfolge der erdgeschichtlichen Entstehung und dementsprechend ihrer Lage aufeinander, die Schichtenfolgen von Buntsandstein, Muschelkalk und Keuper – Buntsandstein hat sich vereinzelt als Füllung in den benachbarten Kirchheimer Vulkanschloten gefunden, liegt somit höchstwahrscheinlich ebenfalls unter dem Schurwald. – Zur zeitlich folgenden *Muschelkalkzeit* (etwa vor 190 Millionen Jahren einsetzend und 10 Millionen Jahre während) war unser Raum, Teil des »Germanischen Beckens«, vom schätzungsweise 1500 Meter tiefen »Muschelkalkmeer« bedeckt. Damals entstanden durch maritime Kalkablagerungen, vermischt mit Unmengen von Muscheltrümmern, die verschiedenen Muschelkalk-Schichtenfolgen. Ihr Vorhandensein in unserem Untergrund wird wiederum durch Funde in den Vulkanschloten belegt; den Oberen Muschelkalk kann man sogar über Tag von Endersbach remsabwärts gut beobachten.

Durch Rückzug des Muschelkalkmeeres wurde unser Raum allmählich Festland. Wir kommen damit in die Entstehungszeit der *Keuper*formation, die schätzungsweise vor 180 Millionen Jahren einsetzte und etwa 5 Millionen Jahre währte. Keuper: Alte oberfränkische Bezeichnung (Köper) für weiche, mergelige Schich-

Übersichtstafel zu »Erdgeschichte und Gesteinsaufbau«

Erdgeschichtliche Zeitspanne	Gesteins-formation	Schichtenfolge	deren Untergliederung
Quartär (2 Mill. Jahre vor heute bis heute)	Alluvium (10 000 Jahre vor heute bis heute Diluvium (2 Mill. bis 10 000 J. vor heute		
Tertiär (70–2 Mill. Jahre vor heute)			
Kreidezeit (120–70 Mill. Jahre vor heute)			
Jurazeit (175–120 Mill. Jahre vor heute)	Malm (Weißer Jura) *		
	Dogger (Brauner Jura) *		
	Lias (Schwarzer Jura)	Zeta (Jurensismergel) * Epsilon (Posidonienschiefer * Delta (Amaltheentone) Gamma (Numismalismergel) Beta (Turneritone) **	
		Alpha	(Arietenschichten) ** (Angulatenschichten) ** (Psilonotenschichten) **
Trias (200–175 Mill. Jahre vor heute)	Keuper	Rät Knollenmergel	
		Stuben-sandstein	Oberer St. Mittlerer St. Unterer St.
		Bunte Mergel	Obere Bunte Mergel Kieselsandstein Untere Bunte Mergel
		Schilfsandstein	Dunkle Mergel Schilfsandstein
		Gipskeuper	Oberer Gipskeuper Mittlerer Gipskeuper * Unterer Gipskeuper *
		Lettenkeuper *	
	Muschelkalk *		
	Buntsandstein *		
Perm (240–200 Mill. Jahre vor heute)	Zechstein * Rotliegendes *		
Karbon (310–240 Mill. Jahre vor heute)	Granit * Gneis *		

*) Diese Formationen und Schichtenfolgen treten im Schurwald *nicht* zutage.
**) Neuerdings werden nach internationalem Brauch zusammengefaßt: Turneritone und Arieten-schichten zu Sinemurium; Angulaten- und Psilonotenschichten zu Hettangium.

ten, die sich mit der Schaufel »kippen« lassen. Als erste und unterste Keuper-Schichtenfolge entstand die des *Lettenkeupers,* und zwar dessen verschiedene Schichten im Wechsel als maritime und festländische Ablagerungen. Die übrigen Keuper-Schichtenfolgen mit Ausnahme der letzten, des Rät, bildeten sich im wesentlichen auf dem Festland.

Allerdings müssen später zur Entstehungszeit des *Gipskeupers,* der zweituntersten Keuper-Schichtenfolge, noch mehrere großräumige und länger anhaltende Meereseinbrüche erfolgt sein, wie die Versteinerung mariner wirbelloser Tiere in mehreren, nicht unmittelbar aufeinander liegenden Gipskeuperschichten beweisen. Die festländisch entstandenen Schichten unterscheiden sich außerdem vielfältig je nachdem, aus welchem Material sie bestehen, ob dieses durch Wind- oder Flußtransport vom Vindelizischen Hochland (zwischen heutigem Bodensee und Oberschlesien; Vindelici: Keltischer Volksstamm auf dem augsburgischen Lechfeld) hierher kam und ob es in Salz- oder Süßwasser oder auf festem Boden abgelagert wurde. Von dieser Gipskeuper-Schichtenfolge finden wir über Tage die oberen bunten und grauen Mergelschichten (30 bis 40 Meter mächtig) auch am Fuß des nordwestlichen Schurwaldes, beginnend im Schorndorfer Raum und um den Fellbacher Kappelberg herumziehend bis in das obere Uhlbachtal; sie liegen sogar, wenn auch meist unter Hangschutt verdeckt, aber doch gelegentlich in Wegeanschnitten aufgeschlossen, beachtliche Strecken in unsere Remsseitentäler hinein. Und unterirdisch zieht sich der Gipskeuper unter dem ganzen Schurwald durch. So wurde seine Obergrenze durch eine höchst aufschlußreiche Bohrung im Lützelbachtal zwischen Baltmannsweiler und Reichenbach 49 Meter unter der Erdoberfläche festgestellt, bei 240 Meter über Meeresspiegel. Nun liegt die durchschnittliche Obergrenze des Gipskeupers nahe Stetten und Strümpfelbach bei 300 Meter über Meeresspiegel; sie sinkt somit um 60 Meter von Nord nach Süd ab, als Folge der im Tertiär eingetretenen Schichtenverbiegung.

Die nächst spätere und demzufolge höhere Keuper-Schichtenfolge, bildet der *Schilfsandstein.* »Schilf«: Unrichtige Bezeichnung für die hier vielfach vorkommenden versteinten Reste von Schachtelhalmen. In einer Zeit erhöhter Niederschläge wurden Verwitterungsmassen des Vindelizischen Hochlandes durch Flüsse herangeführt und in ausgedehnten Sanddeltas abgelagert. Dabei kam es zu zwei sehr verschiedenen Ausbildungsarten (Fazies). Zunächst bildeten sich meist tonige Sandsteine (Normalfazies) von geringer Mächtigkeit, etwa 0,5 bis 3 m. Unter bestimmten Voraussetzungen wurden dann im Bereich der Hochwasserrinnen diese Schichten und der darunter liegende Gipskeupermergel wieder ausgeräumt und durch neue Sandmassen ersetzt, die mancherorts bis über 20 Meter Stärke erreichten und sich später zu festen Sandsteinbänken verhärteten (Flutfazies). – Diese Bänke werden meist nach oben schiefrig und gehen in 2 bis 4 Meter mächtige Schichten *Dunkler Mergel* über, genannt nach ihren düsteren violetten, auch grauen und graugrünen Farben.

Da liegt zunächst südlich Waldhausen am Fuß der Oberen Remshalde, ein schmaler Streifen Schilfsandstein, Flutfazies, etwa 10 m mächtig. Dann baut ein sehr schmaler, meist von Hangschutt überdeckter Streifen, im allgemeinen Normalfazies, die Schurwaldfüße auf, vom Winterbacher Lehnenbach westwärts um den Fellbacher Kappelberg herum bis in das obere Uhlbachtal. Nur im Raum zwischen Strümpfelbach bis südwestlich Stetten verbreitet sich das Vorkommen etwas. Hier tritt plötzlich terrassenbildend Flutfazies bis zu 25 Meter Mächtigkeit auf, graugrüne oder rotbraune oder in beiden Farben gefleckte (»geflammte«) Sandsteinbänke und -platten, zwischen die sich dünne Sandschiefer und sandig-glimmerige Tonmergel einschieben. Sehr gut zeigt das alles der geologische Aufschluß im Schilfsandsteinbruch südlich Stetten am Westhang des Haldenbachs. Der Schilfsandstein setzt sich unter dem Schurwald fort; fast überflüssig zu berichten, daß die oben erwähnte Lützelbachbohrung ihn durchteufte. Er nimmt ebenfalls an der tertiären Schichtenverbiegung teil.

Unsere Betrachtung schreitet jetzt in der Erdgeschichte weiter und in der Keuperformation hinauf zu den Keuper-Schichtenfolgen der *Bunten Mergel*. Genauer gesagt sind es: die Unteren Bunten Mergel (diese wieder gegliedert in Dunkle Mergel, Rote Mergel und Lehrbergschichten), der Kieselsandstein und die Oberen Bunten Mergel.

Beginnen wir mit den *Unteren Bunten Mergeln*. Die Dunklen Mergel, zuweilen hierher als unterste Schicht gerechnet, haben wir schon beim Schilfsandstein kennengelernt. Zur Entstehung der (übrigen) Unteren Bunten Mergel läßt sich allgemein vielleicht sagen, daß ihr Material aus Verwitterungsmassen des Vindelizischen Hochlandes stammt, durch Stürme als rote Staubwolken in unseren Raum gebracht. Hier lagerten sie sich als Rote Mergel bis über 20 Meter mächtig (»Rote Wand«) ab. Nach oben gehen die Roten Mergel in die Lehrbergschichten (Lehrberg: Dorf in Mittelfranken) über, die hauptsächlich aus grauen, graugrünen und rotvioletten Mergeln bestehen und bis zu 3 Meter Mächtigkeit erreichen. Versteinerungen von Süßwasser-Lebewesen weisen auf Seeablagerung hin. – Etwa in der Mitte zwischen den Unteren und den Oberen Bunten Mergeln liegt der *Kieselsandstein*. Es handelt sich dabei um Sandmassen des Vindelizischen Hochlandes, die durch Hochfluten der Flüsse in das Germanische Becken gebracht worden waren und sich hier zu weiß- bis grünlichgrauen, gelegentlich auch rötlichen sehr harten Steinbänken und Platten verfestigten, zwischen die verschiedenfarbige dünne Mergelschichten gelagert sind. Im einzelnen wechselt das alles örtlich sehr schnell; insgesamt mögen die teils verkieselten, teils kalkigen Kieselsandsteinschichten durchschnittlich 10 Meter Mächtigkeit erreichen. – Die *Oberen Bunten Mergel*, Windablagerungen, stellen meist geschichtete, bergfrisch blaugraue und graugrüne Mergel in etwa 10 Meter Mächtigkeit dar und verwittern an der Oberfläche grau und tonig.

Die ausstreichenden Bunten Mergel machen, stets in den besprochenen drei Schichtenfolgen, große Teile der Schurwaldabhänge, auf dessen halber Höhe (durchschnittlich zwischen 300 und 350 Metern über Meeresspiegel) aus, bis weit in die Seitentäler und Klingen hinein. Das fängt südwestlich Lorch an, zieht am Remstal entlang und um den Fellbacher Kappelberg herum bis zum oberen Uhlbach und in das obere Lindenhaldental Esslingens hinein, hier beim Einsetzen der Bruchzonen-Verwerfung endend.

Der allgemeinen kreidezeitlichen Schichtenschiefstellung im Schurwald entsprechend tauchen die Bunten Mergel vom Esslinger Lindhaldental südostwärts unter. Immerhin liegen über Tage noch Kieselsandstein und Obere Bunte Mergel in sehr schmalen flachen Streifchen und oft unter Hangschutt verborgen an den untersten Berghängen nordwestlich Plochingen, im Lützelbachtal, im unteren Reichenbachtal und im unteren Nassachtal; Obere Bunte Mergel allein trifft man sogar noch im Grund des mittleren Kirnbachtals und des mittleren Nassachtals. Daß aber die drei Schichtenfolgen auch hier unter Tage überall in etwa derselben Mächtigkeit liegen wie im Norden an den Remstalhängen über Tage, hat die erwähnte Lützelbach-Bohrung bewiesen. Entsprechendes ist daher auch für das gesamte Berginnere des Schurwaldes mit Sicherheit anzunehmen.

Die nächst jüngere und höher gelegene, zugleich mächtigste (von Westen nach Osten 80 bis 100 Meter) Schichtenfolge der Keuperformation bildet der *Stubensandstein*, der ein Großteil der Schurwaldoberfläche ausmacht. Sein Material stammt wiederum vom Vindelizischen Hochland. Dessen Sande waren teilweise vor 180 Millionen Jahren durch zeitweise auftretende Hochwasser und dessen staubigen Bestandteile durch gewaltige Stürme in das Germanische Becken (damals vermutlich ein wüstenähnliches Gebiet mit kurzzeitig bestehenden kleinen Binnenseen) verfrachtet worden. Dementsprechend verfestigten sie sich hier zu Sandsteinen oder Mergelschichten in vielfachem Wechsel. Diese Sandsteine sind fein- oder grobkörnig und besitzen ein kalkiges oder kieseliges Bindemittel. Die Mergel können rot, grauviolett, graugrün oder grünlichweiß, sandig oder tonig, mehr oder minder kalkhaltig, auftreten. Und das alles in tausenderlei Verschiedenheiten von Ausdehnung und Mächtigkeit, in fast völlig unregelmäßigen Schichtungen zueinander. Einigermaßen einheitlich ist, daß der Stubensandstein meist nur gebankt vorkommt und daß seine Schichtenfolge von zwei 5 bis 10 Meter mächtigen, häufig roten und tonigen Mergellagen durchzogen wird.

Nach letzteren hat man das Ganze untergliedert in Unteren, Mittleren und Oberen Stubensandstein. Es muß hier genügen, knapp anzudeuten: Im Unteren Stubensandstein liegen mehr meist hell- oder violettgraue, seltener auch blaugraue oder rötliche sehr harte Kalksandsteine oder Fleins und weniger weiche helle Sandsteine; im Mittleren Stubensandstein (der mächtigsten Schicht, 30 bis 60 Meter) wechseln helle harte Sandsteine mit mürben; im Oberen Stubensandstein finden sich gelbweiße bis gelbbraune mürbe tonige Sandsteine. Oft ist der Stubensandstein zu lockerem, weißlichen Sand verwittert, dessen einstige Nutzung zum Stubenfegen der ganzen Formation den Namen gab. Verschiedenfarbige und -artige Mergel- und Steinmergellagen treten ebenfalls in allen drei Gliederungen auf. Wie das alles drinnen im Berg aussieht, zeigen zahlreiche Stein- und Sandbrüche, am eindrucksvollsten die riesigen Sandbrüche südwestlich Stetten an der Landesstraße von oder nach Esslingen und nordöstlich Adelberg im Lausbachtal (Oberlauf des Kohlbachs) mit ihrer unerhörten Vielfalt von Schichten und Farben. Auch der Stubensandstein war der tertiären Schichtenverbiegung nach Süden unterworfen: Im nördlichen Schurwald liegt er übererdig auf den Bunten Mergeln und erreicht seine Obergrenze bei durchschnittlich 430 Metern über Meeresspiegel; hingegen von Plochingen steigt er fast am Talrand aus dem Untergrund auf, um nahe oberhalb des Städtchens bei 370 Meter über Meeresspiegel vom Knollenmergel überlagert zu werden; demnach sinkt er, ebenso wie oben für den Gipskeuper nachgewiesen, um rund 60 Meter von Nord nach Süd ab.

Der auf dem Stubensandstein liegende *Knollenmergel* stammt ebenfalls aus den Verwitterungsschutthalden des Vindelizischen Hochlandes. Deren leichte Bestandteile waren durch starke Winde in das Germanische Becken getragen worden und hatten dieses in eine Art Staubwüste verwandelt. Später verfestigten sie sich zu den heutigen braunroten bis rotvioletten, etwa 20 bis 30 Meter mächtigen und kaum geschichteten Mergeln, deren Oberfläche blaßviolettbraun bis grüngrau verwittert. Kennzeichnend und namengebend sind seine harten, von

18

weißlichrosa bis tiefrotgefärbten, faust- bis kindskopfgroßen Kalkknollen, die vereinzelt, aber auch in ganzen Lagen auftreten. Der in den Mergeln fein verteilte und durch Sickerwasser abgeführte Kalk schied sich zu diesen Knollen aus. Eine besondere Eigenart der Knollenmergel bildet ihre Fähigkeit, in hohem Grad Wasser aufzunehmen und dabei zu quellen, schmierig-naß, sumpfig zu werden. In Hanglagen kommen sie daher leicht ins Rutschen. Hören die Niederschläge auf oder setzt das von oberhalb zufließende Quellwasser aus, schrumpfen die Mergelmassen wieder zusammen. Dabei werden ihre Oberflächen hart und rissig; bei länger anhaltender Trockenheit bilden sich auf entblößten Böden gar bis zu 10 cm weit klaffende und oft metertiefe Schwundrisse. Der Knollenmergel ist ebenfalls der tertiären Schichtenverbiegung unterworfen. Anderwärts aus dem Knollenmergelbereich geborgene vorzeitliche Dinosaurier-Skelettreste ließen sich im Schurwald noch nicht finden.

Unsere erdgeschichtliche Betrachtung erreicht jetzt eine Zeitspanne, in der sich das Germanische Becken senkte und Meerwasser das Becken erneut zu überfluten begann. In dieses allmählich entstehende »Jurameer« lagerten sich abermals Verwitterungssandmassen des Vindelizischen Hochlandes ab, nämlich das *Rät*. Rätia: Name einer alpinen römischen Provinz. Das Rät gehört somit geologisch noch zur Keuperformation, während seine Versteinerungen von Wellenfurchen auf den Schichtflächen des Rätsandsteins auf Meeresablagerungen hinweisen. Wie beim Schilfsandstein lassen sich beim Rät zwei Ausbildungsarten unterscheiden, die meist örtlich verschwistert auftreten: Rätsandstein oder volksmündlich »Silberstein«, frisch weißlichgrau und verwittert ockergelb, sowie tonige Mergel, frisch bläulich und braun verwitternd. Zwischen Knollenmergel und Schwarzem Jura streicht das Rät nur 2 bis 4 Meter mächtig hin; sein dementsprechend sehr schmales Ausstreichen (nur am Nonnenberg westlich Manolzweiler etwas breiter) wird obendrein meist durch Liashangschutt verdeckt; zuweilen ist das Rät mit diesem über den Knollenmergelhang gerutscht. Ostwärts vom Raum Thomashardt-Hegenlohe fehlt das Rät (nur ein isoliertes Vorkommen südwestlich Krapfenreut am Waldrand, zugeschütteter Steinbruch), ebenso oberhalb der Knollenmergelzone nördlich von Altbach, Plochingen und Reichenbach.

Zweitens: Die Jurazeit (von 175 bis 120 Millionen Jahren vor heute). »Jura«: keltisch, soviel wie »Bergketten«; vom Schweizer Jura durch Alexander von Humboldt auf die Weißen Kalke der Schwäbischen Alb übertragen; später Bezeichnung für die ganze Gesteinsformation und für deren erdgeschichtlichen Zeitabschnitt. Man gliedert ihn nach der überwiegenden Gesteinsfarbe (in Klammern die Bezeichnung englischer Herkunft) in drei Formationen, nachstehend aufgezählt von unten nach oben und dementsprechend von früherer nach späterer Entstehung: Schwarzer Jura (Lias), Brauner Jura (Dogger) und Weißer Jura (Malm). Im Schurwald kommt fast nur der Schwarze Jura vor. Dessen 6 Schichtenfolgen werden, außer mit besonderen Namen, abgekürzt auch mit griechischen Buchstaben bezeichnet (Lias Alpha bis Lias Zeta). In der Hauptsache tritt hier nur Lias Alpha auf.

Zunächst ein Wort zum *Jurameer*. Gewiß wechselte dieses, etwa 55 Millionen Jahre bestehend, seinen Umfang im Germanischen Becken ebenso, wie sich seine angrenzenden Festländer änderten (in der Braunjura-Zeit versank das oft genannte Vindelizische Hochland im Meer). Hier mag es genügen festzustellen, daß das Jurameer während der ganzen Jurazeit unseren Raum bedeckte, daß es hier stets ein verhältnismäßig flaches Meer war und daß es vermutlich infolge einer von Norden südwärts fortschreitenden, in ihren Ursachen nicht eindeutig erklärbaren und nur ganz allmählichen Erdkrustenhebung nach Süden abgedrängt wurde, um schließlich am Ende der Weißjura-Zeit mitsamt unserem Schurwaldraum wieder Festland, wohl eine Tiefebene, zu werden. In dieser gewaltigen Zeitspanne wurden aus den benachbarten Festlandsräumen Gerölle, Tone und Sande durch Flüsse und Meeresströmungen und Stürme herbeigeführt und im Jurameer abgelagert, bis zu etwa 500 Meter Mächtigkeit. Hier wirkten dann auf dieses an sich schon sehr verschiedenartige Material mannigfache Einflüsse ein, so vor allem der wechselnde Sauerstoffgehalt des Meerwassers, das Entstehen und Verwesen pflanzlicher und tierischer Organismen, chemische Umbildungen und dergleichen mehr. Auch nach der Landwerdung mag sich im Erdinneren noch mancherlei verändert haben. Dementsprechend bieten sich noch heute die Juraformationen im Raum der Schwäbischen Alb unerhört vielfältig geartet dar.

Für den heutigen Schurwaldbereich bedeutsam ist folgende Erkenntnis: Die geschilderte Ablagerung erfolgte weit über den gegenwärtigen Rand der Schwäbischen Alb nordwärts, bis zum Stuttgarter Raum. Den klassischen Beweis dafür hat der kleine Scharnhäuser Vulkanschlot südwestlich Esslingen geliefert, der jetzt ziemlich unscheinbar an der Erdoberfläche mündet. Vor 14, nach anderer Meinung vor 10 Millionen Jahren haben hier hochgespannte Gase und vulkanische Aschen die Gesteinsdecke durchbrochen. In seiner Füllung finden sich zurückgefallene Gesteinsbrocken aus den Schichten, die der Vulkan durchschlagen hat, so insbesondere auch Schwarzer und Brauner Jura, sogar Weißer Jura Beta. Daraus folgert, daß in diesem Raum des einstigen Jurameeres mächtige Juragesteinsmassen gelagert haben müssen. Sie nahmen an der weiteren Hebung des ganzen Landes zur Kreidezeit teil und verfielen großenteils der wohl gleichzeitig einsetzenden und jedenfalls im Tertiär stark fortschreitenden Abtragung.

Betrachten wir nun ein wenig näher die unterste und älteste Juraformation, den *Schwarzen Jura (Lias)*. »Schwarz« ist freilich, wie sich zeigen wird, eine recht ungenaue Bezeichnung für sehr Verschiedenartiges. Man hat es auf dem Schurwald im wesentlichen nur mit der untersten Schichtenfolge des Lias, mit dem *Lias Alpha* zu tun. Dieser liegt, etwa 25 bis 30 Meter mächtig, auf unseren Hochflächen, und zwar im westlichen Schurwald auf dem Rät, vom Kirnbachtal ostwärts unmittelbar auf dem Knollenmergel – überall nur in stark zerlappten und verhältnismäßig schmalen Geländestreifen. Die Schichtenfolge des Lias Alpha, des volksmundlichen »Schneckenfels«, wird gemeiniglich von unten nach oben gegliedert in die Psilonoten-, Angulaten- und Arietenschichten, benannt nach der jeweils hauptsächlich gerade in ihnen vorkommenden versteinerten Ammoniten-Gattung. Aus der schier unübersehbaren Fülle von Einzelheiten seien hier nur die kennzeichnenden Hauptzüge festgehalten.

Zunächst die *Psilonotenschichten*, insgesamt durchschnittlich 8 bis 10 Meter mächtig, hauptsächlich graublauer Kalk und dunkelgraue, verfestigte Tone. Im Gelände sind sie meist durch Hangschutt verdeckt, nur gelegentlich in Wegeeinschnitten und Bachrissen erkennbar aufgeschlossen. – Darüber liegen 10 bis 15 Meter mächtige *Angulatenschichten*, deren zwei gelbbraune Sandsteinlagen (Bänke und Platten) von dunklen Schiefertonen und frisch blaugrauen, verwitternd gelbbraunen Kalksandsteinen getrennt werden, aber auch in sich wiederum örtlich stark wechselnde Folgen all dieser Gesteine darstellen. Einzelne Sandsteinlagen spalten sich verwitternd dünnschichtig auf (der »Buchstein« des Volksmundes), andere werden dabei mürbe, mehlig-malbig (»Malmstein« oder »Malbstein«); im Blick auf diese Veränderungen nennt der Volksmund die Angulatenschichten überhaupt »Buchstein« oder »Malbstein«. Auf den Sandstein-Schichtflächen erkennt man viele Wellenfurchen und Tierfährten (Kriechspuren), Zeugen des einstigen Wattenmeeres. Häufig zeigen die verwitterten Sandsteine gelblich-rötliche bis schwarzbraune, gar tiefschwarze (daher »Schwarzer Jura«) Eisenhydratbänder; sie treten bei mechanischer Abnutzung des Steines wegen ihrer größeren Härte erhöht hervor. Die Angulatenschichten und ihr Verwitterungslehm machen im Gelände den größten Teil unserer Lias Alpha-Oberflächen aus. – Die über ihnen liegenden *Arietenschichten* sieht man auf dem Schurwald nur vereinzelt. Es handelt sich um graublaue und dunkle verfestigte Tone in Wechsellagerung mit sehr harten blauen Kalkbänken, die Unmassen versteinerter Greifenmuscheln enthalten. Die unterste Kalkbank verwittert, weil schwach eisenhaltig, rotbraun und wird daher vom Volksmund »Kupferfels« genannt. – Der Lias Alpha-Hangschutt hingegen ist erst zur Eiszeit entstanden (vgl. unten).

Soweit der Lias Alpha. Die jüngeren, höheren Liasschichtenfolgen, größtenteils der Abtragung anheimgefallen, begegnen uns nur selten und in geringen Resten. *Lias Beta* oder *Turneritone* (nach der Ammonitengattung Arietites turneri), die nächst höhere Liasschichtenfolge, im wesentlichen aus blaugrauen verfestigten Tonen und Tonmergeln mit reichlich Eisenkiesknöllchen bestehend, liegt am Nordrand der Schurwald-Filder-Bruchzone, und zwar von Kimmichsweiler bis Altbach, östlich Plochingen und nordwestlich vom Reichenbacher Siegenhof; desgleichen auf den Verwerfungen nordwestlich Diegelsberg (Flur »Hochwald«) und am Südausgang von Börtlingen. – *Lias Gamma* oder *Numismalismergel* (Terebratula numismalis, ein Armfüßer), eine Schichtenfolge hellerer, weil kalkreicherer Tone und harter Kalkbänkchen, finden sich nur noch an den höchsten Stellen der Schurwald-Filder-Bruchzone, so auf unbedeutenden Geländeflächen beim Esslinger Oberhof und nördlich Altbach, sowie auf je einem kleinen Fleckchen östlich Plochingen, nördlich vom Reichenbacher Siegenhof, nordwestlich Diegelsberg und am Börtlinger Südausgang. – An den beiden letztgenannten Verwerfungsstellen scheint auch etwas Lias Delta eingeklemmt zu sein. – Allerkleinste Vorkommen noch höherer und jüngerer Liasschichten (Lias Epsilon, Lias Zeta, Dogger Alpha) sind beim Oberhof nachgewiesen worden, immerhin wichtig als erdgeschichtliche Zeugenreste.

Drittens: Die Kreidezeit (120 bis 70 Millionen Jahre vor heute). Gesteine, die damals entstanden, fehlen in unserem Raum. Trotzdem tat sich auch hier viel, wenngleich unsere Erkenntnisse darüber nur lückenhaft und umstritten sind. Erinnern wir uns, daß mit dem Ende der Jurazeit, also mit Beginn der Kreidezeit, unser Raum vermutlich durch allmähliche Hebung der Erdkruste Festland geworden war. Diese Erdkrustenhebung setzte sich aus unbekannten Ursachen Jahrmillionen lang (bis in die Tertiärzeit hinein?) fort und verlief offenbar weder zeitlich noch räumlich gleichmäßig. Jedenfalls führte sie unter anderem dazu, daß der einstige Boden des Jurameeres im Schurwaldbereich schließlich auf durchschnittlich 470 Meter über den heutigen Meeresspiegel gehoben wurde. Dort liegt er in Gestalt der Untergrenze von Lias Alpha an der Schurwald-Höhenstraße (Kaiserstraße) heute noch, während im südlichen Schurwald diese

Untergrenze infolge der tertiären Schichtenverbiegung heute etwa 60 Meter tiefer hinstreicht.

Und bis zu welcher Höhe ragte dieses Jurahochland hier empor? Dazu bieten sich folgende Überlegungen an. Die Schwäbische Alb, der heutige Rest des Jurahochlandes, mag inzwischen ebenfalls Abtragungen unterworfen worden sein, einst also etwas größere Höhen erreicht haben. Die Oberfläche des Jurahochlandes wird damals etwa in demselben Maße nach Nordwesten gen Stuttgart weiter sanft angestiegen sein wie die heutige Albhochfläche von der Donau her in Richtung Albtrauf; liefen doch die Oberflächenwasser nach Südosten in Richtung Donau ab. Außerdem bleibt zu bedenken, daß vermutlich schon zur Kreidezeit die Verwitterung und Abtragung dieser ganzen hochgehobenen Erdoberfläche eingesetzt hatte. Denn beim Ausbruch des Scharnhäuser Vulkans waren an seinem Ort die obersten Weißjuraschichten (Gamma, Delta, Epsilon, Zeta) schon abgetragen; sie sind unter den Vulkaneinsprengseln nicht zu finden. Alles in allem rechtfertigt sich die Annahme, daß unser Jurahochland zur Kreidezeit noch eine respektable Höhe besaß und daß insbesondere auf unserem heutigen Schurwald 400 bis 500 Meter hohe Gesteinsmassen lagerten.

Nun gilt es, eine andere kreidezeitliche (?) Naturerscheinung kurz ins Auge zu fassen, die *Schichtenschiefstellung.* Man darf davon ausgehen, daß ursprünglich alle Gesteinsschichten nahezu waagrecht gelegen haben. Heute beobachtet man im mittleren Württemberg eine allgemeine Schiefstellung der Schichten; sie fallen durchschnittlich mit etwa 1 Grad nach Südsüdost ein. Im Schurwald macht das, beobachtet am Verlauf der Keuper-Lias-Grenze, einen Schichtenfall von etwa 70 Metern aus (weiteren Schichtenfall möchten wir erst dem Tertiär zusprechen). Diese Schiefstellung könnte im ursächlichen Zusammenhang mit der erwähnten nordsüdwärts verlaufenen Erdkrustenhebung vor sich gegangen sein.

Viertens: Das Tertiär (70 bis 2 Millionen Jahre vor heute). Der Name »Tertiär« = »Dritte Zeit« rührt von einer früher üblichen Gliederung der Erdgeschichte. Die Wissenschaft teilt diese 68 Millionen Jahre in 5 Gruppen, von denen wir wenigstens die beiden jüngsten nennen möchten: das Miozän (25 bis 10 Millionen Jahre vor heute) und das Pliozän (10 bis 2).

Neueres Gesteinsmaterial kam während des Tertiär nicht in unseren Raum. Jedoch rechnen zu diesem erdgeschichtlichen Zeitabschnitt mehrere bedeutsame Vorgänge, die das Landschaftsbild stark dem heutigen annäherten. So ist das Tertiär die Zeit gewaltiger tektonischer Bewegungen (Auffaltung der Alpen, Einbruch des Rheingrabens usw.). In unserem engeren Bereich führte die große Last der im Laufe der Jahrmillionen abgelagerten Gesteinsmassen zu ausgesprochenen *Brüchen;* ganze Bruchzonen sanken tiefer. Die »Schurwald-Filder-Bruchzone« im Esslinger Vorraum haben wir eingangs kurz beschrieben. Jetzt sei hinzugefügt, daß man ihre Verwerfungen (wie man die Bruchlinien nennt) im Gelände oft deutlich spüren kann, wenn sie auch oberflächlich durch Nachgerutschtes etwas ausgeglichen worden sind: Beträgt doch ihre »Sprunghöhe« beim Esslinger Oberhof um 100 Meter, nördlich von Altbach sogar bis zu 170 Meter. Nicht zu übersehen ist auch die landschaftsgestaltende Kraft des tektonischen Remstalbruchs, dessen südliche Verwerfung unterhalb vom Schönbühl bis südöstlich Winterbach durch die unteren Schurwaldhänge zieht. Schließlich gibt es noch einige weitere, in ihren einzelnen Erscheinungsformen gewiß interessante, aber praktisch bedeutungslosere Verwerfungen: Der zwischen Aichschieß und

Krummhardt gen Baach hinunterziehende Grabenbruch; eine Verwerfungslinie südlich Büchenbronn-Krapfenreut-Nassachtal (Sprunghöhe bis zu 50 Metern), sowie diejenige, die vom Hohenstaufener Verwerfungssystem dicht südlich an Börtlingen vorbei bis in den oberen Tobelgrund zwischen Adelberg-Dorf und -Kloster (Sprunghöhe 10 bis 15 Meter) herüberläuft.

Wo jedoch die unteren Gesteinsformationen dem starken Druck der oberhalb liegenden Gesteinsmassen standzuhalten vermochten, wurden sie immerhin verbogen, so daß auch hier die Obergrenzen aller Schichten einfallen. So wird mindestens in der südlichen Schurwaldhälfte, von Altbach ostwärts, die allgemein (mittelwürttembergisch) südöstlich gerichtete Schichtenschiefstellung überspielt von einer steilen *Schichtenverbiegung* in ausgesprochen nordsüdlicher Richtung, so vor allem im Raum Reichenbach – vielleicht als eine sozusagen zur Verbiegung abgemilderte Fortsetzung der Bruchzone des Esslinger Vorraums. Unsere Darstellung des Gipskeupers und des Stubensandsteins belegen das mit Meterzahlen. Auch südöstlich Engelberg zeigt sich eine solche Schichtenverbiegung. Hingegen hat die im Gelände auffallende Erscheinung, daß alle Liashochflächen sich nach außen sanft abwölben, nichts mit Schichtenverbiegung zu tun.

Zoneneinbrüche und Schichtenverschiebungen erfolgten kaum in einem einmaligen gewaltigen Naturereignis. Eine genauere zeitliche Festlegung des Beginns der Esslinger Bruchzonen-Vorgänge begegnet außerordentlichen Schwierigkeiten, weil gesicherte Anhaltspunkte oder Vergleichsmöglichkeiten fehlen. Im allgemeinen spricht man von »vor-obermiozän« und meint damit die Zeit vorm Ausbruch des Scharnhäuser Vulkans (letzterer vor 14 oder 10 Millionen Jahren); manche Sachverständige wollen gar bis in die Kreidezeit zurückgehen. Andererseits halten die Spannungen der Erdkruste trotz ihres hohen Alters offenbar bis heute an. Damit erklärt sich das tektonisch (also nicht vulkanisch) bedingte Erdbeben vom August 1940, dessen Herd etwa 10 km senkrecht unter dem Raum nahe westlich der Hegenloher Kirche lag; zwar war seine Stärke mäßig, aber verspürt wurde es doch auf dem ganzen Schurwald deutlich.

Der *Vulkanismus* gilt neben den tektonischen Vorgängen als eine zweite ausgeprägte Besonderheit des Tertiärs. Allein im Schurwaldraum wirkte sich das nicht unmittelbar aus. Trotzdem interessiert auch uns das Vulkangeschehen während des Obermiozäns im Kirchheim-Uracher Raum, weil dessen äußerster Ausläufer der uns benachbarte Scharnhäuser Vulkanschlot bildet. Haben wir doch aus seinem Ausbruch wichtige Schlüsse über Aufbau und Ausbreitung der Juraformation ziehen können.

Ein großer landschaftsverändernder Vorgang im Tertiär war die ebenso weiträumige wie tiefeindringende *Bodenabtragung*, die vielleicht schon zur Kreidezeit eingesetzt hatte und sich auch nach dem Tertiär fortsetzte, bis heute. Die Verwitterung griff die Gesteine chemisch und mechanisch an; sie bereitete sie gemeinsam mit Regen, Frost und Wind zur Abtragung vor. Der Wasserablauf, der sich zur Kreidezeit noch mehr breitflächig vollzogen haben mag, entwickelte allmählich ein System von Bächen und Flüssen.

Der Tübinger Geologe Georg Wagner hat als erster erkannt, daß das *Entwässerungssystem* unseres Jurahochlandes ursprünglich nach Südosten, danubisch (zur Donau hin), orientiert war. Er hat die »Ur-Lone« entdeckt, d. h. einen Fluß, der aus verschiedenen Quellbächen (Cannstatter Lone, Tübinger Lone usw.) gespeist, hoch über dem heutigen Neckar-Fils-Tal (bei Plochingen 450 Meter über Tal) und der Geislinger Steige ostwärts lief, bei Amstetten die heutige Albhochfläche erreichte und dort im heutigen Lone-Trockental und Lonetal zur Donau floß, unterwegs den Urfluß Rems-Brenz aufnehmend. Diese Hypothese wird heute allgemein anerkannt. Als Zuflüsse der Ur-Lone sollen auch die etwaigen, ebenfalls hoch über den heutigen Tälern, südostwärts gerichteten Urbäche von Lützelbach, Nassach und Adelberger Herrenbach infrage kommen. Sicherlich schaffte das danubische Flußsystem ungeheure Verwitterungsmassen von unserem Jurahochland fort.

Nun laufen aber heute Fils und Neckar am Schurwald von Ost nach West (ebenso die Rems). Georg Wagner hat diese »Umkehr« folgendermaßen erklärt. Vermutlich in der ersten Tertiärhälfte, sagen wir vor 60 Millionen Jahren, war der Rheintalgraben eingebrochen und damit in der Folge auch der Unterlauf des Neckars viel tiefer gelegt worden. Infolgedessen vermochte der Neckar mit seinem im Vergleich zu den danubischen Flüssen viel größerem Gefälle (Stuttgart 220, Ulm 470 Meter über Meeresspiegel) und der damit verbundenen stärkeren Erosions-(Auswaschungs-)kraft sich verhältnismäßig rasch in das mittelschwäbische Schichtstufenland einzufressen. Später erodierte der Neckar, begünstigt durch den Einbruch der Schurwald-Filder-Bruchzone, weiter über Cannstatt südostwärts; beim Ausbruch des Scharnhäuser Vulkans vor 14 bis 10 Millionen Jahren hatte er, wie erwähnt, dessen oberste Weißjuraschichten schon abgetragen. Dann erreichte der Neckar Plochingen, wohlgemerkt immer noch mehrere hundert Meter über seinem heutigen Niveau. Dementsprechend wirkte sich seine Erosionskraft in der Folgezeit hoch über dem heutigen Filstal weiter ostwärts aus. Ergebnis: Die Lone verlor ihr ganzes Einzugsgebiet westlich vom heutigen Albtrauf. Entsprechendes gilt übrigens für die Entwicklung des Remstals.

Es scheint, daß nach einer längeren, in völliges Dunkel gehüllten Flußgeschichte die Gewässer im Schurwaldbereich ihren Lauf weiter änderten. Wolfgang Heller hat als erster auf der Linie »nördlich Thomashardt – südlich Hohengehren-Aichschieß-Esslinger Jägerhaus« kleinste dünne abgerundete weißliche Kalksteinchen gefunden und sie als Malmflußschotter angesprochen. Er denkt dabei an die schon westwärts gerichtete Fils, die sie im Mittleren Pliozän (vor 5 bis 4 Millionen Jahren) von den Weißjurahöhen der Schwäbischen Alb hierher gebracht hätte. Pendelte die Fils doch, wie Hellers weitere Schotterforschungen ergeben, später sogar südwärts noch über die heutigen Flußtäler hinweg bis nördlich Köngen und erreichte von dort über Nellingen-Ruit das heutige Neckartal. Freilich, warum und wo die Fils dereinst auf den Schurwald gekommen sein könnte, vermag Heller nicht zu erklären, weil bis jetzt Flußschotter aus dem Frühen Pliozän und gar davor noch nicht gefunden worden ist.

Wir selbst haben an die genannte Hellersche Entdeckungslinie anschließend solche abgerundete Weißjurasteinchen auf den Liasäckern von Diegelsberg, Krapfenreut, Büchenbronn, Thomashardt/Hegenlohe und Baltmannsweiler aufgelesen (Näheres im »Hegenloher Heimatbuch«). Diese Vorkommen liegen auf jedem Liasriedel spürbar zu jeweils mehreren Bändern zusammengeordnet, die halbwegs parallel zueinander in unregelmäßigem Abstand von einigen hundert Metern verlaufen und offensichtlich nicht von Menschenhand herangebracht worden sein können. So hat sich uns die Vorstellung aufgedrängt, die Malmflußschotterbänder des Büchenbronner Riedels hätten ursprünglich mit den ihnen räumlich etwa entsprechenden des Riedels Thomashardt/Hegenlohe und diese wiederum mit denen des Hohengehren/Baltmannsweiler Riedels in Verbindung gestanden und seien erst später durch die zeitlich viel jüngeren nordsüdlichen Bachtäler unterbrochen worden. Könnten solche rekonstruierten Zusammenhänge vielleicht Zeugnis geben für einstige Flußläufe, etwa für eine allmähliche Verlagerung der Fils von ursprünglich nördlicheren Ost-West-Strecken auf südlichere? Von der Klärung dieser Dinge hängt auch die Beantwortung der Frage ab, warum Lützelbach, Nassach und Adelberger Herrenbach heute in widersinniger Weise südostwärts zur westwärts gerichteten Fils fließen. Nach Georg Wagner haben deren Urbäche, Zuflüsse der Ur-Lone, beim tieferen Einschneiden ihre ursprüngliche Richtung beibehalten, »durchgepaust.« Aber ihr der Schichtenschiefstellung vollkommen angepaßter Lauf kann auch viel später neu entstanden sein.

Fünftens: Das Quartär (2 Millionen Jahre vor heute bis heute). Der Name »Quartär« = »Vierte Zeit« rührt wiederum von einer früher üblichen Einteilung der Erdgeschichte her. Man gliedert das Quartär in zwei Zeitstufen: Eiszeit oder Pleistozän oder Diluvium (von 2 Millionen Jahren bis 10 000 Jahren vor heute) und erdgeschichtliche Jetztzeit oder Holozän (von 10 000 bis heute). Beginnen wir mit der *Eiszeit* (Pleistozän). Die in ihr abwechselnden Kälte- und Wärmeperioden sowie ihr zeitliches Verhältnis zueinander sprechen wir erst beim Skizzieren der menschengeschichtlichen Altsteinzeit an. Jetzt mag es genügen festzustellen, daß der Schurwald zwar keine Gletscherschuttmassen nordalpiner oder gar skandinavischer Herkunft, aber doch deutlich wahrnehmbare Spuren von Kaltzeiten kennt.

So bildete sich der tiefgründige feinsandige *Verwitterungslehm* auf unseren Lias Alpha-Hochflächen, bis zu 4 Meter mächtig. Der an sich schon sehr frostempfindliche verwitterte Angulatensandstein wurde hier infolge der strengen klimatischen Verhältnisse der Eiszeit vielerorts zu Lehm umgewandelt. Für das Laienauge unterscheidet sich von diesem Lehm die allgemeine oberste Liasverwitterungsschicht höchstens durch bedeutend vermehrte Sandsteinbruchstücke. Eiszeitlich eingewehter und dann verlehmter *Löß* kommt auf den Schurwaldhochflächen vor, läßt sich aber vom Verwitterungslehm selbst für den Fachmann meist schwer trennen.

Der wiederholte Klimawechsel in der Eiszeit (Pleistozän) förderte die im Tertiär oder noch früher angefangene *Bodenabtragung* nachhaltig und dauernd. Die größeren Schurwaldbäche begannen auf dem Niveau der heutigen Schurwaldhochfläche sich in flachen Mulden einzuschneiden und ihre sich allmählich bis in den Mittleren Stubensandstein vertiefenden Täler auszuräumen. Vermutlich am Ende der letzten Eiszeit, vor zehn Jahrtausenden, war das heutige Landschaftsbild in seinen Hauptzügen erreicht; nur die Talböden der Bäche lagen noch 20 bis 30 Meter über ihrer gegenwärtigen Höhe.

Da zu Beginn der Eiszeit die benachbarten großen Flußtäler etwa 100 Meter über ihrem heutigen Niveau verliefen, blieben die in den Bächen und Flüssen verfrachteten Schuttmassen auf dieser Höhe als Schotter und Kiese liegen. Das gilt auch für die untersten Hänge des Schurwaldes, wo man beispielsweise auf dem Reichenbacher Siegenberg, rund 80 Meter über der Fils, Weißjura-Flußkies gefunden hat. Die zu späteren Abschnitten der Eiszeit in den inzwischen weiter eingetieften Tälern herangeführten Flußschotter wurden zu entsprechend niedrigeren Randterrassen abgelagert; so steht die Plochinger Kirche auf einer

Schotterterrasse 28 Meter über dem Neckar, und etwa in derselben Höhe zieht ein Streifen Weißjurakalkgerölle über der Fils von den Reichenbacher Leintel-äckern bis östlich Ebersbach.

Eine dritte Erscheinung ausgesprochen eiszeitlichen Ursprungs bildet der *Lias-hangschutt*. Der in den Kaltzeiten viele Meter tief gefrorene Boden taute, wenigstens in seinen oberen Lagen, während des Sommers auf; Tauwasser und Niederschläge konnten jedoch in den tiefer gefrorenen Boden nicht eindringen und verwandelten die oberen Flächen in einen nassen Bodenbrei, der auf den schmierigen Knollenmergelhängen breitflächig abrutschte (»Bodenfließen«). So zieht sich an sämtlichen Schurwaldhängen unterhalb der scharfen oder verrundeten »Liaskante«, an der sich der gewachsene Boden des Lias Alpha vom Knollenmergel sichtbar abgrenzt, lehmigsteiniger Liashangschutt hin, um talabwärts in der Knollenmergelzone oder erst noch weiter unten auf den Stubensandstein-verebnungen auszulaufen. Diese Schuttdecken schwanken zwischen 2 bis 10 Meter Mächtigkeit und sind selbstverständlich am dicksten unmittelbar unterhalb der Liaskante; teils ziehen sie in breiter Front hinab, teils sind sie zungenartig in Knollenmergelmulden eingebettet.

Übrigens kamen die Knollenmergel ihrerseits in der Eiszeit oft weit über den Stubensandstein talabwärts »ins Laufen«. Und wiederum die unteren Keuper-schichten wurden vom Hangschutt der oberen überdeckt, so sichtbar vor allem an den unteren Nordhängen des nordwestlichen Schurwaldes.

Nun neigt sich unsere erdgeschichtlich-geologische Betrachtung ihrem Ende zu, zur erdgeschichtlichen *Jetztzeit* (Holozän, 10 000 Jahre vor heute bis heute). Im wesentlichen setzten sich die geschilderten Bodenabtragungen fort, wenn auch auf andere Weise. Beginnen wir oben mit der Liashochfläche. Hier nahmen im Laufe der letzten zehntausend Jahre Niederschläge und Wind an den expo-nierten und schon vom eiszeitlichen Bodenfließen angegriffenen Rändern so viel Decklehm mit, daß dieser, jetzt nur noch auf den planebenen Mittelflächen mehrere Meter dick aufliegend, auf den Randflächen nach außen immer stärker ausgedünnt wurde. Infolgedessen erscheinen die *erodierten Liasrandflächen* heute nach außen *abgewölbt*. Die Auffassung, die Randflächen seien abgesunken oder abgekippt, weil die darunterliegenden Knollenmergel ausgequollen und an den Steilhängen abgerutscht seien, hält einer Überprüfung in der Natur nicht stand; bei Bodenaushüben in den Randsäumen zeigt sich, daß die Liasschichten im Inneren nach wie vor ziemlich waagrecht liegen. Gewiß, hier und dort sind schmale Nasen und Vorsprünge der Liasplatte tatsächlich abgekippt, weil die Knollenmergelunterlage davongelaufen war. Solche abgestürzte und noch über den Knollenmergel weiter heruntergerutschte Schollen lassen sich beispielsweise beim (kürzlich leider etwas planierten) Nollenbuckel südwestlich Thomashardt und zahlreichen Buckelchen nahebei sowie im Stöckwald (Forstabteilung 4) nordwestlich der Adelberger Zachersmühle gut beobachten.

Das eiszeitliche breitflächige Bodenfließen im *Knollenmergelbereich* wurde spä-ter durch *Rutschungen* abgelöst, die bis in unsere Tage anhalten. Nunmehr waren und sind es kleinräumige Vorgänge, meist unterhalb von Quellen oder in Quellmulden; liegen diese nahe beieinander, kann gewiß der Eindruck breitflächi-gerer Rutschungen entstehen. Bei genauerem Hinsehen ergibt sich häufig, daß weniger der Knollenmergel selbst, als die großenteils auf ihm lagernde Lias-hangschuttdecke talabwärts wanderte und immer wieder wandert. Besonders rutschgefährdet sind die Talköpfe, wo der unterliegende Stubensandstein ausgewaschen und damit der Knollenmergel seiner Stütze beraubt wird.

Ausgesprochen junge (holozäne) Erosionsscharten, nämlich die für den Schurwald typischen steilrandigen *Klingen* oder Tobel, wurden von den oberen Quellbächlein der meisten Schurwaldbäche geschaffen. Sie schnitten immer tiefer in die weicheren Lagen des Stubensandsteins derart ein, daß härtere Partien unterwaschen nachstürzten – Vorgänge, die sich noch heute nach starken Regengüssen beobachten lassen. Eine Zusammenschau der schier unzählbaren Klingen und Klingchen läßt eine gewisse Uneinheitlichkeit, beispielsweise örtlich gehäuftes Auftreten und verschieden gerichteten Ablauf, erkennen, für die es noch keine überzeugende allgemeingültige Erklärung gibt.

Nun zu den *Talausräumungen* im Holozän. Unsere Bachtäler vertieften sich während dieser verhältnismäßig kurzen Zeit auf ihren heutigen Stand infolge sehr starker Erosion, dank verhältnismäßig großen Höhenunterschieden bei relativ kurzen Bachläufen. Dabei erlaubten die am Nordwestfuß des Schurwaldes anstehenden auswaschbaren Gipskeuperschichten die Bildung längerer und breiterer Talsohlen (Lehnenbach, Beutelsbach, Stettener Haldenbach); die Bäche zum Filstal hin vermochten nur an ihren Talausgängen in den weichen Bunten Mergeln sich etwas mehr Raum zu schaffen. Aufs Ganze gesehen bleibt aber doch noch die Hauptfrage: Warum entwickelte sich die Entwässerung des Schurwaldes nur im Nordwesten sehr überwiegend zum Remstal hin, im übrigen Schurwald hauptsächlich zum Filstal? Im Nordwesten mag die Entstehung des weiten Beutelsbach-Einzugsgebiets Hilfen durch den tektonischen Bruchgraben Aichschieß/Krummhardt–Baach erhalten haben, während ansonsten Schichtenschiefstellung und -verbiegung den meisten Wasserabfluß nach Süden und Südosten förderten und dies, obgleich dort die Erosionsbasis wesentlich höher lag als das Remstal.

Die jungen *Ablagerungen* in den Schurwaldtälern bestehen naturgemäß aus den in ihrem Einzugsgebiet anstehenden Gesteinen; Weißjurakalke wird hier niemand erwarten. Der allmählich erlahmenden Transportkraft des Bachwassers entsprechend findet man vorzugsweise in den hinteren Talpartien größere Gerölle, in den vorderen zusammengeschwemmten Auelehm. Dort, wo die seitlichen Quellbäche mit ihrem äußerst starken Gefälle die Bachtäler erreichten, schütteten sie aus den mitgeschleppten Schuttmassen fächerförmige *Schwemmkegel* auf. Diese wurden nicht selten so groß, daß sie den Hauptbach zum Ausweichen nach der anderen Talseite zwangen oder ihrem eigenen Bächlein den Lauf verlegten, so daß dieses seitlich um seinen Schwemmkegel fließen oder ihn durchreißen mußte.

Schließlich ein Blick auf die jungen *Kalktuff*-Vorkommen an Quellenaustritten. Die Niederschlagswasser hatten beim Durchsickern von kalkhaltigen Gesteinsschichten Kalk aufgenommen und beim Quellaustritt wieder ausgeschieden. Dieser tuffartige, grau- bis gelblichweiße poröse Kalk (Kalziumkarbonat) erreichte allerdings im Schurwald selten größeren Umfang, so etwa beim Hohlen Stein (vgl. Teil B, Aichelberg). Soweit er sich heute ausscheidet, setzt er sich auf benachbarten Pflanzenteilen sichtbar ab.

c) Landschaftsformen, Böden, Bewirtschaftung

Dieser Abschnitt versteht sich ausschließlich gegenwartsbezogen. Ausführungen darüber, wie das alles erdgeschichtlich und gesteinskundlich zu erklären ist, finden sich im vorangehenden Abschnitt.

Erstens: Raumeinheit und Zertalung. Die natürliche Schurwald-Landschaft, wie wir sie eingangs abgrenzten, stellt, trotz aller Zertalung und ungeachtet der reizvollen Vielfalt im einzelnen, eine deutlich spürbare Raumeinheit dar. Dieser Eindruck kommt nicht von ungefähr. Denn mindestens auf drei Seiten wird das kleine Bergland, eigentlich nur ein Bergrücken, markant aus seiner Umgebung von seinen steilen bewaldeten Hängen herausgehoben: Vom Remstal geht es überall mindestens 200 Meter hinauf (Aichelberg liegt gar 237 Meter über Beutelsbach); im Westen bildet der Fellbacher Kappelberg, wenngleich niedriger, eine unverkennbare Landmarke; im Süden zum Neckar-Fils-Tal beträgt der Höhenunterschied um 200 Meter. Da sich der Schurwald nach Südosten leicht absenkt und ihm hier außerdem die Liasplatten von Wangen und Wäschenbeuren ansteigend entgegenkommen, verringert sich der Höhenunterschied beträchtlich; dafür schirmen hier unübersehbare Wälder das Bergland nach außen ab.

Der Eindruck einer nach außen sich deutlich abhebenden Geschlossenheit wird verstärkt durch das Fehlen stark hervortretender Gipfel. Während die Liashochfläche etwa 460 bis 480 Meter über Meeresspiegel hinstreicht, stehen der Aussichtsturm auf dem Kernen nördlich Esslingen und der Wasserturm auf der Oberberkener Mäderwies, beide nur 513 Meter über dem Meeresspiegel. Nebenbei: Der Kernen ist somit nicht »die« höchste Erhebung des Schurwaldes.

Diese landschaftliche Raumeinheit erhält ihre charakteristischen Hauptakzente durch die tief eindringende Zertalung und durch die stockwerkartige Waagrecht-Gliederung. Die *Zertalung* des Schurwaldes, deren Entwicklung wir schon kennenlernten, befindet sich in einem fortgeschrittenen Stadium. Besonders tief dringen von Nordwesten, Süden und Südosten die bewaldeten Bachtäler in das Bergland ein und zerteilen es dermaßen, daß eigentlich nur ein mehr oder minder schmales Höhenrückgrat übriggeblieben ist – mit einem im Westen mehr südlich, in der Mitte und im Osten mehr nördlich ziehenden Hauptstrang, der zugleich die Wasserscheide zwischen Rems und Fils-Neckar bildet. Der Hauptstrang ist an mehreren Stellen derart schmal, daß nicht viel Phantasie dazu gehört, sich seine Unterbrechung durch die von beiden Seiten auswaschenden Bachsysteme in absehbarer Zukunft vorzustellen.

Die vom Hauptstrang mehr oder minder rechtwinklig abzweigenden Seitenstränge stellen die schmalen und wenig niedrigeren Zwischentalrücken oder Riedel dar, so im Norden der Aichelberger Riedel zwischen Strümpfelbach und Beutelsbach, im Süden der Baltmannsweiler Riedel zwischen Gefällbach und Reichenbach, der Hegenloher zwischen Reichenbach und Kirnbach, der Büchenbronner zwischen Kirnbach und Ebersbach, der Diegelsberger zwischen Ebersbach und Nassach, dazu im Südosten der Adelberger Riedel zwischen Herrenbach und Kohlbach, der Börtlinger zwischen Kohlbach und Marbach. Im Grunde ist der Hauptstrang nicht viel breiter als jeder Riedel, was aber wegen seiner Unüberschaubarkeit nicht so auffällt. Die Riedel hingegen lassen deutlicher erkennen, wie die Gewässer den Schurwald schon zerrissen haben.

Nun zum anderen Hauptakzent der Schurwald-Landschaft, zur *stockwerkartigen*

Waagrecht-Gliederung. Was meinen wir mit den Stockwerken? Ob man von Nord nach Süd oder umgekehrt die 10 Kilometer quer durch den Schurwald fährt, meist sieht man dieses: Über steile bewaldete Aufstiege kommt man in ein flacheres Wiesengelände, das sich zur äckerbesetzten Hochfläche erhebt; auf der anderen Seite geht es dann entsprechend wieder bergab. Nur am Nordrand, wo infolge der südostwärts gerichteten Schichtenschiefstellung das Bergland etwas höher aus seiner Umgebung heraustritt, besitzt es sozusagen noch ein sichtbares Untergeschoß aus tieferen (älteren) Gesteinen. Die Bodenbewirtschaftung macht es schon dem eiligen Wanderer deutlich, daß es sich bei den drei Stockwerken um grundverschiedene Landschaftsstrukturen handelt, nämlich um die Stubensandsteinhänge (Wald), die Knollenmergelzone (Wiesen) und die Liashochfläche (Äcker). Zwar decken sich Boden und Bewirtschaftung derart durchaus nicht überall (vgl. unten); zur Groborientierung mag das aber vorerst genügen. Die geschilderte stockwerkartige Gliederung erscheint auch an den Rändern jedes Bachtals wieder. Überall geht es über bewaldete Stubensandsteinhänge durch die oft wiesengrüne Knollenmergelzone hinauf zum Liasackerboden. Mit anderen Worten, man hat es mit einer Großzahl voll ausgebildeter landschaftlicher Einzelräume zu tun. Bei erstmaliger Beobachtung in der Natur haftet alldem etwas Unübersichtliches an, das aber angesichts der verhältnismäßigen Kleinräumigkeit des Ganzen und infolge der ständig wiederkehrenden Stockwerkseinteilung doch schnell begreifbar und durchschaubar wird – der Wanderer ist überall bald »am Ende« und sieht eine andere, aber doch wieder vertraute Landschaftsform vor sich.

Zweitens: Die einzelnen Landschaftsstockwerke, ihre Oberfläche und Bewirtschaftung. Zunächst ein kurzes Wort zum *Untergeschoß.* Dieses ist bei Stetten immerhin 100 Meter, bei Weiler/Rems noch 60 Meter hoch, senkt sich dann aber weiter ostwärts schnell, um schließlich unter den Stubensandstein unterzutauchen. Von der untersten Schichtenfolge, dem Gipskeuper, sieht man infolge Hangschuttbedeckung so gut wie nichts. Desgleichen vom Schilfsandstein; nur seine Flutfazies-Bänke kündigen sich im Gelände, vor allem im Raum um Stetten, durch kleine Terrassenbildung an. Darüber läßt ein rotbrauner Hangstreifen das Ausstreichen der Roten Mergel erkennen. Auf ihm läuft als eine zwar recht schmale, aber deutlich ausgeprägte Geländeteilstufe der feste, widerstandsfähigere Kieselsandstein; in den Bachrissen verursacht er gar kleine Wasserfälle, so etwa am Hohlen Stein zwischen Aichelberg und Schnait, so im nördlichsten Seitenklingchen des Eschenbachs (Espenbachs) südlich vom Engelberger Oberhof. Über der hellen Kieselsandsteinzone steigen, an grauer Bodenfarbe erkennbar, die Oberen Bunten Mergel wieder sanfter bergan. – Auf den sonnseitigen Hängen des Untergeschosses baut man Wein an, und zwar auf den unteren, schweren Böden des Gipskeupers das »Rotgewächs«, auf den Sandsteinkeuperböden darüber das »Weißgewächs« (»Stettener Brotwasser«!); alle Schattenhänge tragen Obst (viel Kirschen) und Beeren.

Bei der folgenden Betrachtung der einzelnen *Hauptstockwerke* beginnen wir zweckmäßigerweise wieder mit dem untersten, das der *Stubensandstein* einnimmt. Nur im Norden, zum Remstal und dessen Seitentäler-Ausläufern hin, sitzt er auf den Bunten Mergeln derart auf, daß er sich von ihnen in einer deutlichen Geländestufe abhebt. An den übrigen Gebirgsrändern der Haupttäler, vom Esslinger Vorraum und dem Plochinger Verwerfungsraum abgesehen, bleiben dem Stubensandstein weite Oberflächen bis zur Knollenmergelzone hinauf vorbehalten, ebenso fast völlig in allen Seitentälern, vor allem in den ausladenden Räumen des oberen Beutelsbach und der Nassach mitsamt ihren beiden Quellbächen. Damit besitzt der Stubensandstein einen verhältnismäßig hohen Anteil an der gesamten Schurwald-Oberfläche (nicht Hochfläche). Die Hänge des Unteren Stubensandsteins, der in den nacheiszeitlich so tief ausgeräumten Tälern unten häufig felsblockartig ansteht, steigen, für ihn typisch, steil und durchschnittlich etwa 25 Meter hoch bergan. Im Mittleren Stubensandstein bilden dann härtere Lagen örtlich meist kleine Verebnungsflächen; im allgemeinen werden hier die Geländeformen weicher, die Talauen breiter und die Talformen flacher – die typischen eiszeitlichen Talböden, beispielsweise im hinteren Katzenbachtal nordöstlich Hohengehren oder im hinteren Fliegenbachtal südwestlich Unterberken. Und dann geht es auf dem Oberen Stubensandstein erneut kurz, aber steiler bergan, um in leicht geneigten und öfters weitstreichenden Verebnungsflächen oben auszumünden.

Nun aber umgekehrt. Dort, wo die im Knollenmergel flach eingemuldeten Bächlein und Rinnsale diesen verlassen, graben sie sich plötzlich zu steilen, engen Klingen in den Stubensandstein ein. Die Klingen werden bedeutend vermehrt und rückwärts verzweigt durch die steilwandigen, schmalen und schier unzugänglichen Risse, in denen die Wasser der vielen oberen Stubensandsteinquellen ständig, sowie die von Schneeschmelze und starken Regengüssen zeitweilig hinunterstürzen, um sich in mittlerer Höhe mit den anderen zu ansehnlichen Bächlein zu vereinigen. Aufs Ganze gesehen haftet manchem derartigen Bächleinsystem mit allen seinen Nebenverästelungen nach oben etwas Geweihartiges an. Daneben findet sich aber auch eine Unzahl einfacher gebauter Tobel. Widerstandsfähigere Sandsteinbänke verursachen gar kleine Wasserfälle: Zeller Wasserfall, Orgelfall nordöstlich Altbach, Holdersteinfall östlich Hohengehren, die Fälle in der Hegenloher Franzosenklinge, in den Talköpfen von Engersenbach (Engelsbach) und Kirnbach, im Fliegenbachtal und benachbarten Säutobel, im Bärentobel, in der Kastenklinge östlich Börtlingen und andere. In allen diesen Tälern und Tälchen und Schluchten zu wandern und zu steigen ist wirklich reizvoll, in den »Geweih-«Partien geradezu romantisch, zuweilen gar halsbrecherisch.

Übrigens findet man, gar nicht selten, die höher gelegenen Stubensandsteinpartien, vor allem soweit sie verebnet sind, noch von allmählich auslaufendem Liashangschutt bedeckt, der über die Knollenmergel bis hierher heruntergerutscht ist; das gilt natürlich auch für die rutschigen Mergelmassen selbst. Darauf werden wir alsbald noch näher eingehen.

Da in den geschilderten Klingen, den »Höllen« des Volksmundes, viele Wasseradern aus dem Berg treten und die Rinnsale über tausend Steinbrocken schnellen und obendrein das Ganze unter Hochwald (hier gedeiht die Fichte gut) im Schatten liegt, ist die Luft spürbar feucht, oft dunstig oder neblig. So kommt es nicht von ungefähr, daß gerade hier böse Geister hausten, Spukgestalten gesichtet wurden, schaurige Szenen sich ereigneten, Irrlichter verführerisch tanzten – wie das alles von Mund zu Mund durch Generationen hindurch überliefert und wirklich geglaubt wurde.

Ebenso wie die Gesteine des Stubensandsteins weisen seine Böden allgemein einen kleinflächigen Wechsel auf, von durchlässigem trockenen Grobsand bis zu schweren vernässenden Tonen. Darauf näher einzugehen muß der Fachliteratur vorbehalten bleiben. Es liegt auf der Hand, daß die Ergiebigkeit der Böden für Forst- und Landwirtschaft entsprechend variiert; dabei spielen Wasserhaushalt und Hangschutt eine beachtliche Rolle. Die weitaus größten Teile der Stubensandsteinböden sind waldbestockt; auf sandigen Böden werden einige Forstsaatschulen gepflegt. Nur im Nordwesten sieht man die unteren sonnseitigen Hänge mit Reben (dem »Weißgewächs«), einen Teil der schattseitigen mit Obstbäumen, Beerensträuchern und Wiesen bedeckt; auf den ungünstigen Lagen steht Wald. Waldfrei sind außerdem im wesentlichen: Der Raum um Engelberg, die unteren Hänge zum Filstal, die Talsohle der Nassach, sowie die hangschuttbedeckten Terrassen des Oberen Stubensandsteins in der Nähe verschiedener Dörfer und Weiler; je nach den örtlichen Boden- und Klimaverhältnissen zeigt sich hier eine weite Spanne von Obstanlagen über Ackerbau (auf den nährstoffreichen Fleinsteinäckern von Baiereck und Nassach) zur einfachen Wiesennutzung.

Jetzt steigen wir ein Stockwerk höher, in die *Knollenmergel*zone. Auf dem Stubensandstein aufliegend umläuft sie wie ein sorgsam geschlungenes Band in 200 bis 300 Meter Breite sämtliche oberen Schurwaldhänge. Ihre oben an der Liaskante oft stark geneigten Hänge verflachen sich talwärts. An ihren oberen Rändern oder auch etwas tiefer tritt das in den Liasschichten unterirdisch herabfließende Wasser aus. Infolgedessen beginnen hier viele Quellmulden mit weichen, geradezu teigigen Böden, von weitem schon durch Binsen- und Sumpfgrasbestände erkennbar. Rutschungen der aufgeweichten Mergel sind zwar nicht alltäglich, ereignen sich aber im kleinsten Umfang des öfteren bei Baugruben und in größerem Maße auf freiem Gelände hin und wieder, hier und dort. Bewegen sich solche Rutschungen talwärts, wölben sie sich buckel- oder wellenförmig auf, wobei abflußlose Dellen oder Vertiefungen entstehen. Das sieht zuweilen so aus, als flösse der Boden wie ein zäher Teig den Abhang hinab. Allerdings mögen es mehr die auf dem schmierigen Knollenmergel liegenden Liashangschuttmassen sein, die auf ihm ins Rutschen kommen und dann durch ihre Gewichtsverlagerung wiederum das Rutschen des verwitterten Knollenmergels fördern. Wie dem auch sei, als typische Folgen solcher Rutschungen sieht man oft die vielen schräggestellten oder gar säbelförmigen Obstbaumstämme zwischen den Buckeln und Bodenwellen.

Insgesamt läßt sich sagen: Die zu Tage tretenden Partien des Knollenmergels wechseln sehr unregelmäßig mit hangschuttverdeckten; letztere überwiegen flächenmäßig bei weitem. Immerhin ist der rote Knollenmergel allenthalben in Bachrissen und Wegeeinschnitten gut zu sehen; im Weichbild von Hegenlohe, dem einzigen Dorf in dieser Zone, wird er bei vielen Bauaushüben kurzzeitig freigelegt. In ihrem unteren, verflachenden Teil unterliegen seine Hänge wieder häufig der Versumpfung. Andererseits kann Knollenmergel unter bestimmten Voraussetzungen gar nicht selten und ziemlich unvermittelt auch in harten, trockenen Tonlagen auftreten.

Selbstverständlich bringt der feuchte oder gar versumpfte Boden keinen großen Gewinn. Seine Wiesen ergeben nur »rauhes« Futter und sein Wald erzeugt zwar viel, aber minderwertiges Holz. Soweit jedoch der Boden unversumpft ist oder gehörig entwässert worden ist (Abzugsgräben, Drainage), tragen seine guten Wiesen noch mancherorts ausgedehnte Obstbaumhalden. Andererseits bringen trockene Mergelböden wenig, aber kräuterreiches Futter; man baut hier gern

Beeren und Kirschen an oder bei Aichelberg gar Wein, während der Forstmann sich mit lichten Laubholzbeständen begnügen muß. Dort, wo eine Liashangschuttdecke auf versumpftem Knollenmergel liegt, zeigt sie sich meist ebenfalls vom Schichtgrundwasser durchnäßt; fallen die Hänge steiler ab oder sind sie trockengelegt worden, fördert die Decke die Fruchtbarkeit des Bodens. Zur heutigen Verteilung von Wiesen und Wald in der Knollenmergelzone läßt sich verallgemeinernd etwa dieses sagen: nur im weiteren Umkreis der Siedlungen sieht man Wiesen, im übrigen meist den vom Stubensandstein heraufreichenden Wald. Dabei bemerkt man jetzt erneut Bemühungen, besonders ertragsarme, siedlungsferne Knollenmergelböden (Grenzertragsböden) aufzuforsten.

Das auf dem Knollenmergel aufliegende *Rät* bildet im Schurwald nur ein recht unbedeutendes Zwischengeschoß. Das Notwendige hierzu findet sich schon im geologischen Zusammenhang angedeutet.

Das dritte und oberste Hauptstockwerk, die Hochfläche oder »Ebene« oder »Schlichte« der Vorfahren, ist dem *Schwarzen Jura* oder *Lias Alpha* vorbehalten. Große und in sich geschlossene Flächen, wie man sie von der Filder her kennt, sind hier freilich nicht zu erwarten. Bescheidene Vorstellungen mögen allenfalls die ebenen Flächen um Aichschieß, Baltmannsweiler, Oberberken, Adelberg und vor allem im adelbergischen Weiten Wald genügen. Indessen gibt es zahlreiche Stellen, auf den Seitensträngen (Riedeln) und sogar auf dem Hauptstrang, wo die Liasschichten nur noch knapp 200 Meter breit streichen; östlich von Schlichten sind sie sogar schon zweimal unterbrochen. Beim Wandern fällt außerdem auf, daß die Liasflächen mit ihren Seitenflächen sich erst sanft, dann stärker nach außen neigen. Ist nun der Bergrücken an sich schon schmal, bleibt für den ebenflächig erhaltenen Liasmittelstreifen nicht viel übrig. Die geneigten Flächen, deren Abflachung wir im wesentlichen als Ergebnis einer jahrtausendelangen Erosion erkannten, setzen unten oft mit einem deutlichen Geländeknick, der »Liaskante«, gegen die Knollenmergelzone ab.

Die ebenen Liasflächen werden weithin von eiszeitlichem mehlsandigen bis tonigen Liasverwitterungslehm bedeckt, der im Erdinneren nach unten toniger und wasserundurchlässiger, vor allem steiniger wird. Mitunter findet sich eingewehter Lößstaub darin. Wo jedoch schon der Oberboden steiniger und flachgründiger wird, spricht man von verwitterten Angulatenschichten. Auf den geneigten Randflächen ist der Feinlehm stark ausgewaschen und der Boden daher, vor allem in den etwa 100 Meter breiten unteren Säumen, oft ausgesprochen steinig.

Die braunerdigen Böden der ebenen Liasflächen eignen sich für die Land- wie die Forstwirtschaft gleichermaßen gut. Diese leicht zu bewirtschaftenden Lagen gehören in die gehobene mittlere Bodengüteklasse. Allerdings vernässen unbewachsene Flächen infolge chemischer Veränderungen im Boden und verkrusten beim Abtrocknen. Das gilt insbesondere für den Lößlehm, der auf ebenen Flächen leicht verschlämmende, staunasse Böden gibt. Erfolgt keine künstliche Entwässerung, so verlieren sie allmählich ihre Leistungsfähigkeit; Waldkulturen vergrasen empfindlich und für den Hochwald entstehen schwierige forstwirtschaftliche Fragen. In der weiteren Umgebung unserer Siedlungen dienen die Liasböden dem Ackerbau, neuerdings auch verstärkt dem Beeren- und Tafelobstanbau oder gar, als Folge der agrarpolitischen Veränderungen, als Wiesenland und insoweit keineswegs voll ausgenutzt. – Je steiniger die geneigten Randflächen nach ihren unteren Säumen werden, desto ertragärmer werden sie: Grenzertragsböden, die nur noch als Grünland dienen und hier und dort schon der Aufforstung verfallen. – Jenseits von alldem sieht man wie eh und je große Liasflächen waldbestockt, so etwa durch beträchtliche Teile des Esslinger und des Plochinger Stadtwaldes oder durch die weiten Wälder südwestlich Adelberg.

Auf Kosten der guten Liasböden geht die starke raummäßige Ausweitung unserer Dörfer und Verkehrswege in den letzten Jahrzehnten und fernerhin. Leider schreitet auf den Zwischentalrücken (Riedeln) die Erosion der landwirtschaftlich genutzten Liasflächen, wie alte Landwirte aus ihrer Lebenserfahrung bestätigen, allenthalben fort, weil die überständigen und auch meist minderwertigen Obstbaumreihen gefällt und durch keinen anderen Windschuz ersetzt werden. Das wird sich im Laufe der Zeiten bitter rächen. Und noch zweierlei. Viele offene Liasböden neigen, weil vernässend und daher wasserabstoßend, bei starken Niederschlägen leicht zum »Überlaufen« und führen vor allem im Winter und Frühjahr oder bei Wolkenbrüchen zur Überschwemmung der Täler. Alle Liasbodenarten sind sehr frostempfindlich; daraus erklärten sich die fast alljährlichen vielen Frostaufbrüche an den bisher meist nicht genügend mit Schotter oder Sand ausgekofferten Straßen.

d) Klima und Gewässer

Die Raumeinheit der natürlichen Schurwaldlandschaft zeigt sich, entsprechend ihrer Gliederung in eine Vielzahl landschaftlicher Einzelräume, verschiedenartigen klimatischen Bedingungen unterworfen. Eine jedem Schurwaldbewohner geläufige Binsenweisheit. Selbst der eilige Sonntagsbesucher vermag das festzustellen, als angenehm oder mißlich, je nachdem. Mit der üblichen Einteilung in zwei Klimabezirke ist es offensichtlich nicht getan. Außerdem sind die bisher veröffentlichten Zahlenangaben veraltet, die daraus gezogenen verallgemeinernden Schlüsse überholt. Versuchen wir es daher mit einem Neuansatz.
Erstens: Die Temperaturen. Das Wetteramt Stuttgart des Deutschen Wetterdienstes teilt uns folgende Durchschnittszahlen (Grad Celsius) für die dreißig Jahre 1931–1960 dankenswerterweise mit:

Schurwald		Mittlere Temperatur	
		Januar	Juli
West	Täler	– 0,2 bis – 0,5	17,9 bis 18,2
(Aichelberg)	Höhen	– 1,1 bis – 1,3	17,2 bis 17,4
Mitte	Täler	– 0,3 bis – 0,6	17,7 bis 18,1
(Hohengehren)	Höhen	– 1,2 bis – 1,3	17,1 bis 17,3
Ost	Täler	– 0,4 bis – 0,7	17,8 bis 18,3
(Adelberg)	Höhen	– 1,3 bis – 1,5	17,0 bis 17,3
Bei allem schuldigen Respekt vor dem Wetteramt halten wir die Julitemperatur des Ostschurwaldes für etwas zu hoch und schätzen:	Täler		17,6 bis 18,0
	Höhen		16,5 bis 17,0

Aus diesen Zahlen ergeben sich zwei Haupterkenntnisse. Erstens sind es die spürbaren Unterschiede sowohl der Januar- wie der Julitemperaturen zwischen den Tälern und den Höhen im gesamten Schurwaldbereich. Dem entsprechen übrigens die verschiedenen Zeitpunkte des Frühlingseinzugs (mittlerer Beginn der Apfelblüte): in den Tälern vom 1. bis 5. Mai, auf den Höhen vom 5. bis 10. Mai, jeweils von Westen nach Osten etwas später. Und Frosttage zählt man durchschnittlich im Jahr auf den inneren Hochflächen etwa 10 % mehr als in den Tallagen. Zweitens sinken überhaupt im allgemeinen in den Tälern wie auf den Höhen die monatlichen Durchschnittstemperaturen von Westen nach Osten ab. Dem entspricht, daß man im Westlichen Schurwald durchschnittlich 40 bis 50 Tage im Jahr mit Schneedecke zählt, im Mittelschurwald 50 bis 60 und im Ostschurwald sogar 60 bis 70. Zu allem mag es selbstverständlich kleine örtliche Abweichungen geben. Beispielsweise schwören die Thomashardter darauf, daß die Apfelblüte, Rosenblüte usw. bei ihnen 10 Tage später einsetze als unten in Reichenbach/Fils.

Nun stellt das alles immer noch eine ziemliche Grobeinteilung der Temperaturverhältnisse dar. Ihre Verfeinerung wird ausgehen müssen von der Lage des Geländes zur Sonne. Hier können sich recht unterschiedliche jährliche und tägliche Temperaturen schon in allernächster Nähe ergeben. Unbestreitbar werten die Vorzüge der sonnseitigen Hanglagen hoch, vor allem der Süd- und Südwesthänge, auch noch der Westhänge, während unsere Südosthänge gerade zur Blütezeit leicht Nachtfrösten ausgesetzt sind. Hingegen werden Schattenhanglagen von vornherein weniger gefragt; in engen Tälern leiden auch die sonnseitigen Hänge an Sonnenmangel infolge der Schattenwirkung des Gegenhanges. Örtliche Besonderheiten kennt jeder Bauer aus der Erfahrung von Generationen; sie finden zuweilen in unseren Flurnamen bildhaften Ausdruck.

Für die Bewirtschaftung spielen diese Dinge naturgemäß eine bedeutsame Rolle. Man denke nur an den Weinbau, für den außer der wärmeren Durchschnittstemperatur eine sonnseitige und nebelfreie Lage überhaupt die Lebensvoraussetzung bildet; aber auch Tafelobst und Beeren beanspruchen angemessene Besonnung. Die Laubwälder bevorzugen die wärmeren trockeneren Schurwaldteile, während Nadelwald die kühleren und feuchteren Partien liebt. Für die Landaufteilung zwischen Wiese und Wald hingegen sind heute offensichtlich andere Faktoren (Böden, Bedarf) maßgebend. Über all das wird später noch zu sprechen sein.

Zweitens: Die Luftbewegung. Was jedem Fremden zunächst auffällt: Hier oben atmet man meist »schöne frische Luft«, und eine kühle Brise macht oft heiße und schwüle Tage erträglicher. Genauer betrachtet verhält es sich doch wohl so. Die Windoffenheit (Hauptwindrichtung: aus Nordwesten) der Hochfläche und oberen Wiesenhänge erlaubt häufig eine lebhafte Luftbewegung. Außerdem steigt aus den reich verteilten Tälern und Klingen abends die erwärmte Luft hoch, während die kühlere hinabfließt. Daher bei einigermaßen Windstille die warmen Sommernächte auf unseren Höhen. Entsprechend, nur mit niedrigeren Temperaturen, verhält sich das Kleinklima in den übrigen Jahreszeiten; bei Windstille herrscht auf dem Schurwald oft eine wärmere trockenere Luft als in den feuchtkalten Tälern. Dieser Luftaustausch ist naturgemäß oben auf den schmalen Liasriedeln besonders lebhaft, so daß hier kaum Kaltluftseen und verhältnismäßig wenig Bodenfröste auftreten. Die ausgesprochenen Hochflächen, sozusagen im Mittelstreifen, leiden hingegen in Strahlungsnächten unter starken Spätfrösten.

Weiter fällt auf, daß Stürme und Böen hier heftiger toben. Das mag mit der exponierten Lage des (an sich gewiß verhältnismäßig niedrigen) Bergrückens zusammenhängen. Die Luft ist überhaupt schärfer, rauher als in den Tälern; man empfindet kalte Temperaturen als noch kälter. Der Mediziner spricht von Reizklima. Freilich, der Ungewohnte muß sich erst ein wenig akklimatisieren und ganz Empfindsamen mag es gar unbekömmlich sein. Äußerst vorteilhaft wirkt sich jedenfalls das Fehlen größerer Industrieanlagen aus. Der bodennahe Luftraum kann sich mit Hilfe der weiten Waldungen noch selbst ausgiebig regenerieren. Seine unbestreitbar reine Luft weist den noch nicht zersiedelten Schurwald als ein Naherholungsgebiet aus, in dem sich gesund leben läßt.

Drittens: Die Niederschläge. Zunächst wieder einige Durchschnittszahlen, wobei wir die Angaben für die Zeitspanne 1931–60 wieder freundlicher Mitteilung des Wetteramtes Stuttgart verdanken (in Millimeter Niederschlagshöhe; 1 mm entspricht 1 Liter Regen auf 1 Quadratmeter):

Schurwald (Meßstation)	1891–1930	1931–1960
West (Aichelberg)	742	810
Mitte (Hohengehren)	816	853
Ost (Adelberg)	892	907

Hieraus läßt sich folgendes ablesen. Erstens nehmen die Niederschläge von Westen nach Osten zu, entsprechend den nach Osten absinkenden Temperaturen, und begünstigen auch ihrerseits das Gedeihen des Nadelwaldes gerade östlich vom Nassachtal. Zweitens haben in den letzten dreißig Jahren vor 1960 die Niederschläge auf dem ganzen Schurwald zugenommen, wohl als Ausdruck einer Kleinklimaschwankung, die vielleicht einem allgemeinen sehr leichten Rückgang der durchschnittlichen Schurwaldtemperaturen entspricht.

Aufs Ganze gesehen sind die Niederschlagsverhältnisse auf dem Schurwald ziemlich ausgeglichen; wohl allenthalben fallen mehr als die Hälfte aller Niederschläge in den 5 Monaten von Mai bis September. Wenn auch verhältnismäßig selten, so kommen doch langanhaltende Dürren sowie überreiche Regen- und Schneefälle gelegentlich vor. Noch im vorigen Jahrhundert, als das ganze Leben hier oben vom Gedeihen der Landwirtschaft abhing, konnten die durch Wetterunbilden bedingten Mißernten zu Teuerung und Hungersnot führen. Hagelschlag (hauptsächlich Juni bis August) und Wolkenbrüche kehren nicht gerade selten wieder, haben aber ihre einstigen wirtschaftlichen Schrecken durch organisierte staatliche und genossenschaftliche Hilfen großenteils eingebüßt. Übrigens gilt im Volksmund der Schönbühl als eine Art Wetterscheide, vor allem bei den meist wehenden Nordwest- und Westwinden: Was er nicht nordostwärts abweist, kommt über den Schurwald.

Abschließend noch ein paar besondere Worte zur Luftfeuchtigkeit. Die Windoffenheit großer Geländeteile erhöht die Verdunstung und beeinträchtigt dadurch die für den Pflanzenwuchs wichtige Luftfeuchtigkeit. Und auffallend schweben in allen Tälern, selbst zur hochsommerlichen Zeit, häufig morgens und abends langanhaltende kühle dicke Nebel, 50 bis 80 oder gar 100 Meter hoch, von den Höhenrändern aus wie langgezogene weiße Wattemassen anzusehen, so besonders regelmäßig und dauerhaft etwa im Tal des Eitisbachs, das heißt des »dampfenden« Baches, unterhalb Hohengehren. Im lebhaften Gegensatz zu den darüber in der Sonne liegenden Äckern und Dörfern verleihen sie, von oben gesehen, der Gesamtlandschaft etwas Unwirkliches, Romantisches. Diese höhere Luftfeuchtigkeit bietet übrigens den auf sie angewiesenen Nadelhölzern auch in den Tälern des ansonsten trockeneren West- und Mittelschurwaldes gute Standortmöglichkeiten.

Viertens: Die Quellen. Teils verdunsten die Niederschläge, teils werden sie von Pflanzen (Bäume, Moose usw.) aufgenommen, teils fließen sie oberirdisch ab; nur soweit sie durch die Pflanzenwelt am oberirdischen Abfluß gehindert werden, versickern sie im Boden, aber auch nur in dem Maß, das die nicht sehr durchlässigen Lias- und Keuperschichten gestatten – nur ein bescheidener Bruchteil der Gesamtniederschlagsmenge. Dieses »Grundwasser« kommt durch Humus und Verwitterungsmassen hinab auf die Schichtgesteine, wo es der Lias kaum, der poröse Stubensandstein schon eher etwas zu speichern vermag. Durch deren Spalten und Klüfte sickert es weiter bis auf eine wasserundurchlässige Schicht (Tone oder Mergel), auf der es im Zuge ihres Schichtenfalls bis zum Schichtausstreichen weiterläuft. Hier endlich tritt es in vielen, vielen kleinen und kleinsten Quellen wieder an das Tageslicht.

Solche geologische Wasserleitschichten bilden somit die verschiedenen Quellhorizonte, was nicht ausschließt, daß unter bestimmten örtlichen Voraussetzungen auch dazwischen einmal eine Quelle heraustritt. Unser oberster Quellhorizont befindet sich an der Knollenmergel-Obergrenze; dicht darüber oder darunter tritt das Wasser aus dem Lias Alpha zu Tage. Die Schüttungen dieser Quellen schwanken den Niederschlägen entsprechend stark und schnell. In trockenen Zeiten versiegen gar manche – durch Jahrhunderte hindurch der besondere Kummer der Schurwalddörfer oben auf den Liashöhen. Weitere Quellhorizonte liegen im Mittleren Stubensandstein und an seinem Fuß (jeweils auf Mergellagen) und am Fuß des Unteren Stubensandstein (auf den Oberen Bunten Mergeln). Diese Stubensandsteinquellen zeigen ergiebigere und etwas beständigere Schüttungen; ihr Wasser diente der Versorgung der Talorte, nach Einführung einer zentralen Schurwald-Wasserversorgung auch den Höhenorten; seit dem Bau der großen Fernwasserleitungen aus dem Donauraum sind sie von untergeordneter, mehr zusätzlicher und ersatzweiser Bedeutung. Für die Liasquellfassung gilt das erst recht. Hingegen kamen die Quellen aus dem tieferliegenden Kiesel- und Schilfsandstein im Norden für die Schurwaldversorgung niemals infrage.

Selbstverständlich wurden nur die nach Lage und Ergiebigkeit günstigsten Quellen gefaßt. So bleiben dem aufmerksamen Wanderer abseits der großen Durchgangswege noch genug Gelegenheiten, sich an einer plätschernden Quelle oder an dem schimmernden Wasserschleier zu erfreuen, den eine Spaltquelle über den anstehenden Fels herunterlaufen läßt. An besonderen Stellen wird man den abgesetzten Kalktuff betrachten, ganz zu schweigen von der Vielfalt der solche feuchten Standplätze liebenden Pflanzen.

Fünftens: Der Wasserabfluß. Die Wasserführung der Schurwaldbäche hängt im wesentlichen von den Niederschlagsmengen und den geologischen Gegebenheiten ab. Die Niederschläge erkannten wir schon als im allgemeinen durchschnittlich, wenn auch mit einer spürbaren Betonung der Monate Mai bis September. Letzterem entspricht allerdings die Größe der monatlichen Abflußmenge durchaus nicht, weil der starke Wasserbedarf der Pflanzen und die sommerliche Hitze (sofortige Verdunstung!) einen wesentlichen Teil der Niederschläge aufzehren. Infolgedessen bemerkt man eine stärkere Wasserführung unserer Bäche im Frühjahr und Herbst, sowie in den eisfreien Wintermonaten.

Den Liasböden, die leicht »überlaufen«, und den nur sehr bedingt wasseraufnahmefähigen Knollenmergelwiesen stehen die einen schnellen Abfluß bremsenden und verringernden Waldflächen gegenüber. Daraus ergibt sich bei normalen Niederschlägen ein guter Ausgleich. Aber beim Zusammentreffen mehrerer ungünstiger Umstände kann es zu Hochwässern in den Schurwaldtälern kommen, ebenso in Hegenlohe wegen seiner Hanglage unterhalb des Liasbodens. Zu den ungünstigen Umständen zählen: Die schon erwähnten sommerlichen Wolkenbrüche, sehr starke und anhaltende Regenfälle auf die größeren Liasflächen, vom Föhn angewärmter heftiger Regen auf gefrorenen Boden oder dicke Schneedecke, sowie das zeitliche Zusammenfallen reichlicher Regen mit starker Schneeschmelze.

Für alle diese Sonderfälle bieten Bachregulierungen keine wirkliche Hilfe, vielmehr gefährden sie zusätzlich durch den schnelleren Wasserabfluß und die damit wachsende Hochwasserspitze die weiter unten liegenden Gebiete. Deshalb wurden schon bei Baach für den Gunzenbach und südlich Winterbach für den Lehnenbach je ein Rückhaltebecken gebaut. Weitere Becken sind geplant in den Tälern von Lützelbach, Reichenbach, Adelberger Herrenbach und Marbach. In ihrer Gesamtheit könnten die neuen Rückstaubecken zugleich für die Niederwasserklemme der Neckarreinhaltung und der Neckarschiffahrt Abhilfe schaffen. Freilich regen sich auch besorgte örtliche Stimmen dagegen. – Zur Trinkwasserversorgung vgl. Abschnitt 6 b.

e) Die Pflanzenwelt im Schurwald
von *Gertrud Buck-Feucht*

Jedem aufmerksamen Wanderer fallen die Eintönigkeit und Armut der Schurwaldvegetation auf. Vor allem in den Wäldern gibt es vorwiegend Gräser und Moose; die krautreichen Wälder und die blütenreichen Waldränder und Steppenheiden der Alb und des Unterlands gibt es nur in der nordwestlichen Ecke des Schurwaldes und da verarmt, während die Heiden und Moore der Sandsteingebirge fehlen. Außerhalb der Wälder sind nur hochkultivierte Flächen, Wiesen, Äcker, Gärten. Diese sollen hier zugunsten der Wälder außer Betracht bleiben. Denn wer sich die Mühe macht, die Pflanzen der Waldböden kennenzulernen, wird interessante Beobachtungen über den Zusammenhang von Standort – d. h. Gesteinsart, Bodenart, Großklima und Lokalklima – und der Vegetation machen können.

Die Vegetationskunde geht davon aus, daß einzelne Pflanzen und Arten wenig Aussagekraft über diese Zusammenhänge besitzen. Sie betrachtet die ganze

Pflanzengesellschaft, d. h. die vom Menschen kaum beeinflußte Bodenvegetation in ihrer natürlich gewordenen Zusammensetzung, gemeinsam mit Bäumen und Sträuchern; so erhält sie durch Vergleich die jeweils *natürliche Waldgesellschaft* und hat diese immer im Auge, auch wenn sie vom Vorkommen dieser und jener Arten und Artengruppen spricht. Vegetationskunde und Waldgeschichte zeigen, daß es sich im Schurwald im Wesentlichen um drei Regionen bzw. Regionalgesellschaften handelt: Im Osten um den Buchen-Tannenwald mit Fichte, in der Mitte um Buchenwald mit etwas Eiche und im Westen um einen buchenarmen Laubmischwald mit viel Eiche. Ihre Grenzen entsprechen nicht genau den geographischen, aber etwa den waldgeschichtlichen des 17. Jahrhunderts (vgl. Abschrift 4 k).

Erstens: Der Ostschurwald. Er liegt an der Grenze des großen fränkischen Nadelholzgebiets und trägt natürliche Nadel-Mischwälder aus Tanne, Fichte und Buche. Der Name »Buchen-Tannenwald« ordnet die Gesellschaft in größere wissenschaftliche Zusammenhänge ein, hier im Schurwald ist aber auch die Fichte immer mit dabei. Die Buche ist ein natürliches Glied der Tannenwälder tieferer Lagen; wenn sie von den »ordnungsliebenden« Forstleuten der Jahrhundertwende, also in der Jugend der heutigen Althölzer, herausgehauen wurde, gibt es Verjüngungsschwierigkeiten, da sich junge Tannen am besten in Buchenlaub entwickeln. Eichen waren im Nadelholzgebiet früher wohl häufiger, sie stehen vor allem auf Tonböden oder staunassen Lehmen; Birke und Vogelbeere auf trockenen Stellen. In der Strauchschicht zeigen Traubenholunder und Brombeeren die rasche Stickstoff-Umsetzung der Nadelstreu, besonders bei Lichteinfall.

Die wichtigste Waldgesellschaft ist der *Waldschwingel-Buchen-Tannenwald* in verschiedenen, standörtlich bedingten Ausbildungen. An den lehmigen Oberhängen ist er artenarm, der Waldschwingel bildet hier oft einen dichten Rasen, in dem die wenigen anderen Arten verschwinden, z. B. Waldsimse, Hainsimse, Dornfarn, Wurmfarn, Sauerklee, Moose. Noch ärmer ist er an den Rändern der Hochfläche, auf Angulatensandstein und nicht vernäßtem Decklehm. – Die Unterhänge mit Stubensand-Anteil im nachschaffenden Hangboden sind vielfältiger, die Gesellschaft ist artenreicher, zwischen Waldschwingelhorsten stehen Farne, Simsen, Gräser und Kräuter, meist solche, die an allen mittleren (nicht zu nassen, nicht zu trockenen, nicht zu sauren) Standorten vorkommen: Dornfarn, Wurmfarn, Frauenfarn, Waldsimse, Hainsimse, Haarsimse, Flattergras, Rispengras, Waldmeister, Anemone, Veilchen, Wald-Habichtskraut, Fuchs-Greiskraut, Sauerklee, Katharinenmoos, Frauenhaar und viele andere.

Waldschwingel, breiter Dornfarn, rundblättriges Labkraut, sprossender Bärlapp, Riemenmoos und Peitschenmoos sind eine Gruppe montaner (= Mittelgebirgs-)Arten, die ihr Optimum im Nadelwald hat. Die Westgrenze ihres natürlichen Vorkommens verläuft mit der Tannengrenze, nur der Waldschwingel geht noch bis ins Nassachtal. Alle anderen Vorkommen dieser Arten weiter westlich liegen unter oder neben künstlichen Fichten- und Tannenbeständen. Nur die ebenfalls montane Waldsimse wächst auch im Laubwald, zieht sich aber gegen Westen immer mehr in die feucht-kühlen Täler zurück.

An den Unterhängen und in den Tälern gibt es noch eine Reihe kleinflächiger Gesellschaften in reizvollem Wechsel: Da ist der *Heidelbeer-Buchen-Tannenwald* auf sandsteinreichen, sonnigen Hangnasen. Vielfach sind Forchen beigemischt.

Heidelbeeren, Heidekraut, Wachtelweizen, Drahtschmiele stehen in einem dicken Moosteppich aus Riemenmoos, Peitschenmoos, Rotstengel, Gabelzahn, Frauenhaar, Weißmoos. – Im *Hirschgras-Buchen-Tannenwald* an schattigen, feuchten Felshängen bildet die große Waldsimse (im Schwarzwald Hirschgras genannt) glänzende Rasen. Neben Heidelbeere und Moosen findet man Bärlapp und auch einige anspruchsvollere Pflanzen wie Wurmfarn und Goldnessel. Hier verjüngt sich die Fichte besonders gut. – Wo nicht Sandstein, sondern reiner Ton am Hang ansteht – meist ist er ja von Hangschutt überdeckt, – kommen zu *Tanne und Buche* die *Stieleiche* und ab und zu echte Sträucher: Rose, Weißdorn, Faulbaum. Charakteristisch sind die hohen Horste des Pfeifengrases, blaue Segge, Bergsegge und Maiglöckchen; auf diese Arten wird beim Laubwald noch eingegangen. – Zahlreiche Bachrisse und Klingen zerfurchen die Hänge, zu klein, um richtige Waldgesellschaften auszubilden. Hier findet man sämtliche Arten der *Farne*, die in der Gegend vorkommen, besonders den kleinen Buchenfarn und Eichenfarn, dann Springkraut, Schachtelhalme und Lebermoose. Auf den quelligen, kleinbuckeligen Rutschhängen unterhalb der Liaskante steht *Eschenmischwald* mit Ahorn, Erle und Hainbuche, der sich dann als *Bach-Eschenwald* in die Talauen fortsetzt. Vielfach ist es allerdings ein Kleinmosaik aus Waldschwingel-Buchen-Tannenwald auf den kleinen Hügeln und Eschenmischwald in den Mulden. Im Eschenwald stehen Sträucher: Weißdorn, Schneeball, Pfaffenhütchen, Rosen, Seidelbast, sie zeigen den tonigen, nährstoffreichen Untergrund; in der Bodenschicht Feuchtigkeitszeiger: Seegras, Hängesegge, Rasenschmiele, Wald-, Sumpf-, Riesenschachtelhalm und viele andere Arten; die Gesellschaft ist im Gegensatz zu den anderen Wäldern sehr artenreich (etwa 40 im Durchschnitt), auffallend sind besonders die großblättrigen Stauden wie Waldziest, Springkraut, Goldnessel, Hexenkraut.

Im Innern der Hochfläche, auf vernässendem Decklehm, stehen heute meist jüngere reine Nadelholzbestände mit wenig Unterwuchs (Seegras, Heidelbeere). Wie hier ein »natürlicher Wald von heute« aussehen würde, ist nicht sicher zu sagen. Die kleinen, lichten Reste mit Eiche, Moorbirke, Erle, mit Faulbaum, Pfeifengras und Torfmoos sehen reizvoll aus, dürften aber eher ein Kulturüberbleibsel aus der Zeit der Niederwaldwirtschaft darstellen (vgl. Abschnitt 4 k).

Zweitens: Der Mittelschurwald und das Innere des Westschurwaldes. Der »natürliche Wald von heute« wäre hier überall Laubwald. Alle heute vorhandenen Nadelhölzer, auch die wüchsigen Fichten in den Tälern, sind erst seit dem vorigen Jahrhundert angebaut und verjüngen sich nicht ohne forstliche Hilfe (vgl. Abschnitt 5 g). Diese Nadelhölzer, vor allem die Reinbestände mit ihrem Schatten das ganze Jahr über und der stickstoffreichen Streu, bilden sogenannte »Forstgesellschaften« aus (z. B. mit Waldschwingel), die aber hier nicht behandelt werden. – Von Natur herrscht auf den meisten Flächen und Standorten die Buche. Eichen sind regelmäßig dabei, auf trockenem Lehm und Sand überwiegend die Traubeneiche, auf feuchten und tonigen Böden die Stieleiche. Eschen, Ahorn, Hainbuche, Birke sind je nach Standort beigemischt.

Ein besonders *artenarmer Eichen-Buchenwald* steht auf der Hochfläche und den lehmigen Oberhängen, vor allem an den trockenen Stellen. In einem lockeren Rasen von Hainsimse und Frauenhaar findet man vereinzelt Waldsimse, Drahtschmiele, Habichtskraut und im Westschurwald Wald-Reitgras, wo genügend

Licht auf den Boden kommt. Aber an den Oberhängen eignet sich der Standort für Lärche und Forche, und im dunklen Bestand trifft man oft am ganzen Hang keine Bodenvegetation. – Wo Feuchtigkeit vorhanden ist oder der Oberboden verdichtet, herrscht das Seegras. Lockere Rasen mit Farnen bei Bodenfrische, dicker Filz auf Staunässe. Dazwischen Hainsimse und Rasenschmiele, Flattergras, Sauerklee, Goldnessel und oft viel Jungwuchs von Esche und Ahorn, von dem aber nur wenig erwachsen wird.

Die Unterhänge und Keupersandböden sind auch hier artenreicher, in der Bodenschicht sind Gräser und Kräuter bunt gemischt; eine Strauchschicht besteht aber meist nur aus Jungwuchs der Baumarten. Wir nennen die Gesellschaft *Waldmeister-Eichen-Buchenwald*. Hier sollen einzelne Artengruppen genannt werden mit ihrem Aussagewert für die Standorte des Schurwaldes:

a) auf allen mittleren, d. h. nicht zu trockenen und nicht zu sauren St.: Flattergras, Hainrispengras, Waldzwenke, Waldsegge, Schattensegge, Waldmeister, Veilchen, Sternmiere, mandelblättrige Wolfsmilch, Goldnessel, Kathrinenmoos;

b) auch auf trockenen und sauren St.: Hainsimse, Waldsimse, Berg-Platterbse, Schattenblume, Frauenhaar;

c) zeigen Feuchtigkeit oder abgeschwemmten Feinlehm: Seegras, Rasenschmiele, Frauenfarn, aufrechter Dornfarn, Wiesenschaumkraut;

d) bei Wärme oder Trockenheit: Wald-Reitgras, Bergsegge, verschiedenblättriger Schwingel, Maiglöckchen, Goldrute.

Kleinstandorte: Auf den sonnigen Felsnasen wächst mehr Eiche als Buche, meist ist auch die Forche gepflanzt und auf ihrer Nadelstreu stehen Heidelbeere und Heidekraut. Im übrigen trifft man Arten der Gruppen b und d mit Pfeifengras und Adlerfarn, charakteristisch ist das Fehlen der mittleren Artengruppe a.

Der *Waldsimsen-Buchenwald* ist nicht so häufig auf denselben Standorten wie der Waldsimsen-Buchen-Tannenwald. Er findet sich nur tief im Innern der Täler, wo die Luftfeuchtigkeit dauernd hoch ist, und stellt damit einen Zeiger dar für günstige Lagen zum Anbau von Fichte und Weißtanne. Die Steilhänge am Ausgang der Täler unterscheiden sich nicht von den normalen Hängen, Waldsimse ist zwar da, aber nicht herrschend. Nur wo im Unteren Stubensand Fleinstein angeschnitten ist, zeigen Sträucher, Seidelbast, Frühlingsplatterbse, Nesselglocke den Kalk im Boden an.

Auffallender und großflächiger als im Ostschurwald sind hier die Tonböden des Knollenmergels und Stubensandsteins. Die Buche ist in ihrem Wachstum gehemmt, hier steht *Eichen-Hainbuchenwald*. Dieser ist ein vielstufiger Mischwald aus Eiche, Esche, Ahorn, Kirsche in der oberen, Hainbuche, Feldahorn, Elsbeere in der unteren Baumschicht (auffallend ist das Fehlen der Winterlinde im Schurwald), echten Sträuchern und einer buntgemischten artenreichen Bodenschicht. Häufig und charakteristisch sind: Sträucher (Rose, Weißdorn, Liguster, wolliger und gemeiner Schneeball, Hartriegel, Faulbaum, Seidelbast); ferner Gruppe a (vgl. oben), dazu Wald-Knauelgras, ästige Trespe, Wald-Labkraut, Schlüsselblume, große Maiblume. Gruppe d ist immer vorhanden, dazu e) Pfeifengras und blaue Segge als Zeiger der wechselnden Feuchtigkeit. – Ähnlich ist auch die Vegetation der Dolomitischen Rindenkalke (vgl. unten) im Mittleren Stubensandstein, doch wächst die Buche hier besser als im Ton.

Auch in den breiteren Tälern, soweit sie nicht in Wiesen umgewandelt sind, steht hier *Eichen-Hainbuchenwald* in einer etwas ärmeren Form. Sternmiere und Schlüsselblume sind charakteristisch, natürlich fehlen die Wärme- und Trockenheitszeiger, dafür sind Feuchtigkeitszeiger vorhanden wie in den Eschenwäldern. *Eschen-Mischwald* und *Bach-Eschenwald* stehen wie im Ostschurwald an den Quellhängen und in den Klingen.

Drittens: Der Rand des Westschurwaldes. Dieser ist durch sein wärmeres Klima in der Nachbarschaft des Weinbaugebiets vom Mittelschurwald unterschieden, ferner durch das Fehlen der Lias-Stufe mit Decklehm und Hanglehm auf den Ausläufern, z. B. Kappelberg-Ebene. – Auch wo die Lias-Hanglehme vorhanden sind, sind sie durchweg weniger mächtig, das heißt, die Böden sind tonreicher. So sind hier die *Eichen-Hainbuchenwälder* weiter verbreitet als in der Mitte, und zwar in drei Ausbildungen:
1. auf reinem Ton in der oben beschriebenen artenreichen Form;
2. auf tonigem Hanglehm, etwas ärmer, vor allem mit weniger Sträuchern und dafür mit Hainsimse und Frauenhaarmoos;
3. auf wasserzügigem Hanglehm mit Bärlauch und Aronstab, ohne Reitgras und Pfeifengras.

Die Standorte des Stubensandsteins dagegen sind im großen und ganzen weniger differenziert. Der *Waldmeister-Eichen-Buchenwald* zieht sich an die frischesten Schatthänge zurück, die Waldsimse ist sehr selten. – Meist sieht man den *artenarmen Eichen-Buchenwald,* forstlich mit Forchen angereichert; am Boden wenig Vegetation, außer Hainsimse im wesentlichen Pfeifengras und Adlerfarn, das erstere ist geradezu die Charakterpflanze des westlichen Schurwalds wie im Osten der Waldschwingel. – Auffallend jedoch sind Flächen und Steilstufen, auf denen Säurezeiger und Kalkzeiger in so kleinflächigem Wechsel stehen, daß der Pflanzenkenner zunächst verwirrt wird. Ein rascher Wechsel in den Stubensandsteinschichten zwischen saurem und kalkigem Bindemittel ist aber sehr häufig; nachschaffende Hanglage ergibt dann ein Durcheinander. Ebenso ist es bei den Dolomitischen Rindenkalken, einer Besonderheit des hiesigen Stubensandsteins. Sie sind im Halbwüstenklima aus verdunstenden Bodenlösungen an der damaligen Erdoberfläche als kleine Hügel ausgeschieden worden. Heute sind sie aus dem weicheren Sand wieder herausgewittert und wurden schon mit Grabhügeln verwechselt. Auf diesen Hügeln stehen Liguster, Weißdorn, Faulbaum, Seidelbast, Waldzwenke, Zypressen-Wolfsmilch, Frühlings-Platterbse, Heildolde und die schönsten Blütenpflanzen des Schurwaldes Türkenbund und Akelei (beide geschützt). In den Mulden dazwischen liegt saurer Sand mit den dafür charakteristischen Pflanzen, z. B. Heidelbeere, Adlerfarn, Wachtelweizen, schönes Johanniskraut, Savoyer u. a. Habichtskräuter. – An lichten Stellen, vor allem oberhalb der Weinberge stehen auch noch zwei Arten westlicher (atlantischer) Verbreitung, die hier ihre Ostgrenze haben: das windende Geißblatt und der Salbei-Gamander (letzterer geht am Waldessaum noch in den Mittelschurwald).

Die oben als »Wärmezeiger« angegebene *Gruppe d* (Wald-Reit-Gras usw.) ist anderswo nicht so ökologisch einheitlich wie etwa die der montanen Arten, deren Gegenstück sie hier im Schurwald bildet. Am Westrand kommt sie fast überall und auf allen Standorten vor (selbst unter Nadelholz), um dann gegen Osten schrittweise einen Standort nach dem anderen aufzugeben. Die Täler zur Fils wurden daraufhin untersucht: Auf Decklehm geht Gruppe *d* bis zum Weißen

Stein, an den frischen Ober- und Unterhängen bis ins südliche Reichenbachtal (vereinzelt Kirnbach), am trockenen Lehm-Oberhang bis ins Kirnbachtal und am trockenen Sand-Unterhang bis ins Nassachtal. Das Reitgras geht überhaupt nicht mehr ins Tannengebiet, die übrigen Arten stehen noch gelegentlich auf den Tonböden des Herren- und Kohlbachtals (Marbach nicht untersucht). Es ergibt sich also eine Differenzierung zwischen Böden und Klima, die die Pflanzen deutlicher aufzeigen, als jedes Meßgerät könnte.

Außerhalb des Waldes finden wir im Westen oberhalb der Weinberge noch einige Flächen der *Steppenheide*, vor allem auf dem Kappelberg bei Fellbach (Pflanzenschutzgebiet; vgl. dazu Fellbach im Teil B). Es handelt sich dabei jedoch nicht um ein von den Menschen unberührtes Stück Natur, sondern der Mensch hat erst die Standorte geschaffen, auf denen heute diese Gesellschaften stehen. Er hat bei der Anlage der Weinberge gerade unterhalb einer Kalk- bzw. Dolomit-haltigen Steilstufe diese drainiert und der direkten Besonnung ausgesetzt, er hat den Bergrücken entwaldet und beweidet oder gemäht. Die Pflanzen allerdings sind dann von selbst gekommen und haben sich nach ihren ökologischen Ansprüchen gruppiert. Wir finden Gebüsche, Saumgesellschaften, Trockenrasen in verschiedenen Ausbildungen und, da der saure Stubensand in der Nähe ist wie im Wald, auch kleinflächige Mosaike der kalkliebenden Steppenheide mit der (atlantischen) Sandheide. Die Trockenrasen- und Saumgesellschaften beherbergen zahlreiche schön blühende Pflanzen, auch Seltenheiten wie Orchideen, – nur einige Beispiele können unten genannt werden, die Vielfalt ist nicht zu beschreiben, nur zu sehen. – Interessant ist ein pflanzengeographischer Vergleich von Richard Schmidt: Auf dem Kappelberg gibt es mehr Pflanzen mit der Hauptverbreitung in Osteuropa und weniger mit süd(west)europäischer als auf ähnlichen Standorten im mittleren Württemberg.

Pflanzen der Trockenrasen: Niedrige Segge, Schafschwingel, aufrechte Trespe, Fiederzwenke, Zittergras, Hauhechel, gelber Augentrost, Wundklee, Hornklee, eichenblättriger Gamander, Berg-Leinkraut, Purgierlein, Karthäusernelke;
an besonders trockenen Stellen: Hügelmeger, dünnblättriger Lein;
an wechseltrockenen Stellen: Pfeifengras, Heilziest, weidenblättr. Alant, Prunelle, Mücken-Ragwurz, Händelwurz, Kuckucksblume;
zwischen Gebüschen (Saumpflanzen): Ästige Graslilie, Hirsch-Haarstrang, Blut-Storchschnabel, Bergaster, sichelblättr. Hasenohr, Strauß-Wucherblume, Gamander-Ehrenpreis;
Sandheide: Heidekraut, Feldsimse, Pfeilginster, Besenginster, schwarz werdender Ginster;
Sträucher: Schlehe, Weißdorn, Liguster, verschiedene Rosen, häufig auch Robinie und Zitterpappel.

2. Die Zeit des unbesiedelten Schurwaldes (bis 746 n. Chr.)

Vorhin ging es um Erdgeschichtliches. Jetzt stellen sich Fragen nach der Geschichte des Menschen und seiner organischen Umwelt. Freilich, so viel Fragen, so viel Rätsel. Werden zur vor- und zur frühgeschichtlichen Zeit schon mancherlei großräumige Wandlungen von den Sachverständigen nur vermutet und verschieden beurteilt, um wieviel schwieriger läßt sich Sachgerechtes aussagen über die kleine geographische Raumeinheit »Schurwald«, die erst recht höchst selten feste Anhaltspunkte bietet. Nur aus der Betrachtung der entsprechenden gleichzeitigen Verhältnisse des größeren südwestdeutschen Raumes vermögen wir vorsichtig einige Schlüsse zu ziehen, Vermutbares anzudeuten.

a) Die Steinzeit (etwa 800 000 bis 1 800 v. Chr.)

Erstens: Zur *Altsteinzeit* (Paläolithikum, etwa 800 000 bis 10 000 v. Chr.) wird die vorgeschichtliche Menschheit des südwestdeutschen Raumes erstmals erkennbar, wenn auch nur in äußerst dürftigen Umrissen. Hinsichtlich der damaligen Umwelt wolle man zunächst bedenken, daß die menschengeschichtliche Altsteinzeit sich etwa mit der jüngeren Hälfte der erdgeschichtlichen Eiszeit deckt. Allerdings erreichte weder die von Skandinavien ausgehende noch die von den Alpen herabfließende Vergletscherung das mittlere Württemberg; der Schurwald war also niemals vereist. Immerhin herrschte hier gewiß ein kaltes Klima. Polare Tundra mit zwergwüchsigen Birken, Kiefern und Gebüsch breitete sich vermutlich aus, belebt von eiszeitlichen Tieren wie Mammut, Höhlenbär, Rentier, Eisfuchs und Lemming; das bezeugen Funde im benachbarten Fils- und Neckartal. Andererseits füllte die Eiszeit ihre Zeitspanne nicht einheitlich mit mehr oder weniger kaltem Klima aus. Vielmehr waren, sicherlich mindestens während ihres letzten Drittels (600 000–10 000 v. Chr.), dreimal längere wärmere Perioden (Interglazialzeiten) zwischengeschaltet. Insbesondere während der letzten Warmzeit (Riß-Würm-Interglazial, 130 000–120 000) betrug vermutlich hierzulande die Jahresdurchschnittstemperatur bis zu 3 Grad mehr als heute. Dementsprechend sind für damals durch Funde im nahen Neckartal nachgewiesen: Stieleiche, Silberpappel, Aschweide, Buchsbaum; Waldelefant, Steppennashorn, Wildpferd, Edelhirsch, Höhlenlöwe, Sumpfschildkröte.

Die sehr, sehr wenigen Altsteinzeitleute, wie sie auch körperlich und geistig beschaffen gewesen sein mögen, lebten weit verstreut und ohne festen Wohnplatz in der offenen Landschaft. Gewiß nicht auf dem Schurwald; hier haben sich auch keine ihrer steinernen Faustkeile und späteren Stein- oder Knochengeräte (daher der Name »Steinzeit«) gefunden. Räumlich nächster Fundort eines altsteinzeitlichen Menschenschädels (vor 300 000 Jahren): Steinheim am Murrunterlauf. Äußerstenfalls mag gelegentlich jemand bei der Jagd auf wilde Herdentiere oder beim Sammeln von Wildfrüchten den Schurwaldrand gestreift haben.

Zweitens: Die *Mittelsteinzeit* (Mesolithikum, etwa 10 000 bis 5 000 v. Chr.). Dem Abklingen der Eiszeit folgte zunächst eine kühle Zwischenperiode, die Vorwärmezeit. Dann setzte allmählich wärmeres Klima ein (sommers in Mitteleuropa durchschnittlich wieder etwa 3 Grad Celsius mehr als heute), die Wärmezeit. Die Datierungen der Sachverständigen für die beträchtlichen nacheiszeitlichen (postglazialen) Klimaschwankungen von Vorwärmezeit zu Wärmezeit zu Nachwärmezeit weichen allerdings ziemlich voneinander ab. Vielleicht begann die Wärmezeit bei 7000 oder 6000 v. Chr. und hielt unbestritten bis über die Mittelsteinzeit hinaus an. Selbstverständlich beeinflußten diese Klimaschwankungen alles organische Leben stark. Die eiszeitlichen Wildherden wanderten nach Nordosten ab oder starben aus; an ihre Stelle traten Hirsch, Reh und Wildschwein.

Wie sahen unsere Wälder zur Mittelsteinzeit aus? Aufschluß darüber können bisher nur die Radiokarbonat-Tests und die Pollenanalysen geben. Mit ersteren, einer atomphysikalischen Methode, läßt sich zwar das Alter organischer Substanzen berechnen, jedoch liegen für den Schurwald noch keine Ergebnisse vor. Die Pollenanalyse befaßt sich mit dem Blütenstaub, der sich unter bestimmten Voraussetzungen in Torfmooren durch Jahrmillionen erhält und uns die vorwiegend klimatisch bedingten Veränderungen in der Waldzusammensetzung erkennen läßt. Nun gibt es aber auf dem Schurwald selbst keine alten Torfmoore. Immerhin, im westlichen Virngrund der Ellwanger Berge gelang es Rudolf Hauff, ein Moor mit einem bis in die Mittelsteinzeit zurückreichenden und gut erhaltenen Pollenprofil zu erforschen. Im Hinblick darauf, daß der Virngrund nur knapp 40 km vom Schurwald entfernt liegt, daß es sich dort um ein Keuperbergland von derselben mittleren Höhe wie der Schurwald handelt und daß die dort gewonnenen Erkenntnisse den allgemein für Süddeutschland geltenden etwa entsprechen, übernehmen wir die Hauff'schen Aussagen für unseren Raum.

Während der frühen Mittelsteinzeit, klimatisch gesprochen während der nacheiszeitlichen Vorwärmezeit, beherrschte zuerst die Kiefer (Forche) fast alles; man spricht daher von der »Kieferzeit«. Doch errang bald die Birke einen bescheidenen Anteil. In der Wärmezeit veränderte sich unser Waldbild auffallend. Zunächst gewann die Hasel auf Kosten von Kiefer und Birke an Raum (»Haselzeit«). Aber schon bald begann der Eichenmischwald (Eiche, mehr Linde und sehr wenig Ulme) vorzudringen, während Birke und erst recht Kiefer zurücktraten; das ist die »Eichenmischwaldzeit«. Wenn man davon ausgehen darf, daß zur Mittelsteinzeit das Klima trockener war als heute, läßt sich entsprechend eine verhältnismäßig lichte Bestockung annehmen, zumal es sich meist um lichthungrige Baumarten handelte.

Wie die Mittelsteinzeitmenschen im weiteren Schurwaldumkreis aussahen, läßt sich aus Mangel an Funden nicht genau sagen. Halten wir uns an das einzige hier sicher Erkannte, an die Fülle gefundener unverwitterter Reste von Feuersteingeräten, die für jene Zeitspanne kennzeichnend sind: Kleinste, oft nur daumennagelgroße und geometrisch gestaltete Steinsplitter, die einzeln als Pfeilspitzen oder Angelhaken und vielleicht auch, in (inzwischen vergangenes) Holz zusammengesetzt, als größere Geräte benutzt wurden. Auf den nördlichen Schurwald-Höhenrändern sind solche Fundstellen bekannt geworden in den Gemeinde- bzw. Ortsteil-Bezirken von Beutelsbach, Aichelberg, Strümpfelbach, Lobenrot, Stetten/Remstal und Fellbach. Und auf den südlichen Höhenrändern im Nordwesten des Esslinger Stadtwaldes sowie in den Bezirken von Reichenbach/Fils, Diegelsberg und Börtlingen (vgl. diese alle im Teil B). Diese Fundstätten können Rastplätze von Jägern ausweisen. Ob vielleicht hier und dort auch schon einen Wohnplatz (leichteste Hütte), erscheint zwar angesichts des allmählichen Seßhaftwerdens der Mittelsteinzeitleute nicht ausgeschlossen, aber im Blick auf die zunächst noch äußerst bescheidene Bevölkerungsvermehrung doch höchst fraglich.

Drittens: Zur *Jungsteinzeit* (Neolithikum, etwa 5 000 bis 1 800 v. Chr.) hielt das aus der Mittelsteinzeit überkommene wärmere und trockenere Klima weiter an; einige Forscher lassen allerdings die Wärmezeit schon um 3000 oder 2500 in die kühlere und feuchtere Nachwärmezeit übergehen. Auf dem Schurwald blieben, wenn wir wieder Rudolf Hauff folgen dürfen, mit der fortdauernden trockenen Wärmezeit der lichte Eichenmischwald und die Hasel erhalten. Während der Kiefernanteil weiter absank, aber immerhin noch unübersehbar war, traten spätestens gegen Ende der Jungsteinzeit Buche und Fichte erstmals hervor.

Da die Jungsteinzeitmenschen wesentlich bäuerlicher Art waren und für ihren Lebensunterhalt in den Tälern genügend Raum fanden, sucht man ihre Wohnspuren auf dem Schurwald vergebens, auch kaum Scherben ihrer typisch gezierten Tongefäße. Man findet hauptsächlich Steingeräte aus jener Zeit, die aber als hier oben bei der Jagd verloren gelten, also Streufunde. Häufiger auf den Hängen des Schurwaldes, seltener an den äußeren Hochrändern (und bezeichnenderweise überhaupt nicht auf den inneren Hochflächen). So im Norden in den Gemeinde- bzw. Ortsteil-Bezirken von Rattenharz, Breech, Schlichten, Aichelberg, Beutelsbach, Stetten und Fellbach; im Süden am Esslinger Stadtwald und in den Bezirken von Reichenbach, Hegenlohe, Krapfenreut und Diegelsberg (vgl. sie alle im Teil B). Hat es aber höchstwahrscheinlich jungsteinzeitliche Wohnplätze auf dem Schurwald nicht gegeben, dürfen wir es uns ersparen, auf die von fernen Gegenden zugewanderten Band- und Schnurkeramiker, Michelsberg- und Glokkenbecherleute, auf ihre landwirtschaftliche und kulturelle Betätigung einzugehen.

b) Die Bronzezeit (1800 bis 800 v. Chr.)

Diese menschengeschichtliche Zeitspanne liegt für den Raum nördlich der Alpen ebenfalls noch im vorgeschichtlichen Dunkel. Sicher ist wohl, daß unser Klima schon kürzeren Schwankungen als früher unterworfen war, die sich ihrerseits auf Menschen, Tiere und Pflanzen auswirkten. Wir möchten das Klima aufgrund pollenanalytischer Untersuchungen immer noch der nacheiszeitlichen Wärmezeit zurechnen: Wärmer und trockener als heute. Wahrscheinlich schwankten aber schon Temperatur und Niederschlag, um gegen Ausgang der Bronzezeit vollends zu kühleren und feuchteren »nachwärmezeitlichen« Verhältnissen umzuschlagen (freilich weisen einige Klimatologen die ganze Bronzezeit schon der Nachwärmezeit zu). Dementsprechend beherrschten wohl zunächst noch immer Eichenmischwald (Eiche, mehr Linde und etwas Ulme) sowie die Hasel die vielerorts lichte Szene. Aber die Buche nahm jetzt mindestens im Ostschurwald spürbar zu; Kiefer, Tanne und Fichte besaßen dort etwa einander gleiche kleine Anteile; alles deutliche Anzeichen der mindestens dort langsam einsetzenden kühleren Nachwärmezeit.

Und die Menschen jener Zeitspanne? Die einzigen gesicherten Zeugen bilden die Gräber mit ihren drei verschiedenen, wohl aus wechselnden Kultvorstellungen rührenden Bestattungsweisen. Nämlich zunächst die Hockergräber, später die Hügelgräber und schließlich das Verbrennen der Toten auf Scheiterhaufen und Beisetzung ihrer Urnen in Flachgräbern. Über die Kultur der Bronzezeitmenschen unterrichten uns die gefundenen teilweise hochwertigen Grabbeigaben, nämlich Gerät und Schmuck und Waffen aus Kupfer und Bronze (daher der

Name für diese Kulturepoche). Für eine Besiedlung des Schurwaldes während der ersten Hälfte der Bronzezeit liegen überhaupt keine Funde oder sonstigen Anhaltspunkte vor. Zur Urnenfelderzeit oder Spätbronzezeit (1200–800 v. Chr.) hat sich einiges Einschlägiges gefunden, so vor allem auf dem Kappelberg bei Fellbach; daraus vielleicht ableitbare menschliche Wohnstätten sollte man aber wohl als gelegentlich etwas höher hinaufsteigende Talsiedlungen verstehen, keineswegs als eigentliche Schurwaldbesiedlung. Daher mag es bei diesen wenigen Zeilen bewenden.

c) Die Eisenzeit (800 vor bis 100 nach Chr.)

Betrachten wir zunächst wieder die damalige Umwelt. Unbestritten war während der Eisenzeit das *Klima* kühler und feuchter als zur Wärmezeit. Der Übergang in die nacheiszeitliche Nachwärmezeit – den einige Sachverständige, wie schon angedeutet, bereits früher ansetzen wollen – vollzog sich selbstverständlich nicht ruckartig. Man meint, daß unter mehrmaligen Schwankungen das Klima bis gegen 500 v. Chr. sich unserem heutigen Klima angeglichen habe. Dann soll es bald wieder trockener geworden sein, bis am Ende der Eisenzeit eine Klimaverschlechterung sogar neue Völkerwanderungen in Gang gebracht habe.

Beeinflußten diese Klimaschwankungen die Entwicklung der *Wälder* auf dem Schurwald stark? Beim Blick auf sie beziehen wir jetzt die Römerzeit des Schurwaldes zweckmäßigerweise mit ein, sprechen also von einem reichlichen Jahrtausend (800 vor bis 254 nach Chr.). Der Stand der Forschung erlaubt hierzu nur einige ziemlich allgemein gehaltene Vermutungen. Die seit dem Ende der Wärmezeit spürbare, durch klimatisch günstige bzw. ungünstige Lage bedingte Scheidungslinie zwischen West- und Mittelschurwald einerseits, Ostschurwald andererseits scheint allmählich schärfer herauszutreten. Wir meinen die heutige Straße Oberberken-Unterberken-Wangen, von uns fortan kurz »Berkener Querstraße« genannt. Selbstverständlich ist dabei nicht die insoweit völlig bedeutungslose Straße als solche gemeint, sondern die maßgebliche Wasserscheide zwischen den Einzugsgebieten von Nassach und Adelberger Herrenbach, auf der sie verläuft. Westlich von ihr verwandelte sich der bisherige Eichenmischwald langsam in einen Laubwald, der wohl überwiegend aus Buchen, dazu Eichen, Birken, Hasel u. a. bestand. Östlich der Straße stockten hauptsächlich Buche und Tanne, dazu noch ein wenig Eiche und Hasel, wobei sich im Raum nördlich und östlich Börtlingen das Übergewicht allmählich von der Buche zur Tanne zu verschieben schien, den betreffenden Hauff'schen Forschungsergebnissen in der Ellwanger Nachbarschaft entsprechend. Aufs Ganze gesehen bahnte sich hier eine Trennung von Laub- und Nadelholzwäldern an, die durch knapp drei Jahrtausende bis heute noch nicht bedeutungslos geworden ist. Zugleich ergibt sich schon aus der angedeuteten Ursprungszeit dieser Entwicklung (Übergang von der Bronze- zur Eisenzeit), daß es sich keinesfalls um irgendwelche Einwirkungen der römischen Besatzungsmacht handelte, die man im Übereifer gar mit der »Römerstraße« (irriger Name für die Berkener Querstraße, vgl. Oberberken im Teil B) hat zusammenbringen wollen.

Mit der mitteleuropäischen Eisenzeit erscheint im süddeutschen Raum erstmals eine deutlich greifbare Volksgruppe, die *Kelten*. Man spricht daher auch von

»Keltenzeit«. Offenbar schon zu verschiedenen sozialen Schichten fest organisiert, deren obere einen gewissen Wohlstand erreichten, betrieben sie in der Hauptsache Landwirtschaft und kannten zunehmend das Handwerk. Der Handel kam in Gang, sogar über weite Entfernungen. Diese Kulturperiode wurde wesentlich geprägt dadurch, daß auch in Süddeutschland das Eisen rasch zunehmend für Geräte und Waffen nunmehr von einheimischen Kräften verarbeitet wurde, allmählich sogar mit beachtlicher kunsthandwerklicher Fertigkeit; die Benutzung der Töpferscheibe förderte Tonarbeiten von bemerkenswerter Güte. Nur der Schmuck blieb weiterhin der Bronze vorbehalten. Man unterscheidet dabei zwei in mehrerer Hinsicht verschieden geartete Zeiträume.

In der *Älteren* oder *Früh-Eisenzeit* (800 bis 400 v. Chr.), auch *Hallstattzeit* genannt (reiche Funde bei Hallstatt im Salzkammergut) scheint der Mensch dem kühleren Klima entsprechend höhere Lagen und Viehzucht bevorzugt zu haben. Man bestattete seine Toten vielfach wieder unter (nunmehr höheren) Grabhügeln. Im Schurwaldraum sind bisher Hügelgräber der Hallstattzeit nur auf dem West- und Südwestrand des Bergrückens bekannt geworden, nämlich im Esslinger und im Plochinger Stadtwald. Allerdings ist deren Datierung nicht in jedem Einzelfall völlig sicher, weil manche Gräber noch nicht und andere ohne Funde aufgedeckt worden sind. Die zugehörigen Siedlungen dürfen wir jeweils nahe unterhalb annehmen, auf den Liasflächen der Esslinger/Altbacher Schurwald-Bruchzone, kaum auf der inneren Schurwaldhochfläche. Die früher als keltisch angesprochenen umfangreichen Funde und Grabhügel auf dem Fellbacher Kappelberg hingegen werden jetzt, unter Vorbehalt, schon zur Spätbronzezeit gerechnet (vgl. oben).

Zur *Jüngeren* oder *Spät-Eisenzeit* (400 vor bis 100 nach Chr.), auch *Latènezeit* genannt (Fundort La Tène nahe dem schweizerischen Neuchâtel), ließ das angeblich trockener gewordene Klima die Menschen wieder in den Tälern siedeln. Dementsprechend sind irgendwelche Reste oder sonstige Hinweise auf Schurwaldsiedlungen zur Latènezeit weder bekannt geworden noch zu erwarten.

Immerhin bleiben zweierlei Zweifel zu erörtern. Erstens sollen aus der Eisenzeit drei »uralte« keltische *Fernwege* stammen: a) der vom Mittelrhein über Marbach und Korb kommende und die ganze Schurwaldhochfläche durchziehende Fernweg Beutelsbach-Schönbühl-Manolzweiler-Diegelsberg-Filstal; b) der vom Fellbacher Kappelberg herkommende »Rennweg«, der um Kernen und Katzenkopf zum heutigen Esslinger Jägerhaus und nahe südlich an der Viereckschanze vorbei ostwärts gehend die Fils dicht westlich Reichenbach erreichte, hier in einer nahen Furt die Fils durchquerte und dann weiter in Richtung Hochdorf und Kirchheim führte; c) der Weg Schorndorf-Oberberken-Wangen-Faurndau mit nördlicher und südlicher Fortsetzung. Das erscheint uns höchst zweifelhaft. Vorgeschichtliche Fernwege mag es gegeben haben, aber doch wohl nur im Altsiedlerland und kaum auf dem damals unbesiedelten Schurwald. Nur Saumpfade auf Teilstrecken könnten hier oben benutzt worden sein.

Zweitens möchte man an keltische *Kultstätten* denken. So deutet Guntram Palm vorsichtig an, daß Frauenberg und Ottilienberg (beide südlich Schorndorf) und Engelberg (südlich Winterbach) vielleicht solche Kultstätten getragen haben könnten (vgl. unseren Teil B, Schorndorf und Engelberg); nachzuweisen ist freilich bisher nichts. Die Esslinger Viereckschanze will man neuerdings als eine keltische Kultstätte verstehen, wenngleich sich an Ort und Stelle bisher nichts eindeutig darauf Bezügliches mehr erkennen läßt (vgl. Teil B, Esslinger Stadt-wald); Grabungen an anderwärts vorkommenden Viereckschanzen haben näm-lich übereinstimmend deren Kultcharakter erwiesen. Unterstellen wir einmal die vier genannten Kultstätten als wirklich gesichert, so bleibt doch in unserem Zusammenhang die Feststellung wichtig, daß sie alle bezeichnenderweise am Rand der Waldhochfläche liegen. Sie wurden höchstwahrscheinlich im Direkt-aufstieg erreicht und beweisen jedenfalls durchaus nicht das Bestehen uralter Fernwege oder gar keltischer Höhensiedlungen. Wirklich siedelnd sind die Kelten auch zur Latènezeit offenbar nicht in den Schurwald eingedrungen; gegenteilige Aussagen beruhen auch nur auf Vermutungen, aber auf sachlich bisher unbe-gründeten.

d) Die Römerzeit des Schurwaldes (130 bis 254 n. Chr.)

Schon kurz vor Christi Geburt begann das römische Großreich seine Herrschaft schrittweise auf Süddeutschland auszudehnen, bis etwa 85 n. Chr. der mittlere Neckar und die Höhe der Schwäbischen Alb die Reichsgrenze bildeten; dem Schurwald südwestlich benachbart standen die römischen Kastelle Cannstatt und Köngen. Später drangen die Römer weiter in die östlich des mittleren Neckar sich ausdehnenden Waldlandschaften vor, bis zur Linie Miltenberg am Main-Welzheim-Lorch-Aalen-Gunzenhausen-Kelheim an der Donau. Auf ihr errich-teten sie zur Absicherung gegen die von Nordosten herandrängenden Germanen den für damalige Verhältnisse großartigen Obergermanisch-Rätischen Grenzwall (Limes), so auch in unserer Nähe das Kastell Lorch. Die keltische Bevölkerung blieb erhalten; zahlreiche Fluß- und Bachnamen (Neckar, Rems?), Flur- und Ortsnamen keltischen Ursprungs lebten weiter.
Auch der Schurwald gehörte von etwa 130 bis 254 n. Chr. zum Römischen Reich, und zwar zur römischen Provinz Obergermanien (Germania Superior). War er damals, wenn nicht durch einheimische Kelten, so durch zugewanderte römische Soldaten-Kolonisten besiedelt? Halten wir uns zuerst an das Greifbare, die wenigen Fundstätten von Römischem: Auf den südlichen Hängen und äußersten Höhenrändern des Schurwaldes in den Gemeinde(teil)bezirken Fellbach, Esslin-ger Stadtwald, Oberesslingen, Diegelsberg (?), Nassachmühle (vgl. alle im Teil B). Den oft zitierten Fund römischer Scherben in der Waldschlucht des Stettener Haldenbachs nordöstlich von Liebersbronn wird niemand als Zeugen für eine römische Siedlung halten, der sich das an Ort und Stelle angesehen hat; vielleicht ist hier beim eiligen Rückzug der Römer vor den eindringenden Alemannen oder sonst irgendwann einiges zu Bruch gegangen?
Und weitere mögliche Anhaltspunkte? So hinterließ anderwärts die von den Römern mitgebrachte Steinbauweise für ihre Gutshöfe (villae rusticae) Grund-mauern und Steinschutt, die sehr viel spätere Generationen veranlaßten, solche im Gelände noch auffallenden oder nach mündlicher Überlieferung einst vorhan-den gewesenen Überreste in ihren Flurnamen anzudeuten, beispielsweise in »Steinmäurich«, »Steinriegel« oder »Steinäcker«. Hieran anknüpfend hat man schon mancherorts einiges Römisches gefunden. Leider nicht auf dem Schurwald. Sicherlich erscheint insoweit auch künftig hier Aufmerksamkeit geboten.
Freilich, ein »Steinacker« und ähnliches kann auch recht simpel auf eine allge-

meine steinige Bodenbeschaffenheit hinweisen, so offensichtlich bei den Aich-schießer, Hegenloher und Büchenbronner »Steinäckern«. Das »Steinmäurich« im Schorndorfer Stadtwald nordöstlich der Schlichter Steige wird man eher auf den dortigen alten mauerartig steilen Steinbruch beziehen. Die Büchenbronner »Maueräcker« deuten nicht, wie früher angenommen, auf eine villa rustica, son-dern auf einen Maurer als einstigen Besitzer hin (vgl. Teil B, Büchenbronn). Und erst recht wird man vorsichtig sein müssen mit der Annahme von frühgeschicht-lichen Bauresten bei Flurnamen, die sich auf Gebüsch beziehen, das auf den un-wirtlichen Trümmern dereinst gewachsen sein soll. Beispielsweise: Die verschie-denen mit »Holder –« zusammengesetzten Hegenloher Flur- und Waldnamen beziehen sich nicht auf Holundergebüsch, sondern offensichtlich auf die Esslinger-Hegenloher Vogt- und Grundbesitzerfamilien Holdermann des 15. Jahrhun-derts; desgleichen wahrscheinlich der Holderstein unterhalb von Hohen-gehren.

Wir begegnen auch Flurnamen, die sogar recht eindeutig an Frühgeschichtliches zu erinnern scheinen. Da gibt es südlich von Aichelberg die »Heidenäcker«, unfern der Kaiserstraße den Winterbacher »Heidenrain«, sowie die zwischen Hohen-gehren und Thomashardt geteilten »Heiden«; auf Hegenloher Markung gesellen sich ihnen die »Heiden« oder »Heidenwiesen« und der »Heidenacker« zu, im Schorndorfer Stadtwald nordwestlich Oberberken der »Heidenbuckel«. Sollen sich diese oft seit dem 15. Jahrhundert nachweisbaren Flurnamen damals wirk-lich auf Vorchristliches bezogen haben? Kaum, denn »Heiden« kann hier soviel wie unangebautes oder wild bewachsenes oder als Viehweide benutztes Land oder auch einen durch die im späten Mittelalter übliche übermäßige Beweidung ruinierten Wald meinen. So sicherlich die tiefliegenden nassen und daher zur Römerzeit gewiß gemiedenen Hegenloher Flurteile. Die »Römerwasen« und »Römeräcker« südlich von Unterberken vollends stellen nur eine neuzeitliche, sozusagen humanistische Umwandlung der ursprünglichen Namen »Remenwie-se« und »Remenäcker« dar (vgl. Teil B, Oberberken).

Nach allem: Der Schurwald blieb auch zur römischen Zeit unbesiedelt!

Noch mehr Fantasie rankt um die *römischen Verbindungsstraßen* im Schurwald-raum. Nachdem die Römer die Linie Welzheim-Lorch-Aalen erreicht hatten, ergab sich für sie die Notwendigkeit, militärische Nachschubstraßen von der früheren Neckargrenzlinie her zur neuen Front zu bauen. Die Römer gelten ja für ihre Zeit als Meister des Fernstraßenbaus. Nun sind die Straßenkörper nach Ablauf von 1700 Jahren selten noch erhalten; Mensch und Natur haben sie meist zerstört. Sie liegen gleichwohl noch an manchen Stellen im Gelände als steiniger Weg, begraster Rain oder dergleichen sichtbar – aber leider nirgends im Schur-wald, was dem Mangel an Funden von römischen Gebrauchsgegenständen und Münzen entspricht. Trotzdem haben sich die Oberamtsbeschreibung Schorndorf von 1851 und spätere Autoren an einige schnurgerade Straßenstücke und an die volksmundlichen Benennungen »Römerweg« oder »Römerstraße« gehalten und aus diesen Stücken ausgebaute römische Fernstraßen konstruiert. Hierbei ist in-dessen einige Vorsicht geboten.

In der Tat besagt der Name »Römerstraße« zur Sache wenig. Der Volksmund kennt viele »Römerstraßen« und »Römerwege« in Süddeutschland, und manche von ihnen haben schon Rolf Nierhaus und andere Forscher als pure Erfindung widerlegt. Beginnen wir mit ganz Praktischem. Weshalb die Römer erst mühevoll aus dem Cannstatter Neckartal zum Fellbacher Kappelberg und zur Katharinen-linde heraufgestiegen sein sollen, um auf dem »Römerweg« vom Esslinger Jägerhaus zum Weißen Stein weiterzukommen, ist angesichts ihrer unbestrittenen ausgebauten Straße im Neckar-Fils-Tal schlechterdings nicht einzusehen; hier scheint eine sprachliche Vermengung von »Römerweg« und »Rennweg« vorzuliegen (nur ein einziger bedeutungsloser römischer Fund am Abzweig des Alten Stettener Weges). Und warum sollten die Römer trotz ihrer gesicherten Kunst-straße von Cannstatt auf dem nördlichen Remsufer nach Schorndorf und Lorch auch den »uralten« beschwerlichen Schurwaldhöhenweg Schönbühl-Manolz-weiler-Rattenharz benutzt haben? Die Berkener Querverbindung Faurndau-Schorndorf erhält ihren Ehrentitel »Römerstraße« allein aus den Unterberkener »Römerwasen« abgeleitet, aus dem erwähnten Mißverständnis. Schließlich sei bemerkt, daß für die Römerzeit der Ausdruck »Heerstraße« schon deshalb keine Bedeutung hat, weil er erst fränkischen oder noch späteren Ursprungs ist.

Vermutlich liefen zur Römerzeit einige *Querwege* vom Fils-Neckar-Tal über die Höhe hinweg zum Remstal. Diese sollte man sich aber bestenfalls als unausge-baute schmale Fahr- und Reitwege oder häufiger begangene Saumpfade vor-stellen, nicht allzugern von den waldscheuen Römern benutzt. Zu ihnen mögen etwa ein Weg vom Kastell Köngen zur Etappensiedlung bei Schorndorf und der vielberedete Weg von Faurndau dorthin gehört haben. Außerdem ist wirklich nachweisbar eine feste Straße (gebaut um 150 n. Chr.) von Faurndau über Wäschenbeuren nach dem Kastell Lorch, aber eben schon jenseits vom Ostrand des Schurwaldes. Ausgebaute Römerstraßen auf dem Schurwald gab es nicht. So auch im Ergebnis die Karten in den Standardwerken von Friedrich Hertlein (1930) und Oscar Paret (1961).

Zum Ausklang sei schon das Problem der *»Hohen Straßen«* angedeutet. Wenn die Straße Beutelsbach/Schönbühl-Diegelsberg/Uhingen in alter Zeit angeblich ganz (heute noch das Stück zwischen ihren Abzweigungen nach Schlichten und Büchenbronn) und das Straßenstück vom Esslinger Jägerhaus bis Hohengehren bis heute »Hohe Straße« genannt wurden, so bezog sich das, nach allgemeiner Erfahrung, nicht auf ihren Verlauf auf der Gebirgshöhe; da müßte es sehr viel mehr »Hohe Straßen« geben. Vielmehr darauf, daß sie zur Zeit dieser Namens-gebung (wann unbekannt) durch ihr starkes Straßenfutter über die Umgebung emporragten und infolgedessen gegenüber den ungefütterten Straßen auffielen. Aus dem Namen allein lassen sich Datierungen der Bauzeiten nicht ableiten.

e) Die Zeit der Alemannenherrschaft (254 bis 746 n. Chr.)

Wie sah wohl damals der Schurwald selbst aus? Man kann nur vermuten, daß die in der Eisenzeit eingetretene Entwicklung seiner *Wälder* sich während der Alemannenherrschaft fortsetzte, zumal menschliche Eingriffe nennenswerter Art in keiner Weise vorstellbar sind. Welchen Einfluß das von 500 bis 700 in Mittel-europa herrschende trockenere Klima ausübte, muß dahingestellt bleiben. Nach allem gewinnt man den Eindruck, daß der Schurwald insgesamt, also westlich wie östlich der Berkener Querstraße, unter Zurücktreten der beiderseitigen Licht-hölzer sich weiter verdichtete zu seinem letzten natürlichen Zustand, dem »Ur-wald«, in dem ihn dann die erste Siedlerwelle des 9. Jahrhunderts antraf.

Die aus Nord- und Mitteldeutschland kommenden germanischen *Alemannen* vertrieben nach einigen vergeblichen Anläufen seit 254 n. Chr. die Römer aus dem Raum nördlich der oberen Donau; neuen Forschungen zufolge fiel in diesem Jahr der Limes. Soweit die keltische Bevölkerung dabei nicht aufgerieben wurde, ging sie allmählich im Alemannentum auf. In den folgenden Jahrhunderten dehnten sich die Alemannen weiter aus, zunächst bis zu den Alpen, unterlagen aber bei ihrem Vorstoß nach Nordwesten den Franken am Niederrhein, wurden von diesen um 500 nach Süden hinter die Linie Karlsruhe-Heilbronn-Schwäbisch Hall zurückgeworfen und mußten seit 536 eine lockere Oberhoheit der fränkischen Merowinger-Könige anerkennen. Immerhin bildete sich dann, bei Einflußminderung ihrer bisherigen Gaufürsten und Teilstämme, ein verhältnismäßig geschlossenes Herzogtum Alemannien, das jedoch mit dem Erstarken der fränkischen Zentralgewalt unter den karolingischen Hausmeiern spätestens 746 ein Teil des Frankenreichs wurde.

Es ist üblich, beim alemannischen Besiedlungsvorgang zwei Phasen zu unterscheiden. Die während der *Landnahme* (etwa 254–500 n. Chr.) gegründeten alemannischen Ursiedlungen lassen sich mangels anderer Lebenszeugnisse nur durch die für sie typischen Ortsnamen mit den Endungen ». . . ingen« und ». . . heim« erfassen, so in der Waiblinger Bucht, im Neckar- und Filstal, also im früheren keltisch-römischen Kulturland. Auf dem Schurwald war aber kein Kulturland zu übernehmen. Daher gibt es hier keine Orte auf -ingen (die scheinbaren Ausnahmen Börtlingen und Hochingen vgl. im Teil B) oder -heim. Auch keine später abgegangenen alemannischen Siedlungen (für die scheinbaren Ausnahmen Holdersteiningen bei Hohengehren, Bösingen und Winningen bei Büchenbronn, sowie Tiringen bei Diegelsberg vgl. Hohengehren, Büchenbronn und Diegelsberg im Teil B).

Die angedeutete Zusammendrängung ihrer obendrein wachsenden Bevölkerung auf ihr südwestdeutsches Kernland um das Jahr 500 und die politische Unmöglichkeit, durch Eroberung neuen Lebensraum zu gewinnen, zwang die Alemannen dazu, auf dem zunächst unbebaut liegengebliebenen eigenen Land neue Siedlungen anzulegen. Diese Siedlungen der *Ersten* oder *Älteren* oder *Frühen Ausbauzeit (500–746)* lassen sich, zur Unterscheidung von späteren Gründungen mit denselben Namensendungen (-au, -bach, -dorf, -hausen, -stetten), durch die damals für sie bezeichnenden Reihengräber gesichert nachweisen. Aus solchen Gräberfunden erkennt man deutlich, daß die Alemannen zur Ersten Ausbauzeit ihre Siedlungen im mittleren Neckar- und im unteren Filstal verdichteten, dazu nun auch in das mittlere Remstal und auf das offene Albvorland am östlichen Schurwaldrand vordrangen. Auf dem Schurwald selbst hingegen hat man bisher keine alemannischen Reihengräber gefunden. Das ist auch künftig nicht zu erwarten. Denn die Alemannen beschränkten sich damals offenbar immer noch auf die Täler und sonstigen offenen Landschaften mit guten und leicht bebaubaren Böden. So hob sich noch im 8. Jahrhundert der Schurwald als unbesiedelte Insel im Meer des alemannischen Lebens heraus.

3. Die Besiedlungszeit des Schurwaldes (746 bis 1268)

In diesen reichlich fünfhundert Jahren schlug die Geburtsstunde für unsere meisten Dörfer und Weiler, Höfe und Burgen, läutete aber auch schon wieder die Glocke des Untergangs über so manche von ihnen. Der Lärm der großen Welt drang wohl auch gelegentlich störend herauf. Leider ist das alles urkundlich kaum zu fassen. Wir sind daher immer noch viel auf Vermutungen angewiesen, die aus der Zusammenschau des wenigen für den Schurwald einigermaßen Gesicherten mit den Tatsachen und Erfahrungssätzen seiner Umwelt gewonnen werden müssen. Unser Text unterscheidet jedoch, selbstverständlich, ständig und deutlich zwischen Gesichertem und Vermutetem.

a) Die königlich-fränkische Karolingerzeit (746–888); Beginn der Besiedlung

Erstens: Zur Gesamtlage ringsum. Wir sahen schon die Karolingerzeit heraufziehen. Dieses fränkische Geschlecht – erbliche Hausmeier des Fränkischen Reiches seit 687, dessen Könige seit 751 und mit Karl dem Großen als Kaiser eines germanisch-romanischen Großreichs um 800 gipfelnd – bildete eine zentralistische Reichsverwaltung aus. So führten die Franken auch in Alemannien ihre *Grafschafts*verfassung ein, mit größeren Teilräumen unter je einem vom König ernannten, meist fränkischen Grafen als Inhaber der militärischen, politischen und richterlichen Gewalt. Der zunächst unbesiedelte Schurwald mag damals, wenn überhaupt schon, aufgeteilt gewesen sein zwischen den Grafschaften Remstalgau (Ramesdal, Hauptsitz Cannstatt), Drachgau (Lorch), Neckargau (Kirchheim unter Teck) und Filsgau (Göppingen). Die Grafschaftsgrenzen sind zwar nicht genau bekannt, haben auch in Einzelheiten gewechselt und waren vielleicht in unbesiedelten Räumen noch gar nicht scharf gezogen. Immerhin mögen sie mit späteren kirchlichen Grenzen vielfach übereingestimmt haben (vgl. unser Kärtchen »Der Gang der Schurwaldbesiedlung I«).

Die fränkische Herrschaft schloß keineswegs aus, daß Stammesbewußtsein, Volksrecht und (wenn auch vielleicht dezimiert) Führungsschicht der Alemannen erhalten blieben. Allerdings vollzog sich allmählich eine gewisse Veränderung der volklichen Grundstruktur. Denn durch staatlichen Zwang wurden, vor allem im 9. Jahrhundert, im Zuge zentralisierender Reichstendenzen Menschen aus anderen Reichsteilen in das Alemannenland, Einheimische in die Fremde gebracht und so der Grund zum eigentlichen »schwäbischen« Volksstamm gelegt. Die Bevölkerung vermehrte sich, neue Siedlungen entstanden allenthalben; bisher ungenutztes Land wurde angebaut, ganze Siedlungsräume sahen sich neu erschlossen. So, wenn auch nur in den ersten Anfängen, der Schurwald.

Das fränkische Großreich zerfiel infolge innerer Streitigkeiten und Erbteilungen bald wieder, und zwar im Jahre 888 endgültig. Der süddeutsche Raum ist dabei zum Ostfränkischen Reich unter einer karolingischen Zweiglinie, dem späteren Königreich »Deutschland«, gekommen. An der inneren Verwaltung, dem berichteten Grafschaftssystem, und an den allgemeinen Lebensverhältnissen hat sich dabei jedoch nichts Wesentliches geändert.

Zweitens: Zum Siedlungsbeginn auf dem Schurwald. Soviel hierbei im einzelnen

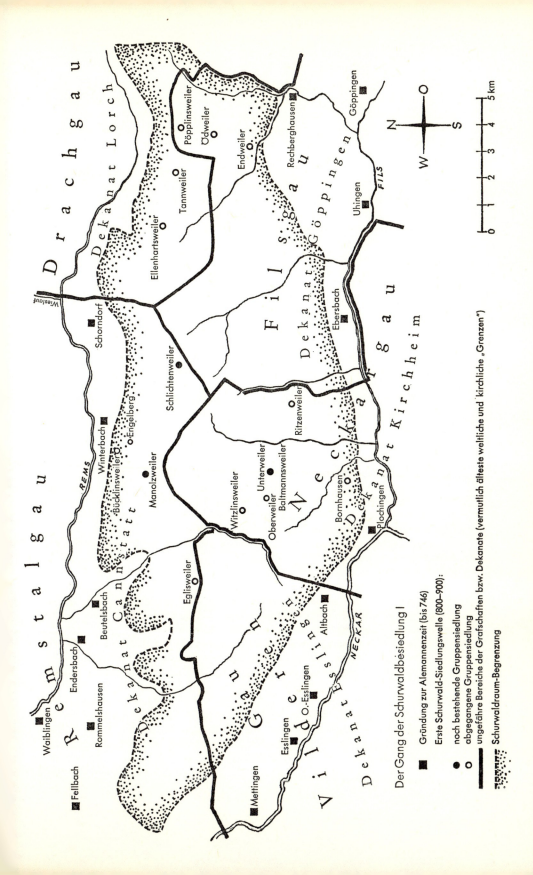

Der Gang der Schurwaldbesiedlung I

■ Gründung zur Alemannenzeit (bis 746)

■ Erste Schurwald-Siedlungswelle (800–900):

● noch bestehende Gruppensiedlung

○ abgegangene Gruppensiedlung

━━ ungefähre Bereiche der Grafschaften bzw. Dekanate (vermutlich älteste weltliche und kirchliche „Grenzen")

░░ Schurwaldraum-Begrenzung

zweifelhaft oder unaufklärbar sein mag, eines ist gewiß: Die Besiedlung vollzog sich im Laufe von etwa vier Jahrhunderten. Offenbar in zwei zeitlich ziemlich voneinander getrennten Hauptbesiedlungswellen. Die erste Welle sieht man zur Karolingerzeit, die zweite zur Stauferzeit. Das soll selbstverständlich vereinzelte Zugänge von Siedlern in der Zwischenzeit nicht ausschließen. Begonnen hat es vermutlich mit den *Orten auf »...weiler«*, ursprünglich zwölf auf dem Schurwald (vgl. unser Kärtchen I): Baltmannsweiler, Bücklinsweiler, Eglisweiler, Ellenhartsweiler, Endweiler, Manolzweiler, Ödweiler, Pöpplinsweiler, Ritzenweiler, Schlichtenweiler (das spätere Schlichten), Tannweiler und Witzlinsweiler. Das esslingische Kimmichsweiler hingegen entstand erst im 18. Jahrhundert. Die »...weiler«-Orte begannen wohl in der *Zweiten* oder Mittleren *Ausbauzeit* (etwa 746 bis 900 n. Chr.). Allerdings möchten wir ihre Gründung erst in das ausgehende 9. Jahrhundert ansetzen, also in die Spätzeit der erwähnten großen fränkischen Siedlungsbewegung. Hierher ist auch Bornhausen zu stellen. Ausdrücklich betont sei, daß sich das bei keiner Siedlung urkundlich gesichert beweisen läßt, daß es sich vielmehr immer nur um Schlußfolgerungen aus der allgemeinen südwestdeutschen Siedlungsgeschichte handelt.

Man darf sich freilich nicht irre machen lassen durch die Tatsache, daß die urkundliche Überlieferung dieser Ortsnamen und damit das sichere Wissen um das Bestehen der Siedlungen erst im 12. Jahrhundert einsetzt (als früheste Ritzenweiler 1140 und Schlichtenweiler 1185), während andere sehr viel später erstmals in Urkunden erscheinen (so als letzte Eglisweiler 1555, Witzlinsweiler 1563); Ellenhartsweiler, Endweiler, Pöpplinsweiler und Tannweiler finden sich zu ihren Lebzeiten überhaupt nicht urkundlich erwähnt und haben wohl trotzdem einmal bestanden. Dieses späte urkundliche Auftreten erklärt sich indessen leicht. Es war nämlich reiner Zufall, ob die Weiler schon in ihrer Frühzeit – etwa anläßlich von Tausch, Verkauf oder Schenkung durch ihren Grundherrn – urkundlich erwähnt werden und ob dann diese Urkunden oder wenigstens Nachrichten über sie auf uns überkommen sind. Obendrein hat sich nichts Wichtiges irgendwelcher Art ereignet, was Licht auf die Schurwaldfrühzeit hätte werfen können. Soweit die »...weiler»-Orte sich wirklich auf Personennamen zurückführen lassen, vermögen wir auch daraus wegen der Unmöglichkeit, diese Personen bestimmten Zeiträumen zuzuordnen (vgl. unten), keine Schlüsse auf den Siedlungsbeginn zu ziehen.

Die Erklärung der »...weiler«-Namen verursacht überdies einiges Kopfzerbrechen. Manche Ortsnamen rühren von der örtlichen Lage der Siedlung her oder enthalten einen sonstigen naturgegebenen Bezug (Stellenbezeichnung) oder führen einfach den bisherigen Flurnamen fort. Andere tragen wohl den Namen ihres ersten Grundherrn; sollte der Ort bei Eigentumswechsel den Namen des neuen Grundherrn angenommen haben, so wäre der heutige Name des Dorfes nicht der ursprüngliche. Wirklich Verläßliches läßt sich meist nicht sagen. Im Teil B versuchen wir, jeweils die erkennbaren Erklärungsmöglichkeiten anzudeuten.

Wer sind nun *Gründer* und *erste Siedler* der »...weiler«-Orte gewesen? Da wir diese Ansätze seßhaften Schurwaldlebens in den zeitlichen Rahmen der großen karolingischen Siedlungsmaßnahmen stellen, drängt sich die weitere Annahme auf, daß die königlichen Grafen der benachbarten Gaue den Gründungsauftrag gaben. War doch der Schurwald fränkisches Krongut; daher konnten nur der

König oder seine Beauftragten das Recht zur Rodung und Siedlung vergeben. Wahrscheinlich trat bei jeder Siedlung nur ein einziger Gründer, nämlich der erste Grundherr der Siedlung, auf, der wohl meist aus den benachbarten Tallandschaften oder dem Voralbgelände stammte. Die Persönlichkeiten der Gründung sind unbekannt. Auch aus den sieben möglicherweise auf Personennamen zurückgehenden ». . . weiler«-Ortsnamen (Baltmannsweiler, Bücklinsweiler, Eglisweiler, Manolzweiler, Pöpplinsweiler, Ritzenweiler, Witzlinsweiler) lassen sich dazu keinerlei Schlüsse ziehen. Alle Gründer erhielten wohl die neuen Siedlungen von ihrem Auftraggeber zu grundherrschaftlichen Lehen, zugleich mit der niederen Gerichtsbarkeit und mit der Verpflichtung zum allgemeinen Schutz für ihre einzelnen Siedler. Solche Lehen konnten unter Zustimmung des Lehensgebers mit allem Zubehör, ganz oder teilweise, verkauft oder vertauscht oder verschenkt werden.

Ebenso viel oder wenig läßt sich über die Menschen sagen, die auf dem Schurwald damals rodend und siedelnd neue Heimat und Arbeit fanden. Teils mögen es Unfreie gewesen sein, die der Gründer von seinen Besitzungen oder aus seinem Bereich mitbrachte und hier ansetzte; teils mögen freie Jungbauern gegen Überlassung von frisch urbar gemachtem oder noch urbar zu machendem Boden einer Grundherrschaft sich selbst ergeben haben, freiwillig »Grundholde« geworden sein. Alles das sind freilich nur begründbare Vermutungen; urkundlich beweisen läßt sich nichts. Aber so war es doch wohl: Der Bauer erhielt und besaß Haus und Hof nicht als freies Eigentum, sondern als Bauernlehen von seinem Grundherrn (vgl. Abschnitt 4 g). Dabei blieb es dann bis 1817.

Diese ältesten Weiler, zunächst gewiß nur aus einzelnen Häusern und Hütten bestehende Gruppensiedlungen, verteilen sich auf den ganzen Bergrücken, zumeist auf die für Ackerbau geeigneten Liashochflächen. Übrigens nicht etwa inmitten ihres Ackerlandes, sondern deutlich am jeweiligen Höhenrand, um näher an den Quellen zu sein, die an der Liaskante zum Knollenmergel entspringen. Ihr Wirtschaftsraum mußte erst allmählich dem alles bestockenden Wald durch Rodung abgerungen werden, bei der Primitivität der damaligen technischen Geräte sicherlich eine saure Arbeit von Generationen. Und sonderbar, daß von den zwölf ». . . weiler«-Orten nur noch drei bestehen (Baltmannsweiler, Manolzweiler, Schlichten), während die anderen wohl sämtlich schon mehr oder minder lange Zeit vorm Dreißigjährigen Krieg abgegangen sind (vgl. Abschnitt 4 a). Immerhin auch für sie ist die ungefähre Lage im Gelände durch entsprechende Flur- und Waldnamen bekannt. Weitere Einzelheiten zu jedem Platz wolle man im Teil B nachlesen.

Drittens: Ausgebaute fränkische Fernstraßen auf dem Schurwald, gab es sie wirklich? Der Altmeister schwäbischer Frühgeschichte Viktor Ernst hat am Beispiel der Schwäbischen Alb überzeugend dargetan, daß die Hauptfernstraßen der Franken in der Nordwest-Südost-Richtung verliefen, also in der Richtung des fränkischen Vordringens und militärischen Nachschubs in das Alemannenland. Aber Friedrich Hertlein hat dann einschränkend betont, daß die Franken neue Straßen nur von Königspfalz zu Königspfalz anlegten, im übrigen jedoch sich an alte Straßenzüge hielten und diese nur für ihre Zwecke ausbauten. Aber gerade diese Voraussetzungen entfallen auf dem Schurwald; Ergebnis: Keine Fernstraßen zur Frankenzeit, trotz anderweiter Spekulationen. Und zum Vergleich doch interessant, daß Rolf Nierhaus auf Grund neuer Forschungen zu dem

Schluß kommt, auch im Schwarzwald seien die entsprechenden »keltischen«, »römischen« und »fränkischen« Fernstraßen Phantasieprodukte, weil tatsächlich erst hochmittelalterlichen oder gar frühneuzeitlichen Ursprungs.

Einiges Heimatschrifttum hat allerdings die noch heute bekannte Bezeichnung »Heerstraße« für verschiedene Teilstücke der Schurwaldstraßen als Beweis für fränkischen oder gar noch früheren Ursprungs der Straßen angesprochen. Es stützt sich dabei wiederum auf Viktor Ernst, der die »Heerstraßen« als das Werk königlich-fränkischer Gaugrafen bezeichnet hat. Damit hat man aber offenbar zu viel des Guten getan. »Heerstraßen« gibt es sehr viele. Der Ausdruck bedeutete in vergangenen Jahrhunderten häufig einfach soviel wie »Fernweg« (aber nicht notwendig aus fränkischer Zeit) und entsprach der späteren »Landstraße« und noch späteren »Chaussee«; militärischer Charakter sollte damit keineswegs in jedem Einzelfall angedeutet werden. Überhaupt entsprang der Name »herstras« oder Ähnliches kaum offizieller Namensgebung, sondern dem Volksmund. An was der Volksmund dabei dachte, an römische Marschtritte, fränkische Reiterei oder doch viel späteres Waffengeklirr, muß vorerst dahingestellt bleiben. Bei dieser oder jener Heerstraße (»Heerweg« angeblich für die Neben- oder Verbindungs-Heerstraßen) kann auch eine sprachliche Vermengung mit »Herdweg« = Viehtrieb vorliegen; Teile des Schurwaldes dienten im Spätmittelalter und weiterhin der Viehweide. Bei Straßen auf windumbrausten Höhen darf man sich gar des mittelalterlichen Volksglaubens an Muotes (Wotans) Wildes Heer erinnern. Und jedenfalls sollte man recht vorsichtig sein mit Rückschlüssen aus dem derart schwer datierbaren Namen »Heerstraße« auf angebliche frühere historische Begebenheiten oder Zustände. Selbstverständlich wollen wir mit alldem damalige einspurig befahrbare und dem Nahverkehr dienende Wege im Schurwald nicht ausschließen.

Viertens: Kirchliches. Der erste Anfang unserer »... weiler«-Siedlungen, ob man ihn früher oder später ansetzt, erfolgte jedenfalls schon im Zeichen des christlichen Kreuzes. Daher braucht man nicht nach Leuten zu suchen, die auf dem Schurwald Heiden missioniert hätten. Außerdem zeichnet sich wahrscheinlich schon damals die Teilung des Schurwaldes in die Bereiche der Bistümer Konstanz und Augsburg ab, wie sie uns später deutlich faßbar wird (vgl. unser Kärtchen »Der Gang der Schurwaldbesiedlung I«). Schließlich, selbst wer der früher üblichen Auffassung von einer ersten Einteilung der Bistümer in großflächige Urkirchensprengel nicht folgen will, wird gern einen bald spürbar gewordenen geistlichen Einfluß der »Urkirchen« in Cannstatt und Winterbach, in Esslingen, Kirchheim und Göppingen/Oberhofen auf den Schurwald bejahen.

Fünftens: Die Wälder. Welches *Landschaftsbild* bot sich den ersten Siedlern, vermutlich im 9. Jahrhundert, auf dem Schurwald? Wenn dazu auch nichts absolut Gewisses und gar Einzelnes gesagt werden kann, so lassen sich einige allgemeine Bemerkungen wohl verantworten. Unzweifelhaft bedeckten geschlossene Waldungen Täler, Hänge und Hochflächen des Schurwaldes; nur die unteren Talböden von Stettener Haldenbach, Schweizerbach (Beutelsbach) und Nassach waren versumpft. Des weiteren schieden sich westlicher Laubwald und östlicher Nadelwald, wenn auch mit vielen Einsprengseln von hüben und drüben, vermutlich schon eindrucksvoll voneinander. Und schließlich hatte man es gewiß mit dichten Wäldern, den »Urwäldern«, zu tun, weil Lichthölzer zurücktraten und menschliche Eingriffe bisher ausgeblieben waren.

Die Frage nach dem damaligen *Grundeigentum* am Schurwald läßt sich angesichts des Mangels an zuverlässigen Geschichtsquellen schwer beantworten. Man wird davon ausgehen dürfen, daß schon der alemannische Herzog oder seine Hochadligen etwas vom Schurwald besessen haben; dieser Besitz wird nach dem Zusammenbruch der alemannischen Führungsgewalt 746 durch Güterenteignung an Krone und Reich zugunsten des fränkischen Königs gekommen sein. Wer nicht von alemannischem Besitz ausgehen will, wird den Schurwald zur fränkischen Zeit, weil unbesiedeltes »herrenloses« Land, als »Königsgut« dem König zustehend betrachten. Im Ergebnis laufen somit beide Lesarten auf dasselbe hinaus.

b) Das Herzogtum Schwaben (917–1268); Fortgang der Schurwaldbesiedlung

Erstens: Zur Gesamtlage ringsum. Nach Verfall der fränkischen Reichsgewalt entstand, in einer Art Erneuerung des vergangenen Alemanniens, im Jahr 917 das Herzogtum Schwaben. Dieses kam, nach vergeblichen Bemühungen mehrerer einheimischer Großen, in die Hände von Angehörigen der königlich-kaiserlichen Herrschergeschlechter: Zunächst der Sachsen (926–1024), dann der Salier (1024–1079) und schließlich der Staufer (1079–1268). Mit dem Untergang des letzten Staufers Konradin 1268 endete auch das Herzogtum Schwaben. Spätere Versuche seiner Wiederherstellung blieben auf die Dauer erfolglos.

Freilich stellte das Herzogtum Schwaben kein einheitlich in sich geschlossenes Herrschaftsgebiet dar. Da gab es einmal das Reichs- oder Krongut und das königliche Hausgut, eine (übrigens nicht unbestrittene) Unterscheidung, die schon bei den Saliern sich allmählich verwischte. Zu Beginn der Stauferzeit mag sie kurzfristig wieder aufgelebt sein; jedenfalls wurden dann bald Reichsgut und staufischer Hausbesitz als eine große Gütermasse einheitlich verwaltet. Auf dem Schurwald haben sich bisher solche Unterscheidungen nicht feststellen lassen. Weiter sieht man damals die stattlichen Besitzungen von Hochadelsfamilien, die großen Grundherrschaften. Im Schurwald waren das, neben den Saliern und Staufern, vor allem die mächtigen Herzöge von Zähringen bis 1187; ihnen folgten die Herzöge von Teck und die Grafen von Aichelberg. Sie alle wurden seit Mitte des 13. Jahrhunderts durch die Grafen von Wirtemberg abgelöst. Das Königsgut des »herrenlosen« Schurwaldes zur fränkischen und wohl auch noch zur sächsischen Zeit war also allmählich dahingegangen: Die umwohnenden Großen Herren hatten zunehmend gewisse Hoheitsrechte und privates Grundeigentum in unserem Waldgebiet erhalten, sei es durch königliche Belehnung, durch gewohnheitsmäßige Aneignung oder vermöge ihrer Grafenwürde.

Die Verhältnisse wurden folgendermaßen noch komplizierter. Die deutschen Könige jener ganzen Epoche setzten zur Verwaltung ihrer Hoheitsrechte und Güter Ministerialen (Dienstmannen) ein, deren Aufgaben und Rechte in Form von Dienstlehen geregelt wurden. Diese Ministerialen wurden im ausgehenden 13. Jahrhundert allmählich selbständiger; ihre Stellung glich sich der der grundherrschaftlichen Lehensinhaber an. Hin und wieder gaben die Könige auch einzelne Güter oder Dörfer oder ganze Landstriche aus ihrem Besitz aus, um bisherige Gefolgsleute im niederen Adel bei sich zu halten oder neue zu gewinnen. Auch der Hochadel übertrug aus seinen großen Grundherrschaften Güter seinen eigenen Ministerialen zu denselben Zwecken. Schließlich sind die damals aufsteigenden Reichsstädte (in unmittelbarer Schurwaldnähe Esslingen) sowie die Herrschaftsrechte und Güter der reichsunmittelbaren Klöster (Sankt Blasien für Hegenlohe, Adelberg für den Ostschurwald) nicht zu übersehen.

In den meisten Fällen, selbst bei den großen Grundherrschaften, handelte es sich nicht um zusammenhängende Flächen, sondern um Streubesitz. Durch Krieg, Heirat, Erbschaft, Teilung, Verpfändung, Verkauf und fromme Schenkung veränderte sich viel Besitz häufig. Dieses oder jenes ließ sich wohl systematisch und geschickt zusammenfügen. Anderes zerteilte sich immer mehr, so daß schließlich zahlreiche Dörfer mehreren Herren gehörten: Man brauchte nur um eine Gassenecke zu gehen oder über einen Graben zu springen, um schon im »Ausland« zu sein.

Über dieses ganze vielschichtige System von Herrschaften aller Arten blieb während des Bestehens des Herzogtums Schwaben die fränkische Einteilung in Grafschaften erhalten, freilich mehr und mehr durchlöchert. Das vom deutschen König persönlich verliehene Grafenamt wurde zunächst infolge der innerdeutschen Wirren häufig umbesetzt. Seit dem 12. Jahrhundert entwickelte es sich jedoch zu einem erblichen Lehen, das seinem Inhaber zusätzlich mindestens Ansehen und Einfluß verschaffte. Unter besonderen personellen Voraussetzungen verschmolz das Grafenamt sogar mit der seinem Inhaber eigenen großen Grundherrschaft allmählich zum landesherrlichen Territorialstaat neuer Prägung – eine Entwicklung, die allerdings erst später zum Abschluß gekommen ist. Weil für die Zukunft auch des Schurwaldes wichtig geworden, sei schon jetzt erwähnt, daß die Remstalgrafschaft (Sitz Cannstatt) seit dem 12. Jahrhundert ununterbrochen von den Grafen von Wirtemberg verwaltet wurde.

Es erscheint angezeigt, zunächst den Fortgang der Schurwaldbesiedlung zu betrachten. Dann soll versucht werden, die verschiedenen politischen Bereiche auf dem Schurwald zu erfassen. Zu allem vgl. unser Kärtchen »Der Gang der Schurwaldbesiedlung II«.

Zweitens: Der Fortgang der Schurwaldbesiedlung. Wir hatten schon Schwierigkeiten, die Gründungszeit der 12 Schurwaldorte mit dem Grundwort ». . . weiler« einigermaßen verläßlich zu bestimmen, nämlich das 9. Jahrhundert. Weiter ergab sich dabei, daß mit noch früheren Gründungen hier oben sicherlich nicht gerechnet werden darf. Wie aber steht es nun mit allen anderen Orten? Siedlungen mit den Grundworten ». . . hardt« (hier Kikishart, Krummhardt, Rattenharz, Thomashardt) und ». . . lohe« (Hegenlohe) pflegen auf eine spätere, sagen wir *Dritte (Spätere) Ausbauzeit* (10.–13. Jahrhundert) hinzuweisen. Diese Grundworte bezeichnen nämlich den lichten, für Viehweide verwendeten Laubwald, also ursprünglich unbesiedelte Stellen, zu denen das Vieh von schon bestehenden Siedlungen zur Weide getrieben wurde; später erstreckte sich der Name auf die neu hier entstandenen Siedlungen, die somit als jünger anzusprechen sind. Ähnlich steht es um die Orte mit dem Grundwort ». . . reut« (Rüdern/Esslingen, Krapfenreut); sie beziehen sich auf Siedlungsplätze, die durch spätere Rodung gewonnen wurden. Darauf deuten auch die Ortsnamen Büchenbronn, Hundsholz, vielleicht auch von Aichschieß hin. Selbstverständlich gibt einen gewissen Anhaltspunkt für die Gründungszeit jedes Ortes der Zeitpunkt seiner ersten urkundlichen Nennung. Aber auch jetzt muß man sich wieder der Bedenken gegen solche nur auf Urkunden gestützte Beweisführung für die

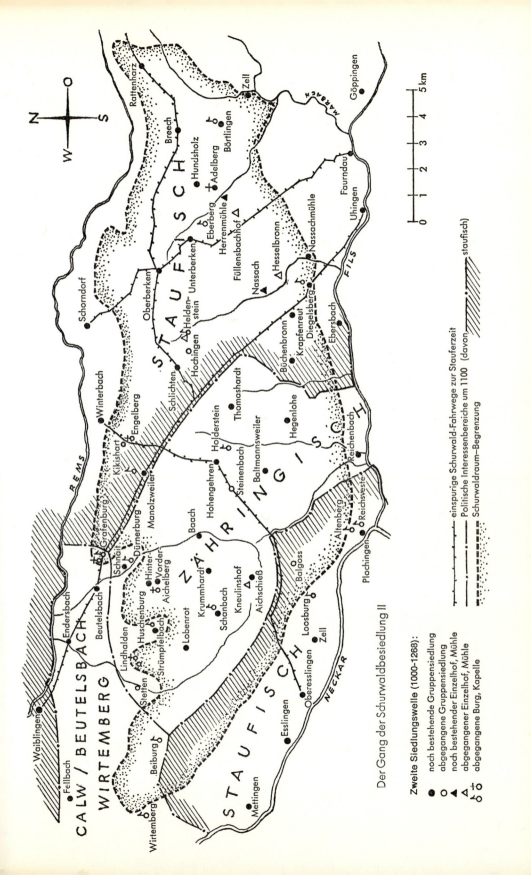

Der Gang der Schurwaldbesiedlung II

Zweite Siedlungswelle (1000–1268):

- • noch bestehende Gruppensiedlung
- ○ abgegangene Gruppensiedlung
- ▲ noch bestehender Einzelhof, Mühle
- △ abgegangener Einzelhof, Mühle
- ♗ ⌓ abgegangene Burg, Kapelle

——— einspurige Schurwald-Fahrwege zur Stauferzeit

····· Politische Interessenbereiche um 1100 (davon ╱╱╱ staufisch)

—·—·— Schurwaldraum-Begrenzung

Gründungszeit bewußt bleiben: Ein Gutshof oder gar ein Ort, der zum Gegenstand einer beurkundeten Veräußerung wurde, wird schon eine Zeitlang vorher bestanden haben.

Betrachten wir zunächst und hauptsächlich die *Gruppensiedlungen* auf dem Schurwald. Die sie betreffende Dritte (Spätere) Ausbauzeit – wohlgemerkt die zweite, umfangreichere Schurwald-Besiedlungswelle – hat kaum schon im 10. Jahrhundert eingesetzt. Dazu mangelte es damals doch wohl an den notwendigen biologischen Voraussetzungen im Neckar-Fils-Raum, von wo in der großen Hauptsache die Schurwaldbesiedlung ausging. So stellen wir in das 11. Jahrhundert nur Diegelsberg, Ober- und Unterberken und Hundsholz, allenfalls in das 11. bis 12. Jahrhundert Hegenlohe und Börtlingen (vgl. diese im Teil B). Mangels anderweitiger Anhaltspunkte wird man erst für das 12. bis 13. Jahrhundert den Siedlungsbeginn anzusetzen haben bei Aichelberg, Aichschieß, Baach, Balgoss, Breech, Büchenbronn, Hohengehren, Krapfenreut, Krummhardt, Lobenrot, Nassach, Rattenharz, Schanbach, Thomashardt und Zell am Marbach; ihre verhältnismäßig späte urkundliche Nennung (vgl. wieder im Teil B) ist, trotz allem dazu Gesagten, doch nicht zu übersehen. In der Hauptsache fällt diese zweite Schurwaldbesiedlungswelle also in die Stauferzeit. Eine andere Lesart, die bäuerliche Besiedlung sei schon zu Beginn der staufischen Kaiserzeit (1139) im allgemeinen beendet gewesen, will sich auf die Tatsache stützen, daß die Staufer auf ihrem Krongut freie Bauern angesetzt haben, so im Welzheimer Wald und im Raum um den Hohenstaufen, während es freie Bauern auf dem Schurwald nicht gegeben hat. Demgegenüber muß, späteres vorwegnehmend, darauf hingewiesen werden, daß im größten Teil des Schurwaldraums die weiterblickenden Staufer nur mittelbar das Regiment führten, während die in den alten Gleisen der Bauernbehandlung laufenden Territorialherren (Teck, Aichelberg, Ebersbach, Kloster Adelberg) tatsächlich die Verhältnisse bestimmten. Mit anderen Worten: Zur Stauferzeit gab es rechtlich verschieden gestaltete Besiedlungsarten.

Nach allem hat die Vermehrung der Schurwaldorte um 21 Gruppensiedlungen (ohne landwirtschaftliche Einzelhöfe, Mühlen und Burgen) zum Höhepunkt der Besiedlung überhaupt (12 + 21 = 33 Orte) geführt. Dann setzte allmählich der Wüstungsvorgang ein (vgl. Abschnitt 4a). Diese Erkenntnis entspricht übrigens völlig den von Emil Dietz sehr sorgfältig festgestellten Vorgängen in den unfernen Limpurger Bergen, einem Keuperbergland mit verkehrsgeographisch ähnlich ungünstiger Lage wie der Schurwald.

Die *Ortsnamen* der 21 neuen Gruppensiedlungen waren in ihrer urkundlichen Schreibung mancherlei, zuweilen geradezu drastischen Änderungen unterworfen; für Hegenlohe haben wir 35(!) Varianten nachgewiesen. Gründe dafür: Die allgemeinen großen Lautveränderungen der deutschen Sprache, sprachliche Angleichung, Vermengung von Schriftsprache und Volksmund bei Mönchen, Pfarrern und Behördenschreibern, von einfachen Hör- und Schreibfehlern ganz zu schweigen. – Die Erklärung der Ortsnamen ist nicht immer einfach, zuweilen gar unmöglich. Die dabei auftretenden Probleme sind dieselben wie bei den ». . . weiler«-Ortsnamen. Im Teil B versuchen wir die Ortsnamen einigermaßen zu deuten. Was die *Ortsgründer* der zweiten Besiedlungswelle betrifft, so neigen wir dazu, ebenfalls wie bei den ». . . weiler«-Orten gesteuerte Aktionen anzunehmen, nur daß an die Stelle der fränkischen Grafen jetzt die neuen politisch tragenden

60

Kräfte, nämlich die großen Grundherrschaften (Zähringer, Teck u. a.) und ihre Ministerialen und sonstigen örtlich Beauftragten getreten sind. Sie wiesen die Gründer an, deren Namen bis heute im Dunkel geblieben sind, und belehnten sie mit dem neuen Siedlungsraum. Die von den Gründern angesiedelten Bauern erhielten ihre Gütchen von ersteren wiederum als Lehen zugeteilt und blieben an ihren Boden gebunden. Bald erschienen auch die großen Klöster, so vor allem Sankt Blasien (bzw. dessen Propstei Nellingen), Adelberg und Denkendorf; sie gaben den ihnen im Laufe der Zeiten durch Schenkung, auch durch Kauf und Tausch zugewachsenen Grundbesitz ebenfalls zumeist als Lehen an bäuerliche Siedler aus. Zum bäuerlichen Lehenswesen selbst vgl. Abschnitt 4 g.

Die 21 Gruppensiedlungen der Dritten (Späteren) Ausbauzeit verteilen sich auf unser ganzes Bergland. Als (urkundlich nicht gesicherte) Ausgangsräume wird man wieder das Remstal und das Fils-Neckar-Tal betrachten müssen, das letztere im Verbund mit seinem Albvorraum wohl im besonderen Maße angesichts der geographischen und politischen Verhältnisse. Auch diese Siedlungen wurden, den früheren Beispielen folgend, auf den zum Ackerbau geeigneten Liashochflächen angelegt und meist wiederum an einem Höhenrand nahe bei darunter entspringenden Quellen; nur Hegenlohe und Krapfenreut kamen in die Knollenmergelzone selbst, wohl um ihrer geschützteren Lage und der besonderen Quellennähe willen. Die damaligen Markungsgrenzen entsprachen gewiß nicht denen der heutigen Dörfer; die Markungen machten ursprünglich noch nicht einmal die heutigen Acker- und Wiesenflächen aus. Erst im Laufe der Jahrhunderte wurde der heutige Markungsumfang durch weitere Rodungen, durch Hinzunahme der bewirtschafteten Flächen abgegangener Siedlungen und viel später durch Zuteilung der herrschaftlichen Waldbezirke an die benachbarten Gemeindemarkungen erreicht.

Die Frage nach den *Einwohner*zahlen am Ende der Stauferzeit läßt sich schlechterdings nicht beantworten. Von den älteren ». . . weiler«-Orten mögen einige, wie Baltmannsweiler und Schlichten, sich etwas weiterentwickelt haben, aber doch kaum über 20 bis 30 Seelen hinaus; indessen, die meisten kümmerten, um nach kürzerer oder längerer Zeit wieder einzugehen. Und die durch die zweite Siedlungswelle hier oben entstandenen Orte steckten 1268 zum guten Teil noch in den bescheidensten Anfängen. Dementsprechend muß der *Wirtschaftsraum* (Wohnstatt, Äcker, Brache, Wiesen) noch sehr klein gewesen sein. So lagen praktisch wohl die meisten, wenn nicht alle Orte in kleinen Rodungsinseln, die zumeist nur einen recht spärlichen Teil des heutigen Wirtschaftsraums ausmachten. Was bedeutete das aufs Ganze gesehen? Selbst wenn man jeder der 33 damaligen Gruppensiedlungen großzügig durchschnittlich den halben Umfang Wirtschaftsraum der heutigen 25 zusprechen will, so bedeutet das, daß sie insgesamt nur etwa zwei Drittel des heutigen Gesamtwirtschaftsraums besaßen.

Nun zum *Siedlungsbild*. Alle Gruppensiedlungen, die älteren wie die jüngeren, bestanden zur Stauferzeit nur aus wenigen Bauernhöfen, wie man aus unseren ältesten Lagerbüchern (15. Jahrhundert) rückschließen kann. In den Urkernen mancher Dörfer lassen sich aus der Stellung mehrerer Gebäude (selbstverständlich nicht mehr in ihrer damaligen Bausubstanz) zueinander heute noch einstige geschlossene Hofanlagen erkennen. Hinzu traten allmählich wenige Sölden, die armseligen Häuschen der anfangs völlig grundbesitzlosen Land- und Forstarbeiter. Wo der Urkern jeder Gruppensiedlung lag, bedarf allerdings noch eindringenderer ortsgeschichtlicher Forschung; bisher ist er mit einiger Sicherheit nur im »Hegenloher Heimatbuch« nachgewiesen. Wenn wir jetzt im Teil B bei jedem Ort den »Urkern« angeben, so beruht das zunächst nur auf der kritischen Zusammenschau von: Ältester Flurkarte (um 1825), alten Gassennamen, mündlicher Überlieferung, politischen Zusammenhängen, Nachbarschaft zur Kapelle bzw. Kirche, auf gelegentlichen Nebenerkenntnissen beim anderwärts gezielten Lagerbücher-Studium und auf sonstigen Erfahrungssätzen; in hoffentlich vielen Fällen mag die derart gewonnene Vermutung zutreffen. Über die Gestalt der Schurwaldhäuser zur Stauferzeit wagen wir mangels jeglicher Unterlagen nichts zu sagen. Die meisten Siedlungen waren locker gruppiert, jeweils umgeben vom hölzernen Dauerzaun des Etters. Er ließ Äcker und Wiesen außerhalb und schützte vor allem die »Krautgärten« hinter jeder Hofstatt gegen den Zutritt des Weideviehs. Viele Dorfbilderchen der Kieserschen Forstlagerbücher von 1685 zeigen das noch deutlich.

Da die ersten Siedler wohl die Dreifelderwirtschaft und damit die Zelgeneinteilung aus den Tälern mit heraufgebracht hatten, darf man annehmen, daß für unsere Ackerfluren von Anbeginn an die Gewanneinteilung galt. Demzufolge waren die einzelnen Gewanne in lange schmale und der Größe des Gewannes und erst recht der Ackerflur überhaupt entsprechende, gleiche und parallele Streifen eingeteilt. Letztere liefen allerdings ursprünglich bedeutend breiter als heute und blieben das mehrere Jahrhunderte hindurch. Über Manolzweiler und Rattenharzer Besonderheiten berichtet Werner Kienzle (1955). Die Dreifelderwirtschaft schildern wir, weil sie bis in die neueste Zeit üblich war, erst im Abschnitt 4 g.

Schließlich ein recht vorsichtiges Wort zu den *Einzelhöfen* aus der Zeit vor 1268: Sie sind auf dem Schurwald bisher kaum erkennbar. Die dafür vom Schrifttum in Anspruch genommenen Hofgruppen Unterhof und Oberhof auf dem Engelberg stellen vielmehr die letzten Reste des abgegangenen Weilers Kikishart dar, also nachweislich von ihrem Ursprung her keine Einzelhöfe. Und nicht der Ödweiler Hof ist später abgegangen, sondern die alte Gruppensiedlung Ödweiler; der Ödweiler Hof trat erst in der Folgezeit an dessen Stelle. Als Einzelhöfe aus jenen fernen Zeiten sind wohl nur die den benachbarten Burgen (Heldenstein, Diegersberger Luger, Ebersberg) zugeordneten »Herrenmühlen« anzusprechen, sowie der adelbergische Füllensbachhof. All das schließt natürlich nicht aus, daß künftige Forschung noch andere »uralte« Einzelhöfe auffinden wird. Auch einige Höfe und Mühlen, die wir zunächst der ersten Nachbesiedlungszeit zuordnen, würden gegebenenfalls schon hierher zu stellen sein.

Drittens: Die Burgen. Etwas faßbarer, auch ein wenig romantikumwoben, sind die acht oder neun Burgen des Schurwaldes. Große Vorstellungen darf man sich allerdings von ihnen allen nicht machen. Erhalten sind nur als ragende Ruine die Yburg oberhalb Stetten, mit Grundmauern die neuestens allzu stark restaurierte Grafenburg oberhalb Beutelsbach und die Burg Schanbach beim gleichnamigen Dorf. Wenigstens die einstigen Umwallungen (Gräben) lassen sich noch klar erkennen beim Heldenstein südöstlich Schlichten, minder deutlich beim Ebersberg südöstlich Unterberken und andeutungsweise als flacher Graben beim Diegelsberger Luger, während beim Holderstein unterhalb Hohengehren die Phantasie schon stark mithelfen muß. Gewisse urkundliche Anhaltspunkte und sonst nichts deuten auf die frühere Existenz einer Burg Bertnang in Börtlingen. Ob darüber

62

hinaus vielleicht Wald- und Flurnamen Hinweise auf denkbare weitere frühere Burganlagen geben, so auf den Markungen von Fellbach (Beiburg), Manolzweiler (Birkäcker, Birkwasen) und Krapfenreut (Burgwiesen)? Für die Beiburg spricht immerhin einiges. – Der Wirtemberg zwischen Untertürkheim und Rotenberg lag schon vor dem eigentlichen Schurwald, desgleichen die Loosburg nordöstlich Altbach. Die Dürnerburg in Schnait und die Huschenburg in Strümpfelbach waren ausgesprochene Talburgen; an den untersten Plochinger Hängen standen die Altenbergburg und die Wasserburg. Sie alle sechs, somit keine Schurwaldburgen, sind längst abgegangen und ihre Stätten anderweit überbaut.

Einzelheiten über genaue Lage, etwaige Entstehungszeit und späteren Untergang der Schurwaldburgen wolle man im Teil B bei den genannten Orten nachlesen. Jetzt seien noch einige allgemeine Bemerkungen angefügt. Zuerst zum Zeitraum des Bestehens der Burgen. Ihre Erbauung fällt in das 12. bis 15. Jahrhundert; nur die Grundmauern der Grafenburg mögen früheren Datums sein. Untergegangen sind sie fast alle, entgegen weitverbreiteter Volksmeinung, lang vor dem Dreißigjährigen Krieg; allein die Yburg verfiel weit nach 1648. Was das Eigentum betrifft, sind dem Hochadel ihrer Zeit Grafenburg, Holderstein und Luger zuzuschreiben, dem niederen Adel (Ministerialen) die anderen Burgen. – Bei vielen Schurwaldburgen fällt die sonderbare Lage im Gelände auf. Auf flach geneigten Terrassen in halber Hanglage sitzen Grafenburg, Schanbach, Holderstein, Heldenstein und Ebersberg; selbst Yburg und Luger lehnen sich nur an die obere Geländekante an. Mit anderen Worten, ihr befestigter Raum ließ sich von oben leicht einsehen, nach oben schwer schützen. Holderstein, Heldenstein und Ebersberg lagen damals, wie heute noch, abseits von aller Welt in tiefen Wäldern versteckt.

An diese Tatsachen knüpft sich sofort die Frage nach der Funktion unserer Burgen. Von »Überwachung mittelalterlicher Fernverkehrsstraßen« kann bei Yburg, Schanbach und Bertnang, erst recht bei Holderstein, Heldenstein und Ebersberg keine Rede sein; dazu lagen sie für die damaligen Verhältnisse viel zu weit ab, die drei letztgenannten sogar den nächsten Fernstraßen geradezu abgewandt. Grafenburg und Luger mögen der Fernwegbeherrschung allenfalls mitgedient haben. Von »Sicherung der Gebietsgrenzen« wird man nur mit Vorbehalt sprechen können, weil es »Grenzen«, also Territorialgrenzen im heutigen Sinn, damals noch nicht gab, nur Ränder von Interessenbereichen. Bei näherer Betrachtung wird deutlich, daß wohl überhaupt wenig Verallgemeinerndes über die Funktion der Schurwaldburgen ausgesagt werden darf. Vielmehr bieten sich folgende Funktionsvarianten an.

Ein befestigter Bergwohnsitz war die Grafenburg der Herren von Beutelsbach (später der Grafen von Wirtemberg), gemeinsam mit dem Wirtemberg offenbar als vorgeschobene Bastion zum Schutz des calwischen gegen den staufischen Interessenbereich dienend. Als Wohnburgen des niederen Adels, wie üblich von ihren Weilersiedlungen leicht abgesetzt, sind vielleicht zu begreifen die Burgen der Herren von Yberg (dicht oberhalb Stetten), der Herren von Schanbach (unmittelbar neben dem gleichnamigen Dorf bzw. nahe bei ihrem Besitz Krummhardt) und der Herren von Bertnang (in Börtlingen). Wieder andere »Burgen« möchte man nur als befestigte Stützpunkte zur Sicherung von Querverbindungen des betreffenden Herrschaftsbereichs deuten. So den Holderstein für die wirtembergischen Grafen auf dem Weg von Stuttgart und Rotenberg nach Schorndorf;

der Ebersberg bot seinen Herren Schutz beim Ritt von Ebersbach/Fils nach ihrem Adelberger Raum; der Luger half den Aichelberger Grafen, die Verbindung von Uhingen nach Nassach aufrechtzuerhalten (das unterste Nassachtal war versumpft). Beim Heldenstein gab es angeblich nahebei den Weiler Hochingen, beim Ebersberg den Weiler Ebersberglen; daher rührt die Meinung, es handle sich hier um Fliehburgen oder Zufluchtstätten der betreffenden Dorfbewohner. Heldenstein, Ebersburg und Luger möchten wir übrigens als halbwegs ständig bewohnte oder benutzte Plätze ansehen, weil ihnen offenbar sogar »Herrenmühlen« in den Tälern darunter zugeordnet waren.

Wie alle diese Burgen etwa aussahen, das möchte man wohl gern wissen. Schon aus dem Gesagten drängt sich die Erkenntnis auf: »Burgen« im eigentlichen, uns vertrauten Sinn können die wenigsten gewesen sein. Zu solchen regelrechten Burgen läßt sich zunächst die Grafenburg rechnen, für die Beschreibungen vorliegen; auch die kümmerlichen Reste der Schanbach weisen wohl auf eine kleine Burganlage hin. – Die völlig aus Stein gebaute Yburg gehört deutlich zum Typ der »Steinhaus-Burgen«, auch »Turm« genannt. – Für den Holderstein hingegen wird man bedenkenlos einen kleinen hözernen Wohnturm innerhalb der umwallten Anlage annehmen; ähnliches, vielleicht mit gemauertem Untergeschoß, mag für den Heldenstein gelten. Sie beide waren somit hochmittelalterliche Burgstalle. Zu diesem Typ wird gemeiniglich auch die Burg Ebersberg gerechnet. Seltsamerweise zeigt aber die Gadnersche Karte von 1592, nach damaliger Übung der Zeichner wohl ziemlich übertreibend, noch größere Gebäude- und Mauerreste der Ebersbergburg; erkennbar ist heute außer der Umwallung nichts mehr, so daß sich kein genaues Urteil fällen läßt. Letzteres gilt leider erst recht für die Burg Bertnang. Nur den Diegelsberger Luger möchten wir noch als eine allerdings sehr kleine hölzerne Turmburg ansprechen; die spätere volksmundliche Namensgebung (lugen = ausschauen) muß ihn nicht unbedingt auf einen bloßen Beobachtungsturm für unruhige Zeiten einschränken, von seiner »Herrenmühle« (Nassachmühle) ganz zu schweigen.

Welche Rolle haben die Insassen der Schurwaldburgen im heimatgeschichtlichen Geschehen gespielt? Im allgemeinen jedenfalls keine heute noch bemerkenswerte. Immerhin, von der Grafenburg (von den frühmittelalterlichen Grafen des Remstalgaus weiß man mit einer einzigen Ausnahme nichts) ist die Beutelsbacher Erbtochter Luitgard 1070 ausgezogen; sie wurde eine Stammutter des Geschlechtes der Wirtemberger und vermehrte dessen Besitz mit Beutelsbacher Erbgut bedeutsam. Und nicht ausgeschlossen bleibt, daß Folknand von Ebersbach seine mindestens für die wirtembergische Geschichte beachtliche Stiftung des Klosters Adelberg 1178 (vgl. Teil B, Adelberg-Kloster) von seiner Burg Ebersberg aus vollzogen hat.

Viertens: Von den *Verkehrswegen* des 11. bis 13. Jahrhunderts auf dem Schurwald darf man sich keine übertriebenen Vorstellungen machen. Angesichts der verschiedensten hierzu vertretenen Ansichten erscheint es geboten, zunächst einmal festzustellen, was wir unter »Straße« verstehen wollen. Das mag in Deutschland gewiß unterschiedlich gewesen sein, meist wohl keine festgebauten Kunststraßen nach römischer Art, aber doch zweispurige Straßenkörper oder mindestens einspurige mit häufigen Ausweichstellen, an nassen oder gar sumpfigen Stellen mit Holzknüppeldämmen oder gröbstem Steinschotter befestigt, an abfallenden Seiten etwas untermauert, mit Hohlwegen in Hügelkuppen und

Bergsporne einschneidend und – gewiß vielfach sehr holprig. Das sind die alten »Heerstraßen« oder »Königsstraßen«, die Fernstraßen, die wir aber auf dem Schurwald schon früher nicht besaßen und auch bis zum Stauferende nicht erhielten. Übrigens verstand sich der Ausdruck »Königsstraße« nunmehr keineswegs als Erinnerung an königlich-fränkische Straßenbauer; vielmehr bezog er sich eindeutig darauf, daß alle Fernstraßen als »exterritoriales« Königsgut galten, auf denen das bewaffnete Geleit für die Reisenden zu stellen ursprünglich Sache des deutschen Königs war. Für solche Geleitausübung auf dem Schurwald wiederum gibt es keinerlei Anhaltspunkte (zu Späterem vgl. Abschnitt 41).

Wenn auch neuerdings bezweifelt wird, ob die Staufer überhaupt neue Fernstraßen angelegt haben, so möchten wir doch für die Stauferzeit die Herrichtung primitiver *einspuriger Fahrwege* im Sinne befahrbarer Wege auf dem Schurwald annehmen – nun endlich. Waren doch die Staufer die ersten, die eine effektivere Verwaltung ihres Haus- und Kronbesitzes erzielten. Dies setzte zweifellos das Bestehen einigermaßen brauchbarer Nahverkehrswege voraus, die die verschiedenen benachbarten Teile der Stauferlande unmittelbar miteinander verbanden. Das trifft zweifellos für folgende Schurwaldverbindungen zu (vgl. unser Kärtchen »Der Gang der Schurwaldbesiedlung II«). Als älteste wird der nördliche Höhenweg Beutelsbach/Schönbühl-Schlichten-Oberberken-Rattenharz-Lorch anzusprechen sein. Die einstige Römerstraße im Remstal war nämlich in den zwischenliegenden Jahrhunderten verfallen und das Tal selbst wegen häufiger Überschwemmungen versumpft und schwer passierbar. So ergab sich dieser Fahrwegbau zwangsläufig; trotz seines steilen Aufstiegs am Beutelsbacher Kappelberg durch den sumpfigen Knollenmergel wurde der Höhenweg wohl bis in das 15. Jahrhundert der inzwischen neuerbauten Talstraße vorgezogen. Seine Abzweigung südlich Schlichten nach Diegelsberg/Uhingen läßt in ihrer geraden Streckenführung ihren Charakter als kürzeste Verbindung zwischen den staufischen Räumen um Waiblingen und Göppingen deutlich erkennen. Als staufische Nord-Süd-Nahverbindung mögen auch die beiden Fahrwege Schorndorf-Faurndau (unsere Berkener Querstraße), sowie Winterbach-Engelberg-Hohengehren-Weißer Stein-Oberhof-Esslingen anzusprechen sein. Ob ein Fahrweg Fellbacher Kappelberg-Esslinger Jägerhaus-Weißer Stein als Zubringer eine überörtliche verkehrspolitische Funktion besaß?

Nennenswerter privater Verkehr hat auf diesen Fahrwegen, abgesehen vielleicht von dem Nordrandweg Beutelsbach-Lorch, gewiß nicht geherrscht. Der Weintransport aus dem Remstal südwärts setzte in der Hauptsache doch erst später ein und das örtliche Verkehrsbedürfnis war noch äußerst gering.

In diesem Zusammenhang sei ein wenig auf den weithin bekannten Namen »Kaiserstraße« eingegangen, weil er heute allgemein auf das Herrschergeschlecht der Staufer bezogen wird. Hier gibt es allerdings ein ziemliches Durcheinander. Der Volksmund und ein Teil des Schrifttums bezeichnen als »Kaiserstraße« die Strecke Beutelsbach-Diegelsberg; hingegen die »Beschreibung des Oberamts Schorndorf« (1851) und ihr folgend u. a. das Blatt »Göppingen« des Landesvermessungsamtes Baden-Württemberg (Ausgabe 1955, 1 : 50 000) geben der Strecke Manolzweiler-Goldboden-Rattenharz die Ehre; andere Karten bezeichnen so den Fahrweg vom Fellbacher Kappelberg zum Esslinger Jägerhaus-Weißer Stein (in seinen östlichen Abschnitten auch »Postweg« und »Weinstraße« genannt). Ob nun dieses oder jenes oder das dritte, alles ist ein Streit um des

Kaisers Bart. Denn die heutige Erklärung der »Kaiserstraße« stammt wahrscheinlich erst aus neuer Zeit und fußt auf liebevoll ausgeschmückter Sage: Die Stauferkaiser hätten diese oder jene Fernstraße für ihre Ritte von der Kaiserpfalz Waiblingen zum Hohenstaufen und umgekehrt benutzt (vgl. Teil B, Schlichten). Auch verschiedene Kaisereichen, Kaiserlinden usw. werden damit in Zusammenhang gebracht. Tatsächlich ist aber nur ein einziger Kaiseraufenthalt auf dem Hohenstaufen nachweisbar (Friedrich Barbarossa 1181); allenfalls lassen sich zwei weitere Besuche Barbarossas vermuten. Konkrete Anhaltspunkte für den damaligen Reiseweg fehlen völlig, aber auf einem der drei Wege könnte Barbarossa ja wohl geritten sein.

Trotzdem möchten wir die Bezeichnung »Kaiserstraße« nicht gänzlich verwerfen. Vielmehr erlaubt unsere Datierung und unser politisches Verständnis der Fahrwege den Schluß, daß der neuzeitliche Volksmund ursprünglich bei der Namensfindung noch die Fahrwege als Schöpfung und Instrument der staufischen Kaiser verstand; im oben dargelegten eingeschränkten Sinn (Schöpfung der staufischen Landesverwaltung) lassen sich, wenn man das so will, auch alle drei heutigen Straßenzüge als »Kaiserstraßen« begreifen. Und erst als dieses geschichtliche Wissen oder Ahnen um die wahren Zusammenhänge verlorengegangen war, fand man eine neue Erklärung romantisierend in der schönen Sage von den Stauferritten. Zu den spätmittelalterlichen »Kaiserstraßen« vgl. Abschnitt 41.

Fünftens: Die Schurwaldbereiche der großen Grundherrschaften und ihrer Ministerialen zur Zeit des Herzogtums Schwaben (917–1268). Jetzt knüpfen wir an unsere Eingangsbetrachtung der politischen Gesamtsituation der Zeit wieder an. So möchte die nachfolgende Zusammenschau nicht schon von Herrschaftsgebieten oder gar Staatsterritorien, vielmehr nur von Interessenbereichen sprechen, wobei die »Interessen« die weite Spanne von Hoheitsrechten (Steuererhebung, Gerichtsbarkeit) über Eigentum und Lehensbesitz bis zum Zehntenanspruch begreifen. Diese Interessenbereiche auf dem Schurwald zu umreißen ist allerdings auch schon risikovoll. Es gibt nämlich hierfür nur sehr geringes, obendrein zusammenhangloses Urkundenmaterial. Die räumlichen Bereiche der großen und kleineren politischen Kräfte lassen sich daher im wesentlichen nur erfassen durch mosaikartige Zusammenstellung gleichartiger Schicksale der einzelnen Schurwaldsiedlungen – freilich mit äußerstem Vorbehalt, weil, wie aus unserem Teil B ersichtlich, auch viele politischen Ortsschicksale im Ungewissen bleiben.

a) Beginnen wir mit der *Westhälfte des Schurwaldes* (nicht »Westschurwald«) und hier zunächst mit den Herren, nachmaligen Grafen und Herzögen von Zähringen. Ob dieses Hochadelsgeschlecht vom gleichnamigen Dorf auf der Ulmer Alb gekommen war, ist sehr ungewiß; jedenfalls baute Berthold I. um 1060 die Limburg bei Weilheim an der Teck und nahm den Herzogtitel von Kärnten an. Das Geschlecht gab seinen Anspruch auf das 1079 staufisch gewordene Herzogtum Schwaben 1098 auf, zog in den Breisgau und nannte sich nach seiner neuen Burg Zähringen bei Freiburg weiter »von Zähringen«; im Jahr 1218 ist es ausgestorben. Ihm zunächst gehörte wohl größtenteils die Westhälfte des Schurwaldes als Eigengut. Freilich, der vermutliche Schurwaldbesitz der Herzöge von Zähringen läßt sich überhaupt nur indirekt erfassen, nämlich durch vorsichtige Summierung der Besitzungen ihrer Rechtsnachfolger (der Teck und der Aichelberg) – Besitzungen, die ihrerseits auf dem Schurwald sicher festzustellen wiederum allerlei Schwierigkeiten begegnet.

Als nämlich 1187 vom zähringischen Hauptstamm eine jüngere Seitenlinie sich als *Herzöge von Teck* absonderte (städtischer Sitz: Owen unter Teck), erhielt diese aus dem zähringischen Erbgut u. a. dessen Schurwaldbesitz – soweit ihn die Zähringer nicht etwa vorher anderweitig veräußert hatten (vgl. unten). Wohlgemerkt, es handelte sich bei der »Herrschaft Teck« (kein Herzogtum) mehr um privatrechtliches Grundeigentum, wenn auch einschließlich gewisser Hoheitsrechte, aber keineswegs um Staatsgewalt; »Herzog« war für die Teck nur ein Titel.

Leider treten nun die Herzöge von Teck als Ortsherrschaft und als Grundeigentümer auf dem Schurwald urkundlich nachweisbar kaum in Erscheinung. Nur für Hegenlohe ist eine teckische Vogtei gesichert nachgewiesen bis 1364. Stetten und damit Lindhalden wird als teckischer Besitz noch 1299 bestätigt. Ein teckisches Baltmannsweiler wird indirekt dadurch deutlich, daß beim Teilverkauf der Herrschaft Teck an die Herzöge von Österreich 1303 das »Dorf Hochdorf mit Zubehör« ausgenommen blieb; unter dieses Zubehör fiel auch Baltmannsweiler als Filial von Hochdorf. Auf teckischen Besitz läßt immerhin das Auftreten von teckischen Lehensträgern schließen, so der Herren Dürner von Dürnau in Aichschieß. Weiter ist er ableitbar aus dem Besitz teckischer Gefolgsleute wie der Herren von Schanbach in Krummhardt, Schanbach und Lobenrot, sowie aus den Zehntenberechtigungen teckischer Gefolgsleute, so außer in Baltmannsweiler auch in Thomashardt.

Über all das hinaus darf man weiteren teckischen Besitz auf dem Schurwald annehmen, vor allem auch Waldstücke. Jedenfalls ergibt sich mit Sicherheit die Unhaltbarkeit der These, der teckische Besitz habe an der Fils aufgehört und der Schurwald von Plochingen filsaufwärts sei insgesamt staufisch gewesen. Vielmehr reichte der Streubesitz der Herzöge von Teck auf dem Schurwald immer noch bis an die alte Neckargaugrenze: Von der Fils nordwärts den Engersenbach (Engelsbach) hinauf und an der Kaiserstraße westwärts entlang! Auch Reichenbach bildet dabei kein Hemmnis. Entgegen anderweiten Behauptungen ist staufischer Besitz hier nicht erwiesen; selbst als ein Herzog von Teck 1299 auf kürzlich von ihm besetzte wirtembergische Güter in Reichenbach verzichtete, blieb ihm sein ererbter Anteil (vgl. unten) vom wirtembergischen Grafen anerkannt.

Haben wir somit ein ungefähres Bild vom Umfang der teckischen Besitzungen gewonnen, bleibt die schwierige Frage, wie weit dieser Besitz auf zähringisches Erbgut zurückgeht. Nun hat Irene Gründer in umfassenden Studien klargelegt, daß die Geschichte der Herrschaft Teck eine Geschichte des Ausverkaufs ist, eines ständigen Abbröckelns vom ererbten Grundgefüge (beendet 1381); ein Güterzuwachs wird kaum jemals beobachtet. So wagen wir den Schluß, daß auch alles oben geschilderte teckische Schurwaldgut dereinst zur großen Grundherrschaft der Herzöge von Zähringen gehörte. Nur bei Reichenbach, der teckischen Besitzbrücke über die Fils, bleibt die Frage, ob der 1299 der Teck hier als ererbt zuerkannte Besitz als eine Erbschaft nur durch eine oder zwei Generationen oder vielmehr auf zähringisches Erbgut (1187) zurückgehend verstanden werden muß. Hierauf näher einzugehen würde unseren Schurwaldrahmen sprengen.

Wir deuteten schon hin auf die *Grafen von Aichelberg* (späterer, städtischer Sitz: Weilheim an der Teck), ein mit den Herzögen von Zähringen, später auch mit den Herzögen von Teck verwandtes Hochadelsgeschlecht (urkundlich bekannt seit 1210). Diese Grafen kamen bis zur Mitte des 13. Jahrhunderts zu umfangreichem Grundbesitz vom Albrand oberhalb Weilheim bis nach Jesingen und Uhingen. Politisch gesehen rechnet man sie nach dem Wegzug der Zähringer zum Gefolge der Hohenstaufen. Ob die Aichelberger ihren Besitz unmittelbar von den Zähringern oder erst durch die Hand der Teck erhalten haben, mag hier dahingestellt bleiben, desgleichen der Zeitpunkt dafür. Auf der westlichen Schurwaldhälfte begegnet man den Grafen vor 1268 wohl nicht. Jedenfalls hatten sie, trotz der Namensgleichheit, mit dem Schurwalddorf Aichelberg niemals etwas zu tun.

Schließlich sei auf der westlichen Schurwaldhälfte eine Besitzgruppe der Herzöge von Zähringen erwähnt, die sie schon vor der Herauslösung der teckischen Güter und Rechte (1187) aus der Hand gegeben hatten. Nämlich der Besitz des *Klosters Sankt Blasien* in Hegenlohe (erstmals 1173 bezeugt); er blieb zunächst im Interessenbereich der Herzöge, weil sie die Klostervogtei über Sankt Blasien innehatten (1125-1218). Nach Ausscheiden der Zähringer kamen die Vogteirechte über das sanktblasische Hegenlohe etwa von 1218 bis 1364 an die Herzöge von Teck.

Zusammenfassend läßt sich für die westliche Schurwaldhälfte im allgemeinen zur Zeit des Herzogtums Schwaben (917–1268) etwa folgendes sagen. Offenbar kam auch damals noch der uralten Grenzlinie Fils-Engersenbach (Engelsbach)-Kaiserstraße eine gewisse politische Bedeutung zu. Südwestlich von ihr befand sich der zähringische, später der hauptsächlich teckische Interessenbereich. Das alles jeweils bestehend aus Hoheitsrechten, Eigengut und Lehen, aufgelockert durch kleinen Streubesitz von edelfreien Herren und von Klöstern und wohl kaum schon durchgehend effektiv verwaltet oder gar bewirtschaftet. Dabei vermochten die mächtigen Zähringerherzöge in Schwächezeiten des deutschen Königtums das Ihrige zu einem halbwegs eigenständigen, modern gesprochen »autonomen« Territorium zu steigern – eine Entwicklung, die die Teck nicht durchhielten.

Eine zukunftsträchtige territorialpolitische Besonderheit bildete der Nordwestzipfel unseres Schurwaldes, nämlich das Gelände zwischen Beutelsbach und Untertürkheim. Unter Beiseitelassen der etwas sagenhaften Frühzeiten an das deutlich Faßbare sich haltend erkennt man folgendes. Die *Grafen von Calw* (Pfalzgrafen ab 1113) hatten bis 1050 ihren Interessenbereich vom mittleren Schwarzwald über Cannstatt bis in das untere Remstal auszudehnen vermocht; die vorderen Waldtälchen des Beibachs, des Stettener Haldenbachs mit Strümpfelbach und des Beutelbachs waren allem Anschein nach Calwer Gut. Der Raum um Beutelsbach kam wohl bald an eine jüngere Linie des Hauses Calw. Diese nannte sich *Herren von Beutelsbach* nach ihrer Burg auf dem Kappelberg, dem Schurwaldausläufer östlich des Dorfes (einer uralten Burg für die Grafen des Remstalgaus?).

Auf dem Rotenberg oberhalb Uhlbach hatte ein ebenfalls im westlichsten Schurwald und in dessen Vorraum begüterter Freiherr *Conrad von Wirtinberc*, wohl moselfränkischer Herkunft, um 1070/80 seine Burg gebaut (Kapellenweihe 1083). Um 1100 – die Vermutungen schwanken zwischen 1080 und 1120 – kamen die Wirtemberger auf dem Erbweg in den Besitz der Herrschaft Beutelsbach; ungefähr seit 1136 trugen sie den Grafentitel, vielleicht im Zusammenhang mit dem eingangs erwähnten Erwerb des (Reichs-)Grafenamtes über den Remstalgau.

Ihr Bereich endete allerdings im Neckartal schon wenig östlich vom Wirtemberg, denn talaufwärts breitete sich hier staufischer Interessenbereich aus, mit Esslingen als Mittelpunkt.

b) Nunmehr wenden wir uns der größeren *Osthälfte des Schurwaldes* (nicht »Ostschurwald«) zu, genauer gesagt dem nördlich und östlich der angedeuteten uralten Grenzlinie liegenden Schurwaldraum. Er stellte den eigentlichen Interessenbereich der staufischen Herzöge von Schwaben und ihrer Trabanten dar. Die *Staufer,* als Herren von Büren (Wäschenbeuren, Kreis Göppingen) in das Licht der Geschichte tretend, nannten sich nach ihrer Burg Hohenstaufen nordöstlich Göppingen. Friedrich (I.) von Staufen erhielt von seinem Schwiegervater, dem salischen Kaiser Heinrich IV., im Jahre 1079 das Herzogtum Schwaben und damit das salische Krongut auf dem Schurwald. Die Staufer ließen allem Anschein nach den Schurwaldraum, in verschiedene Dienstlehen aufgeteilt, durch ihre Ministerialen verwalten.

Beginnen wir mit den *Herren von Ebersbach* (bekannt 1155–1374), die sich auch »Herren von Ebersberg« (vgl. Teil B, Oberberken) und als staufische Ministerialen, dem Brauch der Zeit folgend, sogar »Herren von Staufen« nannten. Ihr Besitz reichte zeitweise von Ebersbach/Fils bis zur Remshalde nördlich Adelberg. Des Raumes um Adelberg und des Herrenbachtals haben sie sich schon 1178 begeben (vgl. unten); die südliche Hälfte ihres Besitzes, sicherlich das Dorf Ebersbach selbst, ist 1274 und 1299 an Wirtemberg gekommen; seitdem waren die Herren von Ebersbach Ministerialen der Stuttgarter Grafen.

Recht unergiebig geblieben ist bisher unsere Forschung nach der Entwicklung in der Südwestecke des staufischen Schurwaldraums. Man hört hier erstmals etwas aus dem Jahre 1362, hundert Jahre nach dem Staufenuntergang, als die *Truchsessen von Magolsheim* (so genannt seit 1323; Sitz Magolsheim im Kreis Münsingen) ihre 6 Lehen in Büchenbronn und 3 in Krapfenreut verkauften. Sie bildeten einen Zweig der Truchsessen von Urach (letztere bekannt ab 1225). Könnten letztere vielleicht vorher diese Güter besessen haben? Als Lehensträger der Staufer? Zwar waren die Truchsessen von Urach Ministerialen der Grafen von Urach, nach denen sie sich nannten; die Grafen von Urach wiederum hatten die Zähringer Herzöge 1218 im schwäbischen Raum beerbt. Aber angesichts dieses äußerst weitläufigen Zusammenhanges der Truchsessen von Magolsheim mit den Zähringern weist ihr Schurwaldbesitz kaum auf zähringisches Erbe; woher er tatsächlich stammt, ist leider nicht auszumachen, ebenso, ob die Truchsessen nur die genannten Güter oder auch die Hoheitsrechte über die beiden Weiler zu Lehen trugen. – Demgegenüber schreibt Hermann Donner, daß Büchenbronn und Krapfenreut stets zu Ebersbach gehört hätten; damit hätten die Hoheitsrechte über beide Weiler den staufischen Herren von Ebersbach zugestanden. Das mag zutreffen, wenngleich es sich für die ersten Jahrhunderte ihres Bestehens nicht beweisen läßt. Vermutlich sind Büchenbronn und Krapfenreut zusammen mit einem Teil von Ebersbach 1274 oder mit dem Ebersbacher Dorfrest 1299 an die Grafschaft Wirtemberg gekommen. Von diesen Zeitpunkten ab können die Truchsessen selbstverständlich auf jeden Fall nur Grundstückseigentümer, nicht (mehr) Inhaber von Hoheitsrechten gewesen sein.

Der Besitz der *Grafen von Aichelberg* (vgl. oben) im östlichen Schurwaldraum stellt sich uns verhältnismäßig faßbar dar. In der Tat bildeten ihre gesicherten Besitzungen in Diegelsberg (mindestens seit 1260) und Nassachmühle, ihre Rechte in Nassach und in dem (zwischen Nassachmühle und Holzhausen durch den Flurnamen »Erlenschwang« belegten) abgegangenen Weiler Erliswang bis hin zu ihren Dienstmannen in Oberberken eine gewisse räumliche Einheit, betont durch den befestigten Platz des diegelsbergischen »Luger«, dem sich die darunter liegende Nassachmühle, auf Grund allgemeiner Erfahrungen, wohl bedenkenlos als »Herrenmühle« zuordnen läßt. Dazu lehnte sich das Ganze unmittelbar an die eigentliche Grafschaft Aichelberg an, die ja von Uhingen bis Bünzwangen die Fils erreichte.

Von wem hatten nun die Aichelberger den Raum zwischen Fils und Nassach erhalten? Gesicherte Anhaltspunkte für die Beantwortung dieser Frage gibt es überhaupt nicht. Irene Gründer meint, dieser Raum sei erst beim Auseinanderfallen des staufischen Besitzes, also erst in der zweiten Hälfte des 13. Jahrhunderts aichelbergisch geworden. Das würde bedeuten, vor den Aichelbergern wäre hier staufischer Kron- oder Hausbesitz gewesen. Anders August Ramsperger, der verdiente Uhinger Heimatforscher. Er möchte (laut freundlicher Mitteilung) den erörterten Raum als ehemals teckisch verstanden wissen. Das würde, in Anlehnung an das zur politischen Geschichte des westlichen Schurwaldes Vorgetragene, den Rückschluß auf einen dem teckischen vorangehenden zähringischen Besitz nahelegen – ein Ergebnis, das freilich unserer Hypothese einer politischen West-Ost-Teilung des Schurwaldes zuwiderläuft und uns daher die Meinung Irene Gründers als wahrscheinlicher vermuten läßt.

Im nördlichen und östlichen Schurwald, insbesondere auf seinen Remstalhängen vom Schönbühl bis östlich Rattenharz, trifft man auf *unmittelbaren salischen, später staufischen Kron- oder Hausbesitz*. Ob die Schenkung der salischen Grundherrschaft Winterbach durch Kaiser Heinrich IV. an das Hochstift Speyer (im Speyrer Dom die Grablege der Staufer) 1080 auch die Schurwaldhöhen über Winterbach, nämlich den Engelberg mit Bücklinsweiler und den Manolzweiler Goldboden, mitumfaßte, steht dahin; zwar gehörte dieses alles zur Winterbacher Urkirche, aber die Schenkungsurkunde spricht nicht ausdrücklich darüber. Jedenfalls hätte dieses speyerische Zwischenspiel praktisch nur bis um das Jahr 1100 (rechtlich bis 1141) gedauert; dann wäre man auch hier oben wieder königlich-kaiserlich geworden. Das Staufergut reichte wohl auch stellenweise schurwaldeinwärts bis Schlichten und noch südlicher ausbiegend bis Ober- und Unterberken, bis Breech und Börtlingen. Den Übergang des staufischen Schurwald-Nordsaums in die Hände der Grafen von Wirtemberg wird man schon für die Zeit kurz nach 1246 annehmen (vgl. unten), während Ober- und Unterberken, Breech und Börtlingen erst ein Jahrhundert später folgten.

Die *Herren von Urbach* (bekannt seit 1181) vermochten, von ihrem Kernbesitz im Remstal zwischen Schorndorf und Lorch aus, sich nicht dauernd im filstaler Raum um Faurndau festzusetzen. Daß sie auf dem Wege dorthin auch im östlichen Schurwald festen Fuß gefaßt hätten, läßt sich urkundlich nicht beweisen; man sieht nur ganz geringes Besitztum in Unterberken, das sie 1294 an das Kloster Adelberg abgegeben haben. Dieses staufische Ministerialengeschlecht trat nach 1268 in wirtembergische Dienste.

Abschließend ein flüchtiger Blick auf den Raum um das *Kloster Adelberg* mit Hundsholz. Hier gingen die Hoheitsrechte von den staufischen Herren von Ebersbach unmittelbar auf die Staufer (staufische Schirmvogtei) 1181 über. *Sechstens: Im großen politischen Kräftespiel* des Hochmittelalters bildete der

kleine Schurwald gewiß nur eine quantité néglagable. Hatten die salischen Kaiser
noch erbitterte Kämpfe mit ihren Gegnern, den Zähringern und den Grafen
von Calw nebst den Wirtembergern, zu führen gehabt – bei der geschilderten
räumlichen Verzahnung der Interessenbereiche gewiß eine Quelle manches Ungemachs für den Schurwald (1078), – so verloren nach dem Wegzug der Zähringer die einstigen Gegensätze zusehends ihre Schärfe. Die Herzöge von Teck und
die Grafen von Aichelberg rechneten sogar zum Gefolge der Hohenstaufen;
das staufische Übergewicht auf dem Schurwald war nunmehr unbestreitbar.
Dementsprechend hielten sich dann auch mehrere wirtembergische Grafen zu den
Kaisern. Erst Graf Ulrich I. »mit dem (übergroßen) Daumen« von Wirtemberg
ging 1246, mitten in der Schlacht von Frankfurt, von den Staufern zur anti-
kaiserlichen Partei über; als Lohn dafür erhielt er u. a. das mittlere Remstal mit
Winterbach und Schorndorf, wohl einschließlich der benachbarten Schurwaldabhänge (Manolzweiler, Engelberg, Schlichten).

Siebtens: Kirchliches. Ein Blick auf die damalige *kirchliche Organisation* im
Schurwald lohnt sich schon deshalb, weil sie in ihren wesentlichen Grundzügen
zur ganzen vorreformatorischen Zeit erhalten blieb. Hierfür steht uns, erstmals
und endlich, eine verläßliche Urkundsquelle zur Verfügung, der »Liber decimationis« von 1275 (bischöflich-konstanzische Heberolle für Kreuzzugszehnten des
Klerus). Wir zögern nicht, die aus ihm abzuleitenden kirchlichen Grenzziehungen
als im wesentlichen schon einige Jahrhunderte vorher gültig zu betrachten, wenn
auch der eine oder andere damals genannte Ort so viel früher noch nicht bestanden haben mag. Zum Nachfolgenden vgl. unser Kärtchen »Der Gang der
Schurwaldbesiedlung I«.

Danach gehörte der größte Teil des Schurwaldes zum Bistum Konstanz, der
Rest zum Bistum Augsburg; die Grenze zwischen beiden Bistümern kam vom
Wieslauftal, ostwärts an Schorndorf vorbei, zur Schurwaldhöhe, zog südlich
von Ober- und Unterberken zum Tobelgrund zwischen Hundsholz und Kloster
Adelberg, dann wieder nordostwärts. Die Bistümer waren in Archidiakonate
gegliedert. Das Archidiakonat »Vor dem Schwarzwald« (Archidiaconatus ante
nemus sive nigrae silvae) und das Archidiakonat Reutlingen oder »Um die Alb«
(Archidiaconatus circa Alpes) teilten sich in den konstanzischen Schurwaldteil,
während das Bistum Augsburg mit seinem Archidiakonat »Riess« vertreten war.
Jedes Archidiakonat zerfiel wieder in Landdekanate, auch Landkapitel oder
Ruralkapitel genannt (letztere waren eigentlich die Zusammenschlüsse der länd-
lichen Seelsorgegeistlichen jedes Dekanats). Im einzelnen ergab sich 1275:

Bistum	Archidiakonat	Landdekanat	Ort (+ = Pfarrei)
Konstanz	Vor dem Schwarzwald	Grünbach (Grunbach) *	Aichelberg, Baach, Manolzweiler, Schlichten
	Reutlingen	Esslingen (Nellingen)	+ Aichschieß; + Schanbach, Lobenrot, Krummhardt
	bzw. Um die Alb (1324)	Owen **	+ Hohengehren, Baltmannsweiler, Thomashardt, + Hegenlohe

*) Später auch Cannstatt (so im Liber quartorum 1324), Schmiden, Waiblingen oder Schorn-
    dorf genannt.
**) Später Kirchheim unter Teck genannt (1324).

Bistum	Archidiakonat	Landdekanat	Ort (+ = Pfarrei)
		Hüningen (Heiningen) *	Büchenbronn, Krapfenreut, Diegelsberg, Kloster Adelberg, Bertnang, Zell
Augsburg	Riess	Lorch	Oberberken, Unterberken, Hundsholz, Breech, Rattenharz

*) Später Faurndau, dann (1324) Göppingen genannt.

Nicht mehr erscheint die Pfarrei Bertnang (Börtlingen), weil zwischen 1271 und 1275 eingegangen. Demzufolge gab es am Ende der Stauferzeit 5 Pfarreien. Ernannt wurden die Pfarrer vermutlich von ihrem zuständigen Bischof. Die Besoldung der Pfarrer erfolgte ursprünglich aus dem »Kirchengut« (Nutzung von Zehnten und des Pfarrwittumsguts) und den »Stolgebühren« (Entgelten der Gläubigen für geistliche Amtshandlungen wie Taufe, Trauung usw.). Neben dem Kirchengut stand übrigens als andere kirchliche Vermögensmasse am Ort der »Heilige«. Da die Rechtsnatur beider Vermögensmassen jahrhundertelang dieselbe bleibt, berichten wir darüber erst in späterem Zusammenhang (Abschnitt 4f). Jetzt nur ein Blick auf die Höhe des Pfarreinkommens am Ende der Stauferzeit. Laut »Liber decimationis« betrug das Jahreseinkommen (in Geld umgerechnet) der Pfarrer von Schanbach und Aichschieß je 12 Pfund Heller, das des Pfarrers von Hohengehren 3 und von Hegenlohe 8 Pfund Heller. Was bedeutete das praktisch? Als standesgemäßes Mindestjahreseinkommen eines Klerikers der Diözese Konstanz galt 6 Pfund Heller, während andererseits beispielsweise das Jahreseinkommen der Pfarrei Winterbach im Remstal damals 110 Pfund betrug. Wieviel das nach heutigen Maßstäben auch gewesen sein mag, wichtiger ist dies: Aichschieß, Schanbach und Hegenlohe lagen dicht an der unteren Grenze, Hohengehren gar hoffnungslos darunter.

Was die Entstehungszeit der *kirchlichen Bauten* betrifft, mischt sich Gesichertes mit Vermutetem, Sagenhaftem und Unbekanntem, in der zeitlichen Reihenfolge etwa so. Eine Michaelskapelle auf dem Engelberg aus dem 6. Jahrhundert ist durch nichts bewiesen, aber trotzdem nicht völlig abzulehnen. Eine (abgegangene) Kapelle zu Oberberken soll aus dem 9. Jahrhundert gestammt haben. Die (abgegangene) erste Kapelle auf dem späteren Adelberger Klostergelände wurde wohl 1054 geweiht. Die ecclesia zu Hegenlohe wird von einer Papsturkunde 1173 als bestehend vorausgesetzt. Die Kirche zu Börtlingen und der Hochaltar der (abgebrochenen) Adelberger Klosterkirche feierten 1187 ihre Weihe. Und zum Ausklang: Aus dem erwähnten Bestehen der 4 Pfarreien zu Aichschieß, Hegenlohe, Hohengehren und Schanbach (1275) darf wohl auf kleine Kirchen auch in diesen Dörfern geschlossen werden; Einzelheiten dazu vgl. im Teil B. Möglicherweise standen damals auch schon anderwärts Kapellen als Vorläufer heutiger Kirchen oder mindestens deren Sakristeien. Ob alle diese Gotteshäuser schon Steinbauten waren? In romanischen Stilformen? Zumeist sind sie später, weil baufällig oder zu klein geworden, abgebrochen worden oder einer der vielen Fehden zum Opfer gefallen. Die heutigen Kirchen in den genannten ältesten

Pfarrorten sind mindestens eine erste oder gar zweite Nachfolgerin der Gründungskirchen (vgl. Abschnitt 4 f).

Infolgedessen ist das, was von alldem heute, wenn auch nur in Resten, vor uns steht, in der Tat verschwindend gering. In Aichschieß sieht man zwar nichts Romanisches, aber die nördliche Umfassungsmauer könnte aus dem 13. oder gar 12. Jahrhundert stammen. Für die Hegenloher Sakristei wird eine Bauzeit um 1200 angenommen. Jedoch die im Schanbacher Turmchor befindlichen bogigen Unterzüge möchten wir kaum als »romanisch« verstehen, vielmehr als spätere, rein bautechnische Zweckmäßigkeitslösung. Kultische Gegenstände aus romanischer Zeit sind bisher nirgends bekannt geworden, abgesehen vom Steintisch (Altar?) in der Hegenloher Sakristei.

Achtens: Die Wälder auf dem Schurwald, ursprünglich die Gesamtfläche dicht bestockend, büßten, dem Fortgang der Besiedlung entsprechend, vom Anfang des 10. bis zum Ende des 13. Jahrhunderts laufend an Gesamtumfang ein. Das ist gewiß; fraglich bleibt allerdings, in welchem Umfang. Wir möchten uns auf unsere Grobberechnung der landwirtschaftlich genutzten Gesamtfläche beziehen und annehmen, daß der Wald schließlich immer noch ein gutes Stück umfangreicher war als heute. Er zeigte sich, offenbar abweichend von den Verhältnissen auf anderen Keuperbergländern, keineswegs durch die Rodungen aufgerissen; im Gegenteil verloren sich diese noch ziemlich inselhaft in ihm.

Was die Bestockung im einzelnen betrifft, mag sich die frühzeitige Scheidung im Zuge der Berkener Querstraße in westlichen Laubwald und östlichen Laub-Nadel-Mischwald verschärft haben. Des weiteren besteht kein Anlaß anzunehmen, daß sich jetzt schon die dichten Wälder der vorangegangenen Zeiten auf natürliche Weise oder durch menschliche Eingriffe (Holzfällen, Waldweide) nennenswert gelichtet hätten. So möchten wir auch die Ortsnamen Hegenlohe, Krummhardt und Thomashardt als Hinweise auf etwas Auffälliges, weil Seltenes verstehen: den gerade an diesen Stellen vorhandenen und genutzten lichten Weidewald, auf dem die neuen Siedlungen angelegt wurden; das meiste andere war eben kein lichter, sondern dichter Wald. Der Vollständigkeit halber sei bemerkt, daß manche Klimasachverständigen von einer Wetterverschlechterung zwischen 1200 und 1300 sprechen. Daraus denkbare Folgen für die Anteile der verschiedenen Holzarten konnten sich freilich nennenswert erst im Laufe von Jahrzehnten auswirken (vgl. Abschnitt 4 k).

4. Politische und wirtschaftliche Unmündigkeit (1268 bis 1817)

a) Nachbesiedlungen, Wüstungsvorgänge und Bevölkerungsentwicklung

Erstens: Zur Nachbesiedlung. Der Aufschwung in der allgemeinen Bevölkerungsentwicklung Süddeutschlands von etwa 1470 bis 1634 sowie die nach dem Menschenverlust im Dreißigjährigen Krieg einsetzende neue Bevölkerungszunahme ließen auf dem Schurwald kaum neue *Gruppensiedlungen* entstehen. Ausnahmen davon bilden Baiereck und Unterhütt, die sich aber bezeichnenderweise auch nur um die Einzelhöfe Obere Glashütte bzw. Altglashütte seit Anfang des

15. Jahrhunderts langsam und sehr bescheiden entwickelten. Allgemein entmutigend wirkten die damalige landwirtschaftliche Unergiebigkeit des Schurwaldbodens, auch die Nähe der verkehrsgünstigeren und gewerbereichen Flußtäler. – Das sehr lockere Gefüge der einzelnen kleinen Weilersiedlungen in ihren ersten Jahrhunderten verdichtete sich später naturgemäß, und zwar vielfach zu Wegedörfern beiderseits ihrer »Gemeinen Gasse«, die meist ein Zwischenstück von Überlandwegen bzw. späteren Überlandstraßen bildete. – Zu den verschiedenen Bauernhaustypen vgl. Abschnitt 4 g.

Wir kennen bisher insgesamt 32 *Einzelhöfe*, die nach 1300 (bis 1817) über den ganzen Schurwald verstreut entstanden – allesamt landwirtschaftliche oder gewerbliche (Mühlen, Glashütten) Plätze, wobei auch die meisten gewerblichen mehr oder weniger Landwirtschaft betrieben. Ihre Lage zeigt das Kärtchen »Der Gang der Schurwaldbesiedlung III«. Die genaue Datierung ihrer Gründung begegnet angesichts des Fehlens sicherer Unterlagen großen Schwierigkeiten; vieles muß sich auf Vermutungen beschränken und manches versagt sich auch diesen (vgl. die folgenden Einzelhöfe bei ihrer unten mitgenannten Markung im Teil B). Immerhin, zwei Wellen solchen Neubeginns von Einzelhöfen heben sich zeitlich stark voneinander ab, der allgemeinen Bevölkerungszunahme vor und nach dem Dreißigjährigen Krieg einigermaßen entsprechend.

Die erste Welle (21 Höfe) setzte auf dem Schurwald schon im 14. Jahrhundert ein, sozusagen als Nachläufer der Dritten (Späteren) Ausbauzeit, und verebbte schon im frühen 16. Jahrhundert. Sie brachte außer den schon erwähnten Plätzen Obere Glashütte und Altglashütte folgende Einzelhöfe, von West nach Ost:

Mühlhöfle oberhalb Baach	Mittelmühle bei Adelberg
Kneulinshof bei Aichschieß	Zachersmühle bei Adelberg
Propsthof bei Baltmannsweiler	Kohlbach-Sägmühle bei Börtlingen
(Burgermeister-?)Hof bei Balt.	Sägmühle bei Rattenharz
Katzenbachhof bei Hohengehren	Steinersche Sägmühle bei Pöpplins-
Bannmühle bei Hegenlohe	weiler
Mittlere Glashütte nördlich Nassach	Riekersche Sägmühle bei Pöppl.
Hesselbronn bei Nassach(?)	Storersche Sägmühle bei Börtlingen
Fliegenhof bei Oberberken	Mahl- und Sägmühle bei Zell
Sägmühle ob der Adelberger Herren-	Sägmühle in (?) Zell
mühle	

Dabei mag der eine oder andere Einzelhof aus noch älterer Zeit stammen. Das einstige Bestehen eines Hofes »Züselbronn« bei Adelberg erscheint uns zu ungewiß, als daß sich dessen Aufnahme rechtfertigen ließe. Einen »Sonnenberghof« oberhalb von Stetten, von dem man gelegentlich liest, hat es nie gegeben. Desgleichen wohl keine »Baumühle« im Nassacher Bärentobel (vgl. Baiereck-Nassach im Teil B).

Die zweite Welle neuer Einzelhöfe (11) folgte vom späten 17. Jahrhundert bis 1817; wiederum von West nach Ost aufgezählt:

Saffrichhof ob Schnait	Ödweiler Hof bei Börtlingen
Clemenshof bei Engelberg	Schneiderhof bei Breech
Schlierbachhof bei Hohengehren	Wursthof bei Breech

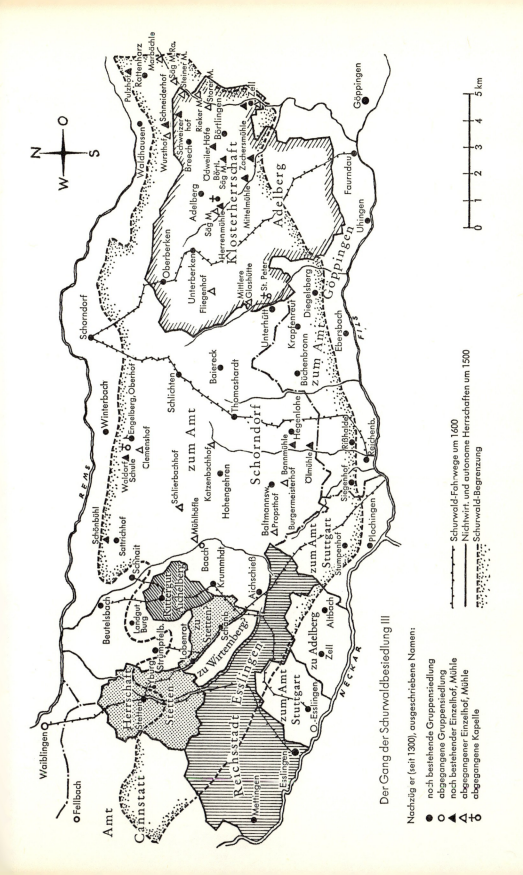

Der Gang der Schurwaldbesiedlung III

Nachzüg er (seit 1300), ausgeschriebene Namen:

● noch bestehende Gruppensiedlung
○ abgegangene Gruppensiedlung
◀ noch bestehender Einzelhof, Mühle
△ abgegangener Einzelhof, Mühle
⊕ abgegangene Kapelle

―――― Schurwald-Fahrwege um 1600
―――― Nichtwirt. und autonome Herrschaften um 1500
―――― Schurwald-Begrenzung

Wörnerhof = Stumpenhof ob
Plochingen
Walleserhof = Siegenhof ob Reichen-
bach
Ölmühle unterhalb Hegenlohe

Pöppelenshof = Schweizerhof
bei Breech
Pulzhof bei Rattenharz

Zu späteren Einzelhöfen vgl. Abschnitt 5 a.

In der Zeitspanne der Nachbesiedlung auf dem Schurwald sind weder alte *Burgen* ausgebaut noch neue angelegt worden. Zwar baute sich der deutsche Adel auch nach 1300 noch Burgen, aber die politischen Gewichte hatten sich räumlich derart verlagert, daß der Schurwald dazu keinen Anreiz mehr bot.
Zweitens: Die Wüstungsvorgänge. Von untergegangenen Dörfern, Höfen und Burgen erzählt sich unser Volksmund hier und dort vielerlei Geheimnisvolles, sagenhaft Ausgeschmücktes. Seltsamerweise stimmt man dabei in allen Fällen in der festen Überzeugung überein, der Untergang habe sich im Dreißigjährigen Krieg vollzogen. Doch wie sehen die Tatsachen aus? Fest steht jeweils nur der Abgang, die Verödung. Der genaue Zeitpunkt läßt sich allerdings schwer fassen, weil das vorhandene Urkundenmaterial oft nur erkennen läßt, daß im Zeitpunkt des von ihm beurkundeten Rechtsvorganges (Belehnung, Kauf, Verkauf usw.) der erwähnte Platz nicht mehr bestand.
Betrachten wir zunächst die 16 abgegangenen »Dörfer«, die wir wohl richtiger immer noch als weilerartige *Gruppensiedlungen* begreifen. Es sind dies (von West nach Ost):

Lindhalden bei Stetten
Bücklinsweiler bei Winterbach
Kikishart bei Winterbach
Eglisweiler bei Aichschieß
Witzlinsweiler bei Hohengehren
Steinenbach bei Hohengehren
Balgoss bei Altbach
Bornhausen bei Plochingen

Ritzenweiler bei Hegenlohe
Hochingen bei Schlichten
Ebersberglen bei Oberberken
Ellenhartsweiler bei Adelberg
Endweiler bei Adelberg
Tannweiler bei Adelberg
Ödweiler bei Börtlingen
Pöpplinsweiler bei Börtlingen

Die meisten Gruppensiedlungen sind durch Urkunden als existent belegt, indessen Steinenbach, Balgoss, Ellenhartsweiler und Tannweiler nur durch Flurnamen, dabei Steinenbach immerhin noch mit seinen drei Zelgen. Selbst dort, wo urkundlich gesicherte Siedlungen keine Reste im Gelände hinterlassen haben, können die Flur- und Waldnamen Kenntnis über deren einstige ungefähre Lage geben. Einzelheiten zu den vorgenannten Gruppensiedlungen vgl. bei den einzelnen mitgenannten heutigen Markungen im Teil B.
Die Verödung der Gruppensiedlungen setzte schon bald nach 1300, vielleicht mit Ritzenweiler, ein und verstärkte sich im 15. Jahrhundert, war jedoch vor dem hierzulande erstmals 1634 beginnenden Kriegszerstörungen schon so gut wie beendet; äußerstenfalls, aber selbst das nicht mit Sicherheit, könnte Lindhalden deren Opfer geworden sein. Somit irrt die landläufige Volksmeinung vom allgemeinen Untergang während des Dreißigjährigen Krieges völlig. Übrigens stellte die Verödung der einzelnen Gruppensiedlung keineswegs in allen Fällen

einen zeitlich eng begrenzten Vorgang dar. Blieb doch beispielsweise vom untergegangenen Bücklinsweiler ein (1) Hof zunächst noch erhalten und verödete erst
später. Und vom untergegangenen Weiler Kikishart stehen einige Reste, im
wiedererstandenen Ortsteil Oberhof auf dem Engelberg, heute noch; desgleichen
vom abgegangenen Endweiler noch die Zachersmühle. Um mögliche Irrtümer zu
vermeiden, sei betont, daß seit 1634 bis heute kein Dorf mehr wüst geworden
ist.
Unbeantwortbar bleibt die Frage nach den Gründen des Unterganges, nicht nur
wegen des schon beklagten Mangels an urkundlichen Überlieferungen hierzu;
auch die verhältnismäßige Kleinheit des Schurwaldes erschwert die sichere Feststellung tatsächlicher allgemeingültiger Ursachen. Aus der Lage der abgegangenen Siedlungen läßt sich nichts herleiten, weil sie sich über den ganzen Bergrücken verteilen. Gewiß fällt auf, daß sich unter den 16 abgegangenen
Gruppensiedlungen 9 ». . . weiler«-Orte und Bornhausen befinden, also 10 Plätze
aus der frühesten Zeit der Schurwaldbesiedlung im 9. Jahrhundert. Aber ihre
wirtschaftlichen Lebensbedingungen waren, soweit erkennbar, keine anderen als
die der erhaltenen Orte.
Wenn man sich daher nicht in allzu vagen Vermutungen verlieren will, bleibt
nur, die verschiedenen Ursachen für die damals allgemeine »Rückkolonisation«
in Deutschland aufzuzählen. Die eine oder andere Ursache oder wahrscheinlich
mehrere kombiniert mögen in jedem unserer Einzelfälle zutreffen. So wird man
an die Jahrzehnte währenden verheerenden Fehden und Kriege des 14. und 15.
Jahrhunderts denken, die Brand und Zerstörung der Häuser, auch die systematische Vernichtung der Obst- und Weinbaukulturen mit sich brachten und außerdem ein Gefühl der Unsicherheit erweckten, das zum Wegzug nach gesicherteren
Plätzen drängte. Hinzu kommt der allgemeine Bevölkerungsschwund jener
Zeiten, nicht nur durch Kriegsverluste, sondern noch stärker durch die entsetzli-
chen Hungertyphus-Wellen 1309/17 und durch den »Schwarzen Tod«, nämlich
die dezimierenden Pestseuchen (erstmals 1349/50, 1365). Vielleicht spielte auch
die vielberedete Agrarkrise des Spätmittelalters eine Rolle, die einen Verkauf
der dörflichen Produktionsüberschüsse erschwerte, so zum Rückgang des Getrei-
deanbaus führte und damit zur Landflucht zwang. In unseren Fällen mag zusätzlich die Ungunst der Naturgrundlagen (steinige Böden, rauhes Klima,
Wassermangel auf den Hochflächen) mitgesprochen haben. Hier und dort hat
vielleicht auch ein Kloster seine Lehen eingezogen (Bauernlegen), um sie selbst zu
bewirtschaften. Reiche Schenkungen an die Kirche, den religiösen Strömungen
der Zeit folgend, haben die Lebensgrundlagen der Spender geschmälert. Mancher
wird lieber in einem Kirchdorf gewohnt haben wollen als draußen weitab vom
Gotteshaus.
Wohin haben sich die Abziehenden gewendet? Offenbar in die inzwischen schon
etwas größer gewordenen Kirchdörfer und in die Talorte. Einzelheiten bleiben
unter den dargelegten Umständen meist ebenfalls im Dunkel. Immerhin ist
bekannt, daß die Lindhaldener sich in Stetten niedergelassen haben. Ritzen-
weilern begegnet man später in Hegenlohe, Bornhäusern in Reichenbach und
Plochingen, Bücklinsweilern und Kikishartern im mittleren Remstal; mindestens
sprechen einige Umstände für diese Volksmeinung. – Und schließlich, was wurde
aus den verlassenen Wirtschaftsräumen? Teils verödete nur die Siedlung selbst
(Ortswüstung) und ihre Fluren wurden fortan von benachbarten Gemeinden

weiterbewirtschaftet. Teils verfielen die gesamten Markungen der Wiederbewaldung (Totalwüstung); unter günstigen Voraussetzungen entwickelte sich sehr viel später auf einigen neues Leben; Einzelheiten dazu vgl. im Teil B.
Zur Verödung landwirtschaftlicher und gewerblicher *Einzelhöfe* können wir uns kürzer fassen. Insgesamt fielen mindestens 15 Einzelhöfe wüst (* = ihr Raum wieder bewaldet):

a) vom Anfang des 14. bis zum Anfang des 17. Jahrhunderts:

* Mühlhöfle ob Baach   (Burgermeister-?)Hof bei Balt-
* Bücklinsweiler Hof ob Winterbach   mannsweiler
  Kneulinshof bei Aichschieß   Mittlere Glashütte nördlich Nassach
  Katzenbachhof unterhalb Hohen-   Hesselbronn bei Nassach(?)
  gehren   * Füllensbachhof bei Adelberg

b) im Dreißigjährigen Krieg (1634 oder 1648):

* Propsthof bei Baltmannsweiler   * Sägmühle Rattenharz
* Fliegenhof unterhalb Oberberken   * Storersche Sägmühle bei Börtlingen
  Sägmühle ob der Adelberger   Sägmühle in (?) Zell
  Herrenmühle

c) von 1648 bis 1817: * Steinersche Sägmühle bei Pöpplinsweiler.

Zu späteren Einzelhof-Abgängen vgl. Abschnitt 5 a.
Diese ganze Einzelhofaufstellung (Einzelheiten zu jedem Hof vgl. bei den mitgenannten Markungen im Teil B) beansprucht keine absolute Richtigkeit – mehr gibt das Quellenmaterial einfach nicht her. Manche von den oben genannten Wüstungsursachen für die Gruppensiedlungen mögen auch hier sinngemäß gelten. Die Höfe mit tieferliegenden Äckern konnten sich wegen ackerbaufeindlichen Böden nicht halten. Die Mühlen waren gutenteils nur einfachste Bauernmühlen, also Nebenerwerbsbetriebe, und fielen dem Wettbewerb »moderner« Mühlen im Filstal zum Opfer, abgesehen von den Zerstörungen um 1634 und 1648.
Unsere Bestandsaufnahme der Schurwaldwüstungen schöpft ihre Erkenntnisse aus Urkundlichem (Lagerbüchern u. a.), Flur- und Waldnamen und aus dem Volksmund. Nun darf auf eine vierte Arbeitsmethode hingewiesen werden, mit der Emil Dietz und Wolf Dieter Sick im Limpurger Land außerordentliche Erfolge erzielen konnten, nämlich auf das Suchen von *Wölbäckern* im Hochwald. Schon Hans Jänichen (1952) hat darauf aufmerksam gemacht, daß auch im östlichen Württemberg die Bauern des Mittelalters ihre Äcker in Wölb- oder Hochackerkultur bearbeiteten, sozusagen in der Form langgestreckter Beete (etwa 2 Meter breit) mit zwischenliegenden Furchen (15 bis 40 cm tief). Im offenen Gelände verloren sich diese Streifen bei der zeitlich nachfolgenden Ebenackerkultur. Aber unter Wald erhielten sie sich doch vielfach durch die Jahrhunderte; sie weisen zunächst auf ihre einstige landwirtschaftliche Nutzung hin und regen darüber hinaus an zur Suche nach den untergegangenen Einzelhöfen oder gar Gruppensiedlungen, zu deren Wirtschaftsraum sie offenbar gehörten. Bisheriges Suchen im Schurwald hat zunächst noch keinen Erfolg gezeigt. Trotz-

dem sollte man darauf künftig achten, vor allem in den Wäldern auf der Lias-hochfläche und an deren Rändern.

Schließlich ein Abschiedsblick auf die *Burgen* des Schurwaldes. Daß sie sämtlich lange vorm Dreißigjährigen Krieg untergegangen sind, bemerkten wir schon kurz. Eine genauere Datierung ist, abgesehen von Yburg und Grafenburg, nicht möglich; soweit darüber überhaupt Nachrichten aus viel späterer Zeit vorliegen, sind sie völlig vage gehalten. Unsere Zeitangaben im Teil B beruhen daher nur auf jeweiliger Zusammenschau der allgemeinen Zeitumstände.

Drittens: Zur Bevölkerungsentwicklung. In der Zeit vor 1500 gibt es für die Schurwaldorte, von geringen Ausnahmen abgesehen, noch keine Einwohnerzahlen oder erschöpfende Personenaufzählung. Wir können daher nur von den ersten statistisch auswertbaren Steuerlisten aus dem frühen 16. Jahrhundert zurückschließen. Etwa so: Unsere Gruppensiedlungen blieben während der ersten Jahrhunderte ihres Bestehens kleinere oder größere Weiler, wobei selbst die größeren wie Hohengehren, Baltmannsweiler, Oberberken und Börtlingen, vielleicht auch Aichelberg, kaum einhundert Köpfe erreicht haben dürften; nur Hundsholz mag schließlich dank des benachbarten Klosters Adelberg um geringes stattlicher geworden sein.

Früheste verantwortbare Einzelschätzungen erlauben die erwähnten Steuerlisten; insgesamt rund 2000 Schurwälder (1525). Zu den Steuerlisten treten im 17. Jahrhundert die Kirchenvisitationsberichte der Göppinger und Schorndorfer Dekane, die freilich während des Dreißigjährigen Krieges außerordentlich lückenhaft erhalten sind, obendrein nur die Erwachsenen und die Schulkinder erfassen. Erst die Visitationsberichte des 18. Jahrhunderts bringen laufend Gesamtzahlen für jedes Dorf. So unvollständig und zuweilen auch widerspruchsvoll diese Quellenangaben lauten, erhellt aus unserer auf ihnen fußender Zusammenstellung I (Anhang) immerhin deutlich folgende Gesamtentwicklung. Zunächst nahm die Dorfbevölkerung allenthalben langsam aber stetig zu, erlitt jedoch nach 1634 durch Krieg und Pest einen nicht genau faßbaren, jedenfalls schier katastrophalen Rückschlag; 6 Jahre nach Friedensschluß (1654) schätzen wir, trotz Rückkehr der Geflüchteten auf ihre Dörfer, insgesamt erst rund 1400 Schurwälder. Dann folgte ein zuwachsfreudiges Jahrhundert (1744 insgesamt 4 100 Schurwälder). Und nach dreißig zurückhaltenden Jahren ging es wieder lebhafter voran (1807: 6 300). Dabei bewiesen Aichelberg, Hohengehren, Baltmannsweiler, Hundsholz und Börtlingen besondere Anziehungskraft.

b) Verwoben in die politischen Geschicke Wirtembergs (1268–1817)

Für dieses halbe Jahrtausend Schurwaldlebens lassen sich gewiß Herrschaftswechsel, Kriegsnöte, Verwaltungsänderungen, Wirtschaftssorgen und kulturelle Neuerungen feststellen. Da aber, vor allem für die älteren Zeiten, gesicherte Erkenntnisquellen recht spärlich fließen, fällt es schwer, zwischen den verhältnismäßig wenigen faßbaren Einzelvorgängen eines jeden Sachgebiets Zusammenhänge zu erkennen, geschweige denn einen laufenden Zusammenklang aller zu vernehmen. Vielmehr und überhaupt liegt es schon angesichts der geographischen Situation auf der Hand, daß das gesamte öffentliche und private Leben hier oben aufs engste in die allgemeinen Geschicke Wirtembergs verflochten war.

Dem soll auch das Folgende, bei aller gebotenen Kürze, ein wenig Rechnung tragen.

Erstens: Die Zeit von 1268 bis 1495. Wohl schon kurz nach 1268 mögen vom staufischen Restbesitz auf dem Schurwald die kleinen Gruppensiedlungen Hohengehren, Steinenbach, Witzlinsweiler und Rattenharz, also ein vergleichsweise bescheidener Nordstreifen des Höhenrückens, zu Wirtemberg gekommen sein. Graf Eberhard I. (regierte 1273–1325), eine der tatkräftigsten Persönlichkeiten seines Hauses, erhielt vom deutschen König 1299 die Landvogtei von Niederschwaben und damit weitgehende Aufsichtsrechte über die Städte dieses Raumes übertragen. Zwar standen dann die Reichsstädte, ihnen voran die Esslinger, 1312 siegreich auf den Mauern Stuttgarts, aber schnell wendete sich das Blatt in Verfolg laufend veränderter politischer Konstellationen, und vier Jahre später besaß der Graf stärkeren politischen Einfluß als zuvor.

Infolgedessen gelang es seinen beiden Nachfolgern, auf friedlichem Wege den größten Teil des Schurwaldes zu erwerben. So verkauften oder vertauschten bis zur Mitte des 14. Jahrhunderts die Herzöge von Teck, die Grafen von Aichelberg (teilweise) sowie andere kleinere Herrschaften auf dem Schurwald ihre Hoheitsrechte an Wirtemberg (Aichschieß, Hegenlohe, Ritzenweiler, Thomashardt, Büchenbronn, Krapfenreut, Diegelsberg; als Nachzügler 1381 Baltmannsweiler). Durch die Verschiebung der politischen Gewichte seit der Stauferzeit sah sich das Kloster Adelberg 1362 veranlaßt, unter wirtembergische Schirmvogtei zu treten mitsamt seiner ganzen Klosterherrschaft (davon im Schurwald Nassach, Ober- und Unterberken, Hundsholz, Zell am Marbach, Börtlingen, Breech, Ödweiler). Mit anderen Worten: Der Schurwald befand sich, abgesehen von seiner Nordwestecke, (Aichelberg, Schanbach, Lobenrot, Krummhardt, Baach) schon um 1360 praktisch in den Händen der Wirtemberger und kann daher getrost mit zum frühesten Machtbereich dieses Hauses gerechnet werden.

Wir sprachen von friedlichem Erwerb. Nicht als ob nun eitel Friede im Lande geherrscht hätte. Es gab kleine und große Fehden mit Kaiser, benachbarten Fürsten, landsäßigen Rittern und Reichsstädten – bei häufig wechselnden Bündnispartnern. So haben die Esslinger 1349 mitten in friedlicher Weinernte Strümpfelbach gebrandschatzt und angeblich 450 000 Liter Wein auslaufen lassen. Die Schlappe von Reutlingen 1377 kostete dem Grafen Eberhard II. dem Greiner (regierte 1344–1392) die Landvogtei über Schwaben, aber in der Schlacht von Döffingen nahe westlich Sindelfingen 1388 gewann der alte Kämpe doch das militärische Übergewicht über die Reichsstädte. Allerdings, gebrochen war damit die Kraft der Städte noch nicht, vielmehr entfaltete sich gerade zu jener Zeit erst so recht die großartige Blüte vieler bedeutender Handels- und Handwerkerplätze. Dies zeigte sich noch einmal in dem furchtbaren Großen Städtekrieg, in den Graf Ulrich V. der Vielgeliebte aus der Stuttgarter Linie (regierte 1433–1480) sich 1449 verwickeln ließ, dessen Hauptlast das benachbarte Esslingen zu tragen hatte und der 1452 mit einem Unentschieden endete. Nur nebenbei: Gerade in diesem Jahr gaben die Truchsessen von Stetten das Rennen auf und verkauften halb Schanbach, halb Lobenrot, Krummhardt und Eglisweiler an Wirtemberg. Doch allmählich ging die Machtwelle der geschlossenen Territorialstaaten über die zerstreuten Stadtrepubliken hinweg. So mußte auch Esslingen sich schließlich 1473 unter den Schutz Wirtembergs begeben, ein politischer Zustand, der, mehrmals bestätigt, bis zum Ende des Reichsstadt-Status 1802 anhielt.

Das waren im ausgehenden Mittelalter noch »Kriege« eigener Art. Beispielsweise 1449 fing es damit an, daß der Graf das gesamte Esslinger Rebgelände abschlagen ließ. Die Esslinger revanchierten sich mit der Totalverwüstung von Aichschieß, Krummhardt, Baach, Schanbach, Lobenrot und Strümpfelbach, wohl auch weiterer Stücke des wirtembergischen Schurwaldes. Durch Abbrennen der Ackerfrucht und Scheuern, durch Umhauen der Obstbäume und Weinstöcke versuchte man die Wirtschaftskraft des Feindes zu schwächen. Dörfer, Weiler und Einzelhöfe verödeten völlig; noch 11 Jahre später nannte das konstanzische Annatenregister (1460) Aichschieß eine »villa combusta et desolata«. Die Lasten solcher kriegerischer Unternehmungen trugen in hohem Maße die Bauern, auch die auf dem Schurwald. Die Geschichtsschreibung über jene Zeiten spricht viel von Schlachten und Zerstörungen. Wer aber gedenkt des stillen Heldentums unserer Bauern, die jeweils ihre Apfelbäumchen und Rebstöcke neu setzten in der bangen Sorge, ob statt ihrer Kinder die Kriegsfurie doch wieder ernten werde?

Im Jahre 1442 ist es bekanntlich zur Teilung der Grafschaft in eine Neuffen/ Stuttgarter und eine Uracher Linie gekommen, wobei der wirtembergische Schurwald an die Stuttgarter fiel. Der staatsmännischen Kunst des Uracher *Grafen Eberhard V. im Bart* (regierte 1459–1496) gelang es, die Wiedervereinigung beider Grafschaften im Münsinger Vertrag 1482 durchzusetzen und fürderhin zu erhalten. Als der erste große Geist seines Hauses und Gründer der Universität Tübingen ist er, noch 1492 zum Herzog (Eberhard I.) von Wirtemberg erhoben, in die Geschichte eingegangen. Das neue Herzogtum umfaßte im wesentlichen den Raum des mittleren Neckar mit seinen Nebenflüssen: Von oberhalb Tübingen bis kurz vor Heilbronn, vom nördlichen Schwarzwald bis knapp östlich Lorch und Göppingen, dazu etwa die Osthälfte der Schwäbischen Alb – insgesamt rund 8 000 Quadratkilometer, darin unser Schurwaldraum mit 180.

Zweitens: Die Zeit von 1495 bis 1648. Die wirtembergische Geschichte während der ersten Hälfte des 16. Jahrhunderts sieht sich in hohem Maße durch *Herzog Ulrich* (regierte 1503–19, 1534–50) geprägt, eine Persönlichkeit mit ebensoviel abstoßenden wie liebenswerten Charaktereigenschaften. Angesichts eines von ihm verschuldeten drohenden Staatsbankrotts und unter dem Druck von Bauernunruhen sah sich der Herzog 1514 gezwungen, mit dem Landtag den *Tübinger Vertrag* abzuschließen. Darin übernahm der Landtag die herzoglichen Schulden, während der Herzog eine Reihe von Zugeständnissen machte:

1. Die beiden Landstände, nämlich die Landschaft (Vertreter der »Ehrbarkeit«, des gehobenen Bürgertums) und die Prälaten der landsässigen Klöster, erhielten das Recht der Steuerbewilligung, der Schätzungsfreiheit und der Mitentscheidung über Kriegsbeginn, dazu das Recht, an der Gesetzgebung wenigstens beratend mitzuwirken. Gewiß, für die damalige Zeit außerordentliche Rechte. Aber in unserem Zusammenhang das Entscheidende: Das Landvolk als Stand blieb praktisch an jenen Rechten unbeteiligt.

2. Freie Auswanderung für jedermann. Aber: Nur für die Insassen der weltlichen Ämter, nicht für die Untertanen der Prälaten, auf dem Schurwald der Klosterherrschaft Adelberg; außerdem sollte die Freizügigkeit erst nach Ablauf von 5 Jahren und auch dann nur stufenweise derart gewährt werden, daß sie erst nach 20 Jahren vollkommen durchgeführt worden wäre. Dieses »Recht des freien Zugs«, somit zunächst nur ein Versprechen auf die Zukunft, wurde für die weltlichen Ämter von der kaiserlichen Regierung in Stuttgart (vgl. unten) nach dem

Vorbild der habsburgischen Erblande 1520 gewährt, für die Prälatenuntertanen erst durch Herzog Christoph 1551. Und wie wirkte es sich in der bäuerlichen Praxis aus? Da tauchen einige Zweifel auf. Vor allem mußte der bäuerliche Lehensnehmer sich zunächst von seinem Lehensgeber lösen. Daß das so ganz einfach und verlustlos durch Verkauf des Lehens zu bewerkstelligen gewesen wäre, fällt schwer zu glauben für eine Zeit, in der die Möglichkeiten des wirtschaftlich Stärkeren viel weiter gingen als das Recht des kleinen Bäuerleins, auch unserer Waldbauern (vgl. Abschnitt 4 g).

3. Kriminalstrafen fortan nur nach rechtmäßigem Urteil vollziehbar. Aber: Sehr scharfe Ausnahmebestimmungen zur Niederhaltung des kleinen Mannes, »wider Ufloffs und Embörung des böfels«, schränkten im Hinblick auf die Bauernunruhen dieses Grundrecht wieder ein.

Der Tübinger Vertrag von 1514, später und noch heute als die Grundlage des »alten, guten Rechtes« viel gepriesen, galt sozusagen als das wirtembergische Staatsgrundgesetz bis 1805. Für die kleinen Bauern, so auch für die Schurwälder, war jedoch, wie angedeutet, sein Wert praktisch doch nur recht begrenzt.

Unser besonderes Interesse erheischen die *Bauernunruhen des Armen Konrad* (Schelmenname) im Jahre 1514. Ihre Ursachen waren wirtschaftlicher und politischer Art. Die Bauern sahen sich schon seit der Jahrhundertwende steigenden Belastungen ausgesetzt: Der Herzog brauchte mehr Geld für Kriege, Verschwendung und Korruption, aber auch für den Ausbau einer besseren Verwaltung; die Grundherren suchten ihre seit alters festgelegten, aber durch langsame Geldentwertung tatsächlich im Wert abgesunkenen Zinsen und sonstigen Einnahmen aus ihren Ländereien zu erhöhen; mehrere Mißernten verursachten Preissteigerungen der Lebensmittel; Wildschäden und Jagdfronen nahmen überhand; Wald-, Weide- und Fischereirechte der Bauern wurden zunehmend beschnitten usw. Hinzu kam die Unzufriedenheit des in seinem Selbstbewußtsein erstarkten Landvolkes, vom Aufstieg zu den wichtigen Stellen in Amt und Stadt ausgeschlossen zu sein, kein passives Landtagswahlrecht zu besitzen, in der Rechtspflege praktisch der Willkür von Angehörigen der »Ehrbarkeit« ausgeliefert zu sein.

Als nun Herzog Ulrich auf Anregung der Landstände gar eine indirekte Verbrauchssteuer einführen wollte, die naturgemäß die ärmeren Schichten, also die kleinen Bauern und Handwerker, viel stärker treffen mußte als die wohlhabende Ehrbarkeit, brach die Empörung 1514 los, ausgelöst von dem Gaispeter aus Beutelsbach. Nach vergeblichen Verhandlungen zogen damals etwa 1500 Bauern aus dem Remstal, dem Schurwald und dem Welzheimer Wald von Schorndorf aus – der »Schorndorfer Haufen« – auf den Beutelsbacher Kappelberg und warteten dort oben in einem Lager auf Verstärkungen. Auf dem unfernen Engelberg lagerte nämlich unentschlossen der etwa gleich starke »Leonberger Haufen« und »Rottierungen« im Filstal ließen weiteren Zuzug erhoffen. Das Kloster Adelberg sah sich zu Proviantherleitgaben gezwungen. Schließlich mußten jedoch die Schorndorfer angesichts der Aussichtslosigkeit ihres Unternehmens nach wenigen Wochen kapitulieren und sich auflösen. Über 150 führende Teilnehmer flüchteten ins Ausland, vor allem in die Schweiz. Der Herzog ließ mehrere Tausend Aufständische im Lande verhaften, auf dem Wasen vor Schorndorf zur Unterwerfung zusammentreiben und vor ihnen gegen die ermittelten Hauptschuldigen ein selbst für damalige Verhältnisse strenges, ja grausames Gericht abhalten. Aus dem erhaltenen »Verzaichniß der armen lut der stat und des Ampts schorndorf so uf dem waßen stund unnd umb gnad gepetten haben« und aus anderen Unterlagen ergibt sich folgende Mindestbeteiligung:

Schanbach	25	Baltmannsweiler	31
Krummhardt	42	Hegenlohe	16
Aichschieß	15	Thomashardt	13
Hohengehren	21	Schlichten	20
		Rattenharz	8

Bedenkt man, wie klein damals diese Orte noch waren (vgl. Zahlenaufstellung I im Anhang), sind die Zahlen verhältnismäßig sehr hoch – beredter Ausdruck der trostlosen wirtschaftlichen Verhältnisse hier oben! Wenn auch der Aufstand den Bauern nur Blut und Leid gebracht hat, bleibt doch hervorzuheben, daß mit unter dem Druck dieser revolutionären Bewegung der oben besprochene Tübinger Vertrag zustande gekommen ist.

Neue und noch düsterere Wolken zogen bald über Wirtemberg auf. Obgleich wegen seiner brutalen Regierungsweise schon zweimal vorübergehend in die Reichsacht getan, zwang Herzog Ulrich Anfang 1519 die freie Reichsstadt Reutlingen zur Unterwerfung. Darauf raffte sich der Schwäbische Städtebund zum sofortigen Gegenschlag auf, Ulrich mußte fliehen. Und die braven Untertanen standen vor neuen Schäden, so etwa in Aichschieß: »der pfarr hus im pundischen krieg verprennt«, oder in Aichelberg, wo gar 13 Gebäude abbrannten.

Gegen Ersatz der Kriegskosten an den Schwäbischen Bund übernahm Kaiser Karl V. das Herzogtum und überließ es 1525 als Reichslehen seinem Bruder, dem österreichischen Erzherzog, späterem deutschen König und Kaiser, Ferdinand (I.). Die sofort nach Ulrichs Vertreibung eingesetzte *österreichische Verwaltung* währte bis 1534 und kann durchaus Anerkennung beanspruchen. Freilich, Ferdinand stützte sich auf den vom Adelberger Prälaten Leonhard Dürr geführten österreichisch gesinnten Teil der Ehrbarkeit und auf die Prälaten, so daß sich damals politischer Einfluß und soziale Lage der Bauern keineswegs besserten. Den Schurwald selbst betraf ein Vorgang auf »internationaler« Ebene. Die freie Reichsstadt Esslingen versuchte 1519, sich ihrer steigenden raumpolitischen Erdrückung durch das mächtigere Herzogtum zu erwehren durch Ankauf der Dörfer Baltmannsweiler, Hohengehren, Aichschieß, Schanbach und Krummhardt; allein die Verhandlungen mit der österreichischen Regierung in Stuttgart scheiterten (zum Verkauf der Beiburg-Wälder vgl. Teil B, Fellbach).

Was die Ausbreitung der reformatorischen Lehren seit 1517 betrifft, sei folgendes nachgeholt. Sie war zunächst nur langsam vorangegangen, die maßgebende konservative Ehrbarkeit hatte sich stark zurückgehalten (im Gegensatz zu den meisten schwäbischen Reichsstädten), auch hatten sich unter den protestantisch Gesinnten mancherlei Meinungsverschiedenheiten ergeben. Allen reformatorischen Bemühungen begegnete die katholische Regierung des Erzhauses zu Stuttgart unerbittlich mit schärfsten Maßnahmen. So mußte beispielsweise der in Baltmannsweiler seit 1528 tätige evangelische Pfarrer nach drei Jahren seine Tätigkeit wieder aufgeben und fliehen. Von »brennenden Scheiterhaufen der Ketzer« auf dem Schurwald ist jedoch nichts überliefert.

Inzwischen hatte sich eine weitere Tragödie vollzogen, der *deutsche Bauernkrieg* von 1525. Vom Oberrhein ausgehend verbreitete sich diese erste große deutsche soziale Revolution schnell über Südwest- und Mitteldeutschland. Wieder ging es um die bedrängte wirtschaftlich-soziale Lage des Landvolkes, diesmal gestützt auf mißverstandene reformatorische Lehren und manchenorts sogar auf eine allgemeine Reichsreform hinzielend. Während der westliche Schurwald, wohl in Erinnerung an das Schreckensgericht von 1514, sich zurückhielt, beteiligten sich die Bauern der Adelberger Klosterherrschaft, ihrer sehr gestrengen Grundherrschaft, an Raub und Plünderung im Klosterbereich, als der Gaildorf-Limpurgische Bauernhaufen auf seinem Rückzug einen großen Teil der Klosteranlagen und anderes abbrannte. Auf die Dauer freilich waren die verschiedenen zerstreuten Bauernhaufen den ihnen nach Bewaffnung und Führung weit überlegenen Truppen des Schwäbischen Bundes nicht gewachsen. In dem Entscheidungskampf bei Sindelfingen unterlagen die schwäbischen Bauern vollständig und endgültig. Damit war der politische Aufstieg des Bauerntums auf Jahrhunderte unterbunden.

Man sagt, Herzog Ulrich sei im Exil überzeugter Zwinglianer geworden. Jedenfalls verbündete er sich mit dem protestantischen Landgrafen Philipp von Hessen und kehrte mit dessen Hilfe 1534, als die österreichischen Herren gerade international stark beschäftigt waren, nach kurzem Kampf in sein Land zurück. Ganz harmlos ging es dabei wohl nicht zu, wie uns ein Visitationsbericht über Hohengehren aus jenem Jahr zeigt: Der Pfarrer »ist zu anfang dises Kriegs hinweg geschollen«. Im Frieden von Kaaden an der Eger 1534 erkannte Ferdinand von Österreich, seit kurzem deutscher König, Ulrich als Herzog von Wirtemberg an, wogegen dieser sein Land als Afterlehen der Erzherzöge von Österreich, also als Reichslehen aus zweiter Hand (jedes deutsche Teilland galt als Reichslehen), anerkennen mußte; das bedeutete: beim Aussterben der Manneslinie des Hauses Wirtemberg würde das Land an die habsburgischen Lehensherren fallen. Der Tübinger Vertrag blieb bestehen, die Bauern wurden fortan steuerlich schonender behandelt. Ulrich führte, sozusagen als Gegenleistung an die protestantische Sache, sofort die *Reformation in Wirtemberg* durch. Dies verursachte im allgemeinen weder große Mühe noch seelische Not, weil sich die neue Lehre insgeheim schon weit verbreitet hatte. Das gesamte Kirchengut wurde säkularisiert, d. h. für das herzogliche Kammergut enteignet; Anhänger Österreichs und standfeste Katholiken verloren ihre führenden Stellen.

Die protestantischen Fürsten und Reichsstädte, die sich seit 1531 zum Schmalkaldischen Bund zusammengeschlossen hatten, sahen sich 1546 bedrängt durch die energischen Bemühungen des nach jahrelanger Abwesenheit nach Deutschland zurückgekehrten streng katholischen Kaisers Karl V., die kirchliche Einheit Deutschlands in seinem Sinne wiederherzustellen. Den nur wenige Monate dauernden Schmalkaldischen Krieg verloren sie trotz anfänglicher Überlegenheit infolge Untätigkeit und Uneinigkeit; wiederholte Durchzüge fremder Kriegsvölker belasteten unser Land. Herzog Ulrich mußte sich dem Kaiser unterwerfen, eine große Kriegsentschädigung zahlen und vor allem spanische Besatzungen aufnehmen, so auch in Göppingen und Schorndorf. Die Spanier brachten viel Ungemach, auch für den Schurwald, mit sich; große Wälder fielen ihnen hier zum Opfer (Leonberger Forstlagerbuch 1585). Zugleich mußten die protestantischen Fürsten und Reichsstädte das kaiserliche *Augsburger Interim* 1548 anerkennen, die »Erklärung wie es der Religion halben im heiligen Reich bis zu Austrag des gemeinsamen Konzils gehalten werden soll«; nur Laienkelch, Gottesdienst in deutscher Sprache und Priesterehe wurden den Protestanten noch zugestanden. Für evangelische Pfarrer, die sich dem nicht beugen wollten, auch für solche auf dem Schurwald, bedeutete das die Aufgabe ihrer Stellung. Die wirtembergischen Klöster wurden rekatholisiert; jedoch erkannte der neue Abt des Klosters Adelberg, Ludwig Werner, den Herzog als Landesherrn und damit die Landständigkeit seines Kloster an. – An den *Türkenkriegen* des 16. Jahrhunderts haben, soweit bisher festgestellt, nur einzelne Schurwälder teilgenommen. Dagegen mußten sie alle, wie ganz Wirtemberg, für die »Türkenhilfe« Vermögensabgaben leisten, so 1526 und 1544. Die darüber erhaltenen Türkensteuerlisten zeigen übrigens, wie klein damals die Vermögen hierzulande waren (vgl. Abschnitt 4 g).

Die innerdeutschen und die europäischen Machtverhältnisse verschoben sich damals gar schnell. Schon 1552 mußten sich die Österreicher mit den protestantischen Reichsständen im Passauer Vertrag arrangieren. Für Wirtemberg und seinen *Herzog Christoph* (regierte 1550–1568) bedeutete das den Abzug der anderwärts vom Kaiser dringend benötigten spanischen Besatzungstruppen und die Aufhebung des Interims, also die Gewährung von Religionsfreiheit; freilich blieb Wirtemberg österreichisches Afterlehen und hatte eine große Summe nach Wien zu bezahlen. Christophs segensreiches Wirken war friedlicher Art und wird uns bei verschiedenen Sachbezügen wieder begegnen. Es unterliegt keinem Zweifel, daß das Leben der Schurwälder davon mehr oder weniger befruchtet wurde.

In der zweiten Hälfte des 16. Jahrhunderts und bald danach ließ sich auf dem Schurwald verhältnismäßig ruhig, wenn auch höchst bescheiden, leben. Selbstverständlich machten Hunger und Teuerung der Jahre von 1570 bis 1573 an seinen Hängen keineswegs halt, ebensowenig die beiden mörderischen Pestwellen von 1596/97 und 1608/09. Dazu kamen 1599 ein großes »vichsterben« und die völlige Mißernte des Jahres 1613; zu ihr sagt das Baltmannsweiler Totenregister: »die Saat alles übel geraten und nicht zum beißen gehabt«. Weil man seit dem Tübinger Vertrag laufend Ärger über die besitzfreundliche Steuerpolitik der tonangebenden Ehrbarkeit hatte, war man den absolutistischen Anwandlungen des Herzogs Friedrich I. (regierte 1593–1608) gewiß nicht gram. Verdruß erregte eher die Riesensumme, die durch Umlagen laut Prager Vertrag von 1599 für den Kaiser aufzubringen war, damit dieser die gefährliche Afterlehenschaft Wirtembergs gegenüber dem Erzhaus Österreich aufhob.

Im *Dreißigjährigen Krieg*, jener furchtbaren Auseinandersetzung zwischen katholischen und protestantischen Mächten, zugleich auch zwischen Österreich und Frankreich auf deutschem Boden, verhielt sich Wirtemberg zunächst neutral, hatte aber gleichwohl die Lasten von Durchzügen und Einquartierungen kaiserlicher Truppen zu tragen. Ein mißglückter Versuch von 1631, sich dagegen zu wehren, brachte weitere Verheerung über das ausgesogene Land. Dazu gesellte sich bald eine Geldentwertung mit ihren inflationären Begleiterscheinungen. Inzwischen hatte Wirtemberg auf Grund des kaiserlichen Restitutionsediktes von 1629 das Kloster Adelberg mit seiner ganzen Grundherrschaft den früheren Besitzern zurückgegeben; letztere betrachteten sich als nicht zum Herzogtum gehörig, als reichsunmittelbar (1630–1633). Nach längerem Schwanken entschloß sich der herzogliche Hof zum Bündnis mit den siegreichen protestantischen

Schweden, aber in der Schlacht von Nördlingen 1634 erlitten die Verbündeten eine vernichtende Niederlage, der auch mehrere tausend wirtembergische Bauern zum Opfer fielen; der junge Herzog Eberhard III. (regierte 1633–1674) floh mit den führenden Beamten nach der protestantischen Reichsstadt Straßburg.

Und nun begann erst so recht das Kriegselend über unser geplagtes Land zu kommen. Flüchtende Freunde und siegreiche Feinde zogen plündernd und mordend durch Remstal und Filstal, eine Einquartierung nach der anderen lebte »fouragierend« aus dem Land; demgegenüber konnten sich auch die Schurwaldorte nicht verstecken. Noch viel übler als die Kriegsvölker wütete allenthalben die Pestepidemie von 1635, der ganze Familien, auch auf dem Schurwald, zum Opfer fielen. Genaues läßt sich hierzu nicht sagen, weil unsere meisten Kirchenbücher damals nicht geführt oder erst nachträglich oder nur notdürftig ergänzt worden oder überhaupt verloren gegangen sind. So mag folgendes Notzeichen für viele stehen: in den Jahren 1634/35 mußten die Toten von Baiereck dort im freien Feld verscharrt werden, weil niemand vorhanden war, der sie zum zuständigen Kirchhof in Ebersbach hätte bringen können. Die eigentlichen Kriegshandlungen verlagerten sich dann auf einige Jahre in andere Teile Deutschlands, bis in den letzten Kriegsphasen die Franzosen ihre Vorstöße nach Süddeutschland gegen den Kaiser unternahmen. Noch 1646 ging das nach dem Bauernkrieg wiederaufgebaute Kloster Adelberg in Flammen auf und kurz vor Kriegsschluß brannten französische Reiter des Marschalls Turenne in Baltmannsweiler die Kirche nebst zahlreichen Gebäuden nieder.

Dementsprechend verlief auch die allgemeine politische Entwicklung Wirtembergs aufregend genug. Der siegreiche Kaiser Ferdinand II. verleibte 1634 das Herzogtum großenteils seinem fürstlichen Kammergut ein, auch das Amt Schorndorf mit den wirtembergischen Dörfern des West- und des Mittelschurwaldes. Andere Teile verschenkte der Kaiser freigebig an seine Günstlinge. So sehen wir seit Ende 1635 in Büchenbronn, Krapfenreut und Diegelsberg, als Teilen des »donierten« (geschenkten) Amtes Göppingen, die Erzherzogin Claudia von Tirol regieren; auf den Ebersbacher Schultheißenstuhl, damit für Büchenbronn und Krapfenreut zuständig, setzte sie einen »Ertzfürstlich Innsbruckischen Amtmann«. Die landsässigen Klöster, unter ihnen Adelberg, wurden 1634 rekatholisiert. Kaiser Ferdinand III. jedoch verständigte sich bald nach seiner Thronbesteigung mit Herzog Eberhard und gab ihm 1638 seinen (habsburgischen) Teil Wirtembergs wieder; Eberhard kehrte als rechtmäßiger Herr nach Stuttgart zurück. Die verschenkten Teile allerdings blieben zunächst in fremden Händen. Die geistlichen Herrschaften, so auch die Klosterherrschaft Adelberg, wurden jetzt ausdrücklich vom Herzogtum abgetrennt und reichsunmittelbar. Demzufolge nahmen ihre Äbte (Prälaten) nicht mehr an den wirtembergischen Landtagen teil; der Adelberger Georg Schönheinz legte sich gar den Titel »Reichsprälat« zu. Ergebnis: der Schurwald sah sich plötzlich politisch dreigeteilt, auf zehn Jahre hinaus. Die Frieden von Münster und Osnabrück 1648 haben dann das Herzogtum Wirtemberg in seinen Vorkriegsgrenzen wiederhergestellt. Damit fielen auch die geschenkten Gebiete und die Klosterherrschaften wieder an Wirtemberg zurück. Freilich bedurfte es bei den meisten Beschenkten, so auch bei Frau Claudia, noch massiven schwedischen Druckes, bis sie sich Jahrs darauf zur tatsächlichen Rückgabe entschlossen. Die Friedensverträge legten auch die Rechtsgleichheit der katholischen, lutherischen und reformierten Bekenntnisse fest. Aber um welchen Preis geschah das alles! Wirtemberg besaß statt 450 000 Einwohnern bei Kriegsanfang nur noch 120 000; die Verluste der meisten Schurwaldorte überstiegen, soweit bekannt, hoch diesen Landesdurchschnitt (vgl. Zahlenaufstellung I). Im ganzen Herzogtum waren 40 000 Gebäude zerstört, ein Drittel des Kulturlandes lag unbebaut.

Drittens: Die Zeit von 1648 bis 1805. Von dem Aderlaß des Dreißigjährigen Krieges vermochte sich Wirtemberg nur schwer zu erholen. Erst hundert Jahre nach der Katastrophe von 1634 ff hat es den Bevölkerungsstand der Vorkriegszeit wieder erreicht. Nicht viel anders erging es den Schurwalddörfern; je kleiner und abgelegener sie waren, desto schwerer taten sie sich dabei. Reden doch die herzoglichen Lagerbücher noch bis Anfang des 18. Jahrhunderts von unseren »im leidigen Kriegswesen« abgebrannten Hofstätten, eingefallenen Scheuern, wüst liegenden oder verwaldeten Äckern, zerstörten Weinbergen, kurz von derart geschädigten Lehen, daß sie nach wie vor ihre Zinsen nicht bezahlen können. Die Armut mag hier oben schier unvorstellbar gewesen sein.

Immerhin folgte nun eine erholsame Atempause. Landtag und Regierung setzten sich für die Neubebauung der Ackerfluren und Weinberge ein, die Steuerkraft der Dörfer nahm langsam zu. Die traurigen Kriegsereignisse hatten übrigens auch etwas Gutes mit sich gebracht, nämlich frisches Blut in unsere durch Inzucht gefährdeten Dörfer. Ganz abgesehen von den unehelichen Kindern – dann und wann und überall blieben fremde Soldaten hier hängen und heirateten. Ebenso begegnen wir Österreichern und Schweizern, die nach Kriegsende aus religiösen oder wirtschaftlichen Gründen aus ihrer alpenländischen Heimat ausgewandert waren und vorzugsweise in die verkehrsoffenen und daher besonders stark vom Bevölkerungsausfall betroffenen Landschaften Wirtembergs gezogen, aber eben doch auch hin und wieder auf dem Schurwald gelandet sind; einzelne ihrer Sippen blühen noch heute unter uns weiter. Spätere Salzburger Emigranten (1690, 1732) kamen jedoch nicht hier herauf. Damals gelang übrigens noch eine kleine Flurbereinigung politischer Art auf dem Schurwald: die Rechtsnachfolger der Erbmarschälle Thumb von Neuburg verkauften ihre beiden Dorfhälften von Schanbach und von Lobenrot an die Herrschaft Wirtemberg 1664/66 (vgl. Abschnitt 4 d).

Der tatkräftige und vielseitig interessierte Herzog-Administrator Friedrich-Karl (regierte 1677–93, als Vormund für seinen minderjährigen Neffen Eberhard Ludwig) sah sich bald neuen Schwierigkeiten gegenüber. Als König Ludwig XIV. von Frankreich 1688 den neunjährigen *Kurpfälzischen Erbfolgekrieg* gegen das Deutsche Reich, Holland, England und andere begann, kam unter General Mélac wieder fremdes Kriegsvolk in den Schurwaldraum. Diesmal scheint es hier aber mit Einquartierungen und Kriegsabgaben noch einigermaßen glimpflich abgegangen zu sein, ohne wesentliche Gewalttätigkeiten. Nach den grauenhaften Verwüstungen der Pfalz und Heidelbergs (1689) sowie des westlichen Herzogtums (1693) erlebte der Schurwald wiederum eilige Durchzüge von Freund und Feind und Flüchtlingen mitsamt den damals üblichen Kriegskontributionen. An die »Franzosenzeit« (1688 oder 1693) erinnern übrigens die beiden Tobelnamen »Franzosenklinge« östlich von Aichschieß und westlich Hegenlohe, denen sich fantasievoll ausgeschmückte Berichte über die Ermordung französischer Marodeure zugesellen. Ob Schurwälder an den sehr verlust-, wenn auch siegreichen Kämpfen wirtembergischer Einheiten mit den *Türken* in Ungarn 1688 und 1715 teilgenommen haben, bleibe zunächst dahingestellt. Jedenfalls mußten auch sie Kriegssteuern dafür bezahlen.

Inzwischen hat der Fluß unserer Betrachtung die Zeit der Barockfürsten erreicht. Das Bild des *Herzogs Eberhard Ludwig* (regierte 1693–1733), einer zweifellos überdurchschnittlichen, aber charakterlich schillernden Persönlichkeit, ist durch der Parteien Gunst und Haß verzerrt auf uns überkommen. Daß man auf dem notleidenden Schurwald von seiner übertrieben aufwendigen Prachtentfaltung und Kunstförderung nichts halten konnte, versteht sich von selbst. Immerhin, Ludwigsburg lag weitab von hier. Viel unmittelbarere Berührungspunkte besaß man zur herzoglichen Maitresse Wilhelmine von Grävenitz, späteren Gräfin von Würben – für die einen die »Frau Landhofmeisterin«, für die anderen »das Mensch«, je nach Geschmack. Sie war lange Jahre hindurch die reichlich unbequeme Besitzerin der Herrschaft Stetten und damit zugleich die Ortsherrin von halb Schanbach und halb Lobenrot.

Das allgemeine Kümmernis jedoch ergab sich geradezu zwangsläufig, jetzt wie später, aus der geopolitischen Situation des Landes. Wirtemberg war und blieb das Aufmarsch- und Etappengebiet der europäischen Großmächte. So hielt auch nach dem Friedensschluß von Ryswick (1697) die Ruhe nur kurze Zeit an, bis der *Spanische Erbfolgekrieg* (1701–14) zwischen Österreich, Holland und England einerseits, Frankreich und Bayern andererseits ausbrach. Besonders in den Jahren 1702 bis 1707 durchzogen feindliche und befreundete Heeresteile auch unseren Raum und forderten mindestens wieder die entsprechenden Einquartierungen, Naturalienlieferungen, Rekrutenaushebungen, gelegentlich wohl auch privates Hab und Gut. Hier eine bemerkenswerte Episode aus dem Sommer 1704. Im Gasthaus »Zum Lamm« von Großheppach im Remstal berieten sich die Feldherren der antifranzösischen Koalition, nämlich der Markgraf Ludwig Wilhelm von Baden-Baden (»Türkenlouis«), Prinz Eugen von Savoyen und der englische Herzog von Marlborough. Darauf führte letzterer sein englisch-holländisches Expeditionskorps von 20 000 Mann aus dem Remstal von Beutelsbach und Schnait quer über den Schurwald (Manolzweiler-Büchenbronn) ins Filstal und über Geislingen zum Sieg bei Höchstädt/Blindheim an der Donau. Im Jahr 1707 brannten die Franzosen das Dorf Schlichten fast völlig ab. Zwei Jahre darauf berichtete der Schultheiß von Hegenlohe nach Schorndorf: »Unsere sambtlichen Mitburger Bekanter maßen durch die Französ. invasion und andre ohnglückliche fälle dermaßen erarmbt worden ...«.

Nun folgte eine ungewohnt lange verhältnismäßig ruhige Zeit. Sie war allerdings getrübt von Durchzügen kaiserlicher und französischer Truppen während der drei Schlesischen Kriege, die Preußens König Friedrich der Große mit Österreichs Kaiserin Maria Theresia führte, beide Parteien mit wechselnden Bundesgenossen. Abermals wurden von den Schurwäldern Quartier- und sonstige Leistungen verlangt, beispielsweise 1741 und 1744/45. Hungersnöte brachen 1771 und 1779 aus. Immerhin, die 90 einigermaßen geruhsamen Jahre bescherten nunmehr auch dem Schurwald ein lebhaftes Bevölkerungswachstum (vgl. Zahlenaufstellung I). An der damaligen schwäbischen Auswanderung nach Südosteuropa und Nordamerika scheinen nur wenige, nach Westpreußen und dem Netzeland (1776–86) keine Schurwälder teilgenommen zu haben.

Die zweite Hälfte des 18. Jahrhunderts zeigt sich hierzulande durch *Herzog Carl Eugen* (regierte 1744–93) geprägt. Mindestens bis 1770 litt man bitter unter der ruinösen Ausbeutung der Steuerkraft des Landes für Carl Eugens übersteigerte Lebens- und Repräsentationsbedürfnisse aller Arten. Der Verkauf von Landeskindern für fremde Kriegsdienste empörte das Volk; die Bauerngemeinden, so auch die des Schurwaldes, beklagten sich über die unerträglichen Wildschäden und die vielen rücksichtslos angeforderten Fronen für die herrschaftlichen Forsten und Jagden. Über den zum Absolutismus neigenden und daher in ständigen Auseinandersetzungen mit seinem Landtag befindlichen Barockherzog, über seine vielen abstoßenden Charakterzüge und Handlungsweisen, aber auch über seine positiven, in manchem gar fortschrittlichen und liebenswerten Initiativen zu berichten, liegt gewiß außerhalb unseres thematisch begrenzten »Schurwald«-Rahmens.

Mittlerweile hatte im benachbarten Frankreich die Revolution die gesamte Staats- und Gesellschaftsordnung aus den Angeln gehoben (1789–92), zunächst unter der Devise der Freiheit. Geistige Rückwirkungen auf Wirtemberg blieben nicht aus. Allein, die erste Begeisterung freiheitlich gesinnter Schwaben für die französische Revolution legte sich bei deren Umschlagen in blutrünstige Gewalttätigkeiten schnell; von Revolution und Republik war bald keine Rede mehr. Geblieben war beim staatstragenden Bürgertum ein starker Drang nach Reformierung und Modernisierung des »alten, guten Rechtes«. Dieser Drang äußerte sich in verschiedenen Ämtern ziemlich laut; aus dem Schorndorfer und Adelberger Amt hörte man allerdings wenig. Jedenfalls wurden die kleinen Schurwaldbauern davon kaum bewegt. Denn die Zukunftsvorstellungen des Bürgertums, der Ehrbarkeit, konnten nicht die ihren sein und Artikulationsmöglichkeiten für eigene Wünsche und Hoffnungen besaßen sie nicht.

Die nächste Welle kriegerischen Ungemachs spülte auf den Schurwald hinauf, als eine französische Revolutionsarmee unter General Moreau 1796 und nochmals 1800 in Wirtemberg einfiel. Offizielle Einquartierungen, Fouragieren und Kriegskontribution, Brennen und Morden durch französische Marodeure waren bis 1801 die üblichen Begleiterscheinungen. Einen aufschlußreichen Bericht über Verpflegungsansprüche an das Börtlinger Pfarrhaus hat Manfred Akermann abgedruckt. Kaiserlich-österreichische und andere »teutsche Kriegsvölker« vertrieben beide Male die Franzosen, brachten dabei jedoch keineswegs nur Freude ins Land. Zur Deckung der wirtembergischen Kriegskosten und der Reichsfestungsbauten hatten auch die armen Schurwalddörfer erneute Steuern aufzubringen. Dazu kam ein anderer Kummer. Im Jahre 1796 starben unzählige Kinder infolge einer Blatternepidemie, und obendrein ging in demselben Jahr eine schwere Rinderpest über das ganze Land. Und immer wieder neu dieselben alten Schicksalsschläge. Kaum hatte 1802/03 eine abermals gefährliche Blatternepidemie die Schurwaldkinder heimgesucht, nahte der Kriegsgott, diesmal in Gestalt Napoleons I., des Kaisers der Franzosen. Glücklicherweise blieb der Schurwald von den eigentlichen Kriegshandlungen verschont, wenn auch die in Richtung Ulm und Wien durchziehenden französischen Truppenteile Lasten genug mit sich brachten, desgleichen die nach der Schlacht von Austerlitz/Mähren (1805) westwärts ziehenden Sieger und Kriegsgefangenen.

Soweit die unmittelbaren Molesten des Schurwaldes. Diese und die folgenden Ereignisse vollzogen sich in einem Wirtemberg, das, nunmehr unter *Herzog Friedrich II.* (regierte 1797–1816), zwischen außenpolitischen Machtblöcken hin- und hergeworfen, von widersprüchlichen Geistesströmungen durchweht und durch handfeste Interessengegensätze geschüttelt, in turbulenten Zeitläuften schließlich 1805 in den Häfen der Stärksten landete: außenpolitisch beim kaiserlichen Frankreich, innenpolitisch im Absolutismus seines eigenen Fürsten.

Da Wirtemberg sich nicht gegen Frankreich halten konnte, schwenkte es zu diesem über und erhielt für seine an Frankreich verlorenen linksrheinischen Gebiete reichlichen Ersatz (in unserer unmittelbaren Nachbarschaft die Reichsstadt Esslingen) 1802 zugesprochen und im Reichsdeputationshauptschluß 1803 bestätigt, dazu die Kurwürde für den Herzog. Übrigens kam bei dieser Gelegenheit der letzte, schier anachronistische Rest einstigen Fremdbesitzes auf dem Schurwald, das ritterschaftliche Dorf Aichelberg von der Fürstpropstei Ellwangen zu Wirtemberg. Unter französischem Druck mußte Wirtemberg etwa 10 000 Mann gegen Österreich zur Verfügung stellen; dafür bekam es nach Austerlitz, im Frieden von Preßburg 1805, weiteren umfangreichen Besitz zugeteilt, außerdem die volle Souveränität und die *Königs*würde für Friedrich.

Die wirtembergische Innenpolitik war seit 1797 durch den ständigen Streit zwischen Herzog und Landständen um drängende außen- und militärpolitische Fragen viel zu ausgelastet, als daß man noch viel Zeit und Sinn für verfassungsändernde Überlegungen gehabt hätte. Zudem brachte im Laufe der Jahre der Westwind immer weniger Nachschub an freiheitlichem Gedankengut; befand sich Frankreich doch auf dem Weg zur absoluten Militärmonarchie. Schließlich sah sich der Herzog durch das ungeschickte außen- und militärpolitische Taktieren des Landtags geradezu gezwungen, ihn 1805 aufzulösen, und führte ein absolutistisches Regime ein.

Warum hielt nun bei dieser Gelegenheit, wie schon zehn Jahre vorher – die Frage liegt nahe – die Masse der kleinen Bauern, auch der armseligen Schurwälder, still, statt wie vor dreihundert Jahren gewaltsam aufzubegehren? Bestanden doch auch die Hüter der Ordnung, Heer und Polizei, zumeist aus Bauernsöhnen. Gewiß lag das am Mangel eigener Standesorganisationen, am Fehlen von Verbindungen zum mitbetroffenen Bürgerstand. Aber das allein dürfte zu vordergründig gesehen sein. Im tiefsten wirkte sich hier die althergebrachte Frömmigkeit des Bauern aus: Man war gewohnt, Armut und Not weniger als Folge schuldhaften Verhaltens der Regierenden denn als höhere Schickung zu begreifen, die, ebenso wie Unwetter und Krankheit, einfach hinzunehmen sei und nicht etwa durch gewalttätige Selbsthilfe geändert werden dürfe, wie etwa das Gottesurteil des verlorenen Bauernkriegs das gezeigt habe. In diesem Zusammenhang wird man den Einfluß der wirtembergischen Staatskirche auf die politische Willensbildung gerade des kirchentreuen Bauerntums nicht übersehen dürfen (vgl. Abschnitt 4 f).

Viertens: Die Zeit von 1806 bis 1817. Da sind zunächst die Namensänderungen. Der König nannte sich fortan »Friedrich I.« und sein Land Württemberg. Rechnet man die 1806 beim Beitritt zum Rheinbund, dem französischen Protektorat, endgültig erzielten Neuerwerbungen sowie die von 1809 und 1810 hinzu und zieht man einiges Wiederabgegebenes ab, so ergibt sich dieses: Das Staatsgebiet war gegenüber früher nunmehr doppelt so groß (19 500 qkm), die Einwohnerschaft noch stärker gestiegen (auf 1,3 Millionen), darunter erstmals massiert Katholiken (400 000). All das beeinflußte indessen das geistig wie wirtschaftlich eng umgrenzte Leben der Schurwälder kaum.

Fühlbarer schon erfaßte sie die Verpflichtung aus der Rheinbundmitgliedschaft, die allgemeine Wehrpflicht einzuführen und Hilfstruppen zu stellen. Das wurde dann bald schmerzhaft praktisch bei den Feldzügen des Korsen gegen Preußen (1807), gegen Österreich (1809), Rußland (1812), Preußen-Rußland-Österreich (1813). Von dem 15 800 Mann starken württembergischen Korps, das in des Kaisers »Großen Armee« 1812 in Rußland kämpfte, kamen nur wenige hundert zurück; beispielsweise aus Baltmannsweiler von 12 nur 2. Anfang 1813 marschierten nochmals 11 600 Württemberger gegen Napoleons Feinde; von ihnen überlebten wiederum nur etwa 1000. Im übrigen hatte der Schurwald seinen Teil an den sonstigen Lasten, die das Land als Rheinbundmitglied zu Ehren Frankreichs tragen mußte. An den Feldzügen gegen Napoleon 1813/14 und 1815 war Württemberg, kurz nach der Schlacht bei Leipzig zu den antifranzösischen Verbündeten übergegangen, jeweils mit mehr als 20 000 Mann beteiligt; unter den Opfern befanden sich zahlreiche Schurwald-Söhne. Die schon vorher hoch aufgelaufene Staatsverschuldung stieg weiter an. In der Heimat wütete, um das Maß des Elends vollzumachen, 1812/13 der Kriegstyphus. So endete diese Epoche ständiger Kriege und mehrmaliger Seuchen mit einer völligen Erschöpfung der Volks- und Wirtschaftskraft des Landes.

Im Inneren regierte König Friedrich I. in der Weise eines aufgeklärten Absolutismus. Sein Versuch, durch eine von ihm berufene Ständeversammlung eine vorgelegte konstitutionelle Verfassung 1815 anerkennen zu lassen, wurde von der Versammlung schroff zurückgewiesen; das wollte man selbst aushandeln. Mit ebenso viel Tatkraft wie Rücksichtslosigkeit wurde für den neuen Staat eine neue Regierung und eine neue einheitliche Verwaltung geschaffen. Bei der ersten Verwaltungsneugliederung des Landes 1806 entstanden als Mittelinstanz über den Oberämtern 12 von je einem Kreishauptmann geleitete Großkreise, unter ihnen der Großkreis Stuttgart (umfaßte auf dem Schurwald nur Schanbach und Lobenrot) und der Großkreis Schorndorf (mit allen anderen Schurwaldorten). Schon 1810 führte die erneute Vergrößerung des Staatsgebiets zu einer zweiten Neueinteilung des Königreichs in 12 Landvogteien mit Landvögten an ihrer Spitze, so die Landvogtei »Rotenberg«/Sitz Stuttgart (mit Schanbach und Lobenrot) und die Landvogtei »An Fils und Rems«/Sitz Göppingen (mit allen anderen Schurwaldorten). Dabei blieb es bis 1817.

Vielerorts, in Stuttgart und im Lande draußen, entzündete sich an der Wahlausschreibung für die Ständeversammlung und am Kampf um eine freiheitlichdemokratische Staatsverfassung eine stürmische Volksbewegung, unter Bezugnahme auf das wirtembergische »alte, gute Recht«. Davon wurden die Schurwälder kaum bewegt, mindestens ist davon nirgends zu lesen. Wie sollten sie auch? Für den kleinen Mann ging es einfach um seine Einwirkungsmöglichkeiten auf die Gesetzgebung. Aber gerade damit hatte es bei dem »alten, guten Recht« und bei seiner Entwicklung arg gehapert.

c) Schurwald-Besonderheiten der wirtembergischen Verwaltung (1268–1817)

Erstens: Zur allgemeinen Landesverwaltung. Bei der ersten *Ämtereinteilung* Wirtembergs werden die Amtsgrenzen um die landesherrlichen Städte Göppingen und Schorndorf als die verkehrsgünstigsten Mittelpunkte ihrer Räume gezogen (Amt Schorndorf zwischen 1340 und 1376, Amt Göppingen wenig früher). Das bedeutet aber zugleich die verwaltungsmäßige Zerteilung des Schurwaldes, die seine organische Entwicklung Jahrhunderte lang hemmt. Im Ostschurwald, im politischen Einflußbereich des Klosters Adelberg, bleibt es – konservativ wie man nun einmal ist – auch nach dem Verlust einer beschränkten rechtlichen Eigenständigkeit des Klosters 1535 doch bei einem nunmehr herzoglichen Klosteramtsbezirk bis zu dessen Aufteilung 1807 zwischen Göppingen und Schorndorf. Im Westen ist die politische Zerspaltung des Schurwaldes noch schärfer (Reichsstadt Esslingen, Herrschaft Stetten), um sich 1807 ebenfalls in einer verwaltungsmäßigen Aufteilung (Oberämter Cannstatt, Esslingen) fortzusetzen. Unser Kärtchen »Gang der Schurwaldbesiedlung III« zeigt die alte Aufteilung.

Darüber hinaus gibt es einiges Sonderbares in der Grenzziehung zwischen den beteiligten Ämtern. Zuvörderst die drastischen Fälle von Schanbach und Lobenrot: Obgleich beide Orte seit 1666 völlig wirtembergisch sind, sehen sie beide sich noch 140 Jahre lang aufgeteilt zwischen dem Schorndorfer Amt und dem Stabsamt Stetten. Im Göppinger Weiler Diegelsberg untersteht ein einziger Hof dem Schorndorfer Amt bis 1807. Und im adelbergischen Oberberken gehören noch 1537 drei wirtembergische Bauernlehen zum Schorndorfer Stab Oberurbach.

An der Spitze der wirtembergischen Vogteien oder Ämter, seit 1806 »Oberämter« genannt, steht der vom Landesherrn ernannte *Vogt* oder (seit 1759) *Oberamtmann*. Daß die Vögte ihre Aufgaben auf dem Schurwald durchaus ernst nehmen, bezeugen viele in den zentralen und örtlichen Archiven aufbewahrte Fürsprachen, Vermittlungsbemühungen und Anträge, zahllose wohlgemeinte Befehle und Ratschläge. Das von ihnen in jedem eigenständigen Dorf in regelmäßigen, freilich zeitweise durch Kriegsläufe unterbrochenen Jahresabständen abgehaltene Vogt- oder Ruggericht oder (seit 1758) *Vogtruggericht* stellt eine Art Visitation der Gemeindeverwaltung dar, zugleich für die Dorfbewohner Sprechstunde und Beschwerdeforum über die Verwaltung und die lieben Nachbarn. Übrigens findet es für alle Orte des Krummhardter bzw. späteren Aichschießer Ämtleins (vgl. unten) in Krummhardt bzw. Aichschieß, entsprechend für Manolzweiler in Winterbach, für Büchenbronn und Krapfenreut in Ebersbach, für Diegelsberg in Uhingen statt, also überall am Sitz des Stabsschultheißen. Der Vogt entscheidet meist sofort mit mehr oder minder salomonischem Spruch. Er rügt seinerseits Mängel in der Führung der Gemeindegeschäfte, drängt auf Wegebau und Wiesendrainage, regelmäßigen Schulbesuch usw. Viele seiner Rügen stoßen freilich auf hinhaltenden Widerstand der Einwohner, teils aus Gleichgültigkeit, teils aus finanziellem Unvermögen. – Von 1702 bis 1806 können die Schultheißen der Schurwalddörfer in ihrer Schorndorfer bzw. Göppinger Amtsversammlung beratend oder beschließend an der Führung ihrer »Amtskorporation«, einer Art Selbstverwaltungskörperschaft, mitwirken.

Untere staatliche Verwaltungsbezirke, nämlich *Unterämter* oder *Stabsämter*, kurz »Stab« genannt, sieht man auf dem Schurwald im Schorndorfer Amtsbezirk wohl seit Anfang des 18. Jahrhunderts. So umfaßt der Schnaiter Stab die Orte Schnait, Baach, Krummhardt, Aichschieß, Hohengehren, Baltmannsweiler, Hegenlohe, Thomashardt, Schlichten sowie die beiden wirtembergischen Hälften von Schanbach und Lobenrot (letztere nur bis 1807). Zum Winterbacher Stab gehören Engelberg, Manolzweiler, Baiereck mit Unterhütt und Nassachmühle (die drei letzteren nur bis 1810). Der Stabsamtmann, zeitweilig vom Landesherrn ernannt, übt eine gewisse »Staatsaufsicht« über die ihm zugeordneten

Gemeindeverwaltungen und ist zugleich Schultheiß seines Amtssitzes. Ende 1818 werden die Staatsämter abgeschafft. Zu dem Baierecker Ämtlein und den Adelbergern Vierteln vgl. unten.

Gelegentlich trifft man auch einen Vogt minderen, rein örtlichen Ranges; ein solcher *Ortsvogt* ist aber offensichtlich etwas anderes, nämlich mehr als der Schultheiß. So kommt das etwa 1364 unter wirtembergische Hoheit geratene Hegenlohe erst 1457 zum Amt Schorndorf; in der Zwischenzeit waltet hier die »Vogtei«, ein von den Grafen an drei Generationen der Esslinger Patrizierfamilie Holdermann zu Lehen ausgegebenes Amt. – Ähnliches sieht man in Schlichten; ein Vergleich zwischen der Gemeinde und dem Esslinger Bürger Peter Kaufherr als Ortsvogt von 1451 läßt deutlich erkennen, daß hier für den Schorndorfer Vogt wenig Raum bleibt; ein Zustand, der, wenn auch vielleicht mit wechselnden Personen, offenbar schon vor 1442 (Bericht des Schorndorfer Vogtes: »Schlihten das wyler – ... hond die von esslingen den stab und das gericht zu besetzen«) besteht und wohl bis zum Verkauf Schlichtens durch den Esslinger Bürger Eberhard Luber an das Kloster Engelberg 1468 anhält.

Zweitens: Der Forstmeister des Forstbezirkes Schorndorf nimmt die »vorstliche Oberkait«, das Forstrecht des Landesherrn auf dem Schurwald wahr. Dabei handelt es sich um gewisse ausschließliche Nutzungsrechte am Wald wie Äckerichrecht und Jagdrecht (vgl. Abschnitt 4 N) und zwar im ganzen Land völlig unabhängig vom Eigentum am Waldgrund; außerdem zeigen sich frühzeitig Ansätze zur landesherrlichen Waldaufsicht über die nichtherrschaftlichen Wälder; schließlich gehören zum Forstrecht die Strafbefugnis gegen Wald- und Holzdiebstahl, sowie die Anforderung der Jagdfronen. Auch wenn im Laufe der Zeiten Waldeigentum durch Verkauf, Schenkung, milde Stiftung usw. an Dritte übergeht, das Forstrecht als eine Art Obereigentum am Wald bleibt in der Regel beim Landesherrn. Andererseits erlaubt es ihm keine Eingriffe in das Waldeigentum Dritter und in die von diesen gewährten Holznutzungsrechte. Das Forstrecht ist räumlich in die zunächst königlichen, dann landesherrlichen Wildbanne gefaßt, so auch in einen Schorndorfer Wildbann, aus dem man schon um 1300 den Schorndorfer Forstbezirk hervorgegangen sieht. Letzterer umfaßt sämtliche Wälder zwischen Fils-Neckar und Rems (ursprünglich auch noch weiter nördlich), aber eben nur zur Ausübung des Forstrechtes.

Etwa seit 1400 wird dafür ein besonderer Forstmeister des Schorndorfer »Vorstgezirckhs« erkennbar. Er sitzt zunächst in Schorndorf und von etwa 1605 bis 1817 auf dem Engelberg, als Oberforstmeister (Oberforstamt Schorndorf-Engelberg) seit 1762. Er amtet völlig unabhängig von den Vögten zu Göppingen und Schorndorf als ein für die Schurwaldgemeinden in mancherlei Beziehung recht spürbarer Machtträger. Nur die Wälder der Erbmarschälle Thumb von Neuburg bleiben zeitweise außerhalb seiner Zuständigkeit. Er erhebt die Gebühren für Nutzung der Waldfrüchte und ordnet die Jagdfronen an. Im 16. Jahrhundert wird dann auch über die Adels-, Gemeinde- und Bauernwälder eine allgemeine »Staatsaufsicht« mit einem gewissen Einfluß auf deren Bewirtschaftung eingeführt und ihm übertragen, begründet mit der landesherrlichen Fürsorge für das Allgemeinwohl angesichts drohender Holzknappheit. – Neben all diesen hoheitsrechtlichen Aufgaben obliegt dem Forstmeister die Bewirtschaftung der Herrschaftswälder selbst.

Ein Rechtsverhältnis eigentümlicher Art verbindet den Schorndorfer Forstmeister mit dem *Baierecker Ämtlein*. Darunter versteht man die Gesamtheit derjenigen weitverstreuten Orte, in denen dem Forstmeister wohl schon im 15. Jahrhundert und nachweisbar seit 1507, gewisse Rechte militärischer Art zustehen. Die »Beschreybung des Vorsts Schorndorff de anno 1555« spricht davon so: »Die von Bayereckh, Walckerspach und Diegelsperg müessen zu Kriegsleuffen, wann ein Vorstmeister raisen mueß, Im ain Raißwagen füeren und geben«. Das will besagen, daß die angeführten Orte dem Forstmeister, in Kriegszeiten Führer einer Jägerkompanie, das Fahrzeug mit Mann und Roß und Ausrüstung stellen müssen. Dafür sind sie von Steuern, Wehrdienst und Einquartierung befreit. Später kommen Spital Schorndorf (nachweisbar erst 1696), Nassachmühle und Hohengehren (nachweisbar um 1704) mit ähnlichen Verpflichtungen hinzu, freilich ohne die Sonderrechte. Bei Diegelsberg handelt es sich nur um den »vom Vorst herkommenden Hof« (vgl. Teil B, Diegelsberg), bei der Nassachmühle nur um deren nachträglich gerodete Forstgrundstücke. Das Spital Schorndorf erscheint hier als damaliger Lehensträger des Fliegenhofs (vgl. Teil B, Oberberken), die Gemeinde Hohengehren als Lehensträger der Wiesen vom abgegangenen Katzenbachhof (vgl. Teil B, Hohengehren). Walkersbach liegt nördlich vom Schurwald.

Nun begründen diese militärischen Rechte und Pflichten gewiß noch keine territoriale Verwaltungseinheit, kein »Ämtlein«. Mit ihm hat es jedoch folgende Bewandtnis. Ursprünglich bildet nämlich das obere Nassachtal, ein nur von den kleinen Belegschaften der drei Glashütten und ihren Angehörigen bewohntes Waldtal eine solche Verwaltungseinheit, eben das Baierecker Ämtlein. Denn um 1500 besitzt der Schorndorfer Forstmeister hier allgemeine Verwaltungsaufgaben: Er hat die Gülten, Großen Zehnten und Rauchhennen für die Herrschaft einzuziehen und darf Bewohner ausweisen, offenbar um die Wälder vor dem Raubbau von Glasmachern und Köhlern zu schützen. Freilich, mit der zunehmenden Besiedlung des Tales in der ersten Hälfte des 16. Jahrhunderts findet diese seine Verwaltungstätigkeit ihr Ende; weit vor 1555 (»vor Zeiten«) übernimmt hier der Schorndorfer Keller, der Finanzbearbeiter des Schorndorfer Vogtes, die Abgabeneinziehung und mindestens seit 1563 sieht man Baiereck mit Zubehör im Wintersbacher Stab Schorndorfer Amtes. Seitdem gibt es somit kein Baierecker Ämtlein mehr! Nur die geschilderten militärischen Sonderrechte und -pflichten bleiben bis 1736 bestehen. Und ihr Geltungsbereich wird vom Schrifttum fürderhin, aber offensichtlich unzutreffend, als »Ämtlein« bezeichnet. Immerhin erlangen Baiereck und Walkersbach 1741 unter Berufung auf ihre Armut und bisherigen Sonderrechte die herzogliche Zusage, wenigstens von Steuererhebung und Einquartierung weiter verschont zu bleiben.

Drittens: Die autonomen geistlichen Gebiete. In der zweiten Hälfte des 14. Jahrhunderts übernimmt die Herrschaft Wirtemberg die Schirmvogtei über die sanktblasische Propstei Nellingen und über die Klosterherrschaft Adelberg, damit die Landeshoheit über diese Räume. Aber die Stuttgarter Landesherren greifen noch weit über hundert Jahre lang kaum in die inneren Verhältnisse der Klosterherrschaften ein. Modern gesprochen genießen letztere eine gewisse Verwaltungsautonomie, die sich erst langsam zugunsten der allgemein üblichen wirtembergischen Landesverwaltung abschwächt.

Für das sanktblasische *Hegenlohe* freilich ist das im einzelnen schwer zu fassen. Es gehört zur Nellinger Propstei und steht mit dieser unter wirtembergischer

Schirmvogtei, vielleicht beides seit etwa 1364 (vgl. Hegenlohe im Teil B). Die Wirtemberger Grafen belehnen, wie erwähnt, zunächst die Esslinger Patrizierfamilie Holdermann durch drei Generationen mit der besonderen Ortsvogtei über Hegenlohe und teilen das Dorf erst 1457 dem Schorndorfer Amt zu. Die Grundherrschaft über die Hegenloher Bauernlehen liegt jedoch in den Händen des Propstes von Nellingen als Beauftragten des Klosters Sankt Blasien bis zum sanktblasisch-wirtembergischen Tauschvertrag von 1649. Diese Grundherrschaft vollzieht sich nach den Regeln des Nellinger Weistums von 1354, einer schriftlichen Festlegung schon bestehenden Gewohnheitsrechtes für die ganze Propsteipflege durch ihren Propst Johann; noch 1422 und 1484 erhält es kaiserliche Bestätigungen. Zwar grenzt das Weistum, abgesehen von der Strafgerichtsbarkeit, die Zuständigkeiten des Grafen und seines Vogtes nicht ausdrücklich von denen des Propstes ab. Aber angesichts der äußerst straff im Weistum gespannten Hörigkeit der »Gotzhusleute«, also auch der Hegenloher Grundholde, in allen Lebensgebieten (Auswanderungsverbot, Heiratsvorschriften usw.) und Wirtschaftszweigen gehen die Befugnisse des Propstes doch weit über die eines Grundeigentümers hinaus, eben in die Verwaltungssphäre heutigen Verständnisses. Nach der Eingliederung Hegenlohes ins Schorndorfer Amt 1457, erst recht nach Einführung der Reformation 1534, mögen sich allmählich die Gewichte praktisch zugunsten der landesherrlichen Verwaltung verschieben. Rechtseinbuße erleidet der Propst auch durch die herzogliche Gewährung des freien Zugs für die Insassen aller »Prälatendörfer« 1551.

Viel weiträumiger wirkt die autonome Verwaltung der *Klosterherrschaft Adelberg;* umfaßt sie doch auf dem Schurwald die Dörfer und Weiler Ober- und Unterberken, Hundsholz, Nassach, Breech, Börtlingen, Zell. Die »Gerichtsordnung und brauch dem Gottshauß Adelberg gehörig« des bedeutenden Abtes Leonhard Dürr von 1502 stellt deren sachlichen Umfang klar heraus: Der Abt besitzt hier die niedere Gerichtsbarkeit, erläßt eine Vielzahl allgemeiner polizeilicher Ordnungsvorschriften und regelt sogar das Wehrwesen (vgl. unten). Wie stark zu diesem Zeitpunkt noch das Adelberger Selbstverständnis ist, wird deutlich, wenn der Schreiber der Gerichtsordnung im politisch-polizeilichen Zusammenhang von »unserem gnädigen Fürst (!) und Herren, einem Prälaten zu Adelberg« spricht. Außerdem genießt das Kloster weitgehende finanzielle Freiheiten. Bemerkenswert die Sonderrechte für seinen Pfleghof in der Amtsstadt Göppingen (Steuer- und Abgabefreiheit) und vor allem für seinen »exterritorialen« Freihof in der Reichsstadt Esslingen. Zur damaligen Wirtschaftskraft des Klosters vgl. dieses im Teil B.

Daß die adelbergischen Sonderrechte den wirtembergischen Grafen Dornen im Auge sind, versteht sich leicht. Von Zeit zu Zeit versucht man sich an ihnen zu vergreifen. Immerhin gelingt es 1464 dem Abt Berthold Dürr, Graf Ulrich V. zum Verzicht auf klösterliche Geldleistungen zu bewegen. Und auf Bertholds Beschwerden bestätigen Papst Paul II. (1467) und Kaiser Friedrich III. (1469) die Freiheiten und Besitzungen des Klosters ausdrücklich. Kaiserliche Freibriefe von 1513 und 1559 bekräftigen das Asylgewährungsrecht für dessen Freihof in Esslingen. Mit der Säkularisation 1535 ist jedoch die Adelberger Verwaltungsautonomie beendet. Die Adelberger Gerichtsordnung von 1502 verliert ihre praktische Bedeutung spätestens bei der allgemeinen Einführung des wirtembergischen Landrechtes von 1555.

Immerhin finden sich weiterhin einige interessante Besonderheiten, sozusagen als Nachklänge vergangener Rechtsverhältnisse. So übernimmt 1535 der herzogliche Klosterverwalter (Klosteramtmann seit 1565, Klosteroberamtmann seit 1759) die Vogtgeschäfte für den ganzen adelbergischen Bereich. Zur Verwaltung ist das Klosteramt unterteilt in die vier Unterämter oder »Viertel« Hundsholz, Steinenberg, Kaisersbach und Zell-Altbach. Das Hundsholzer Viertel besteht aus der Hauptgemeinde Hundsholz (einschließlich Kloster Adelberg, Nassach, Ober- und Unterberken) und dem Börtlinger Stab (Börtlingen, Breech, Zell, Birenbach). An seiner Spitze steht als Viertelspfleger der Amtsschultheiß von Hundsholz, mindestens seit der ersten Hälfte des 17. Jahrhunderts von Gericht und Rat, später von allen Bürgern der Hauptgemeinde Hundsholz gewählt. – Die erneute reichsunmittelbare Zeit der Adelberger Klosterherrschaft 1638–48 erwähnten wir schon. – Später bildet das herzogliche Klosteramt zur korporativen Selbstverwaltung eine Amtsversammlung seiner Schultheißen, die schließlich in eigenen Zuständigkeiten auch entscheiden kann. – Bei der Aufteilung des Klosteroberamtes Adelberg 1807 kommt die Hauptgemeinde Hundsholz zum Oberamt Schorndorf, der Börtlinger Stab zum Oberamt Göppingen.

Viertens: Die älteste Gemeindeverwaltung auf dem Schurwald hält sich allgemein im altwirtembergischen Rahmen, mit bemerkenswerten Besonderheiten. An der Spitze des Dorfes steht, zugleich als Vertreter der Herrschaft, seit alters der *Schultheiß*, wenn nicht stets der größte, so doch mindestens einer der angesehensten Bauern des Dorfes, der »Bauernschulze«. Ursprünglich wird er vom Landesherrn ernannt. Später wird er von allen volljährigen männlichen Bürgern (nicht Einwohnern) aus ihrer Mitte auf Lebenszeit gewählt und vom Landesherrn bestätigt. Der Übergang von der Ernennung zur Wählbarkeit vollzieht sich vom 15. bis ins 17. Jahrhundert, nach Ämtern und sogar einzelnen Dörfern völlig verschieden. Die Schurwald-Schulzen scheinen zu den erst spät wählbar gewordenen zu gehören. Ihr Amt ist grundsätzlich ehrenamtlich. Immerhin erhalten sie vielerorts einige Nebeneinnahmen, »zum amt als beynutz«, aus Strafgeldern, aus Abgaben von Leibeigenen, bei Grundstücksverkäufen (so der Aichschießer ein Paar hirschledener Handschuhe oder deren Goldwert bei Landverkauf in Baach).

Der Schultheiß hat insbesondere dafür zu sorgen, daß die vielfältigen Steuern und sonstigen Abgaben und Dienste von allen Verpflichteten geleistet werden. Die allgemeine Ordnung in der Gemeinde soll er als Ortspolizei ebenso überwachen wie die Befolgung aller obrigkeitlichen Befehle. Bei leichten Vergehen wie Überschreiten der Polizeistunde, Randalieren und »gräulichem Fluchen« kann er gemeinsam mit seinem Dorfgericht Geld- und Arreststrafen verhängen. Mit der fortschreitenden Entwicklung des öffentlichen Lebens treten weitere Aufgaben hinzu. Seine Beaufsichtigung durch den Vogt bzw. Oberamtmann scheint, wie unsere Ruggerichtsprotokolle reichlich ausweisen, ziemlich streng zu sein. Trotzdem bleibt er dank seiner Hoheitsbefugnisse der wichtigste Mann am Platz. – Zum Verwaltungsleiter in den Kleinstsiedlungen vgl. unten.

Der Schultheiß bildet zusammen mit dem von ihm geleiteten Gericht die »Dorfobrigkeit«. Man begegnet dem *Gericht* auf dem Schurwald erstmals 1442 in Schlichten (vgl. oben), was sein früheres Bestehen hier und anderwärts nicht ausschließt. Rein zufällig überliefert ist uns das Gericht zu Hundsholz 1527 und seit Ende des 16. Jahrhunderts lassen die Synodusprotokolle ein Gericht mindestens in jedem unserer Pfarrdörfer erkennen. Seine Mitglieder, die »Gerichtsverwandten«, werden ursprünglich vom Vogt (in Schlichten vom Ortsvogt) ernannt, etwa 4 bis 6 angesehene Bürger. Seit dem frühen 16. Jahrhundert scheint sich in den größeren Dörfern der *Rat,* eine Art Gemeindeausschuß, zu bilden; seine Mitglieder, die »Ratsverwandten«, werden von den grundbesitzenden Bürgern, mancherorts jedoch von ihm selbst gewählt. Er wird zunächst nur bei unbedeutenden Angelegenheiten und nur beratend hinzugezogen. Dieser Ansatz gemeindlicher Selbstverwaltung vermag sich freilich, wohl als Folge des Bauernkriegs von 1525, erst nach dem Dreißigjährigen Krieg allmählich weiter zu entwickeln: Der Rat erhält nunmehr Beschlußrecht in allen Dorfangelegenheiten. Vor allem aber wählt nun das Gericht, so ebenfalls sich selbst ergänzend, seine Mitglieder aus dem Rat auf Lebenszeit hinzu, was wohl oft zu gewisser Vetterleswirtschaft führt.

Das Gericht, dessen Mitglieder mit ihrem Schultheiß »im Gericht sitzen« und daher auch »Beisitzer« genannt werden, besitzt ursprünglich eine doppelte Funktion: Es dient der dörflichen Verwaltung und der dörflichen Rechtsprechung. Betrachten wir zunächst die Dorfverwaltung. In den ältesten Zeiten, vor der Errichtung des Rates, beraten die Gerichtsverwandten den Schultheiß; später werden sie allmählich je nach Bedarf aus der Gerichtsmitte zur Übernahme bestimmter Arbeiten oder Posten bestellt, entwickeln sich also zu einer Art Beigeordneten des modernen Verständnisses.

Allerdings, angesichts der Kleinheit und Primitivität der früheren Verhältnisse, zumal auf dem Schurwald, sieht man hier zunächst überhaupt nur wenige Personen neben dem Schultheiß amtieren. Zu seinen ältesten Mitarbeitern gehört der Heimbürge, seit dem 16. Jahrhundert »Burgermeister« genannt, als Betreuer der Gemeindepflege. Der Schütz, ursprünglich als Beschützer von Personen und Eigentum im Dorf eingesetzt, amtiert später als Gemeindediener, oft auch als Bettelvogt zum Aufgreifen ortsfremder Bettler; seit dem 18. Jahrhundert heißt er meist »Büttel« (Bittel), weil er die Einwohner zum Schulzen bieten (vorladen) muß. Auch die Untergänger, die Flur und Markung begehen, die Marksteine kontrollieren und Flurstreitigkeiten schlichten, sind älteren Datums; gegen ihren Spruch ist die Berufung an das Stadtgericht Schorndorf schon 1530 urkundlich bezeugt. Die Aufgaben des Gemeindeschreibers, des Kriegsvogts (Fürsorge für die Witwen) und des Waisenrichters (Vormund für die Waisen) nimmt der Schultheiß wohl oft selbst wahr. Und der Nachtwächter, angeblich aus den Nöten des Dreißigjährigen Krieges stammend, weckt mit seinem Stundenausruf romantische Vorstellungen in uns Heutigen. Diese Liste erweitert sich später beträchtlich (vgl. Abschnitt 5 b).

Nebenbei: Ein Rathaus kennen die ältesten Zeiten nirgendwo auf dem Schurwald. Jedermann erledigt seine Amtsgeschäfte daheim. Sitzungen des Gerichtes finden ursprünglich unter der Dorflinde, dann in der Wohnstube des Schultheißen und noch später in der Schule statt. Das erste Rathaus begegnet uns in Baltmannsweiler 1605. Noch 1610 wird das neugefaßte Lagerbuch der westlichen Schurwalddörfer zu Schnait »unter den Linden öffentlich publiciert und vorgelesen«, das der mittleren Schurwalddörfer in der Hohengehrener Kirche; auch zu Aichelberg und Hundsholz begibt man sich zu solch wichtigen weltlichen Akten in die Kirche als dem einzigen größeren Raum der Umgebung.

Die Gewichte im öffentlichen Dorfleben sind damals allerdings praktisch doch anders verteilt, als es nach dem Vorgetragenen den Anschein hat. Wesentliche Rechte und Pflichten bei der Aufrechterhaltung der öffentlichen Ordnung, bei der Ämterbesetzung usw. stehen nämlich dem Pfarrer und seinem Kirchenkonvent zu (vgl. Abschnitt 4 f). – Der Dorfschule und ihrem Schulmeister widmen wir noch eine kleine Sonderbetrachtung.

Soviel zu den dörflichen Verwaltungsaufgaben. Das Gericht, darauf weist schon der Name hin, übt im allgemeinen in den altwirtembergischen Gemeinden sehr früh auch rechtsprechende (justizielle) Funktionen aus. Hierbei erstreckt sich seine Zuständigkeit auf bürgerliche Rechtsfälle mit geringem Streitwert, auf die freiwillige Gerichtsbarkeit und auf leichte Strafvergehen. Vermutlich ist das auf dem Schurwald anfangs in den größeren Gemeinden ebenso, jedenfalls in Schlichten schon 1451 nachweisbar. Um 1560 wird die Rechtsprechung aller wirtembergischen Dörfer des West- und des Mittelschurwaldes im Schlichter Waldgericht zentralisiert, von dem sich später das Schurwaldgericht abspaltet (vgl. unten); die dörflichen »Gerichte« bleiben aber als Träger von Verwaltungsaufgaben bestehen. Anders im Adelbergischen. In Hundsholz amtet ein rechtsprechendes Dorfgericht weiter, das auch für Ober- und Unterberken zuständig ist, ebenso in Börtlingen.

Und nun zu einigen örtlichen Sonderregelungen. Unsere sämtlichen weilerartigen Kleinstsiedlungen besitzen grundsätzlich kein eigenes Gericht (vgl. unten). – Die merkwürdige vorübergehende Aufteilung der verwaltenden und der rechtsprechenden Befugnisse zwischen dem Krummhardt und dem Aichschießer Gericht im Rahmen des Krummhardter Ämtleins schildern wir, um des leichteren Verständnisses willen, erst beim Ämtlein. – Von einem eigentümlichen Aichschießer Waldgericht liest man schon 1583 und noch 1793. In ihm urteilen alljährlich der zuständige Förster sowie der Schultheiß von Aichschieß mit zwei Richtern und mit seinem Burgermeister über Wald- und Weidestreitigkeiten und -vergehen (etwa dem Münsinger Hartgericht entsprechend?). – Die Bewohner der Herrschaft Stetten gehören in das Dorfgericht zu Stetten, so die Krummhardter bis 1452, so die Leute in den stettischen Dorfhälften von Schanbach und Lobenrot sogar bis 1805.

Bis in das 16. Jahrhundert besitzen viele Dörfer ihr eigenes Dorfrecht, insbesondere ihr eigenes Erbrecht. Als Herzog Christoph das erste wirtembergische Landrecht 1555 aufstellen läßt, übrigens eine geistige Pioniertat jener Zeit, müssen die Ämter Berichte über die entsprechenden »Bräuche« in ihrem Bezirk nach Stuttgart einsenden. Aus ihnen hat Friedrich Wintterlin die Erbrechte von Krummhardt (einschließlich Schanbach, Lobenrot, Baach und Aichschieß), Hohengehren, Baltmannsweiler, Hegenlohe, Thomashardt, Schlichten, Hundsholz und Kloster Adelberg veröffentlicht; Carl Georg Wächter hat sie kommentiert.

Im Jahr 1805 findet die ganze gemeindliche Selbstverwaltung ihr jähes Ende. Der Absolutismus König Friedrichs I. räumt mit ihr vollständig auf. Der Schultheiß wird von der Regierung ernannt. Gericht (als Verwaltungsorgan) und Rat werden zum Großen Rat oder Dorfmagistrat zusammengezogen, dessen Mitglieder ebenfalls von der Regierung auf Vorschlag des Oberamtmanns berufen werden. Was an einzelnen Dorfgerichten mit Rechtsprechungsfunktionen noch besteht, wird 1806 aufgehoben.

Fünftens: Die Stabsschultheißereien. Schon seit dem 15. Jahrhundert werden in Wirtemberg Kleinstsiedlungen aus praktischen Gründen unter Beibehaltung einer gewissen gemeindlichen Eigenständigkeit mit benachbarten Dorfgemeinden zu Stabsschultheißereien verbunden. Man nennt damals solche kommunalen Bezirke »Stab« oder ebenso mißverständlich »Unteramt«. Wir wählen für sie nach Aichschießer Muster den Ausdruck »Stabsschultheißerei«, um Verwechslungen mit dem späteren landesherrlichen (staatlichen) unteren Verwaltungsbezirk »Stab« oder »Unteramt« (vgl. oben) auszuschließen. Die Stabsschultheißerei sieht folgendermaßen aus. Der Schultheiß der Dorfgemeinde ist zugleich Stabsschultheiß; er besorgt die landesherrlichen Auftragsangelegenheiten für seinen ganzen Bezirk, desgleichen die gemeinsamen Selbstverwaltungsaufgaben seiner zugehörigen Gemeinden und dazu selbstverständlich die besonderen Selbstverwaltungsaufgaben seiner eigenen Dorfgemeinde. In den Kleinstsiedlungen gibt es ebenfalls einen Verwaltungsleiter, meist »Amtsverweser« oder »Anwalt« genannt; ihm bleibt freilich nur ein fachlich sehr begrenzter Spielraum, dieser aber in eigener Verantwortung. Die Kleinstsiedlungen sind stets »gerichtsbar gen...«; bei solchen gemeinsamen Sachen wird das Dorfgericht durch die Amtsverweser oder Anwälte, zuweilen auch noch durch einige Richter aus den Kleinstsiedlungen zum Stabsgericht erweitert. In den Kleinstsiedlungen gibt es daher kein besonderes Gericht; nur einige »Geschworene« unterstützen ihren Anwalt in seinen Verwaltungsarbeiten.

Der *Winterbacher Stab* im Amt Schorndorf umfaßt auf dem Schurwald seit alters die Kleinstsiedlungen Manolzweiler, Kikishart und Engelberg sowie mindestens seit 1563 Baiereck mit Unterhütt und Nassachmühle. Er stellt wohl zunächst eine Stabsschultheißerei dar, bis zum Anfang des 18. Jahrhunderts. Desgleichen der *Schnaiter Stab* im Amt Schorndorf; ursprünglicher Umfang auf dem Schurwald unbekannt; erstes Auftreten eines Oberschultheiß 1640 erkennbar.

Der *»Oberschultheiß auf dem Schlichter Wald«*, der »prätor maior et saluarius« der Hegenloher Pfarregister von 1592 bis 1620. Ein Amt, das offenbar entsprechend den persönlichen Fähigkeiten des Dorfschulzen dem von Thomashardt (1592–1600), dann denen von Baltmannsweiler (um 1600), Schnait (1605) und wieder Thomashardt (1613–20) übertragen ist. Eine Art Stabsschultheißerei nach den obigen Regeln? Seltsamerweise wird auch 1703, 1759 und 1803 ein Thomashardter Oberschultheiß genannt. Durch all diese Jahrhunderte besitzt aber das vielleicht ihm irgendwie zugeordnete Hegenlohe einen eigenen Schultheiß und wird stets als selbständige Gemeinde aufgeführt.

Ein geradezu liebevolles Interesse bringt das Schrifttum immer wieder dem *Krummhardter Ämtlein* oder Krummhardter Stab entgegen, wobei jedoch allerlei Irrtümer unterlaufen (hoffentlich nicht auch uns). Das Ämtlein ist kein landesherrlicher Verwaltungsbezirk, kein Unteramt des Schorndorfer Amtes. Es hat auch durchaus nichts zu tun mit dem Schurwaldgericht, wenngleich es mit diesem nach Zuständigkeitsraum und Amtssitz zeitweise übereinstimmt (vgl. unten). Vielmehr bildet es eine ausgesprochene kommunale Stabsschultheißerei der oben beschriebenen Art.

Das Krummhardter Ämtlein umfaßt anfangs wohl nur die Orte Krummhardt und Baach sowie die wirtembergischen Hälften von Schanbach und Lobenrot; aber schon im Jahr 1500 heißt es von Aichschieß »gehört in das ampt Krumenhart«. Krummhardt sowie die Ortshälften von Schanbach und Lobenrot sind 1452 unter wirtembergische Oberhoheit gekommen. Nun entspricht es der damaligen wirtembergischen Praxis, die Verwaltung von Neuerwerbungen in deren alten Zusammenhängen zu organisieren. So mag die Geburtsstunde des Ämtleins wohl schon 1452 oder kurz danach schlagen. Als Vorort kommt zunächst nur Krummhardt infrage, weil nur dieses als ganzes Dorf wirtembergisch geworden ist. Zugleich erklärt diese Überlegung, warum Aichschieß, obgleich größer und schon länger wirtembergisch, nicht schon 1452 zu diesem Ämtlein gehört, sondern erst später, wenn auch vor 1500, hinzugefügt wird. Noch das wirtembergische Landbuch von 1623/24 spricht vom »Krummhardter Ämptlein« mit den 5 genannten Plätzen.

Von der oben geschilderten Regel sonderbar abweichend glauben wir das Dorfgericht zu erkennen. Krummhardt wird nämlich vor 1560 als »ain Wyler gen Aichschieß gehörig« bezeichnet. Das kann sich nur auf die dörfliche Rechtsprechung beziehen, denn die Verwaltung des Ämtleins, der Stabsschultheiß, sitzt damals unbestreibar in Krummhardt. In der Tat findet man 1555 im Gericht zu Aichschieß einen »Geschworenen« aus Krummhardt. Mit anderen Worten, die dörfliche Verwaltung des Ämtleins befand sich in Krummhardt, das rechtsprechende Dorfgericht in Aichschieß. Freilich hört dieses Dorfgericht um 1560 auf, als die dörfliche Rechtsprechung für alle jene Orte im Schlichter Waldgericht zu Hohengehren zentralisiert wird (vgl. unten).

Nun liest man seit 1691/96 vom »Krummhardter jetzo Aichschießer Stab« oder *»Aychschießer Ämtlein«;* inzwischen (vielleicht 1679?) war also der Amtssitz nach Aichschieß verlegt worden. Die »Stabsschultheißerei« (!) leitet jetzt der Aichschießer Schultheiß, während in Krummhardt und Baach sowie in den beiden wirtembergischen Hälften von Schanbach und Lobenrot nur je ein »Amtsverweser«, auch »Anwalt« genannt, sitzt. Der Stabsschultheiß wird von allen Männern der zugehörigen Gemeinden gewählt. Zur Wahl der Amtsverweser sind, etwa ab 1605, die Mitglieder des Schurwaldgerichtes und die Männer des betreffenden Ortes aktiv wahlberechtigt. Ihr Ende findet diese originelle Sonderregelung erst bei der wirtembergischen Verwaltungsreform 1818.

Der *Hundsholzer Stab* im Oberamt Schorndorf, erst 1807 gebildet, umfaßt Hundsholz mit Ober- und Unterberken, Kloster Adelberg und Nassach, seit 1810 auch Baiereck mit Unterhütt und Nassachmühle. – Zum *Börtlinger Stab,* im Klosteroberamt Adelberg bis 1807 und seitdem zum Oberamt Göppingen, gehören Börtlingen, Breech, Zell und Birenbach. – Im *Ebersbacher Stab* liegen seit alters Büchenbronn und Krapfenreut, im *Uhinger Stab* Diegelsberg.

Sechstens: Schlichter Waldgericht und Schurwaldgericht haben wohl von Zeit zu Zeit immer wieder die Phantasie von Heimatfreunden beflügelt, aber die exakte Forschung ist bisher darüber zu kurz gekommen. So möchte der Volksmund sie beide von uralten germanischen, alemannischen Thinggerichten unmittelbar ableiten; wir hingegen bleiben dabei, daß der Schurwald auch zur Alemannenzeit überhaupt unbesiedelt war. Andere Verfasser sprechen etwas vorsichtiger von »uralten« Gerichten, die älter als die wirtembergischen Dorfgerichte seien. Dagegen ist zunächst zu sagen, daß die Orte Aichschieß, Baach und Krummhardt sowie die wirtembergischen Hälften von Schanbach und Lobenrot urkundlich verschiedenenorts nachweisbar erst zwischen 1603 und 1610, kurz gesagt etwa um 1605, vom Schlichter Waldgericht abgesondert und zu einem besonderen justiziellen Gericht, dem »Schurwaldgericht«, zusammengefaßt worden sind. Von uralt kann daher beim Schurwaldgericht keine Rede sein; hier müssen wir entschieden »entmythologisieren«.

Zu untersuchen bleibt die Gründungszeit des Schlichter Waldgerichtes in Hohengehren, das ursprünglich als rein justizielles Dorfgericht für die soeben genannten fünf Orte zuzüglich Baltmannsweiler, Hegenlohe, Hohengehren, Schlichten und Thomashardt zuständig war, praktisch somit den West- und Mittelschurwald, soweit wirtembergisch, umfaßte. Urkundlich zurückverfolgen läßt es sich nur bis 1563. Gegen ein noch höheres Alter sprechen folgende Tatbestände: Der Schorndorfer Vogtbericht von 1442 sowie der Vergleich zwischen dem Ortsvogt Peter Kaufherr und der Gemeinde Schlichten von 1451 (zu beiden vgl. oben) zeigen eindeutig, daß es selbst in Schlichten damals nur ein örtliches Dorfgericht gibt; das weltliche Lagerbuch Schorndorf von 1500 sagt von Hohengehren »Gericht und Stab hat mein Herr« (offensichtlich nur auf diesen einen Ort bezogen); sogar das Forstlagerbuch Schorndorf von 1555 kennt noch das schon erwähnte Gericht zu Aichschieß mit dem einen Gerichtsmann aus Krummhardt (offenbar ebenfalls ein Dorfgericht). Angesichts dieser bisher erfaßten Urkundsaussagen müssen wir die Gründung des Schlichter Waldgerichtes auf die Zeitspanne zwischen 1555 und 1563, sagen wir kurz um 1560, ansetzen. Das aber sind die Zeiten der Reformen Herzog Christophs! Diese Feststellung läßt zugleich vermuten: vor 1560 besitzt jeder größere wirtembergische Schurwaldort sein eigenes Dorfgericht. Schließlich der Sonderfall Baiereck. Wenn dieser Weiler überhaupt jemals zum Schlichter Waldgericht gehört haben sollte, dann nur kurze Zeit, denn schon 1563 ist er »gerichtsbar gen Winterbach«.

Über die Zusammensetzung beider Gerichte äußert sich das Schrifttum meist an Hand eines Berichtes, den Johann Bäuerlen über den Stand der Dinge von 1792 gegeben hat. Daß dieser Bericht nicht ohne weiteres rückwärts verallgemeinert werden darf, zeigen schon die im Baltmannsweiler Rathausarchiv aufbewahrten Protokolle des Schlichter Waldgerichtes von 1771 bis 1819. Und, um es sofort zu sagen, über die Zusammensetzung des großen Schlichter Waldgerichtes von 1560 bis 1606 lassen sich äußerstenfalls unverbindliche Vermutungen ableiten.

Beginnen wir daher erst mit dem *verkleinerten Schlichter Waldgericht*. Zunächst besteht es wohl aus 9 Personen: den Schultheißen seiner fünf Gemeinden Baltmannsweiler, Hegenlohe, Hohengehren, Schlichten und Thomashardt sowie aus 2 weiteren Vertretern (Richtern) von Baltmannsweiler und je einem von Hohengehren und Thomashardt. Den Vorsitz scheint im 17. Jahrhundert der Schultheiß von Hohengehren zu führen; dafür könnte sprechen, daß ihm, neben der Herrschaft Wirtemberg, ein Anteil an den verhängten Strafgeldern zufließt, so noch 1696 zu lesen. Den veränderten Größenverhältnissen der Gemeinden entsprechend sehen wir um 1775 nunmehr 14 Personen Recht sprechen: der Stabsamtmann von Schnait als Vorsitzender, die 5 Schultheißen sowie 3 Richter aus Hohengehren, 2 aus Baltmannsweiler (seit 1792 ebenfalls 3) und je 1 aus Hegenlohe, Schlichten und Thomashardt.

Die Vermutung liegt sehr nahe, daß das Schlichter Waldgericht seinen Namen nach der von ihm erfaßten ebenen Landschaft, der Schlicht, trägt und nicht vom Dorf Schlichten. Völlig sicher ist, daß sein Sitz sich stets zu Hohengehren befindet, was nicht ausschließt, daß auch in Schlichten getagt wird. Die Sitzungen finden in der Regel allmonatlich statt, manchmal durch Kriege unterbrochen und gelegentlich gehäufter, zehn- bis ziebzehnmal im Jahr. Wenn das Schlichter Waldgericht sich später auch »Stabsgericht« nennt, so bezieht sich das auf seinen Vorsitzenden, den Stabsamtmann von Schnait.

Anders liegen die Dinge beim *Schurwaldgericht*. Urkundlich steht fest, daß es mit Sitz in Krummhardt ins Leben gerufen wird, um 1605; hier befindet sich damals auch der Sitz der Stabsschultheißerei Krummhardter Ämtlein (vgl. oben). Wahrscheinlich erst gelegentlich der Verlegung des Kommunalsitzes von Krummhardt nach Aichschieß, etwa um 1679, wird auch der Sitz des Schurwaldgerichts nach Aichschieß verlegt. Seine Zusammensetzung erfahren wir erst durch Bäuerlens Bericht für 1792: als Vorsitzender wieder der Stabsamtmann von Schnait; dazu als Beisitzer der Stabsschultheiß und 2 Richter von Aichschieß, der Amtsverweser und 1 Richter von Schanbach/wirtembergische Dorfhälfte, der Amtsverweser und 1 Richter von Krummhardt sowie der Amtsverweser von Lobenrot/wirtembergische Weilerhälfte und der von Baach.

Die Waldgerichte haben keinerlei Verwaltungsaufgaben, sondern sind *reine Rechtsprechungsorgane*. Mit anderen Worten, weder das Schlichter Waldgericht noch das Schurwaldgericht sind etwa Unteramtsbezirke des Schorndorfer Amtes; von einer funktionellen oder gar institutionellen Übereinstimmung zwischen Krummhardter bzw. Aichschießer Ämtlein und Schurwaldgericht kann keine Rede sein. Hauptsächlich befassen sich die Waldgerichte mit einfachen Fällen der Zivil-, Straf- und freiwilligen Gerichtsbarkeit. Die Strafen lauten auf Verwarnung, Geldbußen und 1 bis 48 Stunden Ortsgefängnis. Die Berufung geht an das Schorndorfer Stadtgericht. Beide Waldgerichte überstehen zunächst das absolutistische Aufräumen von 1806, finden aber 1819 ihr Ende.

Siebtens: Zum Wehrwesen. Der vormilitärischen Ausbildung dienen die *Büchsenschießgesellschaften*. Offenbar schon seit Anfang des 16. Jahrhunderts, denn Herzog Ulrich hat nach seiner Rückkehr 1535 ihnen »aufs Neue zugelassen zu schießen«. Die herzogliche Regierung unterstützt sie, damit die Leute sich auf den Kriegsfall vorbereiten. Laut Büchsen-Schützen-Ordnung von 1662 muß jeder männliche Bürger von 18 bis 60 Jahren der für ihn zuständigen Gesellschaft angehören und an den von einem Schützenmeister geleiteten Schießübungen auf der »Zihlstatt« oder »Schießstatt« teilnehmen. Hier die amtliche Zuteilung der Schurwalddörfer, soweit bekannt: Lobenrot, Schanbach, Krummhardt und Aichschieß zu Beutelsbach; Manolzweiler, Schlichten, Hohengehren, Baltmannsweiler, Hegenlohe, Thomashardt und Baiereck zu Winterbach; Büchenbronn und Krapfenreut zu Ebersbach. Die Büchsenschießgesellschaften büßen ihre behördlichen Geldzuwendungen um 1750 ein und werden sieben Jahre später aufgehoben.

Die militärischen *Musterungen* (»Auswahl«) auf dem Schurwald betrifft folgender Auszug aus dem Musterungsregister des Amtes Schorndorf von 1583: »Uf dem Schlichterwald haben wir noch Sechs Amptzfleckhen, weill es aber kheine kriegsleuth und nichts anders dan grobe unerfarene bauren daselbsten hat, haben. wir nit dahin geschriben«. Zur Erklärung: seit alters und im Tübinger Vertrag von 1514 bestätigt besteht Kriegsdienstpflicht, das »Landesaufgebot«, für alle 18–60jährigen waffenfähigen Männer, aber nur zur eigenen Landesverteidigung innerhalb der Landesgrenzen. Im übrigen: kein Kommentar.

Über die militärischen Sonderrechte und -pflichten im Rahmen des *Baierecker Ämtleins* haben wir schon berichtet. – Für die autonome *Klosterherrschaft Adelberg* schreibt Abt Leonhard Dürr in seiner Gerichtsordnung von 1502 ebenfalls eine Art militärischer Vereinigung zur Verteidigung von Kloster und Dorf, die Schützengilde, vor. Es soll »Jeder sein Wöhr und Harnisch, so Ime gebotten ist zu haben, sauber halten und damit gerüst seyn zu jeder zeit, als wolt man außziehen«. Und wer schon Waffen tragen will, soll sie öffentlich tragen, »nit in die heckhen schluppfen«.

Achtens. Zu den lieben *Steuern* ist nichts besonders »Schurwäldisches« zu sagen. Daher nur allgemein dieses. Von ursprünglich wenigen und niedrig bemessenen Steuerarten bringt das Anwachsen der landesherrlichen Aufgaben und Ausgaben nach Arten und Höhe sich erweiternde finanzielle Lasten für den Einzelnen. Vor allem gesellen sich zu den eigentlichen Grundsteuern und indirekten Steuern die zahlreichen »Schatzungen« und »Anlagen« als Sondersteuern aus den verschiedensten, meist kriegerischen Anlässen – ganz zu schweigen von den üblichen feindlichen Kriegskontributionen.

Gewiß mehr lohnt sich von unserer Warte aus ein Blick auf die *Leibeigenschaft.* Zunächst denkt man an die alte Form süddeutscher Leibeigenschaft, wie sie etwa im Nellinger Weistum von 1354 (vgl. oben) Ausdruck findet, nämlich an die Einschränkung der Freizügigkeit und Brautwahl, Verpflichtung zur Fronarbeit und weitgehende erbrechtliche Auflagen. Wieso es im Einzelfall zur Leibeigenschaft gekommen ist? Hier und da wohl durch Zwang; in vielen Fällen durch freiwillige Unterwerfung eines Ehepaares, um damit ein Lehen von der Grundherrschaft zu erhalten. Im übrigen vererbt sich die Leibeigenschaft von der Mutter auf die Kinder, aber nicht vom leibeigenen Vater. Die Verpflichtungen des Leibeigenen haften an seinem »Leib«, das heißt an seiner Person, nicht an seinem Grundstück. Und wenn beispielsweise bei Veräußerung des Lehens die Leibeigenen, wie in mittelalterlichen Urkunden nicht selten zu lesen ist, mit verkauft, vertauscht oder verschenkt werden, so versteht sich das nur als die Abtretung der Rechte des Leibherrn an den Dritten und keineswegs als Übereignung der leibeigenen Personen selbst. Aus dem Wort »Leibeigenschaft« etwa auf irgendeine Art Sklaverei zu schließen, wäre jedenfalls für süddeutsche Verhältnisse völlig verfehlt.

Wir sagen das alles, aus Raumersparnisgründen, sehr verallgemeinernd. Je nach der beteiligten Grundherrschaft zeigen sich zwischen den Schurwalddörfern Unterschiede, allerdings unwesentliche. Jetzt noch ein Beispiel für die damaligen höchst eigentümlichen Regelungen. Da gibt es seit alters das sogenannte »Hauptrecht« des Leibherrn, nämlich seinen Anspruch auf das beste »Haupt« (Stück) Vieh im Stall des bzw. der verstorbenen Leibeigenen. Zum Hauptrecht gehört außerdem laut Nellinger Weistum (noch in mittelhochdeutscher Sprache) der Anspruch des Propstes beim verstorbenen Hegenloher auf »welchu gewant aller beste sind, diu er zu den hochzitelichen tagen treit«, bei der verstorbenen Hegenloherin auf »ir besten klaider, als siu an dem hailgen tag ze Wihennähten ze kirchen gieng«.

Zum Ausgang des Mittelalters wandelt sich das Bild der Leibeigenschaft. Ihre Verpflichtungen werden gemildert, die Sachleistungen später vielerorts in Geldzahlungen umgewandelt. Infolge des fortschreitenden Übergangs der grundherrschaftlichen Befugnisse in die Landeshoheit entwickelt sich die Leibeigenschaft praktisch allmählich zu einer kopfsteuerähnlichen Abgabeverpflichtung, wobei aber ihre örtlichen Verschiedenheiten, weil »lagerbüchlich« festgelegt und daher für »ewig unablöslich« erachtet, noch zwei Jahrhunderte lang erhalten bleiben. Die Fronarbeit als besondere Pflicht Leibeigener wird praktisch abgeschafft. So ist es weniger die materielle Last als der im Zeichen der Aufklärung als ehrenrührig empfundene Name »Leibeigenschaft«, der sie 1817 ersatzlos untergehen läßt.

Insgesamt zählt man auf dem wirtembergischen Schurwald 1611 einschließlich der Kinder 185 der Herrschaft Wirtemberg zugehörige Leibeigene, die vom Uhinger Hühnervogt (vgl. unten) »betreut« werden. Weitere rund 20 Leibeigene in Baltmannsweiler, Hegenlohe und Schlichten gehören (1660) der herzoglichen Stabskellerei Nellingen, sozusagen als Erbe aus dem sanktblasisch-wirtembergischen Tausch von 1649. Die knapp 100 (um 1600) dem Schorndorfer Forst Leibeigenen sitzen auf nachträglich gerodeten Schurwaldhöfen. Alles in allem rund 300 Personalleibeigene, grob etwa 10 % der damaligen Schurwälder insgesamt.

Betrachten wir noch einige interessante Einzelheiten. Das 1520 im Herzogtum Wirtemberg eingeführte Recht des freien Zugs gilt zwar auch für »die der Herrschaft mit dem Leib verwandt seynd«. Es bleibt aber praktisch beschränkt durch den Brauch vieler Städte und Gemeinden, auch von Schurwalddörfern, keine Leibeigenen von auswärts aufzunehmen, geschweige ihnen das Bürgerrecht zu verleihen; mindestens verlangt man von ihnen, sich vom bisherigen Leibherrn loszukaufen. – Das erwähnte Hauptrecht gilt noch im 16. Jahrhundert in alter Form weiter: »so er mit Tod abgeh, das best Haupt vieh, kleid und anderes wie das der gebrauch der leibeig leutt ist«. Vom 17. Jahrhundert ab erhebt die Herrschaft stattdessen eine Barabgabe von 1,5 bis 3 % des Hinterlassenschaftswertes des Leibeigenen, während es bei der Abgabe des Gürtelgewandes der verstorbenen leibeigenen Frau vielerorts noch lange bleibt, zum »beynutz« des Schultheißen. – Schon seit 1500 sprechen unsere Lagerbücher von der »Leibhenne« oder »Fastnachtshenne«, die von den ledigen Männern und Frauen und von Ehepaaren, aber nicht von Wöchnerinnen, jährlich zu Fastnacht als symbolische Anerkennung ihrer Leibeigenschaft abzuliefern ist. Der Hühnervogt in Uhingen, ein herrschaftlicher Beamter, zieht unmittelbar oder durch den Schultheiß oder Büttel, die Leibhennen in natura ein, jedoch wohl seit dem 17. Jahrhundert meist die entsprechenden Geldwerte von wenigen Kreuzern.

Die einstige Pflicht der leibeigenen Person, zur Eheschließung die Erlaubnis des Leibherrn einzuholen, der »Brautlauf«, sinkt zur Gebührenzahlung für die selbstverständlich erteilte Zustimmung herab. Dabei gilt für den Brautlauf der heiratslustigen dem Schorndorfer Forst Leibeigenen folgende originelle Regelung: »»Das wan sich ain Leibaigen mans Personn verheuratet, Ist er ain scheiben salz oder das gellt davuir dem Vorsstmeister allda ambtshalben zu bezallen. Dergleichen ain Leibaigen weibs Personn, ain messin Pfannen, dar Inn sie (mit unttheriger Reverentz) mit dem Hündern sitzen mag, schuldig und verfalen« (Leibeigenschaftsbuch des Schorndorfer Forstes von 1575).

Neben all dieser Personalleibeigenschaft gibt es noch die sogenannte *Lokalleibeigenschaft*, die die ganze Einwohnerschaft der betreffenden Dörfer erfaßt, so in Aichelberg, Hegenlohe, Büchenbronn und Krapfenreut sowie in Hundsholz, Börtlingen, Breech und Zell am Marbach. Hier gilt der Rechtssatz »Dorfluft macht leibeigen«. Es fällt auf, daß das nur Schurwalddörfer betrifft, die sich früher oder auch noch später in klösterlichem Besitz befinden. Als Verpflichtungen bestehen überall Leibhenne und Hauptrecht. Den Brautlauf kennen die vier erstgenannten Orte nicht. Aber in den adelbergischen Dörfern gibt der Mann dafür 2 Scheiben Salz oder 8 Gulden, die leibeigene Braut eine Messingpfanne (deren Maß wie oben) oder 1 Pfund Heller. Vom 17. Jahrhundert ab zahlt der Mann etwa 4 und die Braut 3 Gulden Brautlauf. So übrigens auch im Forst.

d) »Ausländische« Herrschaften auf dem wirtembergischen Schurwald
(1268–1817)

In den ersten hundert Jahren nach dem Stauferende befanden sich auf dem Schurwald neben den wirtembergichen Grafen noch einige andere, von ihnen völlig unabhängige Herrschaften. Ihre Bereiche wurden jedoch bis um 1360 größtenteils von Wirtemberg aufgesogen. Die Reichsstadt Esslingen blieb bis zum Ende ihrer Selbständigkeit am Schurwald in beträchtlichem Umfang beteiligt; dabei handelte es sich aber nur um unbewohnte Waldflächen. Die reichsunmittelbare Klosterherrschaft Adelberg (1638–48) und das erzherzogliche Tiroler Regiment über Büchenbronn, Krapfenreut und Diegelsberg (1635–49) sind dem Leser schon bekannt. So haben wir für die Zeit nach 1360 jetzt nur noch die Rolle der Reichsritterschaft und die Schicksale der ihnen inkorporierten Herrschaften auf dem Schurwald zu betrachten. Die Grenzen aller nichtwirtembergischen Gebiete zeigt unser Kärtchen »Gang der Schurwaldbesiedlung III«.

Erstens: Allgemeines zur Reichsritterschaft. Die Landesfürsten versuchten mit dem Erstarken ihrer eigenen Territorialgewalt die in ihren politischen Raum eingesprengt gebliebenen kleinen und ebenfalls noch mit eigener Landeshoheit ausgestatteten Adelsherrschaften unter ihre Obhut zu bringen. Dagegen schlossen sich die kleinen Herren zu Anfang des 16. Jahrhunderts allenthalben zu Ritterschaften zusammen. So erklärte Kaiser Karl V. die schwäbischen Adelsherrschaften 1532 für reichsunmittelbar. Und 1577 vereinigte sich diese Ritterschaft mit anderen zum Gesamtbund der Reichsritterschaft, die erst 1806 durch die Rheinbundakte beseitigt wurde. Die Reichsritterschaft besaß zahlreiche Sonderrechte und übte in den ihr »inkorporierten« Gebieten korporativ hoheitliche Rechte aus (Besteuerung, Einquartierung, Musterung, Einberufung zum Waffendienst). Sie war in die drei Kreise Schwaben, Franken und Am Rhein eingeteilt. Der Ritterkreis Schwaben seinerseits zerfiel in fünf Kantone, darunter den Kanton Kocher mit Sitz in der Reichsstadt Esslingen; im dortigen »Ritterbau«, dem heutigen Landratsamt, residierte der Ritterhauptmann des Kantons. Zum Kanton Kocher rechneten auch Aichelberg und die ritterschaftlichen Hälften Schanbachs und Lobenrots.

Die von der Ritterschaft ausgeschriebenen Steuern mögen gegenüber den wirtembergischen niedriger gewesen sein; ritterschaftliche »Presser« aus Esslingen kamen auf unsere Ritterschaftsdörfer herauf, um bei den Säumigen zu kassieren. Die Besserstellung wurde jedoch wettgemacht durch Sonderabgaben, die von den »Edelleuten«, den ritterlichen Territorialherren, zusätzlich, wenn auch nicht regelmäßig, eingezogen wurden. Ein unbestreitbarer Vorteil erwuchs den zugehörigen Untertanen dadurch, daß die Reichsritterschaft ihre Verpflichtung gegenüber dem Reich bzw. Kaiser, Soldaten zu stellen, jeweils durch Geldzahlungen abgelten konnte, die wieder auf die Untertanen umgelegt wurden. So brauchten die ledigen Burschen aus Aichelberg und aus den inkorporierten Dorfhälften von Schanbach und Lobenrot jahrhundertelang nicht zum Militär einrücken. Es sei denn, sie hätten sich freiwillig von einer ritterschaftlichen Kommission anwerben lassen, wie etwa 1732 je ein Schanbacher und Lobenroter. Allerdings blieben dadurch die geschilderten, von Freund und Feind auf dem Schurwald verursachten Kriegslasten den Ritterschaftsdörfern nicht erspart. Tröstlich, daß sie wenigstens in den fünf Erbmarschällen Freiherrn Thumb von Neuburg verständnisvolle Landesväter besaßen; Conrad Thumb, der erste Erbmarschall (regierte 1507–1525), war ein bedeutender, in Stuttgart wie in Wien gar einflußreicher Mann.

Zweitens: Das Ritterschaftsdorf Aichelberg (zur geschichtlichen Entwicklung bis 1507 vgl. Aichelberg im Teil B). Seine Herren, nämlich die Thumb (Sitz in Stetten/Remstal und in Köngen) von 1507 bis 1663 und die Freiherrn vom Holtz (Sitz in Alfdorf) von 1663 bis 1806, waren Mitglieder des Ritterschaftskreises Schwaben. Allerdings komplizierte sich die Rechtslage dadurch, daß beide Familien Aichelberg nicht als unmittelbares Eigentum besaßen, sondern nur als *Lehen der reichsunmittelbaren Fürstpropstei Ellwangen.* Das Dorf war, von Wirtemberg her gesehen, stets und unbestritten Ausland und zweieinhalb Jahrhunderte lang dem Ritterkanton Kocher inkorporiert. Die Herrschaft Wirtemberg besaß hier nur die Jagd- und Äckerichgerechtigkeit (vgl. unten). Unter diesen Umständen merkten die Aichelberger so gut wie nichts von ihrem obersten und räumlich entferntesten Herren, dem Fürstpropst. Die zweite Herrschaftsebene, die Ritterschaft, machte nur durch Steuereinziehungen von sich reden, während die dritte der »Edelleute« (Thumb, dann Holtz) einen eigenen Amtmann in Aichelberg hielt und den Schultheiß ernannte. Immerhin, genug Herren mit Ansprüchen für das kleine Dorf. Recht originelle Aichelberger Ortssatzungen (1582, 1611) sind bei Friedrich Wintterlin (1922) nachzulesen. So gab es auch in Aichelberg 1611 ein »Gericht«, dessen Beisitzer mit einzelnen Verwaltungsaufgaben betraut waren. Die Einwohner hatten Fronbotendienste, die »Weite Wacht«, für die Ortsherrschaft zu leisten, noch 1709 bestätigt.

Als der Reichsdeputationshauptschluß 1803 die Fürstpropstei aufhob und deren Herrschaftsgebiet der Krone Wirtemberg zuteilte, behielten die vom Holtz Aichelberg zunächst als nunmehr wirtembergisches Lehen, aber immer noch der Ritterschaft inkorporiert. Das dauerte allerdings nicht lange. Schon 1805 besetzte Württemberg unser Dorf, was im Jahr darauf durch die Aufhebung der Reichsritterschaft legalisiert wurde. Die Freiherrn vom Holtz blieben (bis 1812) nur noch privatrechtliche Grundeigentümer Aichelbergs.

Drittens: Die ritterschaftlichen Dorfhälften von Schanbach und Lobenrot. Zur Teilung in je zwei Dorfhälften wolle man im Teil B bei Schanbach nachlesen. Die Teilung und die nachgeschilderten Vorgänge erfolgten für beide Orte übereinstimmend, weil sie beide Teile der Herrschaft Stetten/Remstal gewesen waren und blieben. Die Freiherrn Thumb von Neuburg besaßen je eine Hälfte von Schanbach und von Lobenrot seit 1508. Infolge ihrer Mitgliedschaft beim Ritterschaftskreis Schwaben war ihre Herrschaft Stetten mit unseren beiden Dorfhälften dem Ritterkanton Kocher inkorporiert. Dem oben ausgesprochenen Lob für die Landesherren Thumb bleibt hinzuzufügen, daß ihre verlotterten Rechtsnachfolger (1645–1664/66) nur auf Ausbeutung ihrer Untertanen bedacht waren. Die Gesamtverwaltung der Herrschaft führte der Thumbsche Vogt im Stettener Schloß (heutige Pflegeanstalt).

In Schanbach und Lobenrot amtete je ein von der Herrschaft ernannter »edelmännischer« Schultheiß, den beiden wirtembergischen Schultheißen für die wirtembergischen Dorfhälften benachbart. Diese Dorfteilungen erforderten übrigens seitenlange und sehr verzwickte Zuständigkeitsregelungen für die Verfolgung von Straftaten (vor allem wegen des entsprechenden Anfalls von Strafgeldern!) wirtembergischer oder thumbischer Untertanen im anderen Dorfteil;

gar nicht auszudenken die Kompetenzschwierigkeiten, wenn die Missetat auf der einzigen Dorfstraße, der »freien Gaßen«, von Schanbach oder Lobenrot erfolgte.

Nun kaufte in den Jahren 1664/66 Herzog Eberhard III. von Wirtemberg aus eigenen Mitteln die Herrschaft Stetten mitsamt unseren beiden Dorfhälften. Dadurch änderte sich aber nichts am Verhältnis der Herrschaft Stetten zur Ritterschaft; auch die Stettener Hälften von Schanbach und Lobenrot blieben dem Kanton Kocher inkorporiert. Eine Rechtslage, die mindestens theoretisch erst 1806 mit der Aufhebung der Reichsritterschaft durch die Rheinbundakte endete. Allerdings war die Rechtslage noch verwickelter. Wenn das Nachstehende auch nicht genau unter unsere Überschrift »Ausländische Herrschaften« paßt, mag es um des Zusammenhangs des Ganzen willen doch schon an dieser Stelle berichtet werden. Der Herzog teilte nämlich die gekaufte Herrschaft Stetten dem Kammerschreibereigut, also dem von ihm 1664 organisierten herzoglichen zivilen Familienvermögen, zu. Demzufolge gehörte die Herrschaft Stetten mitsamt ihren Dorfhälften Schanbachs und Lobenrots nur zum »Herzogtum Wirtemberg im weiteren Sinn«, was insbesondere das Mitbestimmungsrecht der wirtembergischen Landstände in Finanzsachen und anderem ausschloß. Die Herrschaft wurde durch die Stuttgarter Kammerschreiberei und deren Stabsamtmann in Stetten verwaltet. Statt der bisherigen Schultheißen gab es fortan nur Amtsverweser, zwar von ihren Dorfgerichten gewählte, aber gegenüber dem Amtmann völlig machtlose.

Indessen, es kam noch sonderbarer. Von den Herzögen aus ihrem Kammerschreibereigut ausgesondert, befand sich die Herrschaft Stetten einschließlich unserer beiden Dorfhälften von 1673 bis 1757 als eine Art herzogliche Leihgabe nacheinander in den Händen von zwei Herzogin-Witwen und einer herzoglichen Mätresse. Die Witwen besaßen ein Herz für ihre Untertanen. Des jung verstorbenen Herzogs Wilhelm Ludwig Witwe Magdalena Sibylle (Ortsherrin 1673 bis 1712) war obendrein eine kluge und energische Frau, die in schweren Zeiten für ihren unmündigen Sohn Eberhard Ludwig die Mitvormundschaft im Herzogtum führte. Das Regiment der Gräfin Wilhelmine von Würben, geborene von Grävenitz (Ortsherrin 1712–1731), hingegen zeigte einen stark raffgierigen Charakter. Die praktische Verwaltung besorgte weiter ein Stabsamtmann in Stetten. Mit dem Tod der Herzogin Johanna Elisabetha, Witwe des Herzogs Eberhard Ludwig (Ortsherrin 1732–1757), fiel die Herrschaft Stetten an das herzogliche Kammerschreibereigut zurück.

Dann versuchte Herzog Carl Eugen mehr oder weniger gewaltsam, die Rechte der Ritterschaft und damit die Vorrechte der dortigen Einwohner zu beschneiden, vor allem weil er ständig Geld brauchte; die Herrschaft Stetten galt als wohlhabend. Oder: an einem Sonntagvormittag 1759 erschien Serenissimus höchstpersönlich mit Gardereitern in Stetten, ließ den Gottesdienst vorzeitig beenden, 32 ledige Burschen aus der Kirche heraus verhaften und größtenteils nach Stuttgarter Kasernen abtransportieren; unter ihnen befand sich nachweislich mindestens ein Schanbacher. Noch schlimmer wurde es während der Kriege mit Frankreich seit 1796. Freund und Feind brachten Einquartierungen und Beschlagnahmen, dazu große finanzielle Lasten für Wirtemberg und die Ritterschaft, die beide sie in Gestalt zusätzlicher Steuern auch auf die Herrschaft Stetten, auch auf Schanbach und Lobenrot, umlegten. Zwar sträubte man sich hier gegen solche Doppelbelastungen, allein vergebens. Zu alldem hat Adolf Kaufmann (1962) ausführlich berichtet.

Nach Aufhebung der Reichsritterschaft 1806 gingen deren Rechte in den bislang dem Ritterkanton inkorporierten stettischen Dorfhälften auf den württembergischen Staat über. Seit Beginn desselben Jahres, nach Aufhebung der altwirtembergischen Verfassung Ende 1805, erstreckte sich außerdem die unumschränkte württembergische Staatsgewalt auf die dem Herzogtum bisher nicht voll einverleibten Landesteile, also auch auf diese beiden Dorfhälften; nur der dortige Grundbesitz blieb privates Hausvermögen (Fideikommiß) der königlichen Familie, das anstatt des bisherigen »Kammerschreibereiguts« fortan »Hofdomänenkammergut« genannt wurde (zum Späteren vgl. Abschnitt 5 g). Aber selbst 1806 gab es noch einen originellen Ausklang der geschilderten gemeindlichen Doppelgleisigkeiten in Schanbach und Lobenrot. Die beiden neuen württembergischen Dorfhälften kamen zunächst zum Oberamt Esslingen, obgleich die beiden altwirtembergischen Dorfhälften seit eh und je zum Oberamt Schorndorf gehörten. Erst 1807 wurden diese verwaltungsmäßigen Dorfteilungen beseitigt (vgl. Schanbach im Teil B).

e) Das weltliche Kulturleben (1268–1817)

Erstens: Die Erwachsenenbildung. Von weltlichem Kulturleben in den alten Schurwalddörfern läßt sich nur sehr wenig und schon gar nichts irgendwie Besonderes berichten, so sehr man sich auch um dessen »Entdeckung« bemühen mag. Sagen wir es ruhig: da war einfach nichts. Die Gründe dafür liegen auf der Hand. Hier saß niemals ein fürstlicher Mäzen kleineren oder größeren Formats, der etwa nach Ludwigsburger Art kulturelles Brillantfeuerwerk entzündet hätte. Hier fehlte auch jeglicher besitzbürgerlicher Sammelpunkt, der geistige Kräfte hätte hervorbringen oder herbeiziehen können wie nebenan, aber damals eben im »Ausland«, die Reichsstadt Esslingen. Zum Kloster Adelberg vgl. unten. Die Schurwälder blieben stets räumlich völlig isoliert, in jeder Hinsicht auf ihren von der Natur dürftig ausgestatteten Raum allein gestellt. Die geistigen Ströme der Zeiten fluteten unten durch die Täler.

Die Wirtschaftskraft unserer »Waldbauern« war gleich null und dementsprechend ihre Lebensführung auf das Allernotwendigste beschränkt. Daher wuchsen die meisten Menschen niemals über den sehr engen Horizont ihres geringen Schulwissens hinaus; Drei-Kreuzchen-Zeichen als Ersatz für Namensunterschriften von Schreibunkundigen begegnet man in den öffentlichen Urkundsbüchern immer wieder. Die aus dem 18. Jahrhundert erhaltenen Nachlaßinventare lassen ziemlich übereinstimmend erkennen, daß, abgesehen von einem alten Gesangbuch oder äußerstenfalls einer Bibel, sich kein Buch in den Familien befand – natürlich außer bei Pfarrer und Lehrer. Einrichtungen für die Erwachsenenbildung gab es bis 1817 nicht. Wie sollte unter all diesen beklagenswerten Umständen eigenes Kulturleben aufblühen; es wäre einfach vom kärglichen Alltag im Keime erstickt worden. So erklärt sich auch, warum aus dem Schurwaldraum kaum Persönlichkeiten hervorgegangen sind, die über den örtlichen Rahmen hinaus zu allgemeinem Ansehen, und sei es nur zu ihrer Zeit, aufgestiegen wären; die wenigen Ausnahmen, die bekanntlich die Regel bestätigen, waren zumeist Zugewanderte, »Reingeschmeckte« oder deren Kinder. Das alles schließt selbstverständlich nicht aus, daß manch prächtiger Charakterkopf sich entwickelte und im heimatlichen Dorf für die Seinen schaffte.

Zweitens: Daß man unter den dargelegten Umständen *profane Baukunst* aus alten Zeiten auf dem Schurwald nur selten findet, versteht sich von selbst. Der Landesherr erscheint als Bauherr ein einziges Mal, beim bescheidenen Engelberger Renaissance-Jagdschloß 1602.

Im Vordergrund unseres Interesses steht daher das *Bauernhaus*. Zunächst das Gehöft der Lehensträger. Noch in den Lagerbüchern des 16. Jahrhunderts erscheint in der Regel die »Hofstatt«, die dem Mitteldeutschen Gehöft ähnelt. Sie besteht aus Haupthaus (Wohnung und Großviehstall) und Scheuer, beide im rechten Winkel zueinander die »Hofraite« (Hofplatz mit Misthaufen und anderem) umschließend, wobei das Haupthaus mit seiner Giebelseite zur Straße steht. Beim Größerwerden des bäuerlichen Betriebs tritt wohl noch ein weiteres Stallgebäude oder dergleichen gegenüber dem Haupthaus hinzu, während die Hofraite auch jetzt zur vierten Seite, zur Gasse hin, auf dem Schurwald offen bleibt (Dreiseithof). Als älteste Gebäude des Dorfes stehen die Hofstätten locker verstreut im alten Dorfkern, meist nahe um die Kirche herum.

Etwa seit 1500 zwingen die Bevölkerungszunahme, die im Schorndorfer Amt übliche Realteilung bei der Erbfolge mit Lehenszerstückelung (vgl. Abschnitt 4 g) und die Begrenzung des dörflichen Weichbildes durch den Etterzaun zur Teilung der Haupthäuser und Scheuern und zu Ausbauten. Als das nicht mehr ausreicht, beginnt der Jungbauer etwa fünfzig Jahre später bei Neubauten, zunächst auf dem Raum der alten Hofstatt, das *Einhaus* als eine eigene Kombination von Wohnung, Stallung und Scheuer zu errichten. Heute »Gestelztes Wohnstallhaus« genannt, kommt es auf dem Schurwald wohl nur in Gestalt des »Unterländer Hauses« vor; die flächensparende Stelzung bezieht sich auf den Wohnteil, das heißt auf dessen Unterbringung im zweiten Geschoß. Dieses Einhaus sieht alles unter einem einzigen Dach, etwa so: die eine Haushälfte enthält unten die Viehställe und darüber die Wohnräume, während die andere Haushälfte die durch beide Stockwerke, vom Erdboden bis zum Dachfirst, gehende Scheuer birgt. Die Mauern der Ställe sind meist aus Stein, das Wohngeschoß darüber und die Scheuer aus Fachwerk mit Lehmfüllung. Im niederschlagsreicheren Ostschurwald schützen häufig zunächst Bretterverschalungen, später Holzschindeln die Wetterseite der Häuser. Teils führt eine Innentreppe vom Hauseingang nach oben; teils gibt es eine verkleidete Außenstiege. Als für diese neuen Einhäuser auf der alten Hofstatt kein Platz mehr vorhanden ist, muß man sich bei weiteren Neubauten an neue Gassen halten. Hier stehen dann die Einhäuser stets mit der Traufenseite und dem Hauseingang zur Gasse, in ziemlich eintönigen Zeilen aneinander gereiht. Selbstverständlich sind die Einhäuser, den persönlichen Bedürfnissen ihrer Erbauer entsprechend, verschieden groß, aber insgesamt eben doch bedeutend kleiner als die alten Hofstätten. Letztere werden in den altwirtembergischen Orten des West- und Mittelschurwaldes infolge der sich ständig verringernden Betriebsgrößen allmählich immer seltener (laut Steuereinschätzungsakten von 1730 noch in Schanbach 1, Krummhardt 2, Aichschieß 3 und Manolzweiler 4 Hofstätten; Fehlanzeige für Lobenrot, Baach, Hohengehren und Baltmannsweiler).

Hingegen in den Dörfern der adelbergischen Klosterherrschaft des Ostschurwaldes, wo es kaum zur Lehenszerstückelung kommt, halten sich die respektablen Hofstätten und neue treten hinzu, selbstverständlich auch Einhäuser; größere Bauernwirtschaften bauen Nebengebäude. Das örtliche Gesamtbild bleibt aufgelockert belebt, so etwa in Oberberken und Börtlingen. Anspruchsvollere Bauernhäuser mit tüchtigem Fachwerk (neuerdings leider verkleidet) entstehen freilich nur im behäbigen Börtlingen des 17. und 18. Jahrhunderts. – Noch heute spiegeln die erhaltenen Kerne der adelbergischen und der wirtembergischen Dörfer diese einstigen Verschiedenheiten wider, so sehr auch die modernen Neubauten drumherum das alte Bild einheitlich verschleiern. Unmittelbar greifbar zeigt sich das im engen Nassachtal; nur der Bach trennt die locker geordneten Höfe des einst adelbergischen Nassach von der eng gedrängten Kleinhäuserzeile des wirtembergischen Unterhütt gegenüber.

Zu den Hofanlagen und Einhäusern tritt als dritter Haustyp in allen Schurwalddörfern das *Seldnerhaus*. Die armen Seldner, als landwirtschaftliche Tagelöhner und Waldarbeiter die unterste ländliche Bevölkerungsschicht bildend, besitzen keinen oder nur geringen landwirtschaftlich nutzbaren Boden, halten nur Kleinvieh, allenfalls eine Kuh; sie brauchen daher keine Scheuer. Ihre ungestelzten Einhäuschen bestehen nur aus einem Erdgeschoß mit bescheidensten Wohnräumen, und darüber die Bühne für das Heu; für das Vieh muß ein Kellerraum oder angebauter Schuppen genügen. Mit dem Aufkommen der Seldnerhäuser ist auf dem Schurwald sehr früh zu rechnen, denn mindestens seit Anfang des 16. Jahrhunderts sind die Sölden, diese Kleinstbesitztümer, lagerbüchlich allenthalben nachweisbar. In den Inventarverzeichnissen aus der zweiten Hälfte des 18. Jahrhunderts begegnet man ihnen laufend, den »einstöckig Häusle ohne gewölbten Keller mit Stall unterm Dach ohne Garten«.

Drittens: Das Schulwesen auf dem Schurwald beschränkt sich zur vorreformatorischen Zeit auf die Klosterschule Adelberg. Man meint, sie habe schon und besonders zur Stauferzeit als Erziehungsstätte des benachbarten Adels einen guten Ruf besessen. Das mag sein. Um 1400 zählt sie allerdings nur 4 Scholaren. Fügen wir alsbald hinzu, daß die von Herzog Christoph 1556 gegründete protestantische Klosterschule Adelberg diese Tradition fortsetzt, ebenfalls als Internat, sozusagen als Vorläuferin von späteren Gymnasien. Aber auch sie hält sich in bescheidenem Rahmen, mit nur 2 präceptores; ihr berühmt gewordener Schüler (1584–86) ist der Astronom Johannes Kepler aus Weil der Stadt. Die Wirren des Dreißigjährigen Krieges erzwingen 1629 ihr frühes Ende.

Die große Masse der Landbevölkerung, so auch auf dem Schurwald, wächst zunächst ohne Schulbildung heran. Erst die «Große Kirchen- und Schulordnung« Herzog Christophs regt 1559 zur Errichtung »deutscher Schulen« für alle Kinder an, aber noch ohne allgemeine Schulpflicht. Freilich das zu bezahlen bleibt zunächst der Einsicht und Finanzkraft der Gemeinden überlassen, während Durchführung und Beaufsichtigung des Unterrichtes bei kirchlichen Organen liegt.

Erstmals hört man von winterlichen Schulstunden auf dem Schurwald 1559; in Baltmannsweiler erteilt der Pfarrer vier Jungen deutschen Unterricht, allerdings im ganzen Winter nur zwei Wochen lang. Als einzige Schurwalddörfer besitzen Baltmannsweiler und Hundsholz 1605 einen beständigen Schulmeister (bei damals über 400 Volksschulen im Herzogtum). In den Wirren des Dreißigjährigen Krieges verliert sich das. Sofort nach Kriegsende (1649) führt Wirtemberg die allgemeine Schulpflicht ein, wohl zunächst nur mit dreijähriger Dauer. Übrigens nur für Knaben (für Mädchen erst 1739), aber doch auch schon während der Sommerzeit. Es bedarf jedoch in den Nachkriegs-Notzeiten noch vielen geduldigen Drängens, bis sie allgemein wirklich in Gang kommt, so auch auf dem armseligen Schurwald. Ständiger Unterricht wird 1653 nur in Aichschieß, Hohengehren und Hundsholz erteilt; ohne eigenen Unterricht sind also immer noch die meisten Schurwaldorte (in ganz Wirtemberg nur noch knapp ein Sechstel!). Unsere Schulen dienen daher zunächst als Sammelschulen. Auch aus Nachbarorten kommen nämlich, von ihrem Pfarrer oder weitsichtigem Schultheiß angehalten, einige Jungen hinzu, beispielsweise einige Hegenloher und Thomashardter nach Baltmannsweiler schon 1605. Über ein Jahrhundert bleibt solches Wandern zu Sammelschulen in Übung. Und mit der Sammelschule, die zunächst nur an zwei, später an drei Wochentagen und nur sehr schwach besucht gehalten wird, hapert es bei uns allenthalben noch lange. Den Eltern erscheinen angesichts ihrer überaus ärmlichen Verhältnisse Viehhüten, Spinnen und sonstige Hausarbeiten der Kinder wichtiger als der Nutzen einer geregelten Schulausbildung; selbst im Winter werden die Jungen zum »Holzführen« gebraucht. Da hilft auch die ständige Bestrafung von säumigen Kindern und deren Eltern wenig. Hinzu kommt die Länge und Beschwerlichkeit der Schulwege, vor allem im Winter hier oben. Andererseits erstaunt es doch, daß mancherorts die zum Unterricht kommenden Mädle zahlenmäßig kaum hinter den Büble zurückstehen, schon vor Einführung ihrer Schulpflicht.

Allmählich mehren sich auf dem Schurwald die Schulorte, d. h. Orte mit ständigem Schulunterricht: Aichelberg, Aichschieß, Baltmannsweiler, Hohengehren, Hegenlohe, Thomashardt, Schlichten, Oberberken, Hundsholz und Börtlingen (1700). Stets handelt es sich um einklassige Volksschulen. Unterrichtsfächer sind zunächst Religion, Lesen, Abschreiben nach Vorlage, Auswendiglernen und Singen. Religion bildet das Hauptfach und alle anderen Fächer kreisen um religiöse Stoffe; ausgesprochener Zweck der Schule ist es, »in Gottesfurcht und allen christlichen Tugenden zu unterweisen«. Die Künste des Schreibens nach Diktat und des Rechnens zu lehren und zu lernen wird erst 1729 allgemein angeordnet und sehr, sehr langsam durchgeführt; zugleich wird die Schulpflicht auf 8 Jahre ausgedehnt. Zu den genannten Schulorten treten später hinzu: Bis 1750 Diegelsberg, Breech und Rattenharz; bis 1797 Schanbach, Manolzweiler, Baiereck und Unterberken. Aufs Ganze gesehen erkennt man wohl die Notwendigkeit, das Unterrichtswesen pädagogisch fortzuentwickeln, die Lehrer materiell zu sichern, die Unterrichtsräume zu verbessern, die Schulgeldfreiheit für armer Leute Kinder einzuführen. Allein alle Reformbemühungen scheitern an der Ärmlichkeit der Verhältnisse. Und der Staat hat dafür kein Geld.

Unsere *Schulmeister* (so heißen die Lehrer früher) sind anfangs meistens Handwerker oder ausgediente Soldaten, die recht und schlecht lesen und schreiben können. Zwar setzt allgemein zu Beginn des 17. Jahrhunderts die fachliche Ausbildung der Schulmeisterkandidaten ein, aber noch lange sieht man den ständigen Lehrer aus Ersparnisgründen durch eine bäuerliche Hilfskraft ersetzt, so in Aichschieß und Baltmannsweiler um 1680; nicht selten springt der Pfarrer wieder in die Bresche. Geplagte Männer sind unsere von Pfarrer und Dorfobrigkeit gewählten Schulmeister auf jeden Fall, nicht nur wegen ihrer Schüler, sondern auch wegen der Realisierung ihrer Besoldung, um deren Einziehung sie sich selbst bemühen müssen. Sie erhalten nämlich kein festes Gehalt für ihre Unterrichtstätigkeit, sondern »Besoldungsstücke«. Diese umfassen meist geringe Schulgeldzahlungen der Eltern, winzige Nebeneinnahmen aus Chorleitung bei geistlichen Anlässen (von der Taufe bis zum Grabe) und Naturalleistungen der Gemeinde. Armut und Unverstand der Eltern ergeben laufend Stockungen beim Schulgeldzahlen; überall hört man von Schulmeistern, die deswegen mit ihren Familien geradezu hungern müssen. An die Naturalleistungen erinnern übrigens noch in vielen unserer Gemeinden die Flurnamen »Schuläcker« und »Schulwiesen«; mindestens insoweit müssen die Schulmeister die Landwirtschaft als Nebenberuf betreiben. Um den ärgsten Nöten etwas abzuhelfen, werden viele Schulmeister schon seit alters im Nebenamt als Mesner oder Organist oder Gemeindeschreiber ihres Dorfes oder als alles zusammen tätig, gewiß nicht immer zum Vorteil ihres Hauptamtes. Der Schorndorfer Dekan schildert 1773 den Nassacher Lehrer als »sehr armen Mann«. Und noch 1797, als die einstige Verbindung von Schulunterricht und Handwerk in Wirtemberg längst aufgegeben ist, arbeitet der Schulmeister von Hohengehren als Schreiner, der von Baiereck als Weber, der von Unterberken als Schneider.

Das »*Schullokal*« bildet ebenfalls eine Quelle ständigen Kummers. Anfangs wird der Unterricht in der Wohnung des Pfarrers oder Mesners, dann des Schulmeisters abgehalten. Als erster eigentlicher Schulraum auf dem Schurwald erscheint 1605 der zu Baltmannsweiler. Später steht ein stark abgenutztes altes oder ein sehr billig neugebautes Haus zur Verfügung, jeweils mit einem oder zwei Unterrichtsräumen. Von Schulhäusern, die »einfallen wollen« oder die Gesundheit der Kinder bedrohen, liest man überall und zu jeder Zeit. Deshalb und gewiß auch wegen der ständig wachsenden Schülerzahl müssen die Gemeinden, wenn auch jeweils nur sehr zögernd, wiederholt sich zum Neubau oder Ankauf eines mehr oder weniger geeigneten Hauses bequemen. Die einzelnen Unterrichtsräume sind für moderne Begriffe noch geradezu unvorstellbar primitiv eingerichtet; zuweilen fehlen sogar Sitzgelegenheiten.

Nach 1739 wird allgemein die *Sonntagsschule* eingeführt. Vier Jahre lang nach der Schulentlassung ist sie zu besuchen, von den Töchtern vormittags, von den Söhnen nachmittags, jeweils zwei Stunden lang. Der Schulmeister unterrichtet im Schreiben und Rechnen, damit die ledige Jugend »das in der Schule Gelernte nicht vergesse und die übrige Zeit nicht sonst liederlich oder sündlich zubringe«. Wirklich weiterbildende Schulen gibt es auf dem Schurwald damals nicht.

f) Das kirchliche Leben (1268–1817)

Erstens: Kirchliche Organisation und geistliches Leben zur vorreformatorischen Zeit (bis 1534). Hinsichtlich der Zugehörigkeit der Schurwalddörfer zu Bistümern, Archidiakonaten und Landdekanaten oder Ruralkapiteln ändert sich gegenüber der Besiedlungszeit (vgl. Abschnitt 3 b) nichts Wesentliches. Von den fünf »Urpfarreien« Schanbach, Aichschieß, Hohengehren, Hegenlohe und Börtlingen wird zur vorreformatorischen Zeit Börtlingen aufgegeben (zwischen 1271 und 1275), vermutlich auch Schanbach (zwischen 1482 und 1534). Andererseits treten hinzu die Pfarreien Aichelberg 1482 (aber vom Stettener Pfarrer pastoriert), Engelberg 1471, Baltmannsweiler 1440 und Hundsholz 1490 (vom Kloster Adelberg pastoriert). Die Pfarrer von Schanbach, Aichschieß, Engelberg, Hohengehren und

Baltmannsweiler werden vom Landesherren aufgrund seines Patronatsrechtes dem Bischof von Konstanz vorgeschlagen und von diesem ernannt; tatsächlich ist aber diese Ernennung schon im 15. Jahrhundert mehr oder weniger Formsache, während praktisch der Graf bzw. Herzog von Wirtemberg entscheidet. Hingegen wird der Hegenloher Pfarrer vom Abt des Klosters Sankt Blasien bzw. in dessen Stellvertretung vom Propst von Nellingen ernannt. Zu Hundsholz setzt der Adelberger Abt einen seiner Mönche auf die Pfarrstelle; der Engelberger Klosterprior pastoriert selbst Bücklinsweiler, Kikishart und Manolzweiler.

Die Besoldung der Pfarrer erfolgt aus dem »Kirchengut« (Nutznießung von Pfarrwittumsgut und von Teilen der Zehnten) und den Stolgebühren (Entgelt der Gläubigen für geistliche Amtshandlungen); vermutlich besteht sie noch größtenteils aus Naturalien. Zur Höhe des Pfarrereinkommens geben urkundlich gesicherte Anhaltspunkte die Annatenregister des Bistums Konstanz aus dem 15. Jahrhundert; sie verzeichnen die einmaligen Abgaben jedes neu aufziehenden Pfarrers an den Bischof in Höhe des (in Geld umgerechneten) Halbjahreseinkommens seiner Pfründe. Nun gelten, an Hand der Annaten, Pfarreien unter 50 Gulden Jahreseinnahme als »pauperes et exiles«, arm und kümmerlich. Zu ihnen gehören tatsächlich alle Schurwald-Pfarreien (nur Hundsholz fehlt in dem Verzeichnis, weil Adelberg als Prämonstratenserkloster von der Annatenzahlung befreit war). – Neben dem Kirchengut gibt es übrigens als andere kirchliche Vermögensmasse am Ort den »Heiligen«. Da die Rechtsnatur beider Vermögensmassen zur protestantischen Zeit im Grundsätzlichen dieselbe bleibt, berichten wir darüber erst unten.

Das *geistliche Leben* auf dem Schurwald mag sich zur vorreformatorischen Zeit im allgemein üblichen Rahmen bewegen; von irgendetwas Außergewöhnlichem liest man nichts. Und wie sieht das im Volk allgemein Übliche aus? Zeitgenössische Schilderungen, auch zahlreiche Reliquienverehrung, häufige Wallfahrten sowie eine außerordentliche Fülle großer und kleiner und kleinster Stiftungen an Klöster, Kirchen und Altäre deuten auf lebendige Frömmigkeit und eifriges kirchliches Leben. Im Spätmittelalter vielbesuchte Wallfahrtsstätten sind die Kapelle auf dem Fellbacher Kappelberg, die Kapelle des Klosters Engelberg und die Gotteshäuser im Kloster Adelberg; entsprechendes gilt wohl für die Aichelberger Kirche. Demgegenüber zeigt sich auch mancherlei formelhafte Äußerlichkeit. Tief verwurzelter Aberglaube an Gespenster, Hexen und böse Geister, sowie überkommene vorchristliche Vorstellungen (Wotans Wildes Heer) halten sich gerade auf dem Schurwald recht lebendig.

Zweitens: Kirchliche Organisation und geistliches Leben zur protestantischen Zeit (1534–1817). Über die Einführung der Reformation und über die späteren Schwankungen und Schwierigkeiten im Bekenntnisstand hat schon unser allgemeiner geschichtlicher Überblick berichtet. Jetzt zunächst ein wenig zur evangelischen Landeskirche, wie sie die Große Kirchenordnung Herzog Christophs von 1559 als Staatskirche organisiert hat. Für die Kirchenaufsicht ist das Herzogtum in 4 Generalsuperintendenzen eingeteilt. Der Adelberger Prälat ist unter anderem mit seinen Dekanaten Göppingen und Schorndorf 1559–98 für den ganzen Schurwald zuständig, mit seinem Sitz in Göppingen 1590–98; dann wird das Dekanat Göppingen der Generalsuperintendenz Denkendorf zugeteilt. Jedes Dekanat wird von einem Spezialsuperintendenten, auch »Dekan« genannt, geleitet. Zum Dekanat Göppingen gehören noch 1798 Büchenbronn, Krapfenreut,

Baiereck, Unterhütt, Nassach, Diegelsberg, Ober- und Unterberken, Hundsholz, Kloster Adelberg, Börtlingen und Zell/Marbach; für alle anderen Schurwaldorte ist damals der »Herr Specialis« in Schorndorf zuständig. – Bei der kirchlichen Neueinteilung Württembergs 1810 kommen die Dekanate Göppingen und Schorndorf zur Generalsuperintendenz (kurz »Generalat« genannt) Urach, bis 1823.

Die evangelische Kirche beginnt 1534 auf dem Schurwald mit den 7 Pfarreien Aichelberg (eigener Pfarrer erst seit 1564), Aichschieß, Engelberg, Hohengehren, Baltmannsweiler, Hegenlohe und Hundsholz. Aufgehoben wird schon 1538 mit dem Kloster die Pfarrei Engelberg. Neu hinzugekommen sind bis 1817 keine Pfarreien. Manche Pfarreien sind zeitweilig, vor allem im Dreißigjährigen Krieg, vakant und werden von Nachbarpfarreien mitversorgt; am rechtlichen Bestehen der Pfarreien ändert sich dadurch nichts.

Die *Pfarrer* auf dem Schurwald werden seit 1534 vom jeweiligen Landesherrn (Wirtemberg, Thumb von Neuburg bzw. vom Holtz) ernannt. Nur in Hegenlohe zeigt sich eine Sonderregelung, weil Pfarrwittumsgut, Zehnten und sämtliche Bauernlehen auch nach der Säkularisation sich in der Hand des katholischen Klosters Sankt Blasien befinden. Deshalb kommt es hier zu einem originellen, etwa 80 Jahre lang wirksamen, theoretisch bis 1649 gültigen Kompromiß: Sankt Blasien bzw. dessen Nellinger Propst »präsentiert« (schlägt vor) und der evangelische Herzog ernennt den evangelischen Pfarrer, der zunächst weiter aus den genannten katholischen Wirtschaftsmitteln lebt. – Unsere Pfarrer sind während der Berichtszeit Diener der Staatskirche, Staatsbeamte. Im geistlichen Bereich obliegt ihnen in ihrer Gemeinde die Sorge um »Reinheit und Wahrheit der Lehre«. Darauf achten die Dekane von Göppingen und vor allem von Schorndorf laut ihren Visitationsberichten laufend und sorgfältig. Als Staatsdiener bemüht sich jeder Pfarrer, soviel innere Vorbehalte er gegenüber den oft zweifelhaften Praktiken seiner Landesherren hegen mag, nicht nur um Sitte und Zucht in seiner Gemeinde, auch um Gehorsam vor Staat, Herrscher und Gesetzen überhaupt (vgl. unten). Mindestens unser Dorfpfarrer kommt daher mehr oder minder zwangsläufig im barocken 18. Jahrhundert von der einstigen brüderlichen Gemeinsamkeit zwischen »Hirt und Herde« auf das ein wenig autoritäre Podest des »Herrn Pfarrers«.

Dabei ist die wirtschaftliche Lage des Pfarrers durchaus nicht glänzend, wenngleich bedeutend günstiger als die seiner Schäflein ringsum. Die ersten Visitationsberichte seit 1534 lassen nach wie vor einen großen Anteil der Naturaleinnahmen erkennen. Aufs Ganze gesehen leben die Pfarrer zu Aichschieß, Hohengehren und Baltmannsweiler an der unteren Grenze des allgemein Üblichen, während die zu Aichelberg, Hegenlohe und Hundsholz sich etwas besser stehen (immerhin genießen beispielsweise die zu Großheppach und Grunbach im Remstal das Doppelte der drei letzteren). Noch um 1800 erhalten die Pfarrer im allgemeinen nur gewisse Besoldungsanteile von ihrer zuständigen Geistlichen Verwaltung in bar und leben im übrigen vom Ertrag ihres, von ihnen oft selbst bewirtschafteten, später wohl oft verpachteten Pfarrwittumsguts, weiter vom Ertrag der ihnen anteilig zustehenden Kleinen Zehnten, Heuzehnten und dergleichen mehr. Das ist naturgemäß in allen Gemeinden verschieden, ändert sich auch im Laufe der Zeiten. Solcher Zwang zur landwirtschaftlichen Betätigung trägt dem Pfarrer wohl Verständnis für Leben und Sorgen seiner Gemeindeglieder ein, kostet ihm aber auch viel Zeit und Kraft. Zieht der Pfarrer die Zehnten von den verpflichteten Grundstückseigentümern selbst ein, gibt es auch hin und wieder Verdruß; obendrein lassen sich die eingenommenen Naturalien oft schwer verkaufen. Beschwerden über all das liest man über ein Jahrhundert lang, bis zur Zehntenablösung.

Wie steht es nun um den *Einfluß der Kirche auf das öffentliche Leben* des Schurwalddorfes in der damaligen Zeit? Vorausgeschickt werden muß ein Wort über das wirkliche Verhältnis zwischen Kirche und Staat, das so mancherlei, heute absonderlich erscheinende Vorgänge erklärt. Der mehr oder minder absolutistische Staat, der die Staatskirche leitet, unterstützt sie zwar. Aber er tut das nicht nur um ihrer selbst willen, sondern benutzt sie und ihre geistliche Autorität als seinen verlängerten Arm zur Aufrechterhaltung der örtlichen Ordnung und Sitte, auf denen sein eigenes Bestehen mit ruht. Man hilft sich sozusagen wechselseitig. Dabei fällt im Dorf dem *Kirchenkonvent* eine wichtige Rolle zu. Schon 1644 in jeder dörflichen Kirchengemeinde eingeführt, besteht er aus dem Pfarrer, dem Schultheiß und den von beiden berufenen Beisitzern. Er soll über die im Dreißigjährigen Krieg wohl arg heruntergekommene Kirchenzucht wachen sowie sich um die Schule und die Armen kümmern. Tatsächlich weitet sich die Kirchenzucht während des 18. Jahrhunderts in den Schurwalddörfern, wie unsere Kirchenkonventsprotokolle hundertfach zeigen, zur Beaufsichtigung des gesamten privaten und öffentlichen Lebens aus. So dringt der Konvent auf Einhaltung der Sonntagsruhe, aber auch der Polizeistunde, überhaupt der öffentlichen Ruhe und Ordnung. Er betätigt sich als Jugenderzieher, vorbeugend und strafend; insbesondere braucht laut Generalreskript des Herzoglichen Consistoriums von 1729 jedermann zur Haltung eines Lichtkarzes (winterliche Spinnstube der Dorfjugend) seine Einwilligung. Laufend versuchen sich die Konvente als Hüter von Sittlichkeit und Familienzucht, allerdings wohl mit zweifelhaftem Erfolg, und als Mittler zur Frömmigkeit, vor allem durch ständige Ausübung von mancherlei Zwang auf die Jugend zum Besuch der vielen kirchlichen Unterweisungen und der Schule. In alldem offenbaren sich viel guter Wille zu menschlicher Hilfe, aber auch viel eifernde Enge.

Bei zuchtwidrigem Verhalten wird der Missetäter (bei Kindern deren Vater), angezeigt, vom Pfarrer durch Mesner oder Gemeindebüttel zur Konventssitzung vorgeladen; wer nicht erscheint, wird nochmals vorgeladen oder abgeholt oder äußerstenfalls an das Göppinger bzw. Schorndorfer Amt (Oberamt) gemeldet. In der Sitzung wird er vernommen und gegebenenfalls bestraft, zur Sache und wegen des Nichterscheinens.

Bei einfachen Vergehen werden die bisher Unbescholtenen eindringlich verwarnt. Gröbere Verstöße und Rückfälle führen zu Geldstrafen, wohl meist recht niedrigen, der Armut der Leute entsprechend; diese Geldstrafen fließen in die Kirchenkasse, an den »Heiligen«, daher (sinnigerweise) »Heiligenstrafe« genannt. Wer sich aber öfters oder gar als Anstifter oder sonstwie widerborstig gezeigt hat, wird »incarceriert«, kommt bis auf 48 Stunden ins Dorfgefängnis (Häusle, Zuchthäusle, Arrest, Karzer oder Turm genannt). Ebenso auch solche Missetäter, die eine Geldstrafe nicht bezahlen können oder wollen. Schwere Fälle meldet der Pfarrer an Amt und Dekanat. Ausführlich dokumentarisch belegte Schilderungen von alldem enthält unser »Hegenloher Heimatbuch«, und Martin Brecht hat sich verallgemeinernd darüber verbreitet.

Jetzt seien einige notwendige Bemerkungen zu den verschiedenen *Vermögens-massen* im kirchlichen Raum eingeschaltet. Wir erwähnten vorhin das Kirchengut, nämlich Pfarrwittumsgut und Zehntenteile des Pfarrers. Das sind Vermögenswerte, die einst der Stifter der Pfarrei, meist die örtliche Grundherrschaft, für Bau und Unterhaltung der Pfarrkirche sowie für den Lebensunterhalt des Pfarrers geschenkt, der Pfarrei gewidmet hat (daher der Name »Pfarrwittumsgut« für die Gesamtheit von »Pfarräckern«, »Pfarrwiesen«, »Pfaffenwald« usw.). Bei der Säkularisation 1534/35 schlägt Herzog Ulrich dieses Kirchengut mitsamt dem Adelberger und anderem Klostergut (Bauernlehen, Waldungen) widerrechtlich zum Herzoglichen Kammergut; zur Zehntenumverteilung vgl. unten. Unter Herzog Christoph wird 1559 alles wieder ausgesondert und in den staalichen »Gemeinen Kirchenkasten« eingebracht, wobei aber das Eigentum am Kirchenbaugrundstück einschließlich der Baulast den Gemeinden übertragen wird. Fortan verwaltet der Herzogliche Kirchenrat durch seine Außenstellen, die Geistlichen Verwaltungen in Göppingen und Schorndorf, das Kirchengut ausschließlich für kirchliche und schulische Zwecke, während das ehemalige Klostergut nunmehr der Pfarrerausbildung dient. Im Jahr 1806 kommen Kirchen- und Klostergut endgültig zum allgemeinen Staatsvermögen, aber das Kirchengebäude nebst seiner Baulast bleibt bei der Gemeinde; dafür übernimmt der Staat alle Schulden und Verpflichtungen der Kirche, unter anderem auch die Pfarrerbesoldung insoweit, als das aus der Nutzung des übernommenen örtlichen Kirchenguts möglich ist.

Scharf vom Kirchengut zu trennen war schon nach altem Kirchenrecht und bleibt auch nach 1534 das Vermögen, das Dritte zur Unterhaltung des Kirchengebäudes, zur Ausgestaltung des Gottesdienstes und zur Unterstützung der Armen schenken. Diese Stiftungen können in verschiedener Weise erfolgen: Einmaliges Bargeld, Zehntenteile (also laufende Einnahmen), Grundbesitz usw. Da die Vermögensgüter ursprünglich dem Heiligen der Kirche geschenkt werden, nennt man ihre Summe vor und auch nach 1534 »Der Heilige«, ihren Verwalter »Heiligenpfleger« oder kurz ebenfalls »Der Heilige«. Der Heilige bildet eine zweckbestimmte Vermögensmasse der Gemeinde, denn während der Berichtszeit gibt es noch keine Trennung von kirchlicher und politischer Gemeinde (die Gemeinde besitzt aber für ihre weltlichen Aufgaben, aus Steuernmitteln u. a. kommend, ein eigenes Gemeindevermögen, das der Burgermeister, der spätere Gemeindpfleger, verwaltet). Dem Heiligen fließen in der Regel alle milden Stiftungen, Gottesdienstopfer, Heiligenstrafen und anderes zu, gleichgültig ob sie ausgesprochen kirchlichen oder fürsorgerischen Zwecken dienen sollen. Außerdem gehört ihm seit 1559 das Kirchengrundstück mitsamt Unterhaltungspflicht.

Der Heilige vieler Schurwaldgemeinden ist sehr arm. Besser ausgestattet sieht man ihn in Aichelberg, verhältnismäßig gut in Hohengehren und Hundsholz, auffallend reich in Börtlingen. Er legt sein Vermögen nutzbringend an, etwa in Grundbesitz (»Heiligenäcker«, »Heiligenwald«) oder borgt es gegen guten Zins im Dorf, gar darüber hinaus, nach Art einer Kleinstbank aus. Zum Heiligenpfleger wird ein besonders vertrauenswürdiges Gemeindeglied bestellt. Es ist zwar ein dornenreiches und kümmerlich bezahltes, aber doch recht geachtetes Amt. Fügen wir alsbald hinzu: Im Jahr 1818 wird ein Stiftungsrat (Pfarrer, Schultheiß, 2 Gemeinderäte) zur Verwaltung des örtlichen Kirchenvermögens eingeführt. Der eigentliche Sachbearbeiter heißt fortan amtlich »Stiftungspfleger«, wird aber vom Volksmund noch jahrzehntelang weiter »Der Heilige« genannt.

Beim *Zehnten* handelt es sich ursprünglich um die Abgabe des zehnten Teiles vom Ertrag eines jeglichen Grundstückes an die Kirche. Soweit die Kirche später in einzelnen Gemeinden oder Fluren ihre Zehntenrechte durch Verkauf oder Tausch oder Zwang an weltliche Herren oder die Gemeinde abgetreten hat, spricht man von »Laienzehnt«. Man konnte nämlich solche Zehntenteile, »ewigunablösliche« Zinszahlungen, vom Berechtigten gegen eine bare Geldsumme kaufen, was praktisch eine gute Kapitalanlage darstellte. Der Laienzehnt besaß zeitweise in Baltmannsweiler und Oberberken eine gewisse Bedeutung und ein wesentlicher Teil des Vermögens vom Kloster Adelberg bestand aus Laienzehnten, die es im 14. und 15. Jahrhundert käuflich erworben oder geschenkt erhalten hat. Hingegen ist der »Novalzehnt« nicht kirchlichen Ursprungs, sondern eine landesherrliche Erfindung.

Nun zur Natur dieser Abgaben. Der »Große Zehnt« muß ursprünglich von allen außerhalb Etters gebauten Früchten abgegeben werden, das heißt von allen Sorten Getreide, »alles was der Halm trägt«, später auch von Kartoffeln. Der »Kleine Zehnt« von allem, was ursprünglich innerhalb Etters gezogen wird wie Obst, Gemüse, Hülsenfrüchte, überhaupt »alles was im Hafen gekocht wird«. Entsprechend Heu- (und Öhmd-)zehnt, auch Weinzehnt. Grundsätzlich gilt für alle Zehnten, daß sie eine Holschuld sind; jeder Berechtigte muß sie selbst vom Feld holen oder auf eigene Kosten heimführen lassen.

Das Zehntwesen findet sich auf dem Schurwald, wie überall in Deutschland, höchst verschiedenartig, zuweilen geradezu kompliziert geregelt. Als Berechtigte sieht man neben den kirchlichen Vermögensmassen (Pfarrwittumsgut, Heiliger, Klostergut) das Herzogliche Kammergut, adlige Grundherren und städtische Patrizier, Gemeinden, Spitäler und Stiftungen. Herzog Ulrich verteilt 1534 bei der Säkularisation die Zehnten vielerorts ziemlich willkürlich neu zwischen Herzoglichem Kammergut, Pfarreien und Heiligen. Die Großen Zehnten teilen dabei in der Regel, aber nicht ausnahmslos, das Schicksal des Kirchenguts (vgl. oben). Kleinen Zehnt und Heuzehnt spricht Ulrich ganz oder teilweise den Pfarrern zur Nutznießung zu; hier und dort bleiben die anderen bisher Berechtigten beteiligt. Diese für jede Dorfgeschichte wichtigen Entwicklungslinien lassen sich in ihren Einzelheiten nur von örtlichen Heimatkunden darstellen (vgl. etwa in unserem »Hegenloher Heimatbuch«).

Das *protestantische Gemeindeleben* auf dem Schurwald zeigt sich von unbestreitbar lebhafter Kirchlichkeit geprägt. Dafür legen die, durch Bevölkerungszunahme gewiß mitbedingten Kirchenerweiterungen und Emporeneinbauten bis zum Ende des 18. Jahrhunderts ein äußerlich faßbares Zeugnis ab. Glaubensstärke, bäuerliches Beharrungsvermögen und staatskirchliche Autorität bilden die im einzelnen von uns nicht abzuschätzenden Säulen dieser Kirchlichkeit. Was unter »Reinheit und Wahrheit der Lehre« im einzelnen zu verstehen sei, hat auch auf dem Schurwald hin und wieder einige Geister bewegt, wenn auch in verschiedenen Richtungen.

Da tauchen kurz nach Beginn der Reformation im Neckartal (Esslingen, Cannstatt) und im unteren Remstal die *Wiedertäufer* und die Anhänger des Caspar von Schwenckfeld auf. Ihr Zulauf erreicht etwa 1527 bis 1530 seinen ersten Höhepunkt. Schwenckfeld besitzt unter den dem Schurwald benachbarten Adligen, den Thumb von Neuburg in Stetten und den Gaisberg in Schnait, entschiedene Anhänger; er wohnt 1530 im Stettener Bruderhaus (vgl. Stetten im Teil B), kehrt bis 1544 noch mehrmals hierher zurück und erhält viele Zuhörer aus der Umgebung. Die Stuttgarter Regierung (österreichisch wie herzoglich) und der Esslinger Rat hingegen bekämpfen rücksichtslos die Wiedertäufer, die sich eigentlich als Spättäufer verstehen, nicht zuletzt wegen deren vermeintlichen oder tatsächlichen sozialrevolutionären Vorstellungen. Deshalb kommen die »Schwarmgeister« zu ihren geheimen Versammlungen, anfangs angeblich mit 100 oder gar 150 Teilnehmern, in den versteckten Klingen des Westschurwaldes zusammen. In den Schurwalddörfern selbst bleibt ihre Anhängerschaft klein; Claus-Peter Clasen zählt hier insgesamt 8 Wiedertäufer (zum Vergleich: allein in Schnait 19). Unter Herzog Christoph wird die Regierung nachsichtiger. In den siebziger Jahren erlebt die Täuferbewegung ihren zweiten Höhepunkt, auch im unteren Remstal und im Raum nördlich Göppingen, ohne jedoch den nahen Schurwald zu erfassen. Zu Anfang des 17. Jahrhunderts verläuft sich das alles allmählich. Immerhin, die Landesherrschaften bleiben wachsam. Sogar die Freiherrn vom Holtz verlangen in ihrem Aichelberger »Laster- und ruegzettel« von 1611, daß Kontakte von Dorfbewohnern zu Wiedertäufern (übrigens auch Zauberei und Wahrsagen) gemeldet werden sollen.

Die nächste Sorge bringen der Kirche die *Separatisten,* von Haus teilweise Pietisten, die in den neunziger Jahren des 18. Jahrhunderts, wohl unter dem geistigen Einfluß der französischen Revolution, sich radikalisieren und schließlich gegen alle kirchliche Ordnung auflehnen. Weitere Kreise werden davon jedoch auf dem Schurwald ebenfalls nicht erfaßt. Im Gegenteil. Etwa zu derselben Zeit (1791) stößt die Einführung eines neuen Gesangbuchs auf Widerstand, teils einfach wegen des ungewohnten Neuen, teils aber auch wegen dessen aufklärerischer Grundhaltung, die der wahren Frömmigkeit entbehre. So weigern sich mancherorts die Gläubigen, das neue Gesangbuch zu kaufen, und singen beim Gottesdienst weiterhin die altgewohnten Texte, so daß es ein ziemliches Durcheinander gibt. Nur langsam helfen gutes Zureden bei den Älteren und Strafen bei der Jugend; noch 1798 kommen energische Mahnungen vom Herzoglichen Consistorium in unsere Dörfer.

Die wenigen *Katholiken* leben in der Zerstreuung, größtenteils dem Bistum Konstanz zugeordnet.

Drittens: Kirchenbauten und kirchliche Kunst. Das einzige verhältnismäßig aufwendige und halbwegs beständige Gebäude in den Schurwalddörfern war deren Kirche. Trotzdem tut man sich schwer, über die Bauzeit Verläßliches auszusagen, ganz zu schweigen von dem schnelleren Werden und Vergehen kleiner örtlicher Kapellen. In der nachstaufischen Zeit hat gewiß schon die Aichschießer Kirche gestanden. Außerdem darf man mit Vorgängerinnen der heutigen Kirchen in Schanbach, Hohengehren, Hegenlohe und Börtlingen rechnen; aber ihre Schicksale liegen im geschichtlichen Dunkel.

Eine große Zeit des Kirchenbaues auf dem Schurwald ist jedenfalls die zweite Hälfte des 15. Jahrhunderts. Das schließt nicht aus, daß einzelne Gebäudeteile der heutigen Kirchen, vor allem einzelne Türme oder mindestens deren Untergeschosse (man denke an Aichelberg und vermutlich Hohengehren), schon aus dem 14. Jahrhundert stammen, also von einer Kirchenvorgängerin. Wann sind die gegenwärtigen Kirchen selbst fertiggestellt worden? Nach dem derzeitigen

Stand der örtlichen Forschung stehen so gut wie gesichert fest die Wiederherstellung von Aichschieß (1454), sowie die Fertigstellung von Baltmannsweiler (1486), Hegenlohe (1479), Schlichten (1469) und Adelberg/Dorf (1493). Von Aichelberg, Krummhardt und Oberberken läßt sich mit Sicherheit nur allgemein sagen, daß sie vor 1485 gebaut sein müssen. Und nur aus dem spätgotischen Baustil abzuleiten bleibt für Schanbach, Hohengehren und Börtlingen eine Bauzeit in den Jahrzehnten um 1500. Als bedeutungsloser Nachläufer kam Baiereck (1594), während Thomashardt als einziges Schurwalddorf kirchenlos blieb (bis 1966).

Ihrer Entstehungszeit entsprechend finden sich viele Kirchen in den Dorfkernen. Die Aichelberger Kirche hingegen steht im freien Feld auf der höchsten Stelle des Bergrückens, etwa ihrer einstigen Bestimmung als Wallfahrtskirche entsprechend; vielleicht war sie aber ursprünglich als kirchlicher Mittelpunkt zwischen Aichelberg und Eglisweiler gedacht. Auch Hegenlohes Kirche sieht sich lange Zeiten vom dörflichen Urkern deutlich abgesetzt. Und die Lage der Adelberger Dorfkirche am alten Dorfrand, auf der nördlichen Anhöhe über dem Tobelgrund, ist wohl als ein absichtlich gewähltes Gegenüber zur Klosterkirche zu begreifen. Im allgemeinen wird man die Kirchen als klein bezeichnen. Die Geräumigeren waren von vornherein über örtliche Bedürfnisse hinaus angelegt wie die zu Aichelberg (Wallfahrt) und zu Adelberg/Dorf (ausdrücklich für die Einwohner von Ober- und Unterberken mitbestimmt). Umgekehrt ist das winzige Krummhardter Kirchlein baulich geradezu primitiv und doch putzig-liebenswert.

Die künstlerischen Ausdrucksformen, außen wie innen, sind vorzugsweise die der *Spätgotik*. Von außen erscheinen die Kirchen ziemlich bescheiden, aber doch ansprechend, allenthalben gepflegt. Einen einheitlichen Typ gibt es nicht. Man sieht Westturmkirchen (Aichelberg, Baltmannsweiler, Adelberg/Kloster), sowie Kirchen mit dem Turm westlich oder östlich, nördlich oder südlich daneben (Aichschieß, Hohengehren, Adelberg/Dorf); eine Turmchorkirche besitzen Schanbach und Börtlingen. Überhaupt die Kirchtürme. Sie sind meist außerordentlich massig gebaut. Manche besitzen nur senkrechte und nach innen ausgeweitete Schlitzfensterchen, die als Schießscharten gedacht waren; besonders martialisch der Aichelberger Kirchturm mit seinen waagrechten Scharten und nur von innen über eine Leiter erreichbar. In Schanbach gibt das ungelenke Verhältnis zwischen wuchtigem Turm (hübsche Fachwerk-Glockenstube) und kleinem Schiff ein reizvoll-groteskes Bild. Und erst in Hegenlohe: der Turm sitzt zweiseitig auf Mauerwerk auf, mit seinen beiden anderen Seiten auf einer unsichtbaren mächtigen freitragenden mittelalterlichen Eichenbalkenkonstruktion, nur über die Kirchenbühne und wiederum nur mit einer Leiter besteigbar. Allein das Krummhardter Kirchlein muß sich mit einem kleinen Dachreiter begnügen. Diese wehrhaften Turmbauten entsprechen übrigens den sehr unsicheren, fehdenreichen Verhältnissen zur Erbauungszeit; hier fanden die Dorfbewohner ihre letzte Zuflucht.

Schließlich, alle Kirchen sind ostorientiert; ihre Chöre, soweit freistehend, werden von Strebepfeilern gestützt und von spitzbogigen Fenstern durchbrochen; die übergroßen Fensterflächen von Aichelberg sind erst neuesten Datums. Ausgesprochen schönes Maßwerk sieht man noch in den Baltmannsweiler Chorfenstern und über der Turmglockenstube zu Adelberg/Dorf. Schmucke holzgeschnitzte Außenstiegen zieren Schanbach und Börtlingen. Auf den Kirchhöfen von Adelberg/Kloster und Börtlingen reden gute spätgotische Ölberggruppen ihre eindringliche Sprache. – Mindestens in der Substanz noch spätgotisch und erst später stilistisch verändert stehen vor uns die Dorfkirchen von Schlichten und Börtlingen.

Wie schaut nun *das Innere* der Schurwaldkirchen aus? Die Kirchen von Baltmannsweiler und Hohengehren bestechen durch ihren lebhaft spürbaren gotischen Gesamteindruck (leider durch moderne Großorgeln beeinträchtigt). Wenn auch stilistisch nicht immer in sich geschlossene, aber trotzdem recht anheimelnde gotische Dorfkirchlein, ein jedes mit dieser oder jener Besonderheit, sind die zu Schanbach, Aichschieß und Hegenlohe, selbstverständlich auch die Ulrichskapelle im Kloster Adelberg, von der Krummhardter »Stube« ganz zu schweigen. Die spätgotische Bausubstanz ist im Inneren von Schlichten greifbarer als im weitgehend barockisierten Börtlingen auf uns überkommen.

Noch eine allgemeine Bemerkung sei gestattet. Zur protestantischen Zeit waren die Kirchen auf drei Seiten mit weit vorgezogenen Holzemporen besetzt worden; auf der Mitte der vierten Wand befand sich die Kanzel, ihr darunter zugeordnet Altar und Taufstein. Bei den Restaurationen des 20. Jahrhunderts ist, um Licht und freieren Blick zu gewinnen, überall mindestens eine Empore herausgenommen worden. Die Aichelberger »Reinigung« (Purifikation) 1970 hat nun sämtliche Emporen entfernt und damit das letzte vollständige Denkmal einer schurwäldischen Kirchenbaugeschichte radikal beseitigt. Gewiß, jetzt tritt überall die Gotik deutlicher zu Tage. Indessen, spätgotische Kirchen gibt es viele im Lande, aber Kirchen mit »Schurwald-Charakter« (Adolf Schahl) waren doch nur hier oben zu sehen. Aichelberg, dessen recht bescheidene gotische Bausubstanz nicht gerade solche Ausräumung erzwang, gleicht nunmehr einem Betsaal.

Jetzt einige Einzelheiten zu den gotischen Innenausstattungen. Kunstvoll gearbeitete Netzrippengewölbe zeigen die Chöre zu Baltmannsweiler, Adelberg/Dorf und Adelberg/Kloster. Unbedingt sind die frühgotischen Fresken in Aichschieß zu würdigen. Aus der Spätgotik bewundert man die geschnitzten und bemalten Flügelaltäre von hohem Rang (in Schnait und) im Kloster Adelberg; auch der Altar zu Adelberg/Dorf erheischt Beachtung. Spätgotische Fresken wurden wiederum in Aichschieß freigelegt, außerdem sehr großflächig in Aichelberg (und in Strümpfelbach, hier in ungewöhnlich guter Erhaltung). Nicht zu übersehen sind die Johannesschüssel und die Marienklage zu Börtlingen. Aber auch in den meisten anderen Kirchen findet der interessierte Besucher Sehenswertes aus gotischer Zeit.

Den stilistischen Ausdrucksformen der Renaissance begegnet man im kirchlichen Raum nur selten, am ehesten im Kloster Adelberg. – Häufiger, wenn auch nicht gerade üppig, sieht sich der Barock vertreten. Zunächst denkt man natürlich an die eindrucksvoll barockisierte Börtlinger Kirche. Höchst originell, allerdings künstlerisch unbedeutend, wirken die auf die Brüstungen von Emporen und Kanzeln gemalten bäuerlichen Bilder aus dem Heilsgeschehen, die als biblia pauperum zu Schnait, Aichelberg (hier jetzt an den unteren Wänden aufgehängt) und Hohengehren den Kirchenraum farbig beleben.

Anspruchslose und doch reizvolle Bauernmalerei trifft man im Krummhardter Kirchlein, recht akademisches »Zopfiges« im Schiff von Adelberg/Kloster. Beachtliche Orgelprospekte: barock in Börtlingen (Rokoko in Strümpfelbach), eigenartiger Nachklang von Rokoko und Klassizismus in Hegenlohe. Barocke

Kanzeln sind in Hohengehren und Börtlingen, gute Kruzifixe desselben Stiles in Aichschieß/St. Bonifatius und Börtlingen, zierliche schmiedeeiserne Altargitter in Adelberg/Dorf und Adelberg/Kloster.

Weitere Einzelheiten zu allen Kirchen und ihren Einrichtungsgegenständen finden sich im Teil B.

Schließlich eine Zusammenstellung der 9 oder 10 *abgegangenen* (nicht durch Nachfolgebauten ersetzten) *Kirchen und Kapellen.* In den meisten Fällen handelt es sich um Opfer des Bauernkriegs oder der herzoglichen Säkularisation. Einzelheiten hierzu finden sich bei den nachgenannten Gemeinden im Teil B. Jetzt von West nach Ost:

Wallfahrtskapelle bei Fellbach	Ottilienkapelle oberhalb Schorndorf
Nikolauskapelle ob. Beutelsbach	Galgenkapelle oberhalb Schorndorf
Marienkapelle auf dem Engelberg	Peterskapelle bei Nassach
Pilgerhäusle in Hohengehren	Klosterkirche Adelberg
Kapelle in Thomashardt	Kapelle in Rattenharz (?)

g) Die Bauern (1268–1817)

Erstens: Das bäuerliche Lehenswesen bildete die Grundlage, die fast tausendjährige Last jeglichen landwirtschaftlichen Lebens, bis 1817. Schon bei unserer Betrachtung der ältesten Siedlungen zur Karolingerzeit vermuteten wir: die meisten kleinen Bauern besaßen ihr Gütle, also Haus und Hof, Äcker und Wiesen nicht als freies Eigentum, sondern als Lehen von ihrem Grundherrn. Wieviel solcher Lehensgüter mag es wohl zum Ausgang des Mittelalters auf dem Schurwald gegeben haben? Nun, mit wenigen hatte es in jedem Weiler angefangen, weitere kamen allmählich hinzu. Da aber die bewirtschaftbaren Fluren sich nur in begrenztem Maße durch Rodung noch ausdehnen ließen und da die Grundherrschaften um der wirtschaftlichen Tragfähigkeit jedes einzelnen Lehens willen die Aufteilung der Lehensgüter ungern sahen, sie geradezu verboten, mußte deren zahlenmäßige Vermehrung einmal zum Stillstand kommen. Diese Ausbalancierung der Möglichkeiten war im allgemeinen offenbar schon im 15. Jahrhundert erreicht. Die Gesamtzahlen der Lehensgüter in den verschiedenen Weilern hielten sich dabei etwa in derselben Größenordnung, etwa zwischen 8 bis 11 (Einzelnes dazu vgl. im Teil B), weil der Gesamtumfang der bewirtschafteten Fluren auf den Markungen der Schurwaldsiedlungen einstens nicht allzu sehr differierte; zur frühzeitigen Zersplitterung in Hundsholz vgl. unten. Die Größe der einzelnen Lehensgüter freilich wechselte in jedem Dorf und insgesamt stark, aus vielen naturgegebenen und personellen Gründen. Immerhin darf man als Durchschnitt etwa acht bis zehn Hektar, also in der Hauptsache kleinbäuerliche Verhältnisse annehmen. Wie es dann nach 1500 weiterging, werden wir alsbald sehen.

Jetzt zunächst einiges Grundsätzliches zum Lehensverhältnis. Es war in verschiedener Hinsicht etwas anderes als das heutige Pachtverhältnis. Der Grundherr behielt zwar das Grundeigentum, aber er verlieh es (also nicht nur den Besitz, wie bei unserer Pacht) an den Bauer, an seinen »Grundhold« oder »Hintersassen«. Das klingt für unsere Ohren zunächst fremd; man spricht wohl vom

Obereigentum des Grundherrn und Untereigentum des Bauern. Letzterer bewirtschaftete sein Lehensgut zwar selbständig. Er konnte aber Veränderungen im Anbau, etwa statt Kornfrüchten fortan Wiese oder Wein, nur mit Zustimmung seines Grundherrn vornehmen; dasselbe galt für die Übernahme von neuen abgabeheischenden Belastungen. Insgesamt bedeutete das Lehenswesen eine dingliche, das heißt an den Boden gebundene Hörigkeit des Bauern von seinem Grundherrn.

Für die jährlichen Abgaben oder »Gefälle« an den Grundherrn, etwa dem heutigen Jahrespachtzins entsprechend, kannte man verschiedene Formen. Entweder zahlte der Lehensnehmer einen Bruchteil des jeweiligen Ernteertrags, sogar bis zu einem Drittel, oder es waren feste Beträge auf Jahre hinaus vereinbart. Die fälligen Leistungen erfolgten teils in Naturallieferungen (»Gülten«) von Feldfrüchten, vielleicht auch noch von »Küchengefällen« (Geflügel, Eier), teils in Geld (»Hellerzinsen«), teils in beiden. Auf vielen Höfen lasteten außerdem »Gutsfronen« verschiedenster Art wie Erntearbeiten, Holzfahren usw. für den Grundherrn.

Das Lehenswesen lebte auch auf dem Schurwald in zwei verschiedenen Rechtsformen, Erblehen und Gnadenlehen. Deren wirtschaftlich wie menschlich sich stark auswirkende Unterschiede bezogen sich vorzugsweise auf Verkauf und Erbfall. Zweckmäßigerweise betrachten wir zunächst die jüngeren *Erblehen.* Der Name sagt es schon, sie waren vererblich vom Lehensnehmer auf dessen Kinder und Kindeskinder. Wann diese Rechtsform der Lehenshingabe aufgekommen ist, läßt sich schwer feststellen. Daß aber jedenfalls die weltlichen Grundherren um 1500 nur noch Erblehen ausgaben, beweisen unsere weltlichen Lagerbücher aus jener Zeit eindeutig. Und wie stand es um die Besonderheiten dieser Rechtsform?

Der Bauer vermochte sein »Erbgut« ganz oder teilweise zu verkaufen, bedurfte aber dazu der Zustimmung seines Grundherrn (Losungsrecht). Letzterer konnte einen bestimmten Kaufliebhaber ablehnen, besaß zuweilen gar selbst das Recht billigeren Vorkaufs und kassierte obendrein für seine Zustimmung Geldbeträge (Laudemien), nämlich vom Verkäufer die »Weglöse« und vom Käufer den »Handlohn«. Die Laudemien schwankten von Fall zu Fall von 2 bis 33 % des Verkaufswertes; die herzogliche Grundherrschaft verlangte je 5 % Weglöse und Handlohn, also 10 % Laudemien. Der Übergang des Erblehensguts vom alternden Vater auf den Sohn erfolgte gelegentlich in Form des Kaufs. Kam es jedoch, und das bildete die Regel, nach dem Ableben des Erbhofbauern zur regelrechten Erbübertragung (Güterfall), war die Weglöse aus der Erbmasse zu zahlen. Auch die erforderliche Ausstellung des Lehens- oder Hofbriefs für den oder die Erben ließen sich die Grundherren bezahlen, die einen als kleine Anerkennungsgebühr, die anderen als respektable Sümmchen.

Schon vor 1500 hatte die Zerstückelung der Erblehen eingesetzt, bedingt durch Bevölkerungsvermehrung und Realerbteilung. Realerbteilung, wie sie im Amt bzw. Oberamt Schorndorf allgemeiner Brauch war, besagt, daß das Erbgut unter sämtliche Erben verteilt wird. Das vollzog sich in verschiedenen Formen. So kam es zu regelrechten Teilungen der Lehen in »Halblehen« oder gar »Viertelslehen«. Oder verwandte und auch nicht verwandte Personen übernahmen gemeinsam die Lehenschaft für ein- und dasselbe Gut; weil man aber strikt an der Fiktion vom Einheitsgut festhielt und weil es obendrein für den Lehensherrn

bedeutend praktischer war, mit einer einzigen Person zu tun zu haben, entwickelte sich daraus das System der Trägerschaft oder Trägerei: »Franz Müller
(als Träger) und Consorten« steht dann öfters in den späteren Lagerbüchern.
Oder einzelne Landstücke wurden mit Zustimmung des Grundherrn aus dem
Lehen »herausgebrochen« und dann als »einzechtige« Äcker oder Wiesen von
diesem oder jenem Bauer, auch von Trägern anderer Lehen, bewirtschaftet;
häufig waren einzechtig außerdem die später gerodeten Landstücke und die
darauf gebauten Häusle. Einzechtig besagte also nur, daß das Landstück in
keinem rechtlichen Zusammenhang mit einem Lehensgut stand, also für sich
allein verkaufbar war; trotzdem war es selbst auch ein Lehen, wenn auch nur
ein winziges.

So sehr sich die Grundherrschaften dagegen sträubten, die Zersplitterung der
Erblehen ließ sich infolge der Bevölkerungsvermehrung nicht aufhalten. Sie
wurde während des 17. Jahrhunderts so groß, daß ein herzogliches Generalreskript befahl, beim Freiwerden eines Splitters müßten ihn die anderen Teil-
leheninhaber kaufen, damit man allmählich wieder zu einem Ganzen käme.
Erfolg war dem natürlich nicht beschieden. Wohlgemerkt, theoretisch blieb es
bis 1817 bei der lagerbuchmäßigen Zahl der Lehen von 1400 oder 1500, obwohl
zum Schluß fast jedes Lehen sich in drei oder mehr und noch mehr Teile aufgesplittert hatte, von den herausgebrochenen Stücken ganz zu schweigen. Kaum
dargelegt zu werden braucht, daß vom Wirtschaftlichen her gesehen diese Zerstückelung sich verhängnisvoll auswirken mußte. Je kleiner das tatsächliche
Lehensgut des Einzelnen wurde, um so schlechter vermochte es ihn zu ernähren,
desto drückender wuchs in Ermangelung anderweitiger wirtschaftlicher Aus-
weichmöglichkeiten die Armut.

Soweit die Erblehen. Jetzt wenden wir uns den *Gnadenlehen* oder *Fallgütern*
zu, der ältesten Rechtsform der Lehenshingabe, die von den klösterlichen Grundherrschaften Denkendorf, Sankt Blasien, Kirchheim unter Teck und vor allem
Adelberg mehrere Jahrhunderte länger in einem beträchtlichen Teil des Schurwaldes praktiziert wurde. Der drastische Unterschied zum Erblehen bestand
darin, daß das Lehensgut dem Lehensnehmer nur auf Lebzeiten (»uff den Leib
sein Leben lang«) verliehen wurde und bei dessen Tod an das Kloster ohne jede
Entschädigung der leiblichen Erben zurückfiel (daher »Fallgut«) und daß der
Propst bzw. Abt es dann nach freiem Ermessen, »nach Gnaden« (daher »Gnadenlehen«), an irgendjemand zu neu von ihm festzusetzenden Bedingungen vergeben konnte. Der neue Lehensnehmer bezahlte seinen Handlohn wie beim
Erblehen; die Weglöse entfiel praktisch. Außerdem besaßen die Klosterherrschaften auch Ansprüche auf die übrige Hinterlassenschaft des verstorbenen
Lehensnehmers, die allerdings später gemildert wurden.

Für den Verkaufsfall konnte – und das war nun eine adelbergische Besonderheit – der Propst bzw. Abt schon bei der Lehenshingabe nach Gutdünken eine
der beiden folgenden Formen vorschreiben. Entweder die Abgabe eines festen
Betrags, der Erblehen-Weglöse entsprechend. Oder: der Verkäufer hatte ein
Drittel seiner gesamten »fahrenden Habe« mit Ausnahme der zur unentbehrlichen Ausstattung von Haus (Küchengerät) und Hof (Mist), von Mann (Rü-
stung) und Frau (Kleider) gehörenden Dinge abzugeben. Diese halsabschneide-
rische Vorschrift – man sprach hierbei von »dritteiligen Gütern« – findet sich
geradezu klassisch belegt im Geistlichen Lagerbuch Adelberg von 1537: »wa

ainer gueter hat ußwendig des drittailigen guts daruf er sitzett, es sey erkofft
oder ererbt oder wa es im herkompt und hett er ain schiff uff dem möer, so were
er schuldig dem kloster das drittail davon zu geben.«

Selbstverständlich zahlten auch die Gnadenlehen ihre jährlichen Abgaben, hier
»Bestandsgeld« genannt. Zu den jährlichen Nebengefällen gehörten früher Öl
für die Ampeln, Wachs für die Kerzen der Kirchen und Kapellen, beides später
in Geld umgewandelt. Gutsfronen kannten die Klöster ebenfalls, so die »Hof-
schnitter« zur Ernte auf den vom Kloster selbst bewirtschafteten »Hofäckern«,
noch dazu mit dem Recht des zeitlichen Vorschnitts vor aller privaten Erntearbeit. Als gewisse Gegenleistung stellten die Klöster aus ihren Wäldern etwas
Bauholz gratis oder billig zur Verfügung. Wenigstens noch eine originelle Son-
derpflicht sei erwähnt. Das Kloster Adelberg besaß umfangreiche Weinberge,
vor allem im Remstal und mittleren Neckartal. Ursprünglich mußten sämtliche
adelbergischen Lehensgüter zu Hundsholz, Ober- und Unterberken, Börtlingen,
Breech und Zell diesen gekelterten Wein holen. Schon 1496 besorgte das Kloster
das in eigener Regie, erhob aber stattdessen jährlich von den Verpflichteten das
»Weinförtgellt« (Weinfahrtsgeld). So noch 1595.

Sicherlich bedeutete das Rechtssystem der Gnadenlehen eine starke Behinderung
der landwirtschaftlichen Entwicklung und des einzelnen Wohlstandes. Denn
welcher Bauer strengte sich schon besonders an, wenn nach seinem Tod seine
Erben Gefahr liefen, keinen Nutzen davon zu haben (gelegentliche Ausnahme:
Neuausgabe an einen Sohn). Außerdem erregte diese Benachteiligung gegenüber
den Erblehen ringsum den zunehmenden Unwillen der Bauern, was im Bauernkrieg einen für das Kloster Adelberg schmerzhaften Ausdruck fand. So hatten
schon seit Anfang des 16. Jahrhunderts einige Lehensnehmer ihre Lehen für ein
gutes Stück Geld (etwa 10 % des Verkaufswertes) »erblich gekauft«, selbstverständlich in jedem Einzelfall mit Zustimmung des klösterlichen Lehensgebers,
der sie wohl meist wegen der momentanen zusätzlichen Geldeinnahme gern gab.
Schließlich gewann nach der Säkularisierung 1535, mit der Übernahme der
adelbergischen und der meisten anderen Klosterverwaltungen in weltliche Re-
gierungshände, das mildere wirtembergische Erblehenrecht allgemein steigenden
Einfluß. Schon 1546 wurden sämtliche Klosterlehen im sanktblasischen Hegenlohe als Erblehen bezeichnet und die adelbergischen Lagerbücher von 1595 zeigen
diese Entwicklung in allen zugehörigen Dörfern in vollem Fluß. Bei den dritt-
teiligen Gnadenlehen freilich wurde die Dritteilschaft erst 1606 aufgehoben und
ihr erblicher Kauf gestattet. Später führte herzogliche Gewinnsucht mehrmals
zu verdrußreichen Rückschlägen. Und im Obereigentum des Staates blieben auch
diese erblich gekauften Lehen, bis 1817.

Wie sah es nun bei den Gnadenlehen mit der oben geschilderten Zerstückelung
aus? Sie kam zunächst überhaupt nicht infrage, weil die Gnadenlehen leibfällig,
nicht vererbbar waren. Daß trotzdem ausgerechnet die Markung Hundsholz
eine auffallend große Besitzzerstückelung in 28 Lehen und 21 Sölden schon 1531
aufgewiesen hat, erklärt Theodor Knapp (1919) so: die verhältnismäßig vielen
Handwerker, die für das Kloster arbeiteten, vielleicht auch zugewanderte Arme,
waren vom Kloster mit etwas Land ausgestattet worden. Als die Gnadenlehen
dann erblich gekauft wurden, blieb ihnen im Adelbergischen die Zerstückelung
weitgehend erspart, dank der dortigen Anerbensitte, daß ein (1) Sohn des
Erblassers das Ganze erhielt.

Zweitens: Die Landwirtschaft. Für sie eignen sich nur die Liashochflächen als Äcker sowie die Knollenmergelhänge und die hangschuttüberzogenen Verebnungen des Oberen Stubensandsteins als Wiesen und Obstbaumland (vgl. oben). Für das Hochmittelalter wird man die landwirtschaftlich genutzte Fläche niedriger ansetzen müssen als heute, weil die Rodungen noch im Fortschreiten waren; im 16. und 17. Jahrhundert hatte sie ihren Höchststand erreicht, der gewiß über den heutigen Größenordnungen lag. Am Grundsätzlichen der verhältnismäßig kleinen Schurwald-Nutzungsflächen ändert das allerdings wohl nicht viel. Für die Bewirtschaftung galt die *Zelgeneinteilung.* Mit ihr hatte es folgende Bewandtnis. Seit Beginn der Schurwaldbesiedlung herrschte hier die *reine Dreifelderwirtschaft.* Das Ackerland war in drei Zelgen oder Eschen (volksmundlich »Ösch«) oder Felder eingeteilt: Winter- oder Kornfeld, Sommer- oder Gerstefeld, beweidetes und deshalb jeweils vorübergehend durch »tote Zäune« eingezäuntes Brachfeld oder »schwarze Brache«. Sie wechselten im Anbau alljährlich; so kam jeder Acker beispielsweise alle drei Jahre zur Winterfrucht. Erst zu Beginn des 19. Jahrhunderts ging man durch einen beschränkten Anbau der Brache mit Kartoffeln, Hülsenfrüchten, Futterrüben, Gemüse u. a. zur *verbesserten Dreifelderwirtschaft* über. In beiden Wirtschaftssystemen hatten sich die meisten Felder streng an die geschilderte Anbaufolge zu halten (Flurzwang); sie wurden »flürlich gebaut«. Nur bei den später gerodeten »Forstäckern«, bei nachträglich in Wiesen angelegten Einzeläckern oder bei Äckern, die früher der Grundherrschaft gehört hatten und dort vom Flurzwang befreit gewesen und dann an Bauern gekommen waren, war man nicht daran gebunden; solche Äcker wurden »willkürlich gebaut«, volksmundlich »aus dem Feld gebaut«. Auch die Flachs-, Hanf- und Krautländer, meist in Ortsnähe, unterlagen nicht dem Flurzwang. Die Allmend oder Allmand war ursprünglich der Grundbesitz im Gesamteigentum der Dorfgemeinde (daher im Volksmund »Die Gemeind« genannt) und wurde früher gemeinsam genutzt, meist als Weide (daher im 17. und 18. Jahrhundert »Fleckenweid« genannt). War ihr Umfang in unseren Rodesiedlungen, anders als in den Tälern, schon von Anfang an gering, begann vielerorts schon im späten Mittelalter infolge des knapper werdenden Wirtschaftsraums ihre Übereignung an einzelne Bauern.

Die Einteilung des Ackerlandes in die drei meist ungefähr gleich großen Zelgen sollte der Erschöpfung des Bodens wehren; Stalldünger gab es damals noch nicht (vgl. unten). Sie hatte zur Folge, daß jeder Bauer in jeder Zelge Parzellen besitzen mußte, was wiederum, im Verein mit den ständigen Realteilungen bei Erbfällen, während der letzten Jahrhunderte zu einer unerhört starken Zersplitterung des Grundbesitzes führte. Hieraus ergaben sich leicht Streitigkeiten über die Zufahrtswege, die von der Gemeinde durch Festsetzung von Trepprechten (»Trieb und Tratt«) geregelt wurden.

Nun zum *Ackerbau* selbst. Soweit sich zurückblicken läßt, wurden als Wintergetreide Dinkel und Roggen angebaut. Der anspruchsvollere Weizen war auf dem Schurwald unbekannt. Als Sommergetreide bevorzugte man Hafer, Gerste und Emmer (Dinkelabart). Die Halmfrucht wurde mit der Sichel handgeschnitten. Sehr alt und verbreitet war der Anbau von Flachs, in früherer Zeit auch »Har« genannt, worauf noch allenthalben die schon in den alten Lagerbüchern genannten Gewannamen »Haaräcker« und »Flachsländer«, später entsprechend die »Hanfländer« hinweisen; unser Flachs war zeitweise wegen seiner Feinheit und Haltbarkeit weithin geschätzt. Gemüse zog man sich nur zur Deckung des bescheidenen Eigenbedarfs in den »Krautgärten« hinter der Hofstatt, also innerhalb Etters. Kartoffeln oder »Grundbieren« tauchten erst seit Ende des 18. Jahrhunderts hier auf. Der Feldanbau von Hopfen und Futtermitteln begann noch etwas später (zu örtlichen Besonderheiten vgl. die einzelnen Gemeinden im Teil B, Absätzchen »Wirtschaftliches anno dazumal«).

Die Erträge kamen wohl niemals über ein Mittelmaß hinaus. Nicht nur wegen des fehlenden Düngers. Es mangelte vielerorts an Kenntnis und Eifer in der Bekämpfung des Unkrauts. So lesen wir 1719: »Ferner es öfters geschehe, wenn man eben eine gute Ernt verhofe, daß das Ohnkraut die Ehren vollig zu Boden ziehe. Bei naßen Jahrgängen hingegen habe man bald gar nichts und von dem Morgen Akhers nicht wohl 3 Schöffel Dinkhel (also 3 Zentner auf 1 Hektar!), ja von vihlen bei weittem nicht die Saamfrucht zu hofen.« Ein Jahrhundert später schreibt Johann Georg Roesch recht drastisch vom Schurwald: »Die Felder ertragen verhältnismäßig wenig. Zwar ist der Boden steinig und rauh, allein es fehlt auch an der gehörigen Bearbeitung. Die Getraide-Äcker sehen gewöhnlich im Juni ganz weiß von Unkraut, so daß man sie für Rettig-Felder halten möchte, und im Zweifel steht, ob man die Unkraut-Blüthen oder die hie und da emporsproßende Kornhalme für die eigentliche Anpflanzung anzusehen habe.« Spürbar besser mögen die landwirtschaftlichen Verhältnisse in den adelbergischen Dörfern geworden sein, seitdem dort der »Bauernprälat« Balthasar Sprenger (1781–1791) nicht nur als Theologe und international anerkannter Agrarschriftsteller, auch als praktischer Landwirt eifrig gearbeitet hat.

Nachdem im späten Mittelalter der Wald von der Knollenmergelzone und von hangschuttbedeckten Terrassen des Oberen Stubensandsteins durch Rodung stark zurückgedrängt worden war, gab es *Wiesen* genug. Sie litten jedoch stets, abgesehen von Wildschäden, unter naturgegebenen Nachteilen. Mindestens in den unteren Lagen waren sie feucht, oft geradezu sumpfig, und nur soweit in den oberen Lagen Liashangschutt auftrat, hätten sie gute Ergebnisse bringen können, wenn schon ihre Düngung möglich gewesen wäre. Obendrein erschwerte die knollenmergelbedingte Höckrigkeit ihrer Böden die Ernte. Man nahm nun die Wiesen halt so, wie sie waren, beschied sich mit ihren unzureichenden Erträgen und wich auf die Waldweide aus (vgl. unten).

Immerhin wurde schon vielerorts aus der Not eine Tugend gemacht durch *Obstbau,* mindestens auf den dorfnahen »Baumwiesen«. Wenn auch auf Karten und Dorfbildern des Andreas Kieser (1680–90) noch nicht viel davon zu sehen ist, müssen wir ansehnlichen Obstbau auf dem Schurwald schon bedeutend früher ansetzen. War es doch im 15. und 16. Jahrhundert eine beliebte Kriegshandlung, die Wirtschaftskraft des Gegners durch Abhauen seiner Obstbäume zu schwächen. Neben dem üblichen »Moschtobst« darf man auch schon bescheidene Ansätze von Tafelobstzucht annehmen, mindestens unter Nachwirkung staufischen Kultureinflusses, an den Remstalhängen. Vor allem versuchten sich die Adelberger Mönche im 14. und 15. Jahrhundert in regelrechtem Kern- und Steinobstbau. Seit Herzog Christoph liest man außerdem von Ratschlägen und Anordnungen der wirtembergischen Herrschaft zum Setzen von Obstbäumen. So recht in Schwung mag das alles aber auf dem Schurwald erst im 18. Jahrhundert gekommen sein durch tatkräftige Beispiele verschiedener Pfarrer und weitsichtiger Bauern, im Adelberger Bereich vor allem und wiederum durch Prälat Balthasar

Sprenger. Wenn laut Johann Georg Roesch allein in den Schorndorfer Schurwaldorten 2330 Obstbäume dem strengen Winter 1788 zum Opfer gefallen sind, erlaubt das den Rückschluß auf ziemlich verbreiteten Anbau.

Hinsichtlich der *Viehhaltung* der Schurwälder lassen sich für die Berichtszeit nur recht allgemeine, immerhin doch aufschlußreiche Bemerkungen machen. Ausgiebig erzählen nämlich unsere Urkundsquellen nur von den Viehtriebsrechten der verschiedenen Gemeinden und den daraus erwachsenen ständigen Streitigkeiten. Zunächst zum *Rindvieh*. Sicherlich besaßen nur die wohlhabenderen Bauern schon früh ein Paar Zugochsen; die ärmeren mußten Kühe vorspannen, worunter die Milchleistung, die man sich ohnehin ziemlich geringfügig vorzustellen hat, naturgemäß litt; von Mastfleisch hört man damals kaum etwas. Da, wie wir schon sahen, Futtermittel knapp waren, trieb man das Rindvieh vom Frühjahr bis zum Herbst täglich auf die Weide, im Frühjahr zunächst auf die dorfnahen Wiesen, freilich nur für kurze Zeit, um wenigstens einen Heuschnitt zu retten; dann ging es auf die Waldweide. Im Winter aber wurde das Rindvieh mit sehr wenig Heu, Stroh, Spreu und Laub notdürftig durchgefüttert. Die Farrenhaltung oblag im West- und Mittelschurwald den Gemeinden, nur in Hegenlohe dem Pfarrwittumsgut bzw. dem Pfarrer (noch 1740 bestätigt). Aus alldem erklärt sich einmal die zahlenmäßige Begrenzung der Viehhaltung überhaupt, zum anderen der erwähnte geringe Anfall an Stalldung. Nur in Ober- und Unterberken und in Börtlingen mögen angesichts des besseren Bodens und der größeren Lehensgüter diese Dinge etwas günstiger gelegen haben.

Aus alldem erhellt, wie geradezu lebensnotwendig für die Schurwälder damals die *Waldweide* war. Mit ihr verhielt es sich folgendermaßen. In den lichten Laubwäldern von der Berkener Querstraße westwärts und erst recht auf deren vielen eingeschlossenen Waldwiesen besaßen die Dörfer der Umgebung Trieb- und Weiderechte »seit unvordenklichem Herkommen«; schon im Forstlagerbuch Schorndorf von 1555 findet sich viel dazu festgelegt. Unmöglich, hier im einzelnen darauf einzugehen. Als besonders bezeichnend für die Not jener Zeiten sei erwähnt, daß häufig mehrere Dörfer in denselben Waldungen gemeinsam das Trieb- und Weiderecht ausübten. Daß das laufend zu Unzuträglichkeiten, in Einzelfällen sogar zu jahrhundertelangen Streitigkeiten, untereinander führte, läßt sich leicht vorstellen. Und daß die Wälder darunter erheblich litten, desgleichen. Die Waldweide erübrigte sich erst, als nach Einführung der »verbesserten Dreifelderwirtschaft« der Ackerfutterbau und damit der Übergang zur ganzjährigen Stallfütterung möglich wurde. Aber das vollzog sich auf dem Schurwald im wesentlichen erst weit nach 1817 (vgl. Abschnitt 5 e).

Pferde als Zugtiere gab es damals auf dem West- und Mittelschurwald verhältnismäßig sehr wenig, in den adelbergischen Dörfern wohl einige mehr; im Grunde waren Kauf und Haltung zu teuer. Erwähnung verdient jedoch die Pferdezucht des Klosters Adelberg. Ein adelbergischer Füllenhof »Fuhlisbach« wird schon 1232 genannt (vgl. Adelberg-Dorf im Teil B); im Jahr 1264 tauschte das Kloster ein edles Roß an Graf Ulrich I. von Wirtemberg gegen Wiesen im Nassachtal und weitere Güter anderwärts. Zu Anfang des 17. Jahrhunderts zog die Klosterverwaltung für den Herzog über 30 Fohlen auf und noch 1812 zählte man dort 48 Pferde. – Die steilen und schlechten Zufahrtsstraßen von den Mühlen hinauf zu den Schurwalddörfern ließen sich mit beladenen Wagen kaum befahren. Deshalb mußten die *Esel* die Kornsäcke hinunter und die Mehlsäcke hinauftragen. Die zahlreichen »Eselswege«, über den ganzen Schurwald verstreut, bezeichnen noch heute die weiten Strecken, auf denen die meist von den Müllern gehaltenen Tiere jahrhundertelang ihre Last schleppten.

Für das Bestehen lebhafter *Schweine*zucht allenthalben sprechen die vielen urkundlichen Belege über Rechte, Abgaben und Streitigkeiten um die Schweinemast. Da man bis zum Ende des 18. Jahrhunderts die Kartoffel als Schweinefutter nicht kannte, war man auf die alljährlichen Eicheln und die seltener anfallenden Bucheckern angewiesen. Für das Sammeln dieser Früchte und für die Schweineweide im Wald bestanden seit alters besondere Rechtsverhältnisse zwischen der Herrschaft und den Dörfern bzw. ihren Bauern, die Äckerichgerechtigkeit (vgl. Abschnitt 4 k), für deren Nutzung eine Abgabe, der Schweinehaber, zu zahlen war. Von einem eingezäunten »Schweinehag«, in den die Tiere »eingeschlagen« wurden, in jedem größeren Waldgebiet liest man schon 1555; auch unsere Waldnamen wie »Baierwiese«, »Bayslen« (Beißlen), »Nonnenhäule« oder »Säuschlaf« können darauf hinweisen. Mit dem Rückgang der Eichenbestände im 17. Jahrhundert mußte die Schweinezucht stark nachlassen.

Schon der Name »Schurwald« weist darauf hin, daß die Schafweide hier oben einst eine bedeutende Rolle spielte (vgl. unsere Einleitung). Eine andere Frage bleibt allerdings, wieweit die Schurwälder selbst *Schafe* hielten. Angesichts der Bedürfnislosigkeit dieser Tiere wird man das wegen des Woll- und Fleischanfalls zunächst für jeden Bauernhof in sehr beschränktem Umfang bejahen dürfen, wenngleich genaue Belege dafür nirgends zur Hand sind. Die Schurwalddörfer als solche besaßen jedenfalls kein Recht, Gemeindeschäfereien zu halten. Noch 1807 machte allein Thomashardt die einzige Ausnahme mit seiner Gemeindeschäferei (laut Roesch 1812: 165 Schafe). Im Jahre 1812 beobachtet man auch zu Aichschieß eine kleine Herde. Eine große Herde auf dem Schurwald ist nur für das Kloster Adelberg und auch hier mehr durch Zufall bekannt geworden: das Schafhaus des Klosters brannte 1646 ab und wurde erst genau hundert Jahre darauf wiederaufgebaut (1812: 930 Schafe!). Im übrigen kamen vom 15. bis 18. Jahrhundert die Schafherden aus den großen Ställen in den Tälern zum Weiden herauf.

Der *Fischzucht* kam im Adelberger Raum eine gewisse Bedeutung zu. Sie entsprang dem Bedürfnis des Klosters nach erlaubter Fastenspeise und besaß ihre Grundvoraussetzung in den Stauteichen, den »Seen«, der zahlreichen Mühlen, die sich allenthalben befanden (vgl. unten). Nach der Reformation verkaufte die Klosterverwaltung jeweils einen Teil des Fanges aus diesen »Fischenzen«. Mindestens im Marbachtal kam die Fischzucht während des Dreißigjährigen Krieges durch den Abgang der Mühlen zum Erliegen.

Drittens: Der Weinbau verdankt seine Ausbreitung in unserem Raum den Klöstern sowie den Staufern und anderen ihnen nacheifernden Grundherrschaften. Allerdings waren diesen Bemühungen stets klimatisch bedingte Grenzen gesetzt, die zwar aus Erwerbs- und Genußgründen immer wieder überschritten wurden, aber auf die Dauer sich doch durchgesetzt haben. An ihnen soll sich unser kurz gefaßter Rückblick orientieren.

Da stehen an Bedeutung einst wie heute Schnait und Strümpfelbach voran, beide zweifellos lagemäßig dem Remstal zugeordnet, aber doch zwischen Schurwaldhöhen eingebettet. Auf ihren sonnseitigen breiten und hohen Hängen wachsen die besten Trauben, seit alters ebenso sorgfältig gepflegt wie hoch geschätzt.

Eine weitere Weinberglage von beachtlicher Güte deckt die sonnseitigen Schurwaldhänge von Lindhalden (heute Stetten) ab westwärts und um den Fellbacher Kappelberg herum bis in die Esslinger Gegend. Auch einige klimatisch begünstigte Weinberglagen des Schurwaldortes Aichelberg sind hier einzuordnen. Zu den Weinbergböden vgl. Abschnitt 1 c.

Insgesamt haben diese hervorragenden Weinberglagen durch die Jahrhunderte hindurch alle von Natur und Mensch verursachten Unbilden überstanden. In der Tat waren diese Unbilden nicht gering. So hat Johann Georg Roesch ausgerechnet, daß in den 170 Jahren von 1478 bis 1647 der Herbst 33mal erfroren und verloren war, daß man aber trotzdem durchschnittlich mit einem fünfprozentigen Weinbergertrag (bei bezahlter Mitarbeit) rechnen konnte. Zwar fielen die Rebstöcke im Mittelalter öfters kriegerischer Zerstörungswut zum Opfer und seit der zweiten Hälfte des Dreißigjährigen Krieges kam dazu mangelnde Pflege infolge des katastrophalen Bevölkerungsschwundes; erforderte doch ein Hektar Rebland achtmal soviel Arbeit wie ein Hektar Ackerflur. Aber Mühe, Sachverstand und Liebe konnten die Weinberge immer wieder auf die Höhe bringen, weil die naturgegebenen Voraussetzungen günstig waren. Immerhin sah sich mancher Aichelberger Wengert (1730: 29 ha, 1812: 34 ha, 1972 noch 13 ha) gezwungen, im Nebenberuf ein Handwerk oder den Handel mit selbstgezüchteten Obstbäumen zu betreiben.

Eine zweite Gütegruppe von Weinbergen bedeckte, ebenfalls seit dem Hochmittelalter, die sonnseitigen Schurwaldhänge des mittleren Remstals und des unteren Filstals bis in den Esslinger Neckarraum. Sie teilte Freud und Leid mit der vorigen Gruppe. Aufs Ganze gesehen waren ihre Produkte wegen der niedrigeren Jahresdurchschnitts-Temperatur und stärkeren Nebelbildung nach Menge und Güte minderer, aber zunächst immer noch geschätzt. Außer den Nöten des Dreißigjährigen Krieges und der weiteren Kriegsläufte im 18. Jahrhundert ließen aber noch andere Umstände den mühsam wiederaufgenommenen Weinbau in den genannten Räumen langsam zugunsten des Obstbaus zurückgehen. Da war zunächst das Aufhören der Weinausfuhr nach Bayern, selbstverschuldet durch den massenorientierten Anbau geringerer Rebsorten und durch Qualitätsminderung mit unreeller Weinpflege, fremdverschuldet durch Beendigung des Austauschs von schwäbischen Weinen gegen bayerisches Salz infolge der Inbetriebnahme eigener Salinen, auch durch Aufhebung vieler weinabnehmender Klöster. Den einheimischen Verbrauch des Weines als übliches Alltagsgetränk drosselten in der zweiten Hälfte des 18. Jahrhunderts der Obstweinausschank und dann die einheimische Biererzeugung. So verödeten immer mehr Rebhänge. Mancher Weingärtner betrieb etwas Weinbau nur noch aus Liebhaberei oder Pietät gegenüber den Vorfahren, und schließlich hörte selbst das auf: an den Hängen oberhalb Ebersbach um 1750, ob Reichenbach um 1800 und – um es gleich hier vorwegzunehmen – ob Altbach und Zell/Neckar um 1900, ob Plochingen um 1925, nicht zuletzt als Folge der lebhaft einsetzenden Industrialisierung. An den Schurwaldhängen des mittleren Remstals war der Weinbau im wesentlichen bis 1850 zum Erliegen gekommen. In allen genannten Räumen erinnern mehr oder minder gut erhaltene Weinbergmauern noch heute an die einstige Nutzung.

In eine dritte Gütegruppe möchten wir die »wingerten« einreihen, die auf der Schurwaldhochfläche vielerorts gebaut wurden. Begonnen hatten die Adelberger

Mönche im 14. und 15. Jahrhundert am Tobelrand ihrem Kloster gegenüber. Für Aichschieß, Krummhardt, Hohengehren, Diegelsberg und Börtlingen wird Weinbau erstmals Mitte des 16. Jahrhunderts urkundlich genannt, dürfte aber auch hier um einiges älter sein. Angesichts der verhältnismäßig rauheren Höhenlage mag das ein mühsam gewonnener und ziemlich saurer Tropfen gewesen sein, ausschließlich als Haus- und Feldtrunk geeignet. Deshalb wurde nach den Zerstörungen des Dreißigjährigen Krieges der Weinbau nur bei Aichschieß, Krummhardt und Diegelsberg, am Ende des 18. Jahrhunderts sogar bei Adelberg wieder aufgenommen und schließlich doch überall für immer aufgegeben. Allenthalben weisen noch Flurnamen auf die ehemaligen Weingärten hin. Einzelheiten vgl. bei den angeführten Orten im Teil B.

Viertens: Die soziale Lage der Schurwaldbauern bis 1817 zusammenfassend zu beurteilen ist umso wichtiger, als die Bauern, ob größere oder kleinere Betriebsinhaber oder Seldner, in ihrer Gesamtheit praktisch den allergrößten Teil der Schurwaldbevölkerung ausmachten.

Zur *hoch- und spätmittelalterlichen Zeit* mußte fast jede Generation fehde- oder kriegsgeschädigt leben. Das traf sie umso schwerer, als der für den Ackerbau verfügbare Boden nur in beschränktem Maße ertragreich, das Wiesland weithin versumpft, das Ackergerät äußerst primitiv war. Hinzu kam die Last vielfacher laufender und einmaliger Abgaben und Fronen. Obendrein versagte die ungünstige Verkehrslage des breiten Bergrückens Anschluß und Beteiligung am Handel. Kritische Stellungnahmen zu alldem aus mittelalterlicher Zeit selbst finden sich infolge der ungünstigen Quellenlage höchst selten. Immerhin ergibt sich eine gewisse Bestätigung des allgemein armseligen Sozialstatus aus der sozialen Lage der Pfarrer, die wohl meist in enger Beziehung zu der ihrer Dorfbewohner stand. Und gerade unsere Pfarrereinkommen erkannten wir während des 13. Jahrhunderts und wieder im 15. Jahrhundert als ausgesprochen schlecht.

Im 16. Jahrhundert tauchen urkundlich gesicherte behördliche Feststellungen sozialer Art hin und wieder auf. Als geradezu klassische Schilderung der allgemeinen Armut zitieren wir das Leonberger Forstlagerbuch von 1583, wie es über die Baltmannsweiler spricht, fast wörtlich genauso über die Hohengehrener und Hegenloher. Weil diese nur wenig Gemeindewald besaßen, »wurdt Inen Jares etwas 1 morg (Holz) gegeben. Weil es aber arme gesellen, khönden sie dasselbig nit behalten. Und verfüern und tragen es gehn Eßlingen. Khaufen prott darumb« (Brot!). Dieses Beispiel, das an Deutlichkeit gewiß nichts zu wünschen übrig läßt, mag hier für alle Schurwalddörfer stehen.

Darf es das wirklich, übertreiben wir nicht? Früher pflegte das Schrifttum einfach zu unterscheiden zwischen (wohlhabenden) Bauern und (armen) Seldnern. Das mag für die ersten Jahrhunderte Schurwaldlebens zutreffen, aber auch nur für sie. Erst neuerdings bringt Claus-Peter Clasen tiefere Einsichten in die Sozialstruktur der wirtembergischen Dörfer um die Mitte des 16. Jahrhunderts, verläßlich gewonnen hauptsächlich aus den Türkenkriegsschatzungen von 1545. Seiner Unterscheidung von sieben Sozialschichten folgend, geben wir für die Schurwalddörfer folgende Schätzung (in Klammern die Prozentsätze Clasens für das Amt Schorndorf):

a) Knechte, Mägde, Handwerksgesellen (16 %); sie wohnen bei ihrem Bauer, arbeiten um geringen »lidlohn«, haben selbst in landwirtschaftlichen Krisenzeiten ihr bescheidenes Auskommen. Da sie nur im wirtschaftlichen Zusammenhang mit den wenigen mittelgroßen Schurwaldbauern auftreten konnten, zählen wir ihrer nur in Manolzweiler und Börtlingen über fünf.

b) Tagelöhner, Hirten und Waldarbeiter, die proletarisch-unselbständigen Seldner mit Grundvermögen unter 20 Gulden (1 Gulden = 1,70 Goldmark); sie wohnen in ihrem kleinen Seldnerhäusle mit Gärtchen oder minderwertigem Wiesenstückchen; ständig unterernährt und kinderreich leben sie in bitterer Armut; bei anhaltenden Mißernten herrscht Hungersnot und leicht fallen diese geschwächten und in engsten Räumen zusammengedrängten Menschen den Seuchen zum Opfer (22%). Ein Großteil der Schurwaldbewohner.

c) Tagelöhner, Fuhrleute und Waldarbeiter, also ebenfalls unselbständige Seldner, aber mit Kleinstlandwirtschaft. Grundvermögen 20 bis 50 Gulden; sehr arm, aber nicht wurzellos (22%). Ein weiterer Großteil der Schurwälder.

d) Kleine Bauern, mit unter 10 Hektar landwirtschaftlicher Betriebsfläche, Grundvermögen 50 bis 150 Gulden, selbständig aber arm, bei Mißernten dem Elend ausgesetzt (27%). Vermutlich die meisten selbständigen Schurwaldbauern.

e) Mittelgroße Bauern, mit Grundvermögen von 150 bis 300 Gulden (12%), etwa den heutigen Wirtschaftsbetrieben von 10 bis 25 Hektar entsprechend. Ihrer sieht man 1545 in Oberberken und Börtlingen mehrere, in Hundsholz und Zell/Marbach je 1 (den jeweiligen Herren- oder Maierhof); auf den anderen Schurwalddörfern, aber keinesfalls in allen, darf man mit 1 oder höchstens 2 Mittelbauern rechnen. Dem widersprechen nicht die größeren Flächenangaben der Lagerbücher, weil sie in ihrer jeweiligen Gesamtheit schon um 1500 und erst recht späterhin infolge der besprochenen Lehensgüter-Zerstückelung oft nicht mehr als tatsächliche Betriebsgrößen der Lehensnehmer selbst zu verstehen sind, vielmehr nur noch als Größe der überkommen rechtlich-theoretischen Einheit des Lehens.

f) Wohlhabende Bauern, mit 300 bis 500 Gulden Grundvermögen (3%), gab es auf dem Schurwald wahrscheinlich überhaupt nicht. Wenn der Baierecker Glashüttenmeister als wohlhabend galt, so allenfalls wegen seines Handwerksbetriebs, kaum wegen seines 35 Hektar großen Grundbesitzes, der zumeist nur aus nassen Wiesen bestand.

g) Reiche Bauern, mit Grundvermögen über 500 Gulden (2%). Sicherlich Fehlanzeige.

Unsere mit Bedacht vage gehaltenen Schurwaldangaben weisen immerhin im Vergleich mit den Clasen'schen Prozentzahlen den Schurwald als einen im mittleren 16. Jahrhundert unterentwickelten Teil des Amtes Schorndorf aus. Dem entspricht völlig, was sich aus der damaligen Einkommenslage der Schurwaldpfarreien für den allgemeinen Sozialstand der Schurwälder ableiten läßt.

Im 17. und 18. Jahrhundert verschärfte sich die soziale Mangellage hier oben, vielleicht wird sie uns auch dank zahlreicherer Urkundsquellen jetzt deutlicher faßbar. Ursachen: die allgemeinen Kriegsverheerungen, Menschen- und Tierseuchen; Steuern, Grundlasten und Fronen; dazu die ständig sich verkleinernde Ernährungsbasis der Lehensnehmer infolge Bevölkerungsvermehrung und Realerbteilung; gewiß auch in Einzelfällen menschliches Versagen wie Trunksucht und dergleichen mehr. Das alles zusammen führte zwangsläufig zum Hungern, zumal es für den Schurwälder praktisch kein einigermaßen ergiebiges Ausweichen auf andere Erwerbsmöglichkeiten gab. Diese beklagenswerte soziale Lage fand ihren unmittelbaren und heute noch faßbaren Niederschlag seit der zweiten Hälfte des 18. Jahrhunderts in unseren Kirchenkonventsprotokollen, die angefüllt sind mit ständigen Klagen von Pfarrern und Schultheißen über Kinderarbeit, über die Landplage des Bettelns von Erwachsenen und gar von Kindern; man denke nur an die Einrichtung gemeindlicher »Bettelvögte« als eine Art Hilfspolizei wenigstens gegen die auswärtigen Bettler. Hier wird drastisch deutlich, wie bitter das Leben sich gestaltete in Zeiten, die noch keine systematischen Hilfsmaßnahmen der öffentlichen Hand kannten. Fügen wir hinzu, daß auch die Handwerker und die Waldarbeiter, zeitweise sogar die hungernden Lehrer auf dem Schurwald zu den »armen Gesellen« zählten, so rundet sich das alles zu einem düsteren Gesamtbild erschreckender Ärmlichkeit hier oben.

Betrachten wir das noch ein wenig näher. Von 1500 bis 1800 mag die Zahl der Dorfbewohner durchschnittlich doppelt so stark angestiegen sein wie die der Wohnhäuser. Beispielsweise zu Hegenlohe: im Jahr 1500 etwa 60 Einwohner in 13 Wohnhäusern, 1815 etwa 260 Einwohner in 35 Häusern. Man mußte dementsprechend zusammenrücken, so daß vor allem in den vielen kleinen Seldnerhäuschen häufig mehrere Familien auf beschränktestem Raum zusammenlebten, woraus sich zwangsläufig vielerlei familiäre Schwierigkeiten ergaben. Über den Besitz im einzelnen geben die amtlichen »Inventuren und Teilungen« des 18. Jahrhunderts Aufschluß, die der Vorschrift gemäß bei Eheschließungen das unbewegliche und bewegliche Hab und Gut von Mann und Frau, bei Todesfällen den gesamten Nachlaß zur Vorbereitung der Erbteilung verzeichneten und in zahlreichen Gemeindearchiven noch aufbewahrt werden. Danach brachten viele junge Leute, offensichtlich aus der besitzlosen Landarbeiterschaft, nur das Allernotwendigste mit (Schrank, Tisch mit Schemeln, 2 Bettstellen mit Strohsäcken, einige Leinenstücke, Töpfe und Blechlöffel). Das Heiratsgut der Töchter von »großen« Bauern, also aus den Lehen, umfaßte nicht viel mehr als im kleinen Mittelstand vor 1955 üblich; nur selbstgesponnene und selbstgewebte Wäsche war reichlicher vorhanden, der Stolz jeder Braut. Und die Erbschaft? Immer wieder liest man »besteht in nichts«. Ansonsten wurde zwar allerlei Grundbesitz vererbt, dem dann aber mehr oder minder lange Listen von Passiven gegenüberstanden. Besonders deutlich werden Raummangel und menschliche Nöte, wenn bei dieser oder jener Erbauseinandersetzung die Witwe sich im Güterbuch hypothekarisch das Recht sichern läßt, »darf winters und bei Krankheit in der Stube schlafen«!

Gewiß, wir dürfen die damaligen Verhältnisse nicht an den heutigen Lebensbedürfnissen messen; was man gar nicht kennt, entbehrt man nicht. Trotzdem, Hunger tat auch in früheren Jahrhunderten weh. Manche Grafen und Herzöge und sonstigen Herren machten sich aus dieser Untertanennot gewiß keine schlaflosen Nächte. Andere wiederum hätten gern wirksam geholfen, schon aus Gründen des allgemeinen Staatswohls. Allein die damaligen geringen volkswirtschaftlichen Erkenntnisse eröffneten ihnen noch keine Einsicht für erfolgversprechende Ansätze zu wirksamer »Entwicklungshilfe«, ganz abgesehen – was doch auch zugegeben werden muß – von den noch höchst beschränkten Möglichkeiten des recht kleinen und obendrein rohstoffarmen Landes. In der Tat lebten während des 17. und 18. Jahrhunderts die Schurwälder kümmerlich einher.

h) Handwerk und Handelsgewerbe (1268–1817)

Erstens: Über das *Handwerk* auf dem Schurwald zur mittelalterlichen Zeit tröpfeln die Urkundsquellen äußerst vereinzelt. Die landesherrlichen Steuer- und Musterungslisten des 16. Jahrhunderts geben dann gewisse örtliche Aufschlüsse, allerdings ebensowenig systematisch geordnete wie vollständige. Hin und wieder liest man auch in den Pfarregistern seit Ende des 16. Jahrhunderts einen Hinweis auf den Beruf des Vaters, des Bräutigams, des Toten; nur bei den Mühlen helfen die Lagerbücher einigermaßen. Mancherlei läßt sich aus altüberkommenen Flur- und Waldnamen zwanglos ableiten. Aber erst seit den herzoglichen Steuereinschätzungsakten um 1730 bieten sich ergiebigere Erkenntnisse an.

Zunächst, wer war überhaupt »Handwerker«? In unseren frühen primitiven Verhältnissen darf man nur eine gewisse, durch Übung erlernte Fertigkeit voraussetzen, noch keine geregelte Ausbildung. Von einem selbständigen Hauptberuf ganz zu schweigen; der Bauer oder Waldarbeiter oder Weingärtner übte nur, weil das zum Leben schlecht ausreichte, bei entsprechender Fähigkeit und Strebsamkeit im Nebenberuf ein Handwerk. Der »Maurer« oder »Schmied« alter Urkunden fiel wohl durch seinen Nebenberuf aus der Reihe der anderen Bauern usw. auf und wurde daher danach benannt. Im Laufe der Jahrhunderte mag sich das beim Einwohnerzuwachs der Dörfer allmählich verschoben haben: das Handwerk wurde zum Hauptberuf, ohne jedoch seinen Meister voll ernähren zu können. Letzteres galt auch für Müller und Köhler; Spinnerei und Weberei waren nur winters in Schwung, wenn sich Feld- und Waldarbeit verbot. Mit anderen Worten, das Handwerk auf dem Schurwald hatte durchaus keinen »goldenen Boden«.

Wie sollte es auch? Um das Jahr 1500 rechnen wir mit weniger als einhundert Bewohnern in den meisten Dörfern, mit weitaus armen Leuten. Ein jeder behalf sich selbst. Die Frau buk ihr Brot und Sonstiges im eigenen Backhäusle, der eine oder andere Dörfler verstand sich aufs Viehschlachten, die kleinen Räumlichkeiten für Mensch und Vieh kalkte man selbst weiß, Stall und Scheuer zimmerte der halbwegs Geschickte ebenfalls selbst und neue Wohnhäuser wurden selten gebaut. Nicht zu vergessen die Nachbarschaftshilfe. Handwerker aus den Talorten kamen herauf und »bettelten« um Arbeit. Und brauchte man einmal einen Hufschmied oder Wagner oder Schuster oder Schneider, fuhr man in ein Nachbardorf zu Verwandten oder guten Bekannten, die etwas von der Sache verstanden oder man machte gar eine »Tagreise« ins Tal. Unter diesen höchst bescheidenen Umständen können wir trotz der allenthalben nur wenig aufgeführten Handwerker kaum von Handwerkermangel sprechen. Daran mag sich bis in die zweite Hälfte des 17. Jahrhunderts nur wenig geändert haben; zur Handwerkssituation während des 18. Jahrhunderts fügen wir abschließend allgemeine Bemerkungen an. Zunächst erheischen einige handwerkliche Sondersparten ein kurzes Verweilen.

Verhältnismäßig früh und vollständig faßbar wird das *Müller*handwerk. Die Ausnutzung der Wasserkraft bildete ein Regal, ein Vorbehaltsrecht der Grundherrschaft, später des Landesherrn. Über die einzelnen Mühlen berichten wir kurz bei ihren nachgenannten Ortsgemeinden im Teil B. Da sich das zwangsläufig ziemlich zerstreut, folgt jetzt zur schnellen Orientierung eine geographisch geordnete Übersicht.

1. Der Westschurwald bietet wenig Raum zur Entwicklung starker Bäche und damit leistungsfähiger Mühlen. Infolgedessen brachten die Aichelberger ihr Korn zur Schnaiter Mahlmühle, die Schanbacher nach Strümpfelbach, die Krummhardter und Aichschießer nach Baach; die Leute von Bücklinsweiler, Manolzweiler, Kikishart und Schlichten schafften das Ihrige nach Winterbach, Weiler/Rems oder Schorndorf.

2. Im Mittelschurwald, damals noch ausschließlich mit Laubwäldern bestockt, findet man keine spätmittelalterlichen Sägmühlen, weil ihr einfaches Werk das Sägen von Hartholz noch nicht erlaubte (Balken wurden mit der Axt zugehauen). So sind nur zu nennen auf Markung:

Baach: die Mahlmühle;

Lichtenwald/Hegenlohe (im Reichenbachtal): »Bannmühle« und »Ölmühle«.

Im Kirnbachtal, auch an seinem Ausgang, läßt sich keine Mühle feststellen; der Name bezieht sich offenbar auf hier aus Fleinstein gearbeitete Mühlsteine. Die Büchenbronner und Krapfenreuter brachten ihr Sach zu den Ebersbacher Mühlen.

3. Der Ostschurwald läßt stärkere Bäche zu, nämlich Nassach, Adelberger Herrenbach und Marbach. Jetzt zunächst die Mühlen im Nassachraum auf folgenden Markungen:

Schlichten (vielleicht aber Markung Schorndorf): die Herrenmühle am oberen Herrenbach (volksmundlich »Birenbach«), einem Quellbach der Nassach;

Uhingen: »Nassachmühle« (vgl. Nassachmühle im Teil B), aber wohl keine »Baumühle« im Bärentobel (vgl. Baiereck-Nassach im Teil B).

Der Adelberger Herrenbach trieb folgende Mühlen, talabwärts aufgezählt, auf Markung Adelberg: »Sägmühle« oberhalb der Herrenmühle, »Herrenmühle« (Klostermühle), »Mittelmühle« (Jokelesmühle), »Untermühle« (Zachersmühle).

Am Kohlbach, einem Zufluß des Adelsberger Herrenbachs, auf Markung Börtlingen, arbeitete die »Börtlinger Sägmühle«.

Im oberen Marbachtal, auch Aalbachtal genannt, hatte das Kloster Adelberg zur Aufarbeitung des Holzanfalls aus seinen großen Waldungen ebenfalls einige Mühlen zu Lehen ausgegeben, desgleichen die Herrschaft Wirtemberg. Insgesamt sieht man hier im Laufe der Jahrhunderte 7 Mühlen, nämlich kleine und sehr primitiv ausgestattete und nur bei Bedarf laufende »Bauernmühlen«, somit ausgesprochene Nebenerwerbsbetriebe. Sie schnitten hauptsächlich Bretter und Latten zurecht. Die oberen Werke litten stets unter Wassermangel, während bei den beiden untersten ein größerer Mühlstau, der »Zeller See«, für Wasserausgleich sorgte. Die Mühlen lagen auf verschiedenen Markungen; talabwärts, also ungefähr von Nord nach Süd:

Rattenharz: Sägmühle »Marbächle« (erst 1828 errichtet), darunter die »Sägmühle«;

Börtlingen, heutige Markung, darin die einstigen Markungen (vgl. letztere):

    Pöpplinsweiler: Steinersche Sägmühle, darunter die Riekersche Sägmühle;

    Börtlingen: Storersche Sägmühle;

    Zell: »Mahl- und Sägmühle«, darunter die »Sägmühle«.

Alle Müller besaßen ihre Mühlen nicht als freies Eigentum, sondern als »Mühllehen« von ihrer Herrschaft. Dafür zahlten sie einen Mühlzins, mußten wohl auch für die Herrschaft billiger mahlen, genossen aber von ihr auch Vorteile wie Lieferung billigeren Bauholzes, Zuweisung von bäuerlicher Mahlkundschaft (so die Hegenloher Bannmühle, die Adelberger Herrenbachmühlen) und von Sägaufträgen. Im übrigen waren sie, ausgenommen (zeitweise) die beiden obersten Adelberger Herrenbachmühlen, in ihrem Betrieb durchaus selbständig. Freilich, um leben zu können, mußten sie alle gleichzeitig ihre Landwirtschaft betreiben. Dem Dreißigjährigen Krieg sind 8 Mühlen zum Opfer gefallen, davon 3 endgültig.

Ein einst weit auf dem Schurwald verbreitetes Handwerk war die *Köhlerei*. Ihren Spuren begegnet man überall. Entweder finden sich im Gelände als ihre unverkennbaren Reste noch große rundliche schwarze, mit verwitterten Holzkohlestückchen durchsetzte Meilerstellen, so vor den alten Dorfausgängen, so in Waldtälern nahe den Quellen und Bächen. Oder Flur- und Waldnamen, erfahrungsgemäß sehr alten Datums, weisen auf einstigen Meilerbetrieb hin, so etwa »Kohlplatte«, »Kohlwiese«, »Kohlbronnen«, »Kohlbach«, »Kohlhau« usw. (nur die Forstnamen Asang oder Osang, Brennthau und Ähnliches erinnern an einstiges Abbrennen des Waldes als Vorgang der Rodung oder Düngung). Oder wir lesen gar urkundliche Belege für die Köhlerei, so etwa im Leonberger Forstlagerbuch von 1583 für den Fliegenhof (heute zu Oberberken), den Krapfenreuter und Diegelsberger Wald. Faßt man all unsere eigenen diesbezüglichen, im Teil B bei den einzelnen Dörfern (Abschnittchen »Wirtschaftliches anno dazumal«) gegebenen Notizen zusammen, so ergibt sich, daß auf fast sämtlichen Markungen des Schurwaldes ein oder mehrere Kohlenmeiler gequalmt haben müssen.

Die Köhler kauften auf eigene Rechnung das Holz aus dem Herrschaftswald, ließen wohl auch gelegentlich einiges ungekaufte heimlich mitgehen. Die Stuttgarter Regierung mag zur Förderung der heimischen metallverarbeitenden Kleinindustrie ihre Forstmeister sogar zum Holzverkauf an die Köhler angewiesen haben. Immerhin sollen die von den Kahlschlägen den Wäldern angetanen Schäden beträchtlich gewesen sein (vgl. unten). Wollte man eine gute Holzkohle gewinnen, bedurfte der Produktionsvorgang durchaus allerlei Erfahrung und Umsicht, handwerklicher Fertigkeit. Die erzeugte Holzkohle ging an die Schmieden der Göppinger und Schorndorfer Vogtei, so wieder 1583 zu lesen, später vor allem nach Stuttgart und gar darüber hinaus. Reiche Leute wurden (schon 1583) die Köhler natürlich nicht; infolgedessen mußten sie mindestens nebenberuflich bezahlte Waldarbeit leisten. Erst seit dem 18. Jahrhundert ging die Köhlerei auf dem Schurwald langsam zurück.

Jetzt kurze Blicke auf einige Berufe, die sich mit der Verwertung von Bodenschätzen befaßten, und zwar zu jenen frühen Zeiten noch in durchaus handwerklicher Weise. Da sehen wir die *Ziegler* in Schanbach, Manolzweiler, Hohengehren und Hundsholz schon seit dem 16. Jahrhundert nachweisbar. Sie verarbeiteten den eiszeitlichen Liasverwitterungslehm, den sie aus Lehmgruben (»loimagrub«) holten, per Hand formten, in kleinen primitiven Ziegelöfen zu Boden- und Dachziegeln und Backsteinen brannten und hier zum Verkauf bereit hielten, für den Bedarf des eigenen Dorfes und der Nachbarorte. Wann diese Ziegelhütten infolge des anderwärts vollzogenen technischen Fortschritts eingegangen sind, steht dahin, als letzte jedenfalls die Adelberger 1897. – Wenn wir für die *Hafner* Aichschieß, Baltmannsweiler, Hegenlohe, Schlichten und Hundsholz als Sitze nennen, gilt das nur beispielsweise; es gab deren gewiß weitere. Sie verarbeiteten ihren Rohstoff, die »Hafnerletten«, nämlich rote Tonmergellagen im Mittleren

Stubensandstein, zu Töpfen und sonstigen Tonwaren. – Ebenfalls in einfachster, ausgesprochen handwerklicher Art arbeiteten die *Kalköfen* bei Baltmannsweiler und Büchenbronn; schon seit dem 14. Jahrhundert nachweisbar, stellten sie gebrannten Kalk für Bauzwecke her (zu ihrem Rohmaterial vgl. beide Orte im Teil B).

Besonderes Interesse haben stets die *Glasmacher* des Schurwaldes erregt. In seiner Glashütte erzeugte der »Hüttenmeister« mit seinen Gehilfen auf folgende Weise Glas. Quarzhaltiger Mittlerer Stubensandstein aus einem nahe gelegenen Sandbruch wurde in einer Wasserstampfmühle zu feinstem Sand gestampft und in holzbeheizten Schmelztiegeln aus feuerfestem Angulatensandstein zum Schmelzen gebracht. Die Beigabe von kalihaltiger Holzasche, durch »Aschensammler« aus den Haushaltungen von weither zusammengetragen, oder von Pottasche (Salin, vgl. unten) sollte die Quarzschmelze erleichtern. Die Zugabe weiterer Bestandteile zur Haltbarkeit und Färbung des Glases durch jeden Hüttenmeister bildete dessen streng gehütetes Betriebsgeheimnis. Die fertigen Gläser, Flaschen usw. wurden von Hausierern über Land abgesetzt.

Man unterscheidet zwischen festen oder ständigen und »wandernden« Glashütten. Feste Glashütten entstanden seit 1400 im Nassachtal: die Alte Glashütte in Unterhütt, die Mittlere Glashütte am Ausgang des Fliegenbachtals und die Obere Glashütte in Baiereck (zu allen vgl. Baiereck-Nassach im Teil B). Vermutlich ist ihre Gründung durch die wirtembergischen Grafen, wenn nicht veranlaßt, so mindestens gefördert worden, um damit ihren dortigen Holzreichtum mangels brauchbarer Holzabfuhrwege gleich an Ort und Stelle verwerten zu lassen. Wo sind die Glasmacher hergekommen? Manche meinen: aus Bayern, worauf der Name Baiereck hinweise. Andere lassen sie aus Krain, dem heutigen Slowenien, stammen, von wo der bedeutendste Glasmeister Christian Greiner seinen Namen trage. Uns erscheint denkbar, die Heimat der Greiner in südthüringischen Glasmacherorten zu sehen, wo seit alters angesehene Glasbläserfamilien dieses Namens bis heute sitzen und wohin auch aus dem Nassachtal Spuren (zurück?) führen. Der riesige Verbrauch von Brennholz verursachte geradezu Raubbau an den Wäldern. Deshalb konnte der Schorndorfer Forstmeister überzählige Glasmacher aus dem Nassachtal ausweisen. Die beiden unteren Glashütten sind im frühen 16. Jahrhundert verschwunden und die Baierecker hat 1553 den Betrieb eingestellt, offenbar unter herzoglichem Druck. Nur die Obere und die Untere Glashütte boten Ansatzpunkte für eine Dauersiedlung, für Baiereck und Unterhütt. Herzog Christoph hat dann um 1560 die Errichtung neuer Glashütten wegen der Kahlschläge verboten.

Höchstwahrscheinlich gab es auf dem Schurwald im 15. und 16. Jahrhundert auch »wandernde« Glashütten. Die Annahme liegt nahe, daß sie nach Erschöpfung des ihnen von der Herrschaft zugewiesenen Waldes weiterziehen mußten und deshalb technisch noch primitiver ausgestattet und minder leistungsfähig waren. Mit einiger Sicherheit läßt sich allerdings nur eine einzige Wanderhütte nachweisen, und zwar durch alte Flurnamen: die Glashütte beim Katzenbachhof (vgl. Teil B, Thomashardt) mit der nahen »Gläserwies« (so noch 1696 genannt); ein Hohengehrener Acker lag am »Gläserweg« und der nördlich davon nach Winterbach hinabziehende Wald heißt »Gläserhalde«; die einzelnen Waldteile des damit umrissenen Raumes mögen zu verschiedenen Zeiten dieser wandernden Glashütte gedient haben.

Ein Handwerk besonderer Art betrieben die *Salinsieder* in ihren Salin- oder Pottaschehütten, über das E. Reinert Interessantes berichtet. Große Holzmengen wurden verbrannt und deren Asche, eventuell gemeinsam mit zusammengetragener Hausasche, in einem großen Gefäß, dem »Äscher«, ausgelaugt; dann wurde die Lauge in einem gußeisernen Kessel unter Wasserverdunstung eingetrocknet, dieser Rückstand zerrieben und in kleinen gewölbten Salinöfen »kalziniert« (weißgebrannt) zu Salin (französisch, soviel wie Salz) oder Pottasche, einem Kaliumkarbonat. Diese Asche wurde in ausgepichten Töpfen, den »Potten«, versandt. Südwestlich Adelberg erinnern der alte Waldname »Salinplatz« und die »Salinwiesen« am »Salinbrückle« (über den Herrenbach) an eine solche, vermutlich im 15. und 16. Jahrhundert betriebene Salinhütte. Vielleicht war sie ein Zulieferer der Glashütten im Nassachtal, vielleicht der Salpeter- und der Seifensiederei.

Auch der *Spinner* und *Weber* ist zu gedenken. Wir sprachen schon von dem weitverbreiteten Flachs- und Hanfanbau. Das Aufbereiten des Rohmaterials, das sogenannte Rößten, sowie das Spinnen und Weben läßt sich auf dem Schurwald bis in das 15. Jahrhundert zurück beobachten und ist gewiß noch älter. Noch heute erinnern unsere einst nassen »Rößwiesen« daran, daß hier der gerupfte Flachs in Rößen (mit Brettern eingefaßten Gruben) gerößt, das heißt genäßt wurde, damit seine Holz- und Faserteile sich trennen. Daheim wurde der Hanf dann noch gedörrt, ehe es ans Spinnen und Weben ging. Letzteres stellte eine häusliche Nebenarbeit der meisten Bauern- und Weingärtnerfamilien, Männlein wie Weiblein, während der Wintermonate dar, zunächst für den eigenen Bedarf und jahrhundertelang mit viel Hingabe betrieben; von den »koertz oder gunckhelstuben« spricht schon die Adelberger Gerichtsordnung von 1502. Als dann genau hundert Jahre später die Uracher Leinenweberei von Herzog Friedrich I. ins Leben gerufen wurde, scheint man bei uns auch für die dortige Leinwandhandlungskompagnie (eingegangen 1792) den selbst erzeugten Flachs gesponnen zu haben. Dafür spricht, daß die Kompagnie das von ihr im Großen verwebte Material sogar aus dem Murrhardter Wald bezog und der Schurwaldflachs wegen seiner Qualität damals geschätzt wurde. Sicherlich gesponnen und gewoben hat man in der Zeit vor 1700 außerdem schon zum Verkauf in den benachbarten Talorten.

Abschließend, wie gestaltete sich die *handwerkliche Versorgung im 18. Jahrhundert* auf dem Schurwald? Ihre eingangs geschilderte Primitivität mag sich langsam, den steigenden Einwohnerzahlen der Dörfer entsprechend, zum Besseren gewandelt haben. Wenn 1721 aus Hundsholz von 50 Handwerkern berichtet wird, so stellt das allerdings ein durch die umfangreiche Adelberger Klosterverwaltung bedingtes Maximum dar. Laut Steuereinschätzungsakten von 1730 gab es in Aichelberg 19, in Aichschieß 7, in Baltmannsweiler und Hohengehren je 16, in Oberberken 13, in Börtlingen 28 Handwerker. Sie verteilten sich mehr oder weniger gleichmäßig auf alle gängigen Sparten wie Weber, Bäcker, Metzger, Schneider, Schuster, Schmied, Wagner usw. In den kleineren Weilern tauchten neben den Webern nur sehr vereinzelt verschiedenartige Handwerker auf. Die hausgewerbliche Weberei, weiter meist als Nebenberuf betrieben, verstärkte sich allenthalben; so zählte man in Hundsholz und in Börtlingen sogar je 16 Weber. Dementsprechend muß auch das Spinnen eifrig betrieben worden sein. Die Köhler hingegen wurden allmählich seltener. Von den im Dreißigjährigen Krieg zerstörten Mühlen lebten 5 wieder auf; neu hinzugekommen ist im 18. Jahrhundert nur die Hegenloher Ölmühle.

Diese Entwicklung des handwerklichen Angebots änderte freilich nichts an der fachlichen Leistung und der sozialen Lage des Handwerkers. Aus der Gesamtsituation ergab sich, daß man meist weiterhin »Bauernhandwerker« blieb und damit, in welchem Umfang auch immer, nur begrenzt Zeit und Sinn fürs Handwerk besaß. Die fachliche Ausbildung überschritt kaum den eingangs geschilderten Umfang, was sich nachteilig auf die Güte der geleisteten Arbeit auswirken mußte. So wird das Urteil über die Hohengehrener in den Schorndorfer Steuer-Fundus-Akten von 1730 verständlich: »Wie auff dem gantzen walld (Schurwald), also auch allhier seynd die Handwerkher gar schlecht«. Dementsprechend finden sich allenthalben Klagen über schlechten Verdienst; die Hundsholzer Handwerker erhielten um 1721 einen Steuernachlaß »in Ansehung der großen Armuthey, hauptsächlich aber, daß die Leute hier mit dem Frohnen am meisten und härtesten mitgenommen werden«.

Zweitens: Gewerbliches. Mit der Quellenlage hapert es hier für die Zeit vorm Dreißigjährigen Krieg wie beim Handwerk. Mit allem Vorbehalt sei wenigstens eine gewisse Überschau versucht. Wenn wir lesen, daß *Gasthäuser* (Herbergen) in Plochingen, Reichenbach, Ebersbach und Uhingen, also in Dörfern an einer Fernverkehrsstraße, erst nach Beginn des 16. Jahrhunderts bekannt sind, können wir getrost annehmen, daß es bis dahin solche auf dem Schurwald nicht gab. Auch nicht in Hundsholz (Adelberg); zwar weisen die Adelberger Lagerbücher von 1537, 1594 und 1686 ein »Gasthaus« im Klosterbezirk aus; dabei handelte es sich aber offensichtlich um ein Häusle für die Klostergäste, nicht um eine öffentliche Herberge für jedermann. Allem Anschein nach gab es sogar bis weit nach 1817 kein Übernachtungsgewerbe auf dem Schurwald. Fremde mußten sich ein Privatquartier suchen, mit Erlaubnis des Schultheißen.

Wie stand es mit den *Gastwirtschaften?* Erstaunlicherweise enthält schon die Adelberger Gerichtsordnung von 1502 Vorschriften für den Besuch von Gaststätten; das könnte deren damaliges Bestehen für Hundsholz und allenfalls Börtlingen (im übrigen für Altbach und Zell am Neckar) belegen. Im übrigen bestand bis in das 17. Jahrhundert in den kleinen armen Schurwaldweilern kaum Bedürfnis nach Gaststätten: man trank seinen eigenen »Moscht« oder Wein; wenn's hoch kam, wanderte man sonntags zu den Lokalen in den Talorten. Dann, mit der stetigen Bevölkerungszunahme, mögen hier oben die ersten Wirte ihren Ausschank aufgenommen haben. Die Steuereinschätzungsakten notieren 1730 folgende Gastwirtschaften: in Aichelberg 2, in Schanbach, Manolzweiler, Hohengehren, Baltmannsweiler und Hegenlohe je 1, in Hundsholz gar 4 und in Börtlingen 2; Fehlanzeigen für Lobenrot, Krummhardt, Baach und Aichschieß. Man unterschied zwischen »Schilderwirtschaften« (durften ein Wirtshausschild heraushängen, Speisen verabreichen und Gäste beherbergen; das Wirtschaftsrecht ruhte auf dem Haus) und »Gassen-« oder »Besenwirtschaften« (durften nur einen Besen heraushängen, nur Getränke verabreichen; das Schankrecht besaß nur die damit beliehene Person). Viel verdient hat wohl kein Wirt, und selbst bis 1817 war der Ausschank praktisch ein abends betriebener Nebenberuf, der sich allenfalls sonntags zum Hauptberuf ausweitete. Schließlich wurde aus der Not gar ein Vorteil: »Bäcker und Wirt« oder »Metzger und Wirt« blieben noch oft in mageren Zeiten von vielen Gästen gesuchte Kombinationen.

Ein Gewerbe besonderer Art betrieben die *Bader*. Ihre Badstuben befanden sich meist in den Talorten und wurden mit Schurwaldholz geheizt (Leonberger Forstlagerbuch 1583). Auf dem Schurwald selbst sind bisher nur die Badhäuser in Hundsholz (1537, 1594) und Baiereck (1563, 1603) bekannt geworden. Vom nordwestlichen Schurwald ging man wohl hinunter nach Beutelsbach oder Schnait oder zum Strümpfelbacher »Churbad«. Und zur Reichenbacher Badstube heißt es 1584, sie sei auch von fünf Nachbarorten besucht worden, wobei man außer an Hochdorf auch an Baltmannsweiler, Hohengehren, Hegenlohe und Thomashardt denken kann. Plochingen und Ebersbach besaßen ebenfalls einen Bader. Ihm oblag nicht nur die allgemeine Wartung der Badstube. Er versuchte, durch Beigabe von Heilkräutern den Kranken Linderung zu verschaffen; er pflegte Verwundete, ließ bei Blutüberdruck (oder was man dafür hielt) die Beschwerten zur Ader, zog gar mehr oder weniger gewaltsam einen bösen Zahn und barbierte die Leute. Die Badstuben von Reichenbach, Baiereck und Adelberg haben den Dreißigjährigen Krieg nicht überstanden. Im Jahr 1730 arbeiteten nur in Hohengehren und Hundsholz je 1 Barbier.

Der *Grempler* oder Krämer taucht erst im 18. Jahrhundert vereinzelt (so 1730 in Baltmannsweiler) auf. Noch lange brachte man sich selbst, beim Verkauf der eigenen landwirtschaftlichen und sonstigen Erzeugnisse in den Talorten, das zum Leben Notwendige mit herauf.

Schließlich das weit und überall zurückverfolgbare *Kleinstgewerbe* aller Arten. Im häuslichen Rahmen tat sich so mancherlei am Verarbeiten gesammelter Waldprodukte: die Herstellung von Besen, Holzrechen und Schindeln, das Flechten von Weidenkörben, das Zerkleinern und Bündeln von ersteigertem Reisig zu »Bischles« oder »Krehen« (Reisigwellen). Kleinen Holzzwischenhandel gab es seit eh und je. Schon das Leonberger Forstlagerbuch von 1583 berichtet, daß viele arme schurwäldische Waldarbeiter ihr Holzdeputat zum Broterwerb verkauften. Nicht wenige Bauern ersteigerten im Staatswald »Beigeholz« (Meterholz) und zerkleinerten es zum Verkauf. Das alles und wohl gelegentlich einiges »gefreveltes« (gestohlenes) Holz dazu brachten die »Ochsenbauern« auf ochsenbespannten Fuhrwerken zu den Märkten und Haushaltungen des Remstals, des Fils- und Neckartals, bis hinunter nach Stuttgart. Aber auch so manches Schurwaldweiblein zog dort mit dem Handwägele ihre bescheidenen Kostbarkeiten hausierend durch die Gassen. Dazu gehörten die Waldbeeren, vor allem die zum Schnapsbrennen begehrten Wacholderbeeren. Und nicht zu vergessen der Stubensand: aus kleinen Stubensandsteingruben oder auch durch primitives Stampfen recht mürber Sandsteine gewonnen, wurde der feine weiße Fegesand den Hausfrauen verkauft zum Reinigen nackter Holzfußböden und zu deren nachfolgendem Bestreuen sowie zur Pflege des einst verbreiteten hölzernen Küchengeschirrs und der Tischplatten.

Noch ein Wort zu den mehrfach erwähnten *Märkten*. Sie bildeten die Umschlagplätze für alle landwirtschaftlichen und gewerblichen Erzeugnisse, auch für die neuesten Neuigkeiten. Auf dem Schurwald selbst gab es niemals Orte mit Marktgerechtigkeit (ausgenommen Baltmannsweiler, aber nur 1864–97). Für die Schurwälder kamen als die nächsten Orte mit Marktrecht infrage: Lorch, Schorndorf, Winterbach, Beutelsbach, Stetten; Göppingen, Uhingen, Ebersbach, Plochingen, Esslingen. Daß die armen Bauersleute lange beschwerliche Fußmärsche zu ihrem Markt zu bewältigen hatten, zeigt etwa das Beispiel Hohengehren;

noch heute kennt man den Hohengehrener Marktweg quer durch das obere Reichenbachtal hinauf nach Hegenlohe und über den Kirnberg hinab nach Ebersbach – und zurück!

Ein besonderes Ding war der *Salzhandel*. Weil Wirtemberg keine eigenen Steinsalzvorkommen damals kannte, bezog man Reichenhaller Salz im Austausch gegen schwäbischen Wein (mit der Freien Reichsstadt Schwäbisch Hall war man zeitweise zerstritten). Die Fuhrleute brachten den Wein nach Donauwörth und von dort das bayerische Salz in die Amtsstädte Göppingen und Schorndorf, die ein altes Vorrecht auf den Salzhandel in ihrem Amtsbezirk besaßen. Seit Einführung des wirtembergischen Salzmonopols 1760 verkaufte der Staat das Salz in den Amtsstädten. Das verlief immer so: der gewählte Salzmesser jedes Schurwalddorfes holte das Salz in seiner Amtsstadt, maß es daheim den Haushaltungen nach Bedarf zu, kassierte dafür das Geld und brachte es in die Stadt; den Wiegeverlust trug die Gemeinde. Erst in der Mitte des 19. Jahrhunderts übernahm der örtliche Krämer die Salzverteilung.

i) Die Nutzung von Bodenschätzen (1268–1817)

Erstens: Mineralische Bodenschätze, die eine Ausbeutung lohnen würden, gibt es auf dem ganzen Schurwald nicht. Diese Erkenntnis besaß man freilich in alten Zeiten noch nicht. Immer wieder versuchten vor allem die wirtembergischen Landesherren, vermeintliche Reichtümer ihres Bodens aufzuspüren und bergmännisch gewinnen zu lassen.

Da sind zunächst die uralten Bemühungen um *Gold*. In der Tat enthält der Stubensandstein feinste Flitterchen gediegenen Goldes, die dereinst mit seinen Sandmassen herangebracht wurden. Bei der Verwitterung und Zerwaschung des Gesteins werden sie freigelegt und kommen zusammen mit den Sanden in unsere Bäche. Ersten Anlaß zur Goldsuche, so meint man, gaben dünnste Goldbeschläge an den Wänden der Schmelztiegel der Glashütten im Nassachtal (vgl. oben); nur aus den hier verwendeten Stubensandsteinsanden konnte das Gold stammen. Schon die Augsburger Kaufmannsfamilie Fugger hatte angeblich zu Anfang des 16. Jahrhunderts unterhalb der Reichenbacher Rißhalde (Flurname »Stollenhäldle«) nach Gold schürfen lassen, freilich vergeblich. Über Goldwäsche aus den Sanden der Bäche im Schurwald selbst ist nichts bekannt, wohl aber im Krebsbach auf Markung Esslingen-Hegensberg. – Nur nebenbei: keinesfalls möchten wir Flurnamen auf den Markungen Krummhardt (»Goldäcker«) und Manolzweiler (»Goldboden«) als Hinweise auf einstiges Goldschürfen begreifen, vielmehr mit der auffallenden Farbe des frisch umbrochenen Liasbodens erklären. Zu den enttäuschten Baltmannsweiler Hoffnungen auf Edelmetallvorkommen vgl. unten.

Bei dem nachgenannten Reichenbacher Kupferbergbau wurden geringe Mengen von *Silber* gewonnen, so 1596–1600 und 1738–39; das Schürfen nach Silber im unteren Kirnbachtal 1599 blieb ergebnislos.

Umfangreiche und wiederholte bergmännische Schürfungen galten vermutlich zunächst der Findung und Förderung von *Kupfer-* und *Mangan*erzen, liefen aber doch wohl sofort hinaus auf sogenannte *Farberze,* nämlich die Kupferverbindungen »Berggrün« (Malachit) und »Bergblau« (Kupferlasur oder Azurit)

140

sowie die Manganverbindung »Kesselbraun«. Diese ebenso wie die Goldflitterchen hierher gekommenen Erzkörnchen hatten sich leider nicht in regelrechten Gängen abgelagert, sondern nur in vereinzelten, völlig unergiebigen Fladen zwischen den Stubensandsteinschichten.

Ob wir dem schon die Arbeiten am 1268 urkundlich nachgewiesenen »Aertzberch zur Schlicht« (wo?) zurechnen dürfen, muß mangels jeder weiterer Nachricht darüber offen bleiben. Später, wohl angeregt durch Erzspurenfunde beim Baltmannsweiler Kohlenschürfen (vgl. unten), ging man an mehreren Stellen der südlichen Schurwaldhänge ans Werk, vor allem beim »Bergort« Reichenbach, worüber Wilhelm Böhringer in seinem »Reichenbacher Heimatbuch« ausführlich berichtet. Teils handelte es sich um herzogliche, teils um private Bemühungen. Erste Schürfungen im Lützelbachtal 1561 liefen wohl bald wieder aus. Sie wurden 1591 auf der Reichenbacher Geishalde (Flurname »Im Bergknappenloch«) wieder aufgenommen; sechs Jahre darauf sieht man mehrere Schächte und Stollen dort, diese jedoch wegen wirtschaftlicher Unergiebigkeit 1600 eingestellt. Dann versuchten sich einige Privatleute. Erneute landesherrliche Anläufe hier 1605–07 und 1736–39. – Auf der Suche nach Eisenerz schürfte man in der ersten Hälfte des 16. Jahrhunderts auf Thomashardter Markung am linken Stubensandsteinhang des Grunbachtälchens (schon 1563 Flurname »Eisenwinkel«), praktisch erfolglos. – Kleinere bergmännische Bemühungen in den Stubensandsteinhängen bei Plochingen um 1606, am Südostausläufer des Kirnberges (abgegangener Flurname »Erzgrube«) auf Ebersbacher Markung um 1599 und 1606 sowie am Eingang vom Bärentobel, einer Seitenklinge der Nassach nordöstlich Diegelsberg, 1599–1607 und erneut 1739, sie alle blieben stets in den Anfängen stecken.

Zweitens: Vereinzelte sehr dünne *Kohle*vorkommen im Stubensandstein regten wiederholt zu Abbauversuchen an, mußten jedoch ergebnislos bleiben. Denn es kann sich dabei nur um vereinzelte Baumstämme oder angereicherte Pflanzenreste handeln, die bei der Bildung des Stubensandsteins in die Sande eingeschwemmt worden waren und sich hier unter Luftabschluß in den Jahrmillionen zur Kohle umgebildet hatten. Diese Vorkommen bestehen aus dünnen, linsenartigen Nestern schwärzlicher Pechkohle, auch »Augstein« oder »Gagat« genannt. Ein solches »Bergwerk des Augsteins«, eigentlich in der Hoffnung auf Gold- und Silberfunde 1447 südwestlich Baltmannsweiler im Gefällbachtobel (vgl. Teil B, Baltmannsweiler) begonnen, mußte als nicht lohnend bald wieder eingestellt werden. Die Hegenloher glaubten noch 1846, eine Steinkohlenader nahe ihrem westlichen Dorfrand entdeckt zu haben, ließen aber schon nach einem halben Tag vergeblicher Arbeit davon ab.

Drittens: Zur einstigen Verwertung der *nutzbaren Gesteine.* Wir folgen dabei dem Schichtenbau von unten nach oben. *Schilfsandstein* (Flutfacies) wurde östlich Waldhausen am Fuß des Pulzwaldes sowie in den Tälern des Stettener Haldenbachs und des Strümpfelbachs an mehreren Stellen jahrhundertelang abgebaut und wegen seiner warmroten oder graugrünen Farbe gern als Baustein verwendet, so bei vielen Stuttgarter Gebäuden. Freilich blättern seine tonigen Bänke wegen der lagenweisen Anhäufung von Glimmerblättchen leicht auf; nur ausgesuchte feste Bänke lieferten Steine, die bis heute durchhielten. – Der im Westschurwald meist nur geringmächtig auftretende graugrüne *Kieselsandstein* fand wegen seiner Wetterfestigkeit gern Verwendung beim Bau von Weinbergmauern. – Aus dem Unteren Stubensandstein wurde in vielen Brüchen der harte, häufig verkieselte hellgraue bis rötlich-violette Kalksandstein oder *Fleinstein* (volksmundlich »Fleins«) zur Straßenbefestigung gewonnen, vor allem an den unteren Talrändern des Mittel- und des Ostschurwaldes. Der *Mittlere Stubensandstein* lieferte außer Straßensteinen schöne hellgraue, freilich feuchtigkeitsleitende Bausteine. – Den weiß-gelblichen *Rätsandstein* baute man um Lobenrot, Aichelberg und Manolzweiler zur Gewinnung von Bausteinen ab; feingestampft diente dieser »Silberstein« früher zum Silberputzen. – Vom Schwarzen Jura oder Lias Alpha auf den Höhen wurde vor allem der gelbe bis gelbbraun verfärbte *Angulaten-Kalksandstein* allenthalben für den örtlichen Baubedarf gebrochen.

Dazu noch eine allgemeine Bemerkung. Unter der damaligen Ausbeutung darf man sich keine Konzentrierung auf einige besonders abbaugünstige oder hochwertige Vorkommen vorstellen. Vielmehr versuchten es die Leute mit vielen kleinen und kleinsten Steinbrüchen, den jeweiligen zeitlichen und örtlichen Bedürfnissen entsprechend, und überließen sie dann sich selbst oder füllten sie mehr schlecht als recht wieder auf. Solchen anderweit nicht erklärbaren Geländevertiefungen begegnet man immer wieder.

Das gilt auch für die *Mergel*- und *Sand*gruben. Aus dem Schurwaldvorraum sind vor allem die Unteren Bunten Mergel, und zwar deren mittlere Schicht, die *Roten Mergel*, volksmundlich »Leberkies«, zu nennen. Sie wurden wegen ihrer Mineralkraft (Kalium, Magnesium u. a.) schon früh in größeren Gruben abgegraben und dienten zur Düngung, zum »Mergeln« der Weinberge; hier sollten sie zugleich den bei Regengüssen abgeschwemmten Boden ersetzen, auch Feuchtigkeit und Wärme halten und das Unkraut abdecken. – Aus dem Mittleren Stubensandstein holten sich die Glasmacher des 15. Jahrhunderts mürbe *quarzhaltige Sandsteine* und lose Sande zur Verarbeitung in ihren Glashütten, während die Hafner die *roten Tonmergel*lagen für ihre Töpfereien nutzten. Im Mittleren, vor allem im Oberen Stubensandstein gewann man weißen *kalkfreien Sand* zum Bauen, Streuen und Stubenfegen. – Über das in unseren mittelalterlichen Kalköfen verarbeitete Rohmaterial lassen sich wohl keine allgemeingültigen Aussagen machen (vgl. Baltmannsweiler und Büchenbronn im Teil B). – Der *Liasverwitterungslehm*, volksmundlich »Loima« oder »Kleib«, der Hochflächen diente den Zieglern als Werkstoff; viele Grundstückseigentümer holten ihn früher auch zum eigenen Bedarf beim Ausfüllen von Fachwerkwänden, beim Ausschmieren von Öfen und Kaminen und dergleichen mehr.

k) Die Wälder (1268–1817)

Erstens: Die Verarbeitung der Wälder. Die erste und die zweite Besiedlungswelle auf dem Schurwald hatten zur Herrichtung kleinerer und kleinster Rodungsinseln geführt; alles andere war zunächst Wald geblieben, dessen Umfang wir um einiges größer schätzen als den heutigen (vgl. Abschnitt 3 b). Die dann bei steigender Bevölkerungszahl notwendig werdende Ausweitung des bäuerlichen Wirtschaftsraums (Äcker, Wiesen) konnte wiederum nur durch *Zurückdrängung des Waldes* erfolgen. Davon zeugen noch heute unsere vielen Waldnamen, die sich auf einstige Äcker beziehen, beispielsweise: Linsenacker, Roggenfeld, Hanfländer und Mausäcker. Dazu Bomgarten und Mahd sowie die zahlreichen Waldnamen mit dem Grundwort ».. . wies«. Wo die damit erreichte äußerste Rodungsgrenze verlief, läßt sich mit Sicherheit nicht mehr erkennen, zumal insbesondere nicht immer der ganze heutige Raum einer Forstabteilung solchen Namens gerodet gewesen sein muß. Aus dem 16. Jahrhundert erfährt man dann von umfangreicheren Rodungen nur noch wenig. So schritt im Nordwesten die Entwaldung zwecks Anlegung gewinnbringenderer Weingüter an den oberen Schurwaldhängen derart fort, daß 1566 neue Rodungen verboten wurden, freilich wegen Wild und Jagd, nicht wegen des Waldes an sich. Und schließlich sei erinnert an die zweite Welle neuer Einzelhöfe im 18. und frühen 19. Jahrhundert und an die damals getätigten Rodungen in der Nachbarschaft einiger Dörfer zur Gewinnung neuer Ackerflächen. Aber Landschaftsveränderungen großen Stiles bewirkten solche Vorgänge nicht mehr.

Als im 14. Jahrhundert die Verödung unserer Gruppensiedlungen begann, setzte auf den verlassenen Fluren vereinzelt eine rückläufige Bewegung, die *Wiederbewaldung*, ein. So erwähnen schon Urkundsnotizen von 1379 bei Hegenlohe »Ritziswilre den walt«; das will besagen: der Weiler war schon vor 1350 abgegangen und das beurkundete Rechtsgeschäft betrifft den dort inzwischen hochgekommenen Wald. Freilich ist das wohl ein sehr frühes Beispiel. Das natürliche Wiedervordringen des Waldes dürfte sich im 15. Jahrhundert verstärkt fortgesetzt haben, insbesondere auf den Fluren der abgegangenen Gruppen- und Einzelsiedlungen. Im Dreißigjährigen Krieg und in dessen Folgezeit verhinderten die Zerstörung sehr vieler Wohnstätten und vor allem der ungeheure Bevölkerungsschwund eine sachgemäße Bewirtschaftung der Äcker und Wiesen und erlaubten damit vielerorts eine natürliche Wiederbewaldung. Die Forstabteilungskärtchen im Schorndorfer Forstlagerbuch von 1685 zeigen noch viele große und kleine Waldwiesen, die später der Wiederbewaldung erlagen, zunächst auf natürliche Weise und vom 18. Jahrhundert ab zusätzlich durch gelegentliche, dann auch durch planmäßige Aufforstung.

Zweitens: Zur Verlichtung der Wälder. Wir hatten vermutet, der Wald sei um 1268 im allgemeinen dicht bestockt gewesen. Nun liest man immer wieder von spätmittelalterlichen lichten Weidewäldern auf dem Schurwald; Beweise dafür werden nicht angeboten, nur Rückschlüsse aus darauf folgenden Zeiten gezogen. Indessen, daß Rindvieh und Geißen der kleinen Schurwaldweiler sowie die Schafe der Talherden schon im 14. und 15. Jahrhundert den ganzen Wald derart verweidet hätten, ist unwahrscheinlich und wird auch nicht durch den erst später aufgekommenen Namen »Schurwald« belegt. Eine Verlichtung durch übertriebene Holznutzung will ebenfalls nicht recht einleuchten. Denn noch jahrhundertelang bildete das Heraushauen von einzelnen Bäumen die einzige Holznutzungsart; mit verstreuten Kahlschlägen für den Wiederaufbau vieler kriegszerstörter Häuser und für Glashüttenbedarf kann man frühestens seit 1400 rechnen. Und der Umsatz der Kohlenmeiler sollte damals schon derart groß und daher holzfresserisch gewesen sein? Zusammengefaßt: der Schurwald außerhalb der bäuerlichen Rodungsflächen trug vermutlich bis zur Mitte des 15. Jahrhunderts seine in sich geschlossenen Waldflächen, abgesehen von möglichen begrenzten Einzelauflichtungen, etwa an seinen Randstreifen.

Dann erst, etwa gleichzeitig, aber ohne inneren Zusammenhang mit dem verstärkten Vordringen des Waldes, vollzog sich langsam seine sozusagen gewaltsame Auflichtung. Sie stellte die zwangsläufige Folge der Schäden dar, die nunmehr zunehmend rücksichtslose Waldnutzungen und überhöhter Wildbestand verursachten (vgl. unten). Demzufolge soll der Schurwald schon während des 15. und 16. Jahrhunderts im Westen und in der Mitte, weniger im Osten (im Adelbergischen war die Waldweide, soweit sie überhaupt neben den ausgedehnten Nadelwäldern infrage kam, schon frühzeitig durch die Klosterherrschaft beschränkt worden), nur ein lichter Weidewald, teilweise gar verödet gewesen sein. Als Beleg dafür wird gern die Bemerkung des Schorndorfer Forstlagerbuchs von 1555 angeführt, die Hohengehrener Mahd sei »ain verderbt und abgefressenn holtz, dar Innen etlich flecken Irn Vichtrib haben«. Genau betrachtet bringt allerdings dieses Forstlagerbuch für die reichliche Hälfte der Forsten überhaupt keine Güteangabe und seinen gewiß nicht seltenen Aussagen über ein verderbtes Holz stehen nicht minder viele über ein »gut erwachsenn holtz« gegenüber. Eine vorsichtige Zurückhaltung beim abwertenden Urteilen über den damaligen Schurwald erscheint somit geboten. Immerhin, wie solcher »Weidewald« aussah, erfährt man wieder am krassen Beispiel der Mahd: »stehen nur hin und wieder Erlenbüsche und etliche alte Eichen, zum Äckerich nützlich« (Leonberger Forstlagerbuch 1583).

In der Folgezeit weiteten sich zweifellos die zunächst in einzelnen Revieren spürbar gewesenen Schäden, Verlichtung oder gar Verödung, stärker aus. Das darf man aus dem verbreiteteren Auftreten von Lichtholzarten sowie aus dem Rückgang von Buche und Tanne schließen (vgl. unten). So paradox es klingt, eine wahre Erholungspause für die Wälder stellte dann die zweite Hälfte des Dreißigjährigen Krieges dar. Denn die kriegsbedingten Unsicherheiten und vor allem der unerhörte Bevölkerungsverlust brachten die Waldweide, die sonstigen Waldnutzungen und die Jagd weitgehend zum Erliegen. Später allerdings ging es im alten Trott waldabträglich weiter, seit der zweiten Hälfte des 17. Jahrhunderts verstärkt durch umfangreiche Kahlschläge für Bauholz zum Wiederaufbau und für massive Holzausfuhr zur Aufbesserung der Staatsfinanzen sowie durch vermehrtes Überhegen des Wildes zur Befriedigung herzoglicher Jagdleidenschaften. Trotzdem braucht man die dadurch gesteigerte Verlichtung wohl nicht übertrieben hoch einzuschätzen.

Drittens: Die Standorte der Wälder in alten Zeiten bestimmten sich zwangsläufig nach landwirtschaftlichen Überlegungen und Maßnahmen. Mit anderen Worten, was aus bodenartlichen oder betriebswirtschaftlichen Gründen nicht für Äcker und Wiesen genutzt wurde, blieb oder wurde einfach Wald. Aufs Ganze und sehr grob gesehen mag es darauf hinausgelaufen sein, daß der Wald vorzugsweise die Stubensandsteinböden und die Knollenmergelzonen bestockte, während er auf den Liashochflächen zeitweise verbreiteter, zeitweise zurückgedrängt wuchs. Insgesamt entspringen bodenkundlich orientierte Maßnahmen doch erst der Forstwirtschaft des 19. und 20. Jahrhunderts.

Zum Ausgang des Mittelalters veränderten sich die natürlichen Bestockungsverhältnisse im einzelnen, die *Anteile der verschiedenen Holzarten*, durchgreifend. Dabei ging es einmal um die klimabedingte grundsätzliche Verteilung von Laub- und Nadelwald, zum anderen um das Zurücktreten dieser oder jener Laub- und Nadelwaldarten zugunsten anderer, verursacht durch die fortschreitende Verlichtung der Wälder. Wir erwähnten schon die Möglichkeit einer Klimaverschlechterung zwischen 1200 und 1300. Vielleicht durch solche leichte

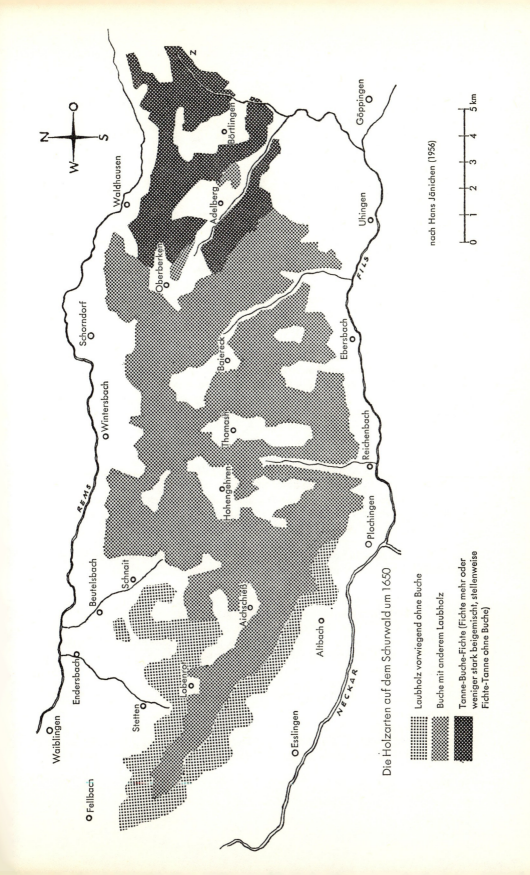

Die Holzarten auf dem Schurwald um 1650

nach Hans Jänichen (1956)

Laubholz vorwiegend ohne Buche

Buche mit anderem Laubholz

Tanne-Buche-Fichte (Fichte mehr oder
weniger stark beigemischt, stellenweise
Fichte-Tanne ohne Buche)

5 km

Waiblingen

Fellbach

Endersbach

Stetten

REMS

Schorndorf

Wintersbach

Beutelsbach

Schnait

Lobenro

Aichschieß

Altbach

Esslingen

NECKAR

Plochingen

Reichenbach

Hohengehren

Thomasli

Baiereck

Oberberken

Waldhausen

Adelberg

Börlingen

N

Ebersbach

FILS

Uhingen

Göppingen

Abkühlung veranlaßt scheint sich schon verhältnismäßig früh im Ostschurwald ein Übergewicht der auf weniger Wärme und mehr Niederschläge angewiesenen Nadelhölzer gebildet zu haben.

Erstmals urkundlich faßbar, allerdings noch nicht systematisch präzisiert, wird das im Schorndorfer Forstlagerbuch von 1555. Wenn dieses für den West- und den Mittelschurwald von »vermischten« Wäldern spricht, meint es Laubhölzer, seine »Tannenwälder« im Ostschurwald wird man wohl allgemein als Nadelwald, allerdings noch vorwiegend Weißtanne, verstehen dürfen. Das »Altwürttembergische Forstkartenwerk« des Andreas Kieser von 1686 bestätigt das erstmals kartiert: der West- und der Mittelschurwald tragen Laubwald, der östliche Teil hingegen Nadelwald; als Trennungslinie zeichnet Kieser die Berkener Querstraße und zieht sie weiter hinab ins Aichenbachtälchen zur Rems hin. Nun wird man diese Grenzziehung in Wirklichkeit nicht derart streng verstehen dürfen, denn Kiesers Karte kennt keine Mischwälder, die es doch gegeben hat.

Den weiterentwickelten Gegebenheiten vermutlich am nächsten kommt Hans Jänichen (1956) mit seinem interessanten Kärtchen der Waldverteilung um 1650 (vgl. die beigefügte Skizze). Im West- und Mittelschurwald zeigt er die submontane Regionalgesellschaft reiner Laubwälder mit vorherrschender Buche, jedoch am Nordwest- und Südwestrand (von Aichelberg über den Fellbacher Kappelberg bis oberhalb Plochingen gegen die Weinbauhänge und die großen Talsiedlungen hin) mit überwiegend Eiche und wenig Buche; die Buche war schon weitgehend zu Brenn- oder Nutzholz herausgeschlagen, während die Eiche als Eichelerzeuger der Schweinemast wirksamer geschützt wurde. Von Birke, Hasel und Erle sprachen wir schon; das verbreitetere Auftreten von Lichtholzarten, vor allem auf den sich wieder bewaldenden ehemaligen Rodungsflächen, verstärkte auf natürliche Weise den Eindruck weitgehender Schurwald-Verlichtung. Im Ostschurwald, einsetzend an der Berkener Querstraße, zeichnet Jänichen montane Tannen-Buchen-Fichten-Bestände mit dem Bemerken, daß im Inneren der großen Wälder noch die natürlichen (d. h. einstigen) Buchen-Tannen-Bestände erhalten gewesen seien und daß vom Osten her bis in den Adelberger Raum die Fichte Fuß gefaßt habe. Im wesentlichen auf dasselbe, wenn auch mit Varianten, läuft es für den Adelberger Forst bei Gertrud Buck-Feucht (1961) hinaus: zwischen der Berkener Querstraße und dem Börtlinger Höhenzug standen Tannen-Buchen-Wälder, teilweise auch noch mit Eiche darin; sie gingen nördlich und östlich von Börtlingen in ausgesprochene Tannenbestände mit zunächst wenig Fichte über, so etwa in den großen »Danwald« des Marbachtals. Dabei blieb es, abgesehen vom weiteren natürlichen Vordringen der Fichte, bis in die erste Hälfte des 18. Jahrhunderts (vgl. unten).

Viertens: Das Waldgrundeigentum. Nach dem Stauferende befanden sich unsere Waldungen in den Händen von weltlichen größeren und kleineren Grundherrschaften, von Klöstern und Gemeinden. Fast alle wirtembergischen Grafen und Herzöge bemühten sich dann um die Vermehrung dieses Waldbesitzes, aus politischen oder wirtschaftlichen Überlegungen, auch aus Jagdliebhaberei. So kauften sie 1436 vom Kloster Denkendorf dessen Schurwaldbesitz (vgl. Teil B, Baltmannsweiler). Den größten Happen schluckte Herzog Ulrich mit den Adelberger Waldungen bei der Säkularisation des Klosters 1535. Gelegentlich, aber doch als zeitbedingte Ausnahmen, beobachtet man aber auch Veräußerung von Herrschaftswald, so etwa des großen Waldes »Beiburg« 1522 (vgl. Teil B, Fell-

146

bach) oder von 57 ha Wald durch Herzog Ulrich 1541 an die Stadt Schorndorf. Übrigens, eine einheitliche Vermögensmasse bildete der wirtembergische Wald niemals, auch nicht auf dem Schurwald. Die »Herrschaftswälder« oder »Kammerwälder« (Kameralwälder) gehörten von Anfang an zum landesherrlichen Kammergut; dieses wurde vom Landesherrn verwaltet, war aber im öffentlichen Interesse zweckgebunden, wurde von den Landständen kontrolliert und schließlich 1819 zum Staatsvermögen erklärt; hierzu gehörte vor allem der Mittelschurwald. Zum »Kammerschreibereigut«, dem späteren »Hofdomänenkammergut«, kamen die mit der Herrschaft Stetten erworbenen Waldungen. Wieder andere Rechtsschicksale sahen wir den weiten Adelberger Waldungen beschieden. Zum Schorndorfer Forstmeister, späterem Oberforstamt Schorndorf-Engelberg, vgl. Abschnitt 4 c.

Die Kehrseite der wirtembergischen Waldausdehnung bildete der Ausverkauf vieler anderer Waldeigentümer, so der Herzöge von Teck und der Grafen von Aichelberg, der Truchsessen von Stetten, der Erbmarschälle Thumb von Neuburg und vieler anderer kleinerer. – Der Plochinger Stadtwald stammt aus einem Vermächtnis von 1381 (vgl. Teil B, Plochingen). Dem Esslinger und dem Schorndorfer Stadtwald gemeinsam ist ihr langsamer, aber stetiger Aufbau zu respektabler Größe. Teils traten die Stadtgemeinden selbst als Käufer auf, teils übernahmen sie Waldbesitz ihrer Patrizier, teils fielen ihnen später Waldgüter ihrer Spitäler zu. Schwankungen blieben naturgemäß auch hier nicht aus; beispielsweise verkauften die Esslinger den 1650 vom Kloster Sankt Blasien erworbenen Probstwald bei Reichenbach schon 1697 an Wirtemberg weiter. Der Waldbesitz der kleinen Dorfgemeinden, die »Hölzer«, trat demgegenüber begreiflicherweise völlig zurück, wenngleich seine wirtschaftliche Bedeutung in günstigen Einzelfällen für die glücklichen Gemeinden und ihre Einwohner durchaus beachtlich war. Erst recht gilt das für die weitverstreuten Hölzer einzelner Bauern; hier sei nur festgehalten, daß man solchen kleinen Privatwäldern in allen Forstlagerbüchern seit 1555 begegnet.

Fünftens: Die Bewirtschaftung der Wälder. In spätmittelalterlicher Zeit und noch weit später kannte man keine überlegte pflegerische Waldbewirtschaftung. Der Wald wuchs zunächst auf seine natürliche Weise unter den sich verändernden Umweltbedingungen (vgl. Drittens) weiter, durch Aussamung und durch Wiederaustreiben der Wurzelstöcke. Auch das erwähnte Vordringen der Fichte im Ostschurwald vollzog sich durch natürliche Aussamung. Für die Natur, den Wald und für die Forstwirtschaft habe man noch im 17. und 18. Jahrhundert, so meint Felix von Hornstein, keinen rechten Sinn gehabt. Nun, wenn man sehr konservativ in der Erhaltung der *Baumarten* war, so hatte das auch recht praktische Gründe. Vor allem behinderte die notwendige Rücksichtnahme auf die allenthalben »lagerbüchlich« gesicherten Nutzungsrechte (vgl. sechstens) jeden Entschluß zu holzartlichen Änderungen.

Erst in der zweiten Hälfte des 18. Jahrhunderts lassen sich lebhaftere forstwirtschaftliche Interessen und dementsprechend systematische Bemühungen um Verbesserungen der Baumartenauswahl erkennen. In die Laubwaldbestände des Westschurwaldes (Engelberger Raum) wurde etwa seit 1770, zunächst mehr versuchsweise, die europäische Lärche eingebracht; seit 1800 folgten die ersten Kiefern. Im Mittelschurwald blieb man nach wie vor beim Laubwald. Erst in den Wäldern unmittelbar östlich der Berkener Querstraße begann etwa um 1730 die Verdrängung der Buche, so daß hier fünfzig Jahre später die Laub-Nadel-Mischwälder immerhin zu einem Drittel aus Tannen bestanden; Fichte und Kiefer (Forche) erfuhren seit 1770 ebenfalls starke Förderung. In der Börtlinger Hut blieb es beim Überwiegen des reinen Nadelwaldes. Übrigens lehnten damals nicht wenige Forstleute den Mischwald als beschwerlich zu bewirtschaften grundsätzlich ab.

Gewiß, der Wald wuchs auf seine natürliche Weise weiter, aber nur soweit oder solange, als das durch Mensch und Tier nicht behindert wurde. Aber gerade hierdurch ergaben sich im Laufe der Zeiten steigende Schwierigkeiten. Über die allgemeine Zurückdrängung des Waldes für landwirtschaftliche Zwecke sprachen wir schon, desgleichen über die Verlichtung und Verödung der Wälder. Wenn man trotz aller offensichtlichen Mißstände lange Zeiten hindurch keine entscheidenden *pflegerischen Maßnahmen* traf, so lag das gewiß nicht am Mangel an Einsicht, sondern einfach daran, daß die Bedürfnisse der Forstwirtschaft sich mit denen der Landwirtschaft und der öffentlichen Finanzen besonders eng im Raum stießen. Immerhin versuchte, freilich weithin vergeblich, vor allem die dritte wirtembergische Forstordnung Herzog Christophs von 1552 energischer einzugreifen (Anordnungen gegen Köhlerei, Glashütten, Harzen der Bäume usw). Vielleicht begann man jetzt um den wichtigen Rohstoff des Landes zu fürchten; neuerdings bezweifelt allerdings Willy Leygraf wohl zutreffend, ob es sich damals wirklich schon um Holzmangel gehandelt habe oder vielmehr nur um einen somit dringlich begründeten Hinweis auf die Wichtigkeit der neuen Forstwirtschaftsvorschriften. Denn in der Tat war mit Christophs Maßnahmen zugleich der bisher nur örtlich und ansatzweise eingeleitete Übergang vom »Urwald« zum Wirtschaftswald, von der extensiven Ausbeutung zur intensiven Produktions- und Vorratswirtschaft, vollzogen.

Der Raubbau am Wald während des 17. Jahrhunderts und später führte zu solcher Holzverknappung, daß die Forstverwaltungen sich zu durchgreifenden pflegerischen Maßnahmen gezwungen sahen. Endlich schied man zwischen Nutz- und Brennholz und versuchte das hochwertige, immer seltener werdende Nutzholz zu schonen; der bisher üblichen natürlichen Verjüngung der Bestände begann man mit Saat und Pflanzungen systematisch nachzuhelfen; die schädlichen Nutzungen (vgl. unten) suchte man einzuschränken. Das alles vermochte natürlich sich erst langsam auszuwirken und Rückschläge blieben nicht aus; gegen Käfer-, Sturm-, Schnee- und Brandschäden war man machtlos.

Während der ganzen Berichtszeit wurden die Wälder im allgemeinen als Mittelwald oder Niederwald bewirtschaftet, weil die Gewinnung von schwächerem Brennholz bei weitem überwog. Im Mittelwald ließ man, dem geschätzten Bedarf an Bau- und Werkholz entsprechend, vereinzelt gute Bäume länger stehen, die nur mit besonderer Genehmigung der Forstaufsicht gefällt werden durften. Eichen, die »fruchtbaren Bäume«, wurden übrigens überall vom Landesherrn als ihm gehörig beansprucht und unterlagen besonderen Schutzbestimmungen wegen des Äckerich (vgl. unten). Umgekehrt, Buchen standen im 16. und 18. Jahrhundert bei manchen Forstleuten recht niedrig im Kurs und dienten nur als Brennholz. Von Kahlschlägen als Raubbau der Glasmacher und Köhler lasen wir schon; schlagweises Hauen als forstwirtschaftliche Arbeitsweise wurde zwar vorm Dreißigjährigen Krieg angeordnet, aber erst um 1775 vereinzelt durchgeführt.

Sechstens: Die Nutzung der Wälder. In verschiedenen Sachzusammenhängen war darüber schon zu berichten; hier sei das jetzt zusammengefaßt und ergänzt. Zuvörderst das Nächstliegendste, die *Holzentnahme.* Gewiß wurden zu allen Zeiten für Bau- und vor allem reichlich Brennholz, für die umfangreichen Etter- und Wildzäune und für Werkholz gefällt, desgleichen für Rebenstangen, sowie für Straßen- und Wegebau (Holzknüppel statt Steine bei Knollenmergel- und sonstigen nassen Böden). Berechtigt waren die einzelnen bäuerlichen Lehensträger und die Gemeinden, und zwar auf Grund »unvordenklichen Herkommens«, das seit dem 15. Jahrhundert zunehmend durch Lagerbucheintragung gesichert wurde. Daran durfte keine Grundherrschaft rühren, zwei bis drei Jahrhunderte lang. Ursprünglich konnte jeder Bauer das für den eigenen Bedarf benötigte Holz im Wald ganz oder teilweise unentgeltlich holen, auch dort wo er wollte, so noch um 1500. Die Gemeinden vereinbarten sich wegen ihres Bedarfs mit dem Forstmeister oder desen Beauftragten. Schärfere Eingriffe in die Waldbestände verursachten zweifellos die allenthalben auf dem Schurwald vertretenen Köhler, und die zwar hier nur vereinzelt auftretenden, aber mit großen Kahlschlägen arbeitenden Glasmacher und Salinsieder; über sie alle berichtet Abschnitt 4 h. Holzverkauf im Großen durch die waldbesitzenden Grundherrschaften selbst scheint zunächst mangels geeigneter Holzabfuhrwege und geringer Floßmöglichkeit nur in begrenztem Umfang geschehen zu sein, aber dann doch schon im 16. und erst recht vom 17. Jahrhundert ab. Zum Kleinsthandel mit Holz und anderen Walderzeugnissen vgl. ebenfalls oben.

Die Holzstocken oder »Stumpen« der Nadelbäume hielten die Förster in der ersten Hälfte des 18. Jahrhunderts für hinderlich und ließen sie ausroden, häufig durch arme Leute, die dafür das Holz behalten durften; später wurde die Stockholznutzung, weil die jungen Kulturen schädigend, wieder aufgegeben. Daß Harz aus Fichten im östlichen Schurwald hier und dort abgezapft wurde, darf aus wiederholten Beschränkungsmaßnahmen wegen der damit verbundenen Baumschädigungen geschlossen werden. Weitere allgemeine, allerdings geringer zu Buch schlagende Waldnutzungen bildete das Sammeln der Früchte wilder Obstbäume, der Waldbeeren und Pilze, des dürren Holzes, des Reisigs zum Besenbinden, der Weiden zum Körbeflechten, des Waldgrases und Mooses zum Abdecken der Kohlenmeiler – alles gegen Gebühren, die der Schorndorfer Forstmeister festsetzte. Im nordwestlichen Schurwald rupften die Remstäler Weingärtner das zähe Pfeifengras (»Ranschaub«) zum Rebenanbinden. Aufs Ganze gesehen ist der Wert aller dieser Nutzungen und der von ihnen angerichteten Schäden kaum mehr zuverlässig zu beurteilen. Ganz zu schweigen von den seit dem 16. Jahrhundert laufend lebhaft beklagten Holzdiebstählen mit ihren »Exzessen«. Nebenbei, Holzdiebstahl ist wohl so alt, wie Menschen in Waldnähe wohnen; schon das nellingische Weistum von 1354 droht in Fortführung bisherigen Gewohnheitsrechtes (betrifft den Propstwald bei Reichenbach) dagegen Geldbußen an und sogar strenge Strafen, »wer daz bi naht und bi nebel tuet«.

Über Waldweide und Äckerichsammeln als bäuerliche Funktion sprach unser Abschnitt 4 g. Wie sah das nun vom forstlichen Standpunkt aus? Die *Waldweide,* häufig fast ganzjährig betrieben, schadete dem Wald wegen Tritt und Verbiß des Weideviehs. Trotzdem wagte man lange Zeiten hindurch nicht gegen diese alten Lagerbuchrechte einzuschreiten. Die Forstdienststellen versuchten sich zunächst mit dem Einzäunen junger Kulturflächen zu helfen, freilich nur mit dem Ergebnis, daß diese von den Viehtreibern als besonders geschätzte Weideplätze aufgesucht wurden. Etwa ab 1750 ergingen energische Anordnungen von Regierung und Forstdienststellen dagegen, ohne sofort recht wirksam zu werden. Erst zu Anfang des 19. Jahrhunderts, als der Anbau neu eingeführter Futterpflanzen begann, trat das Waldweiden langsam zurück. – Das in diesem Zusammenhang oft erwähnte Laubstreusammeln setzte auf dem Schurwald doch wohl erst nach 1817 ein (vgl. Abschnitt 5 g).

Eine Sache für sich bildete das *Sammeln von Eicheln und Bucheckern* sowie die *Schweineweide* im Wald. Man sprach von »Äckerichgerechtigkeit« und meinte ein ziemlich verwickeltes, örtlich verschieden gestaltetes Recht – im einzelnen trotz häufiger »lagerbüchlicher« Festlegung umstritten, aber verständlicherweise von niemand grundsätzlich abgelehnt, weil die beiderseitigen Interessen von Herrschaft und Bauern berücksichtigend.

Auszugehen ist davon, daß das Äckerich seit alters zu den Rechten der forstlichen Obrigkeit über den gesamten Schorndorfer Forstbezirk und damit grundsätzlich der Herrschaft Wirtemberg gehörte. Daraus ergab sich das weitere Recht, diese Früchte von den Bauern gegen eine Abgabe (Schweinhaber) sammeln oder als Schweineweide an Ort und Stelle nutzen zu lassen, unter genauen Vorschriften hinsichtlich Ort und Zeit, Zahl der Sammler bzw. der Schweine und Hirten usw. Die Herrschaft beanspruchte diese Abgaben auch in Wäldern, die ihr gar nicht gehörten, beispielsweise im Esslinger Stadtwald. Mit dem Rückgang der Eichenbestände im 17. Jahrhundert ließ zwar die Ergiebigkeit dieser beachtlichen Einnahmequelle (vgl. unten) stark nach, aber die ständigen Streitigkeiten um die Nutzung hielten weiterhin an.

Von dem *Gesamtertrag der Wälder* darf man sich allerdings nur sehr bescheidene Vorstellungen machen. Die Äckerichabgaben bildeten überhaupt die ersten einigermaßen regelmäßigen Einkünfte der Herrschaft; kaum zu glauben, noch um 1442 brachten sie über die Hälfte des Gesamtertrags des Schorndorfer Forstbezirks ein. Selbst im Jahr 1800 waren die Einnahmen aus dem Staatswald minimal. Über die *Waldarbeit* möchten wir, um Wiederholungen zu vermeiden, erst im späteren Zusammenhang berichten.

Siebtens: Jagd, Wildschaden, Raubtiere. Schon die Grafen von Wirtemberg huldigten der Jagdliebhaberei und die Herzöge betrieben sie in stark gesteigertem Maße. Sie legten äußersten Wert darauf, daß alles jagdbare Wild allerorten ihnen vorbehalten blieb. Wilddieberei oder »Jagdvrevel« galten als schwere Verbrechen. Die Erlaubnis zum Gnadenjagen oder »Jagen außer Gnaden« gab der Herzog nur einzelnen Adeligen, so den Schenken von Limpurg und den Erbmarschällen Thumb von Neuburg, aber auch nur für festbegrenzte Bezirke und Zeiten. Jagen auf Grund verbrieften Rechtes oder »Jagen außer Gerechtigkeit« konnte im Schurwald nur das Kloster Lorch (1555). Je häufiger und je großartiger man »Festinjagden« veranstaltete, desto mehr Wild brauchte man. Das führte zwangsläufig zu einer den herrschaftlichen Förstern anbefohlenen Hege eines überhöhten Wildbestandes. Dieser behinderte das Aufkommen des Jungholzes erheblich und brachte auch dem Mittelschurwald beträchtlichen Schaden. Außerdem wurden große Waldgebiete überhaupt der zivilen Nutzung verschlossen und zu Wildparks erklärt, so zu Anfang des 17. Jahrhunderts der große Wildpark beim Jagdschloß Engelberg und anschließend der Wildpark bei Hohengehren mit einem Jagdschlößchen (hier 1816: 320 Hektar). Erst König Wilhelm I., zweifellos ein Mann mit Herz für seine Bauern und mit Verständnis für die Nöte der Landwirtschaft, ließ kurz nach seinem Regierungsantritt 1816 energisch mit den überhöhten Wildbeständen aufräumen; allein im Wildpark Engelberg wurden 680 Wildschweine abgeschossen.

Schwere Lasten brachten den Bauern die »forstlichen Dienstbarkeiten«, die schon aus dem hochmittelalterlichen Forstregal und Wildbann stammen: Die Bauern mußten »hagen und jagen«, das heißt den Wald einhegen (einzäunen) und Jagdhilfen leisten. Nur die thumbischen Dörfer waren davon befreit (1555). Vor dem gesamten Herrschaftswald mußte, seit dem 18. Jahrhundert von den jeweiligen Äcker- und Wiesenanrainern, ein starker Wildzaun unterhalten werden; die Erhaltung der Zauntore oblag stets der zuständigen Gemeinde bzw. Gemeindefron. Vor dem Wildzaun lief ein durchschnittlich anderthalb Meter tiefer Saugraben zum Abfangen durchbrechender Wildschweine, der auch gepflegt sein wollte. Das alles sollte, wohlgemerkt, nicht etwa zum Schutz der Landwirtschaft, sondern zur Sicherung des Wildbestandes dienen. Trotzdem brach infolge der Überhege das Wild immer wieder auf die Felder aus; es durfte zunächst nur verjagt werden. Entschädigungen für die dadurch angerichteten Verwüstungen gab es nicht. Wie groß diese Wildschäden waren, beleuchtet grell folgende Notiz im Kirchenkonventsprotokoll Hegenlohes von 1817: Man begrüßt es, daß seit kurzem der Wildschaden aufgehört habe und daher das Pfarrwittumsgut »endlich erträglich« (ertragreich) geworden sei!

Eine ständige Quelle weiteren Verdrusses bildeten die »jagdlichen Hilfen«, die *Jagdfronen* der Bauern. Für die Fürstenjagden waren Treiberdienste zu leisten und Hunde zu führen, Netze heranzubringen und aufzustellen, das geschossene oder gefangene Wild abzuführen, die Wildschweinfallen (»Saufänge«) instandzuhalten und Lockfutter hineinzuwerfen. Dabei wurde keinerlei Rücksicht darauf genommen, ob die Bauern gerade zur Saat oder zur Ernte dringender daheim gebraucht wurden. Das mag dann wieder Nachlässigkeit oder gar Widersetzlichkeit der bäuerlichen »Jagens Mannschaft« geweckt haben. So beklagt sich ein Forstmeister um 1550, die Forstknechte befänden sich in dauernder Lebensgefahr, »weil sich die Bauren so gefährlich halten«. Und umgekehrt beschwert sich noch 1816 der Schultheiß von Stetten nur sehr vorsichtig: »Die öfters sehr empfindlichen Züchtigungen mit Stockschlägen, welchen die Jagens Mannschaft vorzüglich von den Jägerburschen und Straifern ausgesetzt sind, machen den Wunsch rege, daß dabei mehr Mäßigung beobachtet werden möchte«.

Allerdings ist hinzuzufügen, daß die Jagdfronen ursprünglich auch zur Bekämpfung der *Raubtiere* eingerichtet worden sind. Bären hat es auf dem Schurwald wohl schon seit dem Spätmittelalter nicht mehr gegeben; selten erinnern noch Geländenamen an sie, etwa der »Bärentobel« zwischen Nassach und Nassachmühle. – Die Wölfe hingegen, gefürchtet wegen ihrer Überfälle auf das Weidevieh, waren über den Schurwald weit verbreitet, wie die Flurnamen schon in den ältesten Zins- und Lagerbüchern (ab 1400) nachweisen, so von den Krummhardter »wolffwiesen« und »wolffackher« im Westen bis zur Unterkirnecker »Wolfsgölde« im Osten. Ihre Bekämpfung zeitigte zunächst spürbare Erfolge. Aber im Dreißigjährigen Krieg vermehrten die Wölfe sich wieder stark; bezeichnend für diesen Umschwung: In Unterberken hieß ein Feldgrundstück »Wolffsbotten« 1684, aber noch nicht 1496 und 1537. Alle erwachsenen Schurwälder waren zu »Wolfjagendiensten«, zur Wolfshatz verpflichtet. Der letzte Wolf auf dem Schurwald wurde vor 1767 erlegt. – Wildkatzen gab es allenthalben, so im Waldgebiet »Katzenkopf« nördlich Esslingen noch 1851. Viele Namen für Wälder und Bäche erinnern an sie. Selbst wenn man hier und dort »Katzenstich« oder »Katzensteige« sich auf die Steilheit des Weges beziehen läßt, den zu begehen Katzengewandtheit erfordert, bleiben noch genug Raubtiervorkommen durch sie belegt, vor allem dort, wo sich mit ihnen sagenhafte Berichte über die gefürchteten »Kuter« verbinden, wie etwa im Katzenbachtal (oberer Reichenbach). – Dazu kamen Dachse, Iltisse, Marder und, allenthalben durch Flurnamen frühzeitig nachgewiesen, Füchse.

l) Die Verkehrswege (1268–1817)

Im ausgehenden Mittelalter führten die *Fernhandelsstraßen* der reichen süddeutschen Handelsherren durch das Fils-Neckar-Tal und das Remstal. Auf dem Schurwald blieb es recht still. Der Fahrweg längs seiner Mittelhöhe, die »Kaiserstraße« von Beutelsbach über Schlichten und Rattenharz nach Lorch, verlor mit dem Ausbau der neuen Remstalstraße die einstige Bedeutung. Und die Fahrwege quer über den Schurwald dienten, abgesehen von vereinzelten militärischen Bewegungen, im wesentlichen nur dem vom Remstal großenteils südwärts gerichteten Weinhandel. Daß es daher noch jahrhundertelang auf dem Schurwald bei dem staufischen System einspuriger Fahrwege oder befahrbarer Wege (vgl. Abschnitt 3 b) blieb, unterliegt in der Tat keinem Zweifel, trotz öfters vorgetragener gegenteiliger Behauptungen. Für Fernstraßen galt nämlich ein besonderes Geleit- und Zollsystem. So nannte man die einstigen »Königsstraßen« seit dem 15. Jahrhundert »freye kayserliche Straßen« oder »Kaiserstraßen«, weil auf ihnen (theoretisch) dem Kaiser das Geleit- und Zollrecht zustand. Diese Rechte waren freilich nach 1268 tatsächlich auf die zunehmend erstarkenden Territorialherren übergegangen, so recht bald schon auf die Grafen von Wirtemberg. Geleitstraßen auf dem Schurwald hat es jedoch nie gegeben, wie die sorgfältigen Archivstudien von Wilhelm Rainer zeigen, also auch keine Fernstraßen. Auch Karl Weller (1927) kennt keine Reichsstraßen des späten Mittelalters auf dem Schurwald. Schließlich, 1710 übernahm der Schwäbische Kreis die ordnungsmäßige Planung und Streckenführung der nunmehr »Landstraßen« genannten Fernstraßen. Aber sämtliche erhaltenen gezeichneten und gedruckten einschlägigen Karten aus dem 18. Jahrhundert kennen keine »kreisschlußmäßigen Straßen« auf dem Schurwald. Die große Welt zog eben, wie eh und je, in den Tälern um ihn herum.

Wie aber hat man sich den *Nahverkehr* vom 14. bis zum 18. Jahrhundert auf dem Schurwald vorzustellen? Das im Kieser'schem Forstkartenwerk eingezeichnete schon ziemlich reichhaltige Wegenetz sagt noch nichts über den Charakter der Wege aus: Ob Durchgangsstraßen oder nur Ortsverbindungswege, alles ist mit einem einfachen Strich eingetragen. Versuchen wir also den Archivbeständen einige Geheimnisse zu entlocken, hier vorgetragen in der Richtung von West nach Ost. Unser Kärtchen »Der Gang der Schurwaldbesiedlung III« zeigt die erörterten Straßenzüge.

Einen urkundlich gesicherten Anhaltspunkt bietet der Bericht des Rates der

1. *Die Yburg*, ein »Steinhaus« (nach 1300),
auf dreifünftel Höhe des Schurwaldhanges
zum Stettener Haldenbach,
inmitten von edlem Weißgewächs.

2. *Die Nachbarschaftsschule Vorderer Schurwald* bei Schanbach, großzügig und eigenwillig.

3. *Das SOS-Kinderdorf »Württemberg«* bei Oberberken, vorn ein Wasserturm, im Hintergrund das Remstal.

4. *Das Rathaus zu Aichschieß,* mit Laubengang und Fresken aus dem Schurwaldleben.

5. *Die Börtlinger Kirche* (Ende 15. Jahrhundert), behäbig wie das ganze Dorf, mit barockem Turm, Treppentürmchen und schmucker Außenstiege.

6. *Typische Schurwaldlandschaft:* Blick von Hohengehren westwärts, über das bewaldete Beutelsbachtal nach Krummhardt (links) und Aichelberg (rechts).

7. *Die Dorfmitte von Hegenlohe,* hinter der mächtigen Dorflinde versteckt das gotische Kirchlein, darunter ein Brunnen, davor das biedermeierliche Pfarrhaus.

8. *Die Herren- oder Klostermühle* unterhalb Adelberg (16. Jahrhundert), ein köstliches Schurwaldidyll.

9./10. *Schurwaldtrachten um 1900:* links Thomashardt (alles schwarz, die Westenknöpfe silbern); rechts Adelberg (Dreispitz, Florkravatte und Bundhose schwarz, Jakett mittelblau, Weste rot mit Goldknöpfen).

Reichsstadt Esslingen an den Kaiser von 1521: Die Stadt könne keine weiteren Straßenbaulasten übernehmen, weil sie u. a. auch die »drei hohen gepflasterten Steigen den Berg hinauf nach Waiblingen, Schorndorf und in den Wald« zu unterhalten habe. »Gepflastert« bedeutet dabei nur: Man mußte in den Knollenmergelbereich immer wieder neu Packsteine setzen, die doch bald wieder eingefahren wurden, und Holzknüppel legen, die schnell vermoderten. – Freilich, was mit der »Steige den Berg hinauf nach Waiblingen« gemeint war, ist nicht so recht klar, vielleicht die alte sehr steile Steige aus dem unteren Hainbachtal (Kennenburg) stracks hinauf nach Liebersbronn, um dort den »Alten Stettener Weg« zu erreichen, ihn dann hinab und von Stetten nach Waiblingen. Wenn diese Steigen überhaupt Fahrwege waren, dann jedenfalls hüben wie drüben eine Qual für Mensch und Tier. – Zur Steige nach Schorndorf. Dieser älteste erkennbare Fahrweg von Esslingen über den Schurwald führte vom Südostausgang der Stadt als »Rennweg« (d. h. direkter Weg, später auch »Kirchweg« genannt) hinauf nach Hegensberg, weiter auf der Römerstraße, übrigens auch einem »Rennweg«, hin zur Eisernen Hand und dann nordostwärts, ein Stück westlich an Aichschieß vorbei, in Richtung Krummhardt; das war die »Alte Schorndorfer Straße«. Sie wurde von der Reichsstadt, als bedeutender Handelsplatz an passablen Straßen begreiflicherweise stark interessiert, unter dem Namen »Lantelenstraße« (Lantelen = Lehmtaläcker, bei der späteren Oberesslinger Ziegelei) bis zur Eisernen Hand und damit sogar durch Oberesslinger Markung auf eigene Kosten nach 1606 ausgebaut; die Verlängerung zum Weißen Stein erfolgte erst später. Nordwestlich Aichschieß gabelte sich die Straße. Die »Alte Schorndorfer Straße« selbst zog nordwärts, Krummhardt östlich liegenlassend, nach Vorder- und Hinteraichelberg mit halsbrecherisch steilen Abstiegen hinab nach Schnait und Beutelsbach. Auf dem anderen Gabelstrang kam man im Zuge des alten, vom Weißen Stein herkommenden »Strümpfelbacher Weges« (der »Weinstraße« von 1692, vgl. unten), über Schanbach nordwärts schnell zu einer neuen Weggabelung: Rechts führte die Strümpfelbacher »Alte Weinsteige« auf winters lebensgefährlichem Abstieg hinab ins Dorf (die heutige Serpentine stammt erst von 1877); links ging es auf der Höhe noch weiter durch Lobenrot und sogar noch über die Yburg hinaus und dann erst die gefährliche »Hohe Steige« hinunter nach Stetten. – Und die dritte Esslinger Steige von 1521, »in den Wald«? Vermutlich ist damit der Weg gemeint, der, wiederum vom Südostausgang der Stadt und den Lantelen aus, als »Hoher Stich« zum Oberhof führte, einer alten esslingischen Besitzung.

Eine befahrbare Schurwald-Querstraße von Plochingen aus gab es bis 1692 nicht. Ursprünglich stieg nur ein »Viehtrieb« (vgl. unten) hinauf zur staufischen »Heerstraße« (»Strümpfelbacher Weg«); auf ihr kam man am heutigen Stumpenhof vorbei über die Plochinger Ebene zum Weißen Stein. Von hier aus führte eine etwas neuere Trace über Aichschieß in Richtung Schanbach und erreichte dabei die von Esslingen kommende Straße (vgl. oben). Erst 1692 sind wesentliche Teile dieses Fahrwegsystems zur »Weinstraße« ausgebaut worden, nunmehr von Plochingen anstatt von Reichenbach ausgehend und immer noch ohne Verbesserung der nördlichen steilen Abstiege bzw. Aufstiege, die »Ordinarii Filßstraß zur Förderung des Wein Commerciums«. Da die Weinstraße, wie gesagt, nordwestlich Aichschieß die esslingische »Alte Schorndorfer Straße« kreuzte, war damit eine Fahrstraße von Plochingen auch nach Schnait, Beutelsbach und weiter nach Schorndorf gegeben. Das genügte lange Zeiten hindurch. Erst sehr viel später wurden die alten staufischen Wegestücke vom Weißen Stein nach Hohengehren (diente bis 1600 nur dem örtlichen Verkehr dieser Gegend mit der Reichsstadt), von hier nach Engelberg und die geradlinig-steile Steige hinunter nach Winterbach zur Fahrstraße ausgebaut (der jetzige kurvenreich-bequemere Abstieg vom Engelberg entstammt jüngster Zeit).

Was die befahrbaren Querverbindungen von Reichenbach nordwärts betrifft, so gab es seit alters bis 1692 die schon angedeutete »Heerstraße« (Strümpfelbacher Weg) über die Plochinger Ebene zum Weißen Stein und weiterhin (die heutige unmittelbare Nordverbindung über Baltmannsweiler entstammt erst dem 19. Jahrhundert, die über Hegenlohe gar erst aus dem Jahr 1911). Älteren Datums ist außerdem die Querverbindung durch den Propstwald hinauf, die »Alte Hegenloher Straße«, und oben auf dem Ritzenweiler Höhenzug (»Heerstraße«) nach Schlichten und von hier die Schlichtener Steige sehr steil hinunter und noch westlich vom Ottilienberg vorbei nach Schorndorf; ein Vertrag von 1725 regelte die Unterhaltungspflicht für die Steige.

Schließlich bleibt die östlichste Querverbindung zu nennen, die mehrfach erwähnte »Römerstraße« aus dem Filstal über Unter- und Oberberken mit ihrer sehr steilen »Göppinger Steige« noch westlich vom Frauenberg hinab nach Schorndorf; ihr Ausbau erfolgte 1746. Sie hatte einen zunächst nur primitiven Zubringer von Hundsholz/Adelberg her (die Straße Adelberg-Rechberghausen stammt erst von 1890). Unmittelbar von Adelberg und von Börtlingen-Breech nordwärts ins Remstal führende Straßen hat es niemals gegeben, bis heute nicht. Äußerstenfalls wäre der weite Umweg des Kaiserstraßen-Fahrwegs über Rattenharz nach Lorch zu nennen.

Der Kummer mit all diesen Straßen war ein doppelter. Einmal bereitete ihre landschaftlich bedingte Steilheit an den Talrändern große Schwierigkeiten für den Fuhrverkehr und bedingte geradezu die verkehrsmäßige Isolierung des Schurwaldes. Zum anderen ergab sich dauernder Zwang zu Ausbesserungen und Erneuerungen aus der wiederum naturgebotenen Linienführung durch die gefährliche Knollenmergelzone mit sumpfigen und rutschigen Böden, ausgerechnet in den steilen Hangpartien. So liest man beispielsweise in einem Bericht von 1644 über die Beutelsbacher Steige den Schönbühl hinauf, also über die Kaiserstraße nach Manolzweiler, etwa folgendes: »Man braucht, um einen geladenen Wagen hinaufzuschaffen, 9 bis 10, bei Regenwetter 15 bis 20 Pferde und winters noch mehr. Oft fielen die Wägen in manntiefe Gruben, Gräben und Schlaglöcher, daß sie, um herausgeschafft zu werden, abgeladen werden mußten, und oft fielen die leeren Rosse bis in den Bauch in die Löcher, daß sie durch andere herausgeschleift werden mußten. Warf man Steine, so viel deren zu bekommen waren, in diese Gräben und Löcher, so versanken sie, ohne daß man sah, wohin sie gekommen«. Typisch für die Knollenmergelzone.

Ursprünglich mußten die anliegenden Dörfer, bei der Weinstraße übrigens auch die an ihr interessierten Remstalweinorte, durch Gemeindefronen die Instandhaltung durchführen, ein, wie dutzendfach zu lesen ist, äußerst saures Geschäft für die geplagten Schurwälder. Erst in der neuen Wegeordnung von 1772 übernahm der Staat einen Großteil dieser Wegebaukosten. Übrigens wurde damals angeordnet, an alle diese Straßen in regelmäßigen Abständen »fruchtbare Bäume zu setzen, da es dem Wohlstand und der Zierde, wie zugleich dem Nutzen und der

154

Nahrung Unserer lieben und getreuen Unterthanen sehr angemessen und förder-
lich wäre«.
Die Stärke des Verkehrs auf den Schurwald-Querstraßen und damit deren
Wichtigkeit darf man bis in die Neuzeit nicht überbewerten. Wie gering der Verkehr tatsächlich war, zeigt deutlich das Beispiel Plochingens. Die staufische
»Heerstraße« vom Weißen Stein her lief zunächst, wie heute noch die Landesstraße, südwärts auf der Höhe der Plochinger Ebene und dann, etwa beim Jubiläumsturm abbiegend, weiter auf dem Höhensporn südostwärts die »Harnesteige« hinab nach »Binders Garten« bei Reichenbach, berührte also Plochingen
überhaupt nicht; dieses war mit ihr nur durch einen Feldweg für ausgesprochen
landwirtschaftliche Zwecke verbunden (1366: »hertweg«, 1564: »fichweg«, noch
1673: »der gemeine Viehtrieb«). Der zur Entlastung der Harnesteige angelegte
»Rote Weg« führte sogar nordostwärts um die heutigen Siedlungen Stumpenhof
und Siegenhof herum, also noch weiter von Plochingen weg, ins Filstal. Selbst
1692 beim erwähnten Um- und Ausbau der »Heerstraße« zur »Weinstraße«
nach Plochingen hinein heißt es, sie sei nur »meist durch herrschaftliche Fuhren
von Stetten nach Kirchheim unter Teck und wieder dahin gebraucht worden«,
und der Anschluß Plochingens erfolgte nicht etwa wegen dessen örtlichen Bedarfs, sondern nur als Neutrassierung, weil die Harnesteige »durch viele Wasser-
güsse gänzlich ab- und eingegangen, mithin nimmer zu reparieren gewesen«.
Alle diese Einzelheiten liest man bei Otto Wurster, allerdings ohne die von uns
daraus gezogenen notwendigen verkehrspolitischen Folgerungen. Daß auf anderen Schurwaldstraßen bis in das 18. Jahrhundert hinein regerer Verkehr geherrscht hätte, ist bisher nicht erkennbar geworden, übrigens höchst unwahrscheinlich.

5. Wechselnde Herren und gleiche Sorgen (1817 bis 1945)

*a) Politik, Wirtschaft, Soziales (1817–1945); Bevölkerungsverteilung (1817 bis
1970)*

Erstens: Das Jahrhundert von 1817 bis 1918 gestaltete sich insofern erfreulich,
als endlich einmal während dreier Generationen keine Feinde im Lande waren.
Lasten freilich brachte der Krieg von 1866 geringe, der von 1870/71 mancherlei,
der Erste Weltkrieg 1914/18 die Fülle. Der Weltkrieg forderte auch von allen
Schurwalddörfern große Opfer: Am höchsten, soweit wir sehen, von Adelberg
mit 38 Gefallenen und Vermißten. Was mit diesen Kriegen erreicht wurde und
verloren ging, kann und braucht hier nicht erörtert zu werden. Nur ehrfürchtige
und dankbare Gedanken für die Söhne unserer Dörfer wollen wir bewahren
helfen...
Kurz nach den Befreiungskriegen und nach seinem Regierungsantritt begann
König Wilhelm I. (regierte 1816 bis 1864) mit Finanzminister Herdegen das
große Werk der Bauernbefreiung. Schon 1817/18 haben königliche Edikte die
Leibeigenschaft aufgehoben und die bisherigen Erblehen in freie Zinsgüter der
Bauern umgewandelt. Aber erst in den darauffolgenden drei Jahrzehnten gelang

es gegen allerlei Widerstände, die dinglichen Grundlasten, die Fronen und die sonstigen Jahresleistungen sowie schließlich auch die Zehnten einer vertraglichen Ablösung zuzuführen. Überhaupt verlief das Volksleben zunächst mühselig genug. Mißernten 1815 und 1816 verursachten Teuerung und Hungersnot im ganzen, die ständigen Kriege erschöpften völlig Württemberg.

So auch auf dem Schurwald. Von den allgemeinen staatlichen Förderungsmaßnahmen (Gründung des Centralen Wohltätigkeits-Vereins 1816, des Cannstätter Volksfestes als landwirtschaftlicher Leistungsschau 1817) war hier oben nichts Durchgreifendes zu spüren. Kleine gnadenweise gewährte Einzelhilfen (Brot- und Suppenverteilung) an besonders Bedürftige bildeten nur Tröpfchen auf den heißen Stein der allgemeinen Not. Nun sollte die von der Regierung 1820 als eine Art produktiver Erwerbslosenfürsorge empfohlene Einrichtung von dörflichen »Industrieschulen« die Frauen und Mädchen zur Selbsthilfe durch Heimarbeit anregen, nämlich ihnen Gelegenheit geben zum Erlernen von Spinnen, Stricken, Nähen und Klöppeln, von Strohgeflecht – und Holzschnitzarbeiten. Diese Industrieschulen kamen aber auf dem Schurwald zunächst nur vereinzelt zum Zuge, weil die örtlichen Armenpflegen und -stiftungen, ihrerseits freilich auch nur kärglichst bemittelt, deren Finanzierung aus Unverständnis ablehnten. Hier und dort dauerte es gar mehrere Jahrzehnte, bis man dem fürsorglichen Drängen weitsichtiger Pfarrer und Lehrer nachgab und, von ihnen organisatorisch tatkräftig unterstützt, mitmachte. Eine gewisse, aber sachlich wie zeitlich eng begrenzte Entlastung brachte auf dem Schurwald das Spinnen und Weben. Hingegen bedurften die damals als Selbsthilfe geförderten Obstbaumpflanzungen einer zu langfristigen Entwicklung, um schnell Geld bringen zu können. Sonstige Hilfen gegen die tausendfache Not? Stellvertretend für alle Dörfer folgendes Beispiel aus Aichelberg: Die Gemeinde erlaubte 1817 den Ärmsten das Betteln an zwei Tagen jeder Woche, womit sie allerdings nur einen längst üblichen Brauch notgedrungen legalisierte. Eine lang andauernde allgemeine Agrarkrise der zwanziger Jahre verschärfte die Notlage, ohne jedoch den französischen Revolutionsgedanken von 1830 hier Aufwind zu geben.

Wenn die Schurwälder trotzdem sich an der damaligen (1815–20) allgemeinen Auswanderung zunächst noch wenig beteiligten, so mag sich das aus ihren mangelnden Kontakten zur Umwelt und aus der darauf beruhenden Unkenntnis ausländischer Lebensmöglichkeiten erklären. Man nahm die Bedrängnis einfach als etwas Unabänderliches hin. Nur das Wachstum der Schurwaldbevölkerung setzte sich, trotz ständiger hoher Sterblichkeit der Kleinstkinder und trotz opferreicher Volksseuchen, bis Anfang der vierziger Jahre allenthalben fort (vgl. die Zahlenaufstellung II).

Doch es kam in den dreißiger Jahren noch schlimmer. Die vorhandene geringe Ackerbaufläche vermochte die stark ansteigende Bevölkerung nicht mehr ausreichend zu ernähren. Zudem hatte die ständige Erbteilung die meisten bäuerlichen Besitzungen derart zersplittert, daß sie, nunmehr auf Kleinstbetriebe geschrumpft, unrentabel waren. Nur durch zusätzliche handwerklich oder industrielle Arbeit hätte sich das ausgleichen lassen, aber solche Arbeitsplätze waren am Ort kaum vorhanden, und in den Tälern infolge eines allgemeinen Gewerberückgangs knapp, ganz abgesehen von den fehlenden Verkehrsmöglichkeiten. Als dann gar seit Anfang der vierziger Jahre eine Mißernte (Dauerregen, Hagelschlag, Kartoffelkäfer) die andere hier oben ablöste, entstand eine wahre

Hungersnot. Hinzu trat, daß ausgerechnet in den folgenden teuren Zeiten auch noch die Ablösungssummen aus der Bauernbefreiung aufgebracht werden mußten. So drohte das verdienstvolle Werk der Lastenablösung schon in seinen Anfängen steckenzubleiben; die Verpflichteten konnten mehrere Jahresraten nicht einhalten, weil »niemand nichts verdient und niemand nichts kauft«, wie 1849 vom Schurwald berichtet wurde.

Allerdings, anderwärts sah es nicht besser aus. Im ganzen Land zog eine neue Wirtschaftskrise herauf, die infolge weiterer Mißernten um 1855 ihren Höhepunkt erreichte. Diese Krise mußte zwangsläufig die landwirtschaftliche Bevölkerung in den Landstrichen mit bäuerlichem Kleinstbesitz und ohne industrielle Entwicklungsmöglichkeiten besonders scharf treffen. Dicht gedrängt saß diese verarmt in den weit zerstreuten und verkehrsfernen Dörfern beisammen. Paul Gehring, der gute Kenner der damaligen Verhältnisse, spricht von einer Proletarisierung des kleinen Landvolkes, dessen Elend zeitweise grenzenlos gewesen sei. Dementsprechend schlecht stand es um die Steuereingänge. So sah sich die Regierung 1855 gezwungen, in 39 Gemeinden des Landes die Selbstverwaltung aufzuheben, weil die Gemeinden durch große Armut zurückgekommen und verwahrlost seien: Thomashardt und Baiereck, beide besonders hart mitgenommen, erhielten einen gemeinsamen »Staatskommissar«, der in Thomashardt bis 1862, in Baiereck bis 1866 amtierte.

Diese württembergische Wirtschaftskrise führte zu Auswanderungen erschreckend großen Umfangs, die nun auch den Schurwald auszehrten und mehrere Jahrzehnte bedrohlich anhielten. Einige Zahlenbelege hierfür: Aus Thomashardt wanderten allein von 1848 bis 1855 etwa 30 Personen aus, aus Aichschieß von 1845 bis 1852 sogar rund 100 Personen; für das ganze 19. Jahrhundert zählt man in Aichelberg 120, in Adelberg 100 Auswanderer. Wahrhaft erschütternd zu lesen sind die zeitgenössischen Berichte über das Schwanken der Beteiligten zwischen Hoffnung und Verzweiflung, zwischen Gottvertrauen und Skepsis, zwischen Heimatliebe und Staatsverachtung. Gelegentlich übernahmen manche Gemeinden sogar die Auswanderungskosten ganz oder teilweise, damit die Betreffenden nicht später dem Gemeindesäckel zur Last fallen möchten; man schob einfach die eigenen Armen nach Nordamerika ab. Aus unserer Zahlenaufstellung II läßt sich leicht berechnen, daß beispielsweise in Thomashardt und Baiereck im Jahr 1861 mindestens 60 % der normalerweise zugehörigen Einwohnerschaft nicht mehr am Ort wohnten, vermutlich abgewandert waren. Wahrhaft tragische Zustände.

Ernste politische Gefahren für Monarchie und Staat erwuchsen jedoch aus alldem nicht, denn gewalttätige Selbsthilfe lag, wie schon fünfzig Jahre vorher, außerhalb des bäuerlichen Vorstellungsvermögens. Daran änderten auch die »tollen« Jahre 1848/49 nichts. Damals ging es hauptsächlich um die nationale Frage der deutschen Einigung und um die Liberalisierung des öffentlichen Lebens. Also um Gedanken und Aktionen, die von Intellektuellen und Gewerbetreibenden getragen wurden, aber kaum von Bauern. Weitergehende Ansätze zum Umsturz der gesamten gesellschaftlichen Verhältnisse, auch der agrarsozialen, zeigten sich überhaupt nur sehr vereinzelt und wurden schnell unterdrückt. Gelegentlich mag auf dem Schurwald hier und dort ein lautes Wort gefallen sein; bemerkenswerte Aktivitäten lassen die Akten der zuständigen Kreisregierungen und Oberämter nicht erkennen. »Volksvereine« und »Arbeitervereine« gab es nur in den

Talstädten; dorthin mag dieser oder jener interessierte Schurwälder zu einer der großen Volksversammlungen gewandert sein. Als die königliche Regierung die Bildung von Bürgerwehren anordnete, wegen eines befürchteten Franzoseneinfalls und zur Aufrechterhaltung der öffentlichen Ordnung, lehnten die meisten armen Schurwalddörfer das wegen der hohen Kosten rundweg und erfolgreich ab. Schließlich mußte 1849 auf allen Dörfern die neue Reichsverfassung durch öffentliches Vorlesen bekanntgemacht werden. Das ist sang- und klanglos geschehen. »Und alles beim alten geblieben«, laut Aichschießer Schultheißenchronik. Immerhin, wenigstens die vertraglichen Regelungen zur Ablösung der Grundlasten und Zehnten kamen unter dem Druck der öffentlichen Meinung endlich zustande, während die ebenso dringlich geäußerten Wünsche der Bauerngemeinden auf Überlassung von Staatswald zu landwirtschaftlichen Zwecken nur sehr begrenzt und zögernd sich durchzusetzen vermochten.

Etwa *seit 1860* setzte in Württemberg ein allgemeiner wirtschaftlicher Aufschwung ein. Anders auf dem Schurwald. Die Schranken und Nöte der Landwirtschaft nahmen nicht ab. Eine Entlastung durch den Aufbau industrieller Anlagen erwies sich als unmöglich. Dazu fehlten alle natürlichen Voraussetzungen, so nennenswerte Bodenschätze, so auch die Wasserkraft als ursprünglich einzige Energiequelle. Wohl erlaubte der Eisenbahnbau im Neckar-Fils-Tal nach den vierziger Jahren die Heranführung von Kohle und industriellen Rohstoffen, aber die Steilhänge des Schurwaldes sperrten sich gegen deren Weiterleitung auf die Höhen. Alldem gegenüber nahm die Schurwaldbevölkerung weiter zu, woran auch die bis etwa 1900 in schrecklichem Ausmaß anhaltende Kleinkindersterblichkeit nichts änderte. Infolgedessen sahen sich in der zweiten Hälfte des 19. Jahrhunderts nach wie vor viele jüngere und sonstige unternehmungsfreudige Leute zur Abwanderung veranlaßt, nur jetzt nicht mehr so sehr nach Übersee, als hinunter in die Industrieplätze der benachbarten Täler. Solche ständige Abwanderungen hatten zur Folge, daß die Einwohnerzahlen der meisten Schurwalddörfer in der Regel bis 1925 stagnierten oder gar langsam zurückgingen (vgl. Zahlenaufstellung II und die beiden Diagramme), im starken Gegensatz zum allgemeinen Bevölkerungszuwachs Württembergs. Diesen »Zug in die Stadt« bremste das um unsere Jahrhundertwende in den industrienahen Dörfern aufkommende Industriependeln zwar meist nicht ab, brachte aber immerhin bescheidene finanzielle Erleichterung in die beteiligten Familien.

Welchen Niederschlag fanden die geschilderten wirtschaftlichen und sozialen Verhältnisse in den *politischen Vorstellungen* der Schurwälder? Hatte 1851 die Schorndorfer Oberamtsbeschreibung als allgemeinen Eindruck festgehalten, die Schurwälder seien demagogischen Einflüssen wenig zugänglich, möchten wir das allerdings noch im Sinne von damaligem äußeren und inneren Unbeteiligtsein an politischen Vorgängen überhaupt verstehen. Erst in den achtziger Jahren sammelten sich hier und dort die grundbesitzenden Bauern zu stramm königstreuen Krieger- und Militärvereinen, während in den neunziger Jahren zu Baltmannsweiler und Oberberken sich je ein »Volksverein« zur Pflege freiheitlicher Gedanken im Sinn der Demokratischen Volkspartei bildete. Nach unserer Jahrhundertwende schlossen sich vielerorts pendelnde Industriearbeiter, landwirtschaftliche Tagelöhner und Waldarbeiter in sozialdemokratisch orientierten Arbeitersportvereinen, Arbeiterbildungs- und -unterstützungsvereinen zusammen. Man gewinnt aber nicht den Eindruck, daß bei alldem im eigenen Kreis oder gar kontrovers hinüber und herüber viel politisiert worden sei; die jeweilige politische Anschauung gab wohl meist nur die Plattform ab für allgemeingesellige, sportliche und kulturelle Begegnungen. Im übrigen waren die Schurwälder so gut wie ausschließlich mit ihren eigenen drastischen Wirtschaftsnöten, allenfalls noch mit örtlichen Schwierigkeiten befaßt und brachten gewiß nur ein recht begrenztes Interesse an Staat, Verwaltung und Politik auf. Allenfalls begegnete die Person König Wilhelms II. unbestrittener Achtung.

Der Erste Weltkrieg stellte an die Schurwälder daheim hohe Anforderungen. Der Bedarf der Kriegsindustrie in den Tälern erzwang ein gewisses Ansteigen des Industriependelns aus den talnahen Dörfern und damit hier oben den Ausfall weiterer Arbeitskräfte in der durch Kriegsdienst-Einberufungen geschwächten Landwirtschaft. Auf Frauen, alte Leute und Halbwüchsige kam viel mühselige Arbeit zu. Erfreulich ist aus Dorfchroniken und Erzählen immer wieder das Lob ausgiebiger Nachbarschaftshilfe zu vernehmen, die jedermann Saat und Ernte bewältigen ließ.

Zweitens: Die Zeit von 1918 bis 1933. Die Älteren unter uns erinnern sich noch gut jener 14 Jahre voller Hoffnungen und Enttäuschungen in vieler Hinsicht. Auf die Überwindung des Linksradikalismus 1919/21 folgte das schier aussichtslose Ringen mit der Inflation bis zur Einführung der stabilen Rentenmark (1 Billion Papiermark = 1 RM) November 1923. Dann kam die mühsam erarbeitete langsame wirtschaftliche Erholung um 1925, die unter dem eisigen Hauch einer Weltwirtschaftskrise 1929 sich wieder in steigende Arbeitslosigkeit verflüchtigte und damit dem immer lauter auftretenden Rechts- und Linksradikalismus Nahrung gab, während das ganze Regierungssystem zerstritten und ohnmächtig verharrte, bis es dem nationalsozialistischen Ansturm 1933 erlag. Auf dem Schurwald hielt die erwähnte, durch laufende Abwanderung deutlich gekennzeichnete wirtschaftliche Stagnation oder gar rückläufige Entwicklung bis in die dreißiger Jahre im allgemeinen an (vgl. die Zahlenaufstellung II). Daß hier angesichts solcher sozialen Notlage extreme Gedanken Anhänger fanden, kann nicht überraschen. Örtliche Reibereien blieben jedoch angesichts der Kleinheit unserer Verhältnisse bedeutungslos; der politische Kampf mit Zunge und Faust tobte vielmehr in den Industrietälern ringsum.

Drittens: Die Zeit von 1933 bis 1945. In den Schurwaldgemeinden vollzog sich der Übergang zum NS-Staat reibungslos. Die zunächst wenigen Parteigenossen feierten ihn selbstverständlich, die Kommunisten und bald auch die Sozialdemokraten mußten sich zähneknirschend fügen; Verhaftungen ins Heuberglager scheinen aber selten vorgekommen zu sein. Die Bauern, Handwerker und Händler, aber auch viele Arbeiter betrachteten den »Umbruch« mit verschiedenartigen Gefühlen. Die einen vertrauten den Versprechungen von »Arbeit und Brot«, die anderen erhofften sich wenigstens die Einkehr von Ruhe und Ordnung und nationalem Aufstieg (selbst der Schorndorfer Dekan redete noch im Sommer 1933 unseren Kirchengemeinderäten gut zu, sich hinter die Regierung zu stellen, die das Beste wolle), wieder andere blieben skeptisch still abseits. Insgesamt zeitigte die tatkräftige Inangriffnahme von Arbeitsbeschaffungsmaßnahmen, vereint mit einer nach Umfang wie Methoden bisher ungekannten Propagandatätigkeit, allmählich stimmungsmäßige Erfolge; größere politische Kundgebungen gab es jedoch nirgends.

In den folgenden Jahren verliefen die Dinge auf dem Schurwald ähnlich weiter wie allenthalben. Man hatte wieder zunehmend Arbeit und Verdienst, sein wenn auch bescheidenes Auskommen. Untrügliches Zeichen dafür: auf dem Westschurwald stiegen erstmals seit drei Generationen wieder die Einwohnerzahlen; auch Baltmannsweiler, Hohengehren und Börtlingen zeigten weitere Fortschritte. Im übrigen machte man sich kaum Gedanken über die bedenklichen und allmählich ins Verwerfliche gesteigerten Kehrseiten des Regimes; man besaß hier oben wohl weder Gelegenheit noch Fähigkeit, sie überhaupt zu erkennen. Mancher hatte vielleicht Ärger mit seinem allmächtig erscheinenden Ortsgruppen- oder Stützpunktleiter, dem »Hoheitsträger« am Platz, der doch selbst nur ein kleiner Befehlsempfänger war. Allein, was half's, man arrangierte sich, so gut es ging. Dann kam der böse Krieg, schier aus heiterem Himmel, wie es manchem braven Schurwälder schien.

Und nun zum Zweiten Weltkrieg. Die Fülle von Arbeit und Entbehrung, von Hoffnungen und Sorgen, schließlich von Tränen und Leid der Daheimgebliebenen – wer möchte sich heute noch daran erinnern? Trotzdem war es einmal jedermanns Alltag. Dabei hatten die Schurwälder unter dem Heimatkrieg der beiden letzten Jahre verhältnismäßig, wenn man etwa an Stuttgart oder Heilbronn denkt, wenig zu leiden. Abwürfe von Sprengbomben im Raum zwischen Baltmannsweiler und Hegenlohe 1943, von Luftminen zwischen Krummhardt und Aichschieß 1944 verursachten gewiß Aufregung, aber wenig Schaden. Bitter kam es für die Einwohner von Schlichten, als Brandbomben Ende 1944 ihr halbes Dorf in Schutt und Asche legten. Im Vorfrühling 1945 vermochten auch die Schurwälder nur noch von feindlichen Jagdfliegern bedroht ihre Felder zu bestellen. Schon seit längerem hatten Behörden aus den Talstädten ihre Aktenbestände, Städter ihr wertvolleres Hab und Gut, einige Industriebetriebe empfindliche Rohstoffe auf unsere Dörfer verlagert. Die höchst behelfsmäßigen Panzerstraßensperren an den Bergrändern ließen das Aussichtslose des Endkampfes erkennen. Als schließlich der viereinhalbjährige Leidensgang des deutschen Volkes seinem tragischen Ende sich zuneigte, durchzogen kleine abgekämpfte deutsche Einheiten den Schurwald von Nord nach Süd, vorsichtig gefolgt von frischen amerikanischen Kräften. Am 24. April 1945 wehte über unseren Dörfern das Sternenbanner.

Verhältnismäßig groß sind die Opfer, die die Schurwälder an Toten und Vermißten zu beklagen hatten. Die Eltern werden ihre Söhne, die Frauen ihre Männer gewiß nicht vergessen. Möchten auch die Kinder ihren gefallenen Vätern ein ehrendes Andenken bewahren!

Viertens: Zur Bevölkerungsverteilung (1817–1970). Der geschilderte Stillstand oder gar Rückgang der Schurwaldbevölkerung bis 1945 veränderte den zahlenmäßigen Bestand der Gruppensiedlungen und Einzelhöfe verhältnismäßig wenig. Desgleichen auch der Menschenzustrom seit 1945, trotz aller tiefgreifenden Veränderungen an den Einzelplätzen; wir beziehen daher die Nachkriegszeit alsbald in diese Betrachtung ein.

Die Zahl der *Gruppensiedlungen* blieb nach 1817 über ein Jahrhundert lang überhaupt dieselbe, abgesehen vom langsamen Übergang der Nassachmühle vom Einzelhof zur Gruppensiedlung. In stürmischer Weise vollzog sich dann dieser Übergang nach 1945 auf dem Plochinger Stumpenhof und dem Reichenbacher Siegenhof; die Reichenbacher Rißhalde erlebte sogar die einzige Gruppensiedlung-Neugründung des Schurwaldraums; auch Villa Burg, Schönbühlhof,

Saffrichhof und Engelberg, selbst die Ödweiler Höfe sprengten jetzt ihren engen Rahmen.

Demgegenüber schwankte die Zahl der *Einzelhöfe* im Laufe der Zeiten, allerdings nur wenig und aus völlig verschiedenartigen Gründen. Da lebten im frühen 19. Jahrhundert die Rattenharzer Sägmühle und die frühere Pöpplinsweiler (Riekersche), jetzt Börtlinger Mühle wieder auf; neu kam die Sägmühle »Marbächle« bei Rattenharz hinzu. Und oberhalb Beutelsbach entstanden später zunächst als Einzelhöfe Villa Burg und Schönbühlhof. – Die aus dem Kreis der Einzelhöfe infolge Wachstums zur Gruppensiedlung ausgeschiedenen 8 Plätze wurden soeben genannt. – Abgegangen sind:

Clemenshof bei Engelberg   Wursthof bei Breech
Schlierbachhof bei Hohengehren   die 3 soeben genannten Mühlen.

Fünftens: Abschließend mag es nützlich sein, einige *Gesamtzusammenstellungen* zur Bevölkerungsverteilung im gesamten Schurwaldraum durch alle Zeiten zu versuchen:

a) Gruppensiedlungen bzw. Dörfer heute: 34
b) Gruppensiedlungen abgegangen: 16
c) Einzelhöfe und -häuser (ohne die vereinzelten neuen Aussiedlerhöfe) heute noch 10
d) Einzelhöfe abgegangen: 19
e) Burgen abgegangen: 8 oder 9

Oder auf eine kurze Formel gebracht: 44 lebenden Wohnplätzen stehen 44 abgegangene gegenüber! Nur zu ahnen bleibt die Unsumme bitterer Menschenschicksale, die sich mit diesen nüchternen Zahlen verbanden...

b) Staat und Gemeinden (1817–1945)

Erstens: Im Königreich (1817–1918). Die dritte verwaltungsmäßige *Neugliederung* des Königreichs 1817/18, nunmehr in 4 Kreise (Regierungsbezirke) als Mittelinstanz über den Oberämtern, bescherte dem Schurwald eine ihm keineswegs förderliche Zersplitterung, wobei die bisherigen Grenzen der Oberämter im wesentlichen beibehalten wurden. Hier das organisatorische Gesamtbild des Schurwaldes:

im Neckarkreis, Sitz Ludwigsburg, das Oberamt Cannstatt mit: Schanbach (mit Lobenrot);

im Donaukreis, Sitz Ulm, das Oberamt Göppingen mit: Diegelsberg, Börtlingen (mit Breech und Zell am Marbach); außerdem Büchenbronn und Krapfenreut als Ortsteile von Ebersbach;

im Jagstkreis, Sitz Ellwangen, das Oberamt Schorndorf mit: Aichelberg, Aichschieß (mit Baach), Krummhardt, Hohengehren, Baltmannsweiler, Schlichten, Thomashardt, Hegenlohe, Baiereck (mit Unterhütt und Nassachmühle), Hundsholz/Adelberg (mit Ober- und Unterberken); ebenfalls im Jagstkreis das Oberamt Welzheim mit: Rattenharz als Ortsteil von Waldhausen.

Oberberken (mit Unterberken) wurde 1824 zur selbständigen Gemeinde erhoben. Aichschieß (ohne Baach) und Krummhardt kamen 1842 zum Oberamt Esslingen. Weitere Änderungen erfolgten bis 1923 nicht. – Auf der unteren Staatsverwaltungsebene, in den Oberämtern, war fortan alles vereinheitlicht;

die letzten überkommenen Schurwald-Besonderheiten (Waldgerichte) entfielen. Die Verwaltungsneuordnung von 1822 brachte immerhin auch einen Fortschritt. Sie begriff das Oberamt zugleich wieder als Selbstverwaltungseinheit, als die vom königlichen Oberamtmann geleitete »Amtskörperschaft«, und gab dieser als Beschlußorgan die von den Gemeinderäten, also mittelbar, gewählte Amtsversammlung. Die Schurwaldgemeinderäte wählten wohl meist ihren Schultheißen zum Amtsdeputierten. Übrigens wurde das ebenso praktische wie nützliche Ruggericht von den Oberamtmännern auch weiterhin, in der Regel alle drei Jahre, auf den Dörfern abgehalten; erst 1892 traten an seine Stelle die von ihnen durchgeführten Gemeindevisitationen. Im Zuge einer gewissen allgemeinen Demokratisierung 1906 wurde der Ausschuß der Amtsversammlung durch einige von ihr gewählte Mitglieder zum Bezirksrat erweitert und als solcher auch an den Geschäften der staatlichen Oberamtsbezirksverwaltung mitbeteiligt, während die Amtsversammlung selbst ein Organ der Amtskörperschaft blieb.

Betrachten wir jetzt ein wenig die Entwicklung der *Gemeindeverwaltung.* Der Schultheiß wurde nach 1817 zunächst weiter von der Regierung auf Lebenszeit ernannt, wobei seit 1822 die Gemeindebürger drei Bewerber wählen durften, von denen dann die Regierung einen ernannte. Erst seit 1891 wurde der Schultheiß von den Bürgern auf Lebenszeit, seit 1906 auf zehn Jahre gewählt, blieb aber nach wie vor staatlicher Bestätigung unterworfen. – Der zur Beschlußfassung über alle wichtigen Gemeindefragen 1822 eingeführte Gemeinderat bestand zunächst aus sechs von den Bürgern unmittelbar auf Lebenszeit gewählten, allerdings dann noch staatlich zu bestätigenden Mitgliedern. Und seine vorsichtige Liberalisierung 1849: Wahl fortan von den Bürgern auf sechs Jahre, ohne Bestätigungszwang; alle zwei Jahre schied ein Drittel seiner Mitglieder aus und wurde durch Neuwahl ersetzt. Die erwähnte Gemeindedeputation blieb 1822 sonderbarerweise bestehen, nur umbenannt in »Bürgerausschuß« (seine Mitglieder »Bürgerdeputierte« genannt), um fortan als eine Art zweiter Kammer über die Gemeinderatsbeschlüsse nochmals zu beschließen. Gemeinderat und Bürgerausschuß, die »Gemeindekollegien«, tagten der Einfachheit halber vielerorts meist gemeinsam. – Wahlberechtigt waren nur die männlichen Bürger, also ein örtlich wie zeitlich schwankender Bruchteil der volljährigen Einwohnerschaft, beispielsweise 1835 in Hegenlohe nur ein Sechstel. Bürger aber waren nur die volljährigen Bürgersöhne (ursprünglich nur Grundbesitzer) und solche Männer, die gegen Nachweis eines kleinen Vermögens und gegen Zahlung eines Bürgergeldes an die Gemeindekasse ins Bürgerrecht aufgenommen worden waren.

In der ersten Hälfte des 19. Jahrhunderts gab es eine Fülle von Gemeindeämtern. Soweit sie aus viel älterer Zeit stammten, erwähnten wir sie schon (Abschnitt 4 c). Man unterschied zwischen den 3 Gemeindehauptämtern (Schultheiß, Burgermeister bzw. seit 1822 Gemeindepfleger, Fronmeister oder Fronburgermeister), den gemeindlichen Nebenämtern oder »Communämtern« (sie besaßen sachliche Weisungsbefugnis im Einzelfall) und den Niederen Gemeindediensten oder »Commundiensten« (besaßen keine selbständige Weisungsbefugnis, führten nur Aufträge des Schultheißen aus). Die Inhaber der Hauptämter wurden seit 1822 vom Gemeinderat aus eigener Mitte auf Lebenszeit gewählt; alle übrigen »Officianten« wurden von den Gemeindekollegien aus den Ortsbürgern auf ein oder mehrere Jahre gewählt. Die Besoldung der Haupt- und Nebenämter bemaß sich wesentlich nach der zeitlichen Inanspruchnahme durch die dienstliche Tätigkeit, war aber in jedem Fall so gering, daß niemand allein davon leben konnte, sogar der Schultheiß nicht; oft lief das praktisch nur auf ein kleines Jahrestrinkgeld hinaus. Die »niederen Commundiener« vollends erhielten entweder ein recht kärgliches bis winziges Jahresfixum oder Bezahlung im Einzelfall durch die von ihnen bedienten Einwohner, außerdem einen Anteil an jeder von ihnen veranlaßten Strafe (»Delaturgebühr«).

Zu der nachfolgenden Aufstellung der Gemeindepöstchen sei bemerkt, daß angesichts der geringen Bürgerzahlen in den Schurwalddörfern selbstverständlich viele Ämter und Dienste nicht besonders besetzt waren, sondern von den Inhabern anderer Ämter oder Dienste mitwahrgenommen wurden. Auch gab es überhaupt nicht alle diese »Officianten« in allen Dörfern gleichermaßen, aber hier und dort diese oder jene eben doch. Im Laufe späterer Jahrzehnte kamen viele der nachgenannten Sachaufgaben an staatliche oder sonstige Stellen, während andere vom Lauf der Zeiten und Dinge einfach überholt und damit gegenstandslos wurden.

Gemeindliche Nebenämter waren:
Gemeinde- oder Ratsschreiber, Steuersetzer
Kriegsvogt (sorgte in Notzeiten für die Witwen)
Waisenrichter (sorgte für Ausbildung und Vermögen der Waisen)
Untergänger (entschieden in Grenzstreitigkeiten)
Bauernkontrolleur oder Feldsteußler (achtete auf Einhaltung des Flurzwanges)
Bauschauer (Baupolizei), Feuerschauer (Feuerpolizei)
Vieh- und Roßschauer (überwachte die Viehhaltung)
Farrenschauer (überwachte die Farrenhaltung)
Korn- und Heumesser (kontrollierte Abwiegen beim Verkauf)
Brotschauer oder Brotwäger (Güte- und Gewichtskontrolle)
Fleischbeschauer oder Fleischschätzer (Güte- und Gewichtskontrolle)
Maß- und Gewichtsvisitator (überwachte die Krämer)
Trinkgeschirrvisitator oder Eicher (überwachte die Gastwirtschaften)
Unterkäufer (vermittelte auswärtigen Großeinkauf von Getränken)
Visitator über die Garnhäspel und Weberplätter (in der Hausindustrie)
Waldmeister (verteilte Holzgaben und Laubstreu im Gemeindewald)
Verwaltungsaktuar, eine 1822 eingerichtete, sehr nützliche Funktion: eine fachmännisch geschulte Kraft (versierter Schultheiß oder Verwaltungsbeamter aus der weiteren Umgebung), besorgte gegen Bezahlung die gemeindlichen Steuer-, Haushalts- und Rechnungsgeschäfte, auch die Gemeindevermögensverwaltung.

Niedere Gemeinde- oder Fleckendienste waren:
Büttel, Amtsdiener oder Polizeidiener; Amtsbote oder Communbote, Postbote
Scharwächter (sorgten für Ordnung in unruhiger Zeit)
Feldschütz oder Feldhüter oder Fruchthirte (überwachte die Felder zur Erntezeit)
Waldschütz oder Waldvogt (gegen Holzdiebstahl im Gemeindewald)
Bettelvogt (bekämpfte das Betteln Auswärtiger), Nachtwächter
Hebamme, »geschworene Weiber« (unausgebildete Geburtshelferinnen)
Leichenschauer, Totengräber
Brunnenmeister oder Brunnenreiniger, Kaminfeger
Feuerspritzenmeister und Rottenmeister
Wägemeister (betreute die Dorfwaage)

Salzmesser oder Salzverschleißer
Baumbehacker oder Baumwart, Maulwurfsfänger, Farrenhalter
Wegeknecht (hielt Gemeindewege instand)
Flugschütz (bekämpfte streunendes Stallgeflügel)
Wildschütz (sicherte die Fluren gegen Waldwild)
Kühhirt, Geißenhirt, Schweinehirt, Gänsehirt

Darüber hinaus mußten aber noch in der ersten Hälfte des 19. Jahrhunderts die Einwohner selbst bei der Erledigung vieler gemeindlicher Aufgaben kräftig zupacken. Da die Gemeinden selbst kein Geld besaßen, Wegebau, Wasserschutz, Wildzaunerhaltung und dergleichen mehr gegen Bezahlung zu vergeben, ließen sie das alles durch Fröner ausführen; sie trugen nur die dabei anfallenden Materialkosten, allenfalls auch ganz geringe Trinkgelder. Zur *Gemeindefron* (Flekkenfron) war seit alters jeder Einwohner verpflichtet; Fernbleiben wurde bestraft. Hierher gehörten übrigens auch die lästigen Jagdfronen, die zunächst der Gemeinde oblagen und von ihr weiter umgelegt wurden. Erst in den vierziger Jahren wurde die Gemeindefron überall abgeschafft.

Das altüberkommene System der *Stabsschultheißereien,* gemeindlicher Verwaltungszusammenschlüsse, lebte, unter diesem (bis 1813 bzw. 1822) oder anderem Namen, zunächst weiter, offenbar weil verschiedene kleine Gemeinden zur selbständigen Führung der Gemeindegeschäfte nicht fähig waren. So wurde 1819 eine Hauptgemeinde Thomashardt aus Thomashardt, Hegenlohe, Schlichten und Baiereck gebildet, unter dem Schultheiß von Thomashardt als »Stabsschultheiß«, mit »Anwälten« in den Teilgemeinden. Allerdings wurde Baiereck schon 1820, Schlichten 1823 und schließlich Hegenlohe 1825 wieder abgetrennt. – Zu Winterbach gehörte Baiereck 1820 bis 1824, Schlichten 1823 bis 1849, jeweils bis zu ihrer Erhebung zu selbständigen Gemeinden. – Krummhardt, wenngleich erst 1933 nach Aichschieß eingemeindet, lebte mindestens seit 1824 in einer Art Verwaltungsgemeinschaft mit Aichschieß, besaß daher auch nur einen Anwalt. – Schließlich noch dieses: Ober- und Unterberken wurden 1823 aus Hundsholz ausgemeindet und bilden seitdem eine einzige selbständige Gemeinde.

Zweitens: Im parlamentarisch-demokratischen Württemberg (1918–33) wurde die Einteilung des Landes in 4 Kreise mitsamt den Kreisregierungen 1924 aufgehoben. An der Zuteilung der Schurwaldsiedlungen zu den benachbarten Oberämtern änderte sich zunächst nur wenig. So kam bei der Auflösung des Oberamtes Cannstatt 1923 Schanbach mit Lobenrot zum Oberamt Esslingen. Und 1926 wurde die Nassachmühle von Baiereck nach Uhingen umgemeindet und damit dem Oberamt Göppingen zugeteilt.

Die bewährte Organisation des Oberamtes mit staatlichen und Selbstverwaltungsfunktionen hielt sich im wesentlichen unverändert. Von den Mitgliedern des Bezirksrats wurden fortan 3 von der Amtsversammlung und 5 von den Mitgliedern der Gemeinderäte gewählt. – In den Gemeinden blieb es bei dem auf 6 Jahre gewählten, aber nun nicht mehr staatlicher Bestätigung unterworfenen Schultheiß; nur seine altehrwürdige Dienstbezeichnung ersetzte man 1930 durch »Bürgermeister«. Unter Aufhebung des bisherigen recht ungeliebten Bürgerausschusses wurde seit 1919 der Gemeinderat auf 6 Jahre gewählt und alle 3 Jahre zur Hälfte erneuert. Aktiv wahlberechtigt waren fortan alle männlichen und weiblichen Einwohner.

Drittens: Im nationalsozialistischen Führungsstaat (1933–45) wurden sofort

Amtsversammlung und Bezirksrat aufgelöst. Die württembergische Kreisordnung von 1934 benannte den Oberamtsbezirk in »Kreis« um; der Leiter der Behörde, die nach wie vor »Oberamt« hieß, erhielt die Dienstbezeichnung »Landrat«; laut Reichsverordnung von 1938 hieß der Kreis fortan »Landkreis«, das Oberamt »Der Landrat«. Doch nun das Wichtigere. An die Stelle von Amtsversammlung und Bezirksrat traten jetzt Kreistag und Kreisrat. Dem Kreistag gehörten die Ortsvorsteher von Amts wegen sowie weitere vom Landrat in Übereinstimmung mit dem Kreisleiter der NSDAP auf 4 Jahre Berufene an, während im Kreisrat 5 von Landrat und Kreisleiter gemeinsam berufene Kreistagsmitglieder saßen. Zu beschließen gab es indessen hier wie dort nichts; in den letzten Jahren des Tausendjährigen Reiches trat der Kreistag überhaupt nicht mehr zusammen. Im Jahr 1938 erfolgte endlich die schon seit 40 Jahren geplante Landesneueinteilung; von 61 Oberämtern wurden 27 aufgelöst. So auch das alte Oberamt Schorndorf. Aichelberg, Hohengehren, Baltmannsweiler, Thomashardt und Hegenlohe kamen zum Landkreis Esslingen, Schlichten und Oberberken (mit Unterberken) zum Kreis Waiblingen, Baiereck (mit Unterhütt) und Adelberg (mit Nassach) zum Kreis Göppingen. Das gab in den ersten Jahren bei der landwirtschaftlichen Bevölkerung manches böse Wort hinter vorgehaltener Hand, während die industriellen Pendler zum Fils- und Neckartal die neue Regelung schnell als für sie zweckmäßig verstanden. Außerdem: vom aufgelösten Oberamt Welzheim wechselte Rattenharz zum Landkreis Schwäbisch Gmünd über.

Erinnern wir uns noch kurz der Regelung des öffentlich-rechtlichen Gemeindelebens. Auf Grund der Deutschen Gemeindeordnung von 1935 herrschte auch hier das Führerprinzip. Der von Landrat und Kreisleiter berufene Bürgermeister leitete die Gemeinde in eigener Verantwortung. Der Gemeinderat, von ihm berufen, stimmte nicht mehr ab, beriet äußerstenfalls nur noch. Im übrigen wurde dieser letzte Rest gemeindlicher Selbstverwaltung 1939 einer umfassenden unmittelbaren Weisung des Landrats unterworfen. Von irgendwelchen allgemeinen Wahlen war keine Rede mehr.

c) Das weltliche Kulturleben (1817–1945)

Erstens: Die Erwachsenenbildung. An frühere Bemerkungen (Abschnitt 4 e) anknüpfend sei gesagt, daß im 19. Jahrhundert auf dem Schurwald die Beispiele krasser Unkenntnis von Lesen und Schreiben (Dreikreuzchen-Zeichen) seltener, der Umfang des Allgemeinwissens um einiges größer werden, beides als Folge vom Ausbau des Schulwesens (vgl. unten). Freilich kann der Bildungsstand nur dem Volksschulniveau der Zeit entsprechen; Pfarrer und Lehrer bleiben praktisch weiterhin die einzigen darüberstehenden Ausnahmen. Was in dieser Berichtszeit an geistiger Fortbildung der Erwachsenen, etwa durch Vortragsreihen oder freiwillige Winterkurse, der verdienstvollen Initiative eines Pfarrers hier oder eines Lehrers dort entspringt, hält sich meist nur kurze Zeit am Leben und wirkt nirgendwo in die Breite. Die Verstrickung in die wirtschaftliche Not des Alltags, auch die übergroße Arbeitslast in Kriegszeiten versperren selbst interessierten Schurwäldern praktisch den Zugang zum geistigen Fortschritt. Dabei bleiben freilich einige Fragen offen. Wer war denn interessiert? Wer vermochte den Nutzen einer noch so bescheidenen Weiterbildung wirklich einzusehen? Und obendrein, hätte sich überhaupt von »Nutzen« sprechen lassen? Mußten sich diese primitiven Leute nicht einfach sagen »wozu denn«? Unsere Fragen wollen nur andeuten, daß man die Probleme von damals nicht allein mit den Einsichten von heute beurteilen darf.

Vom Staat her geschieht bis 1945 auf dem Schurwald so gut wie nichts zur Erwachsenenbildung. Um so höher hat man den Wert der Gesangsvereine zu veranschlagen, die mit ihrer Pflege des Volkslieds zugleich einige geistige Anregung vermitteln. Zu den ältesten auf dem Schurwald zählen der Hohengehrener »Liederkranz« (gegründet 1841) und der Adelberger »Liederkranz« (1861). Seit unserer Jahrhundertwende breiten sich Chöre, dann auch Musikkapellen und dergleichen weiter aus, meist von Volksschullehrern verdienstvoll geleitet. Gewiß gibt es auch Rückschläge, kriegsbedingte und aus menschlichem Versagen. Aber schon zwischen den beiden Weltkriegen tragen die Chöre den Namen ihrer Heimatdörfer wie Aichschieß oder Adelberg erfolgreich hinaus zu den großen Sängerfesten.

Zweitens. Keine Zeugnisse profaner Baukunst aus der Berichtszeit auf dem Schurwald. Keine öffentliche Hand rührt sich als großzügiger Bauherr, und die äußerst schmalen Privatgeldbeutel verbieten aufwendiges Bauen von vornherein. – Bei den *Bauernhäusern* setzt sich zunächst im 19. Jahrhundert das Einhaus vollends durch. Die alten Hofstätten erlangen geradezu Seltenheitswert; nur noch vereinzelt begegnen sie dem aufmerksamen Auge im inneren Dorfkern von Aichelberg, Manolzweiler und Thomashardt, einige mehr in Oberberken und Börtlingen. Verfallende Seldnerhäuschen werden gelegentlich erneuert, völlig neue treten jedoch allmählich zurück. Selbstverständlich steht die aufs Ganze gesehen geringe bauliche Entwicklung im engsten Zusammenhang mit der bevölkerungsmäßigen, die seit Mitte des 19. Jahrhunderts meist rückläufig erscheint.

Zu Anfang unseres Jahrhunderts spürt man eigenartige bauliche Übergänge. Die Industriependler (vgl. unten) vermögen sich räumlich etwas auszudehnen, auch den nachwachsenden jungen Familien eigene kleine Wohnstätten zu schaffen. Bescheiden beginnt man den Stall aus dem Erdgeschoß in die Scheuer oder in einen Anbau zu verlegen und dadurch im Haus selbst Wohnraum zu gewinnen, während andere, aber doch erst später, aus dem Stall einen Geräteraum oder eine Kleinstwerkstatt machen oder in Einzelfällen ein Lädchen einrichten. Vielen Traufenhäusern sieht man noch heute den einstigen Einhaus-Charakter deutlich an. Dieser oder jener Schurwälder kann sogar ein eigenes Häusle bauen, aber nun nicht mehr als gestelztes Einhaus, sondern nach städtisch-kleinbürgerlicher Art. Das allgemeine Vorwärts wird erstmals so recht deutlich in Baltmannsweiler; es erfaßt zwischen 1925 und 1939, der Bevölkerungsvermehrung entsprechend, auch Aichelberg, Schanbach, Aichschieß, Hohengehren und Börtlingen, vereinzelt natürlich auch die meisten anderen Orte, um mit allen weiteren hoffnungsvollen Ansätzen jäh nach Ausbruch des Zweiten Weltkriegs zu enden.

Ergänzend ein Wort zum *Ortsbild.* Die Neubauten der Berichtszeit fügen sich zunächst in das altüberkommene Dorfgefüge. Man nutzt den letzten freien Raum alter Hofstätten, die sehr zahlreichen Baulücken der einst nur locker besetzten Gassen. Sind doch die meisten Dörfer vom uralten Etter durchschnittlich bis in die Mitte des vorigen Jahrhunderts umschlossen, was ihre räumliche Ausdehnung verhindert. Erst dann verlängern sich die überkommenen Gassen zaghaft nach außen. So erhalten unsere Dörfer ihre mehr oder minder in sich geschlossenen Ortslagen. Ausgesprochene Neubaugebiete des modernen Verständnisses entstehen bis 1945 nur wenige.

Drittens: Das Schulwesen auf dem Schurwald. In zeitlicher Fortführung des früher hierzu Gesagten (Abschnitt 4 e) sei zunächst festgestellt, daß sämtliche Dörfer nunmehr über eigene einklassige, später die größeren Dörfer sogar über mehrklassige Volksschulen verfügen; nur die Schüler der kleinen Weiler müssen noch täglich wandern. Seit Mitte des 19. Jahrhunderts wird der Unterrichtsstoff wirklichkeitsnaher und vielseitiger gestaltet. Das Lesen übt man nicht mehr an der Bibel, das Lernen am Katechismus, sondern beides an pädagogisch orientierter Fibel und Lesebuch. Geschichte, Erdkunde und Naturkunde erscheinen jetzt als Unterrichtsfächer; nach 1900 folgen weitere. Damit hebt sich der Bildungsstand der Schurwälder gegenüber früher beträchtlich. Der Schulbesuch läßt freilich noch im ganzen 19. Jahrhundert arg zu wünschen übrig; unsere damaligen Kirchenkonventsprotokolle enthalten eine Fülle von Vermahnungen und Geldstrafen der Eltern wegen ständiger Schulversäumnisse; noch immer brauchen sie die Kinder für Viehhüten, hauswirtschaftliche und gar hausgewerbliche Arbeiten. Die beiden Weltkriege bringen dann zeitweise starke Störungen in den normalen Schulbetrieb.

Die Volksschule wird 1836 staatliche Anstalt mit gemeindlicher Unterhaltungspflicht, steht allerdings nach wie vor unter kirchlicher Dienstaufsicht; gerade der Schorndorfer Dekan oder Spezialsuperintendent nimmt seine Visitationspflicht ziemlich ernst und spart nicht an Kritik. Erst 1891 werden die Schultüren ein wenig für weltliche Einflußnahme geöffnet; ein Ortsschulrat, bestehend aus Pfarrer, Schultheiß, Lehrer und zwei von den Gemeindekollegien gewählten Bürgern, dürfen etwas mitreden. Und 1909 endet die kirchliche Aufsicht; seitdem sieht der staatliche Schulrat aus der Amtsstadt nach dem Rechten. Mit der Besoldung der Lehrer hapert es zunächst, wie einst; erst um unsere Jahrhundertwende sind überall die Naturalbesoldungsteile des Lehrers in Geld umgewandelt; dafür verzichtet der Lehrer auf die Bewirtschaftung der gemeindlichen »Schuläcker« oder »Schulwiese«, auf Holzlieferung und dergleichen.

Die dörflichen *Sonntagsschulen* werden nach 1817, trotz ihrer Unbeliebtheit, noch weit über hundert Jahre lang gehalten, um »das Herumtreiben der Jugend am Sonntag zu beseitigen«. In der zweiten Hälfte des 19. Jahrhunderts, hier früher, dort später, werden sie in winterliche gemeindliche *Fortbildungsschulen* (etwa dreimal wöchentlich je 2 Stunden) umgewandelt. In unserem Jahrhundert tritt dann an ihre Stelle infolge der stark gestiegenen Ansprüche des Wirtschaftslebens das staatlich geordnete Berufsschulwesen mit seinem Pflichtbesuch in den Talorten. Die in diesem Zusammenhang zuweilen genannten »Industrieschulen« stellen in Wirklichkeit gemeindliche Notstandsmaßnahmen dar (vgl. oben).

Viertens: Zur Volkskunde. Einige liebevoll geschriebene Seiten über Bräuche und Sitten, über die bäuerliche Arbeitsweise, über die alten Trachten, Wetterregeln und Sprichwörter liest man in der »Chronik der Gemeinde Aichschieß-Krummhardt«; über dieselben Themen und andere spricht auch unser »Hegenloher Heimatbuch«. In der Schorndorfer Oberamtsbeschreibung, vor allem bei Helmut Dölker, auch anderwärts verstreut, findet sich Einschlägiges. Vergleicht man dieses verhältnismäßig Wenige miteinander, gewinnt man den Eindruck: Vieles von alldem war auch außerhalb des Schurwaldbereichs üblich, anderes nur

diesem oder jenem Dorf eigentümlich. Was aber etwa typisch »schurwäldisch«
war, wird sich verläßlicher erst fassen lassen, wenn auch für die übrigen Dörfer
entsprechende Erkenntnisse vorgelegt sein werden.

Schon Johann Georg Roesch beschreibt 1815 die *Tracht* der Schurwälder so, wie
sie laut Schorndorfer Oberamtsbeschreibung 1851 noch getragen worden sein
soll: »Zu einem schwarzen, rothgefütterten Rock trägt der Mann ein rothes
Brusttuch, oben mit gelben (bei Schultheißen und Gemeinderäthen mit silbernen)
Borten besetzt und auf der Seite zugeheftet, darüber einen schwarzen ledernen
(beziehungsweise einen grünen seidenen) Hosenträger, welcher lederne oder
weite zwilchene Beinkleider hält. Die Strümpfe von grober Leinwand verfertigt
der Schneider; die Schuhe, über welche ein lederner Lappen herabhängt, sind mit
Riemen zugeschnürt. Die Kopfbedeckung ist ein runder schwarzer Hut oder ein
ledernes ‚Schmerkäppchen'. Die Frauen tragen kurze faltenreiche Röcke mit einer
hellen Borte unten besetzt, von ganz kurzer Taille und kurzem Mieder«.

In der zweiten Hälfte des 19. Jahrhunderts, bis spätestens 1880, kleiden sich,
wie sich älteste Schurwälder erinnern, die Männer festtags etwa folgendermaßen:
Weißes Hemd aus selbstgesponnenem und handgewebtem Flachs; schwarze Knie-
hose, unterm Knie mit Bändern gebunden, die an den Seiten herunterhängen;
Kniestrümpfe aus weißer Schafwolle, selbstgestrickt; grobe Halbschuhe; das
Jakett aus schwarzem Tuch mit engen Ärmeln und stoffbezogenen Knöpfen;
darüber ein schwarzer, offener, gehrock-ähnlicher Mantel (»Kirchenrock«);
schwarzer Dreispitz, Spitze nach vorn, hinten stark und an den Seiten weniger
hochgeklappt, mit hinten etwa 20 cm herabhängenden schwarzen Bändern (noch
um 1900 trugen die Schanbacher den Dreispitz zu Beerdigungen). Am Alltag
setzt der Mann sein »Schmerkäpple« auf, einen kleinen runden Deckel.

Doch die Mode schreitet fort, auch bei der Schurwaldtracht. In der letzten
Trachtenzeit, etwa 1880 bis spätesten 1900, tragen sich die Männer des Mittelschurwaldes folgendermaßen (vgl. das Bild 9): Hemd wie oben; Latzhosen
mit Hosenlatz (wird links mit Schlaufe an einen Knopf befestigt) und langen
Hosenbeinen; grobe Halbschuhe oder steife Schaftstiefel bis zum Knie (»Zuff-
rohrstiefel«, Hosen in denselben) oder »Knobelbecher« (Hosen darüber); um
den Hals eine schwarze quergebundene Florkrawatte; schwarze Weste, rot ge-
füttert, mit Knopflöchern an beiden Seiten, durch die eine fünf Zentimeter
breite Knopflasche halblinks/halbrechts durchgeknöpft wird (die silbernen Knöp-
fe entweder kuglich oder flach, sogenannte »Bauredralle« oder »Täler«); Jackett
und Kirchenrock wie oben; runder schwarzer Hut oder ein rotes »Sammetkäpple«
mit dunkler Trottel, bei festlichen Gelegenheiten ein hoher, später ein niedriger
schwarzer Zylinder (das »Böllerle«). Am Alltag trägt der Mann das Schmerkäpple aus schwarzem Ziegenleder mit rechts herunterhängender geflochtener
bunter Trottel, die »Zipfelkapp«. Ochsenbauern tragen, wenn sie als Fuhrleute
unterwegs sind, über dem Anzug den Fuhrmannskittel, das Blauhemd (»Blo-
hemed«), das fast bis an die Knie reicht. – Nur ganz nebenbei: Die Knopflasche
der Weste läßt sich bei Prügeleien zwischen jungen Männern wirksam als Schlag-
waffe benutzen(!).

Die Frauentracht ist schon früher untergegangen. Vor 1900 tragen nur noch
einzelne alte Frauen zum Kirchgang eine schwarze Jacke, den schwarzen, langen,
dicken Rock, dazu ein gehäkeltes Netz (das Bänderhäubchen mit herabhängenden bunten Bändern ist schon eine Generation vorher abgekommen).

Zu den *charakterlichen Eigenarten* der Schurwälder meint die Schorndorfer Oberamtsbeschreibung (1851): »Die kräftigen Bewohner werden als bieder im Umgang, verschlagen im Handel und behaglich im Hauswesen geschildert; sie sollen demagogischen Einflüssen ebenso wenig zugänglich seyn als pietistischen, dabei aber weniger fleißig und geordnet, auch in der Landwirthschaft nicht so erfahren seyn als die Thalbewohner«. Und an anderer Stelle sagt sie noch einmal, im Gegensatz zu den Talbewohnern seien die Bewohner der Waldorte »weniger anregsam sowie weniger fleißig und betriebsam und von rauheren Sitten: Was in Wechselwirkung stehen dürfte mit den verderblichen Waldfreveln, welchem ein großer Theil dieser Bevölkerung ergeben ist. Baiereck steht in dieser Beziehung am Tiefsten.« In der Tat berichten die Protokolle der Kirchenkonvente und Schultheißenämter des 19. Jahrhunderts laufend von Trunkenheit und Raufhandel, von Lärmen und Überschreiten der Polizeistunde, Ehestreit und Unzucht, Holzdiebstahl und Bettel. So mag auf dem Schurwald dereinst wirklich ein hartes, auf sich selbst beschränktes und tatkräftigem Wagnis abholdes Völkchen wohnen. Und die übereinstimmenden Aussagen ältester Dorfbewohner lassen keinen Zweifel daran, daß noch vor dem Ersten Weltkrieg hier sonderbar rauhe Sitten herrschen.

Aus unserem »Hegenloher Heimatbuch« möchten wir dazu noch folgendes erklärend anfügen. Wenn die Menschen auf dem Schurwald nach außen sich in jeder Hinsicht wenig aufgeschlossen zeigen, so beruht das zunächst auf einem echt schwäbischen Beharren, Insichruhen – hier allerdings durch die Arbeitslage vor der größeren Welt ins Negative gesteigert. Die damit zusammenhängende Unzugänglichkeit für »demagogische Einflüsse« bewährt sich sogar später gegenüber dem Nationalsozialismus durchaus. Aufschäumende Kriegsbegeisterung liegt den Schurwäldern nicht. Daß sie damals »wenig fleißig« sind, ergibt sich vielleicht zwangsläufig mit aus der Kargheit des Bodens, aus der Unmöglichkeit weitergehender gewerblicher oder gar industrieller Betätigung, aus dem absoluten Mangel an Bodenschätzen, aus jedem Ausbleiben durchgreifender staatlicher Hilfe. Wer hätte unter solchen Umständen nicht sich in das Unvermeidliche geschickt und nicht eben nur das Wenige, das sinnvoll Mögliche getan? Andererseits, haben die Hunderte von Auswanderern, von denen wir noch lesen werden, nicht einen unerhörten Wagemut bewiesen? Werfen wir also nicht allzu große Steine auf die Altvorderen.

Dem Problem der Dorfgemeinschaft widmen wir nachstehend eine kleine Sonderbetrachtung. Jetzt sei nur die negative Kehrseite des einstigen dorfgemeinschaftlichen Empfindens und Handelns vorweggenommen, nämlich das Denken »nicht über den Kirchturm hinaus«, das sich leicht zu mißtrauischer Zurückhaltung, gelegentlich wohl auch zu engstirniger Überheblichkeit gegenüber allem Fremden steigert. Bezeichnend dafür sind etwa die wenig schmeichelhaften und meist auf die Armut bezüglichen Necknamen, die man gern den Bewohnern der Nachbardörfer anhängt (vgl. die Ortsurkunden), die man aber bei sich selbst als grobe Beleidigung enpfindet; manche Schlägerei entsteht aus solchen Wortwechseln. Oder typisch die Selbsteinschätzung jedes dörflichen Gesangs- und Sportvereins, im weiten Rund der Nachbarn selbstverständlich der beste zu sein, der es daher auch nicht nötig hat, Kontakte nach außen zu pflegen.

Fünftens: Die Dorfgemeinschaft ist keine ideologisch abgestempelte Erfindung der Nazizeit. Man pries sie schon hundert Jahre vorher, mancher denkt heute noch wehmütig an sie zurück. Was sie beinhaltete, war doch wohl dieses: bei grundsätzlich übereinstimmender geistiger und wirtschaftlicher Interessenlage nimmt der eine Anteil an Freud und Leid des anderen; jeder hilft jedem und alle zusammen suchen des Dorfes Bestes. Das klingt in unseren heutigen Ohren so recht nach »guter alter Zeit«. Doch wüßte man gern, wie es sich damit wirklich verhielt. In unserem »Hegenloher Heimatbuch« liest man folgendes.

Wohl gibt es dazu, mindestens aus dem 19. Jahrhundert, gelegentliche urkundliche Äußerungen. Sie sind jedoch mit einigem Bedacht zu verwerten, weil es dabei selbstverständlich sehr auf Stellung und Vorstellung des Quellensprechers ankommt. Außerdem wird es sich dabei kaum um festzementierte Verhältnisse gehandelt haben; vielmehr mögen besondere Umstände und Ereignisse oder Personengruppen eine plötzlich eintretende oder allmählich verlaufende Änderung veranlaßt haben. Im einzelnen sieht das damals bei uns etwa so aus. Im Grunde sind die Leute aufeinander angewiesen, und man sollte annehmen, daß gleiche Lebensschicksale sie zusammenschlössen. Dem ist allerdings nicht so. Zunächst gibt es schier regelmäßig Ärger und Neid, wenn etwa wegen allgemeiner Mißernten oder nach vernichtenden Hagelschlägen staatliche Unterstützung, Brot- und Mehlspenden, verteilt werden. Je schärfer mit der zunehmenden Bevölkerungszahl der Daseinskampf auf dem eng begrenzten Lebensraum wird, um so stärker stößt man sich aneinander, desto unverträglicher und rücksichtsloser wird wohl auch manch einer. Da sind der ewige Streit um die Übergeh- und Überfahrtsrechte in den Fluren draußen, der Baumüberhang aus Nachbars Garten und der fremde Waldwildwuchs in die eigenen Wiesen hinein, die Schäden durch fremdes Viehweiden und dergleichen mehr. Die allmählich sich häufenden und unversöhnlicher klingenden Klagen führen zuweilen zu starkem Unfrieden in der Gemeinde, der gelegentlich sogar in Ruggerichtsprotokollen seinen Niederschlag findet.

So mag das in allen Schurwalddörfern noch manchmal hin- und hergehen durch Generationen hindurch, geschürt durch geradezu erbliche Zwistigkeiten der großen örtlichen Familienverbände untereinander. Trotzdem soll die Dorfgemeinschaft nach dem Zeugnis unserer ältesten Dorfbewohner, wie sie das von ihren Großeltern her erzählt bekommen haben, durchaus faßbare Wirklichkeit gewesen sein. Man ist damals noch eines einzigen Menschenschlags, mit völlig gleichlaufenden Lebenserwartungen und Berufssorgen. Dazu – sehr wichtig – hat man noch mehr Zeit füreinander; die Männer rauchen nach frühem Feierabend gemeinsam ihr Pfeifchen vor den Häusern (die Thomashardter als »Schwellenreiter« in der Haustüre) oder in den Gärten, während Frauen und Mädchen sich abwechselnd in den Spinnstuben treffen. Und auf allen gemeinsam lasten verbindend die Nöte des kümmerlichen Alltags. Einen ersten tieferen Sprung erhält die Dorfgemeinschaft durch den Beginn umfangreicheren Industriependelns in unseren zwanziger Jahren, weil Arbeitsrhythmus und Interessenlage der Dorfbewohner sich unterschiedlich gestalten. Allerdings wird man sich solcher Brüchigkeit zunächst noch nicht bewußt. Wir werden daher erst später (Abschnitt 6 c) darauf eingehen.

Nach allem darf man mit dem Begriff »Dorfgemeinschaft« in früheren Zeiten nicht allzu lebhafte Idealvorstellungen verknüpfen. Uns will ein Vergleich mit den künstlerischen Dorfbildern aus der Romantikzeit naheliegen. Da träumt das liebliche, ziegelrot gedeckte Dörfchen, hingebettet ins sanfte grüne Tal, ein wahres Bild allgemeinen Friedens, rechtschaffener Wohlhabenheit und traulicher Behaglichkeit. Und die Wirklichkeit? Gibt es in demselben Dorf nicht auch Not und Leid, Klatsch und Neid, Zank und Streit? Vielleicht liegt es nur an der Verschiedenheit der Betrachtungsweise: die Romantiker zeigen das Traumbild einer heilen Welt, wir hingegen denken nüchtern an das Allzumenschliche in ihr

d) Das kirchliche Leben (1817–1945)

Erstens: Die kirchliche Organisation. Die *evangelische* Landeskirche bleibt bis 1918 eine staatliche Kirche, erst die Revolution bringt die Trennung von Kirche und Staat. Für die Kirchenaufsicht wird das Land nach verschiedenen kurzzeitigen Wechseln 1823 neu eingeteilt. Dabei kommt das Dekanat Göppingen zur Generalsuperintendenz Ulm, das Dekanat Schorndorf zur Generalsuperintendenz Schwäbisch Hall. Später gibt es kleinere Veränderungen: Hundsholz/ Adelberg mit den Filialen Oberberken, Unterberken und Nassach vom Dekanat Göppingen zu Schorndorf 1824, Aichschieß vom Dekanat Schorndorf zu Esslingen (Generalsuperintendenz Ludwigsburg) 1842, Baiereck vom Dekanat Göppingen zu Schorndorf 1852. Das Dekanat Esslingen zur Generalsuperintendenz Reutlingen und das Dekanat Schorndorf zur Generalsuperintendenz Heilbronn 1913. Für die Neuzuteilung einzelner Filialorte zu anderen Kirchengemeinden vgl. erstere im Teil B. Die letzte größere räumliche Umorganisation der württembergischen Landeskirche tritt 1924 in Kraft. An die Stelle der Generalsuperintendenzen treten, teilweise neu abgegrenzt, die Prälaturen; das Dekanat Göppingen gehört fortan zur Prälatur Ulm, das Dekanat Schorndorf zur Prälatur Heilbronn, das Dekanat Esslingen zur Prälatur Stuttgart – so bis heute.

Unsere *Pfarrer*, bis 1918 staatliche und seitdem kirchliche Beamte, sind der Dienstaufsicht ihres Dekans unterstellt. Ihre Besoldung hängt zunächst, mindestens teilweise, von Ernte und Zahlung der Bauern ab. Den Anstoß zu modernerer Regelung gibt praktisch erst die Zehntenablösung seit 1849 durch den Staat (vgl. unten). Zwar zieht der Pfarrer im allgemeinen den Großen Zehnt schon seit 1534 nicht mehr selbst von den Pflichtigen ein, sondern erhält dessen Gegenwert jährlich vom Staat als baren Besoldungsanteil, während er Kleinen Zehnt, Heuzehnt und Weinzehnt noch unmittelbar von den Pflichtigen einholt oder deren Einzug an die betreffende Gemeinde verpachtet. Wenn nun der Staat nach 1849 die Ablösungssummen der Bauern und Gemeinden dafür kassiert, muß er fortan den baren Besoldungsanteil des Pfarrers entsprechend erhöhen. Schließlich ein Wort zu den seit 1806 staatlichen Pfarrwittumsgütern. Hat sie der Pfarrer bisher selbst bewirtschaftet oder verpachtet, übernimmt seit Ende des 19. Jahrhunderts die Evangelische Pfarrgutsverwaltung beim Stuttgarter Oberkirchenrat die Verwaltung ihrer Nutznießung, und zwar treuhänderisch für die jeweils berechtigte Pfarrei; dafür erhöht sich wiederum der bare Besoldungsanteil des Pfarrers, der nun endlich sein ganzes Einkommen als festes Gehalt bar vom Oberkirchenrat bezieht. Nebenbei: unsere altüberkommenen Flurnamen wie »Pfarräcker« oder »Pfarrwiesen« leben weiter, nur dienstlich spricht man jetzt von »Pfarrbesoldungsgrundstücken«.

Hiermit hätten wir zugleich die Weiterentwicklung des Kirchenguts angedeutet. Nun noch ein Blick auf den Heiligen (vgl. Abschnitt 4 f), der nach wie vor vom

Kirchengut strikt getrennt bleibt. Als aber 1887 durch Gesetz bürgerliche und kirchliche Gemeinde getrennt werden, muß das bisher gemeinsame Stiftungsvermögen in den folgenden Jahren aufgelöst werden. Dabei erhält die Kirchengemeinde im allgemeinen die Stiftungen mit kirchlicher Zielsetzung, hier und dort wegen deren Winzigkeit überhaupt den ganzen Vermögensfonds, meist freilich mit der Baulast am Kirchengebäude; von Armenpflege und Schulkosten wird sie entlastet. Diese neue ortskirchliche Vermögensmasse verwaltet fortan der gewählte »Kirchenpfleger«, insoweit also Nachfolger von Heiligenpfleger und Stiftungspfleger. Der Stiftungsrat und der Kirchenkonvent als sein geschäftsführender Ausschuß werden 1891 aufgehoben, ihre Befugnisse gehen auf den Kirchengemeinderat über.

Doch zurück zum Pfarrer, und zwar zum Pfarrer im *Kirchenkonvent,* von dessen Anfängen und Arbeitsweise wir schon berichteten (Abschnitt 4 f). Kaum zu glauben, noch im 19. Jahrhundert: diese fragwürdige Art »Kirchenzucht«, im Jahr 1824 offiziell bestätigt, von manchem Pfarrer locker, von anderen mit geradezu inquisitorischem Eifer gehandhabt, mit Ohren schier überall. Immer noch geht es um die zwangsweise Einhaltung von Religions- und Konfirmandenunterricht, von Sonntagsschule und Christenlehre. Um das »gräuliche Lärmen, gotteslästerliche Fluchen und Singen schandbarer Lieder der Purschen«, um deren verbotene Glücksspiele. Um den ständigen Ärger mit den Spinnstuben; hierzu eine Kostprobe aus dem Hohengehrener Pfarrbericht 1850: »Die Lichtkärze sind die Mördergruben der Moralität, denn aus ihnen gehen die vielen unehelichen Kinder hervor.« Überhaupt die vielen unehelichen Kinder; wenn die werdende Mutter nicht selbst in ihrer Verzweiflung ins Pfarrhaus kommt, wird sie, sobald »das Gerücht geht«, vom Pfarrer vor den Kirchenkonvent zitiert und in peinlichster Weise ausgefragt. Häufige Beratung erfordern die »lauten Exzesse« im Wirtshaus.

Freilich ist das alles nur ein Kampf gegen Windmühlenflügel, gegen die Verweltlichung des Menschen, die in der zweiten Hälfte des 18. Jahrhunderts einsetzt und von der Kirche nicht aufgehalten werden kann. Statt notwendiger positiver Lebenshilfen gibt es Vermahnungen, »Heiligenstrafen« und »Incarcerierung«, die nur Widerstand und neuen Ärger herausfordern. Die Kirche scheut auch geschmacklosere Dinge nicht; noch bei Taufe und Konfirmation, sogar nach 25 Jahren bei der Hochzeit, wird die alte Tatsache neu kundgemacht, daß der Vater unbekannt sei. Die Kirchenkonvente erniedrigen sich selbst zu Bütteln des Staates, wenn sie auf Antrag des Kgl. Forstamtes Schorndorf beschließen, Kindern, die im Staatswald ohne Erlaubnis dürres Reisig oder einen Korb Laub gesammelt haben, vom Lehrer eine »angemessene körperliche Züchtigung geben zu lassen«. – Das geschilderte »kirchenpolizeiliche«(!) Erziehungs- und Strafsystem, durch die 1851 ins Leben gerufenen Pfarrgemeinderäte kaum gemildert, hält bis zur Trennung von bürgerlicher und kirchlicher Gemeinde 1887 an.

Die Bildung des Pfarrgemeinderats aus gewählten Mitgliedern unter Vorsitz des Pfarrers und Teilnahme des Schultheißen im Jahr 1851 stellt sozusagen eine durch die 48er Unruhen angestoßene erste vorsichtige Liberalisierung der Kirche auf ihrer untersten Ebene dar. Freilich eine zunächst ziemlich unwirksame, weil der Pfarrgemeinderat zwar für die Armen sorgen und das kirchliche Leben heben soll, aber über keinerlei Geldmittel verfügt. Erst nach der Trennung von kirchlicher und politischer Gemeinde 1887 lassen sich einige alte Zöpfe abschneiden; Kirchenkonvent und Stiftungsrat verschwinden, und der zum »Kirchengemeinderat« umbenannte Pfarrgemeinderat erhält die Vermögensverwaltung der Gemeinde, darf auch Umlagen von den Kirchengemeindegenossen zur Deckung der ortskirchlichen Bedürfnisse erheben; der Schultheiß scheidet aus dem Gremium aus. Freilich, viel frischer Wind kommt durch diese organisatorischen Neuerungen kaum in unsere Kirchengemeinden. Dagegen steht das unerschütterliche Beharrungsvermögen der kirchlich Engagierten, die in unserem Jahrhundert allmählich zum »treuen Gemeindekern« zusammenschrumpfen.

Einwohner *römisch-katholischen* Bekenntnisses finden sich bis 1945 nur vereinzelt und kommen daher nach wie vor nicht zu eigener Gemeindebildung. Soweit sie westlich vom Nassachtal wohnen, sind sie nach Pfauhausen (Teil des heutigen Wernau) eingepfarrt, die östlich vom Nassachtal nach Rechberghausen. Nach Aufhebung des Bistums Konstanz kommen sie alle 1817 zum Generalvikariat Ellwangen und noch in demselben Jahr zum Generalvikariat Rottenburg, das 1828 zum Bistum erhoben wird.

Zweitens: Einen wägbaren Ausdruck des *protestantischen Gemeindelebens* auf dem Schurwald bietet, mindestens zu einem gewissen Grad, die Stärke des Kirchenbesuchs. Schon zu Anfang des 19. Jahrhunderts macht sich die allgemeine Abwanderung in ersten Ansätzen bemerkbar. Zunächst bei der »modernen« Jugend, die außer zum Gottesdienst auch noch ständig zur Sonntagsschule und Christenlehre gehen soll und damit überfordert wird. Um die Mitte des Jahrhunderts werden die Erwachsenen nachlässiger und seit 1900 verstärken sich die Klagen unserer Pfarrer über schlechten Gottesdienstbesuch besonders der Männer. In den aufs Industriependeln angewiesenen Dörfern verläuft das schneller und deutlicher, während an den anderen Plätzen das Bauerntum zunächst weiter ein Leitbild für positives kirchliches Verhalten im Dorf abgibt.

In der Zeit der Weimarischen Republik (1918–33) mindert die scharfe Trennung zwischen Kirche und Staat den kirchlichen Einfluß auf das öffentliche Leben beträchtlich. Und der verweltlichte Zeitgeist weht auch zum Schurwald hinauf, wo sich der Graben zwischen den mehr konservativ eingestellten kirchentragenden Kräften einerseits, den kirchenfernen Kleinstlandwirten, Industriependlern und Arbeitslosen andererseits verbreitert. So sinken die Besucherzahlen für die Hauptgottesdienste fast überall auf unter 20% der Einwohner ab; die konfirmierte Jugend hält sich so gut wie ganz zurück.

Der Gang unserer Kirchengemeinden durch das Dritte Reich (1933–45) unterscheidet sich kaum vom Allgemeinüblichen. Anfängliche Hoffnungen auf eine freundlich-fördernde Haltung des neuen Regimes zur Kirche müssen bald erlöschen. Dann folgt Schlag auf Schlag. In der Schule wird ein »Weltanschauungsunterricht« eingeführt, während Religionsunterricht nur bei freiwilliger Teilnahme und nur außerhalb von Amtsgebäuden stattfinden darf. Unter dem Druck der NS-Propaganda gehen Kirchenbesuch, Abendmahlsgäste und Taufen weiter zurück; abgesehen von den Alten halten sich die Männer meist gleichgültig oder gar ängstlich von allem fern, um nicht »unangenehm aufzufallen«. Dementsprechend sinken die Einnahmen der Kirchenpflegen. Dann werden kirchliche Sammlungen und Presseorgane verboten. Immerhin, ausgetreten aus der Kirche sind damals nur wenige; auch die regimefreundlichen Deutschen Christen können auf dem Schurwald kaum Fuß fassen.

Sind das alles Anfechtungen unserer Kirchengemeinden, die von außen kommen, kriselt es hin und wieder auch wegen der »rechten Lehre« hier und dort. Nicht, daß dadurch der Gemeindebestand irgendwie gefährdet würde, aber Ungelegenheiten ergeben sich daraus bei der Enge der örtlichen Verhältnisse schon. So zeigt sich zu Anfang unseres Jahrhunderts verschiedentlich Sektenbildung; in Adelberg treten nach 1925 fast 100 Gemeindeglieder, immerhin ein Sechstel aller, zur Neuapostolischen Gemeinde über. Vor allem der Mittelschurwald wird nach dem Ersten Weltkrieg von der Thiessen-Bewegung aufgerührt. Der Deutschrusse Jakob Thiessen, aus deutscher Kriegsgefangenschaft nach 1918 nicht in seine Heimat zurückgekehrt, gründet zunächst aus pietistischem Geist und innerhalb der Evangelischen Landeskirche die nach ihm benannte Bewegung, die sich um ein bibelgemäßes Leben bemüht. Ihr gehören in Thomashardt und in Schlichten zeitweise bis zu je 40, in Hegenlohe 20 Personen an; aber auch in der weiteren Umgebung finden sich Anhänger. Seit 1928 treten zahlreiche Thiessen-Leute aus der Landeskirche aus. Vom NS-Regime nach 1933 verboten, kommt man doch noch insgeheim in den Häusern der Anhänger zusammen. Nach dem Tod des Thiessen 1937 zersplittert sich seine Bewegung; manche Freunde gehen zu den Baptisten, andere bilden eine evangelisch-freikirchliche Gemeinde.

Drittens: Kirchenbauten und kirchliche Kunst. Als Neubau entsteht nur die kleine Kirche zu Oberberken (1859), zwar vom Stuttgarter Oberbaudirektor Christian von Leins entworfen, aber trotzdem völlig bedeutungslos geraten. »Dorf ohne Kirche« bleibt auf dem Schurwald einzig Thomashardt, außerdem verständlicherweise jeder kleine Weiler. Daß man von kirchlicher Kunst der Zeit (1817–1945) nichts sieht, mag sich teils aus der Armut der Kirchengemeinden erklären, teils wohl auch aus der Abneigung der konservativ eingestellten Pfarrer und Kirchengemeinderäte gegen damals »moderne« Kunst.

e) Die Landwirtschaft (1817–1945)

Erstens: Die Lastenablösung. Wir deuteten schon an, daß mit der Einleitung der Bauernbefreiung 1817 die bisherigen bäuerlichen Erblehen zu freien Zinsgütern und die Gnadenlehen für ablösbar erklärt werden. Die auf ihnen ruhenden Grundlasten, nämlich die alljährlichen Abgaben oder »Gefälle« wie Gülten und Hellerzinsen sowie die Zehnten bleiben zunächst bestehen, obgleich grundsätzlich ihre vertragliche Ablösung von Anfang an vorgesehen war. Wenn darüber noch viel Zeit vergeht, so liegt das weniger am Staat, dem Hauptvertragspartner der Bauern, als am grundherrlichen Adel (nicht auf dem Schurwald), der wegen der auf ihn zukommenden Vermögensverluste bei Beratung der Ablösungsgesetze heftig widerspricht; erst unter dem Druck der 48er Unruhen und dank späterer staatlicher Hilfsstellungen kommt dann doch die Lastenbefreiung allgemein in Gang und zum guten Ende. Wir wollen hier nur die Grundzüge der vertraglichen Regelungen andeuten. Wie es dann zeitlich und in allen Einzelheiten auf jedem Dorf verläuft, sei ortskundlicher Darstellung überlassen.

Im allgemeinen wird das Ablösungskapital für jede einzelne Last mit deren 10 bis 16fachem durchschnittlichen Jahresertrag berechnet. Die anfallenden kleineren Beträge zahlen die Gemeinden meist sofort in bar an die staatlichen Kameralämter, häufig ohne Ersatz durch die bisher Verpflichteten. Das beginnt

1836 mit der Ablösung verschiedener steuerartiger Abgaben, der Fronen und der leibeigenschaftlichen Leistungen (Leibhennen usw.). Hierauf näher einzugehen lohnt sich nicht, weil es sich entweder um recht kleine Beträge oder um Dinge handelt, die auf dem Schurwald kaum eine Rolle gespielt haben. Viel stärker zu Buche schlägt die nach 1845 einsetzende Ablösung der Gefälle, sozusagen der Pachtzinsen für die Lehen und Teillehen, wobei die Pflichtigen das Ablösungskapital in etwa 20 Jahresraten zahlen sollen. Empfangsberechtigt sind die früheren Grundstückseigentümer (Staat, Hofdomänenkammergut, kirchliche Vermögensmassen, Gemeinden, Spitäler, Stiftungen). Da die berechneten Summen die Leistungsfähigkeit der Bauern weit übersteigen und Unruhe hervorrufen, werden sie nach 1850 teilweise etwas ermäßigt. Schließlich kommt es 1848 zur gesetzlichen Regelung der Zehntenablösung, in den folgenden Jahren zu den entsprechenden vertraglichen Abmachungen. Vertragspartner sind dabei einerseits die staatliche Finanzverwaltung (inzwischen waren ja die Zehnten meist in Staatshand gekommen), andererseits die zehntenpflichtigen Grundstückseigentümer, vertreten durch ihre Gemeinden. Auch hierbei berechnet man das Ablösungskapital mit dem 16fachen durchschnittlichen Jahresertrag; kleine Summen werden in bar bezahlt, für die größeren 22 Jahresraten eingeräumt. Gewiß, für die Bauern bedeutet das alles zusammen vorerst weiterhin eine schwere Belastung, wenngleich die Ablösungssummen insgesamt kaum die Hälfte des wahren Wertes der bisherigen Verpflichtungen ausmachen. Jedenfalls ist in den siebziger Jahren dann doch das Wesentliche ausgestanden.

Zweitens: Zur Betriebsgröße. Der zur landwirtschaftlichen Nutzung zur Verfügung stehende Raum bleibt während der Berichtszeit (1817–1945) weder in seiner Gesamtheit noch auf den einzelnen Markungen beständig. Es gibt Ausweitungen und Rückgänge. Ausgeweitet wird durch Aufteilung vieler als Weideland nur unzulänglich genutzter Allmenden und durch Waldrodungen. Beide Vorgänge wird man aber nicht überschätzen dürfen, ebenso nicht die damaligen Wiederaufforstungen. Für all das genaue Zahlen anzugeben, ist infolge des Fehlens vollständiger vergleichbarer Unterlagen nicht möglich. Aber einige Anhaltspunkte dafür gibt es schon (vgl. Abschnitt 5 g).

Hingegen schreitet die Zerstückelung des landwirtschaftlich genutzten Bodens und damit die Unwirtschaftlichkeit des bäuerlichen Betriebs im West- und Mittelschurwald unentwegt fort. Ein Vergleich der ersten Flurkarten aus dem Anfang des 19. Jahrhunderts mit den heutigen zeigt geradezu drastisch, wie die ursprünglich noch halbwegs normal breiten Äcker allmählich zu handtuchähnlich schmalen Streifen sozusagen »zererbt« werden (eine Teilung der Äcker in Querrichtung hätte die Schaffung unzähliger schädlicher Überfahrtsrechte erfordert). Obendrein liegen sie nach wie vor auf die drei Zelgen verstreut. Daß auf diese Weise die Unwirtschaftlichkeit der bäuerlichen Betriebe zunehmen muß, ist vielleicht damals schon den Einsichtigen klar, aber am Brauch der Realerbteilung wird trotzdem nichts geändert. Beim Stichwort »Unwirtschaftlichkeit« schließlich erinnert man sich der kümmerlichen sozialen Lage des Bauerntums während des größten Teiles der Berichtszeit. Selbst als in der ersten Hälfte unseres Jahrhunderts dank verbesserter Arbeitsmethoden größere Erträge erzielt werden, führt das nicht zu bäuerlichem Wohlstand, nur zur Bildung immer neuer, infolge Realteilung immer kleiner werdender Betriebe.

Drittens: Der Ackerbau dient so gut wie überall auf dem Schurwald zunächst noch der Selbstversorgung. Die ihm zugeordneten Flächen gewinnen zwar im Laufe der Zeiten hier und dort noch ein wenig hinzu, beginnen aber nach dem Ersten Weltkrieg erstmals wirklich spürbar abzunehmen. Der Gründe dafür sind mehrere. Einmal fängt man an, sich auf die gewinnträchtigere Erzeugung von Milch und Fleisch für die stark zunehmende Talbevölkerung umzustellen und braucht dafür mehr Grünland. Zum anderen führt die zahlenmäßige Zunahme des Industriependelns langsam vom intensiven Ackerbau zu extensiveren Arbeitsweisen, weil der Arbeiterbauer einfach nicht mehr über genügend Zeit verfügt. So setzt dieser oder jener Obstbäume, die Aichelberger beginnen mit ihren Himbeerplantagen. Nicht zu übersehen ist außerdem die teilweise erschreckende ständige Verringerung der dörflichen Einwohnerschaft durch mehrere Generationen hinduch. Daß trotzdem mancherorts noch späterhin eine neue Ackerbaufläche hinzugewonnen wird – man denke etwa an die kriegsbedingte Rodung und Beackerung des Thomashardter Triangels 1940 –, steht jeweils als völlig vereinzelter Vorgang der dargestellten grundsätzlichen Tendenz nicht entgegen. Insgesamt büßt das Pflugland des Schurwaldraums von 1900 bis 1945 etwa 10 v.H. seiner Fläche ein, in den extremen Fällen von Aichelberg und Baiereck fast die Hälfte.

Anknüpfend an unsere Schilderung der landwirtschaftlichen Verhältnisse bis zum Anfang des 19. Jahrhunderts (Abschnitt 4g) sei für die Folgezeit gesagt, daß man zunächst bei der Bewirtschaftung an *Zelgeneinteilung* und *Flurzwang* festhält, daß sich aber jetzt die *verbesserte Dreifelderwirtschaft* durchsetzt und damit praktisch zur Erweiterung der Ackerbaufläche führt. Zwar besteht dann seit Anfang unseres Jahrhunderts der Flurzwang nicht mehr. Trotzdem beachten viele bäuerliche Betriebe noch jahrzehntelang den Grundsatz der verbesserten Dreifelderwirtschaft, wobei aus Beharrungsvermögen und Zweckmäßigkeitsgründen der altgewohnte Turnus beibehalten und zuweilen durch Absprachen der Feldnachbarn untereinander gesichert wird.

Betrachten wir nun ein wenig die einzelnen Ackernutzungen. Vorausgeschickt sei, daß der *Getreidebau* allenthalben, wenn auch auf den einzelnen Markungen verschieden, zurückgeht, und zwar stärker als der Ackerbau überhaupt; von 1900 bis 1945 büßt er fast ein Drittel seiner Fläche zugunsten des Grünlandes ein. Zunächst behauptet der Dinkel noch lange seine ausgesprochene Vorzugsstellung, zumal er klimatisch widerstandsfähiger ist und sein gutes backfähiges Mehl von den Bäuerinnen geschätzt wird; auf den Hundsholz/Adelberger Äckern soll der beste Dinkel des Schurwaldes gedeihen. Erst nach dem Ersten Weltkrieg muß er auf dem West- und Mittelschurwald dem im Ausmahlen viel ergiebigeren Weizen weichen und schließlich sieht man ihn auch im Osten kaum noch. Der Weizen erreicht dann etwa die Hälfte der gesamten Getreideanbaufläche. Allmählich kommt auch etwas Roggen auf, übrigens ebenso wie der Weizen nur als Winterfrucht gebaut. Hingegen verliert der Schurwaldhafer, dem überdurchschnittliche Güte zugesprochen wird, von 1900 bis 1945 fast zwei Drittel seiner Anbaufläche. Dafür vermag die Gerste, wie der Hafer als Sommerfrucht für Futterzwecke gebaut, bei örtlichen Schwankungen insgesamt ihre Stellung gut zu halten.

Allgemeiner Wertschätzung weithin erfreut sich noch in der ersten Hälfte des 19. Jahrhunderts der Schurwälder *Flachs,* der wohl überall angebaut wird und auf dem Mittelschurwald, besonders auf der Schlichtener Flur, große Feinheit erreicht. Sein Anbau erliegt aber bald einer Reihe mißlicher Umstände (vgl. unten). Der an seine Stelle getretene *Hanf*bau überlebt nur noch etwas den Ersten Weltkrieg. – Im 19. Jahrhundert verbreitet sich auf dem West- und dem Ostschurwald etwas *Hopfen*bau, verliert sich aber bald nach 1900 infolge der scharfen Konkurrenz von klimatisch günstigeren Anbaugebieten.

*Gemüse*bau ist auf dem Mittel- und dem Ostschurwald fast ausschließlich zur Deckung des Eigenbedarfs bestimmt. Dafür reichen bis etwa 1900 die »Krautgärten« hinter der Hofstatt, also früher innerhalb Etters, aus; außerhalb richtet man zusätzlich hier und dort auf der Ackerflur kleine eingezäunte »Gartenäcker« ein. Nur auf dem Westschurwald begünstigen die guten Absatzmöglichkeiten in den benachbarten Talstädten seit eh und je die Pflege etwas ausgedehnterer Kulturen; übrigens soll das Hohengehrener Kopfkraut im 19. Jahrhundert besseres Sauerkraut als die bekannte Fildererzeugung liefern.

Als eine bedeutsame praktische Folge des Übergangs zur verbesserten Dreifelderwirtschaft erweist sich jetzt die Möglichkeit, auf der bisherigen Brache in größerem Umfang *Futtermittel* anzubauen. Konservativ und arm, wie man nun einmal ist, geht das zwar nur sehr langsam voran; schließlich ist guter Kleesamen teuer. Soweit es sich um Hackfruchtbau auf den Äckern handelt, nimmt er im 19. Jahrhundert stark zu, um dann seit unserer Jahrhundertwende wieder abzusinken. Im Zweiten Weltkrieg beherrscht übrigens die Kartoffel die Hälfte seiner ganzen Anbaufläche. Die zweite Futterquelle bildet das Grünland. Da leiden unsere Wiesen in der Knollenmergelzone doch noch lange an Versumpfung. Selbst in der Mitte des 19. Jahrhunderts drängt der Schorndorfer Oberamtmann in seinen Ruggerichtssitzungen immer wieder auf ausgiebigere Drainage, ebenso auf zusätzliche Düngung. Dementsprechend klagt die Beschreibung seines Oberamtes 1851: »Die Mistjauche wird meistens nicht gehörig zu Rath gehalten« (Kunstdünger gibt es damals nicht). So bleibt es bei oft ungenügenden Erträgen. Obendrein gibt es allenthalben noch »Holzwiesen«, einmähdige dürftige Wiesenstücke mit Gebüsch und gar Waldbäumen darauf. Immerhin, im Laufe der Zeiten bessert sich das alles, man gewinnt sogar weiteres Wiesenland durch neue Rodungen; das Waldweide-Problem kann sich lösen (vgl. unten). Aber erst in unserem Jahrhundert greift der Grünfutteranbau auch auf die bisherigen Ackerflächen über; die Gründe dafür entsprechen den oben für den Rückgang des Ackerbaus angeführten.

Viertens: Der Obstbau auf den dorfnahen knollenmergelich-welligen »Baumwiesen« oder »Baumgärten« wird im 19. Jahrhundert eifrig gepflegt. Volljährig werdende Bürgersöhne und Neuzuziehende müssen einen Obstbaum oder gar mehrere auf gemeindeeigenes Gelände pflanzen; zu deren Betreuung wird mancherorts ein besonderer Baumwart oder Baumhacker bestellt. Fast in jedem Ruggericht mahnt der Oberamtmann zur Ergänzung und Pflege der Obstbäume, auch an den Landesstraßen. Vom Erfolg dieser Bemühungen zeugen schon Bilder aus den ersten Jahrzehnten unseres Jahrhunderts, auf denen die noch verhältnismäßig kleinen Dörfchen geradezu versteckt aus den sie rings umgebenden Obstbaumhalden hervorlugen. Allerdings ist das meist minderwertiges »Moschtobst«, aus dem viel gegorener Most gemacht wird, bis zu 12 Eimern (1 Eimer = 300 Liter) je Haushalt! Hier und dort dem anregenden Beispiel der Ortspfarrer folgend, wendet man jetzt auch dem Tafelobst vermehrt Aufmerksamkeit zu; die Aichelberger versuchen sich lange Zeiten erfolgreich mit Zucht und Verkauf guter Obstbäumchen. Kirschen gibt es auf dem wärmeren West- und Mittel-schurwald überall, die zu Baltmannsweiler und die auf den Sonnenhängen von Diegelsberg genießen besonders guten Ruf, desgleichen der aus ihnen gebrannte »Kirschegeischt« (Diegelsberg = »Schnapsbuckel«). Aber auch der Raum um Ober- und Unterberken steht damals beim Obstbau nicht zurück. Nach 1900 geht eine wahre Welle der Obstbaubegeisterung über den Schurwald, so daß sich bis zum Zweiten Weltkrieg der Bestand fast nochmals verdoppelt. Vielleicht betrifft das etwas weniger den kühleren Ostschurwald und jedenfalls stark einge-schränkt die jeweiligen Ost- bis Südosthänge wegen ihrer Morgenfrostgefähr-dung zur Blütezeit.

Erwähnt sei schließlich, daß nach dem Ersten Weltkrieg die Aichelberger mit ihrem später bedeutsam werdenden *Himbeer*anbau beginnen. – Über die Ent-wicklung des *Wein*baus auf dem Schurwald berichteten wir schon abschließend. Mit *Bienenzucht,* um das gleich hier anzufügen, beschäftigen sich einst angeblich die meisten Dorfpfarrer hingebungsvoll. In größerem Umfang aber gibt es Bienenstände damals nur zu Thomashardt und Adelberg, vor allem zu Bört-lingen.

Fünftens: Die Viehhaltung auf dem Schurwald dient in der ersten Hälfte des 19. Jahrhunderts nach wie vor wesentlich der Selbstversorgung. Dabei zeigt sie eine gewisse Erhöhung der Bestände, verbunden mit großen Futtersorgen. – Die *Rindvieh*haltung, wegen Kälberzucht und Milchnutzung stets der wichtigste Zweig unserer bäuerlichen Betriebe überhaupt, erreicht 1850 auf dem West- und dem Mittelschurwald etwa 150 bis 300 Stück je Dorf, während man in Adelberg 380, in Ober- und Unterberken zusammen 470 und in Börtlingen gar gut 500 Stück zählt. Der auffallende Unterschied dieser Zahlen weist ein übriges Mal auf die günstigeren landwirtschaftlichen Gegebenheiten im einstigen adelbergi-schen Raum hin. Dementsprechend schreitet die Entwicklung dann fort. Rück-schläge während des Ersten und des Zweiten Weltkriegs bleiben allerdings nir-gends aus.

Kritisch betrachtet liegen die meisten Zahlen nicht gerade hoch. Wie erklärt sich das? In der Tat findet die Rindviehhaltung der Schurwälder auch im 19. Jahr-hundert ihre Grenzen zunächst im einheimischen Wiesenertrag. Vor allem in trockenen Jahren oder bei verregneten Ernten reicht dieser nicht aus; der noch sehr geringe Futtermittelanbau vermag die gefährlichen Lücken nicht zu stopfen. Daher muß Stroh verfüttert und sogar Futter aus dem Remstal heraufgeholt werden. Unter diesen Umständen spielt die schon besprochene *Waldweide* auf dem Schurwald länger als anderwärts eine wichtige Rolle. Wenn auch die Ein-führung der verbesserten Dreifelderwirtschaft den Übergang zum Ackerfutter-anbau und dieser wiederum die Einführung der ganzjährigen Stallfütterung gestattet, vollzieht sich diese etwa um 1820 einsetzende »Kettenreaktion« doch in vielen Schurwaldorten außerordentlich langsam, so daß noch die Schorndorfer Oberamtsbeschreibung 1851 klagt: »Da für die beschränkte Nutzung der Wald-weide noch kein Ersatz gefunden ist, gerät das Vieh wegen Futtermangels im Frühling oft in den erbärmlichsten Zustand«. Erst in der zweiten Hälfte des 19. Jahrhunderts kommt die Waldweide durch Ablösung zum Ende.

Allerdings, die ganzjährige Stallhaltung erledigt zwar wohl das Waldweide-problem und bringt zugleich die dringend benötigte Vermehrung des Stall-düngers. Ihrerseits führt sie aber zu erhöhtem Streubedarf. Dafür reicht wiederum das anfallende Stroh nicht aus, zumal es angesichts der obendrein verstärkten Viehhaltung bei einer nach wie vor unzureichenden Futtererzeugung immer mehr und ständiger verfüttert werden muß. So sind viele Bauern jetzt auf *Laubstreu* aus dem Staatswald angewiesen, zu deren Gewinnung sie gewohnheitsrechtlich befugt sind. Als aber das Laubsammeln übergroße Ausmaße annimmt, zeigen sich die Forstverwaltungen wegen der damit verbundenen Verarmung der Waldböden und Beeinträchtigung der Waldbestände höchst beunruhigt. Einschränkungen, Ablösungen und Verbote sind die Folge (vgl. Abschnitt 5 g).

Den Antrieb zur Steigerung der Rindviehzucht erkannten wir schon: die günstigen Absatzmöglichkeiten für Milch und Fleisch an die sich laufend stark vermehrende Bevölkerung der nahen Industrietäler. In dem Maß, in dem sich die Futtererzeugung steigern läßt, erhöhen sich bis zum Zweiten Weltkrieg die Rindviehbestände und überschreiten schließlich sogar auf dem Schurwald insgesamt mit durchschnittlich gut 100 Tieren auf 100 ha Nutzland den Durchschnitt Württembergs (88). Allerdings bleibt im Blick auf die Ertragslage zu berücksichtigen, daß die Kühe auf dem West- und dem Mittelschurwald noch als Zugtiere verwendet werden müssen; wohlhabendere »Ochsenbauern« gibt es nur wenige. Hingegen können die zahlreichen mittelgroßen Bauernbetriebe im Osten sich eher einen Teil reiner Milchkühe leisten und damit höhere Erträge erzielen. Fast keiner Erwähnung bedarf, daß die beiden Weltkriege zu starken Eingriffen in die Viehbestände führen.

Werfen wir jetzt noch kurze Blicke auf die übrigen wichtigen Zweige der bäuerlichen Viehhaltung. *Pferde* sind und bleiben auf dem Schurwald eine Seltenheit; Anschaffung und Haltung sind einfach zu teuer. Um 1850 gibt es 5 Dörfer mit keinem oder höchstens einem Pferd, während Adelberg mit 28 weit vorn liegt. Vom Frühjahr bis Herbst spannen die »reichen Pferdebauern«, nach Pfarrer und Lehrer die oberste Stufe der dörflichen Sozialhierarchie, zur Feldarbeit und zu Fahrten nach den nächsten Talmärkten an, im Winter zur Holzabfuhr aus dem Staatswald. Nur in den Friedensjahrzehnten vor und nach dem Ersten Weltkrieg sieht man die Pferdeställe der östlichen Schurwalddörfer reicher besetzt.

Der *Schweine*bestand, einst ein wesentlicher Bestandteil schurwäldischer Landwirtschaft, ist infolge des Rückgangs der Eichenbestände und damit der Eichelmast, schließlich wegen des Widerstandes der Forstverwaltungen gegen das Eicheln- und Bucheckernsammeln im 19. Jahrhundert auf einen Tiefstand abgesunken. In 7 Dörfern zählt man 1850 weniger als je 20 Tiere; selbst Aichschieß, Oberberken und Adelberg bringen es kaum über je 30; erstaunlich nur Thomashardt mit 58. Erst seit unserer Jahrhundertwende nimmt die Schweinehaltung wieder sichtbar zu, bleibt aber doch bis zum Zweiten Weltkrieg überall stark unter dem Landesdurchschnitt.

Und abschließend wieder ein Wort zur *Schaf*zucht. In 8 Dörfern sieht man um 1850 überhaupt keine Schafe. In Schanbach 150, Baiereck 200, Thomashardt 420, Adelberg 290 und Börtlingen 740 Stück. Die großen Unterschiede erklären sich teils aus dem früheren Verbot der Schafhaltung in den altwirtembergischen Orten, teils aus der Beengtheit der Fluren, auch aus Mangel an Unternehmungsgeist. Dazu noch Folgendes. Einzelne Gemeinden verpachten ihre Fluren zur Winterszeit als Winterschafweide an auswärtige Schäfer, oft solche von der Alb; weil das aber meist mehr Schaden als Geld einbringt, wird die Verpachtung allmählich bis zu unserer Jahrhundertwende fast überall aufgegeben.

f) Handwerk, Handelsgewerbe, Stein- und Sandbrüche; Beginn des Industrie-pendelns, Erntegängerei (1817–1945)

Erstens: Das Handwerk. Im 19. Jahrhundert kehrt sich die Berufslage des Hand-werkers auf dem Schurwald allmählich um. Ursprünglich ein Bauer, der neben-beruflich auch handwerkte, betreibt er, nunmehr handwerklich ausgebildet und daher auch leistungsfähiger, sein Handwerk hauptberuflich, kann aber auf landwirtschaftlichen Nebenerwerb meist nicht verzichten; schließlich besitzt jeder noch ein überkommenes Gütle oder ein paar Äcker oder Obstbaumgrundstücke, was ja auch bewirtschaftet sein will. Da die Einwohnerzahlen der Schurwald-dörfer sich kaum erhöhen, vielerorts gar rückläufig sind, hält sich auch das Angebot an Handwerkern nach wie vor in engen Grenzen bis in die ersten Jahr-zehnte unseres Jahrhunderts hinein. Selbstverständlich sind es hier ein paar mehr, dort ein paar weniger als hundert Jahre vorher – offenbar örtliche oder zeitliche Zufälligkeiten, aus denen keine verallgemeinernden Schlüsse (Über-angebot bzw. Mangel an Handwerkern) gezogen werden können. Im wesent-lichen handelt es sich etwa um ein Dutzend der gängigsten Handwerkszweige. Nur auf einige interessante Besonderheiten möchten wir kurz eingehen.
Eine gewisse überörtliche Bedeutung kommt zeitweise den *Spinnern* und *Leinen-webern* zu. Auf dem heimischen Flachs- und Hanfanbau fußend, wirken sie aus dem 18. Jahrhundert weiter, nun zum Östlichen Schurwald auch auf dem Mittleren und Westlichen, und nehmen sogar Anteil an der allgemeinen wirt-schaftlichen Besserung der dreißiger Jahre; jedoch bald und schmerzlich spürbar geraten sie ins Hintertreffen und spätestens seit 1860 bleiben sie auf die Deckung des eigenen Bedarfs und des der altanhänglichen Talkundschaft beschränkt. Wie erklärt sich das? Zeitgenössische Quellen urteilen verschieden darüber. Während die einen die Ursache in siebenmaligen Flachsmißernten sehen, schreiben spätere Betrachter von schwindender Güte des Schurwälder Hanfgarnes, zeitweilig ver-ursacht durch mangelhafte Sorgfalt bei der Hanferzeugung und -spinnerei. Wie dem auch sei, maßgebend für den Niedergang ist wohl die Einfuhr billigerer englischer Baumwoll-Maschinengarne, die Gründung der ersten mechanischen Flachsspinnerei in Urach 1840, ganz zu schweigen von der bald lebhaft auf-blühenden Textilindustrie in Esslingen, Göppingen und anderwärts. Haus-gewerbliche Hanfspinnerei und -weberei, deren Erzeugnisse wegen ihrer Halt-barkeit bei den städtischen Hausfrauen geschätzt bleiben, wird nur noch ersatz-weise während der zweiten Hälfte des 19. Jahrhunderts in vielen Schurwald-dörfern betrieben, kommt aber spätestens nach dem Ersten Weltkrieg zum Er-liegen.
Das *Müller*handwerk (vgl. Abschnitt 4 h) lebt in der ersten Hälfte des 19. Jahr-hunderts im Marbachtal wieder auf, um allerdings infolge primitiver Produk-tionsweisen bald endgültig einzugehen. Betrieben werden weiterhin die Mahl-mühle in Baach, die beiden Mühlen im Hegenloher Reichenbachtal und die drei am Adelberger Herrenbach; Einzelheiten hierzu vgl. im Teil B bei den betreffen-den Markungen. – Einige der »historischen« Handwerkszweige verschwinden damals überhaupt, so die Ziegler und Hafner. Viele andere vermögen sich den veränderten technischen und wirtschaftlichen Verhältnissen anzupassen. Wieder andere Handwerkszweige kommen neu hinzu, beispielsweise im 19. Jahrhundert einzelne Maler, in der ersten Hälfte unseres Jahrhunderts Tapezierer und

Gärtner. Selbstverständlich sind niemals alle denkbaren Handwerkszweige in jedem Dorf vertreten. Als ausgesprochener Mangel wird das aber kaum empfunden. Dazu sind die damaligen Lebensansprüche viel zu bescheiden; man nimmt viele Unbequemlichkeiten und Mühsale hin, weil man es nicht anders kennt – von den langjährigen Einschränkungen handwerklicher Versorgung während der beiden Weltkriege gar nicht zu reden. Schließlich noch einige Besonderheiten zwischen 1850 und 1900, geboren aus örtlicher Notlage oder Initiative und meist bald wieder abgestorben: die Baltmannsweiler Holzdrechsel- und Holzschnitzarbeiten, die Thomashardter Holzrechen, die Baierecker Reisigbesen, die Adelberger Birkenrindendosen, die Börtlinger Dachschindeln, um nur einiges zu nennen. Einzelne Köhler, vor allem im Nassachtal, betreiben ihr rußiges Handwerk weiter.

Zweitens: Das Handelsgewerbe tut sich, der allgemeinen wirtschaftlichen Notlage auf dem Schurwald entsprechend, im 19. Jahrhundert recht schwer, und selbst in der ersten Hälfte des 20. bleibt es bei wenigen, nach heutigem Begriff äußerst bescheidenen Neuansätzen. Am ehesten voran geht es mit den Gastwirtschaften, die sonntags Zuspruch aus den Tälern erhalten; freilich liegen sie die Woche über ziemlich still, so daß die Wirte nach wie vor auf einen zweiten Beruf angewiesen sind. Ähnlich steht es mit den Krämern, die nun allenthalben auftauchen, allerdings in höchst primitiven Lädchen und meist auf Lebensmittel beschränkt, während man alles andere in den Talorten, insbesondere in den Amtsstädten einkauft. Die Bäcker, soweit sie nicht übersetzt sind, erfreuen sich wohl des verläßlichsten Einkommens, wenngleich sie nach wie vor mit der starken Konkurrenz des Dorfbackofens zu rechnen haben. In unserem Jahrhundert kommen die Milchhäusle der überall ins Leben gerufenen örtlichen Milcherzeugungs-Genossenschaften zum Zuge, zweifellos recht praktische Einrichtungen. Dem Kleinstgewerbe mit seinen biedermeierlichen Erscheinungsformen begegnet man bis zum Ersten Weltkrieg. Marktrecht besitzt nur Baltmannsweiler 1864–97.

Drittens: Die Gewinnung von Bodenschätzen beschränkt sich nach den früheren vergeblichen Bemühungen um Mineralien auf den *Abbau von nutzbaren Gesteinen* sowie von *Rotem Mergel* und *Sanden.* Für das Grundsätzliche können wir auf das im Abschnitt 4i Vorgetragene verweisen. Zur Technik des Abbaus sei etwa dieses hinzugefügt. Hatte man im 19. Jahrhundert noch in sehr vielen kleineren Steinbrüchen und mit ziemlich primitivem Werkzeug gearbeitet, versucht man seit unseren 30er Jahren durch Einsatz neuer Maschinen in größeren und hochwertigen Steinbrüchen zu besserer und billigerer Ausbeute zu kommen, was seinerseits wieder zur zunehmenden Stillegung vieler kleinerer unrentabler Brüche führt.

Viertens: Der Beginn des Industriependelns. Wir erläuterten schon die Gründe, weshalb der Schurwald nicht selbst an der im 19. Jahrhundert von Stuttgart, Esslingen und Göppingen ausgehenden Industrialisierung der großen Täler teilnimmt und nur im Zug der Binnenwanderung Teile seines Bevölkerungsüberschusses dorthin abgibt. Immerhin, seit Beginn unseres Jahrhunderts arbeiten tagsüber Männer und Frauen aus den verhältnismäßig industrienahen Dörfern Aichschieß, Baltmannsweiler und Hegenlohe im Neckartal, aus den talferneren aber infolge früherer klösterlicher Bodenpolitik mit viel landlosen Tagelöhnern besetzten Dörfern Adelberg und Börtlingen in Göppingen. Allabendlich kehren sie nach Hause zurück. Sie »pendeln«. Als 1912 die Eisenbahnverbindung Göppingen-Schwäbisch Gmünd eröffnet wird, steigt die Zahl der Pendler aus dem Ostschurwald stark an. Mitte der zwanziger Jahre gesellen sich erst Schanbacher, dann Einwohner aus allen anderen Schurwalddörfern zu (Einrichtung des Omnibusverkehrs Esslingen-Baltmannsweiler und Göppingen-Adelberg-Schorndorf 1927). Freilich geht darauf als Folge der Weltwirtschaftskrise die Pendelei zurück, nimmt aber seit 1933 wieder zu. Die Leute aus Schlichten pendeln nach Schorndorf, desgleichen die Mehrzahl der Oberberkener; alle anderen Dörfer sind zum Fils-Neckar-Tal hin orientiert. Wer pendelt damals? Zunächst gehen Kleinstbauern (bis etwa 0,5 ha) und Tagelöhner, auch junge ledige Bauernsöhne und alleinstehende Frauen »ins Geldverdienen«, weil es daheim nicht ausreicht. Bei Ausbruch des Zweiten Weltkriegs werden die militärtauglichen Männer durch kriegsdienstverpflichtete Männer und Frauen abgelöst. Die großen Entfernungen der Dörfer von den Arbeitsplätzen (5 km als das mindeste) und der völlige Mangel an öffentlichen Verkehrsmitteln (selbst die Adelberger und Breecher haben zunächst ungefähr 5 km bis zur nächsten Eisenbahnhaltestelle) erschweren das tägliche Pendeln ungemein: zu Fuß oder Fahrrad, bei Hitze, Regen und Sturm, Schneewehen und Eisglätte allenthalben die steilen Hänge hinunter und abends wieder hinauf – fürwahr ein sauer verdientes bescheidenes Brot. Immerhin, es kommt ein wenig »fremdes Geld« in die beteiligten Dörfer. Allerdings nur als Tropfen auf den heißen Stein der Armut, wie die meisten zwischen 1900 und 1925 infolge Abwanderung stagnierenden oder gar weiter absinkenden Einwohnerzahlen deutlich erkennen lassen. Daß die Industriependelei die soziologischen Dorfgefüge tiefgreifend verändern muß, wird indessen erst nach dem letzten Krieg deutlich (vgl. Abschnitt 6 g; dort auch die Gesamtentwicklung der Pendlerzahlen).

Fünftens: Die Erntegängerei bildet in gewissem Sinn einen wenn auch unbedeutenden Vorläufer des Industriependelns. Wegen der geringen landwirtschaftlichen Verdienstmöglichkeiten auf dem Schurwald ziehen im 19. Jahrhundert nicht wenige unselbständige Landarbeiter, vor allem deren Frauen, aber auch ganze Familien, zu den zeitiger einsetzenden Ernten in das untere Remstal, sogar bis in das Heilbronner Unterland. Im allgemeinen findet das sein Ende mit dem Ersten Weltkrieg.

g) Die Wälder (1817–1970)

Wir dehnen hierbei unsere Betrachtung alsbald bis 1970 aus, weil das Jahr 1945 keinen Einschnitt in der Waldentwicklung brachte, die ohnehin nur in größeren Zeiträumen faßbar wird. So lief auch schon 1817 manches unter dem Zwang nur langfristig beeinflußbarer Naturgegebenheiten zunächst weiter wie bisher. Auf einigen Gebieten zeigten sich jedoch bald entschlossene Ansätze zu Verbesserungen oder mindestens zu deren Erprobung, wobei Rückschläge nicht ausblieben. Das für den Waldfreund Wesentliche sei im Folgenden kurz festgehalten.

Erstens: Die Verbreitung des Waldes insgesamt blieb verhältnismäßig beständig. Sie bildete hauptsächlich das Ergebnis eines beharrlichen Tauziehens zwischen übervölkerten Gemeinden und Forstverwaltung. Erstere verlangten – besonders laut 1848/49 – Rodungen für weiteren bäuerlichen Wirtschaftsraum, für neue Siedlungsbereiche usw., während der Staat die Waldungen aus forstwirtschaftlichen Gründen eher noch ausdehnen wollte. Im einzelnen führte das zu mancherlei kleinen und zahlenmäßig schwer faßbaren, zeitlich und örtlich verschiedenen Veränderungen. So wurden die *Rodungen* im Zeitraum 1850–1900 in der Nachbarschaft vieler Dörfer betrieben; sie erreichten, allerdings wohl außergewöhnliche, Höhepunkte auf Schanbacher Markung mit 28 % der vorhandenen Waldfläche, auf Lobenroter Markung gar mit 44 %. Nach 1900 machten die Rodungen nirgends mehr als 5 % der Waldfläche aus. Neuerdings beschränken sich die Rodungen auf Flächen für Straßenbau, Hochspannungsleitungen, Wasserrückhaltebecken und dergleichen technische Zwecke. Die Landwirte haben es aufgegeben, ihre Waldstücke auf der Liashochfläche auszustocken.

Die vielerorts betriebenen *Wiederaufforstungen* blieben allerdings vor wie nach 1900 überall unter 5 % der bisherigen Markungswaldfläche und erfaßten meist nur heruntergekommene Privatwaldstücke, verwilderte Ackerflächen (Egerten), Knollenmergelwiesen u. a. Oder anders betrachtet, auf jeder der 12 Schurwaldmarkungen wurden von 1945 bis 1965 unter 5 bis 10 ha Wald neu angepflanzt. Soweit man sieht, werden die gegenwärtig und die künftig sicherlich zunehmenden Aufforstungen, durch Staatszuschüsse gefördert, vorzugsweise Gemeinde- und Kleinprivatwälder (unter 50 ha) betreffen oder sich an solche anschließen. Bevorzugt wird dabei stark die Fichte, weil sie am Geeignetsten zur forstlichen Erstkultur und obendrein am ertragreichsten (zwei- bis dreifacher Ertrag von Buchen) ist; auf trockenes Ödland bringt man Kiefern. Freilich sollte man die Bachauen nicht aufforsten. Ganz abgesehen von des Wanderers Freude und der Rehe Nahrung – die Aufforstungen hemmen den Abfluß der Kaltluft und fördern damit die Spätfrostgefahr für die empfindlichen Tannen, sogar auf den anschließenden Talflanken.

Da zum Verzicht auf weitere Ausstockungen und zu allerneuesten Wiederaufforstungsvorhaben zumeist agrarsoziologische Überlegungen führen, werden wir darüber noch bei der heutigen Landwirtschaft (Abschnitt 6 c) sprechen.

Zweitens: Waldgrundeigentum und Forstverwaltung. Was zunächst das *Grundeigentum* betrifft, so erklärte die württembergische Verfassung von 1819 den landesherrlichen Kammerwald zum Staatswald. Den 1806 säkularisierten Esslinger Spitalwald (Markungen Reichenbach, Plochingen) gab der Staat 1823 an das St. Katharinen-Hospital wieder heraus, von dem er 1893 an die Evangelische Kirchengemeinde Esslingen kam. – Die in den damaligen Markungen Krummhardt und Schanbach liegenden Wälder des Hauses Württemberg blieben auch nach 1819 als »Hofdomänenkammergut«, seit 1910 »Hofkammergut« genannt, dessen Eigentum; ein noch Ende 1918 zwischen König und Provisorischer Regierung abgeschlossener Vertrag bestätigte das. Nur die fideikommissarische Bindung wurde durch Familienschluß 1922 aufgehoben.

Die Wünsche der Gemeinden nach Übereignung von Staatswald für landwirtschaftliche Zwecke ertönten nach der 48er-Revolution allenthalben und laut. Jedoch kam der Staat aus fiskalischen und forstlichen Gründen weiterhin sehr zögernd entgegen. Meist lief es auf einen Geländetausch hinaus; hier und dort ließ er zwar Wald ausstocken (vgl. oben), verpachtete aber nur das gewonnene landwirtschaftliche Gelände. In der Mitte des 19. Jahrhunderts gab der Staat einigen Gemeinden Waldstücke zur Ablösung der gemeindlich-bäuerlichen Waldnutzungsrechte ab. – Die Privatwälder, meist am Rande der großen Waldungen gelegen, sind in immer kleinere Flächen aufgesplittert worden, fast stets infolge der üblichen Realteilungen im Erbfall; dabei wurden übrigens in bäuerlichen Familien die »Waldgüter« den auswärts, zuweilen gar den in Übersee wohnenden Erbberechtigten zuerkannt.

In die staatliche *Forstverwaltung* (Bewirtschaftung und forstpolizeiliche Aufsicht) auf dem Schurwald teilen sich seit der Neuorganisation der Forstverwaltung 1902 die Forstämter Esslingen, Plochingen (dieses 1966 aufgehoben), Hohengehren/Schorndorf, Adelberg, Lorch und Göppingen mit ihren Forstbezirken. Übrigens decken sich die Forstbezirke nicht mit den politischen Grenzen. Die Schurwald-Wälder des Hauses Württemberg bewirtschaftet nach wie vor das Hofkammerforstamt Stuttgart. Die Wälder der Gemeinden und sonstigen Körperschaften werden kraft Gesetzes von den staatlichen Forstämtern bewirtschaftet; die Privatwälder werden von den Forstämtern forstpolizeilich beaufsichtigt, auf Wunsch der Eigentümer nach vertraglicher Vereinbarung auch darüber hinaus betreut.

Drittens: Die Bewirtschaftung des Waldes sah sich in der ersten Hälfte des 19. Jahrhunderts vor mehrere schwierige Aufgaben gestellt. So mußte man schon aus Gründen des besseren Forstertrags versuchen, die vielerorts verweideten oder gar verödeten, auch durch übersteigerte Kahlschläge heruntergekommenen Staatswaldungen zu verbessern, dem im Osten ebenso auffallenden wie unerwünschten Rückgang der Weißtanne zu begegnen und das mit alldem verbundene übermäßige Vordringen der Fichte aufzuhalten. Das Nächstliegende, durch Verbot und Verständigung die waldschädigenden Nutzungen auszuschalten, ließ sich nur langsam durchsetzen (vgl. Viertens) und mehrmalige Versuche, durch Veränderung der Hiebmethoden den Aufwuchs der gewünschten Holzarten zu fördern, waren in ihren Ergebnissen umstritten, jedenfalls nicht überzeugend.

Um die Mitte des 19. Jahrhunderts traten zum bisherigen Experimentieren forstwissenschaftliche Bemühungen; künstliche Bestandsverjüngungen und sorgfältigere Kultätigkeit kamen verstärkt zum Zuge; zweckmäßiges Gerät für die Waldarbeit wurde erstmals bereitgestellt. In die Laubwälder – westlich der Berkener Querstraße sah man noch 1855 kaum Tannen und Fichten – brachte man Nadelhölzer in steigendem Maße ein, teils weil die Waldböden durch Waldweide und Laubstreusammeln derart verdorben waren, daß die anspruchsvolleren Laubbäume nicht mehr gediehen, teils weil die Nadelhölzer höhere Erträge versprachen. Die Bauern freilich zeigten sich zunächst sehr aufgebracht aus Sorge um ihre Laubstreu (vgl. oben). Später ergab sich, daß die westlichen Hochflächen etwas zu trocken für die flachwurzelnde Fichte sind, die hingegen in den feuchteren und kühleren Schurwaldtälern prächtig gedeiht. Die sperrige Kiefer, wegen ihres schönen Holzes sehr geschätzt und im Anbau nach 1850 bevorzugt, litt öfter spürbar unter nassen Schneelasten. Jedoch aufs Ganze gesehen gelang es in der zweiten Hälfte des 19. Jahrhunderts, auf den bisherigen holzarmen Beständen den Grund zu legen zu vorratsreichen und nutzholztüchtigen Laub-Nadel-Wäldern, die inzwischen zu ebenso wertvollen wie schönen Beständen herangewachsen sind. Die damals im Hohengehren-Engelberger Raum vermehrt eingebrachte europäische Lärche bildet übrigens derzeit das umfangreichste Lärchenvorkommen Württembergs. Nun und endlich stiegen auch die

Einnahmen aus dem Staatswald, dank der höheren Nutzholzausbeute und dem dauernden Anziehen der Holzpreise. Die dorfnahen Gemeinde- und Privatwälder, die früher völlig auf die Gewinnung von Brenn- und etwas Bauholz für die bäuerliche Hofwirtschaft ausgerichtet waren, blieben vorwiegend von Buche und Eiche bestockt bis heute.

In der Zeit nach 1900 schritt man zielbewußt auf dem eingeschlagenen Bewirtschaftungsweg fort. Zur weiteren Ertragssteigerung versuchte man es mit ausländischen Holzarten, so den rasch wachsenden nordamerikanischen Douglasien und japanischen Lärchen, in Mischung mit den wertvollen und nunmehr gesuchten Schurwaldbuchen. Auch die forstwissenschaftlichen Bemühungen um die Gewinnung vertiefter Erkenntnisse liefen erfolgreich weiter. Die in den Jahren 1935 bis 1951 angeordneten Mehreinschläge, zunächst in den Zeiten der deutschen Aufrüstung, dann der Reparationslieferungen und zivilen Brennholzanforderungen, ließen sich auf dem Schurwald ohne tiefergreifende Schädigungen bewältigen. Wild- und Käferschäden wurden ebenfalls schnell überwunden. Trotzdem blieben andere, besorgniserregende Rückschläge nicht aus, nämlich außer wiederkehrenden Schneelastnöten die verheerenden Sturmschäden im nördlichen und östlichen Schurwald um die Jahreswende 1954/55, im West- und Mittelschurwald 1967; sie trafen breitflächig vor allem die vor hundert Jahren angelegten Fichtenmonokulturen. Anlaß genug für die Forstverwaltungen, dem Mischwaldprinzip treu zu bleiben. Übrigens begann man um 1950, den Douglasien noch mehr Aufmerksamkeit zu schenken, jedoch auf die enttäuschenden japanischen Lärchen wieder zu verzichten.

Und was sieht man heute? Ziemlich überschlägig ausgedrückt: im Schurwald westlich der Berkener Querstraße stehen 60 % Laub- und 40 % Nadelwald, östlich der Straße 60 % Nadel- und 40 % Laubwald. Was im einzelnen wo und unter welchen Lebensbedingungen wächst, schildert der Abschnitt 1 e.

Der altersklassenweise Hochwald stellt jetzt die herrschende Betriebsart dar. Besonders zukunftsträchtig erscheinen die in den letzten Jahrzehnten vermehrten Arbeiten in wissenschaftlichen Standortkartierungen; sie erlauben, Beobachtungen und Erfahrungen zu sammeln und zu ordnen, auszuwerten und umzusetzen. Die Technisierung und Motorisierung der Waldarbeit wurde weiterentwickelt, wenngleich ihnen allerlei praktische Grenzen gesetzt sind; zum Waldarbeiter vgl. unten. Viel Aufmerksamkeit wird neuerdings dem Ausbau leistungsfähiger Holzabfuhrwege gewidmet, ohne die ein guter Holzabsatz kaum noch denkbar ist.

Viertens: Die Nutzung der Wälder, die leidige Not vergangener Zeiten, konnte nach 1817 erst sehr mühsam ihrer Schärfen entkleidet werden. Daß die eigentliche Holznutzung durch die Forstverwaltungen während der ersten Hälfte des 19. Jahrhunderts allmählich in forstwirtschaftlich vernünftige Bahnen gelenkt wurde, läßt schon unsere Schilderung der Waldbewirtschaftung erkennen. Zwar gab es keine Glasmacher mehr und die Köhlerei schrumpfte auf wenige Meiler, hauptsächlich im Nassachtal, zusammen. Aber die Ablösung der Holzbezugsrechte der Lehensträger bzw. ihrer Gemeinden durch den Staat zog sich bis in die zweite Hälfte des 19. Jahrhunderts hin. – Ebenso stand es um die waldschädigende *Waldweide.* Zwar trat sie infolge verstärkten Futtermittelanbaus an Bedeutung zurück, ließ sich aber nicht völlig entbehren, vor allem in futterarmen Jahren. Diese »lagerbüchlichen« Rechte kamen ebenfalls erst zur genannten Zeit zur Ablösung und schließlich wurde das letzte, nunmehr unberechtigte Viehtreiben im Wald strikt verboten und bestraft.

Seit etwa 1820 wurde, wie schon seit längerem anderwärts, auch auf dem Schurwald das *Laubsammeln für Stallstreu* (vgl. Abschnitt 5 e) verstärkt betrieben. »Das Schädlichste für den Wald ist und bleibt die Streuabgabe, obwohl sie nicht lagerbüchlich, sondern nur aus altem Herkommen unentgeltlich geschieht und den Boden sehr erschöpft« (Schorndorfer Amtsbeschreibung 1851). Und das Forstamt Schorndorf berichtet, es habe etwa 40 000 Zentner Laubstreu 1864 in den dafür freigegebenen Staats- und Gemeindewaldungen unentgeltlich den Bauern überlassen. Dazu kamen dann die weitverbreitete eigenmächtige Laubstreugewinnung (vgl. unter Holzdiebstahl), das Abstreifen grünen Laubes und die Moosentnahme. Daß dadurch die Waldböden hoffnungslos verarmten, liegt auf der Hand. Trotz heftigen bäuerlichen Widerstandes bekämpften die Forstverwaltungen zunächst laufend das eigenmächtige Sammeln. Dann löste der Staat die gemeindlichen »Streugerechtigkeiten« 1873 endgültig ab und verbot streng die Streugewinnung grundsätzlich, bis auf jeweils genehmigungspflichtige Sonderfälle. Das alles zog sich freilich noch bis in unsere dreißiger Jahre hin. Die Ablösungen erfolgten in allen vorgenannten Fällen durch Geldzahlungen oder durch Abtretung von Waldparzellen an die betreffenden Gemeinden.

Was die anderen Waldnutzungen betrifft, so trat das Sammeln von Eicheln und Bucheckern seit dem 19. Jahrhundert endgültig zurück. Die Schurwälder durften aber weiterhin, selbstverständlich gegen Gebühren, dürres Holz auflesen und dünne »nackete Äscht« mit langen Stangen abschlagen (Abstämmelung), was wiederum nicht ohne Übertreibungen, die vielbeklagten »Exzesse«, abging. Da das Fahren mit Wagen im Wald verboten war, trug man solches »Tragetholz« hinaus, wohl auf dem Kopf mit untergelegtem »Bausch«, einem mit Dinkelspreu gefüllten kleinen Tragekissen. Reisig fürs Besen- und Wellenbinden, Weiden fürs Körbeflechten, Birkenrinde für die vielen Dosenmacher (Adelberger Tabakdosen), Eichenrinde für die Gerber, Waldgras zum Verfüttern, alles wurde geholt, mit und ohne Erlaubnis. Stangen wurden gebraucht für Rebpfähle, Bohnenstecken und Hopfenstangen, Besenstiele und Holzrechen; festes Abfallholz diente der Schindelerzeugung; Werkholz benötigten die Baltmannsweiler Holzdrechsler und -schnitzer. Wacholderbeeren wurden gesammelt zum Verkauf in den Talorten, auch zum Schnapsbrennen.

Das alles gibt es heute nicht mehr. Es hat nicht schlagartig und auch nicht überall gleichzeitig aufgehört, sondern nur zu der Zeit und in dem Maße, wie die Industriependelei »bares Geld« in die Dörfer brachte. Heute wissen nur noch die alten Leute davon zu erzählen, manche trotz aller einstigen Entsagung mit einer gewissen Wehmut. Denn so mühselig diese höchst bescheidenen Broterwerbe auch waren, die Schurwälder lebten noch von und in und mit »ihrem« Wald.

Fünftens: Waldarbeit, Holzhandel, Holzdiebstahl. Unsere letzte Bemerkung gilt auch für die *Waldarbeit.* Waldarbeit gab es selbstverständlich auch schon vor 1817 zur Genüge. Nunmehr wurde sie vervielfältigt und besser organisiert betrieben, obendrein deutlicher faßbar für den heutigen Betrachter. Wer arbeitete im Wald? Einmal die besitzlosen Seldner hauptberuflich über das ganze Jahr, außerdem viele kleine Bauern mindestens im Winter oder auch sonst außerhalb der Saat-, Ernte- und Umbruchzeit. Sie waren meist als »Holzmächer« (Holzhauer) tätig; dazu kamen Kulturarbeiten und Wegebau. Ein hartes Brot, noch dazu häufig mit langen unbezahlten Anmarschwegen zum Arbeitsplatz, durch Sumpf und Schnee. Reich wurde man dabei natürlich nicht: im Jahr 1900 erhielt der Waldarbeiter gerade eine (1) Goldmark für den zehnstündigen Arbeitstag! Er galt damals als reiner Hilfsarbeiter. Immerhin brachte die Waldarbeit sofort bares Geld. Freilich verhinderte sie die ihm nachstrebenden jungen Leute, ein Handwerk zu lernen und damit auf einen »grüneren« Zweig zu kommen. Noch vor dreißig Jahren verdienten viele Schurwälder im Wald ganz oder teilweise ihr kärgliches Brot. In den Saatschulen und Pflanzgärten sah man auch Frauen, die »Waldmädle«, beschäftigt; auf den Kulturflächen pflanzten sie im Frühjahr die jungen Bäumchen in die von den Männern gehackten Pflanzlöcher, in die »Stufen«. Zum anderen fanden auch die größeren Bauern, die »Pferdebauern«, in den Staats- und Gemeindewäldern zusätzlichen Verdienst. Sie zogen mit ihren Tieren die gefällten Stämme im Wald zusammen und brachten sie auf ihren Holzfuhrwerken in die Täler.

Dieses Bild vergangener Zeiten, das uns auf alten Bildern schier romantisch anmutet, verwandelte sich in den letzten Jahrzehnten grundlegend. Zwar arbeiten auch jetzt noch einige Männer aus jedem Dorf im Winter hier draußen; Frauen sieht man nur noch wenige. Da die meisten Einheimischen in die Fabriken gehen, spielt auch hier der Fremdarbeiter, meist aus Österreich, Südtirol und Jugoslawien, eine geradezu unentbehrliche Rolle. Grundsätzlich hat sich der Waldarbeiter von der einstigen ungelernten und schlecht bezahlten Hilfskraft zum vielseitig ausgebildeten und auch gut verdienenden Facharbeiter gewandelt. Die allgemeinen Arbeitsbedingungen, früher recht primitiv, sind weitgehend durch technische und soziale Hilfen verbessert.

Auch der *Holzhandel* wandelte sich im Laufe der Zeiten. Ausgesprochenen Großhandel gibt es nicht mehr. Die Forstverwaltungen verkaufen ihr Nutzholz zumeist unmittelbar an die Industrie, die Sägewerke und sonstigen Interessenten. Demzufolge kann man auch nicht mehr von Holzhandelszentren sprechen, wie das einst etwa Hohengehren für den West- und den Mittelschurwald darstellte. Anders der Holzkleinhandel, der sich mit Brennholz, neuerdings auch mit Faserholz befaßt. Bis in den Anfang unseres Jahrhunderts blieb es beim Kleinverkauf von Meterholz und Reisig durch die Schurwaldbauern. Dann änderte sich mancherlei. Der Mangel an Brennmaterial während und nach den beiden Weltkriegen kehrte zeitweise sozusagen alles um, die Städter holten sich das Holz selbst und um jeden Preis. Heute ist Brennholz nicht mehr recht gefragt. Immerhin gibt es noch in zahlreichen Siedlungen einen Bauer oder Fuhrunternehmer, der Holz im Wald kauft, sortiert, zerkleinert und seinen Abnehmern motorisiert zuführt. Die Standorte solchen nebenberuflichen Holzkleinhandels wechseln mit den Unternehmern. – Daß einige Kohlenmeiler im Nassachtal weiter betrieben wurden und werden, sei auch hier erwähnt.

Holzdiebstahl, auf dem Schurwald allenthalben jahrhundertelang üblich gewesen, setzte sich auch im 19. Jahrhundert fort. »Bei der zahlreichen wenig bemittelten Bevölkerung sind die Waldungen von den zwischen ihnen liegenden Orten, namentlich wegen der Leichtigkeit der Abfuhr bergabwärts und des vortheilhaften Absatzes in den vielen benachbarten Städten, häufiger Befrevelung nicht blos für den eigenen Bedarf, sondern auch für den Handel ausgesetzt, und selbst Thal-Orte einzelner Reviere zählen viele habituirte Excedenten. Bei dem Forstamt kommen jährlich gegen 10 000 Excesse zur Abrügung, und man kann annehmen, daß 6 % der Jahresnutzung bisher durch Diebstahl dem Walde entzogen wurden, dazu kommen wenigstens 5000 Fuder Streu, deren Entziehung den Boden sehr erschöpft« (Oberamtsbeschreibung Schorndorf 1851). Die Bestrafung kleinerer Diebstähle erfolgte am Wohnort des Missetäters; unsere Schultheißen- und Kirchenkonventsprotokolle sind noch bis in die zweite Hälfte des 19. Jahrhunderts voller Urteile über Holzdiebstahl, über unerlaubtes Sammeln von dürrem und grünem Laub und Holz usw. Obwohl die Strafen, vor allem beim Schorndorfer Oberamtsgericht, recht streng ausfielen, schreckten sie nicht nachhaltig ab. Es waren einfach bittere Not und günstige Gelegenheit, die die Leute verführten.

Erst um 1850 nach Errichtung und Verstärkung einer staatlichen bewaffneten Forstschutzwache, ließ der Holzdiebstahl zwecks Verkaufs nach. Immerhin, viele Gemeinden stellten noch Jahrzehnte später einen Feld- und Waldschütz zur Sicherung ihres »Communwaldes« an. So flackerte das Freveln langsam weiter, je nach der sozialen Gesamtlage der Schurwälder stärker oder schwächer, vorübergehend lebhaft angefacht durch die Brennmittelnot nach 1945 und zehn Jahre darauf im Zeichen des deutschen Wirtschaftswunders zusammensinkend.

Sechstens: Wild und Jagd. Seit der radikalen Wildverminderung 1816 wird der Wildbestand etwa in den Grenzen gehalten, die Rücksichtnahme auf Forst- und Landwirtschaft, auch auf das Gedeihen des Wildes selbst vorschreiben. Gewiß ergaben sich dabei umständebedingte Schwankungen. Im einzelnen ist zu berichten, daß der Engelberger Wildpark 1818, der Hohengehrener 1839 aufgehoben worden ist. Um die Mitte des Jahrhunderts war auf dem Schurwald das Rotwild ausgerottet, der übrige Wildbestand mangelhaft. Während des letzten Krieges erhöhten sich Wildbestand und Wildschaden infolge Einberufung der Jäger; die intensive Jagdausübung durch die Besatzungsmächte bewirkte dann vorübergehend das Gegenteil. Seither hielt sich der Rehwildbestand gut, zeitweise und mancherorts ein wenig überhegt. Allerneuestens scheint sich das Rehwild, durch Zunahme der Motorisierung auf Landstraßen und Feldern, durch fortschreitende Besiedlung und zunehmendes Wochenend-Wandern vergrämt, in die tieferen Wälder zurückzuziehen; das Fallwild als unmittelbares Opfer des gestiegenen Autoverkehrs erreicht beträchtliche Zahlen. Die Wildsauplage nach dem letzten Krieg, eine Folge des Besatzungs-Schießverbots, wurde schnell überwunden; heute trifft der aufmerksame Wanderer nur hin und wieder in den feuchten Klingenwäldern auf Fährten der Schwarzkittel. Die Hasenjagd bringt nur geringe Strecken, was mit dem starken Anteil der Wälder und dem rauheren Klima zusammenhängen mag. Fuchs und Dachs wurden wegen der Tollwutgefahr mehrmals stark bekämpft, aber doch nicht ausgerottet. Hoffen wir, daß die Geschöpfe der freien Wildbahn uns in angemessenem Umfang auf dem Schurwald erhalten bleiben, zur Bereicherung der Natur, zur Freude des Naturfreundes.

Nachzutragen bleibt, daß die lästigen Jagdfronen der Dorfbewohner 1842 durch geringe Geldzahlungen der Gemeinden abgelöst worden sind und daß die Gemeinden 1848 das Jagdrecht auf ihren Markungen, ausgenommen die größeren zusammenhängenden Teile des Staatswaldes, »durch die Gnade des Königs geschenkt« erhalten haben.

Siebtens: Das Unwägbare am Wald. Was er für Natur und Mensch bedeutet, wird so recht deutlich, wenn man in Länder kommt, die niemals Wälder besessen oder sie durch menschliche Schuld verloren haben: dort fehlt im Reigen der Natur ein überaus nützliches Glied, dessen Werte zwar nicht mit dem Rechenstift zu ermitteln sind, aber trotzdem wirken, auf Natur und Mensch. Der Wald speichert vor allem das Wasser, um es dann durch seine Kronen in die Atmosphäre zu verdunsten und durch seine Quellen und Bäche uns unmittelbar nutzbar zu machen. Er bindet übermäßige Niederschläge und vermindert dadurch einerseits Hochwassergefahren, andererseits eine Versteppung der Kulturlandschaft. Seine Bedeutung als klimatischer Ausgleichsfaktor ist gar nicht zu überschätzen; Stürme, Hitze und Kälte erfahren durch ihn spürbare Dämpfung. Er verhindert das Verwehen unseres fruchtbaren Liasdecklehms auf den hochgelegenen Ackerböden und schützt zugleich die Weinberghänge vor Frösten. Hier werden auch die verschmutzten Luftschichten gefiltert, ihre schädlichen Abgase vermindert.

Der Wald gibt den auch in der modernen Wirtschaft unentbehrlichen Rohstoff Holz, zahlreichen Schurwäldern Arbeitsmöglichkeiten, uns allen reichlich billiges Brennholz und in Notzeiten weitere praktische Hilfen; man denke nur an das Bucheckernjahr 1946 oder an die Trinkwasserreserven seiner Quellen. Seinen Eigentümern bringt er beständige, wenn auch nur bescheidene Einnahmen. Vor allem bildet er für den gehetzten und zivilisationsgeschädigten Menschen von heute einen wahren Gesundbrunnen, einen Hort der Erholung, Besinnung und Freude am Schauen unverfälschter Natur. Gerade unsere vielen Mischwälder wirken besonders ansprechend; Eberhard Sitte (1965) sagt das so: »Im Frühjahr und Sommer kontrastiert das frische, helle Grün der Laubbäume und Lärchen überaus vorteilhaft mit dem ernsten, dunklen Grün der einzeln bis horstweise eingemischten immergrünen Nadelbäume, die ihrerseits im Winter inmitten der winterkahlen Bäume belebend, freundlich und ermunternd wirken. Vom Zauber solcher wechsel- und stimmungsvoller Bilder gefesselt wird sich der Wanderer ausgezeichnet erholen, sich geistig, seelisch und nervlich aufrichten können.« So kommt es nicht von ungefähr, daß man auch dem Schurwald den Charakter eines Naherholungsgebiets für die Menschen der benachbarten Industrielandschaft zuspricht. Freilich, die Schönheit des Schurwaldes erschließt sich erst so recht beim Wandern!

Zweifellos ist der mögliche Beitrag des Schurwaldes für die Gesundheit der Talbewohner hoch zu veranschlagen. Daraus erwachsen allerdings dem Wald, vielmehr seinen Eigentümern und Betreuern, auch gewisse Aufgaben. Dem verständlichen Wunsch von Forstverwaltungen und Jägern, den Waldungen und ihrem Wild Ruhe für Leben und Entwicklung zu sichern, steht die Notwendigkeit voran, die Natur dem Menschen noch leichter zugänglich und erlebbar, in ihren Eigenheiten dem interessierten Laien noch faßbarer zu machen. Den schon dankenswerter Weise begonnenen Hilfen wie Park- und Picknickplätze, Wanderwegtafeln und Naturlehrpfade, Regenunterstände usw. möchten weitere folgen. Dem geplanten Ausbau großer Fernverkehrsstraßen über den Schurwald (Stuttgarter Osttangente, Autobahn) sehen viele Heimatfreunde mit verständlicher Sorge entgegen. Sollte das unabweislich werden, läßt sich nur hoffen, daß dabei der Übel kleinste gefunden werden.

6. Neues Leben, Wirtschaftsaufschwung (seit 1945); Planung

Selbstverständlich möchten wir uns noch ein wenig mit den heutigen Schurwald-bewohnern und ihren Problemen befassen. Die Aufteilung unseres Raumes in die drei Kreise Esslingen, Göppingen und Waiblingen ist in den Grenzen von 1938 auch nach der Kreisreform 1971 erhalten geblieben. Das Bild der Gemeinden hingegen hat sich im Zuge der baden-württembergischen Gemeindereform 1971/72 um einiges geändert: Zusammenschluß von Hegenlohe und Thomashardt zur neuen Gemeinde Lichtenwald; Anschluß von Baiereck (mit Unterhütt) und vom bislang adelbergischen Nassach an Uhingen, von Schlichten an Schorndorf; der Zusammenschluß von Aichelberg, Aichschieß (mit Krummhardt) und Schanbach (mit Lobenrot) zu einer neuen Einheitsgemeinde steht bevor; zu allem vgl. Teil B. Auf die Gestaltung der Gemeindeverwaltung einzugehen, erübrigt sich gewiß; sie ist jedermann zur Genüge bekannt. Auch die jüngste Entwicklung von Bevölkerung und Wirtschaft auf dem Schurwald hielt und hält sich verständlicherweise im allgemeinen Rahmen Württembergs, führte aber zu tiefgreifenden Wandlungen der überkommenen sozialökonomischen Verhältnisse. Wie verlief das und wie sieht es heute aus? Und wie mag das alles wohl weitergehen?

a) Die alten und die neuen Schurwälder

In den ersten Jahren nach Kriegsende ergoß sich ein wahrer Strom von Heimatvertriebenen und Flüchtlingen auch in unsere Dörfer, die dadurch um ein Viertel oder gar ein Drittel ihrer bisherigen Einwohnerzahlen zunahmen. Die unglücklichen Opfer des verlorenen Krieges kamen aus Südrußland und der Bukowina (teilweise auf dem Umweg über den Warthegau), aus den Balkanländern, Ungarn und der Tschechoslowakei, aus Ost- und Mitteldeutschland. Sie wurden nach bestimmtem Schlüssel auf die Dörfer verteilt und hier von den Bürgermeistern in ihre »Quartiere« eingewiesen. Bei dieser »Unterbringung« ließen sich Sonderwünsche von Alt- und Neubürgern zunächst kaum berücksichtigen; überdies waren sämtliche Behausungen schon vorher mehr oder weniger engräumig, auch überaltet gewesen. Daß sich daraus eine Fülle von Schwierigkeiten ergeben mußten, liegt auf der Hand. Die Neubürger stammten größtenteils aus völlig anders gearteten Lebensverhältnissen, waren mittellos und blieben auf längere Zeit auch arbeitslos. Dazu traten die menschlichen Unzulänglichkeiten auf beiden Seiten, das mangelnde Verständnis für die persönlichen Schwierigkeiten des Anderen; sorgenlos lebten die Altbürger ja auch nicht. Beide Dorfgruppen hatten ihre Toten zu beklagen. Weitere seelische Belastungen der Neubürger aus dem völligen Verlust von Hab und Gut, aus den Strapazen der Flucht und aus bohrendem Heimweh ließen manche unvermeidliche Unbill noch schwerer ertragen.

Immerhin, die zwangsläufig engen Kontakte im Dorf und die mühevolle Bekämpfung gemeinsamer Nöte wie Hunger und Geldentwertung (Währungsreform 1948) führten auch wieder zu gegenseitigem Verstehen und Achten; die örtlichen Vereine bildeten allmählich ein weiteres verbindendes Element im

Dorf. Fühlbare Besserung brachte dann das mit amerikanischer Kapitalhilfe (Marshallplan) wieder aufblühende Wirtschaftsleben, an dem teilzunehmen das erneut und verstärkt in Gang gekommene Industriependeln (vgl. unten) auch den Neubürgern erlaubte. Wohnungsbauten schafften weitere Entlastung. So verfügte doch allmählich jeder Arbeitsfähige wieder über ein mindestens bescheidenes Einkommen, was ihn von dem bitteren Angewiesensein auf Nachbarschaftshilfe befreite. Nicht wenige Neubürger zogen dann, in der Hauptsache bis 1955, weiter nach Wohnorten ihrer eigenen Wahl, in die Nähe von Verwandten und Bekannten, möglichst näher an ihren neuen industriellen Arbeitsplatz. An ihre Stelle im Dorf traten wiederum Neuangekommene aus der Ferne, freilich nun nicht mehr überall; insbesondere in unseren kleinen Weilern wie Lobenrot, Manolzweiler, Büchenbronn, Krapfenreut, Diegelsberg, Baiereck und Unterhütt, Unterberken und Breech zeigt sich das deutlich daran, daß die Einwohnerzahlen von 1961 unter denen von 1950 liegen (vgl. die Zahlenaufstellung II).

Allerdings konnten viele verdienende Neubürger ihren früheren Lebensstand nicht wieder erreichen, von den arbeitsunfähigen alten Leuten ganz zu schweigen. Außerdem lebt, so gut man wohl jetzt auch miteinander auskommt, in der älteren Generation der Neubürger ein unterschwelliges Bewußtsein vom eigenen Andersgeartetsein, von besonderer Gruppenzugehörigkeit und -verpflichtung weiter. Anders die Jugend, die aus eigenem Erleben zur fernen Heimat der Eltern keine inneren Bindungen spüren kann. Durch Zunahme der Mischheiraten herüber und hinüber vollzieht sich langsam aber sicher das biologische Aufgehen dieser Menschengruppe im großen schwäbischen Volkskörper. Daher darf man mit der völligen Integration, volklich wie wirtschaftlich, mit einiger Sicherheit in der nächsten Zukunft auch auf dem Schurwald rechnen.

Dieses alles betrifft die erste Neubürgerwelle. Ihr folgte etwa ab 1960 eine zweite, die, noch in vollem Fluß, sich vermutlich weiter verstärken wird. Ihre Antriebskräfte sind mannigfacher Art. Mit der fortschreitenden Verdichtung der Industrieräume im Fils-Neckar-Tal, auch im unteren Remstal, drängen sich geradezu die dort Berufstätigen, die auf dem Schurwald die bessere Luft oder größere Ruhe, den billigeren Baugrund oder eine erschwinglichere Wohnungsmiete suchen. Im allgemeinen sind es Leute, die bisher in den Tälern wohnten oder jetzt dort neu ihren Berufsort wählen, wobei allerjüngst sich die westdeutsche Nord-Süd-Binnenwanderung zusätzlich bemerkbar macht. Auch Ruheständler ziehen gern herauf. Diese zweite Neubürger-Welle ist während der letzten 10 Jahre nahezu überall auf dem Schurwald zu beobachten, auffallend stark (über 80 % Einwohnerzuwachs) in Aichschieß und Oberberken, aber auch beachtlich (50 bis 80 %) in Schanbach, Krummhardt, Hohengehren, Baltmannsweiler, Büchenbronn, Diegelsberg und Baiereck (vgl. die Zahlenaufstellung II). Bisher bleibt vor allem der Ostraum um Adelberg und Börtlingen zurück, weil von der nächsten Industriestadt Göppingen doch etwas weiter entfernt.

Soziologisch betrachtet, zeigen sich tiefgreifende Unterschiede zwischen den Menschen beider Wellen. Kamen damals in bitteren Notzeiten die behördlich eingewiesenen Neubürger, bettelarm und anlehnungsbedürftig, so handelt es sich jetzt um bewußt selbständige Zeugen einer ausgesprochenen Wohlstandsgesellschaft, die hier ein ihnen passendes Plätzchen für ein mehr oder minder aufwendiges neues Heim finden. Dementsprechend wechseln auch die allgemeinen

Verhaltensweisen. Waren und blieben jene, weil bei aller landsmannschaftlicher Verschiedenheit von Haus aus Leute vom Dorf oder Landstädtchen, kontaktfreudig und einordnungsbereit, so bringen diese, meist an städtische Verhältnisse gewöhnt, selten Sinn für das altüberkommene Dorfleben auf, zumal sie als Berufspendler ständig motorisiert unterwegs sind. Dementsprechend sind Lebenszuschnitt und geistige Neigungen völlig verschieden. Was das für die »Dorfgemeinschaft« bedeutet, wird noch ein wenig zu untersuchen sein.

b) Unsere Gemeinden heute und morgen

Aufs Ganze ihrer geschichtlichen Entwicklung gesehen, sind sie binnen kurzem zum Wohngebiet für die umliegenden Industrieräume geworden. Gewiß lassen sich erste Anzeichen dafür schon nach Kriegsschluß und erst recht nach 1960 erkennen, aber die gerade jetzt im Gang befindliche Bevölkerungsverdichtung auf dem Schurwald ist nach Ausmaß und Tempo doch erstaunlich.

In der Tat wandelte sich das *Ortsbild* unserer Dörfer während der letzten zwanzig Jahre grundlegend, nach Umfang wie Inhalt. In beiderlei Hinsicht lassen sich, den vorhin geschilderten beiden Neubürgerwellen völlig entsprechend, zwei mehrjährige Bauperioden feststellen. Etwa seit 1950 galten zahlreiche Neubauten den heimatvertriebenen Neubürgern und einheimischem Nachwuchs, manches zerstreut angelegt, aber das meiste doch zu halbwegs geschlossenen Siedlungen am Ortskernrand zusammengefaßt. Den damaligen wirtschaftlichen Möglichkeiten entsprechend sind das zwar moderne, aber doch bescheiden gehaltene Häuser. Anfang der sechziger Jahre setzt überall eine zweite Hausbauwelle ein, deutlich sichtbar vom neudeutschen Wirtschaftswunder getragen und in gepflegten Randsiedlungen vor den alten Dorfkernen auslaufend. Nun versteht sich das Gesagte natürlich nur verallgemeinernd und will nicht ausschließen, daß auch zeitlich zwischendurch, räumlich außerhalb der offiziellen Reihen und kostenmäßig teurer oder billiger gebaut wurde als gerade üblich. Übereinstimmender Eindruck der meisten Ortsbilder: ein in der Hauptsache dicht und einfach bebauter, aber gut geordneter alter Ortskern, anschließend in gelockerten Zonen gediegene moderne Wohnbauten und am Rand, etwa in Aussichtslage oder am Waldsaum, eine oder gar mehrere Zonen aufwendiger Villen und Zweifamilienhäuser. Dazu der erste städtische Akzent mit Hochhäusern in Schanbach.

Diese eifrige Wohnbautätigkeit auf dem Schurwald dürfte, beständige wirtschaftliche Verhältnisse vorausgesetzt, überall sich fortsetzen, dem besprochenen Überborden der Bevölkerung in den benachbarten industriellen Verdichtungsgebieten entsprechend. Hingewiesen sei noch auf einige bisher faßbar gewordene Planungen, denen infolge ihres räumlichen Umfangs landschaftsverändernder Charakter zukommt. Allem voran steht hier die sehr weitgehende Bauplanung für den Westschurwald, nämlich die bisherigen Siedlungen Aichelberg, Schanbach mit Lobenrot und Aichschieß mit Krummhardt zu einem stadtähnlichen Gebilde, einer »Erholungsstadt«, weiterzuentwickeln. Auch die Adelberger Pläne eines großen Freizeitparadieses werden allerlei Raum beanspruchen. Ein neuer, zunächst isoliert bleibender baulicher Ansatzpunkt in der freien Landschaft soll das geplante Zentrum von Lichtenwald werden, auf dem halben Wege zwischen

Hegenlohe und Thomashardt. Einige Einzelheiten zu alldem finden sich im Teil B bei den betreffenden Gemeinden. Wohngelände im Grünen bei lockerer Bauweise wird vielerorts angeboten. Aber überall sollte man besorgt bleiben, daß durch zusammenhangsloses Bauen die Landschaft nicht »zersiedelt« wird. Denn ihre Schönheit ist und bleibt des Schurwaldes teuerstes Gut!

Hiermit befinden wir uns schon mitten in den *kommunalpolitischen Zukunftsfragen*. Zweifellos gibt die angesprochene Bevölkerungsverdichtung den meisten Schurwaldgemeinden gute Voraussetzungen für gedeihliche Aufwärtsentwicklung. Sie bringt allerdings zugleich allerlei kommunale Aufgaben, die zu erfüllen angesichts unserer dürftigen Gemeindesäckel schwer fallen muß. Vorleistungen wie Baugeländeerschließung, Straßenbau, Kanalisation und Wasserversorgung wollen ebenso bewältigt werden wie die späteren Folgelasten durch Kindergärten und Schulen, Bäder und Kläranlagen, gemeindliche Dienstleistungen und dergleichen mehr. In Ermangelung größerer Gewerbesteuereinnahmen sehen sich die Gemeinden auf Zuschüsse überkommunaler Geldgeber (Kreis, Land, Bund) und auf Darlehnsaufnahmen angewiesen, woraus sich auch wieder gewisse Beschränkungen hochfliegender Pläne ergeben können. Wie jede Gemeinde im einzelnen sich ihr Zukunftsbild malt, läßt sich selbstverständlich hier nicht ausbreiten. Insgesamt wird sie der Funktion des Schurwaldes als Naherholungsgebiet Rechnung tragen mit Bau, Ausstattung und Unterhaltung von Wanderwegen, Autoparkplätzen und Spielanlagen, mit organisierender Anregung und Förderung gepflegter Gastlichkeit, leistungsfähiger Handelsgeschäfte und privater Dienstleistungsbetriebe. Über die Weiterentwicklung der landwirtschaftlichen Betriebe werden wir noch berichten, ebenso über die Möglichkeiten und Grenzen für neue industrielle Anlagen auf dem Schurwald. Dieses vorweg: Unsere Dörfer werden zweifellos ihre landwirtschaftliche Prägung zunehmend einbüßen, aber ihre ländliche zu ihrem eigenen Vorteil hoffentlich treu bewahren! Weiteres Streben nach größeren kommunalen Verwaltungseinheiten möge sich davon sinnvoll leiten lassen.

Vielleicht dürfen hier einige Angaben zur modernen *Wasserversorgung* eingefügt werden. Seit der Gründung unserer Gruppensiedlungen spielten Nähe und Ergiebigkeit der Quellen eine entscheidende Rolle. Mit der Bevölkerungszunahme im 18. Jahrhundert begannen die eigentlichen Schwierigkeiten; bei langanhaltender Trockenheit reichten die Dorfbrunnen nicht aus und Feuerlöschwasser war beängstigend knapp; zuweilen ließ sich nur äußerst mühsam der ärgste Wassermangel beheben. In unserem Jahrhundert sah man sich allenthalben zu durchgreifenden Neuerungen gezwungen, zunächst noch mehr auf örtlicher Basis, aber doch auch bald im weitergespannten Rahmen, um schließlich neuestens mit einer allgemeinen Wasserverbundwirtschaft größtmögliche Sicherung des inzwischen weiter stark angestiegenen Trink- und Brauchwasserbedarfs zu erzielen.

Wir denken etwa an das »Kreiswasserwerk Schurwald«, das seit 1952 die Quellen des Reichenbachtals sammelte und damit einen Großteil der Schurwaldgemeinden versorgte; seit 1966 ist es in dem »Zweckverband Wasserversorgung Blau-Lauter-Gruppe« / Sitz Kirchheim unter Teck aufgegangen, der die Quellen noch weiter nutzt. Die Blau-Lauter Gruppe führt seit 1960 Grundwasser des Blautals von Blaubeuren in neuer Großleitung durch das Filstal den Kirnberg hinauf zur Übergabestelle beim Hegenloher Naturfreundehaus und dann weiter.

Sie ihrerseits bezieht aber auch Donauried-Grundwasser vom »Zweckverband Landeswasserversorgung« / Sitz Stuttgart und (für einzelne Plätze) Bodenseewasser vom »Zweckverband Bodensee-Wasserversorgung« / Stuttgart. Außerdem besitzen einige Schurwaldorte kleinere Wasserlieferanten, Adelberg sogar noch ausschließlich Eigenversorgung. Übrigens baut derzeit die Landeswasserversorgung zur künftigen Trinkwasserversorgung Nordwürttembergs eine neue starke Fernleitung vom Langenauer Donauried-Pumpwerk nach Ebersbach-Ost und von hier über den Schurwald, mit einem riesigen Hochbehälter (50 000 cbm) an der Kaiserstraße zwischen Thomashardt und Schlichten. Und nebenbei: die vom Kreiswasserwerk Schurwald gebauten mehlsackähnlichen Wassertürme versöhnen, soweit besteigbar, durch ihre großartige Fernsicht nach allen Seiten.

Darüber hinaus wird es auf die Dauer wohl nicht abgehen ohne Neubauten von größeren offenen Wasserspeichern zur Haltung von Trinkwasservorrat, zum Hochwasserschutz und zur Aufhöhung des Niedrigwassers der Flüsse, so etwa in den Tälern des Reichenbachs und Adelberger Herrenbachs. Dabei haben die lebhaften Auseinandersetzungen über Notwendigkeit und Sicherheit eines Lützelbachtal-Großspeichers schon viele Gemüter bewegt. – Schließlich sei erwähnt, daß die Abwässerbeseitigung durch größere leistungsfähige biologische Gruppenkläranlagen ebenso eine dringliche Aufgabe der Gemeinden bleibt wie die gewiß nicht geringe Sorge für eine geordnete und die Landschaft nicht auf die Dauer verschandelnde Müllablagerung.

c) Das weltliche Kulturleben (seit 1945)

Erstens: Die Erwachsenenbildung, so wichtig sie ist und so sehr man mit immer neuen Ansätzen sich um sie bemüht, sieht sich allerlei Schwierigkeiten gegenüber. Ein Großteil der Schurwälder mag sich nicht beteiligen wegen Übermüdung nach der Tagesarbeit (Pendler, Landwirte); andere verzichten grundsätzlich. Aber auch die Willigen zu bedienen ist nicht einfach, wegen der Verschiedenheiten von fachlichen Interessen und geistigen Ansprüchen. Das Bildungsangebot muß nach Thematik wie Gestaltung auf einen breiten Teilnehmerkreis zugeschnitten sein; die Zahl der höhere geistige Kost Erwartenden ist hier noch zu klein, als daß man sie schon berücksichtigen könnte. Zum anderen macht sich, wie allenthalben, auch auf dem Schurwald der Zug von der Allgemeinbildung zur beruflichen Fortbildung, vom Schöngeistigen zum Fachwissen bemerkbar.

Volkshochschul-Außenstellen als Veranstalter von Vortragsreihen, Fachkursen und Einzelvorträgen arbeiten in Schanbach/Vorderer Schurwald, Hohengehren, Baltmannsweiler, Lichtenwald/Thomashardt, Adelberg und Börtlingen. Aber auch an anderen Orten werden zuweilen Vortragsabende und dergleichen abgehalten. Ortsbüchereien findet man in Hohengehren, Baltmannsweiler, Thomashardt, Hegenlohe und Baiereck; der Kreis Esslingen besitzt außerdem eine Kreisergänzungsbücherei für sie. Die Kreisbildstellen in Esslingen und Göppingen vermitteln Dias und Tonbänder für Vorträge. Die vielerorts blühenden Obst- und Gartenbauvereine unterrichten ihre Mitglieder durch Vorträge, Kurse und Besichtigungen. Zu würdigen bleiben außerdem die sozialethischen und biologisch-medizinisch orientierten Veranstaltungen der Kirchengemeinden für verschiedene Menschengruppen.

194

Die Breitenwirkung der gegenwärtigen Erwachsenenbildungsarbeit auf dem Schurwald ist schwer zu beurteilen. Im Sommer tut sich wenig; Zeit und Aufnahmebereitschaft fürs Hören, Lesen und Lernen sind im Winter stärker. Im Blick auf die Ortsgrößen sind zwar die Teilnehmerzahlen gering, aber aus vielerlei Gründen ist das kein sachgerechter Maßstab; hinzu kommen die schwer zu zählenden Besucher entsprechender Veranstaltungen in den Talorten. Mitwirkung oder Konkurrenz des Fernsehens lassen sich noch nicht abschätzen.

Gewiß wird man in diesem Zusammenhang, wie früher, denken an die Pflege des Volkslieds (Gesangvereine) und des geistlichen Liedes (Kirchenchöre), der Volksmusik (Musikkapellen, Akkordeongruppen usw.) und der geistlichen Musik (Posaunenchöre). Die entsprechenden Vereinigungen finden sich im Teil B aufgezählt. Sie alle dienen zunächst ihrer besonderen Aufgabe, aber bei ihrer Arbeit erweitern sie, bewußt oder auch nur unbewußt, den Bildungsstand ihrer Mitglieder. Daß solche erfreulich eifrig und ernst betriebene Breitenarbeit auch auf dem Schurwald zu Spitzenleistungen führen kann, zeigen die Beispiele des weithin geschätzten Aichschießer Männerchors »Eintracht« und des Baltmannsweiler Handharmonikaklubs (Akkordeonorchester), der 1969 sogar den Weltmeisterschaftstitel errungen hat. Gute Kirchenkonzerte bleiben freilich meist abhängig von der zeitlich begrenzten Ortsansässigkeit einzelner künstlerisch und zugleich organisatorisch begabter Persönlichkeiten. Die nächsten Theatervorstellungen sieht man in Esslingen und Göppingen, Konzerte größeren Stiles in allen Talstädten. Wer künstlerische Spitzenleistungen erleben will, fährt nach Stuttgart. Nicht zu übersehen ist das recht anspruchsvolle Vortrags- und Konzertangebot der »Freien Waldorfschule Engelberg« oberhalb Winterbach.

Zweitens: Das Schulwesen auf dem Schurwald hält sich selbstverständlich im allgemein gebotenen Rahmen. Grundschulen (Volksschule Klassen 1 bis 4) gibt es in Aichelberg, Schanbach (in der Nachbarschaftsschule), Aichschieß, Hohengehren, Baltmannsweiler, Schlichten, Lichtenwald, Baiereck, Oberberken, Adelberg und Börtlingen; die Kinder aus Manolzweiler, Büchenbronn, Krapfenreut, Diegelsberg und Rattenharz müssen die Grundschule ihrer Hauptgemeinde im Fils- bzw. Remstal besuchen. Hauptschulen (Volksschule Klassen 5 bis 9) sieht man nur in Schanbach (»Nachbarschaftsschule Vorderer Schurwald« für die Gemeinden Aichelberg, Schanbach und Aichschieß) und in Baltmannsweiler/Hohengehren, während für alle anderen Gemeinden die Hauptschulen in den Tälern zuständig sind. Wegen Einzelheiten wolle man die betreffenden Gemeinden und Teilgemeinden im Teil B nachschlagen. – Die »Freie Waldorfschule Engelberg« auf dem Engelberg (vgl. diesen im Teil B) oberhalb Winterbach bildet eine »Einheitliche Volks- und Höhere Schule« mit den Klassen 1 bis 13. – Schließlich sei in diesem Zusammenhang auf die Außenstelle der kalifornischen Stanford-Universität oberhalb Beutelsbach (vgl. dieses im Teil B) hingewiesen.

Die meisten vorgenannten Volksschulen verfügen jetzt über einen modernen *Schulbau.* Als bedeutendsten seiner Art verdient die Nachbarschaftsschule Vorderer Schurwald bei Schanbach hervorgehoben zu werden. Die Freie Waldorfschule Engelberg besitzt neben älteren Teilen einen in seiner architektonischen Gestaltung ebenso interessanten wie eindrucksvollen Neubau, während die Stanford-University sich im Pavillonsystem entwickelt hat – beide übrigens mit prächtiger Aussicht.

Drittens: Die Dorfgemeinschaft, nur noch ein schöner Traum? Wenn man sich ihres Wesens bewußt ist (vgl. Abschnitt 5 c), fällt es leicht, mehrere ihr abträgliche Einflüsse zu erkennen. Das beginnt schon bei den Alteingesessenen. Der Landwirt alten Schlages besitzt sein Lebens- und Arbeitszentrum im Dorf; er ist in besonderer Weise mit Haus, Hof, Äckern und Wiesen verbunden; die Landwirtschaft bestimmt den Lebensrhythmus der ganzen Familie, die ständig mit in Arbeit ist und kaum freie Stunden kennt. Ihm gegenüber steht der »reine« Industriependler (vgl. unten) ohne alle diese Bindungen; nur seine genau geregelte Freizeit verbringt er im Dorf; Frau und Kinder haben keine innere Beziehung zu seinem Beruf, der trotzdem den Lebensrhythmus auch dieser ganzen Familie weitgehend bestimmt, nur eben in anderer Weise. Die dadurch bedingte Verschiedenheit der Lebensvorstellungen und Interessen trennt zweifellos bis zu einem gewissen Grad die Geister der Alteingesessenen. Nicht so schroff zwar stehen sich Landwirt und »Pendlerlandwirt« (vgl. unten) gegenüber, aber die Zahl der letzteren nimmt laufend ab.

Das Hereinströmen der Vertriebenen und Flüchtlinge nach dem Zweiten Weltkrieg erschütterte die Dorfgemeinschaften heftig. Wie das damals sich vollzog und verebbte, haben wir zu Anfang dieses Kapitels gelesen. In der Tat schien zeitweise das innere Gleichgewicht unserer Dörfer bedroht. Aber die Kraft des Bestehenden und der Zwang der Zeitverhältnisse ließen doch die Dörfer wieder zu sich selbst finden. Besonders hilfreich erwies sich hierbei die allgemeine Verstärkung des ökumenischen Denkens während der letzten zwanzig Jahre, auch die ausgleichende Verweltlichung des Denkens und Handelns. Geblieben hingegen und verschärft sehen wir nun selbst unter den Vertriebenen und Flüchtlingen eine Verschiedenartigkeit der wirtschaftlichen Interessenlage: die Arbeitsfähigen pendeln nach auswärts, die Alten verbleiben körperlich wie geistig im dörflichen Bannkreis.

Den dritten und allem Anschein nach nunmehr vernichtenden Angriff erleidet die Dorfgemeinschaft mit dem Hereinströmen der ebenfalls schon eingangs beschriebenen zweiten Neubürgerwelle während der letzten zehn Jahre und sicherlich auch weiterhin. Diese Menschen verstehen ihren Ortssitz ausschließlich als Wohn- und Schlafstätte. Insoweit werden sie gewiß hier auch heimisch; »es gefällt uns sehr gut hier«. Aber was ihnen gefällt, ist das Dorfensemble in seiner schönen landschaftlichen Umgebung. Die Menschen des Dorfes hingegen bleiben ihnen dabei so gleichgültig, so uninteressant, wie der Städter die unpersönliche Masse der anderen Städter ansieht. Wobei hinzukommt, daß die Schurwalddörfer, ständig wachsend, auch im Persönlichen unüberschaubarer werden; unter dreihundert Mitmenschen steht man sich halt näher als unter dreitausend. Umgekehrt sehen unter diesen Umständen verständlicherweise auch die Einheimischen keinen Anlaß zur persönlichen Ansprache der »Reingeschmeckten«. So lebt man aneinander vorbei, wie man aneinander vorbeifährt. Eine Verhaltensweise, der übrigens auch die heranwachsende Dorfjugend zunehmend erliegt. Schon lange sind die Zeiten vorbei, in denen »die Äcker sich gegenseitig heirateten«; warum sollten sie das heute noch? Selbst das etwaige Zusammengehörigkeitsgefühl der Grundschuljahrgänge und ihrer Eltern wirkt sich, wenn überhaupt, doch wohl nur jeweils kurzfristig aus. Und das nach wie vor allenthalben erfreulich blühende Vereinsleben fördert neben der Hingabe an die eigene besondere Aufgabe gewiß auch Kameradschaft und Hilfsbereitschaft zwischen den in ihm vertretenen

196

verschiedenen sozialen Gruppen; aber viel Anziehungskraft auf die zweite Neubürgerwelle vermochte es bisher nicht zu entwickeln. Zusammenfassend: Ob man will oder nicht, unsere Dörfer sind dabei, einen wesentlichen Teil ihres ureigenen Wertes und Reizes, die Dorfgemeinschaft, unaufhaltbar und endgültig zu verlieren. Oder, wie andere kritischer sagen, die »Dorfgemeinschaft« ist eine überholte Angelegenheit; die moderne pluralistische Gesellschaft kennt nur noch die im Dorf nebeneinanderlebenden soziologisch verschiedenartigen Gruppen.

Viertens. Aus dem Vorgesagten ergibt sich, daß wir uns weitere aktuelle *volkskundliche* Betrachtungen versagen müsen. Gewiß lebt heute mancherlei überkommenes örtliches Brauchtum in seinen oft originellen und liebenswerten Weisen weiter, aber getragen nur noch von den älteren Einheimischen und von den Neubürgern bestenfalls freundlich belächelt. Für vieles sind einfach die praktischen Voraussetzungen entfallen, beispielsweise für die deshalb entschwundenen Dorfnecknamen. Die Neubürger wiederum haben auch einige »Bräuche« aus der einstigen Heimat bzw. aus der Stadt mitgebracht. Ob sich das alles vermengen, integrieren wird? Gewisse ungeschriebene Ordnungen des gegenwärtigen Dorflebens, also neue Sitten und Gebräuche, mögen sich jetzt bilden, ohne daß man sich dessen schon so recht bewußt wird. Für deren Bestandsaufnahme ist es jedenfalls heute noch zu früh.

d) Das kirchliche Leben (seit 1945)

Erstens: Kirchliche Organisation und geistliches Leben. Nach 1945 hat sich an der territorialen Organisation der evangelischen Kirche nichts geändert; der Schurwald sieht sich nach wie vor aufgeteilt zwischen den Prälaturen Stuttgart (nur das Dorf Aichschieß), Ulm (Büchenbronn, Krapfenreut, Diegelsberg, Börtlingen, Breech, Zell, Rattenharz) und Heilbronn (alle übrigen Siedlungen). Aus örtlichen Einzelvorgängen ist folgendes zu notieren. Wenn wir mit dem Plochinger Stumpenhof und der Reichenbacher Siegenberg-Siedlung beginnen (beide zur Prälatur Stuttgart), weil sie doch schon oder noch auf den Vorhöhen des Schurwaldes liegen: die Stumpenhofsiedlung stellt seit 1961 eine selbständige Seelsorgestelle und seit 1967 eine eigene Kirchengemeinde dar, während die Siegenbergsiedlung, seit 1960 selbständiger Seelsorgebezirk, eine eigene Kirchengemeinde seit 1965 bildet. Die bisherige Kirchengemeinde Hegenlohe mit ihrem Filialort Thomashardt lebt, der Vereinigung der beiden politischen Gemeinden entsprechend, seit 1971 als einheitliche Kirchengemeinde Lichtenwald. Und Unterberken gehört seit 1970 zur Kirchengemeinde Oberberken.

Was den römisch-katholischen Bereich betrifft, rechnet der ganze Schurwald zum Bistum Rottenburg. Für die westlichen Schurwaldorte wurde in Baltmannsweiler eine Seelsorgestelle 1958 eingerichtet und 1964 zur ständigen Pfarrei erhoben. Hegenlohe und Thomashardt bzw. seit 1971 Lichtenwald werden von Reichenbach aus ständig betreut, Baiereck von Ebersbach, Adelberg von Wangen. Börtlingen und Breech sind nach wie vor Filialorte der Pfarrei Rechberghausen.

Zur *Kirchlichkeit* der heutigen Schurwaldbewohner dürfen wir vielleicht folgendes sagen. Am regelmäßigen Kirchenbesuch gemessen ist sie abgesunken, bei den Evangelischen wohl noch mehr als bei den Katholiken. Wenn sie trotzdem lebhafter als in den Städten erscheint, liegt das an der stärkeren kirchlichen Bin-

dung der älteren Generationen, der einheimischen (evangelisch) wie der heimatvertriebenen (teilweise katholisch). Ihrer beider junger Nachwuchs hält sich
spürbar zurück und auch bei den Neubürgern städtischer Herkunft ist nur wenig
aktive Beteiligung zu beobachten. Umgekehrt: Taufe, Trauung und kirchliche
Beerdigung werden noch ziemlich allgemein begehrt und Kirchenaustritte erfolgen selten. Soweit man unter diesen Umständen von geistlichem Leben auf
unseren Dörfern sprechen will, wird es eindeutig von den »treuen Kerngemein-
den« geprägt, die sich noch stark dem Althergebrachten verwurzelt fühlen.
Ihrerseits sehen sie sich freilich wieder bestärkt durch die ständige Uninteressiert-
heit aller anderen »Gemeindeglieder« am heutigen Kirchen- und Gemeindeleben.
Kritische Urteile zu alldem abzugeben muß sich ein Heimatbuch versagen.
Zweitens: Kirchenbauten und kirchliche Kunst. Auch für den Schurwald brachten unsere fünfziger und sechziger Jahre noch einmal eine lebhafte Kirchbautätig-
keit. Anstöße dazu ergaben sich im evangelischen Raum oft aus dem Entstehen
von Neubausiedlungen (Plochingen/Stumpenhof, Reichenbach/Siegenberg, Thomashardt, Diegelsberg, Rattenharz), im römisch-katholischen Raum aus der
Festigung eigener neugebildeter Gemeinden Aichschieß, Baltmannsweiler), im
neuapostolischen Raum aus verstärktem Zuwachs (Aichschieß, Adelberg). Diese
Kirchenneubauten stellen somit Erfüllung eines Nachholbedarfs in der Zeit wie-
dergewonnenen Wohlstandes dar, wobei naturgemäß die von Heimatvertriebenen getragenen und kleineren Gemeinden sich baulich bescheiden müssen. Für sie
selbst bedeutet jedes Gotteshaus das Zentrum ihres kirchlichen Lebens. Will man
darüber hinaus künstlerische Maßstäbe anlegen, wird man zuerst den eigen-
willigen Bau von Heinz Rall auf dem Stumpenhof nennen, darüber aber den
außerordentlich ansprechenden Kirchenraum nicht übersehen, den Paul Heim
den Thomashardtern beschert hat. Von den Kirchenerneuerungen des letzten
Jahrzehntes erscheinen die zu Baltmannsweiler und Hohengehren besonders
einfühlsam gelungen; über das Für und Wider der Aichelberger Restauration
läßt sich wohl streiten. Die im Gang befindliche Gesamterneuerung der Adelberger Klosterkapelle verspricht hohen Kunstgewinn; auch die Adelberger
Dorfkirche wird zur Zeit ansprechender gestaltet. Schließlich sei das Bemühen
mancher Gemeinden um moderne Gemeinderäume erwähnt, zuweilen gar in
räumlichem Zusammenhang mit dem Kirchenneubau. Einzelheiten zu allem Vorgenannten vgl. im Teil B.

e) Die Landwirtschaft (seit 1945)

Erstens. Die Landwirtschaft befindet sich seit 1945, verstärkt seit den letzten
zehn Jahren, in einem tiefgreifenden *strukturellen Umbruch*. Im Grunde handelt es sich dabei um eine längst fällige Schlußauseinandersetzung mit drei
Grundübeln, die wir in unseren früheren Betrachtungen sich unaufhaltsam verstärken sahen: auf zu kleiner landwirtschaftlicher Gesamtfläche zu viele landwirtschaftliche Betriebe mit zu starker Flächenzersplitterung. Wieso der Umbruch
gerade jetzt? Weil verschiedener Sog und Druck von außen, dazu menschliche
und wirtschaftliche Probleme derzeit gehäuft ihn geradezu erzwingen.
Beginnen wir mit der *Flächenzersplitterung*, verursacht durch fortgesetzte Erb-
teilerei der einzelnen Besitze und verschärft durch überkommene, inzwischen

sinnlos gewordene und trotzdem beibehaltene Verteilung der Ackerfläche jedes Betriebs auf jede der drei Zelgen. Diese höchst unpraktischen Besitzverteilungsverhältnisse bedingen viel zu lange Anfuhrwege und eine ungenügende Maschinenausnutzung, damit größeren Zeit- und Kraftaufwand sowie eine geringere Rentabilität. Nichts hätte unter diesen Umständen (theoretisch) näher gelegen als eine allgemeine *Flurbereinigung* auf jeder Markung. Aber mit Ausnahme von Börtlingen hat sich bisher noch kein Dorf dazu entschlossen. Abgesehen von der bäuerlichen Einstellung »meine Äcker und Wiesen sind die besten, daher kann ich bei jedweder Flurbereinigung nur verlieren« und einer achtenswerten Anhänglichkeit an das von den Vorfahren Überkommene sind in der Tat handfeste Hemmungen zu überwinden. Die Liasböden des Schurwaldes besitzen sehr verschiedene Güte: auf zuweilen kleinen Entfernungen wechseln Lößböden, Verwitterungslehm, sandige und gar steinige Böden sich ab. Bei Hangwiesen wiederum sind die unteren feuchter als die oberen, was, je nach den Jahren, Vor- und Nachteile in sich birgt. Äcker und Wiesen liegen teils näher, teils entfernter und damit ungünstiger von ihrem Dorf. So fällt der Entschluß zur Flurbereinigung begreiflicherweise schwer und lieber quält man sich mit der Flächenzersplitterung weiter ab. Insoweit kann also von einem Strukturumbruch leider noch keine Rede sein.

Aber gerade durch dieses organisatorische Versagen wird der Strukturumbruch auf andere Weise in Gang gesetzt und gehalten. Können nämlich infolge der geschilderten veralteten Betriebsverhältnisse der *Kleinstlandwirt* (unter 0,5 ha landwirtschaftlicher Betriebsfläche) und neuerdings der *Kleinlandwirt* (0,5 bis 10 ha) von ihrer Landwirtschaft nicht ausreichend leben, sehen sie sich zum hauptberuflichen Industriependeln gezwungen. Entweder geht man unter Beibehaltung der nebenberuflich weiterbetriebenen Landwirtschaft als »Pendlerlandwirt«, auch »Arbeiterbauer« genannt, oder unter völliger Aufgabe der Landwirtschaft als »reiner Industriependler«. Beim *Pendlerlandwirt* sieht das folgendermaßen aus. Ehefrau und Kinder besorgen die leichtere landwirtschaftliche Arbeit, während die schwerere der pendelnde Mann in seiner Freizeit, die Saat- und Erntearbeit vollends in seinen Berufsferien erledigen muß; ein wahrhaft aufreibendes Erwerbsleben, das nur durch Verringerung der Viehhaltung zu bewältigen ist. Die reinen Industriependler sind dieser Sorgen ledig; sie haben ihre Ländereien verpachtet oder verkauft und ziehen die Annehmlichkeit geregelter Freizeit dem ständigen und risikovollen Im-Dienst-sein des Bauern vor. Langsam aber stetig verschiebt sich das zahlenmäßige Verhältnis beider Erwerbsarten zueinander zugunsten der reinen Industriependler. Nur die alte Generation harrt noch daheim aus, rackert sich jahrein, jahraus ab und kommt doch kaum noch auf einen grünen Zweig.

So auch unsere *mittleren landwirtschaftlichen Betriebe* (über 10 ha). Sie sind derzeit dünn gesät: nennenswert an Zahl eigentlich nur in Börtlingen (18), Oberberken (16) und allenfalls Adelberg (7); umgekehrt in Aichelberg, Baltmannsweiler und Baiereck überhaupt kein Mittelbetrieb; in allen übrigen Dörfern und Weilern je 1 bis 4 (Einzelheiten vgl. diese im Teil B). Grundsätzlich verläßliche sozialökonomische Vergleichswerte liefern aber die Hektargrößen nicht wegen der geschilderten Verschiedenwertigkeit der Böden. Besonders kraß zeigt das der Fall von Aichelberg, wo es keinen Mittelbetrieb über 10 ha und trotzdem 17 landwirtschaftliche Vollerwerbsbetriebe (Weingärtner!) gibt. – In der Tat ergibt sich ein anderes Zahlenbild, wenn man nach den Vollerwerbsbetrieben und damit nach der wirtschaftlichen Tragfähigkeit der Landwirtschaft fragt. Hierbei bezeichnen sich (1970) einerseits noch zahlreiche Kleinlandwirte (die noch nicht pendeln) als Vollerwerbsbetriebe, während andererseits nicht wenige Mittelbauern (wegen ihrer nebenberuflichen Tätigkeit vor allem im Winter) sich dazu nicht rechnen. Diese verschiedenartige Selbsteinschätzung mag natürlich auch mit anderen Dingen wie größerer oder kleinerer Familie, gesteigerten oder bescheideneren Lebensansprüchen und dergleichen zusammenhängen. – Wie dem auch sei, neuerdings beobachtet man sogar bei den Mittelbetrieben, daß sie, vor allem beim Altern des Inhabers, aufgegeben werden. Grund dafür? Sie leiden unter Kräftemangel. Es fehlt an Nachwuchs, der die bequemere und risikolosere nichtlandwirtschaftliche Beschäftigung, das Pendeln, vorzieht; Jungbauern finden keine Hausfrau mehr. Ganz zu schweigen von den verschärften Wettbewerbsbedingungen bei der Europäischen Wirtschaftsgemeinschaft, bei eigenen hohen Kosten und niedrigen Agrarpreisen.

Unter solchen Umständen ging in den meisten Schurwalddörfern die Gesamtzahl aller landwirtschaftlichen Betriebe über 0,5 ha von 1950 bis 1970 außerordentlich zurück, am stärksten in Baltmannsweiler (um 70%), in Aichschieß und Hegenlohe (60%), Oberberken und Adelberg (56%). Wobei die stärkeren und schwächeren Rückgänge sich ziemlich gleichmäßig auf den West-, Mittel- und Ostschurwald verteilen (weitere Einzelheiten vgl. im Teil B). Nun erzwingt geradezu diese Entwicklung einen laufenden sozialökonomischen Wandel: die Zahl der landwirtschaftlich tätigen Menschen wurde und wird zusehends geringer. Da außerdem die vielen Neubürger höchst selten zu landwirtschaftlicher Betätigung fanden und finden, verschärft sich dieser Trend immer mehr, vor allem auf dem industrienahen Westschurwald. So kann man derzeit die bäuerliche Bevölkerung auf dem Westschurwald nur noch mit 10%, auf dem Mittel- und dem Ostschurwald mit 30% veranschlagen; dabei bleibt zu bedenken, daß mindestens ein Teil ihrer Familienmitglieder nur »nach Feierabend« und zur Urlaubszeit daheim in der eigenen Landwirtschaft mitarbeitet.

Was wird aus den Nutzflächen der aufgegebenen Betriebe? Teils können die restlichen Betriebe durch Kauf oder Pacht ihre eigene Wirtschaftsfläche vergrößern und dadurch sich eine bessere Rentabilität sichern. Soweit Wiesland nicht mehr gebraucht wird, sieht man es gar nicht selten ungenützt und öd liegen. Unrentablen Grenzertragsböden, die zu bebauen wegen ihres steinigen Bodens sich nicht lohnt oder wegen ihres starken Gefälles mit dem Traktor schwer zu bearbeiten sind oder wegen ihrer nassen Knollenmergellage nur saures Futter geben, ihnen allen droht die Aufforstung. Das gilt auch für die Nutzflächen der bestehenbleibenden Betriebe. Bei ihnen treten als weitere Aufforstungsgründe der Zeitmangel der Pendlerlandwirte und der Arbeitskräftemangel in den Mittelbetrieben hinzu. Selbstverständlich machen die neuangelegten Waldkulturen noch keine großen Flächen aus, aber als Zeugen der allerjüngsten Agrarentwicklung begegnet man ihnen schon allenthalben. Daß umgekehrt kein Bauer mehr Eigenwald auf Liasboden zur landwirtschaftlichen Nutzung rodet, versteht sich nach allem von selber.

Nicht übersehen werden darf die im letzten Jahrzehnt auf dem Schurwald lebhaft *fortschreitende technische Ausstattung* der landwirtschaftlichen Betriebe. Moderne Stallbauten oder wenigstens Modernisierung vorhandener Baulichkeiten sind nicht selten. Ohne Maschinengeräte für Feld und Stall kommt kaum noch jemand aus. Kühe als Zugtiere sieht man nicht mehr, Pferde selten. Jeder Bauer fährt seinen Traktor. Heuwender und Heulader rattern über die Wiesen. Große Bauern arbeiten mit Mähdrescher und Kartoffelleser, leihen diese wohl auch aus. Daheim hat man gar Scheunenventilatoren, Futteraufbereitungs- und Melkanlagen. Freilich drängt sich Zweifel auf, ob die Anschaffung dieser verhältnismäßig sehr teuren Maschinen in kleineren Betrieben wirklich rentabel ist. Gewiß wäre die Fortführung des Betriebs ohne Maschinen schier unmöglich, aber bezahlt werden sie oft aus zusätzlichen Mitteln (etwa Pendlerverdienst), ein rein kaufmännisch betrachtet problematischer Vorgang.

Zweitens: Zu den heutigen Hauptbetriebszweigen. Das Herzstück unserer Landwirtschaft bildet selbstverständlich nach wie vor der *Ackerbau.* Allerdings ist infolge der geschilderten allgemeinen Betriebsbedingungen die Ackerbaufläche auf dem Schurwald während der letzten zehn Jahre (1961–70) erneut um 15 % zurückgegangen, auf derzeit rund 1350 Hektar. Diese »Umfunktionierung« der Liasackerböden vermag auch der aufmerksame Wanderer optisch zu fassen: die Beerenäcker mehren sich allenthalben, desgleichen hochwertige Tafelobstkulturen; Grünland greift auf die Liasböden über. In jedem Einzelfall sind das verhältnismäßig kleine Flächen, aber in ihrer Gesamtheit zählen sie doch.

Die Ackerbauflächen der einzelnen Bauern verteilen sich zwar wie eh und je auf die drei Zelgen. Aber eine allgemein geordnete Fruchtfolge im Sinn der früheren verbesserten Dreifelderwirtschaft gibt es heute kaum noch. Man sieht allenthalben alle Ackerkulturen durcheinander, ohne Trennung von Winterfeld, Sommerfeld und Hackfruchtflächen. Wenn wirklich einzelne Feldnachbarn etwa dasselbe anbauen, so nur auf Grund von Absprachen wegen einer besseren gemeinsamen Ausnutzung der Erntemaschinen. Im übrigen steigert sich der Einsatz chemischer Düngemittel, einmal zur Erzielung höherer Erträge, zum anderen wegen des zurückgehenden Anfalls von Stalldünger infolge der jetzt verringerten Viehhaltung (vgl. unten).

Weizen, und zwar Winterweizen, steht als Hauptbrotfrucht immer noch an erster Stelle. Der Roggenanbau ist vielfach wegen mangelnder Nachfrage, auch wegen der schwierigeren Ernte mit dem Mähdrescher, zurückgegangen. Gerste, Hafer und Mais werden als Sommerfrucht für Futterzwecke im eigenen Betrieb gebaut. Dasselbe gilt auch für die Hackfrüchte; nur Kartoffeln verkauft man auch an die nichtbäuerliche Dorfbevölkerung.

Der »Vergrünlandung« der Ackerbauflächen entspricht, so paradox es für den Laien klingen mag, die schon vielerorts zu beobachtende Tatsache, daß Knollenmergel*wiesen* nicht mehr gehauen werden, wüst liegen bleiben, wiederum als Folge des allgemeinen Rückgangs der landwirtschaftlichen Tätigkeit und nicht gerade zur Zierde der Landschaft. Hierfür, ebenso wie für das Vorangegangene und Folgende exakte Zahlen anzugeben, nützt wenig, weil das alles in vollem Fluß ist. Obendrein lehrt eigene Beobachtung, daß aus mancherlei, zuweilen augenzwinkernd zugegebenen, Gründen nicht alle gemeldeten Zahlen stimmen und infolgedessen auch den amtlichen Statistiken nur Annäherungswerte zukommen können. Nützlicher erscheint uns daher das Aufzeigen der allgemeinen Entwicklungstendenzen.

Erfreuliche Fortschritte macht auf dem Schurwald – das klang schon an – jetzt der Anbau von *Tafelobst* und *Beeren*. Kulturen von Himbeeren, Johannisbeeren und Erdbeeren gedeihen auf dem Westschurwald schon seit längerem ausgezeichnet (hier auch ansehnlicher *Gemüsebau*), findet aber jetzt auch anderwärts steigende Beachtung. Absatzmärkte bilden im Westen der Stuttgarter und Esslinger Raum, im Osten Göppingen. Die Unmenge minderwertiger alter Mostobstbäume fristet zwar ein erstaunlich langes Leben, aber langsam fällt doch einer nach dem anderen, was gewiß der Landschaft manchen Reiz, vor allem zur Blütezeit, nimmt. – Zum Stand des Weinbaus auf den Schurwaldhängen darf wieder auf unseren früheren Bericht verwiesen werden.

Und unsere *Rindviehhaltung?* Wohl ließen sich die Kriegs- und Nachkriegsverluste bald überwinden. Gute Züchtung, Verwendung von Kraftfutterzusätzen und zunehmende Freistellung der Kühe vom Zugdienst verhalfen der Milchviehhaltung sogar zu ansehnlichem Erfolg, so daß der Milchverkauf eine der wichtigsten und beständigsten Einnahmequellen der Landwirte wurde. Der beklagte Mangel an Arbeitskräften hat diese erfreuliche Entwicklung seit etwa 1965 arg abgebremst; die Milcherzeugung ist seitdem stark rückläufig (entsprechend die Zahl der Milchverwertungsgenossenschaften und Milchhäusle) und die begrenzte Umstellung auf Mastvieh gewährt nur teilweise Ersatz. – Ähnlich sieht es in der schurwäldischen *Schweinezucht* aus. Durch bessere Pflege, zweckmäßigere Fütterung und erfolgreiche Seuchenbekämpfung bringt sie seit den fünfziger Jahren beachtliche zahlenmäßige Fortschritte und finanzielle Gewinne, um neuestens ebenfalls wieder abzusinken.

Drittens: Wie soll man sich die *Zukunft* der schurwäldischen Landwirtschaft vorstellen? Die durch Naturumstände bedingt kleine Nutzfläche wird weiter abnehmen: die meisten Siedlungen werden für ihre Ausdehnung Ackerböden beanspruchen, desgleichen der notwendige Ausbau des Verkehrswesens; Grenzertragsböden werden veröden oder zunehmend aufgeforstet werden. Demgegenüber die Leistung der verbleibenden Nutzflächen zu steigern, erfordert vor allem: Flurbereinigungen großen Stiles und bäuerliche Aussiedlungen, Bodenverbesserung durch Kulturmaßnahmen und Ausbau des landwirtschaftlichen Wegenetzes, vermehrter Einsatz von künstlichem Dünger und technischen Hilfsmitteln. Das alles ist freilich nur in beschränktem Umfang möglich, gewißlich nur für Mittelbetriebe. Kleinst- und Kleinbetriebe werden zunehmend der klaffenden Schere von Erzeugungskosten und Verkaufserlösen zum Opfer fallen. Ihre Selbständigkeit aufgebend, erfüllen sie ihre letzte nützliche Aufgabe, nämlich die »Überlebenden« zu vergrößern und damit ihnen zu tragfähigerer Existenzgrundlage zu verhelfen.

f) Handwerk und Handel (seit 1945)

Erstens: Das Handwerk. Der schon in der ersten Hälfte unseres Jahrhunderts sich deutlicher abzeichnende Wandel im Angebot der verschiedenen Fachsparten (vgl. Abschnitt 5 f) setzt sich in unseren Tagen fort. Erst jetzt, aber nun eben doch auch, sind die angesehenen Mühlen im Adelberger Herrenbachtal der Konkurrenz ihrer größeren, moderneren und daher leistungsfähigeren Schwestern im Filstal erlegen. Als letzte Zeugen ihres dereinst auf dem Schurwald weit verbreiteten Handwerks seien die Köhler in Baiereck und Unterhütt erwähnt mit ihren romantischen(?) Meilerstätten; noch heute finden sie für ihre Holzkohle Absatz in der Großindustrie zur Stahlhärtung und im kleinsten Privatbereich der Grillroste. Auch für die Dorfschmiede alten Stiles ist der Bedarf schier erloschen; wendige Umstellung auf Flaschnerei oder Zulieferung an die benachbarte Metallindustrie hat jedoch gar manchen die Flaute gut überwinden lassen. Andererseits tauchten Kraftfahrzeugwerkstätten allenthalben auf, Elektrotechniker sind schier unentbehrlich geworden. Wieder andere Sparten mußten sich, um der unfernen städtischen Konkurrenz willen, mit erheblichen Kosten modernisieren. Und in jedem Fall steht ein tüchtiger Handwerker nach wie vor auf goldenem Boden, vollends wenn er außerdem mit einschlägigen Industrieerzeugnissen handelt, was nicht selten der Fall ist.

Allerdings können mindestens in jedem unserer kleineren Dörfer nicht alle gängigen Handwerkssparten gleichermaßen vertreten sein. Darin möchten wir aber nicht schon grundsätzlich eine unzureichende Versorgung des Schurwaldes mit Handwerkern erkennen. Denn die Entfernungen sind infolge der fortgeschrittenen privaten wie öffentlichen Motorisierung derart zusammengeschrumpft, daß das Heranholen auswärtiger Handwerker keine nennenswerte Erschwerung bedeutet. Auch aus der seit 1946 immer weiter klaffenden Schere »wachsende Einwohnerzahl/gleichbleibende Handwerkerzahl« durfte man mindestens bis Anfang der sechziger Jahre nicht unbedingt auf Handwerkermangel schließen. Denn in dem bisher zwar hauptberuflich tätigen, aber doch damit nicht voll ausgelasteten Handwerker steckten zunächst noch genug Arbeitszeitreserven; er gab jetzt seine nebenberufliche landwirtschaftliche Tätigkeit, die sowieso weniger einbrachte, zunehmend auf. Zwar wechselte auch dieser oder jener in einen Industriebetrieb über, aber andere zogen hier wieder zu.

Zu Anfang unserer sechziger Jahre beginnt nun auch auf dem Schurwald der allgemeine Handwerkermangel sich auszuwirken, im Zuge der Kaufkraftsteigerung der Bevölkerung sowie des zahlreicheren und aufwendigeren Siedlungsbaus. Kritische Wertung dieser Mangellage sollte freilich zunächst eine wohl nur auf dem Dorf noch mögliche, nirgends fixierte und doch in vielen praktischen Dingen durchaus mildernd wirksame Lösung beachten, nämlich die Familien- und Nachbarschaftshilfe: der eine beherrscht aus seiner auswärts ausgeübten Berufsarbeit dieses, der andere jenes Handwerk und am Wochenende oder während der Betriebsferien hilft man sich gegenseitig aus. Für den Städter kaum zu glauben, aber noch heute entstehen auf diese Weise voll installierte Zweifamilienhäuser, sogar recht ansehnliche. Etwas schwerer tut sich allerdings der Neuzugezogene, der solcher persönlicher Kontakte entbehrt. Nun, die Not der letzten Jahre mit dem sehnlichen oder gar ärgerlichen Warten auf den dringend benötigten Handwerker ist ja, wie wir hören, keine Besonderheit des Schurwaldes.

Zweitens: Das Handelsgewerbe zeigt auf dem Schurwald ein recht verschiedenartig getöntes Bild des Übergangs von gestern zu morgen. Wie überall kommt es auf Weitblick, Tatkraft und Kapital an. Daß der bekannte Typ alten Stiles, der kleine »Tante-Emma-Laden«, sich hier noch länger als in der Stadt hält, erklärt sich einfach aus Anspruchslosigkeit, Beharrungsvermögen und Mitteilungsbedürfnis der älteren Einheimischengeneration; Verwandtschaft oder Schulbekanntschaft mit der jeweiligen Tante Emma spielen auch eine Rolle. Aber eine große Überlebenschance besitzt dieser Ladentyp kaum, schon deshalb, weil ihm entweder ein breitgefächertes Angebot oder größere Auswahlmöglichkeiten und in jedem Fall das dazu heute notwendige Kapital fehlen. Immerhin, in unseren größeren Dörfern vermag ein gut geführtes modernes Einzelhandelsgeschäft durchaus erfolgreich zu sein. Das Problem bilden die jetzt wachsenden kleineren Dörfer, in denen sich mangels ausreichenden Warenangebots am Ort viele Hausfrauen und Familienväter an den Einkauf in den hochmodernen Verkaufszentren der Talorte gewöhnt haben; hier hat jede Neugründung eine beachtliche Risikoschwelle zu überwinden, selbst die Einrichtung von Filialen. Bäcker und Schlachter stehen vor ähnlichen Fragen, zumal mit ihnen immer noch Dorfbacköfen und Hausschlachtungen konkurrieren. Übrigens trifft man auch periodisch wiederkehrende motorisierte Angebote wichtiger Konsumgüter von auswärts.

Erst seit den fünfziger Jahren zeigen sich deutliche Fortschritte in der Modernisierung der alten und der Gründung neuer Gaststätten. Teilweise genügen die »Hirsche« und »Kronen« und wie sie sonst heißen mögen, sogar verwöhnten Ansprüchen, und nicht wenige besitzen einen guten Ruf weithin. Die Übernachtungsmöglichkeiten hinken demgegenüber vielerorts noch nach, aber auch das wird sich bei der steigenden Besiedlung des Schurwaldes und bei der Verwirklichung seiner Naherholungsaufgaben bessern. – Ergänzend sei vermerkt, daß man in vielen Dörfern schon Nebenstellen von Kreissparkassen und anderen Banken findet; Schanbach, Hohengehren, Oberberken und Adelberg sind gar Sitz kleiner genossenschaftlicher Bankbetriebe.

g) Industrie und Berufspendeln (seit 1945)

Erstens: Industrie auf dem Schurwald? Als nach 1947 die westdeutsche Industrie allmählich wieder in Gang gekommen war, begannen auch Überlegungen, ob das »Arbeiterreservoir« des Schurwaldes, statt durch das übliche Pendeln der Arbeitsfähigen zu den Industriestandorten in den Tälern, zweckmäßiger etwa durch Ansiedlung von Industrien hier oben genutzt werden könnte. Damals erkannte ein Gutachten Wilhelm Hallbauers durchaus richtig, daß unabdingbare Voraussetzung dafür eine Verbesserung der Infrastruktur (wie man das heute nennt) des Schurwaldes sei; insbesondere dachte er an eine West-Ost-Eisenbahn auf der Schurwaldhöhe mit der Möglichkeit eines Drahtseilbahn-Lastenaufzugs von Plochingen auf die Höhe. Daraus ist freilich nichts geworden. Zunächst, weil man genug Zeit und Kraft und Geld für Wiederaufbau und Weiterentwicklung der Talindustrien brauchte. Später, weil jedes (groß-)industrielle Interesse am Schurwald beim Blick auf die nun einmal naturgegebene schwierige Transportlage auf den Steilhängen erlahmte. So geschah nichts Durchgreifendes, sehr zum Kummer der Gemeindeverwaltungen wegen der ausbleibenden Gewerbesteuerbeträge.

Nur langsam entwickelten sich nach 1945 hier und dort aus Einzelinitiative industrielle Ansätze. Es handelt sich dabei hauptsächlich um metallverarbeitende Industrie (Werkzeug- und Elektromaschinen), ein wenig holzverarbeitende Industrie (Spielwaren, Fensterrahmen, Springrollos) sowie Steinbrüche und Sandbrüche, letztere teilweise mit ihren weiterverarbeitenden Kalksandsteinwerken; die Anzahl der Brüche ist heute freilich aus Gründen der Wirtschaftlichkeit auf einige wenige größere Betriebe beschränkt, so etwa am Stettener Katzenkopf, an der Schlichtener Landesstraße, am Konnenberg, im Nassachtal bei Baiereck und Nassach, an der Straße von Ebersbach nach Krapfenreut; das

Adelberger Kalksandsteinwerk hingegen verarbeitet neuerdings herantransportierten »Fernsand«. Auch die allenthalben vorhandenen und gemeiniglich zur Industrie gerechneten kleinen Fuhrunternehmen seien genannt. Hingegen wird die große Masse des auf dem Schurwald anfallenden Nutzholzes bisher in den Tälern verarbeitet.

Die Zahlen der in unseren örtlichen Betrieben insgesamt Beschäftigten liegen ziemlich niedrig, selbst in den verhältnismäßig »industrialisierten« Dörfern Aichschieß, Baltmannsweiler und Adelberg (100–210). So können es im allgemeinen nur recht kleine Betriebe sein; nur drei zählen über 50 Beschäftigte. Wenn, aufs Ganze gesehen, der Marsch der Industrie zu unseren Arbeitskräften, in die typischen Auspendlerbereiche, bisher ausgesprochen zaghaft verlaufen ist (über die Gründe vgl. unten), so bedeutet doch das Bestehen der kleinen örtlichen Industrien für sämtliche Beteiligten einschließlich der gewerbesteuereinnehmenden Gemeindekassen eine nicht zu übersehende wirtschaftliche Stütze.

Wie könnte es weitergehen? Die hierzu maßgeblichen Überlegungen müssen sich mit zwei grundverschiedenen Hauptfragen befassen: ist eine Industrialisierung des Schurwaldes technisch möglich, auch volkswirtschaftlich vertretbar, und ist sie vom Allgemeinen her gesehen überhaupt wünschenswert. Zum ersteren. Die moderne Industriestandort-Lehre läßt den auch hier gehörten Schlachtruf der fünfziger Jahre »Industrie aufs Land« doch als fragwürdig erscheinen. Es genügt offenbar nicht nur das Vorhandensein von genügend geeigneten Arbeitskräften und die Nähe größerer Industriegebiete. Leistungsfähige Zu- und Abfahrtsstraßen, Energie- und Wasserversorgung, Abfall- und Abwässerbeseitigung, dazu öffentliche und private Dienstleistungsbetriebe jeglicher Art, all das ist notwendig. Es läßt sich gewiß auch auf dem Reißbrett konstruieren, technisch durchführen und sonstwie organisieren. Aber mit welchen Kosten! So kommt man immer wieder darauf, daß jede Neuanlegung und Weiterentwicklung größerer industrieller Betriebe zweckmäßiger und billiger sich an die schon vohandenen Industrieräume unmittelbar hält. Und selbst wenn der Staat alle Voraussetzungen der Infrastruktur, soweit technisch möglich und volkswirtschaftlich rentabel, hier oben schaffen würde, ist doch völlig ungewiß, ob dann die gebotenen neuen Möglichkeiten von der Industrie auch angenommen würden; im Gesellschaftssystem der Bundesrepublik gibt es dafür bekanntlich keine staatlichen Zwangsbefugnisse. Denn trotz aller sinnvollen Bemühungen bleibt eben doch die durch unsere Steilhänge verschärfte Abseitslage von den entscheidenden naturgebundenen Fernverbindungslinien (Schiene, Straße, Wasserweg). Davor wird das freie Unternehmertum immer wieder zurückschrecken. Was die berühmten regelbestätigenden Ausnahmen einzelner Initiativen durchaus nicht auszuschließen braucht.

Zum anderen möchten wir eine ausgesprochene Industrialisierung des Schurwaldes überhaupt nicht für wünschenswert, weil für die Allgemeinheit des mittleren Neckarraums geradezu nachteilig erachten. Unseren noch verhältnismäßig unberührten Naturraum brauchen nämlich die hochindustrialisierten Tallandschaften ringsum als lebensnotwendigen Ausgleichsraum, in dem sich Luft und Wasser reinigend regenerieren, die von Industrieluft und -lärm angegriffenen Menschen am Wochenende oder gar bei längerem Aufenthalt erfrischen und erholen können. Gegen eine weitere begrenzte Ansiedlung von Kleinindustrie wird niemand etwas einwenden wollen, zumal der erstrebte Naherholungsverkehr allein den Gemeinden keinen großen Gewinn zu bringen vermag. Dabei könnte sich ergeben, daß in dieser oder jener Gemeinde eine solche Weiterentwicklung geradezu zu begrüßen, in anderen tunlichst zu vermeiden wäre. Über einunddenselben Kamm läßt sich das alles nicht scheren. Andererseits bedeutet die empfohlene Enthaltsamkeit im Großindustriellen keine besondere Zumutung für die arbeitenden Schurwälder angesichts einer außerordentlich fortgeschrittenen Motorisierung des Einzelnen und eines gut ausgebauten Nahverkehrssystems zur Berufsverkehrszeit. Wenn man hier gelegentlich von einer zeitraubenden Last des Berufspendelns spricht, sei bedacht, daß viele Stuttgarter und noch mehr die Bewohner benachbarter Talräume nicht minder lange Anfahrten zur Arbeitsstätte bewältigen müssen.

Ergebnis: Verallgemeinernder Schlachtrufe wie »Industrie aufs Land« oder umgekehrt »Hände weg vom Schurwald« bedarf es nicht, wohl aber einer ordnenden Planung gewisser Leitlinien für die wünschenswerte künftige Entwicklung, etwa unter den angedeuteten Gesichtspunkten. Darum bemüht sich insbesondere die »Regionale Planungsgemeinschaft Neckar-Fils«. Und danach sollten sich alle Beteiligten im wohlverstandenen eigenen Interesse richten.

Zweitens: Das Berufspendeln, dessen Anfänge als Industriependeln wir schon erörterten (Abschnitt 5 f), nahm nach der Währungsreform von 1948 im Zeichen des großartigen Industrieaufschwungs in den Tälern und des Bevölkerungsdrucks durch den Flüchtlingsstrom auf dem Schurwald ein sich ständig steigerndes Ausmaß an. Ihm kamen die wiederaufgenommenen und nunmehr wesentlich verbesserten Omnibuslinien, selbstverständlich auch die seit etwa 1955 lebhaft zunehmende Eigenmotorisierung zustatten; winters wechselte noch mancher wegen Schneewehen und Glatteis vom eigenen Wagen in den Omnibus über. Daß gerade alle arbeitsfähigen Neubürger der ersten Welle am Pendelverkehr teilnahmen, liegt auf der Hand, weil es am Wohnort für sie so gut wie keine Arbeitsmöglichkeiten gab. Für alle Berufstätigen der oben besprochenen zweiten Neubürgerwelle ist das Pendeln schier eine Selbstverständlichkeit. Daß neuerdings auch das Unrentabelwerden des eigenen Kleinbetriebs (0,5–10 ha) manchen Landwirt zum Aufgeben und Überwechseln ins Industriependeln zwingt, lasen wir schon. Obendrein kamen und kommen immer wieder zahlreiche ausländische Gastarbeiter hinzu, derzeit auf dem Schurwald insgesamt über eintausend. Wie das alles zahlenmäßig am einzelnen Ort sich gestaltete und heute aussieht, ist aus der beigegebenen Aufstellung leicht abzulesen. Aufs Ganze gesehen hat das Berufspendeln, hier und dort durch firmeneigene Autobusse unterstützt, die Schranken unserer Abseitslage ziemlich zu überwinden vermocht.

Die Pendlerströme richten sich, der mehr südwärts gerichteten Offenheit des Schurwaldes und der bedeutend stärkeren Industriekonzentration im Fils-Neckar-Tal entsprechend, hauptsächlich nach Süden, dort in die Breite von Göppingen bis Stuttgart. Ins Remstal fahren fast ausnahmslos nur die Manolzweiler und Rattenharzer, von den Pendlern aus Schlichten und Oberberken etwa drei Viertel, aus Adelberg etwa 10 v. H. Besondere Regeln oder gar Gesetzmäßigkeiten bei der Auswahl des Arbeitsortes vermögen wir nicht zu erkennen, es sei denn, daß verständlicherweise eine große Zahl einem möglichst nahen Arbeitsplatz zustrebt. Daß dabei Esslingen und Göppingen eine besondere Anziehungskraft ausüben, bedarf keiner Begründung; der West- bzw. der Ostschurwald bilden ihr Pendler-Einzugsgebiet. Im übrigen spielen Berufsneigungen, persönliche Beziehungen und viele Zufälligkeiten eine unwägbare Rolle, während der frühere Drang zum größtmöglichen Arbeitsmarkt (höherer Verdienst, bessere Möglichkeit eines Ersatzes für den etwa verlorenen Arbeitsplatz) mindestens stark zurückgetreten ist.

Schon das bisher Ausgeführte läßt ahnen, wie verschieden geartet die Berufszweige unserer Pendler sich darbieten. Zunächst begann es mit dem Pendlerlandwirt oder Arbeiterbauern und dem »reinen« Industriependler bäuerlicher Herkunft, dem sich allmählich immer mehr bisherige Pendlerlandwirte zugesellen. Wo keine Kinder vorhanden sind oder eine Großmutter im Hause mithilft, vermögen auch Frauen und Töchter jetzt pendelnd Geld zu verdienen. Außerhalb des Agrarsektors sieht man zunehmend eine dritte Pendlergruppe: vor allem die Angehörigen freier Berufe, die Beamten und Angestellten der öffentlichen Hand sowie technische und kaufmännische Angestellte von Industrie- und Wirtschaftsbetrieben. Sie alle sind, meist als zweite Neubürgerwelle, auf die Dörfer heraufgezogen und gehen hier pendelnd ihrem Beruf weiter nach. Übrigens, ohne sich selbst als »Pendler« zu verstehen; für sie handelt es sich, aus ihrem bisherigen städtischen Verständnis heraus, einfach um einen verlängerten Weg zum Arbeitsplatz.

Wenn wir bisher von »Pendlern« sprachen, ergab sich aus dem Zusammenhang deutlich genug, daß es sich immer um »Auspendler« handelt, also um Menschen, die nach auswärts zur Berufsarbeit fahren. Es sind ihrer auf dem Schurwald derzeit insgesamt 5000. Der Vollständigkeit halber sei hinzugefügt, daß von ihnen nur 265 in anderen Schurwalddörfern arbeiten, davon wiederum die Hälfte allein in Aichschieß und Baltmannsweiler. Freilich machen diese »Einpendler« in Aichschieß nur 11 v. H. und in Baltmannsweiler gar nur 6 v. H. der dortigen Auspendlerzahlen aus, im Sonderfall Schlichten (25 Einpendler) jedoch 16 v. H.

Schließlich einige zusammenfassende Bemerkungen. Die Zahl der Auspendler übersteigt überall um ein Vielfaches die Zahl der an ihrem Wohnort Beschäftigten. Der Schurwald ist somit ein ausgesprochenes Auspendlergebiet, ein Berufstätigen-Wohngebiet. – Wenn man der Masse der täglichen Berufspendler noch die zum Einkauf usw. häufig in die Talorte hinabfahrenden Hausfrauen hinzurechnet, dazu außerdem die Ausbildungspendler (Kinder und Jugendliche auf der Fahrt zu Hauptschulen, höheren Schulen und Berufsschulen im Tal), so ergibt sich insgesamt ein Grad von Mobilität der Schurwaldbevölkerung, den man noch vor zwanzig Jahren kaum geahnt hätte und der städtischen Verhältnissen keineswegs nachsteht. – Und drittens ein Blick in die Zukunft. Das Pendeln wird immer bleiben, weil auf dem Schurwald zu wenig Menschen ihren Lebensunterhalt verdienen können. Das Pendeln seinerseits hängt vom Gedeihen der Talindustrie ab. Deren Wohl und Wehe werden daher künftig das wirtschaftliche Schicksal der meisten Schurwälder entscheidend bestimmen.

Berufspendler der Schurwaldgemeinden
(von West nach Ost)

	1900	1925	1933	1939	1948	1950	1961	1970
Aichelberg	–	–	28	74	102	134	271	520
Schanbach	–	25	28	62	140	134	260	450
Aichschieß	25	55	44	82	117	153	335	700
Hohengehren	–	–	56	88	122	206	329	500
Baltmannsweiler	83	111	104	232	232	504	610	950
Schlichten	–	–	25	44	77	67	109	156
Thomashardt	–	–	18	62	64	96	195	269
Hegenlohe	22	60	56	84	94	136	138	181
Baiereck	–	–	22	38	47	72	69	120
Oberberken	–	–	20	30	72	95	137	330
Adelberg	48	127	70	128	142	233	341	420
Börtlingen	46	115	77	129	182	218	310	400

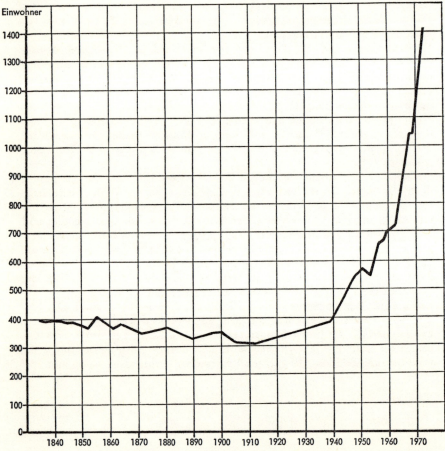

Diagramm: Anderthalb Jahrhunderte Schanbach (1834—1972)

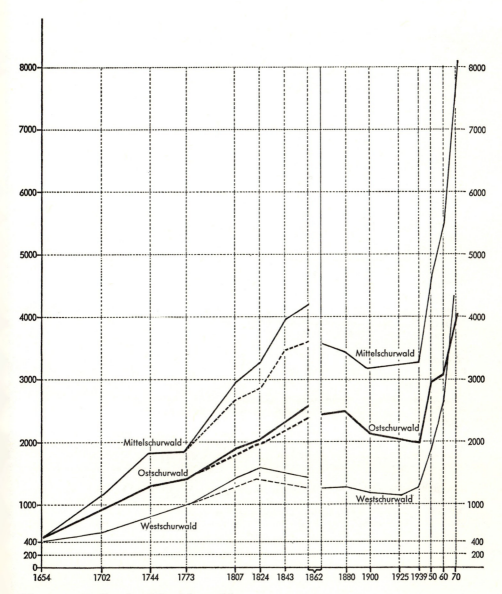

Diagramm: Dreihundert Jahre Schurwald

Zahlenaufstellung I:
Bevölkerungsentwicklung auf dem Schurwald von 1525 bis 1807

West – Mittel – Ost	1525	1538	1602	1617	1634	1641	1654	1658	1702	1703	1744	1773	1807
Aichelberg			190		65		159	215			372	427	655
Lobenrot	10				20		18	23			53	79	86
Schanbach	45		330	710	70		84	99			166	153	251
Krummhardt	60				20		40	66			97	118	141
Baach	20				10		22	32			58	60	96
Aichschieß	85		130	160	50	82		135			190	169	210
Manolzweiler	50						32				69	71	122
Engelberg, Oberhof	10						5	23			41	40	43
Hohengehren	160		220	300	35	99		231			390	375	538
Baltmannsweiler	200		260	460	75	111		258			367	390	628
Hegenlohe	90		140	175	35	41		108			165	198	283
Thomashardt	70		165	180	20	56		143			265	278	450
Schlichten	100			225		49		96			152	160	210
Büchenbronn		80	120	150		44				66	110	107	194
Krapfenreut		35	80	90		21				37	62	64	76
Diegelsberg		40	120	85		9				50	99	95	139
Baiereck	100		160	205		34				72	132	116	244
Unterhütt							0	0		3	11	18	62
Nassachmühle		5	15	6			0	0		10	6	5	
Oberberken	85						49			115	141	172	240
Unterberken	125						53			137	190	174	226
Hundsholz mit			860	965	160								
Kloster Adelberg	285							262		381	481	475	765
Nassach	15						0	0		21	49	39	61
Börtlingen	145		270	240		108				151	212	267	329
Breech	25						22	66			89	99	120
Zell/Marbach	40						36			43	60	72	63
Rattenharz	35						19	65			69	87	115

Erklärung der Quellen (im Hauptstaatsarchiv und Landeskirchlichen Archiv *, beide Stuttgart):

1525: Herdstättenlisten für Ämter Schorndorf und Adelberg; geschätzt: 1 Herdstätte = 5 Personen, dazu einige Einzelpersonen.

1538: Landsteuerliste für Amt Göppingen; geschätzt: 1 Bürger = 5 Personen, Sonstige = 1 Person.

1602, 1617, 1641 *: Kirchenvisitationsberichte (Synodusprotokolle); zur Gesamtzahl von Kommunikanten und Katecheten hinzugeschätzt ein Sechstel für Kleinkinder (Infantes).

1634: entnommen bei Hausleutner (fußt auf heute unauffindbaren Pfarrelationen); Schätzung wie bei 1602.

1654, 1658 *, 1702, 1703, 1744, 1773: Kirchenvisitationsberichte mit Gesamtzahlen von Kommunikanten, Katecheten und Kleinkindern.

1807: enommen aus »K. Württ. Hof- und Staatshandbuch 1807«.

Wechselseitig einigermaßen ergänzbar die Spalten 1525 und 1538, 1617 und 1634, 1654 und 1658, 1702 und 1703.

Zahlenaufstellung II:
Bevölkerungsentwicklung auf dem Schurwald von 1824 bis 1970

Schurwald-Gemeinde (kursiv = Teilort)	1824	1843	1862 ← angehörig	1862 anwesend →	1880	1900	1925	1939	1950	1961	1970	Zunahme % 51–70	61–70
Aichelberg	688	736	638	527	515	452	440	470	662	950	1375	105	45
Lobenrot	91[1]	100	81	80	81	88	81	83	115	99	130	13	31
Schanbach	307	296	321	284	284	265	267	310	469	645	1070	128	66
Schanbach	398[1]	396	402	364	365	353	348	393	584	744	1200	106	61
Krummhardt[2]	175	169	149	133	142	143	124	153	174	175	300	71	71
Baach	107												
Aichschieß	242	266	255	255	274	263	241	278	427	797	1500	251	88
Aichschieß[2]	524	435	404	388	416	406	365	431	601	972	1800	200	83
Baach		126	144	114	104	87	75	61	83	73	100	21	37
Manolzweiler	141	141	177	152	145	120	121	110	168	143	200	26	40
Engelberg	51	45	38	63	67	49	67	47	73	161	245	121	52
Hohengehren	557	672	785	655	594	539	502	567	817	980	1610	97	64
Baltmannsweiler	670	852	988	760	741	632	715	766	1146	1708	2500	118	52
Hegenlohe	333	365	371	333	278	295	322	316	438	475	632	44	33
Thomashardt	424	435	431	356	334	327	332	327	418	545	764	83	42
Schlichten	260	284	264	260	298	278	315	285	361	389	520	44	36
Büchenbronn	218	290	263	209	191	188	222	194	262	233	360	37	54
Krapfenreut	98	133	107	87	82	92	74	72	106	89	92	–	3
Diegelsberg	136	174	216	208	197	234	228	237	314	236	395	26	67
Baiereck	239	362	349	274	290	255	220	205	279	236	410	47	73
Unterhütt	72	109	123	90	82	73	60	57	61	47	40	–	–
Nassachmühle		11	19	27	46	35							
Baiereck	311	446	491	391	418	363	280	262	340	283	450	32	59
Nassachmühle							52	53	100	215	240	140	12
Oberberken	262	307	288	283	324	280	250	229	345	428	850	146	98
Unterberken	218	240	243	243	228	204	228	191	243	205	220	–	7
Oberberken	480	547	531	526	552	484	478	420	588	633	1070	82	69
Hundsholz/Ad.	705	718	807	716	831	723	721	673	1080	1076	1300	19	21
Nassach	66	74	75	80	88	86	90	89	134	143	200	49	40
Adelberg	771	918	912	825	919	809	811	762	1214	1219	1510	24	24
Börtlingen	397	479	534	449	431	465	433	452	647	709	890	37	26
Breech	101	156	149	158	137	129	173	110	166	117	150	–	28
Zell	62	89	65	83	70	73	83	89	122	232	260	113	11
Börtlingen	560[4]	724	748	690	638	667	629	651	935	1058	1300	39	23
Rattenharz	150	172	199	188	193	190	179	185	211	215	210	–	–

Die Zahlen von 1824, 1843 und 1862 (erste Spalte) entnommen aus den betreffenden Jahrgängen des »K. Württ. Hof- und Staatshandbuchs«. Die Zahlen von 1862 (zweite Spalte) bis 1961 hat das Statistische Landesamt Baden-Württemberg freundlichst mitgeteilt. Die Zahlen von 1970 sind fortgeschriebene Einwohnerzahlen, freundlichst mitgeteilt von den Bürgermeistern. Bevölkerung auf dem Schurwald insgesamt 1970: 16 672.

Anmerkungen:
1 Lobenrot steht in der amtlichen Statistik von 1824 (anders als oben) als selbständige Gemeinde; demzufolge hat Schanbach damals amtlich nur 307 Einwohner.
2 Krummhardt wird in der amtlichen Statistik stets zur (Gesamtgemeinde) Aichschieß gerechnet (dementsprechend auch oben), obgleich erst 1933 nach Aichschieß eingemeindet.
3 Hundsholz bzw. Adelberg stets einschließlich der Kloster- und Mühlenbewohner.
4 Hier ohne Birenbach, weil dieses schon 1826 ausgemeindet.

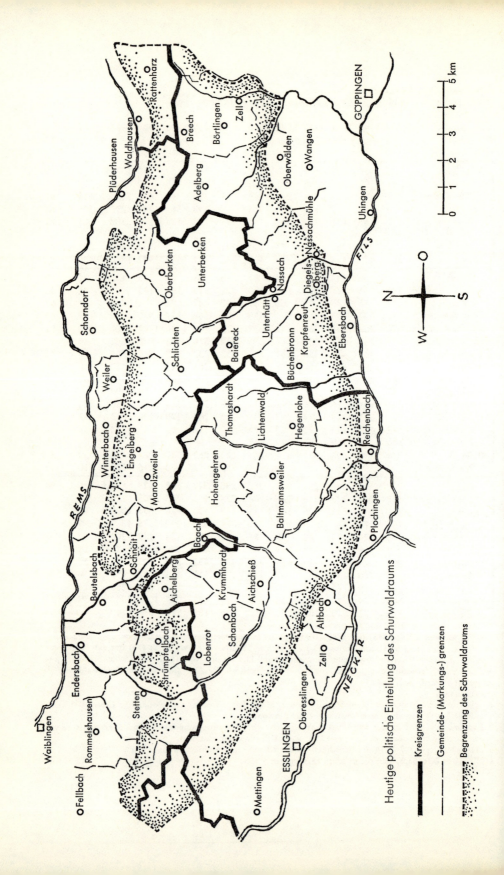

Heutige politische Einteilung des Schurwaldraums

Kreisgrenzen

Gemeinde- (Markungs-) grenzen

Begrenzung des Schurwaldraums

Teil B

Die Ortskunden vom Schurwald

Die alphabetisch geordneten Ortskunden berichten im Telegrammstil über die Schurwaldgemeinden und über die Schurwaldortsteile von Talgemeinden, lebende wie vergangene. Sie ergänzen somit die allgemeinen landeskundlichen Ausführungen des Teiles A, können aber auch unabhängig davon in jedem Einzelfall als kleiner Ortsführer benutzt werden, sozusagen als bescheidener Ersatz für meist noch fehlende örtliche Heimatbücher. Um dem Leser den hier gesammelten Stoff leichter überschaubar zu machen, sind die Ortskunden strikt nach einheitlichem Schema abgefaßt. Soweit zu den unbesiedelten Schurwaldhängen von Talgemeinden Bemerkenswertes zu sagen ist, erfolgt das unter dem Namen der Talgemeinde, wobei auf diese selbstverständlicherweise nicht weiter eingegangen werden kann (Ausnahmen: die Wanderziele Baach, Schnait und Strümpfelbach).

Adelberg-Dorf   (A = Adelberg, H = Hundsholz)

Gemeinde im Landkreis Göppingen, an der Landesstraße Rechberghausen-Schorndorf; Haltepunkt der Omnibuslinie Göppingen-Schorndorf. Auf der Liashochfläche zwischen den Tälern von Kohlbach im Osten und Einsiedelbach (ein Quellbach des Herrenbachs) im Westen und Südwesten; 473 m über Meeresspiegel, rund 210 m über der Rems, 170 m über der Fils. – Gemeindebezirk 9,1 qkm = 909 ha, davon 60 % Wald; 1360 Einwohner, Zunahme 1961–70: 24 %. – Zugehörig: A-Kloster (vgl. dieses); Herrenmühle, Mittelmühle und Zachersmühle im Herrenbachtal (vgl. unten). – Postleitzahl 7321. Fernsprech-Vorwähl-Nr. 0 71 66.
Zuständig. Landratsamt Göppingen. Polizeiposten Rechberghausen, notfalls Polizeirevier Uhingen. Stützpunktfeuerwehr Göppingen. Revierförsterstelle Plüderhausen-Süd für die Forsten »Ziegelhau«, »Breecher Halde« und »Weilerwiesen«; Revierförsterstelle Wangen für die Forsten »Stöckwald«, »Mühlhalde« und Südosthälfte »Füllensbach«; Revierförsterstelle Unterberken für die Forsten Nordwesthälfte »Füllensbach« und Südhälfte »Stockhalde«; Revierförsterstelle Oberberken für die Forsten Nordhälfte »Stockhalde«, »Rothalde« und »Oberer Hau«; für alles auch Forstamt A (im Kloster). Amtsgericht Schorndorf. Postamt Göppingen.

Vorgeschichtliche Fundstätte. Aus der Jungsteinzeit: südwestlich von A beim Bildstöckle (Streufund).

Siedlungsbeginn vermutlich etwas vor 1054, d. h. vor der Weihe der frühesten Kapelle (vgl. Adelberg-Kloster), wohl von Lorch aus. Erstmals urkundlich als »Hunsolz« genannt 1294; umbenannt in »A-Dorf« 1851. – *Name.* Erklärung: für H vgl. dieses, für A vgl. A-Kloster. Volksmundlich: Adelberg. Neckname der Adelberger: Zetteler. – *Dorfanlage.* Urkern: im »Unterdorf« nördlich vom Rathaus; später lockeres Haufendorf, erweitert nach Süden 1950, nach Westen 1972.

Wüstungen. Füllensbach, Hof(?) südwestlich A, wohl im Raum auf der Höhe zwischen Roter Steige und Landesstraße Unterberken/Filstal und Buwiesenklinge (im »Stauferhäule« zeigt Andreas Kieser 1685 noch Wiese); heute noch am Grenzweg zwischen Forstabteilungen »Stauferhäule« und »Stumpen« außergewöhnliche Bodengüte. Der Hof lag kaum in Forstabteilung »Füllensbach« (sie heißt nach dem Bach, der heutigen Buwiesenklinge). Erstmals urkundlich als »Fuhlisbach« 1232 genannt, wohl nur ein Hof für die angesehene klösterliche Pferdezucht; Zeitpunkt des Abgangs unbekannt, ein Wald »Fillishalde« genannt 1583; keine Reste erkennbar, aber noch in mündlicher Überlieferung. Nicht identisch mit dem abgegangenen »Niederfülisbach« (auf Markung Betzgenried). – *Züselbronn* (1555: Cistelbronn, Siessenbronn), volksmundlich »Zieselbronn«, auf der Stockhalde westlich A; wenn überhaupt je ein Hof, abgegangen vor 1555; damals schon Wald. – Zu den abgegangenen Weilern Endweiler, Ellenhartsweiler und Tannweiler vgl. diese. – Abgegangene *Sägmühle* im Herrenbachtal oberhalb der Herrenmühle, errichtet vor 1537, als »Seegmihlin am Neuen See ob der Mahlmühle« vom Kloster selbst betrieben, stand noch 1594, vermutlich zerstört im Dreißigjährigen Krieg. Nur noch der »Segsee« vorhanden 1686, jetzt Wiese.

Hoheitsrechte. H teilte als Zubehör des Klosters dessen vogteiliche bzw. staatliche Zugehörigkeit ab 1178 (vgl. A-Kloster); im herzoglichen Kloster(ober)amt, hier zum Hundsholzer Viertel, bis 1807; zum Oberamt Schorndorf 1807–1938, hier zum Hundsholzer Stab 1807–1818. H umbenannt in »A-Dorf« 1851. A beim Landkreis Göppingen seit 1938. – Das Kloster nach H eingemeindet 1843. Zur Hauptgemeinde H gehörten Oberberken und Unterberken seit alters, aber ausgemeindet 1824. Der Weiler Nassach blieb Exklave des Gemeindebezirkes H bzw. A bis zur Umgemeindung nach Uhingen 1971 (vgl. Baiereck-Nassach).

Gemeindliches 1972. 8 Gemeinderäte. – Jahreshaushalt 1 000 000 DM; Steuerkraftsumme je Kopf 262 DM, Gesamtverschuldung je Kopf 315 DM. – *Gemeindewappen:* In geteiltem Schild oben in Gold ein nach links springender schwarzer Eber, unten in Schwarz ein nach rechts springender goldener Hund (der Eber aus dem Klosterwappen, der Hund aus Dorfgerichtssiegel 1527); *Gemeindefarben:* Schwarz-Gelb. – *Rathaus,* Bauernhaus aus dem 18. Jahrhundert, zuletzt umgebaut 1969. – *Volksschulunterricht:* Klassen 1–4 in der Grundschule A, Klassen 5–9 in der Hauptschule Rechberghausen. – *Volkshochschul-*Außenstelle. – *Gesundheitswesen:* Arzt in A, Zahnarzt und Apotheke in Rechberghausen und Göppingen; Tierarzt in Göppingen; »Krankenpflegeverein A-Oberberken e.V.« mit Gemeindeschwester in A; Hebamme in Rechberghausen; Krankenhaus in Göppingen, Schorndorf. – *Planung:* für 1600 Einwohner im

Jahr 1985; Erholungszentrum (Bungalow-Feriendorf, Einkaufs- und Verpflegungszentrum, Kleinschwimmhalle und Freibad, Camping- und Picknickplatz, Wanderparkplätze). Dauerstau- und Hochwasser-Rückhaltebecken. – *Vereine:* »Liederkranz e.V.«; »Turn- und Sportverein (TSV) A e.V.«; »Fördererverein Adelberger Schwimmbad e.V.«; »Schützengilde A e.V.«; »Schwäbischer Albverein, Ortsgruppe A«; »Bund für Vogelschutz, Ortsgruppe A«; »Schurwaldtrachtenkapelle« (vgl. Bild 10); »Verband der Kriegsbeschädigten (VdK), Ortsgruppe A«. – *Amtliche Bekanntmachungen* im »Mitteilungsblatt der Gemeinde A«.

Wirtschaftliches anno dazumal. 1 Meierhof, 28 andere Bauernlehen, 21 Sölden des Klosters (1531). – Der hiesige Dinkel galt als der beste vom ganzen Schurwald, auch guter Hafer und Hopfen (1851); Hopfenbau aufgegeben 1925. – Weinbau (10 ha) der Mönche auf der Flur »Wengert« (Südhang von Dorf und Kirchhof zum Tobelgrund, heute Wohnbaugebiet) im 14. und 15. Jahrhundert, dann auch zahlreiche Weingärtner bis zum 30jährigen Krieg; neue Weinbau-Versuche Ende des 18. Jahrhunderts auf der »Weinhalde« (identisch mit »Wengert«?). »Weinsteige«, »Weinweg« und »Weinstraße« in den Wäldern südwestlich A erinnern an die Weinheranfuhr des Klosters (eigene Weinberge und Weinzehnteneinnahmen im Remstal und mittleren Neckarraum) sowie an dessen Weinausfuhr (Weinhandel nach Oberschwaben und Niederbayern). – Eine »Baadstub, des Klosters Eigentum« schon 1496 zu Lehen ausgegeben, noch 1686 genannt. – Spinnerei und Weberei im 18. und 19. Jahrhundert. – Tabakdosen aus Birkenrinde, primitiv bis kunsthandwerklich angefertigt, geradezu Ausfuhrartikel in zweiter Hälfte des 19. Jahrhunderts. – Kleine Ziegelei nördlich von A auf den »Ziegeläckern«, Klosterlehen schon 1496, verarbeitete Liasverwitterungslehm zu Backsteinen und Ziegeln für Bedarf der weiteren Umgebung, eingegangen 1897; aus dem Wald »Ziegelhau« erhielten die Ziegler ihr Holz. – Wiederholt, in zeitlichen Abständen, trifft man Hafner, die aus Hafnerletten (rote Tonmergel im Stubensandstein) Töpfe und sonstige Tonwaren herstellten. – Kohlenmeiler östlich im Kohlbachtal seit 17. Jahrhundert; südlich A rechts vom Herrenbach der Forst »Kohlsumpf«. – Salinhütte beim Salinbrückle im Herrenbachtal südwestlich A vgl. Teil A, Abschnitt 4 h.

Die *Mühlen im Herrenbachtal.* »Herren« bezieht sich vielleicht ursprünglich auf die Herren von Ebersberg (vgl. Oberberken, Burg Ebersberg), später auf die Mönche, die »Herren« im Gegensatz zu den Laienbewohnern des Klosters. Das ganze Tal wohl von Folknand von Ebersberg dem Kloster A geschenkt 1178. Alle Mühlen Privateigentum seit 1817. Heute insgesamt 20 Einwohner. Zur Evgl. Kirchengemeinde H bzw. A gehörig; Begräbnisstätte der Mühlenbewohner heute noch oben auf dem Klosterkirchhof. – Zu oberst lag die abgegangene Sägmühle (vgl. oben). – Die *Herrenmühle* (1537: »Bruders mihlin« = Mühle der Klosterbrüder), 1686: (»Herrenmühle anjetzo genannt«) vermutlich als Mühle der Burg Ebersberg schon vor 1178 gegründet, erstmals genannt 1496. Vom Kloster durch einen Mühlmann als Mahl- (später auch Säg-)mühle selbstbetrieben bis 1736, daher auch »Klostermühle« genannt; dann als Erblehen ausgegeben, außer Betrieb seit 1970. Wohn- und Mühlenhaus, ein stattlicher Fachwerkbau auf mächtigem Steinsockel, und Wasserrad noch aus dem 16. Jahrhundert! – Die *Mittelmühle* (1594: »Dehlins mihlin«, 1614: »Mürdersmülin« genannt nach der Besitzerfamilie Mürder, 1686: »Dellismühle«) oder volksmundlich »Jokelesmühle« (nach dem Besitzer Jakob Mürder 1686), erbaut als Sägmühle um 1450(?), erstmals genannt 1496; klösterliches Erblehen 1537; im Dreißigjährigen Krieg »totaliter ruinirt« und erst 1686 als Mahl- und Sägmühle wiederaufgebaut. Mühlbetrieb eingestellt 1955. – Die *Untermühle* oder *Zachersmühle* (als »under mülin« erstmals genannt 1496, 1555: »wylermilin«, als Rest vom abgegangenen Endweiler, vgl. dieses; aber 1614: »Weyhermülin« nach dem Besitzer benannt); klösterliches Dritteilslehen bis 1533, dann als Erblehen an Zacharias Weihmüller ausgegeben (daher der Name). Außer Betrieb seit 1961.

Wirtschaftliches 1972. Erwerbspersonen 730, davon 380 Auspendler (90 % ins Filstal); viel Heimarbeit für hiesige Industrie; Einpendler 20. – Landwirtschaftliche Betriebe mit mehr als 0,5 ha Gesamtfläche 38, davon 7 mit über 10 ha; Ackerbau auf 90 ha, Melkkühe 110. Nichtlandwirtschaftliche Arbeitsstätten 28; davon 3 mit über 10 Beschäftigten, davon 1 mit über 50 (elektron. Gerätebau). – »Genossenschaftsbank eGmbH A«, Zweigstellen der Kreissparkasse Göppingen und der Württembergischen Landessparkasse. – *Gaststätten:* »Klosterstüble«; »Zur Krone«, »Zum Lamm«, »Zum Ochsen«, »Zum Rössle«, »Scharfes Eck«; »Zachersmühle«. – *Wirtschaftliche Vereinigungen:* »Gewerbe- und Handelsverein A e.V.«; »Obst- und Gartenbauverein A«; »Milcherzeugungsgenossenschaft A eGmbH«; »Viehversicherungsverein auf Gegenseitigkeit A«; »Kleintierzüchterverein A e.V.«. – »Schwäbisches Kalksandsteinwerk A« nördlich von A (Zufahrt von der Oberberkener Chaussee), Werk mittlerer Größe; Rohmaterial aus Adelberger Sandbrüchen (vgl. Sonstiges) bis 1969, seitdem Fernsandverarbeitung; Besichtigung möglich.

Politisches. Landtagswahl 1972: CDU 276, SPD 330, FDP 58, DKP 6, Sonstige 1.

Kirchliches. 63 % evangelisch, 25 % römisch-katholisch, 12 % neuapostolisch. – Vorreformatorisches. Zugehörig zum Bistum Augsburg und Landdekanat (Ruralkapitel) Lorch sowie Filialort der Lorcher Stiftskirche von Anbeginn (erstmals erwähnt 1275) bis 1534, aber mit eigener Pfarrei seit 1490; letztere wahrgenommen durch das konstanzische Kloster A unter Aufsicht des Bischofs von Augsburg. – Einführung der Reformation 1534. Pfarrei H mit der des Klosters durch Pfarrer-Personalunion verbunden seit 1688. Zur heutigen Pfarrei A gehören die beiden Kirchengemeinden A (A-Dorf + A-Kloster + die 3 Mühlen) und Oberberken (mit Unterberken). Zum Dekanat Göppingen 1547–1824, seitdem zum Dekanat Schorndorf.

Eine vergangene St. Ulrichs-Kapelle schon vor 1420 bezeugt, wohl vom Kloster gebaut. – Die (evgl.) *Pfarrkirche* spätgotisch mit massigem Turm (27 m hoch) neben dem Chor, von Abt Berthold Dürr (Wappen über Haupteingang) erbaut 1490–93, ehemals der Hl. Maria, dem Hl. Ulrich und dem Hl. Konrad geweiht; verändert 1742–50, umfassend erneuert 1972. Der langgezogene Chor netzrippengewölbt (auf den Gewölbeschlußsteinen die Kirchenpatrone), Fenster mit Fischblasen-Maßwerk, Triumphbogen; wertvoller Hochaltar, eine 1965 erneuerte eindrucksvolle Zusammenstellung von seit alters hier vorhandenen spätgotischen holzgeschnitzten Einzelteilen: Kruzifix umgeben von Maria und Johannes; die Predella darunter (Christus mit den 12 Aposteln) aus der Ulmer Malerwerkstatt des Bartholomäus Zeitblom von 1511, entspricht stark der Predella in der Klosterkapelle; ebenso das schöne schmiedeeiserne Gitter vorm Altar von

1750. Im Kirchenschiff dreiseitig stark vorgezogene Emporen auf kräftigen Holzsäulen von 1750. In der Sakristei, dem Turmerdgeschoß, altes Netzrippengewölbe; Bruchteil einer spätgotischen Holzfigur (Jesus als Schmerzensmann?). In den Fenstern der Turmglockenstube gutes spätgotisches Maßwerk. Die hölzernen Außenstiegen zur Empore von 1750. – Der Kirchhof großenteils von alter Wehrmauer umgürtet, zum Friedhof erweitert 1920, an der Südmauer barocker Aufsatz eines alten Torbogens (oder Erinnerungsmal an die Pest 1634?). – Sitz des Pfarrers in der Klosterprälatur 1744–1966; Pfarrhaus südlich neben der Kirche von 1966. – 6 Kirchengemeinderäte (nur Adelberger). Frauenchor, Frauenkreis, Jugendgruppen; Gemeindebücherei. Gemeindehaus neben dem Pfarrhaus. – Süddeutsche Gemeinschaft.
Die Katholiken eingepfarrt nach Wangen, Dekanat Göppingen. – Neuapostolische Gemeinde seit 1925 mit eigener Kirche von 1967.
Sonstiges. Westlich von A an der Landesstraße die »Friedenslinde« (gepflanzt 1871, 11 m hoch). Am Nordwestausgang moderner Wasserturm (480 m über Meeresspiegel, 22 m hoch), besteigbar, mit großartiger Fernsicht auf die ganze Schwäbische Alb. Auf der Straße von A über den Tobelgrund hinüber zum Kloster schöner Blick zum Hohenstaufen; rechts, am Dorfrand, Minigolfplatz. Am Südostausgang des Dorfes das »Schießhäusle«, sehr niedriges Rundtürmchen mit Zeltdach, das letzte von 4 Wassertürmchen einer 1494 gebauten Leitung, die Wasser vom Dorf über die steinerne »Dobelbrücke« (Aquädukt, abgerissen 1874) zur Klosterostseite hinaufführte; der irreführende Name stammt vom einstigen, neben dem Türmchen stehenden Gebäude (zunächst Schießhaus, 1730–1810 Rathaus, dann abgebrochen). Vorm Ostausgang des Klosters Steinkreuz (einst 2) zur Erinnerung an natürlichen oder gewaltsamen Tod zweier Personen, freilich nicht mehr am Sterbeort, wohl aus dem 15. Jahrhundert (Sage: 2 Knaben haben sich hier beim Streit um erbetteltes Brot gegenseitig erstochen). Vom Panoramaweg südöstlich des Klosters herrliche Fernsicht auf Hohenstaufen und Ostalb; am Südostende des Panoramawegs, im oberen Stöckwald, der »Urwald« mit zahlreichen mehrhundertjährigen Bäumen; darunter, in Forstabteilung 4, abgestürzte Liasscholle im Knollenmergel. Schiübungshänge. – Großartiger geologischer Aufschluß im Sandbruch (bis 25 m hoch, 100 m breit) nordöstlich vom Dorf am Westhang des Lausbachtals (feste Schuhe nötig): Stubensandsteinbänke sowie zwischenliegende Tone und Mergel von smaragdgrün über rostrot bis leuchtendviolett; Sandbruch stillgelegt 1969, vgl. oben Kalksandsteinwerk. – *Wanderparkplätze:* am Kloster; an der Straße A-Oberberken beim Abzweig Kirchenweg.
Sonderschrifttum. Kirschmer, K., Chronik von A, H und Nassach; hrsg. von der Gemeindeverwaltung A 1964.

Adelberg-Kloster

Teil der Gemeinde Adelberg (-Dorf) im Landkreis Göppingen, an der Landesstraße Rechberghausen-Schorndorf; 300 m südlich des Dorfes, von ihm durch Talmulde (»Tobelgrund«, volksmundlich »das Döbele«; einst Grenze zwischen den Bistümern Augsburg und Konstanz) getrennt, aber durch Dammstraße verbunden. Auf der Liashochfläche zwischen Kohlbachtal im Osten und Herrenbachtal im Westen; 465 m über Meeresspiegel. Die Klosteranlage rund 6 ha, von 1100 m langer uralter Mauer umgeben. 70 Einwohner. Parkplatz vorm Haupteingang.

Gründung. Vorläufer waren wohl Eremiten, »graue Brüder«, am Einsiedelbach westlich Adelberg. Erste Kapelle von privaten Stiftern gebaut, dem Hl. Ulrich von Augsburg 1054 geweiht; verfallen, im Rahmen des inzwischen begonnenen Klosters wiederaufgebaut und 1227 erneut geweiht; abgebrochen wohl kurz vor 1500. – Am gleichen Platz das prämonstratensische Kloster »Madelberc« oder »Adelberg«. Von Folknand von Ebersberg (vgl. Oberberken und Ebersberglen), auch »von Ebersbach« und »von Staufen« genannt, Dienstmann des staufischen Kaisers Friedrich I. Barbarossa, auf eigenem Gelände 1178 gestiftet, der Hl. Maria und dem Hl. Ulrich geweiht. Mutterkloster (bis 1440): Roggenburg im Landkreis Neu-Ulm. Bald mit dem Kirchbau begonnen (vgl. Kulturelles). Bei Weihe des Hochaltars in Gegenwart Barbarossas 1187 auch ein Frauenkonvent eingerichtet. Insassen um 1400 laut Joseph Roller 30 Männer (12 Priester, 4 Diakone, 4 Scholaren, 10 Laienbrüder) und 30 Frauen. Der Frauenkonvent nach Lauffen am Neckar verlegt 1476.

Zum *Namen*. Die älteste erhaltene Urkunde (1143) nennt »Madelberch«; diese Namensform (auch Madelberc, Madelberch, Madilberg) erscheint mindestens bis 1453. Daneben der Name »Adelberg« (auch Adelberc, Adelberch, Adelberk) seit 1180 bezeugt, vor allem in den entscheidenden Kaiser- und Papsturkunden von 1181. Ob »Madelberch« die wirklich ältere oder nur die dank zufälliger Urkundenerhaltung erkennbare ältere Form ist, bleibt offen. Daher verschiedene Namensdeutungen denkbar: a) Zusammenhang mit Personennamen »Madilo« oder »Adilo«, also Hinweis auf einstigen (unbekannten) Besitzer des Geländes; b) »Adelberg« der Berg eines Adligen(?) und »Madelberch« etwa die sprachliche Zusammenziehung von »am Adelberg«; c) falls »Madelberch« doch älter, ließe sich denken an eine uralte Mal-(Mahal-)statt, Thingstätte, auf der die älteste Kapelle errichtet wurde; d) keinesfalls das »Madel-« (1143) auf die reine Gottes-»magd« beziehbar, weil diese Klosterheilige (Mitpatronin) erst seit 1178.

Vogtei, Verwaltung. Im Rahmen des staufischen Herzogtums Schwaben die Schirmvogtei über diesen Raum zunächst wohl bei den Herren von Ebersberg oder Ebersbach. Das Kloster vom Kaiser in Schutz genommen 1181, der jeweilige Vogt der Burg Hohenstaufen zum Klostervogt bestellt. Nach Untergang der Staufer 1268 das Kloster reichsunmittelbar; zwar übernahmen die Grafen von Wirtemberg den äußeren Schutz des Klosters 1291, aber ausdrücklich ohne Vogteirechte (letztere auch nicht bei ihrem Erwerb der Burg Hohenstaufen als Reichslehen 1319). Wirtembergische Schirmvogtei über die Klosterherrschaft seit 1362 mit »autonomer« Klosterverwaltung des Abtes. Völlig wirtembergisch seit der Säkularisation 1535, auch während der katholischen Interimszeit 1548–1552 und auch nach der Rekatholisierung 1634. Aber reichsunmittelbare katholische Klosterherrschaft 1638–1648. Seitdem endgültig wieder wirtembergisch; zum herzoglichen Kloster(ober)amt Adelberg, hier zum Hundsholzer Viertel bis 1807. Zum Oberamt Schorndorf 1807–1938, hier zum Hundsholzer Stab 1807–1818. Der Klosterbezirk ein Ortsteil von Hundsholz bzw. Adelberg-Dorf seit 1843; hieß zunächst »Pfarrweiler Adelberg«, seit 1851 »Adelberg-Kloster«. Zum Landkreis Göppingen seit 1938.

Grundbesitz. Heutiger Klosterbezirk (damals Gut mit Kapelle, dann Güter in

Hundsholz) sowie Herrenmühle und Burg Ebersberg angeblich von Folknand dem Kloster geschenkt 1178. Das Kloster von den Staufern aus ihrem Hausgut im Ostschurwald und anderwärts laufend bedacht, ebenso von deren Ministerialen und anderen. Aber auch durch eigene landwirtschaftliche und kaufmännische Tüchtigkeit zu einem der großen Grundherren des Schurwaldes angewachsen, mit Streubesitz weithin. Besitz um 1535, allein oder gemeinsam mit anderen Grundherren: 10 Dörfer, 19 Weiler, 37 Höfe und 22 Mühlen mit 3500 Einwohnern; dazu an vielen weiteren Orten Zehnten und sonstige Vermögensrechte; großer Waldbesitz. Das verhältnismäßig kleine Kloster also recht wohlhabend. Für Aufbewahrung und Verkauf der aus alldem anfallenden eigenen Ernten und Naturalangaben bestanden adelbergische Pfleghöfe in Esslingen, Heilbronn, Göppingen, Schorndorf, Schwäbisch Gmünd und Stuttgart. Zu den klösterlichen Wirtschaftsunternehmungen am Platz vgl. Adelberg-Dorf.

Kirchliches. Das Kloster zum Bistum Konstanz und Landdekanat (Ruralkapitel) Göppingen bis 1534; zur Abtei erhoben 1441. Einführung der Reformation 1534/35. Wiederum katholisch 1548–52 bzw. 61, 1630–33 und 1634–49. Seitdem endgültig evangelisch. Heute zur Pfarrei und zur Kirchengemeinde Adelberg (-Dorf) gehörig; zum Dekanat Göppingen bis 1824, seitdem zum Dekanat Schorndorf.

Kulturelles. Von Gelehrtentum, außer der Klosterschule, nichts erkennbar. Aber bedeutende katholische Äbte: Berthold Dürr (1461–1501) und Leonhard Dürr (1501–1536); letzterer Visitator der Prämonstratenserklöster in Schwaben, Führer des wirtembergischen Prälatenstandes etwa seit 1515 und Haupt der österreichischen Partei bis 1534. – Unter den evangelischen Klosteräbten (Generalsuperintendenten) der politische Führer der ständischen Restauration Felix Bidembach (1606–08), der Erneuerer der wirtembergischen Kirche nach dem 30jährigen Krieg Johann Valentin Andreä (1654, lebte allerdings in Stuttgart) und der »Bauernprälat« Balthasar Sprenger (1781–91).

Der *Klosterbezirk* ehemals besetzt mit Kirche, 2 Kapellen und großer Zahl von Wohn- und Wirtschaftsgebäuden. Die bedeutende, 1207 vollendete Klosterkirche von aufständischen Bauern abgebrannt 1525; Wiederaufbau nach 1535 unterbrochen; ihre Steine, ebenso die des Dormitoriums, zum Festungsbau nach Schorndorf gebracht 1540. Weitere, 1646 abgebrannte Gebäude nicht wiederaufgebaut, andere abgebrochen im 17. und 18. Jahrhundert. Daher wirkt der Klosterhof heute sehr weiträumig.

Wichtiges vom Restbestand aus alter Zeit. In der gut erhaltenen Klostermauer nach Prämonstratenser Art großes Fahr- und kleines Personentor; darüber das Klosterwappen, barocke Steinplastik von 1744. Im Klosterhof hinten quer vor die stattliche Prälatur aus 16./17. Jahrhundert; diente als Klosterschule 1565 bis 1629, dann wieder als Prälatur, als evangelisches Pfarrhaus 1744–1966. Davor Brunnen mit spätgotischer Abtsfigur. Hinter der Prälatur links der Fruchtkasten von 1481, flankiert von 2 Rundtürmchen (mit Arrestzellen). Rechts vor der Prälatur der ummauerte *Kirchhof,* heute noch Begräbnisstätte für die Toten des Klosterbezirkes und der drei Mühlen im Herrenbachtal. Darin rechts neben der Ulrichskapelle bedeutende figurenreiche Ölberggruppe aus der Spätgotik um 1510, überlebensgroß aus Sandstein, von Paul Gerdes/Stuttgart gut restauriert 1954; Johannes und die zwei liegenden Apostel plastische Meisterwerke. Rechts davon, in die Kirchhofmauer eingelassen, romanisches Steinrelief (Christus mit

12 Aposteln), wohl aus der abgegangenen Kirche. Gegenüber an der Außenwand des Kapellenchors 2 große steinerne Grabmäler, um 1520: das linke zu Ehren des ersten Klosterpropstes Ulrich (kniet neben Maria und dem Hl. Ulrich), das rechte (verwitternd) für Abt Berthold Dürr; beide noch spätgotisch, ihr Rahmenwerk schon mit Renaissanceschmuck.

Die (evgl.) *Ulrichskapelle*, mittelgroßer einschiffiger Westturmbau, vom Abt Berthold Dürr 1500 begonnen, vom Abt Leonhard Dürr in den folgenden Jahren vollendet und künstlerisch ausgestattet; den Hl. Maria, Katharina und Ulrich geweiht; von den aufständischen Bauern 1525 verschont, mit spätbarocker Turmhaube von 1744; umfassend restauriert 1972. – Das Langhaus 1744 barock ausgestaltet durch Ornamentmalerei an Triumpfbogen, Spitzbogenfenstern, Kanzel, zierlicher Abtsempore und farbiger Kassettendecke; die Bilder an der Nordwand berichten aus Sage und Geschichte der Klostergründung, gemalt bald nach 1500, wohl noch spätgotisch, aber stark überarbeitet 1744; darunter gute Bronzegrabplatte für letzten katholischen Abt Ludwig Werner, von 1576. An der Rückwand unten 2 Apostelkreuze. – Im Chor setzen die Gewölbenetzrippen auf figürlich gestalteten Konsolen auf; die Gewölbeschlußsteine mit Reliefs der 3 Kirchenpatrone. Hervorragender spätgotischer Hochaltar, in berühmten Ulmer Werkstätten 1511 bestellt. Die Tafelbilder auf den Altarflügeln aus der Werkstatt des Ulmers Bartholomäus Zeitblom: auf den Flügelaußenseiten links Geburt Jesu, rechts Anbetung durch die Drei Könige; auf den Flügelinnenseiten links Verkündigung an Maria, rechts Krönung Mariens. Im goldgefütterten Altarschrein 5 große Holzfiguren, dem Ulmer Daniel Mauch zugeschrieben: die 3 Kirchenpatrone, der Hl. Liborius und die Hl. Cutubilla (Schutzhl. gegen Mäusefraß, neuerdings erklärt als eigentlich dem Hl. Columban zugedachter Platz, wobei man Columban mit der Cutubilla verwechselt habe). Die Predella zwischen Altartisch und Schrein, von Zeitblom selbst bemalt, zeigt Christus (unglückliche Restauration des zerstörten Originals) mit den 12 Aposteln (prächtige schwäbische Bauernschädel). Insgesamt der Hochaltar monumentales Zeugnis damaliger künstlerischer Gestaltungskraft und frommer Innigkeit! Vor dem Altar hübsches schmiedeeisernes Gitter von 1750. 2 Glocken von Pantaleon Sidler 1507, 1517.

Sonderschrifttum. Akermann, M., Die Ulrichskapelle des ehemaligen Prämonstratenserklosters Adelberg; hrg. vom Evgl. Pfarramt Adelberg 1967. – Irtenkauf, W., Adelbergs kirchliche Feste im Mittelalter; in: Alt-Württemberg, Beilage zur Neuen Württ. Zeitung Göppingen Jg. 11 (1965) Nr. 1. Derselbe, Die heilige Cutubilla in Adelberg, ebenda Jg. 7 (1961) Nr. 12 und Jg. 8 (1962) Nr. 8. Kirschmer, K., Chronik von Adelberg, Hundsholz und Nassach; hrg. von der Gemeindeverwaltung Adelberg 1964. – Müller, M., Das Kloster Adelberg; 1898.

Aichelberg   (A = Aichelberg)

Gemeinde im Landkreis Esslingen, an der Kreisstraße von (Esslingen und Plochingen–) Schanbach nach Beutelsbach (–Waiblingen). Haltepunkt der Omnibuslinie Esslingen–A. Auf dem Rand der Liashochfläche über dem Beutelsbach (= Schweizerbach), im Westen durch das Strümpfelbachtal begrenzt; Rathaus 460 m über Meeresspiegel, etwa 195 m über dem Beutelsbach, 210 m über der

Rems. – Gemeindebezirk 3,2 qkm = 323 ha, davon 20 % Wald; 1425 Einwohner, Zunahme 1961–70: 45 %. – Postleitzahl 7301. Zum Fernsprech-Ortsnetz Waiblingen (Vorwähl-Nr. 0 71 51).

Zuständig. Landratsamt Esslingen. Polizeiposten Hohengehren, notfalls Polizeirevier Plochingen. Stützpunktfeuerwehr Plochingen. Revierförsterstelle A oder Forstamt Hohengehren in Schorndorf für die 3 kleinen Gemeindewälder. Amtsgericht Schorndorf. Postamt Schorndorf.

Vorgeschichtliche Fundstätte. Aus der Jungsteinzeit: auf Flur »Birkäcker« (Streufund).

Siedlungsbeginn vermutlich im 12. oder 13. Jahrhundert. Erstmals urkundlich, als »Aychelberg«, um 1373 genannt. – *Name.* Erklärung: Bezug auf Eichenwälder (fraglich). Andere Erklärung: Zusammenhang mit den Grafen von Aichelberg (einstiger Sitz Weilheim/Teck; unwahrscheinlich, weil die Grafen wohl auf dem Schurwald, aber nicht in A Besitz hatten). Erklärung bleibt also offen. Volksmundlich: Oichelberg. Neckname der Aichelberger: Schollenpuffer, Wasserribele. – *Dorfanlage.* Ursprünglich (1373) auf einer größeren Rodungsinsel 2 voneinander getrennte Weiler, »Vorder-« und »Hinter-Weiler« (Vorder- bzw. Hinter-A); der vordere Weiler wohl im Raum des heutigen Rathauses (laut Sage an der Kirche), der hintere etwa 600 m nördlich davon an der Straßengabelung beim heutigen Gasthaus »Hirsch«. Großteils abgebrannt im Bündischen Städtekrieg 1519. Beide Weiler erst nach 1850 allmählich zusammengewachsen. Neubaugebiete nach Südosten seit 1949, nach Osten ab 1952, nach Nordwesten ab 1965.

Hoheitsrechte. Ursprünglich im Rahmen des staufischen Herzogtums Schwaben wohl zähringisch bis 1187, dann vielleicht teckisch. Unbekannt, wann (mindestens seit 1373) und wieso (fromme Schenkung?) A zum Stift Ellwangen; bei diesem bzw. der Fürstpropstei Ellwangen bis 1803. Als ellwangisches Lehen besaßen die Vogtei: die wirtembergischen Truchsessen von Stetten nachweisbar 1373 bis 1504, der wirtembergische Landhofmeister Dietrich von Weiler 1504 bis 1507, die wirtembergischen Erbmarschälle Freiherrn Thumb von Neuburg 1507–1663, die Freiherrn vom Holtz 1663–1803. Württembergisch seit 1803 und württembergisches Lehen derer vom Holtz bis 1806. A ritterschaftlicher Ort seit den Thumb; dem Ritterkanton Kocher inkorporiert bis 1806. A zum Oberamt Gmünd 1806/07–1808, zum Oberamt Schorndorf 1808–1938, seitdem zum Oberamt bzw. Landkreis Esslingen.

Gemeindliches 1972. 10 Gemeinderäte. – Jahreshaushalt 936 000 DM; Steuerkraftsumme je Kopf 355 DM, Gesamtverschuldung je Kopf 470 DM. – *Gemeindewappen:* In Grün eine aufrechte goldene Eichel. *Gemeindefarben:* Grün-Gelb. – Rathaus von 1950, mit Fresken. – *Volksschulunterricht:* Klassen 1–4 in der Grundschule A, Klassen 5–9 in der Nachbarschaftsschule »Vorderer Schurwald« in Schanbach seit 1968. – *Gesundheitswesen:* Ärzte in Schanbach, Beutelsbach; Zahnärzte in Esslingen, Endersbach, Beutelsbach; Tierarzt in Esslingen; »Krankenpflegeverein Vorderer Schurwald e.V.« mit Gemeindeschwester in Krummhardt; Apotheke in Esslingen, Endersbach; Unfallmeldestelle des DRK in Schanbach; Hebamme in Schanbach; Krankenhaus in Esslingen. – *Planung:* Zusammenschluß mit Aichschieß/Krummhardt und Schanbach/Lobenrot; zu den fünf vorhandenen Ortsbebauungen sollen mehrere neue hinzukommen, zwischen allen breite Grünflächen erhalten bleiben; diese »Erholungsstadt«

etwa 15 000 Einwohner (1985). – *Vereine:* »Musikverein Harmonie A e.V.«, mit Tracht; »Allgemeiner Sportverein (ASV) Vorderer Schurwald«, Sitz A; »Schwäbischer Albverein, Ortsgruppe A«; »Verband der Kriegsbeschädigten (VdK) Ortsgruppe A«. Weitere Vereine für den Vorderen Schurwald vgl. Aichschieß und Schanbach. – *Amtliche Bekanntmachungen* im »Amtsblatt des Vorderen Schurwalds für die Gemeinden A, Aichschieß und Schanbach«.

Wirtschaftliches anno dazumal. Weinbau schon vorm Dreißigjährigen Krieg auf sonnseitigen Hängen des Zoltenbachtälchens; nach den Kriegszerstörungen wiederaufgebaut und stets fortgeführt bis zur Höchstanbaufläche von 35 ha im Jahr 1851; später wieder rückläufig und in der unteren Hanghälfte durch Obstbau ersetzt. – Eigener Hanf- und Flachsbau belieferte Spinner und Weber in A, erlag in zweiter Hälfte des 19. Jahrhunderts der Baumwolleinfuhr und Textilindustrie. Hopfenanbau und Handel mit selbstgezogenen Obstbäumen im 19. Jahrhundert.

Wirtschaftliches 1972. Erwerbspersonen 720; davon Auspendler 560 (nach Esslingen 60 %, nach Stuttgart 30 %, nur wenige zum Remstal); Einpendler 15. – Landwirtschaftliche Betriebe mit mehr als 0,5 ha Gesamtfläche 38, davon keiner mit über 10 ha; Ackerbau auf 61 ha, Melkkühe 30; Weinanbau auf 13 ha; Beerenanbau auf 10 ha (eines der größten württembergischen Anbaugebiete von Himbeeren). Nichtlandwirtschaftliche Arbeitsstätten 31, davon 2 mit über 10 Beschäftigten. – Zweigstellen der Kreissparkasse Esslingen und der »Schurwaldbank Schanbach eGmbH«. – *Gaststätten:* »Zum Hirsch«, »Zur Krone«, »Zum Löwen« (mit Pension), »Zum Ochsen«; »Höhengaststätte Holl«. – *Wirtschaftliche Vereinigungen:* »Obst- und Gartenbauverein A«, »Weingärtnergenossenschaft A eGmbH«, angeschlossen an die »Remstalkellerei eGmbH Beutelsbach«; »Milchverwertungsgenossenschaft A eGmbH«; »Ortsviehversicherungsverein A«.

Politisches. Landtagswahl 1972: CDU 377, SPD 226, FDP 74, DKP 2, Sonstige 0.

Kirchliches. 69 % evangelisch, 25 % römisch-katholisch. – Vorreformatorisches. Zugehörig zum Bistum Konstanz und Landdekanat (Ruralkapitel) Cannstatt/ Schorndorf bis 1532. Filialort von Beutelsbach bis 1482; dann eigene Pfarrei, aber von Stetten pastoriert. – Reformation durch die Landesherrschaft Thumb von Neuburg eingeführt 1532 (nicht 1528); zum Dekanat Schorndorf. Eigener Pfarrer seit 1564. Zugehörige Filialorte bis 1887: Krummhardt, Schanbach, Lobenrot.

Ursprünglich »Wallfahrtskapelle zu Unserer Lieben Frau« auf der Höhe (472 m über Meeresspiegel) südwestlich vom Dorf, erstmals genannt 1460; ob diese abgerissen oder identisch mit dem Schiff der heutigen Kirche, noch nicht geklärt. Jedenfalls die (evgl.) *Pfarrkirche* an derselben Stelle, stand schon 1482; zur von Beutelsbach selbständigen Pfarrkirche erhoben 1482; mehrfach umgebaut, grundlegend restauriert 1970. Kleiner Rechteckbau aus Feldsteinen mit sehr kurzem dreieckigem Chor, die Chorfenster mit einfachstem spätgotischen Maßwerk. Westturm mit Satteldach, laut Baubefund der untere Teil älter als das Schiff, ausgesprochener Wehrturm mit breiten Schießscharten und einst ohne Zugang von außen (nur vom Kircheninneren über eine Leiter zu erreichendes schmales Türchen); Turmerdgeschoß mit Kreuzrippengewölbe, jetzt Kirchenvorraum; Glocke der Biberacher Gießhütte 1467 und des Pantaleon Sidler 1495. Inneres:

Schiff und sehr flacher Chor gleich breit, wirkt saalartig; niemals ein Triumphbogen. Im vorderen Drittel raumhohe spätgotische Fresken (Bilder aus der
biblischen Geschichte) und 4 Apostelkreuze, alles wohl um 1490, wegen starker
Substanzverluste vorsichtig restauriert; diese Bildwände zogen sich ursprünglich noch mindestens bis zur Raummitte. Die bunten Glasfenster von Gerhard
Dreher/Weilheim unter Teck 1970, zu laut für die zarten Fresken. Im hinteren
Schiff unten 7 Bilder des neutestamentlichen Heilsgeschehens als biblia pauperum,
zur »Belehrung und Erbauung«, in barocker Bauernmalerei von Joseph Wagner/
Altdorf (durch Stilvergleich mit dessen Schnaiter Bildern gesichert), kurz vor
1761; ursprünglich auf den Holzbrüstungen der 1970 leider sämtlich entfernten
Emporen; weitere 5 Bilder derselben Art im Pfarrhaus. Vorn links kleine spätgotische Sakramentsnische. Hölzerne Kassettenflachdecke mit barockem Wappen
der Ortsherrschaft Freiherrn vom Holtz von 1699. – Altertümlich ummauerter
Kirchhof; vorm Eingang altes Steinkreuz (vgl. Sonstiges). Friedhof nahebei seit
1968. – Pfarrhaus von 1746. – 6 Kirchengemeinderäte. Kirchenchor. Gemeindehaus mit Kindergarten von 1968. CVJM A-Schanbach.
Die Katholiken eingepfarrt nach Baltmannsweiler, Dekanat Esslingen; 2 Aichelberger im Pfarrgemeinderat Baltmannsweiler.
Sonstiges. Wundervoller Fernblick von der Kirche (Turm schwer zugänglich)
zur Schwäbischen Alb, über den westlichen Schurwald und in das untere Remstal.
Vorm Kirchhof Steinkreuz, entweder Sühnekreuz als Rechtsdenkmal an Mordtat
(Sage: Königsbote hier ermordet um 1085) oder Grab eines zum Kirchhof nicht
zugelassenen Missetäters. – *Naturdenkmale.* 3 Linden an der Kreisstraße nach
Schanbach (etwa 170 Jahre alt, bis 22 m hoch; Sage: Richtstätte für 3 Mörder
1085; vielleicht aber Zeugenbäume für das abgegangene Eglisweiler, vgl. dieses).
– Klinge »Hohler Stein« östlich unterhalb A, tief in die Bunten Mergel einge-
schnitten, mündet kurz oberhalb der Schnaiter Mühle in den Beutelsbach. Klinge
gabelt sich; in jeder Gabel ein Wasserfall über Kieselsandsteinbank. Zur südlichen
Talklinge: 100 m oberhalb des Wasserfalls Naturbrücke aus Kalktuff; rührt her
von kalkführender Quelle, die von Nordwesten in den Wasserlauf der Klinge
einmündet und während der letzten Jahrtausende soviel Kalktuff abschied, daß
er über den Bach wuchs und so eine Brücke bildete, über die kleiner Trittpfad
führt.

Aichschieß   (A = Aichschieß, K = Krummhardt)

Gemeinde A (Ortsteile A und K) im Landkreis Esslingen. – Gemeindebezirk
5,6 qkm = 561 ha, davon 46 % Wald. 1950 Einwohner; Zunahme 1961–70:
83 %. – Postleitzahl 7301. Zum Fernsprech-Ortsnetz Esslingen (Vorwähl-Nr.
07 11).
Ortsteil A, an den Landesstraßen von Esslingen und Plochingen nach Strümpfelbach (–Waiblingen); Haltepunkt der Omnibuslinien Esslingen–Strümpfelbach
und Esslingen–Beutelsbach. Auf Vorsprung der Liashochfläche zwischen hinterem
Beutelsbach (Gunzenbach) und Horbenbach (Zufluß des Gunzenbachs); 450 m
über Meeresspiegel, rund 150 m über dem Beutelsbach, 215 m über Bahnhof
Esslingen. 1600 Einwohner.
Ortsteil K, 4 km nordöstlich A, an der Kreisstraße von Schanbach nach Aichel-

berg; Haltepunkt der Omnibuslinie Esslingen-Beutelsbach. Am Rand der Liashochfläche über Horbenbach und Beutelsbach; Kirche 468 m über Meeresspiegel,
rund 170 m über dem Beutelsbach, 232 m über Bahnhof Esslingen. 350 Einwohner.

Zuständig. Landratsamt Esslingen. Polizeiposten Hohengehren, notfalls Polizeirevier Plochingen. Stützpunktfeuerwehr Plochingen. Revierforststelle Schanbach
oder Hofkammerforstamt Stuttgart für den Forst »Eglisweiler«; Revierförsterstelle Aichelberg oder Forstamt Hohengehren in Schorndorf für die Gemeindewälder »Aichschießer Hau«, »Trichtelhau« und »Krummhärtle«. Amtsgericht
Esslingen. Postamt Esslingen.

Siedlungsbeginn des Ortsteils A vermutlich im 12. oder 13. Jahrhundert. Erstmals urkundlich, als »Ainschiez«, 1248 genannt. – *Name.* Erklärung: »Ainschiez«
soviel wie »Vorsprung«, hier also der Dorfkern an einem Hügelsporn der
Hochfläche. Andere Erklärung: die Dorfflur in den Wald hineinreichend; kaum
Zusammenhang mit Eichen. Spätere Schreibweise: Aynschiezz (1315), Eyschieß
(1400). Volksmundlich: Oichschieß; Necknamen der Aichschießer: Schmalzgrüb-
ler, Waldspatzen. – *Dorfanlage* des Teilortes A. Urkern: an der evangelischen
Kirche, völlig waldumgeben. Später kleines Haufendorf. Von den Esslingern
völlig abgebrannt 1449; lag wüst noch 1460. Die Häuser zur Straße Weißer
Stein–Schanbach um 1880 begonnen, das Wohngebiet westlich der Straße 1950,
der Bungalowteil seit 1967. – *Wüstungen.* Eglisweiler vgl. dieses. Der *Kneulinshof* (vermutlich nach Besitzer genannt; heute abgeschliffen »Knäuleshof«) an der
Straße nach Schanbach kurz nach dem heutigen Dorfausgang; rechts, auf den
Äckern mit Stirnseite zur Straße, einst die Hofgebäude und gegenüber, ebenfalls
stirnseitig, die Gewanne »Obere Knäuleshofäcker«; erstmals genannt 1500, abgegangen vor 1500.

Siedlungsbeginn des Ortsteils K vermutlich im 12. oder 13. Jahrhundert. Erstmals urkundlich, als »Krummenhart«, 1399 erwähnt, der Krummhärtleswald
schon 1320. – *Name.* Erklärung: »krumm« soviel wie an einem Hang gebogen
hingezogen; »hardt« = Weidewald. Andere Schreibweise: »Reumhardt« nur
einmal genannt (1793), offenbar Hör- oder Schreibfehler. Volksmundlich: ebenfalls »Krummhardt«; Necknamen der Krummhardter: Wurmberger; Hühner-
nest. – *Dorfanlage* von K. Urkern: an der Kirche, völlig waldumgürtet. Später
kleinstes Haufendorf, von den Esslingern abgebrannt 1450. Verhältnismäßig
stark erweitert nach Südwesten seit 1967.

Hoheitsrechte Ortsteil A. Ursprünglich im Rahmen des staufischen Herzogtums
Schwaben wohl zähringisch bis 1187, dann teckisch (die Herren Dürner von
Dürnau in Schnait, teckische Lehensträger, Grundherren von A) bis spätestens
1340. Seitdem wahrscheinlich wirtembergisch (der Schorndorfer Bürger Heinrich
Rorbeck erheiratete A von den Dürner, als Berater der Grafen von Wirtemberg
wohl deren Lehensträger); Rorbeck trat die Grundherrschaft über A an Wirtem-
berg ab im Tausch gegen das halbe Dorf Schnait 1366. A beim Amt bzw.
Oberamt Schorndorf bis 1842. Hier zum Krummhardter, später Aichschießer
Ämtlein (vgl. Seite 99); mit diesem im Unteramt Schnait bis 1818. Zum
Oberamt bzw. Landkreis Esslingen seit 1842. K eingemeindet 1933. – A zugehörig zum Schlichter Waldgericht etwa 1560–1605, zum Schurwaldgericht 1605
bis 1819.

Hoheitsrechte Ortsteil K. Der Raum ursprünglich im Rahmen des staufischen

Herzogtums Schwaben wohl zähringisch bis 1187; dann vermutlich teckisch bis etwa 1317 (die Grundeigentümer, nämlich die Herren von Schanbach wenn nicht Lehens-, so doch Gefolgsleute der Herzöge von Teck bis etwa 1317). Dann gräflich-aichelberg. bis 1330 oder spätestens 1340 (die Herren von Schanbach Lehens- oder Gefolgsleute der Grafen von Aichelberg [im heutigen Landkreis Göppingen] seit 1317, letztere aber einflußlos seit 1330, spätestens 1340). Falls die Herren von Schanbach danach überhaupt noch Grundeigentümer von K blieben (äußerstenfalls bis 1368), mögen sie in dieser Zwischenzeit die Hoheitsrechte selbst innegehabt haben. Jedenfalls besaßen die Truchsessen von Stetten, obgleich Ministerialen der wirtembergischen Grafen, selbst Hoheitsrechte über K seit ihrem Kauf des Ortes, also spätestens seit 1368, bis 1452. Seitdem K wirtembergisch; beim Amt bzw. Oberamt Schorndorf bis 1842. Hier zum Krummhardter, später Aichschießer Ämtlein gehörig (vgl. oben). K unter Abtrennung des Weilers Baach zum Oberamt bzw. Landkreis Esslingen seit 1842. K nach A eingemeindet 1933. – K zugehörig zum Schlichter Waldgericht 1560–1605, zum Schurwaldgericht 1605–1819.

Gemeindliches 1972. 10 Gemeinderäte (8 Aichschießer, 2 Krummhardter). – Jahreshaushalt 2 140 000 DM; Steuerkraftsumme je Kopf 302 DM, Gesamtverschuldung je Kopf 345 DM. – *Gemeindewappen:* blaue stilisierte Armbrust auf Gold (altes Fleckenzeichen des Ortsteils A, das den Ortsnamen mißverstand, vgl. oben). *Gemeindefarben:* Blau-Weiß. – Rathaus in A von 1949, mit drei rundbogigen Lauben und Fassadenfresken vom Brauchtum und Schurwaldgericht. – *Volksschulunterricht* im Ortsteil A: Klassen 1–4 in der Grundschule A, von Günther Wilhelm/Stuttgart als Muster einer modernen Landschule errichtet 1952; Klassen 5–9 in der »Nachbarschaftsschule Vorderer Schurwald« in Schanbach (vgl. Schanbach); im Ortsteil K: sämtliche Volksschuljahrgänge in der Nachbarschaftsschule. – *Gesundheitswesen:* Arzt in Schanbach, Zahnärzte in Esslingen, Tierarzt in Reichenbach; »Krankenpflegeverein Vorderer Schurwald e.V.« mit Gemeindeschwester in K; Unfallmeldestelle des DRK und Hebamme in Schanbach. Krankenhäuser in Esslingen und Plochingen. – *Planung:* Zusammenschluß von A/K mit Aichelberg und Schanbach/Lobenrot; zu den fünf vorhandenen Ortsbebauungen sollen mehrere neue hinzukommen, zwischen allen breite Grünflächen erhalten bleiben; diese »Erholungsstadt« etwa 15 000 Einwohner (1985). – *Vereine:* »Männerchor Eintracht« mit seinem Vereinsheim »Waldschenke« im Ortsteil A; »Musikverein A«; »Verband der Kriegsbeschädigten (VdK), Ortsgruppe A«. Weitere Vereine für den Westschurwald vgl. Aichelberg und Schanbach. – Patenschaftsähnliche Beziehungen zu Toblach/Südtirol. – *Amtliche Bekanntmachungen* im »Amtsblatt des Vorderen Schurwalds für die Gemeinden Aichelberg, A und Schanbach«.

Wirtschaftliches anno dazumal. Im Ortsteil A 10 wirtembergische Bauernlehen um 1500, im Ortsteil K 5 wirtembergische und 4 esslingische Bauernlehen 1531, noch 1696. – Weinbau auf den »wingärtten« am Südhang über dem Horbenbach schon 1563, infolge Vernichtung und Entvölkerung im Dreißigjährigen Krieg wiederaufgenommen erst Anfang des 18. Jahrhunderts (um 1730 auf knapp 3 ha) und in der Hauptsache endgültig eingestellt um 1760 (heute noch die dortigen Flurnamen »Wengert« oder »Weinberge«). – Jahrhundertelang erfolgreicher Anbau von Flachs und Hanf bis zum Ersten Weltkrieg; die zahlreichen Spinner und Leinenweber in A und K durch aufblühende Leinenindustrie in den

Tälern ausgeschaltet Ende des 19. Jahrhunderts. – Etwas Hopfenanbau im 19. Jahrhundert. – Hafner verarbeiteten Liasverwitterungslehm für örtlichen Bedarf (1603: »Leimagrub«). – Auf einstige Kohlenmeiler weist die »Kohlplatte« südwestlich Baach nahe am Gunzenbach.

Wirtschaftliches 1972. Erwerbspersonen 1000; davon Auspendler 750 (sämtlich zum Fils-Neckar-Tal); Einpendler 100. – Landwirtschaftliche Betriebe mit mehr als 0,5 ha Gesamtfläche 62, davon aber nur 1 mit über 10 ha; Ackerbau auf 77 ha, Melkkühe 45, Obstbau, Beerenanlagen. Nichtlandwirtschaftliche Arbeitsstätten 52, davon 12 mit über 10 Beschäftigten, davon 2 mit über 50. – Zweigstellen der »Schurwaldbank Schanbach eGmbH« und der Kreissparkasse Esslingen. – *Gaststätten* in A: »Zur Krone«, »Zur Linde«, »Zum Rössle« (mit Gästehaus), Vereinsheim »Waldschenke« des Männerchors »Eintracht«. – *Wirtschaftliche Vereinigung:* »Obst- und Gartenbauverein A.«

Politisches. Landtagswahl 1972: CDU 581, SPD 278, FDP 106, DKP 3, Sonstige 0.

Kirchliches. 62 % evangelisch, 28 % römisch-katholisch.

Kirchliches im Ortsteil A. Vorreformatorisches. Zugehörig zum Bistum Konstanz und Landdekanat (Ruralkapitel) Esslingen von Anbeginn bis 1534. Eigener Ortsgeistlicher erstmals erwähnt 1275. – Reformation eingeführt 1534; zum Dekanat Schorndorf bis 1842, seitdem zum Dekanat Esslingen.

Die (evgl.) *Pfarrkirche* vielleicht schon aus dem 12. Jahrhundert, erstmals 1275 genannt, ehemals St. Gereon geweiht. Nach schwerer Beschädigung 1449 (vgl. oben) wiederhergestellt und vermutlich um den Chor erweitert 1454, wohl dabei umgeweiht auf St. Margarete, teilweise abgebrannt 1648. Kleiner schmuckloser Bau, die Langhaus-Nordwand noch vom Urbau; am dreieckig geschlossenen Chor der gedrungene wehrturmartige Kirchturm. Die Kirche mehrmals verändert, zuletzt 1952. Das Schiff vom Chor abgesetzt, beide flachgedeckt, kein Triumphbogen (ausgeschlagen?). Kunstgeschichtlich sehr bemerkenswert: frühgotische Fresken an der Langhaus-Nordwand, um 1325 (Verkündigung an Maria und an die Hirten, Flucht nach Ägypten); alles erlitt starke Substanzverluste, aber zuletzt 1952 vorsichtig restauriert. Spätgotische Fresken an der Chornordwand, etwa um 1480 (St. Georg bekämpft den Drachen, Geburt Mariens), früher unglücklich restauriert. Gutes spätgotisches Altarkruzifix; Flachreliefs des Petrus und des Paulus um 1500. – Der Kirchhof Begräbnisstätte bis 1832; seitdem Friedhof am Ostausgang des Dorfes. – Pfarrhaus von 1726. – 7 Kirchengemeinderäte. Kirchenchor, Posaunenchor Hegensberg/Aichschieß. Altenkreis, Frauenkreis, Jugendgruppen. – Süddeutsche Gemeinschaft.

Die Katholiken eingepfarrt nach Baltmannsweiler, Dekanat Esslingen. Kirche St. Bonifatius von 1966; daneben hölzerner Glockenträger; frühbarockes Altarkreuz unbekannter Herkunft. 2 Aichschießer im Pfarrgemeinderat Baltmannsweiler. – Neuapostolische Gemeinde seit 1952; Kirche von 1965.

Kirchliches im Ortsteil K. Vorreformatorisches. Filialort von Schanbach. – Reformation eingeführt 1534. K Filialort von Aichelberg ab 1564(?) bis 1887, seitdem von Schanbach; zum Dekanat Schorndorf. Die (evgl.) *Kirche* vor 1484 gebaut; urkundlich genannt als »Keppelin« 1531, »Kürchlin« 1563; restauriert 1959; Glocke des Pantaleon Sidler von 1484. Reizender kapellenartiger Bau mit Dachreiter; an den äußeren Eckquadern »Wetzrillen« unbekannten Ursprungs (kaum vom Sensen- und Messerschleifen, weil technisch so nicht möglich; etwa als Teile des »Heiligen« zu Steinmehl herausgeschabt für Wundermedizin für Mensch und Haustier, also Volksaberglaube?). Bänke, Kanzel und Flachdecke mit froher, anspruchsloser Bauernmalerei, etwa kurz nach 1700 (restauriert 1959); Altarkruzifix mit gegossenem Bronzekorpus von Emil Homolka 1966. – Begräbnisstätte der Friedhof in Schanbach. – Kein Pfarrhaus. – Zwei Krummhardter im Schanbacher Kirchengemeinderat; außerdem eigener Kirchengemeinderat mit 6 Mitgliedern für rein Krummhardter Angelegenheiten.

Die Katholiken eingepfarrt nach Baltmannsweiler.

Sonstiges. Der Ortskern von A noch im Stil eines wohlhabenden Bauerndörfchens; schöner Blick von A hinüber nach K und über die Wälder des hinteren Beutelsbachtals nach Manolzweiler und Hohengehren. Der alte Ortskern von K vermittelt noch den Eindruck eines gepflegten bäuerlichen Weilers; schöne Dorflinde (gepflanzt 1815, 19 m hoch); romantischer Blick nach Südosten, wieder über das hintere Beutelsbachtal. Vom ersteigbaren Wasserturm des »Zweckverbandes Wasserturm K« (auf Aichelberger Markung, 476 m über Meeresspiegel, 30 m hoch) großartige Fernsicht zur Schwäbischen Alb. Romantisches Waldtal des Gunzenbachs hinab nach Baach. Schiübungshänge. – *Wanderparkplatz* südlich vorm Ortsteil A bei der »Waldschenke«.

Sonderschrifttum. Schilling-Aichele, R., und Kiesel, A., Chronik der Gemeinde Aichschieß-Krummhardt; 1968. – Heye, E., Wandmalereien des »Nagolder Stils« in der Dorfkirche von Aichschieß; in: Schwäbische Heimat Jg 16 (1965), S. 246–251. – Pfleiderer, D., Die Kirche von Aichschieß; in: Heimatbuch Schorndorf und Umgebung, 1950, S. 21–28.

Baach

Ortsteil der Gemeinde Schnait, Landkreis Waiblingen, an der Kreisstraße von (Plochingen und Reichenbach–) Baltmannsweiler nach Schnait (–Beutelsbach und Waiblingen). Im tiefeingeschnittenen hinteren Waldtal des Beutelsbachs (= Schweizerbach), am Zusammenfluß von Schlierbach und Gunzenbach (Katbach, Ketbach, Kotbach); 279 m über Meeresspiegel, 53 m über der Rems. – Ortsteilbezirk Baach 170 ha; 100 Einwohner, Zunahme 1961–70: 37 %. – Postleitzahl 7051. Zum Fernsprech-Ortsnetz Waiblingen (Vorwahl-Nr. 0 71 51).

Zuständig. Landratsamt Waiblingen. Polizeiposten Beutelsbach, notfalls Polizeirevier Waiblingen. Revierförsterstelle Hohengehren oder Forstamt Hohengehren in Schorndorf. Amtsgericht Schorndorf. Postamt Waiblingen.

Siedlungsbeginn vermutlich im 12. oder 13. Jahrhundert. Erstmals urkundlich, als »Baach«, 1357 genannt. – *Name.* Erklärung: »Baach« = Bach; weist wohl auf die Ortslage am Zusammenfluß der Quellbäche Schlierbach und Gunzenbach zum Beutelsbach. Volksmundlich: Baach. – *Weileranlage.* Jahrhundertelang nur wenige Häuser im Raum um die Mühle; alles von den Esslingern abgebrannt 1450, wiederaufgebaut bis 1500. Auffallend starker Einwohnerrückgang 1862–1939. Namhaft erweitert erst seit 1959. Das »Mühlhöfle« auf der Stubensandstein-Terrasse östlich über dem Tal (heute noch Waldname »Mühlhöfle«) zwar seit 1500 urkundlich genannt, aber nur noch als Wiese; offenbar schon vor 1400 abgegangen.

Hoheitsrechte. Vielleicht einst teckisch; wirtembergisch seit etwa 1345. Zum Amt bzw. Oberamt Schorndorf bis 1938; hier dem Krummhardter, später Aichschießer Ämtlein zugeteilt; mit diesem im Unteramt Schnait bis 1818. Von Krummhardt nach Aichelberg umgemeindet 1842, aber noch in diesem Jahr nach Schnait. Zum Landkreis Waiblingen seit 1938. – B zugehörig zum Schlichter Waldgericht 1560–1605, zum Schurwaldgericht 1605–1819.

Wirtschaftliches anno dazumal. Wirtembergisch die 4 Bauernlehen und das Mühllehen schon um 1400. Die Mühle laut Volksmund im 30jährigen Krieg von Schweden zerstört(?), jedenfalls wieder im Betrieb 1691 ff. – Weinbau (»des Müllers wingärttlin«) erstmals genannt 1444, aufgegeben vor 1563. – Die »Kohläcker« am Nordufer des Schlierbachs vor seiner Mündung; 2 Kohlenmeilerstellen im Forst »Mühlhöfle«; weitere Meilerstellen im Grund des mittleren Kohleichenbachtals (Forstabteilung »Kohleiche«). Übrigens hieß der Kohleichenbach im 16. und 17. Jahrhundert »Gruppenbach« (Gruppe = Kaulkopf, kleiner Raubfisch), also der Meilerbetrieb hier jüngeren Datums? – Von Baach über das Mühlhöfle zum Nonnenberg führt der »Postweg«, einst Teilstück der Postverbindung Esslingen-Schorndorf. – Zum abgegangenen Schlierbachhof vgl. Hohengehren.

Heutiges Weilerbild. Zwischen bewaldeten Schurwaldbergen eingebetteter Dreitälerort. Gaststätten: »Adler« (mit Übernachtung), »Rössle«. Gesundheitswesen vgl. Schnait. Mahlmühle mit Forellenzucht. – Nahe oberhalb Baach im Gunzenbachtal Hochwasser-Rückhaltebecken für 45 000 cbm. Besonders die oberen Täler und Klingen von Gunzenbach (mit Horbenbach) und Schlierbach (mit Kohleichenbach) von stiller Schönheit. – *Wanderparkplatz* vorm Südausgang von Baach.

Kirchliches. Filialort von Aichelberg mit Kirchgang nach Krummhardt (dort gemalter Kanzelstuhl des Baacher Müllers) bis 1845; seitdem Filial von Schnait, Dekanat Schorndorf. – Kein Gotteshaus. Begräbnisstätte der Friedhof von Schnait. – Die Katholiken eingepfarrt nach Beutelsbach, Dekanat Waiblingen.

Baiereck-Nassach (B = Baiereck, N = Nassach, U = Unterhütt)

»Ortschaft« der Gemeinde Uhingen, umfaßt die Uhinger »Ortsteile« B, N und U; im Landkreis Göppingen, an den Landesstraßen von Ebersbach/Fils und Uhingen nach Schorndorf. Haltepunkte der Omnibuslinie Uhingen–B in N und B; zeitlich beschränkte Omnibusverbindung von B über Thomashardt nach Reichenbach/Fils. – Ortschaftsbezirk 6 qkm = 601 ha, davon 33 % Wald. 680 Einwohner. – Zur Nassachmühle vgl. diese. – Postleitzahl 7336. Zum Fernsprech-Ortsnetz Ebersbach (Vorwähl-Nr. 0 71 63).

B im Tal des Lochbachs, eines Quellbachs der Nassach; Rathaus 370 m über Meeresspiegel, 90 m über der Fils. 440 Einwohner; Zunahme 1961–70: 49 %.

N im oberen Nassachtal, auf dem linken, östlichen Bachufer; etwa 340 m über Meeresspiegel, 60 m über der Fils. 200 Einwohner; Zunahme 1961–70: 40 %.

U im oberen Nassachtal, auf dem rechten Bachufer, N gegenüber. 40 Einwohner, Zunahme 1961–70: 0.

Zuständig für B-N. Landratsamt Göppingen. Polizeirevier Uhingen. Stützpunktfeuerwehr Uhingen und Göppingen. Forstamt Adelberg (im Kloster): Revierförsterstelle Wangen für Forstabteilung Lemberg, Revierförsterstelle Unterberken für Forstabteilung Bärentobel, Revierförsterstelle Schlichten für die anderen Wälder. Amtsgericht Göppingen. Postamt Göppingen.

Siedlungsbeginn in B um 1400 mit der »Oberen Glashütte«, Erstmals urkundlich, als »Bayereckh«, 1555 genannt. – *Name.* Erklärung: Stellenbezeichnung für Feldstücke, auf denen Zuchtschweine (Baier) gehalten werden, also die Baieräcker (so auch die »Baieräcker« bei Schlichten, die »Baierwiesen« bei Reichenbach). Andere Erklärung: soviel wie der hintere Winkel (»eck«) des Nassachtals, in dem eingewanderte bayerische Glasmacher siedelten; deren bayerische Herkunft freilich nicht erwiesen. »Obere Glashütte« entspricht der Mittleren und der Unteren Glashütte (vgl. unten). Volksmundlich: Boiereck. Neckname der Baierecker: Kohlenbrenner. – *Dorfanlage.* Urkern: die »Obere Glashütte« (eingegangen 1553) im heutigen Ortszentrum; daneben zunächst ein einziger Bauernhof, der des Hüttmeisters. Später lockerer Weiler, einem Waldhufendorf ähnlich. Stark erweitert nach Westen und Osten seit 1964.

Siedlungsbeginn in N vermutlich im 12. oder 13. Jahrhundert. Erstmals urkundlich, als »Naszach«, 1245 genannt. – *Name.* Erklärung: althochdeutsch »nasza« = Nessel, »ach« = Bach; also Bachufer mit Brenn- oder Taubnesseln bestanden (»Nassenbach« im 16. Jahrhundert); der Name vom Bach auf die Siedlung übertragen, kein Zusammenhang mit naß. Spätere Schreibweise: Nazzach (1264). Volksmundlich: Nassich. – *Dorfanlage.* Urkern: der adelbergische Maierhof, später »Nassacher Hof« genannt, im Raum des heutigen Gasthofs »Zum Hirsch«; die späteren wenigen Häuser kriegszerstört unbewohnt etwa 1634–61. Fortschreitende Besiedlung des linken Bachufers erst seit 18. Jahrhundert.

Siedlungsbeginn in U vor 1400. Erstmals urkundlich, als »Allt Hütt« und »Alltglashütt«, 1555 genannt. – *Name.* Erklärung: »Hütte« = Glashütte; »Alte« Hütte versteht sich als Gegensatz zum jüngeren Baiereck. »Unterhütt« erst üblich seit 18. Jahrhundert, gegenüber der Mittleren (vgl. unten) und der Oberen Glashütte (vgl. oben). Volksmundlich: Onderhitt. – *Weileranlage.* Urkern: wohl die heutige Weilermitte, etwa gegenüber dem Nassacher Gasthof »Hirsch«; später enggedrängte Häuserzeile auf dem rechten Nassachufer. Infolge Kriegszerstörung (1634?) unbewohnt noch 1658; erst 2 Bürger im 18. Jahrhundert.

Wüstungen in N. Die *Mittlere Glashütte* zwischen B und N, auf der Südseite vom Talausgang des Fliegenbachs, eines Quellbachs der Nassach, im Oberteil der Flur »Salzwiese« (also nicht beim Fliegenhof, diesen vgl. Oberberken). Die »mittel glashitt im Fluigenbach« stand 1466 und 1477, aber nicht mehr 1524; jetzt noch viele Glasscherbenfunde, Grundmauerreste im Boden. – *Hesselbronn*, auf dem bergigen Winkel zwischen mittlerer Nassach und Bärentobel, laut Volksmund einst ein Hof auf der heutigen großen Waldwiese, aber nur »Wiese zu Hoßlinbrunn« schon 1496, ein »alter Buchenwald« 1563. Bisher nur nachweisbar durch Flurnamen »Hesselbronn«; keine Funde. – Die *Baumühle* im Bärentobel, genannt von Manfred Bräuhäuser unter Bezugnahme auf Gottlieb Rösler, sonst nirgends erwähnt, keine Überlieferung, nichts erkennbar. Offenbar Irrtum von Rösler; gemeint ist wohl die Nassachmühle.

Hoheitsrechte in B. Der Raum wirtembergisch wahrscheinlich schon seit etwa 1332. Zum Amt bzw. Oberamt Schorndorf gekommen zwischen 1500 und 1563, geblieben bis 1938; hier zum Winterbacher Stab schon 1563–1810; zum Hundsholzer Stab 1810–18. (Einzelnes zum »Baierecker Ämtlein« vgl. Seite 94). B zum Landkreis Göppingen seit 1938. – Zur Hauptgemeinde Thomashardt 1819–20, zur Hauptgemeinde Winterbach 1820–24, seitdem wieder selbständige Gemeinde bis 1971. Der früher zu B gehörige Weiler Nassachmühle umgemeindet nach Uhingen 1926.

Hoheitsrechte in N. Der Graf von Aichelberg überließ seine Rechte 1245, der Graf von Wirtemberg seine Güter dem Kloster Adelberg 1264. Seitdem die Hoheitsrechte wie bei Adelberg-Kloster (vgl. dieses); hier zum Hundsholzer Viertel bis 1807. N zum Oberamt Schorndorf 1807–1938, hier zum Hundsholzer Stab 1807–18. Zum Landkreis Göppingen seit 1938. N stets Teil (als Exklave) des Gemeindebezirkes Hundsholz bzw. Adelberg bis zur Umgemeindung nach Uhingen 1971.

Hoheitsrechte in U. U gehörte stets zur Gemeinde B, bis zur Umgemeindung beider nach Uhingen 1971.

Bildung der Uhinger »Ortschaft« B-N bei der Eingemeindung von B, N und U nach Uhingen 1971. Trotzdem werden B, N und U noch getrennt als »Ortsteile« von Uhingen bezeichnet. – Zu den Dorfanlagen und Wüstungen vgl. oben.

Gemeindliches 1972 in B-N. 1 Baierecker und 1 Nassacher im Uhinger Gemeinderat. Eigener Ortsvorsteher und Ortschaftsrat B-N mit 7 Mitgliedern (4 Baierecker, 2 Nassacher, 1 Unterhütter). – Rathaus in B von 1856, hier die Uhinger »Geschäftsstelle Baiereck«. – *Volksschulunterricht:* Klassen 1–3 in der Grundschule B, Klassen 4–9 in der Grund- und Hauptschule Uhingen. – *Ortsbücherei.* – *Gesundheitswesen:* Arzt, Zahnarzt und Apotheke in Ebersbach, Uhingen; Tierarzt in Ebersbach; »Krankenpflegeverein Mittlerer Schurwald e.V.« mit Gemeindeschwester in Lichtenwald/Hegenlohe; Unfallmeldestelle des DRK in Reichenbach. Krankenhaus in Plochingen, Göppingen, Schorndorf. – *Planung:* für etwa 700 Einwohner im Jahr 1985; Stützpunkt für Naherholung. – *Verein:* »Turnund Sportverein (TSV) B-N«. – *Amtliche Bekanntmachungen* im »Mitteilungsblatt der Gemeinde Uhingen«.

Wirtschaftliches anno dazumal in B. Einziger Schurwaldort ohne Flurzwang. Nur das Hüttmeister-Gut und zahlreicher kleiner einzechtiger Besitz. – Hauptsächlich Arbeit im Wald und in zahlreichen kleinen Stubensand(stein)brüchen. – Badstube im Betrieb 1525, 1563 und noch 1603; »vor Jahren gewest« 1691; benutzte die Brunnenquelle schräg gegenüber Gasthaus »Krone« (sommers und winters gleichbleibend 8 Grad Celsius). Zur Oberen Glashütte vgl. oben (Siedlungsbeginn in B usw.). Auf Töpferei weist die »Häfnersreuttin« (1696).

Wirtschaftliches anno dazumal in N. 1 adelbergisches Lehen und 1 wirtembergische Sölde 1496; dazu später einige wirt. Sölden. – Zur mittleren Glashütte vgl. oben (Wüstungen in N). Kohlenmeiler am Südausgang von N bis 1948.

Wirtschaftliches anno dazumal in U. 2 adelbergische und 2 wirtembergische Bauernlehen 1555. – Die Alte oder Untere Glashütte angeblich vor 1400 entstanden; vom Baierecker Hüttenmeister Christian Greiner an Kloster Adelberg verkauft 1504, vermutlich abgebrannt 1525 (vgl. unten). – Kohlenmeiler.

Wirtschaftliches 1972 in B-N. Erwerbspersonen etwa 230, davon Auspendler etwa 215 (zum Filstal); Einpendler 0. – Landwirtschaftliche Betriebe mit mehr als 0,5 ha Gesamtfläche 32, davon 2 mit über 10 ha; Ackerbau auf 54 ha, Melkkühe 52. Nichtlandwirtschaftliche Arbeitsstätten 14, davon keine mit über 10

Beschäftigten. – Noch 4 Kohlenmeiler im Betrieb. 4 große Sandbrüche im Mittleren Stubensandstein. – Zweigstellen der Kreissparkasse Göppingen und der Genossenschaftsbank Wangen/Göppingen in B. – *Gaststätten* in B: »Krone«, »Zum Rössle«, »Köhlerstüble«; in Nassach: »Zum Hirsch«; in U: nichts.
Politisches in B-N. Landtagswahl 1972: CDU 156, SPD 122, FDP 14, DKP 4, Sonstige 0.
Kirchliches. 88 % evangelisch, 11 % römisch-katholisch. – Vorreformatorisches. B zugehörig zum Bistum Konstanz und Landdekanat (Ruralkapitel) Göppingen; Filialort von Ebersbach. N Filialort von Hundsholz (vgl. Adelberg-Dorf). Die Sankt Peter-Kapelle über der Weilermitte von N (heute noch Flurname »Käppele«) gehörte dem Baiereker Hüttenmeister Christian Greiner, der sie mit der Unteren Glashütte dem Kloster Adelberg 1504 abtrat; zerstört zwischen 1523 und 1527, wohl von aufständischen Bauern 1525. – Reformation eingeführt 1534. B weiter Filialort von Ebersbach bis 1848, seitdem eigene Pfarrgemeinde; Pfarrer in Personalunion mit dem von Schlichten seit 1852; zum Dekanat Schorndorf seit 1852. N Filialort von Hundsholz bzw. Adelberg-Dorf bis 1906, seitdem von B. U Filialort von Uhingen bis 1835, von Ebersbach 1835–48, von B 1848–49, wieder von Ebersbach 1849–52, seitdem endgültig von B. Die heutige Kirchengemeinde B deckt sich also räumlich mit der »Ortschaft« B-N.
In B kleine (evgl.) *Kirche* mit Firsttürmchen, etwa von 1595, aber größtenteils neu aufgeführt 1849; das einst hübsche Fachwerk verputzt seit 1953; das Innere anspruchslos. In N und U kein Gotteshaus. Begräbnisstätte in B der Kirchhof. Beisetzung der Nassacher früher im Klosterkirchhof Adelberg; kleiner Privatfriedhof unterhalb N der »Friedhofsgemeinschaft Nassach« seit 1894; für Nichtmitglieder, deren Begräbnis abgelehnt wird (bisher nicht erfolgt), jetzt der Kirchhof B zuständig. – Pfarrhaus in B von 1865. – 6 Kirchengemeinderäte (4 aus B, je 1 aus N und U). Singkreis, Jugendgruppen, »Posaunenchor B-N-Schlichten«. Die Katholiken von B-N eingepfarrt nach Ebersbach, Dekanat Göppingen.
Sonstiges. Schöne Lage von B im tiefeingeschnittenen, waldumrandeten Lochbachtal; N und U desgleichen im hier sehr engen Nassachtal. – *Naturdenkmal:* »Königseiche«, 1 km südlich von B oben an der Hohen Straße, der verlängerten Kaiserstraße (130 Jahre alt, 20 m hoch, zur Erinnerung an König Wilhelm I.). – Minigolfplatz in B. – *Wanderparkplätze:* zwischen B und N westlich der Talstraße; zwischen N und Nassachmühle am Ostrand der Talstraße beim Bärentobeleingang; am Nordrand der Hohen Straße oberhalb Krapfenreut.
Sonderschrifttum. Kirschmer, K., Chronik von Adelberg, Hundsholz und N; hrg. von der Gemeindeverwaltung Adelberg 1964.

Balgoss

Abgegangener Weiler im Gemeindebezirk Esslingen, im Esslinger Stadtwald (Distrikt »Balkershau«, Waldabteilung »Balkiswiese«)? Als 2 Wiesen »ze Balgoss« erstmals genannt 1376, vielleicht nach Gründer oder Besitzer Baldiko oder Baltram (wie das unferne Baltmannsweiler, vgl. aber dort auch »Balgschnait«). Spätere Schreibweisen: Balkus (1449), Balkis (1555), Balkhas (1650). Zur (von Friedrich Fezer) vermuteten einstigen Markung Balgoss vielleicht auch die anstoßende Plochinger Waldabteilung »Balkiswiese« gehörig; diese bei abgegangenen Weilern öfters beobachtete Markungsteilung könnte die Vermutung stützen. Sonst nichts bekannt. Falls ein Weiler überhaupt bestanden, abgegangen vor 1376. – Sonderschrifttum. Fezer, F., Lexikon der Flur-, Straßen- und Gebäudenamen der Stadt Esslingen am Neckar; hrg. von der Stadt Esslingen 1969 (Masch.-Schrift, vervielfältigt); hier: S. 636.

Baltmannsweiler   (B = Baltmannsweiler)

Gemeinde im Landkreis Esslingen, an der Landesstraße Esslingen (und Plochingen)–Winterbach–Schorndorf. Haltepunkt der Omnibuslinie Esslingen–Hohengehren. Auf der Liashochfläche zwischen den Tälern von Gefällbach (einem Quellbach des Lützelbachs) im Westen und Reichenbach im Osten; 455 m über Meeresspiegel, etwa 200 m über der Fils. – Gemeindebezirk 8,7 qkm = 867 ha, davon 69 % Wald. 2500 Einwohner; Zunahme 1961–69: 52 %. – Postleitzahl 7061. Zum Fernsprech-Ortsnetz Plochingen (Vorwähl-Nr. 0 71 53).
Zuständig. Landratsamt Esslingen. Polizeiposten Hohengehren, notfalls Polizeirevier Plochingen. Stützpunktfeuerwehr Reichenbach/Fils. Revierförsterstelle Baltmannsweiler oder Forstamt Esslingen für die Wälder südlich der Landesstraße Weißer Stein–Schorndorf; Revierförsterstelle Hohengehren oder Forstamt Hohengehren in Schorndorf für die Wälder nördlich davon außerhalb Markung Esslingen und in der oberen Eitisbachklinge. Amtsgericht Schorndorf. Postamt Schorndorf.
Siedlungsbeginn vermutlich im 9. Jahrhundert. Erstmals urkundlich, als »Balteramswiler«, 1299 genannt. – *Name.* Erklärung: »Baldram« = altdeutscher Personenname; also weist der Ortsname auf Gründer oder späteren Besitzer des Weilers. Spätere Schreibweisen: Walterswiler (1337), Baltmannswyler (1416), Baldtmarswiler (1557) u. a. Volksmundlich: Balmeschweiler. Necknamen der Baltmannsweiler: Kolben, Ratzen. – *Dorfanlage.* Urkern: um die Kirche. Vom 15. bis 17. Jahrhundert unterschied man: a) »Oberweiler« (1424: »am oberen wiler«), der Wirtschaftsraum beiderseits der heutigen Landesstraße Schorndorf–Weißer Stein etwa ab Kilometerstein 12 bis zum Propsthof bei Bachschnait (vgl. unten) an der Esslinger/Plochinger Markungsgrenze; die heutige dorfnahe Flur »Oberweiler« also nur der Rest vom einstigen Oberweiler; die heutigen Waldflächen beiderseits der Landesstraße damals teilweise landwirtschaftlich genutzt, so der »Linsenacker« beim Propsthof 1563, 1610 (daran erinnern die heutigen Waldnamen »Mahd«, »Krebenwiese« mit »Schäferles Acker«, bis hinab zum »Roggenacker«!), »ein großes Stück Wiesen und Äcker bei Bachschnait« noch 1701 genannt; b) »Unterweiler«, der inzwischen gewachsene Urkern mit Kirche. Der Oberweiler nach 1634 abgegangen (aber sein Raum noch 1691 so genannt), viele Äcker und Wiesen in Kriegszeiten allmählich waldüberwuchert zu »Egarten« (1691), endgültig alles regelrecht aufgeforstet um 1860. Der Unterweiler seit 18. Jahrhundert allmählich zum Haufendorf ausgedehnt; dieses stark erweitert nach Norden seit 1950, nach Süden seit 1965. – Zum abgegangenen Weiler Witzlinsweiler vgl. dieses.
Abgegangene Außenhöfe. Der *Propsthof* an der Landesstraße Schorndorf–Weißer Stein im heutigen Wald »Bachschnait«, d. h. Waldschneise zwischen den Bächen, nämlich Lützelbach und Seitenklinge des Gunzenbachs; freilich 1436,

1603 »zu Bäck Schnait«, 1808 »Beken Schlägle«, d. h. der dem Bäcker zugewiesene Wald (aber schon 1436 ein Bäcker in Baltmannsweiler?); immerhin Bachschnait und Bäckschnait räumlich identisch. In Bergwerksgerechtigkeitsurkunde 1447 (vgl. unten) »Balgschnait« genannt, etwa Parallelname zu »Balgoss« (vgl. dieses)? »Balzschnait« jedenfalls unrichtig. Der Hof vermutlich von der Propstei Denkendorf gegründet. Wirtschaftliches vgl. unten. Abgegangen im Dreißigjährigen Krieg (1634?). – Ein *Hof unbekannten Namens* südlich Baltmannsweiler an der Straße nach Reichenbach, bei Kilometerstein 12. Hier 1557–1691 Flurnamen: »uffn Hof«, darunter die »Hofwiesen«; heute noch die »Hofäcker«, »Hausäcker«, »Hofwiesen«. Etwa der 1500 genannte Hof der Esslinger Patrizierfamilie Burgermeister? Letzterer abgegangen wohl schon in der ersten Hälfte des 16. Jahrhunderts. Noch vor hundert Jahren Mauerreste in den Hofäckern. – »Holdermanns Hofstatt« war kein Außenhof; die Esslinger Patrizierfamilie Holdermann besaß einen Hof im Dorfkern, dieser abgegangen vor 1500, der Baumgarten an seiner Stelle »Holdermanns Hofstatt« genannt noch 1691. – Auf welche abgegangene Siedlung sich der abgegangene Flurname »Öttheimer Klingen« bezog, nicht feststellbar.

Hoheitsrechte. B im Rahmen des staufischen Herzogtums Schwaben vermutlich zähringisch bis 1187, dann als Zubehör von Hochdorf teckisch (begütert die Herren von Wildenau und Swelher von Wielandstein, teckische Gefolgsleute, aber kein hiesiger Ortsadel!). Wirtembergisch spätestens ab 1381; zum Amt bzw. Oberamt Schorndorf bis 1938; hier zum Schnaiter Stab bis 1818. Zum Landkreis Esslingen seit 1938. – B zugehörig zum Schlichter Waldgericht 1560–1819.

Gemeindliches 1972. 10 Gemeinderäte. – Jahreshaushalt 1 500 000 DM; Steuerkraftsumme je Kopf 324 DM, Gesamtverschuldung je Kopf 136 DM. – *Gemeindewappen:* Unter silbernem mit drei blauen Bergen nebeneinander belegten Schildhaupt in Silber ein blauer Schräglinksbalken (Hinweis auf schöne Aussicht; Balken und Farben sollen an die Swelher erinnern, vgl. oben). *Gemeindefarben:* Blau-Weiß. – Rathaus von 1811, umgebaut 1963. – *Volksschulunterricht:* Klassen 1–4 in der Grundschule B, Klassen 5–6 in der Hauptschule Hohengehren, 7–9 Hauptschule B. – *Volkshochschul*-Außenstelle. – *Ortsbücherei.* – *Gesundheitswesen:* Arzt und Zahnarzt in B, Tierarzt und Apotheken in Reichenbach; Unfallmeldestelle des DRK in B, Hebamme in Hohengehren; »Krankenpflegeverein B/Hohengehren e.V.« mit Gemeindeschwester in B. Krankenhaus in Plochingen. – *Planung:* für etwa 4000 Einwohner im Jahr 1985; Förderung der Kleinindustrie, Stützpunkt für Naherholung; gemeisname öffentliche Anlagen mit Hohengehren. – *Vereine:* »Turn- und Sportverein (TSV) B 1908 e.V.« (mit Gesangsabteilung); »Musikverein B e.V.«; »Handharmonika-Club B e.V.« (Akkordeonorchester); »Schwäbischer Albverein, Ortsgruppe B«; »Verband der Kriegsbeschädigten (VdK) Ortsgruppe B«. – *Amtliche Bekanntmachungen* im »Reichenbacher Anzeiger«.

Wirtschaftliches anno dazumal. Der Denkendorfer Propsthof (vgl. oben) besaß Güter in der ganzen Markung B, teilweise als Fallehen ausgegeben, an Wirtemberg verkauft 1436; dieses gab alle Güter, in 12 Lehen aufgeteilt, weiter aus, bestätigte sie als Erblehen 1565; manches später aufgeforstet. – Zur einstigen Landwirtschaft auf dem heutigen Waldboden westlich und südwestlich vgl. oben Dorfanlage. Ein Teil der »Mahd« war stets Wald geblieben. – Weinbau auf

Südwesthang zum Gefällbach-Talkopf (Flurname »Wengert« 1602 und noch heute) bis zum Dreißigjährigen Krieg. – In neuerer Zeit umfangreicher Obstbau (1936 noch 11 000 Obstbäume). Feiner Baltmannsweiler Kirschengeist einst geschätzt. – »Bergwerk des Augsteins«, einer schwarzen Pechkohle, zwischen Baltmannsweiler und »Balgschnait« (vgl. oben), »in dem tobel genant das Gevelde«, also im Stubensandstein des hinteren Gefällbachs. Mit Schürfen begonnen 1447 (nicht 1457) in der Hoffnung auf Gold- und Silberfunde, ergebnislos bald wieder eingestellt; nichts mehr erkennbar. – Kalkbrennerei aus dem Kaolinsandstein des Mittleren Stubensandsteins für Bauzwecke im Reichenbachtal beim unteren Brunnen der Burrlesklinge; der »Kalcoven« 1340 genannt, aber nur noch Waldname 1557; heute noch »Kalkofen«. – Kohlenmeilerstelle im mittleren Lützelbachtal, etwas über der Talsohle. Flurnamen »Kohlreutin« und »Kohlplatte« weisen auf weitere einstige Meiler, der »Hafnerwald« auf Töpferei. – Das Bestehen einer St. Sebastians-Bruderschaft (religiös geprägte Handwerkervereinigung, Vorgängerin der Zünfte) 1537 deutet auf zahlreiche Handwerker. Handwerkliche Holzdrechselei und -schnitzerei in den vier Jahrzehnten um unsere Jahrhundertwende. – Marktrecht 1864–97, daher der »Marktplatz« vorm Rathaus.

Wirtschaftliches 1972. Erwerbspersonen etwa 1200, davon Auspendler 950 (sämtlich zum Fils-Neckar-Tal); Einpendler 60. – Landwirtschaftliche Betriebe mit mehr als 0,5 ha Gesamtfläche 35, davon keiner mit über 10 ha; Ackerbau auf 112 ha, Melkkühe 95. Nichtlandwirtschaftliche Arbeitsstätten 35, davon 5 mit über 10 Beschäftigten, davon 1 mit über 50 (Apparate- und Werkzeugbau). – Zweigstellen der Kreissparkasse Esslingen, der Schurwaldbank eGmbH Schanbach, der Württembergischen Landessparkasse. – *Gaststätten:* »Zum Grünen Baum«, »Zum Lamm« bzw. »Schurwaldgrotte«, »Zur Rose«, »Zum Rössle«, »Zur Schurwaldhöhe«, »Turmstubencafé«.

Wirtschaftliche Vereinigungen: »Gewerbe- und Handelsverein B e.V.«; »Obst- und Gartenbauverein B«; »Viehversicherungsverein B«.

Politisches. Landtagswahl 1972: CDU 581, SPD 553, FDP 118, DKP 3, Sonstige 0.

Kirchliches. 67 % evangelisch, 26 % römisch-katholisch. – Vorreformatorisches: Zugehörig zum Bistum Konstanz und Landdekanat (Ruralkapitel) Kirchheim unter Teck von Anbeginn (erstmals erwähnt 1360) bis 1534; Filialort von Hochdorf bis 1440, seitdem eigene Pfarrei. – Reformation eingeführt 1525–28, endgültig 1534; Filialort von Hohengehren 1648–80; zum Dekanat Schorndorf. Vermutlich zunächst eine Sakristei (die heutige? von 1370? vgl. unten). Dann eine erste, abgegangene Kirche? Die (evgl.) *Pfarrkirche,* eine spätgotische einschiffige Westturmkirche von 1486, ehemals dem Hl. Ägidius geweiht; abgebrannt 1648, in heutiger Gestalt wiederaufgebaut um 1681; geschmackvoll restauriert 1965. Im flachgedeckten Schiff weitvorgezogene Emporen, von kräftigen Holzsäulen gestützt. Hinter dem Triumphbogen der spätgotische Chor mit schönem Netzrippengewölbe und originellem Maßwerk der Fenster; große moderne Orgel mit gutem Prospekt, im Chorhaupt quer gestellt (stört freilich erheblich die gotische Gesamtraumwirkung). Altarkruzifix aus dem frühen 14. Jahrhundert (der Kopf später). Sakristei mit spätgotischem Netzrippengewölbe und Taufnische in ihrer Nordwand; hier ehemals ein 1838 zerstörtes Wandgemälde: Wappenschild mit Umschrift »Junkherr Hanns Schwellher Stifter des würdigen Gott's Hus« und schwer leserlicher Jahreszahl (1370, 1510, 1570?; vgl. oben). Starker Turm von 1507, noch mit Schießscharten (nach innen erweiterte Fensterschlitze); an seinem Fuß ein Ehrenmal, leider mit fremdem Gestein; das Turmerdgeschoß jetzt Kirchenvorraum. – Begräbnisstätte der Kirchhof bis 1831, seitdem der Friedhof im Nordwesten des Dorfes. – Pfarrhaus von 1846. – 6 Kirchengemeinderäte. Kirchenchor, Posaunenchor; »Evgl. Jugendwerk B/Hohengehren e.V.«. – Altpietistische Gemeinschaft.

Katholische Kirchengemeinde seit 1964, zum Dekanat Esslingen; ihre Filialorte: Aichelberg, Aichschieß, Hohengehren, Schanbach. Provisorische Kapelle seit 1953. *Kirche* Mariä Himmelfahrt am Nordausgang des Dorfes, erbaut 1965. 10 Pfarrgemeinderäte (4 Baltmannsweiler, 1 Hohengehrener, 2 Aichschießer, 2 Aichelberger, 1 Schanbacher). Kirchenchor, Kath. Werkvolk, Frauenkreis, Kath. Jugend.

Neuapostolische Gemeinde seit 1952 mit Behelfskirche von 1953.

Sonstiges. Schöner Blick über das Reichenbachtal nach Hegenlohe und Thomashardt, darüber hinaus zur Schwäbischen Alb. Am Westhang des Reichenbachtals die burgartige Felsgruppe »Burrlesklinge«; weiter südlich, im »Ölmühlesturz«, romantische Steilschluchten. Reizende Waldtälchen von Gefällbach und Schachenbach. – *Naturdenkmale:* Zwillingseiche in der Forstabteilung »Stegle« südlich B (etwa 280 Jahre alt, noch 25 m hoch); Mammutbaum (Sequoia oder Wellingtonia gigantea) in der Forstabteilung »Samsenloh« südlich B (104 Jahre alt, etwa 45 m hoch). Zu den Naturdenkmalen am Schlößlesplatz vgl. Hohengehren. *Wanderparkplätze:* an der Landesstraße Esslingen–Weißer Stein–Schorndorf, etwa 700 m südwestlich der Straßenabzweigung nach B; an der Kreisstraße nach Baach, beim Parkhaus; an der Kreisstraße nach Reichenbach, 1 km vorm Dorf.

Sonderschrifttum. Eberle, A., Ortsgeschichte von B; 1936.

Beutelsbach

Auf Beutelsbacher Markung folgende bemerkenswerte Schurwaldausläufer: Der rebenbestandene *Roßberg*, südwestlich Beutelsbach, mit dem *Landgut Burg* auf einer Stubensandstein-Terrasse, 410 m über Meeresspiegel, etwa 180 m über der Rems. Vorgeschichtliche Funde: aus der Mittelsteinzeit auf der »Burg« selbst; aus der Jungsteinzeit nahe westlich der »Burg«. – Niemals eine mittelalterliche Burg; vielmehr private »Villa Burg« erbaut 1877, zum Erholungsheim ausgebaut 1926. Auslandsabteilung der kalifornischen Stanford-Universität, »*Stanford in Germany*«, mit weiterem Ausbau im Pavillonsystem seit 1958 zu derzeit 8 Häusern (aus USA jeweils 2 Professoren und etwa 80 Studenten im Halbjahr; dazu deutsche Gastvorlesungen, intensive Kontakte mit deutschen Familien der weiteren Umgebung).

Der rebenbestandene *Kappelberg*, eigentlich »Kapellenberg«, östlich von Beutelsbach. An der Schönbühlstraße, nahe oberhalb der heutigen bebauten Ortslage, auf der kleinen Geländeterrasse beim Wegabzweig nach links, einst die *Nikolauskapelle;* erstmals urkundlich genannt 1394 (oder identisch mit »Butelspach, capella in Eringstaige« im liber decimationis 1275?), aufgehoben kurz nach 1534, später abgegangen; nichts mehr erkennbar. Hier erstes Sturmläuten zum Remstäler Bauernaufstand des »Armen Konrad« Mai 1514; in einem Lager auf dem

Beutelsbach, Bornhausen

Kappelberg sammelte sich der »Schorndorfer Haufen« Juli 1514. – Ein Stück
die Schönbühlstraße weiter hinauf rechts im Spitzwinkel ein Wegabzweig zur
Grafenburg auf dem unteren Hangscheitel des Kappelbergs (etwa 50 m über
der Rems); angeblich Nebensitz der frühmittelalterlichen königlich-fränkischen
Grafen des Remstalgaus (Hauptsitz Cannstatt); jedenfalls ausgebaut nach 1050
zum Sitz der Herren von Beutelsbach (Budelspach, Putelsbach), die zu den Vorfahren der Grafen von Wirtemberg gehören. Zerstört 1310; starker Turmstumpf
und beachtliche Mauereste noch 1684 vorhanden, letzte Reste um 1800 beseitigt.
Grundmauern freigelegt und romanisierend (zu stark) restauriert seit 1969.
Der *Schönbühl*, vom Kappelberg weiter östlich hinauf; 446 m über Meeresspiegel, etwa 215 m über der Rems; volksmundlich »Schebbes«. Bewaldet bis 1790,
dann urbar gemacht, Hopfenanbau 1851; auf der West- und der Südflanke
(letztere zur Schnaiter Markung) mit weiten Weinbergen besetzt. Erstes Bauernhaus 1859, später wiederholte Erweiterungen zum jetzigen *Fürsorgeheim Schönbühl* für schulentlassene männliche Jugendliche, mit Werkstätten und landwirt-
schaftlichem Betrieb. Der Wasserturm darüber nicht allgemein zugänglich. –
Südwärts unter dem Fürsorgeheim der Saffrichhof (vgl. Schnait). – Die steile
Straße von Beutelsbach zum Schönbühl hinauf bildete den Anfang des alten
vielbefahrenen Schurwaldhöhenwegs nach Diegelsberg und Rattenharz, der
»Kaiserstraße«.
Sonderschrifttum. Beutelsbacher Heimatbuch, hrg. von der Gemeindeverwaltung
Beutelsbach 1965. – Grube, W., Der Arme Konrad 1514; in: Heimatbuch für
Schorndorf und Umgebung 1965, S. 33–49. – Heuschele, O., Das Landgut Burg
oberhalb Beutelsbach; in: Remstal Jg 8 (1968), Heft 21, S. 15–16. – Hutschnei-
der, J., Zehn Jahre Stanford in Germany, ebenda, S. 4–13.

Bornhausen

Abgegangener Weiler im Gemeindebezirk Plochingen, Landkreis Esslingen; die
Häuser vermutlich am unteren Westhang des Buchbachs zwischen Stumpenhof-
und Siegenhof-Siedlung, aber beim Bau beider Siedlungen keine Funde.
Siedlungsbeginn vermutlich erst im 9. Jahrhundert (keine Funde von alemannischen Reihengräbern). Erstmals urkundlich, als »bonhusen« und »bunhusen«,
1402 genannt. – *Name.* Erklärung: mittelhochdeutsch »boun« = Baum, also
Hinweis auf frühe Obstbaumzüchtung? Kaum Zusammenhang mit Pleonungen-
name »Boro«, weil diese alemannische Herrscherfamilie 200 Jahre früher wirkte.
Spätere Schreibweisen: banhusen (1524), bornhaußen (1582), Bernhausen (1662).
Otto Wurster hält »Bernhausen« für die richtige Namensform, weil in Plochingen nur »Bernhäuser«, das heißt aus Bernhausen Zugewanderte, bezeugt (1582);
»beran« = Bär, also Hinweis auf Gründer oder späteren Besitzer. Aber in
Reichenbacher Urkundsbüchern kommen beide Namensformen vor.
Hoheitsrechte. Vermutlich im Rahmen des staufischen Herzogtums Schwaben
zähringisch bis 1187, dann teckisch bis 1299, seitdem wirtembergisch. – *Untergang.* Abgegangen vielleicht im 14. Jahrhundert, jedenfalls vor 1415. Ursache
unbekannt. Keine Spuren erhalten, nur Flurname »Bornhausen« nordöstlich von
Plochingen. Seitdem die Bornhäuser Wirtschaftsfläche zwischen Plochingen und
Reichenbach aufgeteilt. Streit zwischen beiden Gemeinden um die neue Mar-

kungsgrenze und um Weiderechte auf der früheren Bornhäuser Markung 1415 bis 1557.

Östlich der Flur »Bornhausen« die Forstabteilungen »Steinshardt« und »Steinegert« oder »Steinsgart«; ihre Namen beziehen sich wohl auf die natürliche Bodenbeschaffenheit, nicht auf Historisches (keine Mauerreste).

Börtlingen   (B = Börtlingen)

Gemeinde (Ortsteile B, Breech und Zell am Marbach) im Landkeis Göppingen, an der Kreisstraße von (Göppingen–Rechberghausen–) Zell nach Rattenharz (–Waldhausen). Haltepunkte der Omnibuslinie Göppingen–Breech in Zell, B und Breech. – Gemeindebezirk 8,2 qkm = 825 ha, davon 42 % Wald. 1400 Einwohner, Zunahme 1961–70: 23 %. – Postleitzahl 7321. Zum Fernsprechortsnetz Göppingen (Vorwähl-Nr. 0 71 61).

Ortsteil B, auf der Liashochfläche zwischen Kohlbachtal im Westen und Marbachtal im Osten, 450 m über Meeresspiegel, 185 m über der Rems, 130 m über der Fils; 955 Einwohner, Zunahme 1961–70: 26 %. Zugehörig: Börtlinger Sägmühle, Ödweiler Höfe, Schneiderhof, Schweizerhof.

Breech, 1,5 km nördlich von B auf derselben Liashochfläche nahe der Remshalde, 475 m über Meeresspiegel, 210 m über der Rems; 165 Einwohner, Zunahme 1961–70: 28 %.

Zell am Marbach, 1,5 km südöstlich von B im Marbachtal, 344 m über Meeresspiegel, etwa 40 m über der Fils; 280 Einwohner, Zunahme 1961–70: 11 %.

B Zuständig. Landratsamt Göppingen. Polizeiposten Rechberghausen, notfalls Polizeirevier Uhingen. Stützpunktfeuerwehr Göppingen. Revierförsterstelle Wangen oder Forstamt Adelberg (im Kloster) für die Forsten westlich der Kreisstraße Zell–B–Breech; Revierförsterstelle Waldhausen oder Forstamt Lorch für die Forsten östlich dieser Straße. Amtsgericht Göppingen. Postamt Göppingen.

Vorgeschichtliche Fundstätten. Aus der Mittelsteinzeit: auf der Flur »Berg«; aus der Jungsteinzeit: auf der Breecher Flur »Rößäcker«.

Siedlungsbeginn des Ortsteils B vermutlich im 11. oder 12. Jahrhundert, weil Kirchenweihe schon 1187; trotz der Namensendung ». . . ingen« keine alemannische Gründung. Erstmals urkundlich, als »Berthinanc«, 1271 genannt. – *Name.* Erklärung: »Berth« = altdeutscher Personenname (wie etwa Berchthold), also Hinweis auf Gründer oder späteren Besitzer; »nang« oder »wang« = aufgewölbter Geländeteil, hier der Liasbergsporn. Spätere Schreibweisen: Bertenanch (1322), Bertnang (1324), Berthwank (1353), Bertlingen (». . . ingen« Angleichung an die Talnamen, erstmals 1555!), Börtnang (1595). Volksmundlich: Bertling. Neckname der Börtlinger: Gugelhupfer. – *Dorfanlage.* Urkern: Raum östlich neben der Kirche: Hier wohl auch der befestigte Wohnplatz (Burg?) des vor 1324 ansässigen Ortsadels; ein »Oberthor« noch 1496 bezeugt, aber sonst nichts überliefert oder erkennbar. Der Weiler weiterentwickelt zum Waldhufendorf, später zum Straßendorf; nach Osten erweitert seit 1950, nach Süden seit 1966.

Siedlungsbeginn in Breech vermutlich im 12. oder 13. Jahrhundert. Erstmals urkundlich, als »Präche«, 1318 genannt. – *Name.* Erklärung: soviel wie Brache = schon umbrochenes, aber noch nicht angbautes Land. Spätere Schreibweisen:

Gebräche (1364), Brecht (1555), Prech (1562). Auch »Adelberger Breech« genannt (1614). Volksmundlich: Bräch. – *Dorfanlage.* Urkern: Weilermitte; dann locker angelegter Weiler.

Siedlungsbeginn in Zell vermutlich im 12. oder 13. Jahrhundert als geistliche Außenstelle (cella) des Klosters Adelberg. Erstmals urkundlich genannt 1304. »Zell unter Staufen« Anfang 19. Jahrhunderts genannt.

Außenhöfe heute. Die *Börtlinger Sägmühle* am Kohlbach stand schon 1496; Mühle abgebrochen 1921, heute nur Wohnhaus mit Zubehör. Der einstige Mühlstau »Börtlinger See« genannt. – Die *Ödweiler Höfe* (volksmundlich »Altweilerhöfe«) nahe nordwestlich B, im Raum des abgegangenen Ödweiler (vgl. dieses); der erste Hof erbaut 1750, seitdem weiterer Auf- und Abbau, heute 3 Höfe und weitere Häuser. – Der *Schneiderhof* östlich von Breech, auf der Liaskante über der Oberen Remshalde; angelegt 1733, genannt nach früherem Eigentümer; zur Gemeinde Waldhausen bis 1968, seitdem zu B. – Der *Schweizerhof* nordöstlich B, dicht an der Straße Breech–Rattenharz, wohl im Raum des abgegangenen Pöpplinsweiler (vgl. dieses); als »Pöppelenshof« erbaut kurz vor 1685, vom neuen Besitzer aus Zürich umbenannt in »Schweizerhof« 1864. – Die *Zeller Mahl- und Sägmühle* nahe nördlich vorm Weiler, errichtet vor 1496, vermutlich im 30jährigen Krieg zerstört (fehlt bei Andreas Kieser 1686), wieder genannt 1701, Betrieb eingestellt um 1850. Die Talwiesen nördlich davon einst der Mühlstau, »Zeller See« genannt, so schon 1595.

Wüstungen. Abgegangene Weiler: Ödweiler, Pöpplinsweiler (vgl. diese). – Der *Wursthof* neben dem Schneiderhof (vgl. oben) angelegt 1733, abgebrochen 1832; der Raum zur Gemeinde Waldhausen bis 1968, seitdem zu B. – Abgegangene *Mühlen* am Marbach, sämtlich einst Adelberger Klosterlehen: Steinersche Sägmühle sowie Riekersche Säg- und Ölmühle vgl. Pöpplinsweiler; die Storermühle (genannt nach Besitzerfamilie im 16. Jahrhundert), Sägmühle an der Taubenbachmündung, stand schon 1496, abgegangen nachweislich im 30jährigen Krieg; die Zeller Sägmühle, unterhalb des heutigen Mühlgebäudes aber noch in der Ortslage Zell, errichtet vor 1496 (»Steiglders Sölde«), sicherlich abgegangen im 30jährigen Krieg.

Hoheitsrechte. Im Rahmen des staufischen Herzogtums Schwaben unter unmittelbarer Hoheit der Staufer bis 1268. – Die Herren von Bertnang, Ortsadel, verkauften hiesige Hoheitsrechte und Güter an Kloster Adelberg bis 1324. B teilte fortan dessen vogteiliche bzw. staatliche Zugehörigkeit; aber B im Hundsholzer Viertel zum Börtlinger Stab gehörig. B zum Oberamt bzw. Landkreis Göppingen seit 1807; hier noch der Börtlinger Stab bis 1818. Breech und Zell stets zu B gehörig. Ortsteil Birenbach mit dem Bremenhöfle (letzteres entstanden um 1814) ausgemeindet 1826.

Gemeindliches 1972. 10 Gemeinderäte (8 Börtlinger, 1 Breecher, 1 Zeller). – Jahreshaushalt 1 104 000 DM; Steuerkraftsumme je Kopf 288 DM, Gesamtverschuldung je Kopf 221 DM. – *Gemeindewappen:* In Grün ein offener silberner Flug (angeblich Wappen der Herren von Bertnang). *Gemeindefarben:* Weiß-Grün. – Rathaus in B von 1836, umgebaut 1954. Sport- und Festhalle von 1957. – *Volksschulunterricht:* Klassen 1–4 in der Grundschule B, Klassen 5–9 in der Hauptschule Rechberghausen. – *Volkshochschul*-Außenstelle. – *Gesundheitswesen:* Arzt, Zahnarzt, Gemeindeschwester, Hebamme und Apotheke in Rechberghausen; Tierarzt, Unfallmeldestelle des DRK und Krankenhaus in

Göppingen. – *Planung* für etwa 1600 Einwohner im Jahr 1985. Erhaltung des dörflichen Charakters, Stützpunkt für Naherholung. – *Vereine:* »Turnverein B e.V.«; »Musikverein B e.V.«; »Gesangverein Liederkranz B e.V.«; »Verband der Kriegsbeschädigten (VdK) Ortsgruppe B«. – *Amtliche Bekanntmachungen* im »Mitteilungsblatt der Gemeinde B«.

Wirtschaftliches anno dazumal. Kloster Adelberg besaß 1496 in B 24, in Breech 7, in Zell 4 Bauernlehen, dazu in Zell 2 Höfe; der »Bischofshof« in Zell gehörte dem Chorherrnstift Faurndau. Alles wirtembergisch seit 1535. Mehr als 18 Weingärtner in B noch 1595 genannt. Bienenzucht und Hopfenbau im 19. Jahrhundert. – Häusliche Anfertigung von Dachschindeln aus Fichtenholz um 1850. – Zu den abgegangenen Mühlen vgl. oben.

Wirtschaftliches 1972. Erwerbspersonen 750, davon Auspendler 630 (sämtlich zum Filstal); Einpendler 3. – Landwirtschaftliche Betriebe mit mehr als 0,5 ha Gesamtfläche 42, davon 18 mit über 10 ha; Ackerbau auf 169 ha, Melkkühe 301. Nichtlandwirtschaftliche Arbeitsstätten 25, davon keine mit über 10 Beschäftigten. – Zweigstellen der »Raiffeisenbank Rechberghausen-B« und der Kreissparkasse Göppingen. – *Gaststätten* in B: »Hirsch«, »Löwe«; in Breech: »Kaiserstraße«; in Zell: nichts. – *Wirtschaftliche Vereinigungen:* »Milchverwertungsgenossenschaft B eGmbH«; »Viehversicherungsverein B«.

Politisches (Breech und Zell keine eigenen Stimmbezirke). Landtagswahl 1972: CDU 356, SPD 308, FDP 43, DKP 0, Sonstige 8.

Kirchliches. 71 % evangelisch, 25 % römisch-katholisch. – *Vorreformatorisches.* Ortsteil B zugehörig zum Bistum Konstanz und Landdekanat (Ruralkapitel) Göppingen. Eigene Pfarrei in B vor 1271, dem Kloster Adelberg inkorporiert 1271, das sie »frühe« eingehen ließ. Breech Filialort von Lorch, Zell von Faurndau. – Einführung der Reformation 1535. Pfarrei im Ortsteil B weiter unbesetzt, als Filial zu Oberwälden 1558; eigene Pfarrverweserei seit 1844, Pfarrei seit 1859. Breech Filialort von Lorch bis 1828, seitdem von B. Zell Filial von Faurndau noch 1562, von Oberwälden bis 1844, seitdem von B.

Früheste Kirche im Ortsteil B geweiht 1187, am Tag der Adelberger Kirchenweihe. – Die (evgl.) *Pfarrkirche,* ursprünglich spätgotisch (Ende 15. Jahrhundert?), ehemals dem Hl. Johannes dem Täufer geweiht; erweitert und verändert 1793. Mittelgroßer Bau; Turmchor-Kirche, der barocke Turm (1819) mit Kuppel und Laterne; an der südlichen Vorderseite Treppentürmchen mit steinerner Treppenspindel; spätgotische Südwestpforte; an der Nord- und Südseite des Schiffes malerische Holzaußenstiegen zur Empore. Im flachgedeckten Altarraum, dem früheren Turmuntergeschoß, Buntglasfenster von Adolf Saile (1956); auf dem Altar kleines Barockkruzifix, an der Nordwand sehr bemerkenswert eine geschnitzte und bemalte spätgotische Schüssel mit dem Haupt Johannes des Täufers (solche Schüsseln wurden gegen Kopfschmerz auf den Kopf gesetzt). Im Langhaus vorn rechts eine geschnitzte Pietà oder »Marienklage« mit ergreifendem Gesichtsausdruck, um 1520 (etwas zu laut restauriert); gute Barockkanzel mit Holzintarsien; die Emporen von originellen Holzsäulen getragen. Orgel mit barockem Prospekt von 1796. Sparsam stuckierte Flachdecke aus derselben Zeit in zarten bunten Farben. – Im ummauerten Kirchhof südlich vom Eingang kleiner Turm mit interessanter Ölberg-Kapelle: der Ölberg aus Sandstein um 1510, vielleicht vom Meister der Marienklage, mit gut charakterisierten Köpfen und spielendem Getier an den Felsen. Der Kirchhof die Begräbnisstätte bis 1837;

Börtlingen, Breech, Büchenbronn

seitdem Friedhof am Nordausgang von B, auch für Breech und Zell. – In Breech und Zell kein Gotteshaus. – Pfarrhaus in B von 1846. – 9 Kirchengemeinderäte (5 Börtlinger, 2 Breecher, 1 Zeller, 1 Birenbacher). In B Evgl. Kirchenchor; CVJM mit Posaunenchor, Jugendgruppe. Süddeutsche Gemeinschaft.
Die Katholiken von B, Breech und Zell eingepfarrt nach Rechberghausen, Dekanat Göppingen. – Neuapostolische Gemeinde in B.
Sonstiges. Reizvolle Lage auf schmaler Hochfläche zwischen bewaldeten Talgründen; schöner Blick nach dem Hohenstaufen und der Schwäbischen Alb. Im Dorfkern B zahlreiche alte Bauernhöfe. Hübsches schmiedeeisernes Aushängeschild am »Hirsch«. Unterhalb von B mittelalterliches steinernes Sühnekreuz am Ort einer Mordtat(?). Von Breech erweiterter Fernblick. – *Naturdenkmale.* Linde neben der Kirche (etwa 150 Jahre alt, 28 m hoch); Eiche 300 m nordwestlich vom Schweizerhof an der Kaiserstraße (150 Jahre alt, 27 m hoch). Die vergabelte Kastenklinge nordöstlich von B mit romantischen Stubensandstein-Felspartien und 2 Wasserfällen (5 m hoch); vor ihrem Ausgang nordseits die Große Buche (200 Jahre alt, 35 m hoch).

Breech

Ortsteil der Gemeinde Börtlingen (vgl. diese).

Büchenbronn (B = Büchenbronn)

Ortsteil der Gemeinde Ebersbach/Fils, im Landkreis Göppingen, an der Kreisstraße von Ebersbach nach Beutelsbach (–Waiblingen). Haltepunkt der Omnibuslinie Ebersbach–Winterbach–Schorndorf. Auf der schmalen Liashochfläche zwischen den Tälern von Kirnbach im Westen und Steigbach (Oberlauf des Ebersbachs) im Osten; 460 m über Meeresspiegel, etwa 190 m über der Fils. – Ortsteilbezirk 379 ha; 372 Einwohner, Zunahme 1961–70: 54 %. – Postleitzahl 7333. Zum Fernsprech-Ortsnetz Ebersbach/Fils (Vorwähl-Nr. 0 71 63).
Zuständig. Landratsamt Göppingen. Polizeiposten Ebersbach, notfalls Polizeirevier Uhingen. Stützpunktfeuerwehr Ebersbach. Revierförsterstelle B oder Forstamt Göppingen. Amtsgericht Göppingen. Postamt Göppingen.
Vor- und frühgeschichtliche Fundstätten. Nichts erkennbar oder jemals gefunden (auch nicht die angebliche villa rustica des Schrifttums), obgleich man früher die Flurnamen »Maueräcker« und »Steinäcker« nördlich B dahin deutete; richtiger volksmundlich »Maurerschäcker« (urkundlich 1786: »Maurersäcker«), also Äcker eines Bürgers namens Maurer oder eines Maurers; die »Steinäcker« wirklich sehr steinig.
Siedlungsbeginn vermutlich im 12. oder 13. Jahrhundert. Erstmals urkundlich, als »Buchinbronnen«, 1362 genannt. – *Name.* Erklärung: der Brunnen am oder im Buchenwald (wohl der frühere Schöpfbrunnen beim »Hirsch«). Spätere Schreibweise: Biechinbronn (1555). Volksmundlich: Biechebronn. Neckname der Büchenbronner: Hagenbücher. – *Dorfanlage.* Urkern: vermutlich beim »Hirsch«. Später Straßendorf; südwärts erweitert seit 1960. – *Keine abgegangenen Alemannensiedlungen* auf der Markung, trotz der Flurnamen auf »...ingen«: a)

»wiesen die bösingen« (1400), später mißverständlich »wiese zu Bösingen« (1524), meint ihren bösen = schlechten Knollenmergelboden; b) »wiß genannt winningen« (1526) oder »weninger wisen« (1555), der Wald darüber »im Wehninger« (1686), »Im Wenninger« oder »Wöhnung« heute; die Stammsilben wann-, winn-, und wön sind schwäbische Abwandlungen vom mittelhochdeutschen »wunn« oder »wünn« = hochgelegene sonnige Weide. Übrigens: alemannische Ortsnamen nur in den Tälern, ihr Grundwort »...ingen« stets mit Personennamen zusammengesetzt; hier oben nur spätere sprachliche Angleichung.
Hoheitsrechte. Zunächst zum staufischen Herzogtum Schwaben bis etwa 1268; hier wohl zu den Herren von Ebersbach. Zu Wirtemberg (gemeinsam mit Ebersbach) seit 1274 oder 1299; zum Amt bzw. Oberamt bzw. Landkreis Göppingen. Aber B im Besitz der Erzherzogin Claudia von Tirol 1635–49. Zur Stabsschultheißerei Ebersbach seit alters bis 1818.
Gemeindliches 1972. Derzeit kein Büchenbronner im Ebersbacher Gemeinderat. Ein Angehöriger der Ebersbacher Gemeindeverwaltung vertritt diese in B als »Ortswart« (im Volksmund noch oft, wie früher, »Anwalt« genannt). – *Volksschulunterricht:* sämtliche Jahrgänge in Ebersbach. – *Gesundheitswesen:* nächster Arzt, Zahnarzt, Tierarzt, Apotheke, Gemeindeschwester und Unfallmeldestelle des DRK in Ebersbach; Hebamme in Uhingen. Krankenhaus in Göppingen. – *Planung:* keine wesentliche Vergrößerung; Erhaltung des dörflichen Charakters. Stützpunkt für Naherholung. – *Verein:* »Radfahrverein Immergrün«. – *Amtliche Bekanntmachungen* in »Ebersbacher Mitteilungen«.
Wirtschaftliches anno dazumal. Wirtembergisch 7 Bauernlehen 1477. Weitere 6 Lehen verkaufte ein Truchsess von Magolsheim an das Dominikanerinnenkloster Kirchheim unter Teck 1362; diese zu Wirtemberg 1535. – Anbau von gutem Flachs und Hanf bis Mitte 19. Jahrhundert. – Auf frühere Kohlenmeiler weist die »Kohlplatte« östlich vom unteren Weilerteil und der »Kohlhau« (so 1526, die späteren Sohlwiesen). – Kalkbrennerei aus Angulatenkalk für Bauzwecke östlich unterhalb B (dort Flurname »Kalgofen« schon 1526).
Wirtschaftliches 1972. Erwerbspersonen 137, meist Auspendler nach Ebersbach; Einpendler 0. – Landwirtschaftliche Betriebe mit mehr als 0,5 ha Gesamtfläche 22, davon nur 2 mit mehr als 10 ha; Ackerbau auf 38 ha, Melkkühe 94. Nichtlandwirtschaftliche Arbeitsstätten: 1, unter 10 Beschäftigte. – *Gaststätten:* »Zum Hirsch«, »Zur Rose«. – *Wirtschaftliche Vereinigungen:* keine.
Politisches. Landtagswahl 1972: CDU 89, SPD 43, FDP 18, DKP 1, Sonstige 0.

Kirchliches. 78 % evangelisch, 22 % römisch-katholisch. – Vorreformatorisches. B zugehörig zum Bistum Konstanz und Landdekanat (Ruralkapitel) Göppingen; Filialort von Ebersbach. – Einführung der Reformation 1534. Weiter Filialort von Ebersbach; 1 Büchenbronner im Kirchengemeinderat Ebersbach-West. Zum Dekanat Göppingen. – Kein Gotteshaus. Begräbnisstätte in Ebersbach. – Die Katholiken eingepfarrt nach Ebersbach, Dekanat Göppingen.
Sonstiges. Schöne Lage vorm Hochwald mit prächtiger Fernsicht zur Schwäbischen Alb. – Romantisches Tälchen des Steigbachs (Oberlauf des Ebersbachs) mit schroffen Talkopfklingen zwischen B und Krapfenreut. – 2 *Wanderparkplätze* nördlich vor B.
Sonderschrifttum. Donner, H., Geschichte der Gemeinde Ebersbach an der Fils; hrg. von der Gemeinde Ebersbach 1964.

Bücklinsweiler, Diegelsberg

Bücklinsweiler

Abgegangener Weiler im Gemeindebezirk Winterbach, Landkreis Waiblingen. Im Raum zwischen Mönchsklinge und Hörnlein; hier unterhalb der Hirschäcker heutige Flur »Buckenweiler« bis zum Buckenweiler Bach (Unterlauf des Mönchsklingenbachs).

Siedlungsbeginn vermutlich im 9. Jahrhundert. Erstmals urkundlich, als »Biklinsweiler«, 1469 genannt. – *Name.* Erklärung: »Buck« und »Bücklin« = altdeutsche Personennamen, also weist Ortsname auf Gründer oder späteren Besitzer des Weilers. Andere Erklärung: »Buck« und »Bückle« = kleiner runder Berg, somit Stellenbezeichnung. Spätere Schreibweisen: Bücklisweiler (1471), Bicklensweyler (1696). Volksmundlich: Bicklinsweiler. – *Hoheitsrechte.* Wohl zum staufischen Herzogtum Schwaben 1079 bis etwa 1246; seitdem wirtembergisch, zum Amt Schorndorf. – *Kirchliches.* Ursprünglich Filialort von Winterbach/Schorndorf; zum Kloster Engelberg eingepfarrt 1471 bis spätestens 1534. – *Untergang.* Vom einstigen Weiler bestand um 1500 nur noch der »Bicklinsweiler Hof«, wirtembergisches Erblehen, mit einigem kleinen Zubehör; dieser abgegangen zwischen 1500 und 1562; Ursache unbekannt. Keine Spuren erhalten. Der Bücklinsweiler Wirtschaftsraum seitdem zur Markung Winterbach.

Diegelsberg (D = Diegelsberg, U = Uhingen)

Ortsteil der Gemeinde U, im Landkreis Göppingen, an der Kreisstraße Ebersbach–D–Bundesstraße 10 Richtung U. Auf dem Bergsporn zwischen Fils- und Nassachtal; 390 m über Meeresspiegel, etwa 105 m über der Fils. – Ortsteilbezirk 294 ha, davon 10 % Wald. 395 Einwohner, Zunahme 1961–70: 67 %. – Postleitzahl 7336. Zum Fernsprech-Ortsnetz Ebersbach/Fils (Vorwähl-Nr. 0 71 63). *Zuständig.* Landratsamt Göppingen. Polizeirevier U. Stützpunktfeuerwehr U. Revierförsterstelle Göppingen oder Forstamt Göppingen für die Forstabteilung »Stich«, Revierförsterstelle Schlichten oder Forstamt Adelberg (im Kloster) für alle anderen Forsten. Amtsgericht Göppingen. Postamt Göppingen. *Vorgeschichtliche Fundstätten.* Aus der Mittelsteinzeit: 100 m ostnordostwärts D. – Aus der Jungsteinzeit ebenda und 1 km westnordwestlich D (Flur »Hochen«). *Siedlungsbeginn.* Vermutlich, weil am Anfang bzw. Ende des Schurwald-Höhenwegs liegend, schon im 11. Jahrhundert. Erstmals urkundlich, als »Dieggersperg«, 1339 genannt. – *Name.* Erklärung: weist wohl auf altdeutschen Namen »Dietger«, mundartlich weiterentwickelt zu »Diegger« und »Diegel«, also auf Gründer oder späteren Besitzer. Spätere Schreibweisen: Diegelsperg (1447), Dieckhelsperg (1477, 1563). Volksmundlich: Diegelschberg; Neckname: Schnapsbuckel; Neckname der Diegelsberger: Schnapsbrenner. – *Dorfanlage.* Urkern: um das heutige Schulhaus. Der Weiler teilweise zerstört 1634–36, zahlreiche Grundstücke noch verwildert 1693. Später Straßenweiler; nach Osten erweitert seit 1956. – *Wüstung.* Der *Luger* vorm Nordostrand von D (Flurname »Im Luger« = Beobachtungsstand; volksmundlich: Luoger), an der Bergkante gegen das Nassachtal; noch deutlich dreiseitig grabenumzogenes Bodenstück. Turmburg(?) der Grafen von Aichelberg, angelegt vermutlich im 13. Jahrhundert;

erstmals, als Wiesenname, genannt 1477; abgegangen wohl in zweiter Hälfte des 14. Jahrhunderts; keine Mauerreste erkennbar. – Der Gewannname »Tiringer wiß« (1524) weist nicht auf abgegangene Alemannensiedlung, sondern auf einstigen Wiesenbesitzer hin.

Hoheitsrechte. Im Rahmen des staufischen Herzogtums Schwaben: entweder staufisch; oder, unwahrscheinlicher, zähringisch bis etwa 1183, dann teckisch. Gräflich-aichelbergisch mindestens ab 1260 und sicherlich noch 1268, vermutlich länger (Verkauf des letzten aichelbergischen Grundbesitzes an Wirtemberg erst 1339). D gemeinsam mit U zu Wirtemberg spätestens seit 1332. Hier das meiste (das »Oberteil«) zum Amt bzw. Oberamt bzw. Landkreis Göppingen; zur Stabsschultheißerei U schon 1524, bis 1818. Aber ein »vom Vorst kommender Hof« (auf jüngerer Rodung) im Unterdorf zum Amt Schorndorf schon 1555, so bestätigt 1698; hier »gen Baiereck gehörig« und mit diesem zum Stab Winterbach bis 1810; in Rechtsbeziehung zum Baierecker Ämtlein. D im Besitz der Erzherzogin Claudia von Tirol 1635–49. D selbständige Gemeinde mit eigenem Schultheiß seit 1818, später auch mit eigenem Gemeinderat. Nach U eingemeindet 1930.

Gemeindliches 1972. 1 Diegelsberger im Gemeinderat U. Ein Anwalt, von den Diegelsbergern gewählt, nimmt (nur gewohnheitsrechtlich) in D Aufgaben der Gemeindeverwaltung U wahr. – *Volksschulunterricht:* Klassen 1–3 in der Grundschule D, Klassen 4–9 in der Grund- und Hauptschule U. – *Gesundheitswesen:* Arzt, Zahnarzt, Apotheke in U, Ebersbach; Tierarzt in Göppingen, Ebersbach; Gemeindeschwester und Hebamme in U. Unfallmeldestelle des DRK und Krankenhaus in Göppingen. – *Planung:* für 500 Einwohner in D im Jahr 1985; Erhaltung des dörflichen Charakters. – *Verein:* »Turnverein D«. – *Amtliche Bekanntmachungen* im »Mitteilungsblatt der Gemeinde U«.

Wirtschaftliches anno dazumal. 5 wirtembergische Bauernlehen 1524. – 1 »weingarth« oberhalb der Ebersbacher Strutwiesen 1554, noch 1686, nur »egart und holtz« 1698. Umfangreiche Kirschbaumanlagen und Kirschgeistherstellung seit 18. Jahrhundert (vgl. oben Necknamen). – Flurnamen »kolhaw« und »kolwiß« (1524); Köhlerei urkundlich bestätigt 1583.

Wirtschaftliches 1972. Erwerbspersonen 190, davon Auspendler 160; Einpendler 0. – Landwirtschaftliche Betriebe mit über 0,5 ha Gesamtfläche 17, davon 4 mit mehr als 10 ha; Ackerbau auf 49 ha, Melkkühe 104. Nichtlandwirtschaftliche Arbeitsstätten 4, davon keine mit mehr als 10 Beschäftigten. – Zweigstelle der Kreissparkasse Göppingen. – *Gaststätte:* »Zum Hirsch«. – *Wirtschaftliche Vereinigungen:* keine.

Politisches. Landtagswahl 1972: CDU 96, SPD 83, FDP 14, Sonstige 0.

Kirchliches. 74 % evangelisch, 21 % römisch-katholisch. – *Vorreformatorisches.* Zugehörig zum Bistum Konstanz und Landdekanat (Ruralkapitel) Göppingen; Filialort von U. – Einführung der Reformation 1534; weiter Filial von U, Dekanat Göppingen. Evgl. *Pauluskirche,* von Walter Ruff/Stuttgart erbaut 1956. Begräbnisstätte in U seit alters bis 1883, seitdem eigener Friedhof. – Im Kirchengemeinderat von U 1 Diegelsberger. – Die Katholiken eingepfarrt nach Ebersbach, Dekanat Göppingen.

Sonstiges. Steile Hanglage am Bergsporn, weithin sichtbar; besonders schön zur Baumblüte. Prächtige Fernsicht, noch umfassender vom Wasserbehälter oben am Waldrand.

Ebersbach an der Fils, Ebersberglen, Eglisweiler

Ebersbach an der Fils

Im Schurwaldraum der Ebersbacher Markung: Die *Ortsteile* Büchenbronn und Krapfenreut (vgl. diese). – *Wirtschaftliches anno dazumal.* Bergbauversuch im untersten Kirnbachtal 1599.

Sonstiges. Romantisches Tal des Engersenbachs (amtlich, aber irrig »Engelsbach«) an der westlichen Markungsgrenze mit schroffen Klingen und kleinem Wasserfall über Stubensandsteinfelsen im Talkopf. – Nahe östlich davon das schöne Waldtal des Kirnbachs mit nordöstlichem Zufluß, dem Fuchsbach. – Das Tal des Ebersbachs (heißt im Ober- und Mittellauf »Steigbach«) mit reizvollen Partien und Talkopfklingen zwischen Büchenbronn und Krapfenreut.

Ebersberglen

Abgegangener Weiler im Gemeindebezirk Oberberken, bei Unterberken(?), im Landkreis Waiblingen; genaue Lage unbekannt.

Siedlungsbeginn vermutlich im 12. Jahrhundert. Erstmals urkundlich, als »Ebersperglen«, 1385 genannt. – *Name.* Erklärung: »Ebersberg« weist auf Gründer oder spätere Besitzer, die Herren von Ebersberg (vgl. Adelberg-Kloster und Oberberken). – *Hoheitsrechte.* Zum staufischen Herzogtum Schwaben bis 1268; wohl wenig später wirtembergisch. Grundeigentümer ursprünglich die Herren von Ebersberg; der Schorndorfer Edelknecht Ulrich von Schechingen schenkte den von ihm zu Lehen ausgegebenen Weiler dem Kloster Adelberg 1385. – *Untergang.* Zeitpunkt (15. oder 16. Jahrhundert, offenbar vor 1592) und Ursache unbekannt. Keine Spuren erhalten.

Eglisweiler

Abgegangener Weiler, angeblich im Gemeindebezirk Aichschieß, Landkreis Esslingen. Genaue Lage unbekannt; in allen alten und neuen Karten der Name »Eglisweiler« eingetragen auf den weiten Waldhängen zwischen Krummhardt und Baach (früher Krummhardter Markung); dort nördlich über der mittleren Reutklinge die alte Forstabteilung »Eglisweiler Hecken«, eine mit Liashangschutt bedeckte Stubensandstein-Verebnung; also dort einst der Weiler auf halbem Weg zwischen Baach und Krummhardt? Oder aber nordwestlich darüber auf dem Liasrücken an der Kreisstraße Schanbach-Aichelberg, etwa bei den »Drei Linden« (Zeugenbäume dafür? daher »Eylindsweiler«? vgl. aber Aichelberg, Naturdenkmale), somit auf heutiger Aichelberger Markung?

Siedlungsbeginn vermutlich im 9. Jahrhundert. Erstmals urkundlich, als »Eyglißweyler«, 1555 genannt. – *Name.* Erklärung: »Eygil« = altdeutscher Personenname (als »Egino« noch im 13. Jahrhundert üblich), also Hinweis auf Gründer oder späteren Besitzer. Andere Schreibweise: Eglisweiller (1583), Eylindsweiler (so die Aichelberger Zehentordnung 1713).

Hoheitsrechte. Im Rahmen des staufischen Herzogtums Schwaben wohl zähringisch etwa seit 11. Jahrhundert und teckisch 1187 bis etwa 1317; dann gräflich aichelbergisch (Aichelberg im heutigen Landkreis Göppingen) bis spätestens 1340.

Die wirtembergischen Truchsessen von Stetten besaßen Hoheitsrechte mindestens seit 1368 bis 1452. Seitdem wirtembergisch; Einzelheiten wie bei Krummhardt. *Untergang.* Nach 1428(?); fraglich, ob 1555 noch bewohnt, und offenbar Laubwald 1583. Ursache des Untergangs unbekannt; keine Spuren erhalten. Seitdem die Eglisweiler Wirtschaftsfläche zur Krummhardter bzw. Aichschießer (einiges auch zur Aichelberger?) Markung gehörig.

Ellenhartsweiler

Abgegangener Weiler im Gemeindebezirk Adelberg, Landkreis Göppingen; höchstwahrscheinlich im heutigen Forst »Oberer Hau« östlich Oberberken, auf der Liashochfläche am Nordrand vom »Kirchenweg«, oberhalb der Forstabteilung »Beckenappelwiese«.
Siedlungsbeginn vermutlich im 9. Jahrhundert. Erstmals urkundlich, als »Ellenhartsweyler«, 1496 genannt. Spätere Schreibweisen: Ellerhartsweyler (1537, 1594), Erkhardtsweyller (1614), Erharts Weyler (1686) und dieses ausdrücklich gleichgesetzt mit einer »Wiese im Beckhen Appellen« (gemeint ist die »Beckenappelwiese«, genannt nach der damaligen Besitzerin Appolonia Beckin). – *Hoheitsrechte.* Vermutlich salisches, später staufisches Krongut. – *Untergang* vor 1496, Ursache unbekannt; damals schon Wiese.

Endersbach

Im Schurwaldraum der Endersbacher Markung: der *Sandfelsen* nahe nördlich Strümpfelbach, am Ostrand des Strümpfelbachtals zwischen 2 Klingen; blanker Stubensandsteinfels, naturgeschützte Steppenheideflora, schöne Aussicht. Trotz Volksmund »Sandburg« niemals Wehranlage.

Endweiler

Abgegangener Weiler im Gemeindebezirk Adelberg, Landkreis Göppingen, im Raum der Untermühle (Zachersmühle)? Laut Forstlagerbuch Schorndorf 1555 in »Enndtweyler« 4 Bauernlehen (die Lehensträger namentlich genannt) mit 40 Morgen; entsprechend im Geistlichen Lagerbuch Adelberg 1537 die Untermühle »wylermilin« genannt. Aber in den Lagerbüchern von 1496 und 1594 nichts Entsprechendes erkennbar. Falls ein Weiler überhaupt bestand, begonnen vermutlich im 9. Jahrhundert, abgegangen vor 1496 (und zunächst von Hundsholz aus weiter bewirtschaftet?) bis auf die heute noch erhaltene Untermühle.

Engelberg

Ortsteil der Gemeinde Winterbach im Landkreis Waiblingen, an der Landesstraße Winterbach–Hohengehren–Obereßlingen und –Plochingen. Haltepunkt der Omnibuslinie Winterbach–Ebersbach/Fils. Auf Schurwaldvorsprung südwestlich Winterbach; 360 bis 390 m über Meeresspiegel, 120–150 m über der Rems; nur 77 ha, 245 Einwohner (ohne Schüler). – Postleitzahl 7065. Zum Fernsprech-Ortsnetz Schorndorf (Vorwähl-Nr. 0 71 81).

Zuständig: Landratsamt Waiblingen. Polizeiposten Winterbach, notfalls Polizeirevier Schorndorf. Stützpunktfeuerwehr Schorndorf. Revierförsterstelle Winterbach oder Forstamt Hohengehren in Schorndorf. Amtsgericht Schorndorf. Postamt Schorndorf.

Geschichtliches. Vielleicht im Raum des heutigen Unterhofs vorchristliche (keltisch-römische, dann alemannische) Kultstätte; freilich keine Funde hierzu. Nach Einführung des Christentums im 6. Jahrhundert hier wohl eine Michaelskapelle; »Engelberg« bezieht sich auf Erzengel Michael. Zum staufischen Herzogtum Schwaben 1079 bis etwa 1246, seitdem wirtembergisch; zum Amt Schorndorf (hier zum Winterbacher Stab bis 1818) bis 1938, seitdem zum Landkreis Waiblingen. Zugehörig zum Bistum Konstanz und Landdekanat (Ruralkapitel) Cannstatt/Waiblingen/Schmiden/Schorndorf; Filialort von Winterbach. Im Mittelalter vielbesuchte Wallfahrtskapelle zur Hl. Maria (Patroziniumswechsel oder nur volksmundliche Neubenennung nach der hier verehrten Muttergottes?). Bei ihr stiftete Graf Ulrich V. der Vielgeliebte von Wirtemberg 1466 ein Drittordenshaus regulierter Augustinereremiten. Das Kloster eigene Pfarrei (zugehörig Bücklinsweiler, Kikishart, Manolzweiler) 1471–1538. Ungewiß, ob der 1477 geplante Kirchenbau finanziell gescheitert oder doch (wie oft behauptet, aber nicht bewiesen) durchgeführt; jedenfalls keine Nachricht über Altarweihe oder Kircheneinweihung; Grabungen insoweit ergebnislos. 3 unterirdische Fluchtgänge noch nachweisbar. Beim Bauernaufstand des »Armen Konrad« lagerte hier oben Juli 1514 der »Leonberger Haufen«. Kapelle und Kloster im Bauernaufstand 1525 zerstört. Das Kloster von Herzog Ulrich endgültig aufgehoben 1538; die meisten Steine sofort zum Schorndorfer Festungsbau benutzt. Seitdem die weitere Umgebung herzoglicher Jagdpark. Herzogliches Jagdschloß auf den Grundmauern des klösterlichen Hauptgebäudes 1602 erbaut und 1750 umgebaut; Sitz des Schorndorfer Oberforstmeisters seit etwa 1605 bis 1817. Das »Schloßgut« an Private verkauft (Bierbrauerei 1836–1868) und Wildpark aufgehoben 1818. – Weinbau am Südosthang zum Lehnenbach (Espenbach) noch 1686; Hopfenbau im 19. Jahrhundert.

Heutiger Gutshof Engelberg. Ortsteil von Winterbach, hervorgegangen aus Schloßgut und Rest des abgegangenen Weilers Kikishart (vgl. diesen). Besteht aus: a) *Unterhof* (360 m über Meeresspiegel), umfaßt hauptsächlich die »Freie Waldorfschule Engelberg« im ehemaligen Jagdschloß (über den alten klösterlichen Kellergewölben, Renaissancestaffelgiebel von 1602, innerer Umbau 1963) seit 1945 und im nahe nordwestlich darunter liegenden großzügigen interessanten Schulneubau von 1968 (Einheitliche Volks- und Höhere Schule mit 700 Schülern in Klassen 1–13); neben dem Schloß das »Hotel Engelberg« (hier einst die Kapelle) und ältere Wirtschaftsgebäude; b) *Oberhof* (380 m über Meeresspiegel), mit einigen Bauernhäusern; der oberhalb davon abseits gelegene Clemenshof (genannt nach dem Besitzer Clemens Katzmaier um 1800) abgebrochen 1928.

Kirchliches heute. 70 % Christengemeinschaft, 20 % evangelisch, 10 % römischkatholisch. – Evangelisch Filialort von Winterbach, Dekanat Schorndorf. Die Katholiken eingepfarrt nach Winterbach, Dekanat Waiblingen.

Sonstiges. Prächtige Aussicht auf das mittlere Remstal und die Berglen. – Östlich

unterhalb Engelberg im Lehenbachtal Dauerstau- und Hochwasser-Rückhaltebecken für 580 000 cbm. – Südlich Engelberg im nördlichsten Seitenklingchen
des Eschenbachs (Espenbachs) kleiner Wasserfall über Kieselsandsteinbank.
Sonderschrifttum. Reiser, H., Vom Augustinerkloster zum Jagdschloß Engelberg;
im Heimatbuch für Schorndorf und Umgebung 1950, S. 48–57. – Schneider, J.W.,
Zur Geschichte des Engelbergs; in: Remstal Jg 6 (1965), Heft 16, S. 81–86; ebenso in: Heimattage Winterbach 1968, hrg. von der Gemeinde Winterbach, S. 42–
50. – Stollwerck, P., Freie Waldorfschule Engelberg; in: Remstal Jg 8 (1968),
Heft 22, S. 44–63. – Würth, K., Aus Vergangenheit und Gegenwart der Gemeinde Weiler/Rems, hrg. von d. Gemeindeverwaltung Weiler 1964, S. 120–124.

Esslinger Stadtwald

Der *Rennweg* (»rennen« = geradeaus auf das Ziel zulaufen), vom Fellbacher
Kappelberg (vgl. Fellbach) kommend, durchzieht den Stadtwald südostwärts
am Jägerhaus vorbei zum Weißen Stein. Kaum keltischen Ursprungs. Im mittleren Teil »Römerweg« oder »Römerstraße« genannt, aber wohl ohne tatsächlichen Bezug auf römische Zeit. Im mittleren Teil auch »Heerstraße« (1449:
»Herstras«) genannt im Sinne von Landstraße (1743: »Land- und Heerstraße«),
offenbar kein Zusammenhang mit Militärischem, wohl auch kein Straßenbau
der Franken. Vielmehr der ganze Straßenzug als Fahrweg vermutlich frühestens
zur Stauferzeit angelegt. Der »Rennweg« urkundlich erstmals 1555 genannt.
Das Teilstück zwischen Eiserner Hand und Aichschießer Straße heißt »Zeller
Trieb« (hier einst die Viehzüchter von Zell/Neckar berechtigt zur Waldweide)
oder »Postweg« (einst Teilstück der Postverbindung Esslingen–Schorndorf; vgl.
auch Baach). Die Fortsetzung südostwärts bis zum Weißen Stein (und darüber
hinaus nach Reichenbach bzw. Plochingen) war Teilstück vom »Strümpfelbacher
Weg« (1522); letzterer zur »Weinstraße« ausgebaut 1692.
Vor- und frühgeschichtliche Fundstätten. Aus der *Altsteinzeit* bei Esslingen-
Rüdern, westlich und 175 m südöstlich der Katharinenlinde (Streufund). – Aus
der *Mittelsteinzeit:* im Forst »Lindhalde« nordöstlich der Katharinenlinde;
175 m südöstlich der Katharinenlinde; im Forst »Katzenbühl« beim Alten Steinbruch (Punkt 453,7). – Aus der *Jungsteinzeit:* 175 m südöstlich der Katharinenlinde; in den Forsten »Birkengehren« und »Saisleshau«. – Vermutlich aus der
Hallstattzeit: 5 Grabhügel 1 km südöstlich Jägerhaus im Forst »Braunhalde«
zwischen Oberem Ortlochweg und Liegewiese (vgl. unten); der Hügel am Weg-
rand 12 m Durchmesser, 70 cm hoch. Die früheren 5 Grabhügel im Forst »Balkes-
hau« 1970 beseitigt. – Aus der *Latènezeit:* die spätkeltische *Viereckschanze*
(etwa 120 vor bis 100 nach Chr.) im Forst »Burgstall«, 1 km südöstlich vom
Jägerhaus, wenig nördlich der Römerstraße zum Weißen Stein. Die Südseite
(also zur Straße hin) 123 m, die Westseite 101 m, die Nordseite 118 m, die Ost-
seite 98 m lang; der Wall stark verschleift, aber die 4 Ecken noch scharf ausgezogen und bis 1 m hoch. Rings herum vorm Wall laufender Graben (auf der
Südseite Wassergraben), entstanden durch Bodenaushub für den Wall, einst 5 m
breit, 2 m tief; jetzt nur noch flache Mulden. In der Mitte des Südwalls die
Einfahrt erkennbar. Das Innere etwa 25 cm über dem Außengelände. Bescheidene Grabungen ergaben nur sehr geringe Funde. Vermutlich Kultstätte; keine

Verteidigungsanlage (Fliehburg), kein Gehege für Viehherde. Sage: die Kelten tauschten von hier Feuersignale mit dem Hohenneuffen. Gute Erklärungstafel an der Nordostecke. – Aus *römischer* Zeit: am Nordostfuß des Forstes »Braunhalde« im Waldtal des Stettener Haldenbachs, zwischen Liebersbronn und Schanbach (Streufund, keinesfalls Reste eines römischen Gutshofs); im Forst »Birkengehren« am Abzweig des Alten Stettener Wegs von der Römerstraße.

Naturdenkmale, von Nordwest (noch nordwestlicher vgl. Fellbach, Stadtwald) südostwärts bis zum Esslinger Jägerhaus. Auf der Höhe »Katharinenlinde« nördlich Krummenacker beim Aussichtsturm (vgl. Sonstiges) am Standort der abgegangenen »Katharinenlinde« kleiner Lindenhain, darin eine geschützte Linde (1888 gepflanzt, 18 m hoch); in der Umgebung noch etwas Heidelandschaft. – »Friedenslinde« gegenüber vom Denkmalsstein der Römerstraße, am Weg nach Wiflingshausen (1871 gepflanzt, 22 m hoch). – 2 Eichen am Eichentor (vgl. Sonstiges), links und rechts vom Abzweig des Alten Stettener Weges von der Römerstraße (etwa 200 Jahre alt, 20 m hoch). Sämtliche Meterangaben geschätzt.

Weitere Naturdenkmale, nämlich vom Esslinger Jägerhaus südostwärts bis zum Weißen Stein. Eichenstumpf (290 Jahre alt) unmittelbar vorm Jägerhaus, mit interessanten historischen Erklärungen. – *Naturlehrpfad* nördlich der Römerstraße, vorm Jägerhaus beginnend, an der Viereckschanze (vgl. oben) vorbei, jenseits der Krummhardter Straße Abstecher zur Vogelschutz-Lehrschau und schließlich auf dem Braunhaldenweg westwärts zurück zum Jägerhaus; gut und vielseitig unterrichtend beschildert (insgesamt 2 Stunden). – Douglastanne im Forst »Braunhalde«, etwa 1600 m südöstlich Jägerhaus, 30 m nördlich der Römerstraße am Naturlehrpfad (75 Jahre alt, 30 m hoch). – Südwestlich vom Weißen Stein im Wald »Balkishau« der Orgelweg (für Autos gesperrt) zu der nach Altbach herabziehenden »Felsenklinge«; in deren obersten Teil dicht rechts vom Orgelweg die »Orgel«, kleine Stubensandstein-Felspartie mit Fall (2 m) eines geringen Bächleins; im Winter mit starker, orgelpfeifenähnlicher Eiszapfenbildung. – Fortsetzung vom Weißen Stein: nach Südosten vgl. Plochingen (Stadtwald); nach Nordosten auf dem Schlößlesweg (für Autos gesperrt) vgl. Hohengehren (Naturdenkmale).

Sonstiges, von Nordwest südostwärts bis zum Esslinger Jägerhaus. *Aussichtsturm* auf der Höhe »Katharinenlinde« (470 m über Meeresspiegel, 250 m über dem Neckar), 1 km nördlich Ortsausgang Krummenacker. Hier 1521 eine der Hl. Katharina von Alexandrien geweihte Kapelle(?). Sagen: die Hl. Katharina hier ermordet und begraben; ein esslingisches Mädchen Katharina hier als Hexe verbrannt. Die Bezeichnung »Katharinenlinde« für den Platz üblich seit Tod der Königin Katharina (1819). Der Aussichtsturm 17 m hoch, mit prachtvoller Nah- und Fernsicht; zu den Linden vgl. oben Naturdenkmale. – Zum *Sandbruch* am Katzenkopf vgl. Stetten. – *Denkmalsstein* an der Römerstraße 1200 m nordwestlich Jägerhaus erinnert an erste Heranführung von Fremdwasser nach Esslingen 1907. – Nahebei das *Dulkhäusle,* benannt nach sozialdemokratischem Freidenker Albert Dulk aus Königsberg, später Stuttgart, Verfasser religionsphilosophischer Schriften; wohnte hier sommers von 1880 bis zum Tod 1884. – Das *Eichentor,* an der Römerstraße 700 m nordwestlich vom Jägerhaus, am Abzweig des Alten Stettener Weges; »Tor« häufig vorkommende Stellenbezeichnung, hier benannt nach den flankierenden Eichen (vgl. Naturdenkmale); die

»Tore« erinnern an einstige Durchlässe an Wildzäunen oder -mauern. – Eine *Grubbank* am Ostrand der Straßenkreuzung beim Jägerhaus, steinerne Ruhebank (schwäbisch »gruben« = ausruhen), der obere Mittelteil zum Abstellen von Traglasten, die beiden niedrigeren Seitenteile zum Sitzen (»Schwätzlebänkle«); hier die linke untere Sitzbank gedankenlos beseitigt. – Im romantischen Haldenbachtal zwischen Altem und Neuem Stettener Weg nahe der Markungsgrenze erinnert der *Diebsbrunnen* (»Diebsbrönnele« 1799 genannt) an früher übliche Holzdiebstähle; jenseits der nahen Markungsgrenze Dieb nicht mehr verfolgbar, weil Herrschaft Stetten. Hier ließ Herzog Ulrich vermeintlichen Wilddieb verhaften (der Unschuldige wurde später umgebracht).

Weiteres Sonstiges, nämlich vom Esslinger Jägerhaus südostwärts bis zum Weißen Stein. Das *Esslinger Jägerhaus,* Gasthaus, zum Stadtteil Liebersbronn gehörig, hervorgegangen aus einem 1729 errichteten Holzwarthäuschen. Das *Evgl. Waldheim* 200 m südöstlich, großzügig angelegte Tagungsstätte der Evgl. Akademie Bad Boll. Beide mit prächtiger Fernsicht. – *Liegewiese* etwa 1 km südöstlich Jägerhaus, links an der Römerstraße auf aufgefülltem Steinbruch; unweit östlich von ihrem hinteren Ende die Keltische Viereckschanze (vgl. oben). – Eine erneuerte *Grubbank* (vgl. oben) etwa 2 km südöstlich Jägerhaus, am Wegabzweig von der Römerstraße nach Aichschieß. – Daneben die *Eiserne Hand;* hier zunächst weit vor 1574 ein Vierherrenstein: Amt Stuttgart (wegen Oberesslingen), Amt Schorndorf (Aichschieß), Klosteramt Adelberg (Altbach, Zell), Reichsstadt Esslingen; die Hand erinnert an die Esslinger Gerichtshoheit, erstmals errichtet zwischen 1574 und 1651, jetzt moderne Neufassung. Sage: einst Freistätte für Waldfrevler. – Südlich vom Roten Steigle (im roten Knollenmergel) bis zum Teufelsbrückle hinab der Forst »Burgwasen«, unterhalb des Waldes die »Burgwiesen« (vgl. Zell am Neckar). – An der südlichen (rechten) Seite der Schorndorfer Straße noch vor ihrer Linkskurve Richtung Weißer Stein vermutlich die abgegangene Siedlung Balgoss (vgl. dieses). – Der *Weiße Stein,* alter (erstmals genannt 1785) auffallender Markierungspunkt an wichtiger Straßenkreuzung Esslingen/Schorndorf und Aichschieß/Plochingen; früher im Volksmund »Henkersplatz« genannt. Sage: hier verhaßter herzoglicher Jagdknecht, der Schlappohrle, von gequälten Bauern erschlagen, erscheint in den 12 Nächten nach Weihnachten; andere Sagenform: in Plochingen angeschwemmte Flußleiche, der Schlappohrle, hier dreimal beerdigt und trotzdem nachts umgehend. Hier *Wanderparkplatz.* – Fortsetzung vom Weißen Stein: nach Südosten vgl. Plochingen (Schanz); nach Nordosten auf der Landesstraße nach Schorndorf vgl. Baltmannsweiler (Propsthof), auf dem Schlößlesweg vgl. Hohengehren (Schlößlespark).

Sonderschrifttum. Fezer, F., Lexikon der Flur-, Straßen- und Gebäudenamen der Stadt Esslingen am Neckar, hrg. von der Stadt Esslingen 1969 (Masch.Schrift, vervielfältigt), hier S. 635–678. – Sitte, E., Die Katharinenlinde; in: Blätter des Schwäbischen Albvereins Jg 73 (1967), S. 172–174. – Stockinger, W., Naturpfade-Wanderungen Baden-Württemberg und Bayern; 1969.

Fellbach

Im Schurwaldraum der Fellbacher Markung:

Vor- und frühgeschichtliche Fundstätten. Aus der Mittelsteinzeit: auf dem Kappelberg nahe südlich Fellbach. – Aus der Jungsteinzeit: auf dem Kappelberg (Schussenrieder Kultur) und dem Kernen. – Aus der Spätbronzezeit: auf dem Kappelberg eine Höhensiedlung; vermutlich aus derselben Zeit nahe vorm nordwestlichen Waldrand 2 Wälle (Reste einer vorkeltischen Fliehburg? im Volksmund »Keltenwälle«) und auf der Südseite des Weges vom Kappelberg zum Kernen 2 Grabhügel. Am Osthang des Kernen 1 undatierbarer Grabhügel. – Aus römischer Zeit: am Kappelberg.

Der *Fellbacher Stadtwald* (220 ha), die Nordwestecke des Schurwaldes. Der *Kappelberg* (469 m über Meeresspiegel) genannt nach einstiger Wallfahrtskapelle auf der Schichtstufe des Kieselsandsteins beim heutigen »Waldschlößle«, abgebrochen 1819. Vorm Waldrand die »Keltenwälle« (vgl. oben). Weiter oben im Wald quer über den Bergrücken der mittelalterliche »Saugraben« (300 m lang) zum Schutz der Weinberge gegen Wildschweine und Weidevieh. – Vom Kappelberg kommend durchzieht den Stadtwald nach Südosten der *Rennweg* (vgl. Esslinger Stadtwald), wohl frühestens zur Stauferzeit gebaut, daher dieses Wegstück auch »Kaiserstraße« genannt. – Hier der *Kernen* (Kernberg, Kernenbuckel; 513 m über Meeresspiegel, etwa 220 m über Neckar und Rems), eine der beiden höchsten Erhebungen des Schurwaldes. Angeblich genannt nach (nicht nachweisbaren) kellerartigen Unterschlüpfen vorgeschichtlicher Menschen oder nach Kellergewölben der Beiburg. Oder nach Sage über Kriegslist: die belagerte Besatzung der Burg fütterte eine Kuh mit ihrem letzten Kernen (Dinkel); aus den herausgeworfenen Eingeweiden schlossen die Belagerer auf reiche Vorräte in der Burg und zogen ab. Aussichtsturm (26 m hoch) mit prächtigem Rundblick. – In diesem Raum die *Beiburg.* Gesichert nur als Name eines Waldes von 296 ha, den die Herrschaft (damals Erzherzog Ferdinand von Österreich) 1522 an 6 umliegende Gemeinden verkaufte; heute noch Waldname auf den Markungen von Stuttgart-Rotenberg und von Rommelshausen. Wenn überhaupt je eine Burg, etwa auf dem Kernen, diese schon damals abgegangen (1555: »ein bestand holtz, genannt die beyburg«); immerhin denkbar, daß dieser große Wald ein Zubehör der Burg war und daher deren Namen trägt. Keinerlei Burgreste erkennbar, keine Funde; Sage: hier der erste befestigte Wohnplatz der Wirtemberger vorm Bau ihrer Burg auf dem Rotenberg (1080). Walther Keinath erklärt »Beiburg«: vielleicht mittelhochdeutsch »bi« im geistigen Sinne als »falsch, das heißt wo es nicht geheuer ist«. Aus diesem Raum fließen nordwärts die Quellbäche des Beibachs ab.

Landschaftsschutzgebiet: Der Kappelberg mit Pflanzenschutzgebiet am hinteren Panoramaweg (Steppenheidepflanzen, vgl. Abschnitt 1 e). – Der »Naturpfad Kappelberg« gut und vielseitig unterrichtend beschildert.

Sonderschrifttum. Fellbach, ein Heimatbuch, hrg. von der Stadtverwaltung Fellbach 1958. – Naturpfad Kappelberg, hrg. vom Schwäbischen Albverein; Stuttgart 1966. – König, C., Naturpfad Kappelberg; in: Blätter des Schwäbischen Albvereins Jg 72 (1966), S. 112–113. – Schmidt, R., Die Trockenrasenvegetation des Kappelberges bei Fellbach; in: Jahreshefte der Ges. für Naturkunde in Württ. Jg 124 (1969), S. 200–221.

Hegenlohe

Ortsteil der Gemeinde Lichtenwald (vgl. dieses).

Hochingen

Abgegangener Weiler im Ortsteilbezirk Schlichten, Landkreis Waiblingen. Soll laut schwäbischem Geschichtsschreiber Martinus Crusius (Annales Suevici 1595) nahe der abgegangenen Burg Heldenstein und oberhalb Urschlichten gelegen haben (vgl. Schlichten); urkundlich nichts nachweisbar. – Namensendung »...ingen« kaum Hinweis auf Siedlungsbeginn schon während der alemannischen Landnahme. – Namenserklärung. Entweder: »hoch« weist auf Höhenlage, also Hochingen vermutlich westlich der beiden Schlößlesklingen auf den Stockäckern an der Straße Baiereck–Schlichten (8 m über Schlichten), dort einst das »Hochheckenwäldlin« (1686), später angeblich ein Hof »Hoheneck« (Haueck). Oder, weniger wahrscheinlich: Hinweis auf Familie der Huoching, die im 8. und 9. Jahrhundert im Drachgau (erstreckte sich von Schorndorf remsaufwärts, auch in den Schurwald hinein) führende Stellung besaß. – Zeitpunkt und Ursache des Untergangs von Hochingen unbekannt. Keine Spuren erkennbar.

Hohengehren (H = Hohengehren)

Gemeinde im Landkreis Esslingen, an der Landesstraße Esslingen (und Plochingen)–Winterbach–Schorndorf. Haltepunkt der Omnibuslinie Esslingen–H. Auf der Liashochfläche zwischen den Tälern von Gunzenbach und Schlierbach im Westen und Katzenbach (Oberlauf des Reichenbachs) im Osten; 465 m über Meeresspiegel, etwa 210 m über der Fils. – Gemeindebezirk 9,9 qkm = 987 ha, davon 69 % Wald. 1610 Einwohner; Zunahme 1961–70: 64 %. – Postleitzahl 7061. Zum Fernsprech-Ortsnetz Plochingen (Vorwähl-Nr. 0 71 53).
Zuständig. Landratsamt Esslingen. Polizeiposten H, notfalls Polizeirevier Plochingen. Stützpunktfeuerwehr Reichenbach/Fils. Revierförsterstelle H oder Forstamt H in Schorndorf. Amtsgericht Schorndorf. Postamt Schorndorf.
Siedlungsbeginn vermutlich im 12. oder 13. Jahrhundert. Erstmals urkundlich, als »Hehengern« (offensichtlich Schreibfehler statt »Hohengern«), 1275 genannt. – *Name.* Erklärung: mittelhochdeutsch »gern« = Spitze, keilförmiges Landstück; hier die Lage an und auf dem keilartigen Höhensporn des Schurwaldes (20 m über Baltmannsweiler). Spätere Schreibweisen: Hochengern (1400), Hohengärn und Hohengeren (1686). Volksmundlich: Haugair. Necknamen der Hohengehrener: Pöppeleskotzer, Steinbeißer. – *Dorfanlage.* Urkern: um die Kirche (laut Forschung von Erwin Mauz); der an sie ehemals ostwärts anschließende Weilerteil (etwa »Untergehren«?) teils frühzeitig, teils nach 1634 abgegangen. Dann »Oberdorf« im Norden und »Unterdorf« im Süden; diese an der neuen Verbindungs- (heutiger Haupt-)straße zusammengewachsen zu ausgesprochenem Haufendorf erst nach 1830. Stark erweitert nach Südosten ab 1958, nach Südwesten ab 1961, nach Norden ab 1969. – Das »*Parkhaus*« an der Straße von Baltmannsweiler nach Baach, am Waldrand, einst Wärterhaus für den

Wildpark (vgl. unten), dann Revierförsterhaus.

Abgegangene Weiler. Steinenbach und Witzlinsweiler (vgl. diese). – Das vermutete Bestehen von Siedlungen »Borgenhart« und »Katzenlohe« nördlich von H wohl abgeleitet aus (irrig gedeuteten?) Lagerbucheintragungen von Wiesen »zue B.« und »zue K.«; keine sonstigen Anhaltspunkte. – Kein abgegangener Weiler »Holdesteiningen«; offenbar abgeleitet aus mißverstandener Lagerbucheintragung 1610 »Holdersteininger Hecken«, d. h. der Hecken am Holderstein (vgl. unten).

Einzelwüstungen. Der *Katzenbachhof,* östlich von H, beim Einfluß vom Riedwiesenbach in den Katzenbach; bestand wohl noch nicht 1503, aber sicherlich 1525 (Herdstätte mit Scheuer), als Eigentum der Herrschaft Wirtemberg der Gemeinde H zu Erblehen ausgegeben und von letzterer weiterverpachtet; stand noch 1583, nicht mehr 1610; trotzdem blieb sein Wirtschaftsraum Erblehen der Gemeinde, als Viehweide genutzt. Der Hof bzw. als dessen Lehensträger die Gemeinde H stand in Rechtsbeziehung zum Baierecker Ämtlein. – Die *Burg Holderstein,* südöstlich H an der Kante des mittleren Katzenbachtals, oberhalb eines Stubensandsteinfelsens einer kleinen Seitenklinge mit 6 m hohem Wasserfall (die Wiese darüber 1557 »Maurenwies« genannt, schon 1610 und heute noch »Mohrenwiese«, entstellt aus volksmundlich »Maorwies« = Mauerwiese!). Fraglich, ob die Urkundnotiz der Grafen von Wirtemberg von 1278 »aput Hohengern« (kann »bei«, aber auch »in« Hohengehren heißen) auf die Burg Holderstein bezüglich; jedenfalls damals kein Burgname genannt. Dereinst wohl nur Turmburg oder Steinhaus der Grafen, sehr einfach und umwallt. Zeitpunkt und Ursache des Abgangs unbekannt; nur noch weniges Gemäuer 1535. Jetzt nur sehr geringe Steinreste der Umwallung sichtbar. Der Name »Holderstein« vermutlich jüngeren Datums, bezieht sich entweder auf Holundergebüsch in den späteren Ruinen (1563: »Holdersteiniger Hecken«) oder auf die Esslinger Patrizierfamilie Holdermann, die zu Hegenlohe und Baltmannsweiler im 14. und 15. Jahrhundert begütert war (so »Holderwiesen«, »Holdermannsholz« usw. auf Hegenloher Markung). – Der *Schlierbachhof* nordwestlich H, wohl am Zusammenfluß von Schlierbach und Kohleichenbach, errichtet 1695, auch »Bernhardshof« genannt nach Besitzer; vermutlich stillgelegt nach 1820, abgegangen vor 1832. Keine Reste mehr sichtbar (aber noch Waldname »Schlierbachhof«). – Der *Wildpark* südwestlich H, von Herzog Carl Eugen angelegt 1760, von König Friedrich I. im Jahre 1816 auf etwa 320 ha erweitert, mit 2 m hoher Mauer umgeben, dazu *Jagdschlößchen.* Park aufgehoben und Schlößchen abgebrochen (jetziges Rathaus von Altbach) 1839; heute am »Schlößlesplatz« nur geringe Anlagenreste (vgl. unten Naturdenkmale). – Die *Schanz,* volksmundliche Bezeichnung für die Höhe 476, nahe nördlich H; nichts überliefert oder erkennbar (dortiger Flurname »Schöllhansenreuttin«, also der einstige Besitzername »Schöllhans« offenbar zu »Schanz« entstellt).

Hoheitsrechte. H im Rahmen des staufischen Herzogtums Schwaben angeblich staufischer Hausbesitz (oder doch vielleicht zähringisch bis 1187, dann teckisch?). Aus ihm zur Grafschaft Wirtemberg um 1268; zum Amt bzw. Oberamt Schorndort bis 1938 (hier zum Schnaiter Stab bis 1818), seitdem zum Landkreis Esslingen. – H zugehörig zum Schlichter Waldgericht 1560–1819.

Gemeindliches 1972. 10 Gemeinderäte. – Jahreshaushalt 850 080 DM; Steuerkraftsumme je Kopf 296 DM, Gesamtverschuldung je Kopf 275 DM. – *Gemein-*

dewappen: in Blau ein goldener Garnknäuel mit abhängenden Fadenenden (altes Fleckenzeichen, vgl. unten Wirtschaftliches anno dazumal). *Gemeindefarben,* abweichend vom Wappen, weil traditionsbedingt: Grün-Rot. – Rathaus von 1968. *Volksschulunterricht:* Klassen 1–4 in der Grundschule H, Klassen 5–6 in der Hauptschule H, 7–9 Hauptschule Baltmannsweiler. – *Volkshochschul-*Außenstelle. – *Ortsbücherei.* – *Gesundheitswesen:* Arzt und Unfallmeldestelle des DRK in Baltmannsweiler, Tierarzt und Apotheken in Reichenbach/Fils, Hebamme in H; »Krankenpflegeverein Baltmannsweiler/H e.V.« mit Gemeindeschwester in H. Krankenhaus in Plochingen. – *Planung:* für etwa 5000 Einwohner im Jahr 1985; Arbeiterwohngemeinde mit bereinigter schwerpunktmäßiger Landwirtschaft, Stützpunkt für Naherholung; gemeinsame öffentliche Anlagen mit Baltmannsweiler. – *Vereine:* »Gesangverein Liederkranz H 1841 e.V.«; »Verband der Kriegsbeschädigten (VdK) Ortsgruppe H«. – *Amtliche Bekanntmachungen* im »Reichenbacher Anzeiger«.

Wirtschaftliches anno dazumal. 10 Bauernlehen wirtembergisch 1500. – Hohengehrener Kopfkraut, zu Sauerkraut verarbeitet, besser als das gute Filderkraut (1851). – Weinbau an mehreren Stellen im 16. und 17. Jahrhundert (Flurnamen »Wingart« an einem Südosthang über dem Bannholz 1555, 1691; »Innere« und »Äußere Woinäcker« nördlich von H auch damals genannt, heute noch Flurname »Weinäcker«), nach Vernichtung und Entvölkerung im Dreißigjährigen Krieg wegen ungünstigen Klimas nicht wieder aufgenommen. – Anbau von gutem Flachs bis etwa 1850, dann von Hanf bis etwa 1920; dazu zahlreiche Spinner und Leinenweber in H, Ende 19. Jahrhundert der aufblühenden Leinenindustrie erlegen. – Kleine Ziegelhütte verarbeitete den Liasverwitterungslehm für örtlichen Bedarf, nachgewiesen durch Flurnamen »Ziegeläcker«, »Ziegellach« 1691. – Kohlenmeiler östlich H am Katzenbachhof (hier Flurname »Kohlplatz« 1563, 1691), südwestlich H im Wald »Wittsweiler« (vgl. Witzlinsweiler) bei der Königineiche (vgl. unten Naturdenkmale) und im mittleren Schlierbachtal. – Die »wandernde« Glashütte östlich vom Katzenbachhof wohl schon auf Markung Thomashardt (vgl. dort). – Zentrum des Schurwald-Holzhandels bis zum 2. Weltkrieg.

Wirtschaftliches 1972. Erwerbspersonen etwa 1000, davon Auspendler 650 (sämtlich zum Fils-Neckar-Tal); Einpendler 14. – Landwirtschaftliche Betriebe mit mehr als 0,5 ha Gesamtfläche 107, aber nur 3 mit über 10 ha; Ackerbau auf 122 ha, Melkkühe 130. Nichtlandwirtschaftliche Arbeitsstätten 43, davon keine mit über 10 Beschäftigten. – Banken: »Spar- und Darlehenskasse eGmbH«, Zweigstelle der Kreissparkasse Esslingen. – *Gaststätten:* »Zum Hirsch«, »Zum Waldhorn«. – *Wirtschaftliche Vereinigungen:* »Obst- und Gartenbauverein H«; »Milchverwertungsgenossenschaft eGmbH H«.

Politisches. Landtagswahl 1972: CDU 367, SPD 316, FDP 69, DKP 4, Sonstige 0.

Kirchliches. 79 % evangelisch, 15 % römisch-katholisch. – Vorreformatorisches. Zugehörig zum Bistum Konstanz und Landdekanat (Ruralkapitel) Kirchheim unter Teck von Anbeginn bis 1534. Eigener Ortsgeistlicher erstmals genannt 1275. – Reformation eingeführt 1534, Filialort von Baltmannsweiler 1534–60; seitdem wieder eigene Kirchengemeinde, aber der Pfarrer in Personalunion mit dem von Baltmannsweiler seit 1942. Zugehöriges Filial: Kgl. Jagdschlößchen mit Zubehör 1825–39. Zum Dekanat Schorndorf.

Hohengehren

Mittelalterliche sehr kleine Kapelle unbekannten Titels, das »Pilgerhäusle« (wohl entstellt aus ursprünglich »Bildhäusle«) auf den Wasen (heute überbauter Westrand der Hauptstraße); abgebrochen 1790. – Eine ehemalige Kapelle zum Hl. Cyriacus durch die jetzige, baulich bedeutungslose Sakristei ersetzt 1745. Daran angeschlossen die (evgl.) *Pfarrkirche*, spätgotisch (erstmals genannt 1563), mit dreiseitigem Chorabschluß und älterem nordwestlichen Seitenturm im ummauerten Friedhof. Im Turm Schießscharten (nach innen erweiterte Fensterschlitze). Am Chor gute Maßwerkfenster. Das Innere – Schiff und Chor ineinandergezogen, flachgedeckt – geschmackvoll restauriert 1964. Im Schiff weitvorragende Emporen, auf schön geschnitzte Holzsäulen gestützt. Auf ihren Brüstungen 14 Bilder (weitere 9 Bilder von der leider abgebrochenen dritten Empore jetzt im Schiff aufgehängt) aus Altem und Neuem Testament, von Johann Georg Haydt/ Schorndorf 1720 gemalt; künstlerisch unbedeutend, aber in ihrer bunten Fülle den Raum heiter belebend; vom Pfarrer Franz Jacob Simonius geplant und gegen Widerstand von Herzog und Konsistorium durchgesetzt zur »Ausschmükkung, Belehrung und Erbauung«. Holzgeschnitzte, bunt bemalte Flachreliefs auf den Brüstungen von Treppenlauf und Korb der Kanzel in bäurischem Barock mit Spätrenaissance-Nachklängen, ebenfalls von 1720. Originell der von Simonius bestellte Altar: vorn gerade Fläche (zur Beschriftung) und hinten halbkreisförmig, aus einem (1) Stein gehauen, also senkrecht halbierter Säulenstumpf; sollte im engen Chorraum den Abendmahlsgästen das Umschreiten erleichtern. Glockenförmiger Taufstein ornamental reich gehauen (reizende Engelsköpfchen) und bemalt. An den Chorwänden 2 Apostelkreuze aus der Kirchbauzeit freigelegt. Alldem gegenüber fremd die moderne große Orgel an der vorderen Nordwand mit ihren Glasjalousien. – Glocke des Pantaleon Sidler 1506. – Begräbnisstätte noch der (erweiterte) Kirchhof. – Einstiges Pfarrhaus, nahe nordwestlich der Kirche, mit schmuckem Fachwerkgiebel aus 16. Jahrhundert. – 6 Kirchengemeinderäte. Kirchenchor H, Posaunenchor H; »Evgl. Jugendwerk Baltmannsweiler/H e.V.«. – Süddeutsche Gemeinschaft.

Die Katholiken eingepfarrt nach Baltmannsweiler; 1 Hohengehrener im Pfarrgemeinderat Baltmannsweiler.

Sonstiges. Schöner Blick nach Südosten über das Katzenbach- bzw. Reichenbachtal nach Thomashardt und Hegenlohe, darüber hinaus zur Schwäbischen Alb. – Romantische Partien: Holderstein-Wasserfall in einer westlichen Seitenklinge des Katzenbachtals, wo ein geringes Bächlein über unterwaschene Stubensandsteinfelsen etwa 6 m tief herabstürzt (vgl. Burg Holderstein oben). »Die Schweiz« in der Klinge des namenlosen Bächleins, das nordwestlich von H durch die Martinshalde nordwestwärts zum Gunzenbach herabfließt; romantische Felspartien »Teufelsschlucht«, »Teufelskanzel«. Quelle im unteren Waldteil »Katzenlauf« nahe über dem oberen Schlierbach, kommt aus einer Quellnische an Untergrenze des Stubensandsteins, fließt über Rieselhang mit starker Kalktuffbildung. Noch parkähnlicher Waldbestand zwischen Parkhaus und Schlößlesplatz.

Naturdenkmale. Südwestlich H: Königineiche, 450 m südwestlich Parkhaus (350 Jahre alt, 38 m hoch); kalifornischer Mammutbaum (Sequoia oder Wellingtonia gigantea) am Schlößlesplatz gegenüber den Teichen (104 Jahre alt, 40 m hoch); 2 Goldregen (eigentlich kein Waldbaum, 60 Jahre alt, am Nordrand des Schlößlesplatzes auf Markung Baltmannsweiler); Eiche 150 m ostwärts vom

Schlößlesplatz (280 Jahre alt, 35 m hoch, auf Markung Baltmannsweiler). – Nordwestlich H: Eiche 700 m vom Nordwestausgang des Dorfes im Waldteil »Fleckenbiegel« (280 Jahre alt, 40 m hoch); Zwillingswellingtonie 300 m weiter in nordwestlicher Richtung, im Waldteil »Sandpeter« (104 Jahre alt, 43 m hoch). (Zahlenangaben meist nur geschätzt). – *Wanderparkplätze:* an der Landesstraße H–Schorndorf, nahe südlich deren Kreuzung mit der Kaiserstraße, an der Kreisstraße Baltmannsweiler–Baach, beim Parkhaus.
Sonderschrifttum. 110 Jahre Liederkranz H; hrg. vom Verein 1952. – Bohnenberger, Chr., Hohengehren. Aus der Geschichte der Markung und der Siedlung; 1936 (Masch.Schrift); nirgends auffindbar. – Schahl, A., Die Illuminierung der Pfarrkirche zu H und andere Beispiele von Kirchenmalerei; in: Blätter für württ. Kirchengeschichte Band 64 (1964), S. 124–141.

Hundsholz

Ursprünglicher Name für die heutige Gemeinde Adelberg(-Dorf) bis 1851; vgl. diese. – Erstmals urkundlich, als »Hunsolz«, 1294 genannt; spätere Schreibweisen: Huonsulz (1317), Hunzholz (1320), Hundsholtz (1488), Hunßholtz (1496). Erklärung: »Huno« oder »Hunis« = altdeutscher Personenname; also Hinweis auf Gründer oder Vorbesitzer; hier Huno etwa ein Gaugraf des Remstals oder Drachgaus, der auf dem Lorcher Klosterberg, dem »Hundsberg«, saß? (Hundsholz ursprünglich kirchlich zur Lorcher Stiftskirche gehörig!). Jedenfalls kein Zusammenhang mit einem Hund. »Sulz« = sumpfiger, verschwemmter Boden. Ob aber ursprünglich »sulz« oder »holz« gemeint war, fraglich angesichts der zeitlichen Nähe des ersten Auftretens beider Schreibweisen.

Kikishart

Abgegangener Weiler im Gemeindebezirk Winterbach, Landkreis Waiblingen; im Raum des heutigen »Gutshofs Engelberg« (vgl. Engelberg) und nördlich davon (heutiger Flurname »Kikisharter Feld« (mit dem Neubau der Freien Waldorfschule). Bestehend aus 2 Höfegruppen, »Oberhof« und »Unterhof«; im Raum des Unterhofs das Kloster, spätere Jagdschloß Engelberg.
Siedlungsbeginn vermutlich im 12. oder 13. Jahrhundert. Erstmals urkundlich, als »Kilginshard«, 1400 genannt; bestand aber schon 1304. – *Name.* Erklärung: wahrscheinlich entstellt aus »Kilkenhart«; mittelhochdeutsch »khilk« = Kirche, »hart« = Weidewald; also ein bei der einstigen Kapelle gelegener oder der Kirche gehöriger Weidewald. Spätere Schreibweise: Kickishardt (1693). Volksmundlich: Kikishart. – *Hoheitsrechte.* Vermutlich zum staufischen Herzogtum Schwaben 1079 bis etwa 1246. Seitdem wirtembergisch; zum Amt Schorndorf, hier zum Winterbacher Stab. 9 wirtembergische Bauernlehen um 1400. Zum Kloster Engelberg vermutlich bald nach der Klosterstiftung 1466 bis 1535, dann wieder wirtembergisch. Nebenbei: zwischen Kikishart und Bücklinsweiler lagen die »Wiesen im Tausendschön« (so 1562). – *Kirchliches.* Ursprünglich Filialort von Winterbach, zum Kloster Engelberg eingepfarrt 1471–1534, dann wieder zu Winterbach. – *Untergang.* Die meisten Lehenshöfe nach 1442, aber wohl

schon vor 1500 abgegangen; Ursache unbekannt. Der ganze Kikisharter Wirtschaftsraum seitdem zur Markung Winterbach. Nur noch 2 Herdstätten, die »Kikisharter Höfe«, bestanden 1525 und 1555; später wieder 4 Höfe; davon aber 1654 nur noch 1 (im Oberhof) bewohnt, wohl der frühere Klopferhof (so nach dem Besitzer Michael Klopfer, 1685, genannt). Wiederbesiedlung seit 18. Jahrhundert. Zum jüngeren Clemenshof vgl. Engelberg.

Krapfenreut (K = Krapfenreut)

Ortsteil der Gemeinde Ebersbach/Fils, im Landkreis Göppingen, an der Kreisstraße von Ebersbach hinauf zur Hohen Straße und weiter nach Beutelsbach. Am oberen Schurwaldhang; die Häuser mit den Wiesen in der Knollenmergelzone; 465 m über Meeresspiegel, etwa 195 m über der Fils. – Ortsteilbezirk 107 ha; 97 Einwohner, Zunahme 1961–70: 3 %. – Postleitzahl 7333. Zum Fernsprech-Ortsnetz Ebersbach/Fils (Vorwähl-Nr. 07163).
Zuständig. Landratsamt Göppingen. Polizeiposten Ebersbach, notfalls Polizeirevier Uhingen. Stützpunktfeuerwehr Ebersbach. Revierförsterstelle Büchenbronn oder Forstamt Göppingen. Amtsgericht Göppingen. Postamt Göppingen.
Vorgeschichtliche Fundstätte. Aus der Jungsteinzeit?
Siedlungsbeginn vermutlich im 12. oder 13. Jahrhundert. Erstmals urkundlich, als »Kraupffenrueti«, 1362 genannt. – *Name.* Erklärung: »Kraupffe« = altdeutscher Personenname, mundartliche Weiterentwicklung des ursprünglichen »Crafto«; heute noch Familien Krapf; »rueti« bzw. »reut« = Rodung; also weist der Ortsname auf Gründer oder späteren Besitzer der Rodung. Volksmundlich: Krapfereit. – *Weileranlage.* Locker gefügt, wesentlich erweitert seit 1945. – Ungewiß, ob die »Burgwiesen« (1477) oder »Purgwiese« (1524) auf eine hier abgegangene Burg oder auf Zugehörigkeit zur abgegangenen Ebersbacher Burg hinweisen; keine Reste erkennbar.
Hoheitsrechte. K zunächst zum staufischen Herzogtum Schwaben bis etwa 1268; hier wohl zu den Herren von Ebersbach. Zu Wirtemberg (gemeinsam mit Ebersbach) 1274 oder 1299; zum Amt bzw. Oberamt bzw. Landkreis Göppingen. K im Besitz der Erzherzogin Claudia von Tirol 1635–49. Zur Stabsschultheißerei Ebersbach seit alters bis 1818.
Gemeindliches 1972. Derzeit kein Krapfenreuter im Ebersbacher Gemeinderat. Ein Angehöriger der Ebersbacher Gemeindeverwaltung vertritt diese in K als Ortswart (im Volksmund noch oft, wie früher, »Anwalt« genannt). – *Volksschulunterricht:* sämtliche Jahrgänge in Ebersbach. – *Gesundheitswesen:* nächster Arzt, Zahnarzt, Tierarzt, Apotheke, Gemeindeschwester und Unfallmeldestelle des DRK in Ebersbach; Hebamme in Uhingen. Krankenhaus in Göppingen. *Planung:* keine wesentliche Vergrößerung; Erhaltung des dörflichen Charakters. Stützpunkt für Naherholung. – *Vereine:* keine. – *Amtliche Bekanntmachungen* in »Ebersbacher Mitteilungen«.
Wirtschaftliches anno dazumal. Wirtembergisch 3 Bauernlehen 1477. Weitere 3 Lehen verkaufte ein Truchsess von Magolsheim an das Dominikanerinnenkloster Kirchheim unter Teck 1362; diese zu Wirtemberg 1535. – Anbau von gutem Flachs und Hanf bis Mitte 19. Jahrhundert. – Die »kolwiese« (1400) weist auf Köhler, diese bestätigt 1583.

Wirtschaftliches 1972. Erwerbspersonen 39, meist Auspendler ins Filstal; Einpendler 0. – Landwirtschaftliche Betriebe mit mehr als 0,5 ha Gesamtfläche 11, davon 5 mit mehr als 10 ha; Ackerbau auf 32 ha, Melkkühe 69. Nichtlandwirtschaftliche Arbeitsstätten: keine. – *Gaststätte:* »Zur Rose«. – *Wirtschaftliche Vereinigungen:* keine.

Politisches. Landtagswahl 1972: CDU 33, SPD 4, FDP 4, DKP 1, Sonstige 0.

Kirchliches. 82 % evangelisch, 18 % römisch-katholisch. – Vorreformatorisches. K zugehörig zum Bistum Konstanz und Landdekanat (Ruralkapitel) Göppingen; Filialort von Ebersbach. – Einführung der Reformation 1534; K weiter Filialort von Ebersbach, Dekanat Göppingen. 1 Krapfenreuter im Kirchengemeinderat Ebersbach-Ost. – Kein Gotteshaus. Begräbnisstätte in Ebersbach. – Die Katholiken eingepfarrt nach Ebersbach, Dekanat Göppingen.

Sonstiges. Anmutige Lage in Obstbaumwiesen. Schöne Aussicht; prächtige Fernsicht oberhalb K von der Hohen Straße zur Schwäbischen Alb hin; *Wanderparkplatz* am nördlichen Straßenrand. – Romantisches Tälchen des Steigbachs (Oberlauf des Ebersbachs) mit schroffen Talkopfklingen zwischen K und Büchenbronn.

Sonderschrifttum. Donner, H., Geschichte der Gemeinde Ebersbach an der Fils; hrg. von der Gemeinde Ebersbach 1964.

Krummhardt

Ortsteil der Gemeinde Aichschieß (vgl. dieses).

Lichtenwald (H = Hegenlohe, L = Lichtenwald, T = Thomashardt)

L Gemeinde (Ortsteile H und T) im Landkreis Esslingen, an der Landesstraße Reichenbach/Fils–Schorndorf. Haltepunkte der Omnibuslinie Reichenbach–Schorndorf in H und T. – Gemeindebezirk 10,8 qkm = 1081 ha, davon 70 % Wald. 1520 Einwohner. – Postleitzahl 7061. Zum Fernsprechortsnetz Plochingen (Vorwähl-Nr. 0 71 53).

H am Hang eines Schurwaldriedels über dem Reichenbachtal in der Knollenmergelzone; Kirche 413 m über Meeresspiegel, 150 m über der Fils. 740 Einwohner; Zunahme 1961–70: 35 %. Zugehörig: Bannmühle und Ölmühle im Reichenbachtal.

T 3 km nördlich von H auf der Liashochfläche; 470 m über Meeresspiegel, 235 m über der Fils. 780 Einwohner; Zunahme 1961–70: 42 %.

Zuständig. Landratsamt Esslingen. Polizeiposten Reichenbach, notfalls Polizeirevier Plochingen. Stützpunktfeuerwehr Reichenbach. Revierförsterstelle Baltmannsweiler oder Forstamt Esslingen für die Wälder zum Reichenbach zwischen Grunbach und Salzklinge sowie für den Gemeindewald Spielberg; Revierförsterstelle Büchenbronn oder Forstamt Göppingen für die Wälder zum Kirnbachtal südlich vom Saatschulweg beim Sportplatz; Revierförsterstelle T oder Forstamt Hohengehren in Schorndorf für die übrigen Wälder. Amtsgericht Schorndorf, Postamt Schorndorf.

Vorgeschichtliche Fundstätte. Aus der Jungsteinzeit: am Nordausgang von H.

Siedlungsbeginn in H vermutlich im 11. oder 12. Jahrhundert, weil eine ecclesia (Kapelle?) urkundlich schon 1173 bezeugt. Erstmals urkundlich, als »Haginilo«, 1173 genannt. – *Name.* Erklärung: »Hagino« = altdeutscher Personenname, mittelhochdeutsch »lo« = lichter Wald; also weist der Ortsname (Wald des Hagino) auf Gründer oder späteren Besitzer des Weilers. Andere Erklärung: »hagen« = Zuchtstier, also vor Siedlungsbeginn hier eine Waldweide für Zuchtstiere. Spätere Schreibweisen: Hegeniloch (1275), Häginiloch (1368), Hegnawlauch (1522) Hegenlow (1603) u. a. Volksmundlich: Hägelau. Neckname der Hegenloher: Bergrutscher, Heubergflitzer. – *Dorfanlage.* Urkern: »im Höfele«. Dann allmählich Straßendorf; starke Erweiterung seit 1962, im Übergang zum Haufendorf. Zugehörig: Bannmühle, Ölmühle.

Siedlungsbeginn in T im 12. oder 13. Jahrhundert. Erstmals urkundlich, als »Dagemanzhard« oder (volksmundlich) »Daumentzharte«, 1324 genannt. – *Name.* Erklärung: »Dagman« vielleicht altdeutscher Personenname, »hardt« = Weidewald; also weist der Ortsname (Weidewald des Dagman) auf Gründer oder späteren Besitzer des Weilers. Spätere Schreibweisen: Damanshard (1400), Dumashardt und Thumaßhart (1555), Domaßhardt (1555, 1563). Kein Zusammenhang mit Apostel Thomas. Volksmundlich: Dómeshart. Neckname der Thomashardter: Schwellenreiter. – *Dorfanlage.* Urkern: Das Gewinkel hinter dem Rathaus. Später kleines Haufendorf um das Rathaus; »das Oberweiler« an der Durchgangsstraße entstand im 19. Jahrhundert; starke Erweiterung nach Südosten und Nordwesten seit 1960.

Hoheitsrechte in H. Ganz H im Rahmen des staufischen Herzogtums Schwaben zähringisch bis 1187. Dann vermutlich die Vogteirechte geteilt: für den sanktblasischen Dorfteil die Herzöge von Zähringen bis 1218, dann unbekannt, dann die Herzöge von Teck 1250–1364; für den kleinen teckischen Dorfteil die Teck 1187–1364. Seitdem die Vogtei über ganz H bei den Grafen von Wirtemberg, aber von diesen als erbliches Vogteilehen der Esslinger Patrizierfamilie Holdermann übertragen von vor 1379 bis 1457. H zum Amt bzw. Oberamt Schorndorf 1457–1938, hier zum Schnaiter Stab bis 1818; zum Landkreis Esslingen seit 1938. – H fast stets selbständige Gemeinde, nur zur Hauptgemeinde Thomashardt 1819–25. – H zugehörig zum Schlichter Waldgericht 1560–1819.

Hoheitsrechte in T. Der Raum T im Rahmen des staufischen Herzogtums Schwaben wohl zähringisch bis 1187. Später die Hoheitsrechte wohl räumlich geteilt: in ihren Dorfteilen die Grafen von Aichelberg bis 1333, die Herzöge von Teck (begütert die Herren von Wildenau und Swelher von Wielandstein, teckische Gefolgsleute) bis etwa 1367, dann beide Teile wirtembergisch; in seinem Dorfteil das reichsunmittelbare Kloster Adelberg selbst 1268–1362, seitdem die Grafen von Wirtemberg als Schirmvögte des Klosters (vgl. dieses). Zum Amt bzw. Oberamt Schorndorf bis 1938, hier zum Schnaiter Stab bis 1818; zum Landkreis Esslingen seit 1938. – Hauptgemeinde T 1819–1825; umfaßte Baiereck bis 1820, Schlichten bis 1823, H bis 1825. – T zugehörig zum Schlichter Waldgericht 1560–1819.

Bildung der Gemeinde L durch Vereinigung von H und T 1971. – Name. »Lichtenwald« führt das ». . . lohe« bzw. ». . . hardt« der Ortsteilnamen (lichter Wald, Weidewald zur Besiedlungszeit) fort. – Zur *Dorfanlage* vgl. oben H und T. – *Wüstung:* Ritzenweiler (vgl. dieses). – *Außenhöfe* heute. Die *Bannmühle* im hinteren Reichenbachtal sanktblasisches Lehen schon 1402; zerstört 1634(?), wieder im Betrieb 1675, endgültig stillgelegt 1932; nur Mahlmühle. – Die *Ölmühle* im mittleren Reichenbachtal errichtet 1772; Knochenstampferei (»Knochenmühle«) 1854–67; Neubau als Sägmühle 1867, dazu Ölschlag seit 1872 und Mahlmühle seit 1900 (»Raadsche Mühle« nach damaligen Besitzern), noch im Betrieb.

Gemeindliches 1972. 12 Gemeinderäte (6 Hegenloher, 6 Thomashardter). – Jahreshaushalt 733 000 DM; Steuerkraftsumme je Kopf 397 DM, Gesamtverschuldung je Kopf 540 DM. – *Gemeindewappen:* in Gold über einem grünen Dreiberg eine nach unten gerichtete rote Buchel mit grünem Stielansatz und nach oben weisendem grünen Blatt, am Stiel schräg gekreuzt mit einer nach unten gerichteten roten Eichel mit grünem Hütchen und nach oben weisendem grünen Blatt (Verbindung der abgewandelten früheren Wappen von H und T). *Gemeindefarben:* Grün-Gelb. – Rathäuser in H (als Schule gebaut 1909, zum Rathaus umgestaltet 1965) und in T (von 1812, völlig erneuert 1966). – *Volksschulunterricht:* Klassen 1–4 in der Grundschule L, Klassen 5–9 in der Hauptschule Reichenbach. – *Volkshochschul*-Außenstelle in T. – *Ortsbüchereien* in H und T. – *Gesundheitswesen.* Ärzte, Apotheke und Tierarzt in Reichenbach; »Krankenpflegeverein Mittlerer Schurwald e.V.« mit Gemeindeschwester in H; Hebamme in Hohengehren; Unfallmeldestelle des DRK und Krankenhaus in Plochingen. – *Planung:* für 2500 Einwohner im Jahr 1985; Stützpunkt für Naherholung; Gemeindezentrum zwischen H und T. – *Vereine:* »Gesangverein Frohsinn H e.V.«; »Touristenverein Die Naturfreunde, Ortsgruppe Plochingen/Reichenbach/L e.V.« mit Naturfreundehaus von 1970 südlich H am Spielberg; »Verband der Kriegsbeschädigten (VdK) Ortsgruppe L«; »Turn- und Sportverein T (TSV)«. – *Amtliche Bekanntmachungen* im »Reichenbacher Anzeiger«.

Wirtschaftliches anno dazumal in H. Die 7 Bauern- und das Bannmühllehen Eigentum des Klosters Sankt Blasien 1173–1649 (zuständig dessen Klosterhof Nellingen); dann durch Tausch an Wirtemberg (zuständig Stabskellerei Nellingen). – Anbau von gutem Flachs bis etwa 1850, dann von Hanf bis etwa 1920. Dazu zahlreiche Spinner und Weber bis ins 19. Jahrhundert. – Kohlenmeiler, mehrere am Nordausgang von H und unterhalb der Langen Wiesen nachweisbar, bis ins 18. Jahrhundert; »Kohlwiesen« im Kirnbachtal bei den Neun Brunnen (so 1500–1696 genannt). – Waldname »Hafneregart« im mittleren Reichenbachtal deutet auf Gewinnung von Hafnerletten für Töpferei.

Wirtschaftliches anno dazumal in T. Wirtemberg gehörten 4, dem Kloster Adelberg 3 Bauernlehen um 1500. – Guter Dinkel. Flachsbau bis ins 19. Jahrhundert. Spinnerei grober Leinwand ebenso. Branntweinbrennerei. – Schürfung nach erzführenden Schichten (Eisensandstein) am linken Berghang des Grunbachtälchens (Flur- und Waldname »Eisenwinkel«) in erster Hälfte des 16. Jahrhunderts, bald ergebnislos eingestellt. – Kohlenmeiler nordöstlich vom Ortsausgang auf der »Kohlplatte«, wohl hauptberuflich betrieben seit alters (hier genannt die »Kolreute« 1563 mit dem »Kolenbronnen« 1555) bis ins 19. Jahrhundert; weitere Meilerstellen auf Gartengrundstück nördlich vom Rathaus, und nahe Südspitze des Sümpflesberg (hier »Kohlplatte«). – Wandernde Glashütte in Forstabteilung »Höfle« am Oberlauf des Katzenbachs, nicht identisch mit dem Katzenbachhof (vgl. Hohengehren), aufgegeben wohl schon im 16. Jahrhundert. – Waldarbeit die Lebensgrundlage für viele Familien jahrhundertelang.

Wirtschaftliches 1972. Erwerbspersonen 655, davon Auspendler 488 (95 % zum

Fils-Neckar-Tal); Einpendler 15. – Landwirtschaftliche Betriebe mit mehr als 0,5 ha Gesamtfläche 54, davon nur 6 mit über 10 ha; Ackerbau auf 106 ha, Melkkühe 140. Nichtlandwirtschaftliche Arbeitsstätten 32, davon nur 1 mit mehr als 10 Beschäftigten. Zweigstellen der Kreissparkasse Reichenbach/Fils in H und T, Zweigstelle der Südwestbank in H. – *Gaststätten* in H: »Hirsch«, »Naturfreundehaus« (mit Übernachtung, Zeltplatz); in T: »Zur Krone«, »Rose«, »Zum Bürgerstüble«, Pension »Waldblick«. – *Wirtschaftliche Vereinigungen:* »Obst- und Gartenbauverein H«, »Obst- und Gartenbauverein T«, »Viehversicherungsverein auf Gegenseitigkeit L«.

Politisches. Landtagswahl 1972: CDU 395, SPD 324, FDP 52, DKP 3, Sonstige 0.

Kirchliches. 71 % evangelisch, 17 % römisch-katholisch, 12 % Sonstige. – Vorreformatorisches. H zugehörig zum Bistum Konstanz und Landdekanat (Ruralkapitel) Kirchheim unter Teck von Anbeginn bis 1534. Eigener Ortsgeistlicher in H erstmals erwähnt 1275. Kirchensatz beim Kloster Sankt Blasien, vertreten durch den Propst von Nellingen. Zugehörige Filialorte: T und Bannmühle. – Reformation eingeführt 1534, seither H mit Filialort T und Bannmühle zum Dekanat Schorndorf. Trotzdem Pfarrervorschlagsrecht weiterhin beim katholischen Sankt Blasien bzw. Nellingen bis 1649; Pfarrerernennung durch den evgl. Landesherrn 1534–1918. Lange Vakanzzeiten; H Filial von Hohengehren 1609–1616, von Baltmannsweiler 1635–36, von Aichschieß 1636–51, von Hohengehren 1651–1707. Zugehörige Filialorte von H bis 1971: T, Bannmühle, Ölmühle. Seitdem einheitliche Kirchengemeinde L mit Pfarrsitz in H; zum Dekanat Schorndorf. 8 Kirchengemeinderäte (4 Hegenloher, 4 Thomashardter). Kirchenchor H, Posaunenchor L. – Altpietistische Gemeinschaften in H und T. – Evangelisch-Freikirchliche Gemeinschaften in H und T.

Katholische Teilkirchengemeinde T/H seit 1968, L seit 1971, Filiale von Reichenbach; zum Dekanat Esslingen.

In H früheste ecclesia (Kapelle?) unbekannten Titels urkundlich bezeugt 1173. Die heutige Sakristei nach 1200 gebaut, ihr geripptes Kreuzgewölbe erst viel später eingezogen, die Altarmensa vielleicht noch aus der ersten Kapelle, an der Nordwand gotische Taufnische. Dann eine erste, abgegangene Kirche? Die (evgl.) *Pfarrkirche* »Zum Heiligen Kreuz« wohl 1479 vollendet. Das innere mehrmals verändert, zuletzt 1955. Im flachgedeckten Schiff an der Nordwand gotische Sakramentsnische von 1479. Mächtiger Triumpfbogen; ausdrucksstarkes hölzernes Altarkruzifix, um 1520; im Chor gotisierendes Rippengewölbe eingezogen (Ersatz für das 1899 herausgeschlagene steinerne der Erbauungszeit). Kirchturm 29 m hoch, ruht zweiseitig auf starker, freitragender mittelalterlicher Eichenkonstruktion. – Der Kirchhof Begräbnisstätte der Hegenloher und Thomashardter bis 1839; seitdem Friedhof oben an der Heerstraße. – Pfarrhaus von 1844. Daneben im Garten origineller alter Turmhahn. Sage: Unterirdischer Fluchtgang von der Kirche in die »Hölle« (Kalte-Reute-Klinge).

In T angeblich abgegangene Außenstelle des Adelberger Frauenklosters (dieses bis 1476) auf dem Nonnen- oder Nollenbuckel südwestlich T, jedoch nichts urkundlich nachweisbar oder heute sichtbar. Sage: Unterirdischer Fluchtgang von hier zur Kapelle. Letztere angeblich im Hochmittelalter neben dem Rathaus (Schmiedgrundstück); außer ihrem Steinaltar (vgl. unten) nichts bekannt. – Die evgl. *Auferstehungskirche,* von Paul Heim/Stuttgart 1965 erbaut, mit hohem

Zeltdach und gedrungenem Glockenturm; viel Sichtbeton, dessen Strenge innen gemildert durch schöne sternenförmige Naturholzverschalung des hohen Spitzhelms über dem ganzen fünfeckigen Kirchenraum. Am Portal die vier Evangelisten in Kupfer gekerbt. Davor roher Steinaltar, angeblich aus abgegangener Kapelle, vom Schmiedevorplatz 1965 hierher gebracht; an der Mensa zahlreiche »Wetzrillen«, offenbar vom Sensen- und Messerschleifen der Schmiede. – Begräbnisstätte seit alters der Kirchhof H bis 1839, dann der Friedhof H bis 1887; seitdem eigener Friedhof neben der Kirche. – Kein Pfarrhaus.

H Sonstiges. Romantische Hanglage über dem Reichenbachtal mit Blick nach Baltmannsweiler und Hohengehren. – Schöne Dorfmitte: Kirche + Dorflinde + Pfarrhaus + Laufbrunnen. – Umfassende Fernsicht auf dem Bergrücken oberhalb H (Heerstraße) vom Hohenstaufen bis zum Hohenzollern. – *Naturdenkmale:* Die Dorflinde (etwa 170 Jahre alt, 18 m hoch); die Schönbrückleseiche 45 m hoch, 4,3 m Umfang). – In der Forstabteilung »Förstermord« erinnert Gedenkstein an Wildereruntat 1919.

T Sonstiges. Prachtvolle Fernsicht vom Wasserturm (ersteigbare Plattform) über das Reichenbachtal und Kirnbachtal zur Schwäbischen Alb, vom Hohenstaufen bis zum Hohenzollern. – *Naturdenkmale:* Lindenallee nordöstlich T, noch 32 Linden (etwa 150 Jahre alt, bis 30 m hoch); in ihrer Fortsetzung, an der Hohen Straße (Kaiserstraße), weitere sieben Linden und vor allem ein kalifornischer Mammutbaum (Sequoia oder Wellingtonia gigantea, 103 Jahre alt, 37 m hoch). – *Wanderparkplätze:* Zwischen Nordostausgang von T und Kaiserstraße, bei der Schule, zwischen T und H, beim Nordausgang von H, südlich H beim Naturfreundehaus.

Sonderschrifttum. Langhans, M., Hegenloher Heimatbuch; hrg. von der Gemeinde H 1969. – Derselbe, T in Natur und Kultur einst und jetzt; in: Festschrift zur Einweihung der Auferstehungskirche in T; hrg. von der Kirchengemeinde H 1966.

Lindhalden

Abgegangener Weiler im Gemeindebezirk Stetten, im Landkreis Waiblingen. In Hanglage auf Bergsporn (Gipskeuper, darüber Schilfsandstein, noch höher Bunte Mergel) zwischen den Tälern von Stettener Haldenbach im Westen und Strümpfelbach im Osten.

Siedlungsbeginn vermutlich im 11. Jahrhundert, somit früher, als aus dem Ortsnamen zu schließen wäre; Besiedlung ging vom viel älteren, karolingischen Stetten aus, wohl einige Zeit nach Einführung des Weinbaus (um 1000). Erstmals urkundlich, als »Linthalten«, 1360 genannt. – *Name.* Erklärung: »lint« = Linde. Lindhalden unterhalb alter Thingstätte bei den Sieben Linden? – *Ortsanlage:* Weitläufig gebaut, mit Gärten und Weinbergen zwischen den Häusern. Etwa 100 Einwohner 1494. – Zur abgegangenen Yburg und zu den Sieben Linden vgl. Stetten.

Hoheitsrechte über Stetten (nur als gewisser Anhalt, weil nicht feststellbar, zu welchem der Teile Stettens Lindhalden gehörte). Die Herzöge von Teck noch 1299 bestätigt. Später Hoheitsrechte über Stetten räumlich geteilt: a) über ein Viertel (?) die Herren von Yberg bis spätestens 1443, die Grafen von Wirtemberg 1443–1508; b) über einen anderen Teil die Grafen von Wirtemberg schon 1360–1508; c) über einen dritten Teil die wirtembergischen Truchsessen von Stetten bis 1507. Herren über ganz Stetten die wirtembergischen Erbmarschälle Freiherrn Thumb von Neuburg seit 1508, so noch bei Lindhaldens Untergang.

Wirtschaftliches anno dazumal. Einige wenige Lehen (davon 2 wirtembergische), allmählich durch Teilung und Neuanlage von Höfen bis auf 20 vermehrt.

Kirchliches. Filialort von Beutelsbach bis 1482, seitdem von Stetten. Einführung der Reformation durch Conrad Thumb schon 1532. An die einstige Weiler-Kapelle erinnert noch Flurname »Köpplen« oberhalb der Raumersklinge (hieß noch 1818 »im Käppelen«).

Untergang. Entweder zu Anfang 17. Jahrhunderts aufgegeben infolge Einwohnerschwund (Pestwellen 1596–1627) oder im Dreißigjährigen Krieg zerstört; die restlichen Lindhaldener siedelten in Stetten. Die allein stehengebliebene Kelter benutzt bis zum Abbruch 1865.

Sonderschrifttum. Kaufmann, Adolf, Geschichte von Stetten im Remstal, hrg. im Auftrag der Gemeinde Stetten 1962 (zu Lindhalden S. 27–29, 56–57).

Lobenrot

Ortsteil der Gemeinde Schanbach (vgl. dieses).

Manolzweiler

Ortsteil der Gemeinde Winterbach im Landkreis Waiblingen, an der Kreisstraße von der Thomashardter Kreuzung nach Schnait. Auf der schmalen Liashochfläche zwischen den Tälern von Schlierbach (Quellbach des Beutelsbachs) im Westen und Schweinbach (Zufluß zur Rems) im Osten; 475 m über Meeresspiegel, rund 235 m über der Rems. – Ortsteilbezirk 75 ha; 200 Einwohner, Zunahme 1961–70: 40%. – Postleitzahl 7065. Zum Fernsprech-Ortsnetz Schorndorf (Vorwähl-Nr. 07181).

Zuständig. Landratsamt Waiblingen, Polizeiposten Winterbach, notfalls Polizeirevier Schorndorf. Stützpunktfeuerwehr Schorndorf. Revierförsterstelle Winterbach oder Forstamt Hohengehren in Schorndorf. Amtsgericht Schorndorf. Postamt Schorndorf.

Siedlungsbeginn vermutlich im 9. Jahrhundert. Erstmals urkundlich, als »Manatzwiler«, 1400 genannt. – *Name.* Erklärung: »manolt« = Kurzform des altdeutschen Personennamens Manegold, also Hinweis auf Gründer oder späteren Besitzer. Spätere Schreibweisen: Manetzweiler (1469), Manholzweiler (1555), Mangoldsweiler (1642). Volksmundlich: Manolzweiler. – *Dorfanlage:* Alter Kern ein winziges Haufendorf, noch erkennbar; erweitert seit 1963. – Auf eine *abgegangene Burg* nahe nördlich Manolzweiler könnten die heutigen Waldnamen »Birkäcker« (noch 1555: »Burckenrain«, 1562: »Bürckacker«) und »Birkwasen« hinweisen; aber nichts überliefert, nichts erkennbar. Oder nur Bezug auf einstige Birkenwälder?

Hoheitsrechte. Zum staufischen Herzogtum Schwaben wohl 1079 bis etwa 1246.

Seitdem wirtembergisch; beim Amt bzw. Oberamt Schorndorf bis 1938; hier zum Winterbacher Stab schon 1563–1818. Zum Landkreis Waiblingen seit 1938. – Stets zur Gemeinde Winterbach gehörig.

Gemeindliches 1972. 1 Manolzweiler im Winterbacher Gemeinderat; er nimmt (nur gewohnheitsrechtlich) die Aufgaben eines Ortswartes der Gemeindeverwaltung wahr. – *Volksschulunterricht* für alle Klassen in Winterbach. – *Gesundheitswesen:* Arzt, Zahnarzt in Winterbach, Tierarzt in Schorndorf; Gemeindeschwester, Unfallmeldestelle des DRK und Apotheke in Winterbach, Krankenhaus in Schorndorf. – *Planung:* Erhaltung des dörflichen Charakters; Stützpunkt für Naherholung. – *Amtliche Bekanntmachungen* im »Mitteilungsblatt der Gemeinde Winterbach«.

Wirtschaftliches anno dazumal. 5 Bauernlehen, Besitz des Esslinger Bürgers Eberhard Luber (als wirt. Lehensträger?) vor 1468, der Manolzweiler an Kloster Engelberg 1468 verkaufte; wirt. seit 1535. – Kein Goldschürfen, wohl auch kein Goldfund, keine reichen Ernten auf der Flur »Goldboden«; vielmehr verweist dieser Name auf goldgelbe Färbung des frisch umbrochenen Liasbodens bei geeignetem Sonneneinfall (so auch die Krummhardter »Goldäcker«). – Die Kohlenmeiler im Kohleichenbachtal wohl schon auf Schnaiter Markung (vgl. Baach). – Ziegler, nachgewiesen durch Waldnamen »Ziegelhau«, verarbeiteten Liaswitterungslehm für örtlichen Bedarf.

Wirtschaftliches 1972. Erwerbspersonen 50, davon Auspendler 38 (überwiegend ins Remstal); Einpendler 0. – Landwirtschaftliche Betriebe mit mehr als 0,5 ha Gesamtfläche 15, davon nur 2 mit mehr als 10 ha. Ackerbau auf 32 ha, Melkkühe 30; umfangreicher Beerenanbau. Keine nichtlandwirtschaftlichen Arbeitsstätten. – Nächste Banknebenstelle in Winterbach. – *Gaststätte:* »Hirsch«.

Politisches. Landtagswahl 1972: CDU 49, SPD 27, FDP 12, Sonstige 13.

Kirchliches. 66 % evangelisch, 7 % römisch-katholisch. – Vorreformatorisches. Zugehörig zum Bistum Konstanz und Landdekanat (Ruralkapitel) Cannstatt/ Waiblingen/Schmiden/Schorndorf. Ursprünglich Filialort von Winterbach/ Schorndorf, zum Kloster Engelberg eingepfarrt 1471–1534. – Einführung der Reformation 1534, seitdem wieder Filial von Winterbach, Dekanat Schorndorf. Kein Gotteshaus. Friedhof westlich vom Weiler. – Die Katholiken eingepfarrt nach Winterbach, Dekanat Waiblingen.

Sonstiges. Herrliche Fernsicht vom Aussichtspunkt westlich des Weilers: nach Norden auf das mittlere Remstal und die Berglen, nach Westen auf Aichelberg/ Krummhardt/Aichschieß, nach Süden zur Schwäbischen Alb. – Auf dem »Goldboden« nahe der Landesstraße Hohengehren–Winterbach, schöner Blick zum Remstal; Schiübungshänge. Gedenkstein (1842) zum 25jährigen Regierungsjubiläum König Wilhelms I., dahinter Jubiläumseiche (gepflanzt 1841) und Gedenksäule für den Forstwissenschaftler Georg Ludwig Hertig (gestorben 1837). Von hier bis zur Landesstraße als *Naturdenkmale* 40 verschiedene Nadel- und Laubhölzer. *Wanderparkplatz* nahebei am Ostrand der Landesstraße.

Nassach

Ortsteil der Gemeinde Uhingen (vgl. Baiereck-Nassach)

Nassachmühle

Nassachmühle (N = Nassachmühle, U = Uhingen)

Ortsteil der Gemeinde U, im Landkreis Göppingen, an der Landesstraße von der Bundesstraße 10 zwischen Ebersbach/Fils und U nach Schorndorf. Haltepunkt der Omnibuslinie U–Baiereck. Im unteren Nassachtal; 295 m über Meeresspiegel, etwa 15 m über der Fils. – Ortsteilbezirk nur 5 ha. 240 Einwohner, Zunahme 1961–70: 12 %. – Postleitzahl 7336. Zum Fernsprech-Ortsnetz Ebersbach (Vorwähl-Nr. 0 71 63).

Zuständig. Landratsamt Göppingen. Polizeirevier U. Stützpunktfeuerwehr U. Revierförsterstelle Wangen oder Forstamt Adelberg (im Kloster). Amtsgericht Göppingen. Postamt Göppingen.

Frühgeschichtliche Fundstätte. Aus römischer Zeit: Bei der Mühle.

Siedlungsbeginn. Die Mühle vielleicht für Diegelsberger Burgmannen der Grafen von Aichelberg (vgl. Diegelsberg) errichtet, also etwa im 13. Jahrhundert. – *Name.* Erklärung: Althochdeutsch »nasza« = Nessel, »ach« = Bach, also Bachufer einst mit Brenn- oder Taubnesseln bestanden. Spätere Schreibweise: Nassenmülin (1555), Nassenbacher Altmühl (1686). Volksmundlich: Nassamihl. – *Weileranlage.* Zunächst nur die Mühle (1 Herdstätte 1525); kriegszerstört unbewohnt 1634–84. Wenige einheimische Familien seit Mitte des 19. Jahrhunderts bis 1945. Heimatvertriebenensiedlung seit 1952, Siedlung am Adelberger Weg seit 1966.

Hoheitsrechte. Der Raum im Rahmen des staufischen Herzogtums Schwaben wahrscheinlich zähringisch bis etwa 1183, dann vielleicht (urkundlich nicht belegbar) teckisch; gräflich-aichelbergisch mindestens ab 1260, noch 1268. Wirtembergisch etwa seit 1332; zu Gemeinde Baiereck und Oberamt Schorndorf, hier zum Winterbacher Stab 1563–1810. Die Mühle wegen einiger von ihr gerodeter Forstgrundstücke in Rechtsbeziehung zum Baierecker Ämtlein. N von Baiereck nach U umgemeindet 1926; seitdem zum Oberamt bzw. Landkreis Göppingen.

Gemeindliches 1972. 1 Nassachmühler im Gemeinderat U. Ein Anwalt, von den Nassachmühlern gewählt, nimmt (nur gewohnheitsrechtlich) in N Aufgaben der Gemeindeverwaltung U wahr. – *Volksschulunterricht:* Klassen 1–3 in der Grundschule Diegelsberg, Klassen 5–9 in der Grund- und Hauptschule U. – *Gesundheitswesen:* Arzt, Zahnarzt, Apotheke in U, Ebersbach; Tierarzt in Göppingen, Ebersbach; Gemeindeschwester und Hebamme in U. Unfallmeldestelle des DRK und Krankenhaus in Göppingen. – *Planung:* Für ca. 500 Einwohner im Jahr 1985; Erhaltung des dörflichen Charakters. – *Vereine:* keine. – *Amtliche Bekanntmachungen* im »Mitteilungsblatt der Gemeinde U«.

Wirtschaftliches anno dazumal. Die N wirtembergisches Lehen seit 1332. Mahlmühle bis 1829; Pappdeckelfabrik bis 1902. Feierabendheim des Stuttgarter Evgl. Diakonissenhauses seit 1939.

Wirtschaftliches 1972. Erwerbspersonen 135, davon Auspendler 120; Einpendler 0. – Landwirtschaftliche Betriebe mit mehr als 0,5 ha Gesamtfläche 3, davon keiner mit über 10 ha; Ackerbau auf 3 ha, Melkkühe 4. Nichtlandwirtschaftliche Arbeitsstätten 3, davon 1 mit über 10 Beschäftigten. – Nächste Bankzweigstellen in U. – *Gaststätte:* »Gasthaus zur Nassachmühle«. – *Wirtschaftliche Vereinigungen:* keine.

Politisches. Landtagswahl 1972: CDU 67, SPD 44, FDP 3, Sonstige 0.

Kirchliches. 69 % evangelisch, 25 % römisch-katholisch. – Vorreformatorisches.

Zugehörig zum Bistum Konstanz und Landdekanat (Ruralkapitel) Göppingen; Filialort von Ebersbach. – Reformation eingeführt 1534. N Filial von U bis 1835, von Ebersbach 1835–48, von Baiereck 1848–49, wieder von Ebersbach 1849–1926, seitdem von U; zum Dekanat Göppingen. Kein Gotteshaus, aber Gottesdienst im Diakonissenheim. Begräbnisstätte der Nassachmühler in Diegelsberg 1883–1950, seitdem eigener Friedhof in N. – Im Kirchengemeinderat von U 1 Nassachmühler. – Die Katholiken eingepfarrt nach Ebersbach, Dekanat Göppingen.

Sonstiges. Schöne Waldrandlage. *Wanderparkplatz* an der Straße nach Baiereck beim Bärentobeleingang.

Oberberken (O = Oberberken, U = Unterberken)

Gemeinde (Ortsteile O und U) im Landkreis Waiblingen, an der Landstraße von Uhingen bzw. Faurndau bzw. Göppingen nach Schorndorf. Haltepunkte der Omnibuslinie Göppingen-Adelberg-Schorndorf in U und O. – Gemeindebezirk 12,6 qkm = 1268 ha, davon 73 % Wald. 1145 Einwohner; Zunahme 1961–70: 69 %. – Postleitzahl 7061. Zum Fernsprech-Ortsnetz Schorndorf (Vorwähl-Nr. 0 71 81).

Ortsteil O auf der Liashochfläche, höchst gelegenes Dorf des Schurwaldes; 512 m über Meeresspiegel, rund 250 m über der Rems. 920 Einwohner.

Ortsteil U, 2 km südostwärts von O, zwischen den Tälern des Fliegenbachs im Westen und des Schliffbachs im Osten; 480 m über Meeresspiegel, rund 225 m über der Rems. 225 Einwohner.

Zuständig. Landratsamt Waiblingen. Polizeirevier Schorndorf. Stützpunktfeuerwehr Schorndorf. Revierförsterstelle O oder Forstamt Adelberg (im Kloster) für die Forsten südwestlich O zwischen Herrenbach und Säutobelklinge sowie östlich O im »Barrain«; Revierförsterstelle U oder Forstamt Adelberg für die übrigen Forsten der Markung. Amtsgericht Schorndorf. Postamt Schorndorf.

Frühgeschichtliches. Die Flurnamen »Römerwasen« und »Römerholz« scheinen auf einen hier vorbeiführenden römischen »Heerweg« hinzuweisen. Aber einunddasselbe Grundstück »zwei Tagewerk Wiese« heißt lagerbüchlich 1496: »Remenwieß« (dort auch die »Remenäcker«), 1537: »Rennwiß« am »Rennwasen«, 1594: »Rennenwies« am »Rennenwasen« und erst 1686: »Röhmenwieß« neben dem »Röhmerwaßen«; erste behördliche Bezeichnung als »Römerstraß« nicht 1600, sondern 1724 (Verschlossene Registratur des altwürtt. Kirchenrats); »Römer…« somit Mißdeutung des alten Namens durch gelehrten Schreiber des Lagerbuchs. *Siedlungsbeginn* beider Ortsteile vermutlich im 11. Jahrhundert. Beide erstmals urkundlich, als »Berkha«, 1110 genannt; das kleinere U (»minor Berkach«) von O getrennt vor 1294. – *Name.* Erklärung: Entweder soviel wie »Stelle auf dem Berg« oder Zusammenhang mit »Bürg« bzw. »Burg« (vgl. unten). Spätere Schreibweisen für O: Berghach uf der Staig (1345), Ober Birckheim (1685); für U: Näheres Berchgach (1317), mynderes Berchach (1321), Underberckach (1477), Underberckheimb (1599, 1620). Volksmundlich: Oberberge, Onderberge. – *Dorfanlage.* Urkern von O der Raum um das Rathaus; später Haufendorf; nach Osten und Westen stark erweitert seit 1963. Urkern von U wohl die Ortsmitte; später U ausgesprochenes Straßendorf.

Wüstungen. Abgegangener Weiler: Ebersberglen (vgl. dieses). – Die *Burg Ebers-berg,* das »Schlößle« oder »verlassene Schloß« des Volksmundes, südöstlich U im »Burgholz« auf halber Höhe eines zum Herrenbach abfallenden Südost-hanges. Vermutlich als Sitz der Herren von Ebersberg erbaut Anfang des 11. Jahrhunderts und erstmals urkundlich genannt 1410. Folknand von Ebersberg schenkte bei seiner Stiftung des Klosters Adelberg 1178 (vgl. dieses) diesem angeblich auch die Burg, die später (vor 1410?) verfiel; Trümmer noch vorhan-den 1592, heute nur Umwallung an der Südostecke deutlich erkennbar. – Der *Fliegenhof* im hinteren Fliegenbachtal, dicht westlich der heutigen Fliegenhof-hütte (heutiger Forstabteilungsname »Fliegenhof« westlich davon auf der Höhe führt irre), erstmals genannt 1535. Wirtembergisches Erblehen, ausgegeben (vom jeweiligen Untereigentümer weiterverkauft) an Privat von vor 1535 bis 1590, an Kloster Adelberg 1590–1613, wieder an Private 1613–1623, seitdem an Schorndorfer Spital zum Hl. Geist; aber seit 30jährigem Krieg alles verfallen, die Äcker mit Busch und Holz überwachsen, nur die Wiesen noch vom Spital an Bauern verpachtet; der Hof wegen wirtschaftlicher Unergiebigkeit nicht wieder aufgebaut (trotzdem die zugehörigen Ländereien weiterhin »Fliegenhof« ge-nannt), an Private verkauft 1783; staatlich seit 1879. Heute nichts mehr erkenn-bar. In Rechtsbeziehung zum Baierecker Ämtlein. – Die Mittlere Glashütte stand nicht auf Markung O (vgl. Baiereck-Nassach).

Hoheitsrechte. Beide Berken im Rahmen des staufischen Herzogtums Schwaben wahrscheinlich unmittelbar staufisch bis etwa 1268. Dann wohl überwiegend die Herren von Hausen-Rechberghausen, auch die Grafen von Aichelberg (durch die ihnen dienstbaren Herren von Vilsegge = Filseck). Aber allmählich zum Kloster Adelberg seit 1294, dessen vogteiliche bzw. staatliche Zugehörigkeit O fortan teilte (vgl. Adelberg-Kloster); hier zum Hundsholzer Viertel bis 1807. Nur die 3 altwirtembergischen Bauernlehen unterstanden dem Schorndorfer Stab Ober-urbach, so noch 1537. Das Ganze zum Oberamt Schorndorf 1807–1938, hier zum Hundsholzer Stab 1807–1818. Zum Landkreis Waiblingen seit 1938. – Beide Berken Ortsteile der Hauptgemeinde Hundsholz (heutiges Adelberg) bis 1824; seitdem selbständige Gemeinde.

Gemeindliches 1972. 10 Gemeinderäte (7 Ober-, 3 Unterberkener). – Jahres-haushalt 606 000 DM; Steuerkraftsumme je Kopf 363 DM, Gesamtverschuldung je Kopf 338 DM. – *Gemeindewappen:* In Silber ein aus dem Schildrand wach-sender schräglinker roter Abtsstab mit abwärts gekehrter Krümme (Hinweis auf einstige Zugehörigkeit zur Klosterherrschaft Adelberg). *Gemeindefarben:* Rot-Weiß. – Rathaus in O von 1810, umgebaut 1968. – *Volksschulunterricht:* Klassen 1–4 in der Grundschule O, Klassen 5–9 in der Hauptschule Schorndorf. – *Gesundheitswesen:* Arzt in Adelberg, Schorndorf; Zahnarzt und Tierarzt in Schorndorf. »Krankenpflegeverein Adelberg-O e.V.« mit Gemeindeschwester in Adelberg. Unfallmeldestelle des DRK in O. Hebamme und Krankenhaus in Schorndorf. – *Planung:* für etwa 1800 Einwohner im Jahr 1985. Förderung der Kleinindustrie, Stützpunkt für Naherholung; Verwaltungsgemeinschaft mit Schorndorf. – *Vereine:* »Männergesangverein Eintracht U-O e.V.«. – *Amtliche Bekanntmachungen* durch gemeindliche Rundschreiben.

Wirtschaftliches anno dazumal. 4 vom Kloster Adelberg selbst bewirtschaftete Höfe, 30 von ihm ausgegebene und (in O) 3 altwirtembergische Bauernlehen 1537. – Viel Obstbau. – Kohlenmeiler vom Fliegenhofbauern betrieben 1583 mit

Holz aus dem »Kohlwald« am Ostrand des unteren Fliegenbachtals; südwestlich U das »Kohlplättle«. – Die Salinhütte auf dem »Salinplatz« wohl schon auf Markung Adelberg.

Wirtschaftliches 1972. Erwerbspersonen 550, davon Auspendler 320 (zum Remstal 70 %, der Rest zum Filstal); Einpendler 15. – Landwirtschaftliche Betriebe mit mehr als 0,5 ha Gesamtfläche 33, davon 16 mit über 10 ha; Ackerbau auf 135 ha, Melkkühe 200. Nichtlandwirtschaftliche Arbeitsstätten 42, davon 2 mit über 10 Beschäftigten. – »Raiffeisenbank O GmbH«, Zweigstelle der Kreissparkasse Schorndorf. – *Gaststätten* in O: »Fröscher«, »Zum Hirsch«, »Zum Lamm«; in U: »Zum Stern«. – *Wirtschaftliche Vereinigungen:* »Milchverwertungsgenossenschaft O eGmbH«, »Viehversicherungsverein O e.V.«.

Politisches. Landtagswahl 1972: CDU 220, SPD 149, FDP 102, DKP 1, Sonstige 87.

Kirchliches. 83 % evangelisch, 15 % römisch-katholisch. – Vorreformatorisches. Zugehörig zum Bistum Konstanz und Landdekanat (Ruralkapitel) Lorch von Anbeginn bis 1534. O und U Filialorte der Stiftskirche Lorch bis 1490, dann von Hundsholz (vgl. Adelberg-Dorf, Kirchliches). – Reformation eingeführt 1534; weiter Filialorte von Hundsholz bzw. Adelberg-Dorf. O eigene Kirchengemeinde seit 1859, zu ihr U seit 1970. O und U zum Dekanat Göppingen 1547–1824, seitdem zum Dekanat Schorndorf. Die Kirchengemeinde O zur Pfarrei Adelberg gehörig. – 8 Kirchengemeinderäte (6 Ober-, 2 Unterberkener). Kirchenchor, Posaunenchor, Frauenkreis. – Süddeutsche Gemeinschaft. Die Katholiken eingepfarrt nach Schorndorf, Dekanat Waiblingen.

In O zuerst eine Kapelle (aus dem 10. Jahrhundert?), deren Grundmauern gefunden 1410. Dann Kapelle von 1423. Die (evgl.) *Pfarrkirche* vor 1490 gebaut, kleiner Fachwerkbau. Ersetzt durch die kleine Kirche des Stuttgarter Hofbaumeisters Christian von Leins 1859; soll abgebrochen und durch Mehrzweck-Gemeindezentrum ersetzt werden. Glocke des Pantaleon Sidler Ende 15. Jahrhundert. – In U einst ein Frauenkloster. Ein »Bildheußlin« errichtet vor 1496 (anstoßend die »Häuslesäcker« südöstlich U), vielleicht an der Stelle des heutigen Kriegerdenkmals, abgegangen nach 1534. Kein Gotteshaus, aber Gottesdienst in der Alten Schule. – Begräbnisstätte für alle Berkener früher der Dorfkirchhof Adelberg; eigener Friedhof in O seit 1851, in U seit 1872. Kein Pfarrhaus.

Sonstiges. Am Nordausgang von O das »SOS-Kinderdorf Württemberg« des »SOS-Kinderdorf e.V.«/München, begonnen 1960; jetzt 15 »Einfamilienhäuser« im Bungalowstil für 80 (in 15 Familien zu je 6–8 Kindern mit je 1 »Mutter« gruppiert) Sozial- und Vollwaisen; dazu Gemeinschaftshaus mit Kindergarten (auch für Kinder aus O), Mitarbeiterwohnhaus mit Werkstätten. – An der Landesstraße zum Filstal (Holzhausen, Wangen) auf der Markungsgrenze das Rotkreuz, alter Markierungsstein der Kreuzung mit der Roten Steige (durch roten Knollenmergel). Daneben Denkmalsstein für König Wilhelm I. – *Wanderparkplätze:* nördlich von O an der Straße nach Schorndorf (im Wald auf Markung Plüderhausen); südwestlich U an der Straße nach Göppingen.

Sonderschrifttum. Dietenberger, E., SOS-Kinderdorf O; in: Remstal Jg 6 (1965), Heft 16, S. 55–59. – Derselbe, SOS-Kinderdorf Württemberg in O; in: einhorn Jg 14 (1967), Heft 84, S. 399–404. – Zum Fliegenhof: Kluge, H., Der Heilig-geisthospital zu Schorndorf; Diss. Tübingen 1936.

Ödweiler

Abgegangener Weiler im Gemeindebezirk Börtlingen, Landkreis Göppingen; wohl im Raum der heutigen Ödweiler Höfe (vgl. Börtlingen). *Siedlungsbeginn,* falls »Ödweiler« der ursprüngliche Name, vermutlich im 9. Jahrhundert. Erstmals urkundlich, als »Ödenwiler«, 1414 genannt (damals nur noch ein (1) Gut?). – *Name.* Erklärung: »Öde« = noch nicht oder nicht mehr bebautes Land; also entweder: auf unbebautem und nur als Viehweide benutztem Land der Weiler entstanden; oder und wohl zutreffender: der Name »Ödweiler« erst später aufgekommen für einen abgegangenen Weiler anderen, aber unbekannten Namens. Spätere Schreibweise: Edweiler (1496). – *Dorfanlage:* offenbar zwei auseinander liegende ungleiche Teile, nämlich Großödweiler und Kleinödweiler (so noch 1496 genannt). – *Hoheitsrechte.* Wohl im Rahmen des staufischen Herzogtums Schwaben unmittelbar staufisch bis etwa 1268. Dann teilte Ödweiler vermutlich, weil territorialer Teil des Klosters Adelberg, dessen politische Schicksale (vgl. Adelberg-Kloster, Vogtei). – *Untergang.* Abgegangen weit vor 1496; Ursache unbekannt. Keine Spuren erhalten. Seitdem der Ödweiler Wirtschaftsraum zur Markung Börtlingen; die Namen der 3 Ödweiler Zelgen (Ösch) noch lange benutzt (so 1496, 1595).

Plochingen   (P = Plochingen)

Im Schurwaldraum der Plochinger Markung:
Vorgeschichtliche Fundstätte. Aus der Hallstattzeit: Grabhügel auf der »Plochinger Ebene«, in der Mitte des Oberen Balkeshauwegs, der über den Nordteil des Hügels führt (deutlich spürbare Bodenwelle, 11 m Durchmesser, bis 40 cm hoch).
Abgegangene Weiler: Balgoss und Bornhausen (vgl. diese).
Die *Stumpenhof-Siedlung,* auf der Höhe nordöstlich P, etwa 400 m über Meeresspiegel, 150 m über Tal. Erste Besiedlung durch Jacob Wörner (daher früher auch »Wörnerhof« genannt) 1722, dem Friedrich Stumpp um 1760 folgte. Lange Zeiten nur wenige bäuerliche Anwesen. Die großangelegte Vorstadtsiedlung 1953 begonnen; heute 3000 Einwohner. Im Zentrum die (evgl.) Paul Gerhardt-Kirche von 1966, eigenwilliger Sichtbetonbau von Heinz Rall/Stuttgart mit 18 m hohem Glockenträger; beachtlicher Raumeindruck des Inneren. – Nahebei der massige *Jubiläumsturm,* 12 m hoch, vom Schwäbischen Albverein (in P gegründet 1888) errichtet 1938; prächtige Aussicht von Südosten bis Südwesten zur Alb.
Der *Plochinger Stadtwald* (217 ha), die Höhen nördlich P bis zum Lützelbach und Weißen Stein, erworben 1381 als Vermächtnis des Plochinger Ortsherrn Marquardt von Randeck (Patriarch von Aquileja, Generalkapitän des Kaisers Karl IV.). – Die Bundesstraße P–Weißer Stein (–Schorndorf) auf der »Plochinger Ebene«, einst »Strümpfelbacher Weg« genannt (so 1522), zur »Weinstraße« ausgebaut 1692; ursprünglich Teil der »Heerstraße« zum Esslinger Jägerhaus (vgl. Esslinger Stadtwald mit weiteren Hinweisen!). – Im Wald »Schanz« nahe südöstlich vom Weißen Stein angeblich mittelalterliche Zufluchtsstätte der Plochinger; in dem zerrissenen Klingengelände jedoch keine Wehranlagereste erkennbar. – Herrliche Aussicht von allen Höhenrändern. – 4 *Wanderparkplätze.* an der Bundesstraße zwischen Stumpenhof und Weißer Stein.

Naturdenkmale im oder sehr nahe beim Stadtwald. *»Bühleiche«* nördlich vom Stumpenhof am Waldrand (300 Jahre alt, 28 m hoch). *»Friedenslinde«* im Gewann »Plochinger Ebene«, etwa 600 m nordnordwestlich vom Jubiläumsturm, 10 m links der Straße zum Weißen Stein (1871 gepflanzt, 30 m hoch). *»Friedenseiche«* im Gewann »Plochinger Ebene«, etwa 1600 m nordwestlich vom Jubiläumsturm, 300 m westlich der Straße zum Weißen Stein (gepflanzt zum Schluß des Siebenjährigen Krieges 1762/63?, noch 30 m hoch). *Eiche* im Gewann »Halden«, etwa 1500 m nordwestlich vom Jubiläumsturm, rechts neben der Straße zum Weißen Stein (220 Jahre alt, 30 m hoch). 4 *Rotbuchen* ebenda, etwa 120 m rechts der Straße (220 Jahre alt, 35 m hoch). (Sämtliche Zahlenangaben geschätzt).

Plüderhausen

Im Schurwaldraum der Plüderhauser Markung: Auf dem *Konnenberg* (»kunnenberg« und »künnenberg« 1465, »kunne« = Kind), südöstlich Schorndorf, westlich Plüderhausen, sagenhafte Burg der Herren von Urbach; durch nichts bewiesen. Das »Dragonerhäusle« in halber Höhe des Nordhangs ohne historischen Bezug.

Pöpplinsweiler

Abgegangener Weiler im Gemeindebezirk Börtlingen, östlich Breech, im Landkreis Göppingen. Genaue Lage unbekannt; etwa im Raum des heutigen Schweizerhofs, der bis 1864 »Pöppelenshof« hieß (vgl. Börtlingen). Nördlich von ihm noch der Flurname »Pöppeler«, östlich davon der »Nonnenwald« (das Dominikanerinnenkloster Gotteszell/Schwäbisch Gmünd verkauft an Kloster Adelberg 1487 »den Nunnenwald, das vor Zeiten ein Weiler gewesen ist, genannt Boplinswiler«).
Siedlungsbeginn vermutlich im 9. Jahrhundert. Keine urkundliche Erwähnung aus der Lebenszeit des Weilers. – *Name.* Erklärung: »Peblin« oder »Pöplin« = Sohn eines Pebo oder Poppo (altdeutscher Personenname), also Hinweis auf Gründer oder späteren Besitzer; Zusammenhang mit dem Graf Poppo des Remstalgaus (der Graf erst 1080 genannt!) nicht erkennbar. Nebenbei: »Poppel« oder »Pöppeler« = harmloser ungeschickter Kobold, Geistergestalt, der hier sein Unwesen getrieben haben soll. Spätere Schreibweisen: Pöppleswyler (1496), Böpplinswyler (1595).
Hoheitsrechte. Wohl im Rahmen des staufischen Herzogtums Schwaben unter unmittelbarer Hoheit der Hohenstaufen bis etwa 1268. Späteres unklar.
Untergang. Abgegangen vor 1430. Ursache unbekannt; keine Spuren erhalten. Seitdem der Wirtschaftsraum von Pöpplinsweiler zur Markung Börtlingen; dort, im Teilort Breech, noch ein »Böpplinswiller Lehen« auf dem »Böpplinsacker vorm Dorf« (1614). – *Wüstungen* auf Pöpplinsweiler Markung die wirtembergischen Mühllehen am Marbach: a) Steinersche Sägmühle nahe am Ausgang der vom Schweizerhof herunterkommenden Wolfsklinge, stand schon 1496, abgegangen zwischen 1687 und 1702; b) Riekersche Sägmühle zwischen Wolfsklinge

und Taubenbach (Waldabteilung »Ölrain«), stand schon 1496, arbeitete bis 1801 und als Ölmühle wieder im Betrieb von vor 1839, abgegangen um 1900.
Sonderschrifttum. Kirschmer, K., Vom Pöppelenshof bei Börtlingen; in: Stauferland, Heimatbeilage der Neuen Württ. Zeitung Jg. 1958, Nr. 3.

Rattenharz (R = Rattenharz)

Ortsteil der Gemeinde Waldhausen, im Landkreis Schwäbisch Gmünd, an der Kreisstraße Waldhausen-Unterkirneck-Lorch. Haltepunkt der Omnibuslinien Göppingen-Lorch und Waldhausen-R. Am nördlichen Rand der Liashochfläche über der Oberen Remshalde; 470 m über Meeresspiegel, 195 m über der Rems. – Ortsteilbezirk 184 ha; 207 Einwohner, Abnahme 1961–69: 5 %. – Zugehörig der Pulzhof. – Postleitzahl 7066. Zum Fernsprech-Ortsnetz Lorch (Vorwähl-Nr. 0 71 72).
Zuständig. Landratsamt Schwäbisch Gmünd. Polizeiposten Lorch, notfalls Polizeirevier Schwäbisch Gmünd. Stützpunktfeuerwehr Lorch. Revierförsterstelle Waldhausen oder Forstamt Lorch. Amtsgericht Schorndorf. Postamt Lorch.
Vorgeschichtliche Fundstätte. Aus der Jungsteinzeit: Am westlichen Weilerausgang dicht südöstlich der Kaiserstraße.
Siedlungsbeginn vermutlich im 12. oder 13. Jahrhundert. Erstmals urkundlich, als »Rattenhart«, 1500 genannt. – *Name.* Erklärung: Früherer Name wohl »Rottenhart«; entweder soviel wie Roter Weidewald oder Zusammenhang mit Ruothardt (altdeutscher Personenname) und damit Hinweis auf Gründer oder späteren Besitzer; jedenfalls weder Ratten noch Baumharz gemeint. Spätere Schreibweisen: Rattenhardt (1562), Rattenharz (seit 1623). Volksmundlich: Rautehart. – *Dorfanlage.* Urkern: Die 6 Hofstellen Weilerstraße Nr. 2–13; späterer lockerer Straßenweiler. – Der *Pulzhof* nahe dem Nordausgang des Weilers, im Waldteil »Pulz« (1559: »in der Biltz«), angelegt 1733. Zum Schweizerhof, Schneiderhof und Wursthof vgl. Börtlingen. – *Abgegangene Mühlen* im Marbachtal. Sägmühle »Marbächle«, erbaut 1828, abgegangen um 1850. Sägmühle nahe am Ausgang der Ödenklinge, stand schon 1500 als wirtembergisches Lehen, abgegangen im 30jährigen Krieg, wieder vorübergehend in Betrieb um 1828.
Hoheitsrechte. R einst zugehörig zur Herrschaft Waldhausen. Letztere im Rahmen des staufischen Herzogtums Schwaben unter unmittelbarer Hoheit der Staufer und aus ihr zu Wirtemberg um 1268. R als Ortsteil der Gemeinde Waldhausen zum Amt Schorndorf bis 1807, zum Oberamt Welzheim 1807–1938, seitdem zum Landkreis Schwäbisch Gmünd.
Gemeindliches 1972. 1 Rattenharzer im Waldhäuser Gemeinderat. – *Volksschulunterricht:* Klassen 1–4 in der Grundschule Waldhausen, Klassen 5–9 in der Hauptschule Lorch. – *Gesundheitswesen:* Nächster Arzt, Zahnarzt und Gemeindeschwester in Waldhausen; Tierarzt, Hebamme und Apotheke in Lorch. Krankenhaus in Schwäbisch Gmünd und Schorndorf. Unfallmeldestelle des DRK in Waldhausen. – *Planung:* Für etwa 300 Einwohner im Jahr 1985; Stützpunkt für Naherholung. – *Verein:* »Turn- und Sportverein R e.V.«. – *Amtliche Bekanntmachungen* im »Gemeinde-Mitteilungsblatt Waldhausen«.
Wirtschaftliches anno dazumal. Je 3 Bauernlehen gehörten 1500 der Herrschaft

Wirtemberg und dem Kloster Adelberg, 1 dem Stift Lorch. – Kohlenmeiler (Flurnamen »Kolstatt«, »Kohlenwiesen« 1562). Mühlen vgl. oben.
Wirtschaftliches 1972. Erwerbspersonen 87, davon Auspendler 68 (etwa die Hälfte nach Schorndorf). Landwirtschaftliche Betriebe mit mehr als 0,5 ha Gesamtfläche 23, davon 3 mit über 10 ha; Ackerbau auf 50 ha, Melkkühe 55. Nichtlandwirtschaftliche Arbeitsstätten keine. Keine Bankzweigstelle. – *Gaststätten:* »Zur Schurwaldhöhe«, »Höhengaststätte Reinert«. – *Wirtschaftliche Vereinigung:* »Milchverwertungsgenossenschaft eGmbH R«.
Politisches. Landtagswahl 1972: CDU 60, SPD 38, FDP 4, DKP 0, Sonstige 0.
Kirchliches. 87% evangelisch, 9% römisch-katholisch. – Vorreformatorisches. R zugehörig zum Bistum Augsburg und Landdekanat (Ruralkapitel) Lorch. – Einführung der Reformation 1535, R Filialort von Lorch bis 1931, seitdem von Waldhausen; Dekanat Welzheim. – Mittelalterliche Kapelle?, jedenfalls längst abgegangen. Reizendes Holzkirchlein von 1959. Begräbnisstätte der Friedhof Lorch bis 1921, seitdem eigener Friedhof hinter der Kirche. – Die Katholiken eingepfarrt nach Lorch, Dekanat Schwäbisch Gmünd.
Sonstiges. Schöne Aussicht in das Remstal (Richtung Lorch) und zur Schwäbischen Alb. – 2 *Wanderparkplätze* westlich vom Ortsausgang.

Reichenbach an der Fils

Im Schurwaldraum der Reichenbacher Markung:
Vorgeschichtliche Fundstätten: Aus Mittelsteinzeit und Jungsteinzeit: Beim Siegenhof.
Die *Siegenberg-Siedlung* nordwestlich Reichenbach. Der Siegenberg, 350 m über Meeresspiegel, 95 m über der Fils, liegt in tektonisch bedingtem Grabenbruch; letzterer begrenzt durch nördliche Ost-West-Linie kurz vorm Waldrand und durch den Hannestobel (Buchbach) im Süden, kompliziert durch nordsüdliche Querstörung beim Siegenhof. – Namenserklärung. Erstmals urkundlich «Segkenberg« (1402) genannt; «secken« = versickern, auf trockenen Boden deutend. – Erste Besiedlung durch Johannes Walleser mit Bauernhof 1716, volksmundlich früher »Walleserhof«, später »Siegenhof« genannt. Das ganze Gelände seit 1951 allmählich überbaut zur Siegenberg-Siedlung; heute rund 2100 Einwohner. Selbständige evgl. Pfarrei seit 1965, zugehörig zum Dekanat Esslingen. Evgl. Pfarrkirche von 1965; bemerkenswert: Bronzenes Altarkreuz von Ulrich Henn (1965). Fernsicht auf die Schwäbische Alb. – Zum abgegangenen Weiler Bornhausen vgl. diesen.
Die *Rißhalden-Siedlung* nordöstlich Reichenbach. Die »Rißhalde«, Gemeindewald seit 1508 (?), ist der kleinere Westteil des einst größeren sanktblasischen, heute staatlichen Probstwaldes. Namenserklärung: Als Westhang auffallend stärker durch Klingen «zerrissen« als die Südhänge des Gesamtwaldes. Die Siedlung, aufgebaut seit 1963, zieht sich am Südhang von Rißhalde und Probst hin; 355 m über Meeresspiegel, 92 m über der Fils; rund 700 Bewohner. Prächtige Fernsicht zur Schwäbischen Alb.
Wirtschaftliches anno dazumal. Zu den Bergbau-Unternehmungen an den Schurwaldhängen vgl. Teil A, Abschnitt 4 i.

Ritzenweiler

Abgegangener Weiler im Gemeindebezirk Lichtenwald (Ortsteil Hegenlohe), Landkreis Esslingen. Auf der Liashochfläche östlich der Heerstraße (Flur »Ritzenweiler«).
Siedlungsbeginn vermutlich im 9. Jahrhundert. Erstmals urkundlich, als »Rüsteswiler«, 1140 genannt (freilich nicht völlig sicher, ob sich dieses Rüsteswiler auf Ritzenweiler bezieht). – *Name.* Erklärung: »Rustan« = altdeutscher Personenname, also weist der Ortsname auf Gründer oder späteren Besitzer des Weilers. Andere Erklärung: »reto« (keltisch) = auf die Weide fahren, also ein Weiler auf der Viehweide. Spätere Schreibweisen: Ritziswilre, Ritziwiler (1379).
Hoheitsrechte. Im Rahmen des staufischen Herzogtums Schwaben wohl zähringisch etwa seit 11. Jahrhundert und teckisch spätestens seit 1218; wirtembergisch mindestens seit 1364. – *Kirchliches.* Gehörte zum Bistum Konstanz und Landdekanat (Ruralkapitel) Kirchheim unter Teck. Etwa von Pfarrei Reichenbach/Fils betreut (sie erhielt die Zehnten aus der Ritzenweiler Flur bis 1535)? – *Untergang.* Vermutlich bald nach 1300, jedenfalls wüst 1379. Ursache unbekannt; keine Spuren erhalten. Seitdem der Ritzenweiler Wirtschaftsraum zur Hegenloher Markung; ganz oder teilweise Wald 1379.
Sonderschrifttum. Langhans, M., Hegenloher Heimatbuch; hrg. von der Gemeinde Hegenlohe 1969, S. 36–40.

Schanbach (S = Schanbach, L = Lobenrot)

Gemeinde (Ortsteile S und L) im Landkreis Esslingen. Auf dem Rand der Liashochfläche zwischen den Talgründen von Stettener Haldenbach (Grundelbach) im Westen und Strümpfelbach im Osten. – Gemeindebezirk 5,8 qkm = 584 ha, davon 54 % Wald. 1420 Einwohner; Zunahme 1961–70: 61 %. – Postleitzahl 7301. Zum Fernsprech-Ortsnetz Esslingen (Vorwähl-Nr. 0711).
Ortsteil S, an den Landesstraßen von Esslingen und Plochingen nach Strümpfelbach (-Waiblingen). Haltepunkt der Omnibuslinien Esslingen-Aichelberg und Esslingen-Strümpfelbach. Rathaus 450 m über Meeresspiegel, 244 m über der Rems, 213 m über Bahnhof Esslingen. 1070 Einwohner.
Ortsteil L, 2 km nordwestlich S, Endpunkt der Stichstraße von der Landesstraße Strümpfelbach. Omnibusanschluß an Omnibuslinie Esslingen–Strümpfelbach. 470 m über Meeresspiegel, 244 m über der Rems. 130 Einwohner.
Zuständig. Landratsamt Esslingen. Polizeiposten Hohengehren, notfalls Polizeirevier Plochingen. Stützpunktfeuerwehr Plochingen. Revierforststelle oder Hofkammerforstamt Stuttgart für die Forsten »Schweingraben«, »Halden«, »Schachen«, »Ettenfürst«, »Schreier«, »Schreierhau«; Revierförsterstelle Jägerhaus oder Forstamt Esslingen für Forst »Roßkopf«. Amtsgericht Esslingen. Postamt Esslingen.
Vorgeschichtliche Fundstätte. Aus der Mittelsteinzeit: Nördlich L auf der Höhe 474.
Siedlungsbeginn des Ortsteils S vermutlich im 12. oder 13. Jahrhundert. Erstmals urkundlich, als »Schanbach«, 1262 genannt. Spätere Schreibweisen: Schambach (1275), Schainbach (1593). – *Name.* Erklärung: Altdeutsch »soammi« = kurz,

also kleiner Bach (entspringt in Dorfmitte). Ungewiß, ob der Weiler von den Herren von Schanbach gegründet oder nur ihren Namen erhalten. Volksmundlich: Schabach. Neckname der Schanbacher: Laternesflicker, Franzosenmetzger. – *Dorfanlage.* Urkern: Der Straßenbogen in Ortsmitte, völlig waldumgeben; von den Esslingern abgebrannt 1449. Später kleines Straßendorf; stark erweitert seit 1950. Städtische Neubauten, volksmundlich »Schanhattan«, als Ansatz zur geplanten Schurwaldstadt (vgl. unten) im Südosten seit 1970. – *Wüstung: Burg Schanbach,* in der bewaldeten »Burgwiese« zwischen den Klingen von Schanbach und Schachenbach, 200 m nördlich vom Rathaus, erbaut im 13. Jahrhundert; Sitz der Herren von Schanbach wohl seit 1262 bis spätestens 1368; offenbar in Verfall schon 1442. Noch deutlich erkennbare Reste: Die Grundmauern (unter Schutt), Teilstücke vom Wehrgraben und weitere Außenanlagen.
Siedlungsbeginn des Ortsteils L vermutlich im 12. oder 13. Jahrhundert, vielleicht von Stetten aus. Erstmals urkundlich, als »Lobenrod«, 1452 genannt. – *Name.* Erklärung: Der Weiler häufiger »Ober Rod« (1593), »Obern-Rod« (1623) genannt; »oben« von Stetten aus gesehen; kaum Hinweis auf gerodeten Wald, weil »roden« (fränkisch) im Schwäbischen stets »reuten« hieß; vielleicht soviel wie »ob dem Roten« = oberhalb der roten Mergelböden. Volksmundlich: Heute noch »Oberrot«. – *Weileranlage.* Urkern: Wenige Höfe auf kleiner Rodungsinsel, noch im 18. Jahrhundert völlig waldumgeben. Von den Esslingern abgebrannt 1449.
Hoheitsrechte Ortsteil S. Der Raum ursprünglich im Rahmen des staufischen Herzogtums Schwaben wohl zähringisch bis 1187; dann vermutlich teckisch bis etwa 1317 (die vermutlichen Grundeigentümer, nämlich die Herren von Schanbach wenn nicht Lehens-, so doch Gefolgsleute der Herzöge von Teck bis etwa 1317). Dann gräflich-aichelbergisch bis 1330 oder spätestens 1340 (die Herren von Schanbach nunmehr Lehens- oder Gefolgsleute der Grafen von Aichelberg, im heutigen Landkreis Göppingen, seit 1317; letztere aber einflußlos seit 1330, spätestens 1340). Falls die Herren von Schanbach danach überhaupt noch Grundeigentümer von S blieben (äußerstenfalls bis 1368), mögen sie in dieser Zwischenzeit die Hoheitsrechte selbst innegehabt haben. Jedenfalls besaßen die Truchsessen von Stetten, obgleich Ministerialen der wirtembergischen Grafen, selbst Hoheitsrechte über S seit ihrem Kauf des Ortes, also spätestens seit 1368. Beim Weiterverkauf räumliche Teilung; Grenzlinie zwischen beiden Dorfhälften vermutlich im Dorf die Gemeine Gasse (heute Hauptstraße), in der Markung die alte Landstraße von Aichschieß über S nach L (vgl. unser Kärtchen »Der Gang der Schurwaldbesiedlung III«):
Die südliche(?) Dorfhälfte X (nur unsere Arbeitsbezeichnung) wirtembergisch 1442/52, weil das Grundeigentum von X teils an die Göttinger Liebfrauenpflege 1442, teils unmittelbar an Wirtemberg 1452. Zum Amt Schorndorf bis 1807; hier dem Krummhardter, später Aichschießer Ämtlein zugeteilt und in diesem zum Schnaiter Stab bis 1807. Zum Oberamt Esslingen 1807–08, hier mit der Dorfhälfte Y vereinigt. Darauf das ganze Dorf zum Oberamt Cannstatt 1808–1923, seitdem wieder zum Oberamt bzw. Landkreis Esslingen. – X zugehörig zum Schlichter Waldgericht 1560–1605, zum Schurwaldgericht 1605–1819. – Privateigentum des Hauses Württemberg (Hofdomänenkammergut) nur 1807–14.
Die nördliche(?) Dorfhälfte Y (Arbeitsbezeichnung) unter den Truchsessen noch

bis 1508. Als Bestandteil der Herrschaft Stetten unter Hoheit der wirtembergischen Erbmarschälle Freiherren Thumb von Neuburg 1508–1645, dann der Thumbischen Rechtsnachfolger Freiherr Philipp von Liebenstein und kaiserlicher Quartiermeister Jacob Bonn. Wirtembergisch spätestens 1664/66. Hier zunächst als privates Eigenvermögen (Kammerschrebereigut) des Herzogshauses verwaltet bis 1673; aus dem Kammerschrebereigut ausgesondert und an zwei Herzogin-Witwen und eine herzogliche Mätresse als Ortsherrinnen zur Verfügung gestellt 1673–1757, wieder zum Kammerschrebereigut 1757–1806. Y verstaatlicht zum Oberamt Esslingen 1806–08; hier mit der Dorfhälfte X vereinigt 1807 und weiter wie oben. – Y als Bestandteil der Herrschaft Stetten dem Kanton Kocher des Ritterkreises Schwaben inkorporiert bis 1806. – Zu den Waldgerichten hat Y niemals gehört. – Besonderheit: In Y 1691 ein »Freihof an der Kirchmauer«, bezog sich auf Lastenfreiheit oder wahrscheinlicher auf früheres Asylrecht (für Flüchtlinge aus der Dorfhälfte X?).

Hoheitsrechte Ortsteil L. Entwicklung entspricht völlig der von S: L in die Weilerhälften X (wirtembergisch) und Y (stettisch) geteilt 1368, Grenzlinie die Lobenroter Gemeine Gasse; mit denselben Schicksalen wie die Dorfhälften X und Y von S. L zu S seit 1807, aber wohl nicht 1822–26(?), weil damals eigene Schultheißen von L genannt.

Gemeindliches 1972. 10 Gemeinderäte (9 Schanbacher, 1 Lobenroter). – Jahreshaushalt 685 000 DM; Steuerkraftsumme je Kopf 258 DM, Gesamtverschuldung je Kopf 650 DM. – *Gemeindewappen:* In Blau ein goldener Schrägbalken, darüber und darunter je ein sechsstrahliger goldener Stern (die Wappenfiguren übernommen vom Wappen der Herren von Schanbach). *Gemeindefarben:* Gelb-Blau. – Rathaus in S von 1940. – *Volksschulunterricht:* Klassen 1–9 in der »Nachbarschaftsschule Vorderer Schurwald« (für Aichschieß, Aichelberg, S) auf Schanbacher Markung von 1968. – *Volkshochschul*-Außenstelle Vorderer Schurwald. – *Gesundheitswesen.* Arzt am Platz, Tierarzt und Apotheke in Esslingen; »Krankenpflegeverein Vorderer Schurwald e. V.« mit Gemeindeschwester in Krummhardt; Unfallmeldestelle des DRK und Hebamme in S. Krankenhäuser in Esslingen und Plochingen. – *Planung.* Zusammenschluß von S/L mit Aichelberg und Aichschieß/Krummhardt; zu den fünf vorhandenen Ortsbebauungen sollen mehrere neue hinzukommen, zwischen allen breite Grünflächen erhalten bleiben; diese »Erholungsstadt« etwa 15 000 Einwohner (1985). – *Vereine.* »Männerchor Liederkranz S«; »Motorclub (MSC) Eiserne Hand«; »Ortsverein Vorderer Schurwald des DRK«; »Verband der Kriegsbeschädigten (VDK) Ortsgruppe S«. Weitere Vereine für den Westschurwald vgl. Aichschieß und Aichelberg. – *Amtliche Bekanntmachungen* im »Amtsblatt des Vorderen Schurwalds für die Gemeinden Aichelberg, Aichschieß und S«.

Wirtschaftliches anno dazumal. 8 Bauernlehen in S, 5 in L 1691. – Weinbau im 16. Jahrhundert, eingegangen im Dreißigjährigen Krieg. – 12 kleine Ziegelöfen in S verarbeiteten den Liaslehm für überörtlichen Bedarf an Backsteinen und Ziegeln, schon 1500 genannt. – Kohlenmeiler im unteren »Ettenfürst« am mittleren Stettener Haldenbach (noch Flurname »Kohlwies«); modernerer Kohlenmeiler am Friedhof im Betrieb bis um 1950.

Wirtschaftliches 1972. Erwerbspersonen 550, davon Auspendler 500 (sämtlich zum Neckartal); Einpendler 10. – Landwirtschaftliche Betriebe mit mehr als 0,5 ha Gesamtfläche 71, davon aber nur 3 mit über 10 ha; Ackerbau auf 98 ha,

Melkkühe 55; große Erdbeer- und Himbeerkulturen. Nichtlandwirtschaftliche Arbeitsstätten 31, davon 3 mit über 10 Beschäftigten. – »Schurwaldbank S eGmbH«. – *Gaststätten* in S: »Zum Hirsch«, »Zum Rößle«, »Zum Waldhorn«. – *Wirtschaftliche Vereinigungen:* »Milchverwertungsgenossenschaft S«, »Viehversicherungsverein S e. V.«, »Obst- und Gartenbauverein S-L«.

Politisches. Landtagswahl 1972: CDU 345, SPD 216, FDP 74, DKP 0.

Kirchliches. 66 % evangelisch, 22 % römisch-katholisch. – Vorreformatorisches. (so 1275, noch 1360); später zum Landdekanat Cannstatt/Schorndorf). Zugehörig zum Bistum Konstanz und Landdekanat (Ruralkapitel) Esslingen eigener Ortsgeistlicher (plebanus) erstmals erwähnt 1275 und noch 1482. Die Truchsessen von Stetten verkauften die »Pfarrei« (offenbar das Pfarrgut) und den Kirchensatz 1442 an die Göppinger Liebfrauenpflege, das spätere Oberhofenstift; das Göppinger Stift ließ die Pfarrei vor 1534 eingehen. – Reformation eingeführt im Thumbschen Dorfteil 1532, im wirtembergischen 1534. S. und L Filialorte von Aichelberg ab 1564(?) bis 1887; seitdem wieder eigene Pfarrei S, aber Pfarrer in Personalunion mit dem von Aichelberg; zum Dekanat Schorndorf. Filialorte: Krummhardt und L.

Im Ortsteil S das für 1275 schon anzunehmende Gotteshaus eine Kapelle oder Kirche? – Die (evgl.) kleine spätgotische *Pfarrkirche* 1487(?) gebaut, ehemals der Hl. Maria geweiht; grundlegend restauriert 1900. Der gedrungene wehrartige Ostturm birgt im Erdgeschoß den Kirchenchor und trägt eine prächtige spätgotische (erneuerte) Fachwerk-Glockenstube mit Satteldach; kaum älter als das Kirchenschiff (die für höheres Alter des Untergeschosses in Anspruch genommenen bogigen Unterzüge im Chor kaum romanisch). Schöne hölzerne Außentreppe zur Empore. Innen Schiff und Chor gleich breit; am Triumphbogen Fresken »Verkündigung an die Hirten« von Rudolf Yelin/Stuttgart 1952. Zwei weit vorgezogene Emporen. Hölzerne Schiffdecke in Sargdeckelform. Ausgezeichnetes gegossenes Altarbronzekreuz von Ulrich Henn/Leudersdorf 1969; spätgotisches Wandtabernakel im Chor. Im Kreuzrippengewölbe des Chores Schlußstein mit den 3 teckischen Rauten, weist auf die Truchsessen von Stetten als die Dorfherrschaft zur Bauzeit hin (nicht auf die Herzöge von Teck). Glocke des Pantaleon Sidler 1487. – Der Kirchhof, Begräbnisstätte bis kurz nach 1800, heute gärtnerische Anlage; Friedhof östlich von S, mit bemerkenswerten alten Bäumen (vgl. unten Naturdenkmale); auch Begräbnisstätte für L. – Kein Pfarrhaus. – 8 Kirchengemeinderäte (5 Schanbacher, 2 Krummhardter, 1 Lobenroter). Frauenchor. CVJM Aichelberg-Schanbach.

Die Katholiken eingepfarrt nach Baltmannsweiler, Dekanat Esslingen. 1 Schanbacher im Pfarrgemeinderat Baltmannsweiler.

Sonstiges. Schöner Blick vom westlichen Dorfteil in das Strümpfelbachtal. – *Naturdenkmale* im Ortsteil S: Linde am Friedhofseingang (etwa 180 Jahre alt, 16 m hoch), 2 Kastanien vorm Friedhofstor (100 Jahre alt, 15 m hoch), 6 Thuja im Friedhof (bis 17 m hoch); in L: Friedenslinde am Weilereingang (gepflanzt 1871, 16 m hoch).

Sonderschrifttum. Böhringer, W., Die Herren von Schanbach, ein niederadliges Geschlecht vom Schurwald; in: Alt-Württemberg, Beilage der Neuen Württ. Zeitung Jg 13 (1967) Nr. 4. – Dazu Ergänzung von E. Schanbacher ebenda Nr. 6. – Kaufmann, A., Die Schurwaldorte der Herrschaft Stetten; in: Remstal Jg 7 (1967), Heft 19, S. 33–37.

Schlichten

Ortsteil von Schorndorf, im Landkreis Waiblingen, an der Landesstraße Reichenbach/Fils–Schorndorf. Haltepunkt der Omnibuslinie Reichenbach–Schorndorf. Auf der Liashochfläche zwischen den Tälern von Weilerbach (Zufluß der Rems) und Lochbach (Quellbach der Nassach); 494 m über Meeresspiegel, rund 245 m über der Rems. – Ortsteilbezirk 4,4 qkm = 438 ha, davon 57%/o Wald. 550 Einwohner; Zunahme 1961–70: 36%/o. – Postleitzahl 7061. Zum Fernsprech-Ortsnetz Schorndorf (Vorwähl-Nr. 0 71 81).

Zuständig. Landratsamt Waiblingen. Polizeirevier Schorndorf. Stützpunktfeuerwehr Schorndorf. Revierförsterstelle Schlichten oder Forstamt Adelberg (im Kloster). Amtsgericht Schorndorf. Postamt Schorndorf.

Vorgeschichtliche Fundstätte. Aus der Jungsteinzeit: 500 m nordöstlich in der Flur »Schorndorfer Äcker«.

Siedlungsbeginn vermutlich im 9. Jahrhundert. Erstmals urkundlich, als »Slihtunwiler«, 1185 genannt. – *Name.* Erklärung: »Slihtun« mittelhochdeutsch, soviel wie »Ebene«, also der Weiler auf der Hochfläche; kein Zusammenhang mit »schlichten« = Frieden stiften, weil Ortsname viel älter als das Schlichter Waldgericht. Spätere Schreibweisen: Schlihtenwiler (1399), Schlichtenweiler (noch 1696); Übergang zur abgekürzten Form in »Schlihten das wyler« schon 1442 sichtbar. Volksmundlich: Schlichte. Necknamen der Schlichtener: Langhaarete, Haarschlotzer. – *Dorfanlage.* Urkern: vermutlich um die Kirche; unbekannt, ob ein einmalig, vom schwäbischen Geschichtsschreiber Martinus Crusius 1595 erwähntes »Urschlichten« mit diesem Urkern identisch. 9 Häuser um 1400. Von den Franzosen fast völlig abgebrannt 1707. Nach Bombenabwurf 14 Gebäude abgebrannt 1944. Stark erweitert nach Südwesten und Südosten seit 1964.

Wüstungen. Abgegangener Weiler: Hochingen (vgl. dieses). – *Burg Heldenstein,* volksmundlich »Schlößle«, 1 km südöstlich Schlichten auf dem Hang eines unteren Bergsporns über dem Herrenbach (so schon 1686 genannt, volksmundlich »Birenbach«; der Herrenbach kommt also nicht die Goldschmiedsklinge herunter) zwischen der Vorderen und der Hinteren Schlößlesklinge (Waldname 1555: »Burgstall«). Keine urkundliche Überlieferung des Namens; nur Crusius spricht von alter abgegangener Burg Heldenstein zu Hochingen ob Urschlichten. Stand vermutlich im 11.–12. Jahrhundert; Burgherren unbekannt. Die Mauersteine der aufgegebenen oder zerstörten Burg zum Bau der (älteren) Schorndorfer Stadtmauer (um 1250) verwendet. Das Bodenstück noch deutlich von Gräben umzogen, im oberen westlichen Teil vom neuen »Kellerweg« durchschnitten; sonst keine Reste oder Funde. Nahe darunter am Herrenbach wohl einst die zugehörige Herrenmühle.

Hoheitsrechte. Zum staufischen Herzogtum Schwaben vermutlich 1079–1246. Seitdem wirtembergisch; die Esslinger Bürger Peter Kaufherr, dann Eberhard Luber besaßen die Vogtei, wohl als wirtembergisches Lehen (kein Ortsadel!), von vor 1442 bis 1468; beim Amt bzw. Oberamt Schorndorf bis 1938, hier zum Schnaiter Stab bis 1818; zum Landkreis Waiblingen seit 1938. – Schlichten zur Hauptgemeinde Thomashardt 1819–23, zur Hauptgemeinde Winterbach 1823–49, seitdem wieder selbständige Gemeinde. Eingemeindung nach Schorndorf 1. 1. 1973. – Zugehörig zum Schlichter Waldgericht 1560–1819.

Gemeindliches ab 1973. 1 Schlichtener im Schorndorfer Gemeinderat. Eigener Ortsvorsteher und Ortschaftsrat mit 8 Mitgliedern. Rathaus von 1938; hier die Schorndorfer »Geschäftsstelle Schlichten«. – *Volksschulunterricht:* Klassen 1–4 in der Grundschule Schlichten, 5–7 in der Hauptschule Schorndorf, 8–9 in der Hauptschule Weiler/Rems. – *Gesundheitswesen:* Arzt, Zahnarzt, Tierarzt und Apotheke in Schorndorf; »Krankenpflegeverein Mittlerer Schurwald e.V.« mit Gemeindeschwester in Lichtenwald/Hegenlohe; Unfallmeldestelle des DRK in Schorndorf; Hebamme in Hohengehren und Schorndorf. Krankenhaus in Schorndorf. – *Planung:* für etwa 750 Einwohner im Jahr 1985; Förderung der Kleinindustrie, Stützpunkt für Naherholung. – *Vereine:* »Athletiksportverein (ASV) Schlichten e.V.«, »Gesangverein Liederkranz Schlichten«. – *Amtliche Bekanntmachungen* in den »Schorndorfer Nachrichten«.

Wirtschaftliches anno dazumal. 10 wirtembergische Bauernlehen, von Luber (vgl. oben) dem Kloster Engelberg verkauft 1468, zurück an Wirtemberg spätestens 1535. – Guter Dinkel und Hafer; Flachsbau (galt als bester vom Schurwald) und Spinnerei grober Leinwand bis Mitte 19. Jahrhundert. Kirschenanbau. – Auf dem »Äertzberch« grub man um 1288; unbekannt, wo und nach welchem Erz. – Kohlenmeiler im Betrieb bis 1815, auf der »Strut« und der »Kohlwieß« (hier schon 1691, damals noch Herrschaftswald). – Auf Ziegler und Töpfer weist der »Leimgrubenacker« (1691); ihr Tongeschirr galt als gut noch 1851.

Wirtschaftliches 1972. Erwerbspersonen 190, davon Auspendler 165 (drei Viertel ins Remstal, Rest ins Fils-Neckar-Tal); Einpendler 30. – Landwirtschaftliche Betriebe mit mehr als 0,5 ha Gesamtfläche 60, davon nur 2 mit über 10 ha; Ackerbau auf 80 ha, Melkkühe 40. Nichtlandwirtschaftliche Arbeitsstätten 15, davon 1 mit mehr als 10 Beschäftigten. – Zweigstelle der Kreissparkasse Waiblingen (Hauptzweigstelle Schorndorf). – *Gaststätten:* »Zum Hirsch«, »Zur Rose«. – *Wirtschaftliche Vereinigung:* »Milchgenossenschaft Schlichten eGmbH«.

Politisches. Landtagswahl 1972: CDU 122, SPD 100, FDP 37, DKP 0, Sonstige 43.

Kirchliches. 85 % evangelisch, 11 % römisch-katholisch. – Vorreformatorisches. Zugehörig zum Bistum Konstanz und Landdekanat (Ruralkapitel) Cannstatt/Waiblingen/Schmiden/Schorndorf; Filialort von Winterbach. – Reformation eingeführt 1534. Weiter Filialort von Winterbach bis 1852, seitdem selbständige Kirchengemeinde, aber der Pfarrer in Personalunion mit dem von Baiereck. Zum Dekanat Schorndorf. – Ursprünglich nur eine Kapelle unbekannten Titels; dazu Sage: die Staufenkaiser hätten sich auf ihren Ritten von Hohenstaufen zur Kaiserpfalz Waiblingen hier an der »Kaiserstraße« vormittags die Messe lesen lassen. Die (evgl.) kleine *Kirche* erbaut 1460, abgebrannt 1707, unter Beibehaltung einiger gotischer Substanz als einfacher Rechteckbau wiedererrichtet 1717; restauriert 1907; an der Altarwand großes Fresko (Bergpredigt) von Wilhelm Oppermann/München 1967. – Begräbnisstätte der Kirchhof bis 1885, seitdem Friedhof am Nordostausgang des Dorfes. – Kein Pfarrhaus. – 6 Kirchengemeinderäte. Kirchenchor, »Posaunenchor Baiereck-Nassach-Schlichten«. Die Katholiken eingepfarrt nach Schorndorf, Dekanat Waiblingen.

Sonstiges. Schöne Aussicht am Nordwestausgang des Dorfes in das mittlere Remstal, vom besteigbaren Wasserturm (30 m hoch) zur Schwäbischen Alb.

Schnait

Vorbemerkung. Selbstverständlich ist Schnait kein Schurwalddorf. Die Schnaiter fühlen sich als stolze Remstäler. Allein, der Ort liegt tief eingebettet zwischen Schurwaldhöhen, auf deren Hängen obendrein das Gold der Schnaiter wächst. Mancher Besucher des Westschurwaldes wird gern einmal nach Schnait hinunter wandern, was sich landschaftlich und kulturell sehr lohnt. So berichten wir kurz über einiges Wissens- und Sehenswertes. 3250 Einwohner. – Der Ortsteil Baach wird wegen seiner engen geographischen und geschichtlichen Verflochtenheit mit dem Schurwald gesondert behandelt.

Siedlungsbeginn vermutlich im 11. Jahrhundert, weil Talsiedlung unweit hinter dem älteren (karolingischen) Beutelsbach und wohl bald nach Einführung des Weinbaus (begonnen um 1000). Erstmals urkundlich, als »Snait«, 1238 genannt. – *Name.* Erklärung: »Snaite« = Durchhieb durch den Wald, also Hinweis auf erste Rodung im einstigen Waldtal. Spätere Schreibweise: Schnaitheim (1500). Volksmundlich: Schnoit. – *Dorfanlage.* Urkern: Wohl in kleinem Raum unmittelbar nördlich der Kirche, später Straßendorf; stark erweitert ringsum seit 1960. – *Wüstung.* Die *Burg* der Herren Dürner von Dürnau »oberhalb Schnait gegen Baach« (so 1535) vermutlich aus dem 13. Jahrhundert, an der Stelle vom heutigen »Großen Haus« (Buchhaldenstraße Nr. 22); im Besitz des Schorndorfer Patriziers Heinrich Rorbeck etwa 1345–1392, dann der Herren von Gaisberg; im Verfall schon 1535; heute keine sichtbaren Spuren.

Dorfbild. Schöne Lage im Beutelsbachtal zwischen sonnseitigen Weinbergen und schattseitigen Obstbaumhalden, das Ganze fast dreiseitig waldumrandet; besonders lohnend zur Kirschenblüte. Größte Weinbaugemeinde des Remstals (145 ha Rebfläche). – Die 3 Schlößchen der Herren von Gaisberg: a) das »Alte Schloß« oder »Untere Schloß« oder »Gaisberger Schlößchen«, am Nordwestausgang von Schnait nahe der modernen Kelter; Gründung unbekannt, jetziger Baubestand wohl aus 16. Jahrhundert; großer mauerumgürteter, das Dorf überragender Fachwerkbau; b) das »Schafhaus« oder »Oberes Schloß« am Weg zum Schönbühl, erbaut 1608 mit Renaissanceerker, genannt nach späterem Eigentümer, einem Schafhalter; c) der »Neue Bau« am oberen Feldweg nach Beutelsbach. Die Schlößchen Besitz der Gaisberg bis 1779, jetzt Privateigentum. – Rathaus von 1966, davor Brunnenanlage mit Bronzeplastik von Hans Nübold/Beinstein (symbolische Wasserspenderinnen). In der Alten Schule, dem Geburtshaus des Volksliederkomponisten Friedrich Silcher (1789–1860), eindrucksvolles Silchermuseum. Einige Fachwerkhäuser aus dem 18. Jahrhundert. Turn- und Festhalle von 1956. Vielbeachteter Kindergarten von Kurt Seibold/Beinstein. – Der *Saffrichhof* am oberen Südhang des Schönbühl (400 m über Meeresspiegel) erstmals als »Safrighöfle« 1762 genannt, abgerissen 1970, seitdem neue Wohnsiedlung. – Nördlich darüber das Fürsorgeheim Schönbühl (vgl. Beutelsbach).

Gaststätten: »Anker«, »Grüner Baum«, »Hirsch« (mit Übernachtung), »Krone« (mit Übernachtung), »Lamm« (mit Übernachtung), »Zum Löwen«, »Post«, »Kaffee Müller«. – *Banken:* »Genossenschaftsbank Schnait eGmbH«, Zweigstelle der Kreissparkasse Waiblingen. – *Gesundheitswesen:* Arzt am Platz, Zahnarzt und Apotheke in Endersbach und Beutelsbach, Tierarzt in Waiblingen, Gemeindeschwester und Unfallmeldestelle des DRK in Schnait, Hebamme in Beutelsbach; Krankenhaus in Waiblingen und Schorndorf.

Kirchliches. Ursprünglich eine Wallfahrtskirche, Unserer Lieben Frau und dem Hl. Wendelin geweiht, abgebrochen 1504. Damals Neubau einer Kapelle mit demselben Patrozinium, schon 1683 sehr baufällig. Unter Beibehaltung des alten, unten noch romanischen mächtigen Ostturmes an die Stelle ihres Langhauses die (evgl.) *Pfarrkirche* 1748 gebaut; restauriert 1933. Großer rechteckiger Saalbau mit Altar und Kanzel an der rechten (östlichen) Stirnseite; typische evgl. Predigtkirche des 18. Jahrhunderts. Die tief in den Raum gezogenen Emporen und das Kanzelchen über dem Altar von dunkelgrünen Holzsäulen getragen. Unglücklich hoch über der Kanzel wertvoller spätgotischer Flügelaltar von 1497. Die Tafelbilder der Altarflügel von Jacob Rembolt (Schüler Martin Schongauers) oder von Hans Strüb (Mitarbeiter von Rembolt): Am Altar selbst noch links »Geburt Mariens«, rechts »Anbetung durch die Hirten«; die früheren Außenseiten beider Altarflügel (»Verkündigung Mariens«) jetzt als selbständige Bilder, völlig unzulänglich, an den anschließenden Längswänden der Kirche über den Emporen aufgehängt. Im goldgefütterten Altarschrein unter reicher Baldachinschnitzerei 5 lebensgroße bemalte Schnitzfiguren (die beiden Kirchenpatrone = Titelheiligen, die beiden Namenspatrone der Altarstifter und die Hl. Barbara als Vertreterin der Ortsgeistlichkeit), wohl von Michael Bayer. Auf der kleinen Predella unter dem Schrein Erbärmdebild und 2 Wappen gemalt. An den dunkelgrünen Emporen Brüstungen zu Schmuck und Belehrung (biblia pauperum) 45 originelle Bilder (Szenen aus Altem und Neuem Testament) in barocker Bauernmalerei von Joseph Wagner/Alfdorf, um 1761; von ihm auch die 5 Kanzelbilder. Spätgotisches Altarkruzifix. Rostrot getönte hölzerne Kasettenflachdecke. Grabdenkmäler der Herren von Gaisberg u. a., 16.–18. Jahrhundert, künstlerisch bedeutungslos. – Begräbnisstätte der Kirchhof bis etwa 1820, seitdem Friedhof östlich oberhalb der Kirche. Pfarrhaus von 1555, erneuert 1759.

Naturdenkmale. Der »Beilenstein«, auch »Vesperstein« genannt, östlich von Schnait, Stubensandsteinfelsen 200 m südlich vom Saffrichhof am oberen Ende der Klinge nach Schnait. Zur Keuperklinge »Hohler Stein« vgl. Aichelberg.

Schorndorf (S = Schorndorf)

Im Schurwaldraum der Schorndorfer Markung: Der Ortsteil Schlichten (vgl. dieses) und der Schorndorfer Stadtwald (500 ha). Im Stadtwald bemerkenswert:

Auf dem *Ottilienberg* südlich S, 348 m über Meeresspiegel, 97 m über der Rems: Vielleicht einst vorchristliche Kultstätte, aber nichts nachweisbar; Kapelle der Hl. Ottilia, erstmals genannt 1479, abgegangen bald nach 1534, Mauerreste noch 1851, heute nichts mehr erkennbar.

Auf dem *Frauenberg* (so schon 1299 genannt) oder *Galgenberg* südöstlich S, am oberen Hang des Nordwestvorsprungs vom Frauenberg, 474 m über Meeresspiegel, 223 m über der Rems: Vielleicht heidnische Kultstätte, aber durch nichts bewiesen; später dort die »Galgenkapelle« (1465 genannt), Zeitpunkt des Abgangs unbekannt, spätestens nach der Reformation 1534; nichts mehr erkennbar. Schöner Talblick. Das »Geisterhäusle« auf dem bewaldeten Berggipfel angeblich protestantische Predigtstelle zu katholischen Zeiten des 16. oder 17. Jahrhunderts.

Schorndorf, Steinenbach, Stetten im Remstal

Südwestlich vom Ottilienberg Flur und Wald »*Steinmäurich*«, am Hang nord-westlich der Landesstraße S–Schlichten. Der Name deutet kaum auf Restfunde aus römischer Zeit (bisher nichts bekannt), eher auf die mauerartig aufsteigenden Felsen im dortigen sehr alten Steinbruch. – Die benachbarten Namen »Hof« und »Hofklinge« erinnern nicht an abgegangenen Hof, sondern an früheren Grund-besitzer, den Schorndorfer Spitalhof. – Am Südrand der Landesstraße im *Sand-bruch* geologisch interessanter Aufschluß: Zwischen den dicken Bänken des Mittleren und Unteren Stubensandsteins rötlich-violette und grünliche Ton- und Mergelschichten; der leicht brechbare Kaolinsandstein ergibt gemahlen guten Bausand.

Sonstiges. Wanderparkplatz am kurzen Abzweig von der Landesstraße S–Schlichten, nordöstlich Schlichten. Sehr schöne Remstalblicke vom Galgenberg und Altenheim. – *Naturdenkmale.* 2 Pyramidenpappeln beim Altenheim, rechts der Landesstraße S–Schlichten (80 Jahre alt, 28 m hoch); nordwärts dahinter die »Friedenslinde« (eingepflanzt 1871, 22 m hoch). Kanadische Schwarzpappel, an der Landesstraße 100 m südlicher (80 Jahre alt, 25 m hoch). – Eiche an der Landesstraße oben im Wald neben dem Straßenabzweig zum Wanderparkplatz, auf Markung Weiler/Rems (180 Jahre alt, 28 m hoch); Name »Kaisereiche« irrig, weil die »Kaiserstraße« vom Dorf Schlichten als Feldweg zum Wanderparkplatz verläuft. – Am Nordrand des Waldwegs »Kaiserstraße« durch den Schorndorfer Stadtwald schöne Gruppen stattlicher Buchen und Eichen (150 Jahre alt, 30 m hoch), darunter eine Buche mit eingekerbten Namen und Zahlen, erinnert an Mord und Selbstmord zweier Förster 1864. – Viel weiter östlich an der Kaiser-straße-Nordseite, im Abtshäusle (adelbergisch bis 1598) nahe der Flur Oberber-ken, die »Kaisereiche« (300 Jahre alt, 31 m hoch). »Kaiser« soll sich stets auf die Staufer beziehen. Sämtliche obige Zahlenangaben geschätzt.

Steinenbach

Abgegangener Weiler im Gemeindebezirk Hohengehren, Landkreis Esslingen; im Raum beiderseits der Straße von Hohengehren zum Parkhaus (hier 1603 und noch heute die Namen der drei Zelgen »Oberes Steinenbachösch«, »Unteres Steinenbachösch«, »Steinenbachäcker«; »Steinenbachwiesen«).

Siedlungsbeginn vermutlich im 11. oder 12. Jahrhundert. Urkundlich erstmals (aber nur als Flurname), als »Stainibach«, 1400 genannt. – *Name.* Vielleicht genannt nach dem von hier oben nordwestwärts zwischen »Sandpeter« und »Fallenhau« zum Schlierbach abfließenden Quellbach, der wohl einst »Steinen-bach« hieß (für letzteren ist freilich heute überhaupt kein Name bekannt). – *Hoheitsrechte.* Vermutlich wie bei Hohengehren; zum Amt Schorndorf. – *Unter-gang.* Genauer Zeitpunkt (vor 1400) und Ursache unbekannt; keine Funde. Der Steinenbacher Wirtschaftsraum seitdem zur Markung Hohengehren.

Stetten im Remstal

Im Schurwaldraum der Stettener Markung:
Vorgeschichtliche Fundstätten. Aus der Mittelsteinzeit: Auf der oberen Lindhalde

(Höhe 387,1), 300 m nördlich Lobenrot und am Katzenkopf südwestlich vom Sandbruch (vgl. unten). – Aus der Jungsteinzeit: Auf der oberen Lindhalde.

Die *Yburg* (Yberg = Eibenberg), auf Schilfsandstein-Terrasse der Weinberge östlich oberhalb Stetten; 320 m über Meeresspiegel, etwa 60 m über Tal. Angeblich von den Herren von Yberg erbaut, laut Baubefund wohl nach 1300; jedenfalls deren Eigentum bis zum Verkauf an die Herrschaft Wirtemberg 1443. Die Yburg kam dann, jeweils durch Verkauf, an die wirtembergischen Truchsessen von Stetten 1490, an den wirtembergischen Landhofmeister Dietrich von Weiler 1504, an die wirtembergischen Erbmarschälle Freiherrn Thumb von Neuburg 1507, an den Freiherrn Philipp von Liebenstein und den kaiserlichen Quartiermeister Jacob Bonn (beide Schwiegersöhne des letzten Thumb in Stetten) 1645 und schließlich von deren Erben wieder an Wirtemberg 1664 bzw. 1666; Hofkammergut bis 1969, seitdem im Eigentum der Gemeinde Stetten. Baufällig schon 1598; vielleicht kurzlebig wiederhergestellt (aber nicht aufgestockt) 1659; wegen neuer Baufälligkeit abgebrochen bis auf die Außenmauern 1760; seitdem weiterer Verfall. Sorgfältig restauriert 1971; heutige Höhe 13 m.

Sonderschrifttum: Kaufmann, Adolf, »Geschichte von Stetten im Remstal«; hrg. im Auftrag der Gemeinde Stetten 1962.

Abgegangener Weiler: Lindhalden (vgl. dieses).

Das *Bruderhaus* südwestlich Stetten an der Esslinger Straße links am Waldeingang angeblich zunächst Klause eines Einsiedlers; von Caspar von Schwenckfeld zeitweise bewohnt 1530–45, später zerstört oder verfallen. In der »Wiedertäuferklinge« (so 1651 genannt) hielten seine Anhänger angeblich verbotene Versammlungen ab. – »Sonnenberghof« oberhalb Stetten = ein Phantasieprodukt.

Naturdenkmale. Auf dem *Wartbühl* (360 m über Meeresspiegel) oberhalb der Yburg die »*Sieben Linden*« mit geologischem Aufschluß (Kieselsandsteinplatten als Schutzdecke über violetten und grünlichen Bunten Mergeln), Steppenheideflora, Vogelschutzgehölz, prächtige Aussicht. – Südlich davon am *Wüstenberg* stehen Kieselsandsteinfelsen an; unfern der *Wanderparkplatz* Kammerforst. – Die *Steudlesklinge* südwestlich von Stetten, zieht vom Südosthang des Kernen nordostwärts herunter zum Gehrnwiesenbach; in ihrem oberen Teil bilden blanke Stubensandsteinfelsen eine romantische Schlucht. Die behauenen Steine rechts am Waldeingang vor der Steudlesklinge gehörten nicht zum Bruderhaus, vielmehr Reste aus längst aufgegebenem Steinbruch. Großartiger geologischer Aufschluß im *Sandbruch* (bis 40 m hoch, 400 m breit) westlich der Landesstraße Stetten–Esslingen am Osthang des Katzenkopfs: Mittlerer und Unterer Stubensandstein (Fleins) sowie zwischenliegend verschiedenfarbige Tone und Mergel. Produktion von Straßensteinen und Bausand. Links vorm Eingang mächtiger hell-blaugrauer Fleinsteinbrocken.

Strümpfelbach (S = Strümpfelbach)

Vorbemerkung wie zu Schnait (vgl. dieses). 2 200 Einwohner.

Vorgeschichtliche Fundstätten. Aus Mittel- und Jungsteinzeit: Westlich von S auf der Lindhalde und an den Abhängen der Gastenklinge; östlich von S auf der Schiemerlesheide.

Strümpfelbach

Siedlungsbeginn vermutlich schon im 11. Jahrhundert, weil Talsiedlung nahe oberhalb vom älteren (karolingischen) Beutelsbach und Endersbach und weil wohl bald nach Einführung des Weinbaus (um 1000) begonnen. Erstmals urkundlich, als »Striumphilbach«, 1265 genannt. – *Name.* Erklärung: »Strümpfel« = Zapfen am Ablaß eines Bachstaus (ob eines Mühlbachs, nicht nachweisbar), vom Bachstau der Name auf die Siedlung übertragen. Irrige Erklärungen: Der »strampfende« = strudelnde Bach; hingegen fließt der Strümpfelbach mit geringem Gefälle durch ehemals sumpfiges Gelände. Oder volksmundlich: Gewundene Strumpfform des Weilers; aber Strümpfe gab es zur Zeit der Namensbildung noch nicht. Spätere Schreibweise: Strumpfelbach (1400). Volksmundlich: Strempfelbach. – *Dorfanlage.* Urkern: Im Unterdorf, aber die zunächst wenigen Höfe nicht im Zuge der heutigen Hauptstraße, sondern an den unteren Hängen (Räume »Huschenburg«, »Steinwiese«). S von den Esslingern abgebrannt 1349 und 1449. Wiederaufbau zunächst auf beiden Bachufern; Straßendorf ab 1908, Bacheindolung erst 1953. Nach Südwesten erweitert seit 1950. – *Abgegangene Burg.* Der uralte Flurname »Huschenburg« am Nordausgang von S weist wohl darauf hin; Näheres unbekannt. Die Burg vermutlich zerstört 1449; außer verschleiften Gräben keine Reste sichtbar, geringe Funde. Die »Urschenburg« des Schrifttums Verwechslung mit der Huschenburg; kein Zusammenhang mit Ursula Truchsessin von Stetten (lebte 1442, mehrere Jahrhunderte nach Siedlungsbeginn im Raum der Huschenburg); niemals Grundbesitz der Truchsessen von Stetten in S erkennbar.

Dorfbild. Schöne Lage im Strümpfelbachtal zwischen sonnseitigen Weinbergen und schattseitigen Obstbaumhalden, das Ganze dreiseitig waldumrahmt; besonders lohnend zur Kirschen- und Rosenblüte. Noch ziemlich geschlossenes Bild gepflegter Weingärtnerhäuser: Im hohen gemauerten Erdgeschoß der große Eingang zum Keller (Kernen), darüber der Wohnstock stets in Fachwerk mit interessanten Symbolschnitzereien (meist Motive volkstümlichen Brauchtums) und zurückhaltender, auf die Nachbarschaft sorgfältig abgestimmter Farbgebung, sehr schön etwa im Raum um das Rathaus; sie alle Zeugnisse weinbäuerlicher Wohlhabenheit in der zweiten Hälfte des 16. Jahrhunderts (allein 32 unter Denkmalschutz). In der Hauptstraße Vorgartenabgrenzungen einheitlich gestaltet: Trockenmauern aus Naturstein mit überrankenden Rosen.

Rathaus von 1591, über dem Strümpfelbach gebaut (trotz dessen zwischenzeitlicher Eindolung das alte Bachgewölbe erhalten); reizvolles Fachwerk-Giebelhaus, die wuchtigen Balken reich geschnitzt; die einstige offene Erdgeschoßlaube wiederhergestellt 1953. Auf der Nordseite des Bachgewölbes jetzt Brunnen mit Bronzeplastik (Wasserjungfrau und Fisch) von Fritz Nuss/S, eine glückliche Lösung an schwierigem Platz. – Die Streitberg- oder Büttelwiesenkelter aus 16. Jahrhundert. – Weingärtnerdenkmal aus Muschelkalkstein unter der Dorflinde, köstliche Bronze »Singender Zecher« auf dem Brunnen vorm Gasthaus »Zur Rose«, beide Arbeiten von Fritz Nuss. – Gemeindehalle von 1962 als kultureller Dorfmittelpunkt, mit angeschlossenem Hallenschwimmbad. Schön gelegenes Freibad oberhalb vom Dorf.

Gaststätten: »Zum Gretle« mit Gästehaus, »Hirsch« (reicher Fachwerkbau von 1629), »Zum Lamm«, »Zur Linde«, »Zur Rose«, »Traube« mit Gästehaus; Gemeindehallengaststätte; Naturfreundehaus »Waldheim« südlich von S. – *Banken:* »Genossenschaftsbank S eGmbH«, Zweigstelle der Kreissparkasse Waiblingen. –

Gesundheitswesen: Arzt am Platz, Zahnarzt und Apotheke in Endersbach und Stetten, Tierarzt in Waiblingen; Gemeindeschwester und Unfallmeldestelle des DRK in S; Hebamme in Beinstein; Krankenhaus in Waiblingen und Schorndorf.

Kirchliches. Früheste Kapelle urkundlich bezeugt 1355. – Die (evgl.) *Pfarrkirche,* vor 1495 gebaut, dem Hl. Jodokus (St. Jos) geweiht; spätgotisch mit Südchorturm; Schiff nach Osten erweitert 1784, umfassende Restauration des Ganzen 1970. Der massige Kirchturm einst Wehrturm mit Schießscharten (nach innen erweiterte Fensterschlitze). Am Haupteingang des Schiffes Bronzetüren von Fritz und Ulrich Nuss (in Vorbereitung). Im Schiff an der Westwand umfangreiche spätgotische Fresken (Zehn Gebote) von 1495 mit auffallend stark erhaltener Leuchtkraft, darüber ältere und blassere Fresken, alles freigelegt 1970; Taufstein spätgotisch mit reicher Maßwerkverzierung um 1450, darauf Bronzedeckel von Fritz Nuss (biblische Szenen mit Taube); unter der Rückempore Großgemälde Martin Luthers mit dem Schwan von Georg Friedrich List, um 1698; lasierte Holzflachdecke. Im gotischen Triumphbogen hängt ein Holzkruzifix (dreiviertel Lebensgröße) aus 16. Jahrhundert mit ausdrucksstarkem Kopf. Bronzenes Altarkruzifix von Fritz und Ulrich Nuss. Im kreuzrippengewölbten Chor, dem Turmerdgeschoß, Orgel von 1796 mit zierlichen Schnitzereien; die Chorfresken aus Anfang oder Mitte des 15. Jahrhunderts, bemerkenswert das Jüngste Gericht, vor allem Reste von »Christus in der Kelter« (Kelter als Zeichen des Leidens), durch Bilderstürmer beschädigt. – Heutiger Friedhof östlich über der Dorfmitte in Weinbergen seit 1856, mit bronzenem Gefallenenehrenmal (Trauernde mit Kind) von Fritz Nuss 1960.

Naturdenkmale. Felsbank westlich S am oberen Abschluß der Gastenklinge (Gewann »Schießäcker«) am Waldrand: Geologischer Aufschluß mit Unteren Bunten Mergeln, darüber Kieselsandstein. – In der oberen Kurve der Straße nach Schanbach der »Lutherbaum« (im Volksmund »Lutherlinde«, obgleich Kastanie; gepflanzt 1883, 18 m hoch). – Umfangreiche *Waldungen* einst neben Weinbau Haupterwerbsquelle; gaben Bauholz für die Fachwerkhäuser. Jahrhundertelanger Waldbesitzstreit mit Endersbach durch Herzog Carl Eugen persönlich hier geschlichtet 1793; daran erinnert der »Karlstein« auf dem Höhenweg nordöstlich S, eine Pyramide mit deutscher und lateinischer Inschrift. – Im oberen Strümpfelbachtal Hochwasser-Rückhaltebecken für 5000 cbm.

Heimatbuch: Weishaar, S., S im Remstal; 1965.

Tannweiler

Abgegangener Weiler im Gemeindebezirk Adelberg, Landkreis Göppingen, nördlich vom Dorf an der Kaiserstraße (hier noch heute Waldname »Tannweiler«).

Siedlungsbeginn vermutlich im 9. Jahrhundert. Erstmals urkundlich, als »Tanwyler«, 1496 genannt. Spätere Schreibweise: Thannwiller (1614). – *Name* weist auf Entstehung durch Waldrodung. – *Hoheitsrechte.* Vermutlich salisches, später staufisches Krongut; dann zur Klosterherrschaft Adelberg. – *Untergang* vor 1496, damals schon Wiese; Ursache unbekannt, keine Funde. Heute Wald.

Thomashardt, Uhingen, Unterberken, Unterhütt, Waldhausen, Winterbach, Witzlinsweiler

Thomashardt

Ortsteil der Gemeinde Lichtenwald (vgl. dieses).

Uhingen

Im Schurwaldraum der Uhinger Markung: Die Ortsteile Diegelsberg, Nassachmühle, Baiereck-Nassach (vgl. diese).

Unterberken

Ortsteil der Gemeinde Oberberken (vgl .dieses).

Unterhütt

Ortsteil der Gemeinde Uhingen (vgl. Baiereck-Nassach).

Waldhausen im Remstal

Im Schurwaldraum der Waldhäuser Markung: Ortsteil Rattenharz mit Pulzhof (vgl. Rattenharz).

Winterbach

Im Schurwaldraum der Winterbacher Markung:
Gutshof *Engelberg* (mit Unter- und Oberhof), Ortsteil *Manolzweiler*, die abgegangenen Weiler *Bücklinsweiler* und *Kikishart;* vgl. diese alle.
Im Lehnental südlich Winterbach Dauerstau- und Hochwasserrückhaltebecken für 580 000 cbm. Südwestlich darüber weist der Forstname »Gläserhalde« auf eine »wandernde« Glashütte des 16. Jahrhunderts.

Witzlinsweiler

Abgegangener Weiler im Gemeindebezirk Hohengehren, Landkreis Esslingen; vermutlich im Raum dicht westlich vom Parkhaus (hier heute entstellter Waldname »Wittsweiler«); »Witzlingsweiler« völlig irrig.
Siedlungsbeginn vermutlich im 9. Jahrhundert. Erstmals urkundlich, als »Witzlinsweyler«, 1563 genannt. – *Name.* Erklärung: »Witilin« = Sohn eines Wito, altdeutscher Personenname; also Hinweis auf Gründer oder späteren Besitzer. Spätere Schreibweise: Witzlinswyler (1603). – *Hoheitsrechte.* Vermutlich wie bei Hohengehren; zum Amt Schorndorf. – Kirchliches. Filialort von Hohengeh-

ren. Kein Gotteshaus. – *Untergang*. Genauer Zeitpunkt (nach 1605, angeblich vor 1618) und Ursache (Pestwelle 1608/09?) unbekannt. Im Winkel der Chaussee nach Baach Mauer- und Ziegelreste noch um 1950. Seit Untergang der Wirtschaftsraum von Witzlinsweiler geteilt zwischen den Gemeindebezirken Baltmannsweiler und Hohengehren; fortan zunächst Wiesen, heute völlig waldbestockt.

Zell am Marbach

Ortsteil der Gemeinde Börtlingen (vgl. diese).

Zell am Neckar

Im Schurwaldraum der Zeller Markung:
Die Burgwiesen, volksmundlich »Burrwiesen« (Burren = kleiner Hügel), Knollenmergelhang mit entsprechenden Buckeln und Mulden; offenbar kein Hinweis auf einstige Burg.
Der Gemeindewald »Zeller Hau«; in seiner Klinge (nicht am Weißen Stein) der Geschichtsschreiber David Wolleber aus Weiler/Rems 1597 ermordet.

Nachweis der politischen und religiösen Persönlichkeiten

Nachweis der Wissenschaftler, Künstler, Handwerker u. a.

Die Zahlen bezeichnen die Seiten. – Zu den Autoren vgl. den »Schriftennachweis zu Teil A«.

Nachweis der Wohnplätze

Nämlich: Gemeinden, Ortsteile, Außenhöfe, Mühlen, sonstige gewerbliche Außenanlagen, Burgen, Kapellen, Einsiedeleien usw. Und zwar: lebende, abgegangene, vermutete.

* = Gemeinde oder Ortsteil mit eigenem Kapitel (Ortskunde) im Teil B.
Die Zahlen bezeichnen die Seiten, die kursiven Zahlen die Anfangsseiten der Ortskunden.

Bildernachweis

1. Die Yburg; 2. Die Nachbarschaftsschule Vorderer Schurwald; 3. Das SOS-Kinderdorf »Württemberg«; 4. Das Rathaus zu Aichschieß; 5. Die Börtlinger Kirche; 6. Typische Schurwaldlandschaft; 7. Die Dorfmitte von Hegenlohe; 8. Die Herren- oder Klostermühle; 9. Schurwaldtrachten um 1900.

Die Aufnahmen der Bilder Nr. 1, 4, 5, 6, 7, 8, 9 und Umschlagmotiv verdanken wir der freundlichen Hilfsbereitschaft des Herrn Kurt Sonn, Lichtenwald. Die Aufnahme Bild Nr. 3 (freigegeben durch das Regierungspräsidium Nordwürttemberg Nr. 5/4026-L 4256) hat das Fotohaus Hildenbrand, Göppingen, dankenswerterweise beigesteuert.

Schriftennachweis zu Teil A

Hier wird die Literatur genannt, die sich ausschließlich oder mindestens in belangvollen Einzelteilen mit dem Schurwald befaßt. Dazu nur (aus Kostenersparnisgründen) das Wenige, worauf unser Text Bezug nimmt. – Sonderschriften, die sich mit einem einzelnen Schurwalddorf befassen, findet man im Teil B am Ende des betreffenden Dorfes erwähnt.

Aichele, W., Das Remstal; 1957
–, Das Filstal und Umgebung; 1959
Akermann, M. und *Schmolz, H.*, Fußtapfen der Geschichte im Landkreis Göppingen, Schicksale aus elf Jahrhunderten; 1964
Aschbacher, J., Das Vereinsleben auf dem Schurwald; in: Der Schurwald, Sonderbeilage der Esslinger Zeitung; Oktober 1971
Bäuerlen, J. G., Das Schurer Waldgericht; in: Taschenbuch für angehende Wirtembergische Rechtsgelehrte und für Schreiber auf das Jahr 1793; 1793, S. 102 ff.
Bersu, G., Die Viereckschanze bei Oberesslingen; in: Fundberichte aus Schwaben; NF 3 (1926), S. 61–70
Beschreibung der württembergischen Oberämter, hrg. vom Kgl. statistisch-topographischen Bureau, Stuttgart: Oberamt Cannstatt 1832, NF 1895; Oberamt Eßlingen 1845; Oberamt Göppingen 1844; Oberamt Schorndorf 1851 (Nachdruck 1963)
Böhringer, W., Heimatbuch Reichenbach an der Fils; 1968
–, Das Waldgericht von Schlichten; aus einem Gerichtsprotokoll von 1771–1776; in: Alt-Württemberg, Beilage der Neuen Württ. Zeitung; Jg. 16 (1970) Nr. 2
Borst, O., Das Stadt- und Kreisgebiet im Gang der Geschichte; in: Der Kreis Esslingen (vgl. diesen), S. 105–252
–, Aus der Geschichte des Kreises; in: Landkreis Esslingen (vgl. diesen)
Bräuhäuser, M., Altwürttembergs Bergbau im östlichen Schurwald; in: Württ. Jahrbücher; Jg. 66 (1919/20), S. 81–104
Brecht, M., Kirchenordnung und Kirchenzucht in Württemberg vom 16. bis zum 18. Jahrhundert; 1967
Buck-Feucht, G., Erläuterungen zur Standortkarte des Forstbezirkes Adelberg. Masch. Schrift, 1961 (im Forstamt Adelberg)
–, Vegetationskundliche Beobachtungen an der Tannengrenze; in: Mitt. des Vereins für Forstl. Standortskunde und Forstpflanzenzüchtung, Nr. 12 (1962), S. 68–89.
Clasen, Cl.-P., Die Wiedertäufer im Herzogtum Württemberg und in benachbarten Herrschaften; Ausbreitung, Geisteswelt und Soziologie; in: Veröff. der Kommission für geschichtl. Landeskunde in Baden-Württemberg, Reihe B, Band 32 (1965)
Dietz, E., Die Wüstungen der Limpurger Berge, der Frickenhofer Höhe und der Tannenburg-Adelmannsfelder Höhen; in: Zeitschrift für Württ. Landesgeschichte; Jg. 20 (1961), S. 96–160
Dölker, H., Volkstümliche Überlieferungen im Kreis Eßlingen a. N.; in: Württ. Jahrbücher für Statistik und Landeskunde; Jg. 7 (1936/37), S. 68–82
–, Vor vielen Jahren auf dem Schurwald; in: Der Schurwald, Sonderbeilage der Esslinger Zeitung; Oktober 1971
Ederle, Hermann, Siedlungsgeographische Untersuchung des Schurwaldes; Masch.-schriftl. Zulassungsarbeit 1965, in Pädagog. Hochschule Esslingen
Ernst, V., Beschreibung des Oberamtes Münsingen; 2. Bearbeitung, 1912
Fezer, Fr., Versuch über Geschichte und Bedeutung des Namens »Schurwald«; in: Jahrbuch für Geschichte der oberdeutschen Reichsstädte, Esslinger Studien Band 6 (1960), S. 74–76
–, Woher kommt der Name »Schurwald«?; in: Württ. Jahrbuch für Volkskunde; Jg. 1961–64, S. 243–248

Fischer, K. J., Unsere Heimat; Beiträge zur Heimatkunde und Geschichte von Stadt und Kreis Eßlingen; 1949

Frank, M., Erläuterungen zu Blatt 7222 Plochingen (der Geologischen Karte von Baden-Württemberg 1:25 000); 1965

Fritz, G., Der Schurwald als Wander- und Erholungsgebiet; in: Der Schurwald, Sonderbeilage der Esslinger Zeitung; Oktober 1971

Gadner, G., Chorographia Ducatus Wirtembergici, Blatt 10, 1593; Neudruck des Landesvermessungsamtes Baden-Württemberg; 1953

Gehring, P., Das Wirtschaftsleben in Württemberg unter König Wilhelm I.; in: Zeitschrift für württ. Landesgeschichte; Jg. 9 (1949/50), S. 196–257

Greiner, K., Die Glashütten in Württemberg; 1971

Groschopf, P., Der geologische Aufbau und die Entstehung der Landschaft; in: Heimatbuch des Landkreises Göppingen (vgl. dieses), S. 15–22

Grube, W., Der Stuttgarter Landtag 1457–1957; von den Landständen zum demokratischen Parlament; 1957

–, Vogteien, Ämter, Landkreise in der Geschichte Südwestdeutschlands; 1960

–, Der Arme Konrad 1514; in: Heimatbuch für Schorndorf und Umgebung; 1964, S. 33–49

Gründer, I., Studien zur Geschichte der Herrschaft Teck; 1963

Haidlen, R., Die Anfänge der Schurwaldbesiedlung; in: Zeitschrift für württ. Landesgeschichte; Jg. XXIV (1965), S. 132–162

Hallbauer, W., Civitas et regio ezzelingas 1948. Wirtschaftsraum Eßlingen, soziologisches Gutachten, 5 Bände (Masch. Schrift); 1948

Handbuch der historischen Stätten. Sechster Band: Baden-Württemberg; hrg. von *M. Miller*; 1965

Hauff, R., Pollenanalytische Beiträge zur nachwärmezeitlichen Waldgeschichte des Schwäbisch-Fränkischen Waldes; in: Mitt. des Vereins für Forstl. Standortskartierung Nr. 5 (August 1956), S. 3–9

Hausleutner, Ph., Schwäbisches Archiv; 1790, Band I.

Heimatbuch des Landkreises Göppingen, hrg. vom Landkreis Göppingen; 1956

Heinzelmann, Fr., Wüstungsvorgänge im Kreis Esslingen im Mittelalter und in früher Neuzeit; Masch.-schriftl. Zulassungsarbeit 1971; im Geograph. Institut Tübingen

Heller, W., Die Talgeschichte des Neckars und seiner Zubringer zwischen Mittelstadt und Köngen; Diss. Tübingen 1961

Hertlein, Fr., und *Goeßler, P.*, Die Straßen und Wehranlagen des römischen Württemberg; in: Die Römer in Württemberg, hrg. vom Württ. Landesamt für Denkmalpflege Band I, Zweiter Teil; 1930

von Hornstein, F. Frh., Wald und Mensch; Waldgeschichte des Alpenvorlandes Deutschlands, Österreichs und der Schweiz; 1951

Huttenlocher, Fr., Versuche kulturlandschaftlicher Gliederung am Beispiel von Württemberg; in: Forschungen zur deutschen Landeskunde; Band 47 (1949)

–, Die frühere Nadelwaldgrenze des Neckarlandes; in: Veröff. der Kommission für geschichtl. Landeskunde in Baden-Württemberg; Reihe B, Band 46 (1968), S. 19–25

Illig, J., Geschichte von Göppingen und Umgebung; 2 Bände, 1924

Jänichen, H., Waldwüstungen. Ein methodischer Beitrag zur Wüstungsforschung am Beispiel des Härtsfeldes; in: Beiträge zur Landeskunde Nr. 8, Beiblätter zu »Württemberg-Hohenzollern in Zahlen«; Jg. 7 (1952), S. 156–160

–, Die Holzarten des Schwäbisch-Fränkischen Waldes zwischen 1650 und 1800; in: Mitt. des Vereins für Forstl. Standortskartierung; Nr. 5 (1956), S. 10–31

–, Zur Geschichte der Sägmühlen im Mittelalter mit Ausblicken auf die Bestockungsgeschichte südwestdeutscher Wälder; in: Mitt. des Vereins für Forstl. Standortskunde und Forstpflanzenzüchtung; Nr. 17. (1967), S. 46–51

–, Beiträge zur Wirtschaftsgeschichte des schwäbischen Dorfes; in: Veröff. der Kommission für geschichtl. Landeskunde in Baden-Württemberg; Reihe B, Band 60 (1970)

Kaufmann, A., Geschichte von Stetten im Remstal; 1962

–, Die Schurwaldorte der Herrschaft Stetten; in: Remstal; Jg. 7 (1967), Heft 19, S. 33–37

Keinath, W., Orts- und Flurnamen in Württemberg; 1951

Kienzle, W., Der Schurwald. Eine siedlungs- und wirtschaftsgeographische Untersuchung; 1958

–, Zur Siedlungs- und Wirtschaftsgeschichte des Schurwaldes; in: Jahrbuch für Geschichte der oberdeutschen Reichsstädte, Esslinger Studien; Band 11 (1965), S. 62–89

–, Die natürlichen Grundlagen der Kulturlandschaft; in: Der Kreis Esslingen (vgl. diesen), S. 37–60

Kieser, A., Altwürttembergisches Forstkartenwerk (Handzeichnungen von 1680 bis 1686; Originale verbrannt, Fotokopien in der Württ. Landesbibliothek)

Kieß, R., Die Rolle der Forsten im Aufbau des württembergischen Territoriums bis ins 16. Jahrhundert; in: Veröff. der Kommission für geschichtl. Landeskunde in Baden-Württemberg; Reihe B, Band 2 (1958)

Kirschmer, K., Von der alemannischen Landnahme bis zur Stauferzeit. Die Stauferzeit. Vom Untergang der Staufer bis zur französischen Revolution; in: Heimatbuch des Landkreises Göppingen, S. 128–214

–, Neue Ausblicke auf die fränkische und staufische Zeit; in: Stauferland, Beilage der Neuen Württ. Zeitung; 1957 Nr. 6

–, Glasmacher im Nassach; ebenda 1958 Nr. 6

–, Mühlen-Chronik des Filstals; 1960

Kittelberger, G., Der Adelberger Freihof in Esslingen, das Asylrecht und der Immunitätsstreit im 16. Jahrhundert; in: Veröff. der Kommission für geschichtl. Landeskunde in Baden-Württemberg; Reihe B, Band 63 (1970)

Kley, A., Vorgeschichte; in: Heimatbuch des Landkreises Göppingen; S. 99–127

Kluge, H., Die vormalige Gerichtsverfassung des Schurwaldes; in: Remstal; Dezember 1965 (Heft 16), S. 78–80

Knapp, Th., Gesammelte Beiträge zur Rechts- und Wirtschaftsgeschichte, vornehmlich des deutschen Bauernstandes; 1902, Neudruck 1964

–, Neue Beiträge zur Rechts- und Wirtschaftsgeschichte des württembergischen Bauernstandes; Band I, II; 1919, Neudruck 1964

Der Kreis Esslingen, hrg. von *K. Theis* und *H. Baumhauer;* 1965

Der Kreis Waiblingen, hrg. von *K. Theiss* und *H. Baumhauer;* 1962

Die Kunst- und Altertumsdenkmale in Württemberg, Band »Donaukreis II«; 1924

Kutter, U., Sühnekreuze – Steinerne Zeugen blutigen Geschehens. Ein mittelalterlicher Rechtsbrauch und seine Spuren zwischen Fils- und Rems. In: Alt-Württemberg, Beilage der Neuen Württ. Zeitung; Jg. 10 (1964) Nr. 3, 4

Lämmle, A., Der Bezirk Schorndorf in alter und neuer Zeit; 2. Auflage 1913

Das Land Baden-Württemberg. Amtliche Beschreibung nach Kreisen und Gemeinden. Band II Nordwürttemberg, Teil 1; hrg. von der Staatl. Archivverwaltung Baden-Württemberg; 1971

Landkreis Esslingen, hrg. vom Kunstverlag Bähr, München; 1970

Langhans, M., Hegenloher Heimatbuch. Zugleich ein Beitrag zur Geschichte des mittleren Schurwaldes; 1969

–, Mühlen im Schurwald, Forschungen im Herrenbach- und Marbachtal; in: Stauferland, Heimatgeschichtl. Blätter der Neuen Württ. Zeitung; Jg. 18 (1972), Nr. 2

Leygraf, W., Aus württembergischen Forstordnungen; in: Schwäbische Heimat; Jg. 20 (1969), S. 289–293

Locher, E., Das württembergische Hofkammergut, in: Tübinger Abhandlungen zum öffentl. Recht; Heft 4, 1925

Losch, B., Steinkreuze in Südwestdeutschland; Volksleben; Band 19 (1968)

Merkle, G., Ölberge unserer Heimat; in: Schwäbische Heimat; Jg. 18 (1967), S. 15–28

Müller, K. O., Urkundenregesten des Prämonstratenserklosters Adelberg (1178–1536); in: Veröff. der württ. Archivverwaltung; Heft 4 (1949)

Müller, S., Böden; in: Erläuterungen zu Blatt 7222 Plochingen (der Geologischen Karte von Baden-Württemberg 1:25 000); 1965, S. 161–181

Nierhaus, R., *Römische* Straßenverbindungen durch den Schwarzwald; in: Studien zur südwestdeutschen Landeskunde (Huttenlocher-Festschrift); 1963, S. 253–283

Ott, H., Die Klostergrundherrschaft St. Blasien im Mittelalter. Beiträge zur Besitzgeschichte; in: Arbeiten zum Hist. Atlas von Südwestdeutschland; Heft 4 (1969)

Palm, G., Geschichte der Amtsstadt Schorndorf im Mittelalter. Eine kirchenrechts- und verfassungshistorische Untersuchung zur Geschichte des mittleren Remstals; 1959

Paret, O., Württemberg in vor- und frühgeschichtlicher Zeit; 1961. Auch in: Veröff. der Kommission für geschichtl. Landeskunde in Baden-Württemberg; Reihe B, Band 17 (1961)

–, Auf den Spuren der vor- und frühgeschichtlichen Bewohner; in: Der Kreis Esslingen (vgl. diesen), S. 82–104

–, Die Besiedlung des Blattgebiets; in: Erläuterungen zu Blatt 7222 Plochingen, der Geolog. Karte von Baden-Württemberg 1:25 000; 1965

Pfeilsticker, W., Neues Württembergisches Dienerbuch; 2 Bände 1957, 1963

Rainer, W., Das Zollgeleit in der Grafschaft und im Herzogtum Württemberg bis zum Dreißigjährigen Krieg; Diss. Tübingen 1957 (Masch. Schrift)

Rauscher, J., Württembergische Visitationsakten, Band I (1534) 1536–1540; in: Württ. Geschichtsquellen; Band 22 (1932)

Reinert, E., Die Pottaschenhütte zu Bronnen; in: Tuttlinger Heimatblätter; Heft 12 (1930), S. 20–23

Roesch, J. G., Schorndorf und seine Umgebung; 1815

Rösler, G. Fr., Probe einer Topographie des Herzogtums Württemberg, an einer Beschreibung des Flusses Fils und der anliegenden Gegenden; in: Deutsche Schriften von der Königl. Societät der Wissenschaften zu Göttingen; 1771, S. 1–32

Schahl, A., Schurwaldkirchen; in: Der Kreis Esslingen (vgl. diesen), S. 74–75. Dasselbe, etwas ausführlicher, in *Schahl's* Kunstbrevier Neckarschwaben; 1966

Schall, R., Grünes Waldland überm Neckartal; in: Der Schurwald, Sonderbeilage der Esslinger Zeitung; Oktober 1971

Schmid, E., Geschichte des Schulwesens in Altwürttemberg; 1927

Schmidt, W., Rundwanderungen Schwäbischer Wald; 1968

Schröder, K. H., Weinbau und Siedlung in Württemberg; in: Forschungen zur deutschen Landeskunde; Band 73 (1953)

–, Einhaus und Gehöft in Südwestdeutschland; in: Studien zur südwestdeutschen Landeskunde (Huttenlocher-Festschrift); 1963, S. 84–103

Der Schurwald, Sonderbeilage der Esslinger Zeitung; Oktober 1971

Schuster, O., Kirchengeschichte von Stadt und Bezirk Eßlingen; 1946

Sick, W.-D., Vergleichende Untersuchungen zur Siedlungsentwicklung im württembergischen Keuperbergland (Schönbuch und Limpurger Berge); in: Studien zur südwestdeutschen Landeskunde (Huttenlocher-Festschrift); 1963, S. 166–183

–, Wüstungen im württembergischen Keuperbergland; in: Zeitschrift für Agrargeschichte und Agrarsoziologie; Sonderheft 2 (1967), S. 28–36

Sitte, E., Schurwald und Schönbuch umkränzen den Kreis; in: Der Kreis Esslingen (vgl. diesen), S. 290–316

–, Der Wald – Hort und Zuflucht der Menschen; in: Heimatbuch Reichenbach an der Fils; 1968, S. 161–168

Die Stadt- und Landkreise Baden-Württembergs in Wort und Zahl, hrg. vom Innenministerium und Wirtschaftsministerium Baden-Württemberg: Landkreis Esslingen, Heft 47 (1968); Landkreis Göppingen, Heft 27 (1966); Landkreis Schwäbisch Gmünd, Heft 37 (1967); Landkreis Waiblingen, Heft 23 (1966)

Uhland, R., Regesten zur Geschichte der Herren von Urbach; in: Veröff. der Staatl. Archivverwaltung Baden-Württemberg; Heft 5

Urkundenbuch der Stadt Eßlingen, hrg. von *A. Diehl;* in: Württ. Geschichtsquellen; Band IV (1899) und VII (1905)

Vollrath, A., Erläuterungen zur Geologischen Karte von Stuttgart und Umgebung; 1959

Volz, Beiträge zur Geschichte der Leinwandfabrikation und des Leinwandhandels in Württemberg; in: Württ. Jahrbücher für vaterländ. Geschichte; Jg. 1854, Heft 1, S. 148–184, Heft 2, S. 1–62

Wappenbuch des Landkreises Göppingen, bearbeitet von *E. Gönner* und *E. Bardua;* 1966

Wappenbuch des Landkreises Waiblingen, bearbeitet von *E. Gönner* und *E. Bardua;* 1970

Wächter, C. G., Geschichte, Quellen und Literatur des Württembergischen Privatrechts, Band I, S. 197 ff.; 1839

Wagner, G., Junge Krustenbewegungen im Landschaftsbild Süddeutschlands; in: Erdgeschichtl. und landeskundl. Abhandlungen aus Schwaben und Franken; Heft 10 (1929)

–, Einführung in die Erd- und Landschaftsgeschichte mit besonderer Berücksichtigung Süddeutschlands; 3. Auflage 1960

–, Danubische und rheinische Abtragung im Neckar- und Tauberland; in: Studien zur südwestdeutschen Landeskunde (Huttenlocher-Festschrift); 1963, S. 1–11

Weiler/Rems, Aus der Vergangenheit und Gegenwart von ... (von *K. Würth);* 1964

Weller, K., Die Reichsstraßen des Mittelalters im heutigen Württemberg; in: Württ. Vierteljahreshefte für die Landesgeschichte; NF 33 (1927), S. 1–43

–, Besiedlungsgeschichte Württembergs vom 3. bis 13. Jahrhundert n. Chr.; 1938

Wiedemann, H. A., Die Geologie der Blätter Göppingen (7223) und Lorch (7224) in Württemberg; in: Arbeiten aus dem Geolog.-Paläontolog. Institut der TH Stuttgart; NF Heft 53 (1966)

Wintterlin, Fr., Ein Weistum über Nellingen (bei Esslingen) vom Jahr 1354; in: Württ. Vierteljahreshefte; NF V (1896), S. 360–368

–, Württembergische Ländliche Rechtsquellen; 2. Band 1922

Wurster, O., Eßlinger Heimatbuch für Stadt und Umgebung; 1931

–, Heimatgeschichte Plochingens; hrg. von der Stadt Plochingen; 1949

Württembergische Regesten von 1301 bis 1500, Teil 1–3 (Urkunden und Akten des Kgl. Haus- und Staatsarchivs bzw. Hauptstaatsarchivs, Abt. I, 1); 1916–1940

Zeller, J., Das Prämonstratenserstift Adelberg, das letzte schwäbische Doppelkloster 1178 (1188) bis 1476; in: Württ. Vierteljahreshefte für Landesgeschichte; NF Jg. 25 (1916), S. 107–162

Zürn, H., Die vor- und frühgeschichtlichen Geländedenkmale und die mittelalterlichen Burgstellen des Stadtkreises Stuttgart und der Kreise Böblingen, Eßlingen und Nürtingen; in: Veröff. des Staatl. Amtes für Denkmalpflege Stuttgart, Reihe A »Vor- und Frühgeschichte«; Heft 1 (1956)

–, Die vor- und frühgeschichtlichen Geländedenkmale und mittelalterlichen Burgstellen der Kreise Göppingen und Ulm; ebenda Heft 6 (1961)

Sachnachweis zu Teil A

Es erschien zweckmäßig, den geschichtlichen Gang des Schurwaldlebens in sachlich sich deutlich voneinander abhebende Zeitspannen zu gliedern, um so für diese einigermaßen umfassende Lebensbilder geben zu können. Diesem Vorteil steht zwangsläufig der Nachteil gegenüber, daß die Gesamtentwicklung der einzelnen Sachgebiete, beispielsweise der Landwirtschaft oder des Kirchenbaus, nicht in geschlossenen Zusammenhängen dargestellt werden kann. Solchen inneren Zusammenhängen nun doch nachspüren zu können, will der nachstehende Sachnachweis dem interessierten Leser erleichtern. Außerdem möge man wegen örtlicher Einzelheiten jeweils die betreffende Ortskunde (im Teil B) zu Rate ziehen, auf die in vielen wichtigeren Fällen der Teil A aufmerksam macht.

Individuelles Wohnen im WM-Haus:
Eine weitere Aufgabe von Wolff & Müller

Die nächstgelegenen Musterhäuser stehen
in Fellbach und Denkendorf

Rationelles Bauen:
Eine der vielen Aufgaben von Wolff & Müller

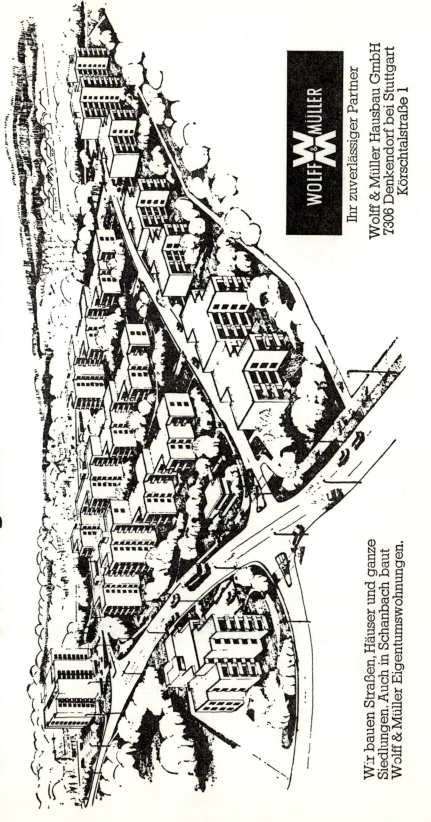